转型与跨越

聂秋华教育管理文集

《聂秋华教育管理文集》编辑组 编

浙江大学出版社
ZHEJIANG UNIVERSITY PRESS

宁波大学六任校长合影(2000年1月12日)
左起：聂秋华（第六任校长，2004.4-2014.6），张钧澄（第四任校
长，1997.1-1999.10），朱自强（第二任校长，1988.9-1992.12），
朱兆祥（第一任校长，1985.9-1988.9），吴心平（第三任校长，
1992.12-1997.1），严陆光（第五任校长，1999.10-2004.4）

2008年11月7日，聂秋华（右四）主讲宁波大学"做人、做事、做学
问"系列讲座第100讲后与老校长严陆光（右五）、时任校党委副书
记邢学亮（右六）等合影

2003年12月4日，宁波大学本科教学工作水平评估反馈会
召开，图为聂秋华（左一）在会议现场

2003年10月29日,聂秋华代表学校与海军签署选拔培养后
备军官协议书

2006年10月29日，宁波大学举行建校20周年暨三校合并10周年庆祝大会，时任全国政协副主席董建华等应邀出席，图为聂秋华等在主席台就座

2007年4月17日，国务院学位办专家组对宁波大学申请博士学位授予权进行考察，图为聂秋华等与评估专家合影

2012年10月8日，浙江省政府、教育部和宁波市政府共建
宁波大学签约仪式在杭州举行,图为聂秋华在签约现场

2011年11月11日,国家海洋局、宁波市政府共建宁波大学
暨宁波大学海洋学院成立，图为聂秋华(右一)与时任国
家海洋局局长刘赐贵(左二)、时任国家海洋局副局长王
宏(左一)、时任宁波市市长刘奇(右三)、时任宁波市副
市长成岳冲(右二)等领导共同参加仪式

1999年12月17日-24日，聂秋华等赴港拜会"宁波帮"乡贤，并就宁波大学建设事宜进行磋商，图为聂秋华与香港浙江省同乡会联合会名誉会长汤于翰先生亲切交谈

2001年10月20日，台北市宁波同乡会理事长王雄夫先生（左三）、理事张行周先生（左四）一行来校访问

2001年4月2日，香港王宽诚教育基金会董事、幸福基金会董事孙弘雯女士（右五）一行来校访问，图为聂秋华等与其合影留念

2003年10月25日,宁波大学包玉书科学楼落成典礼隆重举行,时值香港宁波同乡会名誉会长、香港甬港联谊会永远名誉会长包玉书先生90寿辰,聂秋华代表学校前往祝寿

2004年8月1日,宁波大学举行"叶耀珍楼"捐资签约仪式,香港宁波同乡会会长、声宝乐声(香港)有限公司董事会主席李达三先生与夫人叶耀珍女士应邀出席,图为聂秋华和时任宁波市教育局黄士力副局长一同与李达三先生握手祝贺

2004年12月11-16日,校长聂秋华与宁波市甬港联谊会会长、宁波大学顾问卢良宝(左二)一行赴香港访问并向在港"宁波帮"人士拜年,图为聂秋华等与著名"宁波帮"人士邵逸夫先生(右三)、方逸华女士(右一)合影

2005年3月7日,香港永新企业有限公司董事长、港龙航空有限公司董事会名誉主席曹光彪先生向聂秋华了解宁大申博工作进展

2006年4月4日,香港甬港联谊会永远名誉会长严信才先生伉俪一行莅校访问,聂秋华等与其亲切交谈

2006年10月20日,聂秋华等陪同香港荣华纺织有限公司董事长、香港苏浙同乡会名誉会长、宁波旅港同乡会名誉会长赵安中先生参观由他捐助的杏琴苑(宁波大学幼儿园)

2008年11月16日,宁波大学举行"包玉刚与宁波大学"纪念音乐会,包玉刚先生的长女包陪庆女士为宁波大学师生作题为"包玉刚·我的爸爸"演讲,图为聂秋华代表学校向包陪庆女士颁授荣誉校长证书

2009年6月9日,我校举行台北市宁波同乡会奖学金颁奖典礼,图为聂秋华陪同毛葆庆理事长一行参加典礼

2009年6月18日,宁波大学医学院附属医院绣山医学楼启用,图为聂秋华陪同台湾嘉隆实业股份有限公司董事长、宁波大学客座教授朱英龙先生(左四)参加典礼

2010年4月2日,宁波大学举行王长来楼开工典礼,香港宁波同乡会、香港甬港联谊会副会长、香港精明集团董事长王明康先生一行出席,图为聂秋华代表学校向王明康先生赠送纪念品

2010年6月10日,香港甬港联谊会成立30周年庆祝活动,图为聂秋华与香港通用控股(集团)有限公司主席叶杰全先生(左二)交谈

2012年4月3日,香港安泰集团主席黄庆苗先生伉俪一行莅校访问,图为聂秋华等与其在黄庆苗楼合影留念

2014年4月20日,宁波大学周亦卿综合体育馆捐资协议签约仪式和杨咏曼奖助学金颁奖典礼同时举行,图为聂秋华代表学校与宁波旅港同乡会会长、香港舟山同乡会名誉会长周亦卿先生签订捐资协议

2005年8月29日,美国普渡大学校长代表团一行莅校访问,并签订合作协议,图为聂秋华与普渡大学校长杰斯基

2007年1月29日-2月2日,聂秋华一行赴港拜会"宁波帮"人士,图为聂秋华与香港大学校长徐立之

2013年12月6日-8日，聂秋华等应邀赴港出席香港中文大学50周年校庆活动，图为聂秋华向香港中文大学校长沈祖尧赠送纪念品

2013年4月16日，台湾朝阳科技大学校长一行莅校访问，并签订《校际合作协议书》，图为聂秋华与朝阳科技大学校长钟任琴

2009年6月7日，宁波大学举行教职工集体婚礼，图为聂秋华与新人们合影留念

2011年6月16日,宁波大学举行2011届学生毕业典礼,图为聂秋华与毕业生们合影留念

聂秋华主持的"面向学生选择、适应社会需求、推动教学资源优化的人才培养机制探索与实践"项目于2009年获第六届高等教育国家级教学成果二等奖,这是宁波大学建校以来首次获得该奖项

聂秋华主持的"新型红外硫系玻璃制备关键技术及应用"获国家技术发明二等奖,至此,宁波大学成为浙江省继浙江大学之后,第二个囊括代表国家最高科技水平三大奖项的高校,图为聂秋华等在人民大会堂2014年度国家科学技术奖励大会现场

序

　　宁波既是经济繁荣的海港商城,又是人才辈出的文化古都。"宁波帮"就不仅仅是一个商贸集团,而且蕴含着丰富的文化内涵,造就了许多文化名人。但就我所知,30年前除了一所师范院校和两所专科学校之外,宁波的高等教育并不发达。1986年宁波大学诞生,推动了宁波高等教育多样化大发展。出现了办学体制独具特色的万里学院,全国第一所中外合作办学的宁波诺丁汉大学,面向地方中小企业的民办大红鹰学院和面向宁波服装城的浙江纺织服装职业技术学院,产学结合卓有成就的宁波工程学院和示范性宁波职业技术学院,以及创立县校合作模式的浙江工商职业技术学院等等。林林总总,各具特色,蔚然成为高等教育实验区,也是我们高等教育理论工作者学习、调研的基地。

　　但作为牵头的宁波大学,开办初期,并不顺利,困难较多。由于中央和地方的重视,历任领导和全校师生员工的努力,逐步有所发展,但在办学理念、定位、特色、体制等方面,存在许多有待解决的问题。进入21世纪,宁波大学步入了创新发展阶段。这个阶段,出现许多创新的功能和业绩,学术声誉和学术地位也迅速提升,成为一所新兴地方性综合大学。这一时期,正是聂秋华校长任宁波大学常务副校长和第六任校长的15年。即将出版的这本《转型与跨越》,基本上就是这一时期他所发表的文章或所做的报告,反映了宁波大学21世纪以来创新发展的实践经验与理论思考。

　　聂秋华校长的办学理念,正如他所反复阐述的"把成才选择权交给学生",是"以生为本"的教育理念在办学上的发展与深化。然而如何将这一办学理念转化为办学实践，却需要通过适切的制度和方法。宁波大学在办学中采取了许多有效的制度和方法，其中最主要的是按大科类招生制度和"平台＋模块"培养方法。"第一学年以学科大类组织各类教学活动"，"一年后在学科大类内选择专业，第三年在专业内选择专业方向（模块）"。这样，学生可以在掌握一定知识的背景下，根据自己的兴趣爱好和条件，在教师指导下，自主地选择专业、专业方向，从而为就业做好充分的准备。实质上，也就是自主选择成才的目标和道路。如果第一次选择不当，在学习过程中，学生还可以根据主客观情况的变化，申请转学科、转专业。

"把成才的选择权交给学生"，是聂秋华校长主要的办学理念，但还不是他办学思想的全部。"面向学生选择，适应社会需求，推动教育资源优化"，可以较全面地概括他的办学思路与实践。《转型与跨越》这本教育管理文集，则是他的办学理论与实践经验的汇编，也充分反映了一所新建地方综合大学发展过程中艰苦探索与实践的历程。全书内容分为教育理念、综合改革与发展、人才培养与教育教学、学科与师资队伍建设、校园文化与国际化战略发展、地方服务与继续教育六个方面，涵盖了一所大学在发展过程中方方面面的问题、经验与理论思考。这本文集的出版，无论是对高等学校的领导管理者还是对高等教育的理论工作者，都有参考价值。当然，作为发展过程中的经验总结或理论思考，并非定论。如能引起讨论，更能显示文集的价值。

是为序。

潘懋元

于厦门大学高等教育研究基地

2015 年 10 月 8 日

前　言

聂秋华是宁波大学成长的见证者,从参与筹建开始,近三十年的时间,他伴随着宁波大学一起成长,亲历了宁波大学从教学型大学向教学研究型大学的转变。作为宁波大学的校长,他提出了"把成才的选择权交给学生"的教育理念,在宁波大学力推创新人才培养体系。而今,他已卸任校长一职,但仍然潜心教学科研工作,继续耕耘在生机盎然的宁波大学校园。

(一)从中学代课体育老师到大学校长

聂秋华的成长经历可谓足迹遍四方:祖籍江西,出生于河北,成长在四川,求学在杭州,工作在宁波。聂秋华的父母年轻时都是军人,他从小就跟随父母所在部队辗转于全国各地,后来才安家于四川成都。1974年中学毕业时,"文革"尚未结束,热爱学习、渴望知识的他只好暂时放下书本,到建筑工地做小工。偶然的一个机会,因为喜欢体育,聂秋华开始了他的教师生涯,成为成都新繁镇中学的一名代课体育老师。

幸运的是1977年国家恢复了高考制度。恢复高考的消息传到小镇时,距离高考只剩下两个多月的时间。和很多考生一样,聂秋华只是匆匆复习一下便参加了考试。尽管如此,聂秋华还是从当年参加高考的570万大军中脱颖而出,被浙江大学光仪系录取,成为国家恢复高考后的第一批大学生。接到录取通知书的那一刻,聂秋华说:"我心里涌动着无法言语的激动!"

1978年早春二月的一个夜晚,聂秋华告别了父母兄长,独自从成都坐了50多个小时的火车,一手提着木箱,一手拎着带补丁的毛领黑色大衣,跨进了浙江大学这座著名的高等学府,开始了他的求学之路。班上同学之间年龄相差最大达15岁,每个同学的学习热情都很高涨,好多同学在食堂排队买饭时手里都拿着英语单词本,聂秋华也是其中一个。

　　1982年,完成四年本科学习的聂秋华凭着优异的学习成绩和继续求学深造的渴望,留在了浙江大学光仪系攻读硕士研究生。1985年,硕士毕业的他被分配到了当时仍在筹建的宁波大学。

　　说起初到宁波大学时的情景,聂秋华依然感慨万千。

　　那是邓小平号召"把全世界的'宁波帮'都动员起来建设宁波"的第二年,宁波大学正是在这样的背景下,由当时的世界船王香港环球航运集团主席包玉刚提出捐资创办、在党和国家领导人直接关心下筹建起来的大学。这一年,浙江省政府正式批复同意筹建宁波大学,邓小平为宁波大学题写了校名,时任国务院代总理万里等党和国家领导人参加了宁波大学奠基典礼。

　　1986年,崭新的宁波大学校园迎来了第一批来自全国各地的280名学生。当时的校园除了几幢教学楼,大部分地方还是一片农田,学校因此被戏称为"早稻田大学"。

　　聂秋华在这所"早稻田大学"里一干近三十年,从一名年轻教师起步,一步一个脚印,先后担任宁波大学物理系副主任、主任,宁波大学校长助理、副校长、常务副校长,直至校长。

　　(二)改革人事聘任制度,向教学研究型大学转型

　　1999年10月,浙江省人民政府决定聘任中国科学院院士严陆光担任宁波大学校长,同时任命聂秋华为宁波大学常务副校长,负责处理学校日常行政工作。

　　当时的宁波大学在高等教育布局大调整中完成三校合并不久,刚刚于1998年获得硕士学位授予权。面对新世纪的机遇和挑战,宁波大学作出了从教学型大学向教学研究型大学转变的重大决策。

　　三校合并后的宁波大学,师资队伍结构性矛盾突出,高级职称教师严重缺乏,全校仅50余名教授,其中30人已经超过60岁。学校一年的科研经费仅数百万元,获得的国家级项目仅3项。

　　这样的基础条件,如何实现向教学研究型大学的转变?聂秋华认为:"关键的因素是人,是高水平的教师,没有一支高水平的教师队伍,是根本不可能实现这个转变的。"

　　那年,清华大学和北京大学在全国率先开始人事分配制度改革,推出

了 9 级岗位津贴制度,教授评为 3 级,除原来的基本工资外,每年依次发岗位津贴 5 万元、4 万元、3 万元,这在当时是一笔不小的收入,对全国高校震动很大。

很多高校都在观望,但宁波大学没有观望。聂秋华和当时班子其他成员在赶赴清华、北大调研后,于 2000 年年初也开始推行人事分配制度改革。

人事分配制度改革对宁波大学调动广大教师的积极性和吸引优秀人才起到了至关重要的作用,校内教师的积极性空前提高,一批优秀的人才得以从四面八方汇聚宁波大学。

2004 年 4 月,聘期届满的严陆光不再担任宁波大学校长职务,聂秋华众望所归,接棒成为宁波大学第六任校长。

担任校长职务后,聂秋华带领宁波大学不断深化以人事聘任制度为核心的校内管理体制改革,加快了学校向教学研究型大学转型的步伐。为了突破学校发展瓶颈,宁波大学把争取博士学位授予权作为实现向教学研究型大学转型目标的重要标志,制订了详细的申博计划。为了能尽快使学校学科建设水平达到申报博士点的要求,宁波大学启动了新世纪学科建设工程,采取有力措施推动学科发展。

系列改革措施和建设工程的成效很快显现,学校师资队伍结构明显改善,教学科研水平显著提高,学科综合竞争力快速提升。2006 年,学校首次获得了国家科技进步二等奖,实现了国家级科研成果奖零的突破,为获得博士学位授予权增添了重要的砝码。经过多年的努力,2007 年 6 月 9 日,国务院学位委员会终于正式发文批准宁波大学为博士学位授予单位,并批准 3 个学科为博士学位授予权学科专业。这一年,宁波大学已经拥有一支 1300 多人的教师队伍,高职称人数达到一半以上,教授数量近 300 名,博士 300 名,学校师资队伍水平和整体实力与八年前不可同日而语。

在成功获得博士学位授予权后,聂秋华和他的班子仍然不敢松懈,随即推行实施目标任务导向的学术团队聘任制改革,把学校的重点岗位与聘期目标任务结合起来,强化对学院和团队聘期目标的考核。

正是在这种持续不断的人事制度改革激励下,宁波大学教师的工作积极性得到极大激发,学校综合实力得以不断提升。在武书连的《中国大学排行》中,宁波大学从百名以外跻身百强,从 2012 年第 99 位,到 2013 年第 95 位,再到 2014 年第 91 位。宁波大学就是这样一步一步、稳扎稳打,坚定地向着包玉刚先生创办宁波大学时设想的"一流大学"目标迈进。

从 1999 年到 2014 年,聂秋华在宁波大学担任了五年的常务副校长和十年的校长,在前不久召开的宁波大学第三次党代会上,宁波大学对这 15 年是这么概括的:进入新世纪,学校作出了向教学研究型大学转变的重大决策,经过近 15 年左右的努力,学校被列为省属重点建设大学,以优秀成绩通过本科教学工作水平评估,获得了博士学位授予权,跻身中国高校百强,成功列为省部市共建高校。到现在,宁波大学已基本建成为一所综合性教学研究型大学。

(三)构建创新人才培养体系,把成才的选择权交给学生

宁波大学有一个民办二级学院——科技学院,在 1999 年成立时便被赋予了"要成为学校改革创新试验田"的使命。为了更好地适应经济社会形势的发展变化,科技学院根据"三本"(指普通公办本科的下一个招生批次)学生的特点,按文理大类招生,进校学习一年后再按志愿进行专业分流,采取平台式递进教学模式,以加强学生应用能力培养。这是一次具有深远意义的教育教学改革尝试,也是宁波大学创新人才培养体系最早的雏形。

2000 年,学校教务处在总结科技学院平台式教改经验的基础上,申请每年投入 500 万元,用于实施"专业、课程、教材三大建设",推行教学改革。

当时作为分管财务的常务副校长,聂秋华敏锐地意识到这是宁波大学推进人才培养模式改革、培育学校人才培养特色的重要机遇。他向教务处表明了支持加大教学改革投入的态度,同时要求教务处探索建立一套适应市场经济对人才需求的培养模式,并建议在平台教学阶段打基础,适当延迟学生选专业的时间,再加入专业模块课程,允许学生根据社会用人和本人实际情况进行灵活选择。正是在这样的思路指引下,宁波大学很快提出了按学科大类招生的办法和基于"平台＋模块"课程结构体系的人才培养模式改革方案。

基于"平台＋模块"课程结构体系的人才培养模式,由于有利于学生个性的发展和满足社会对不同规格人才的需求,有利于提高学生的学习自主

权并激发低年级学生的学习积极性,刚出台就受到了社会的广泛关注,媒体纷纷对此做了专门报道,全国各地前来考察学习的高校络绎不绝。基于"平台＋模块"课程结构体系的人才培养模式深受广大学生及家长的欢迎,更在 2003 年教育部对宁波大学的本科教学工作水平评估中,被专家组认定为宁波大学办学特色项目,为宁波大学在那次教学评估中获得优秀成绩奠定了重要基础。

2004 年,为进一步深化教育教学改革,聂秋华在宁波大学基于"平台＋模块"课程结构体系的人才培养模式改革实践基础上,提出了"把成才的选择权交给学生"的教育理念。他说:"谁能成为哪种人才的选择权不应该属于学校,而应该属于学生自己。学校的任务是为学生的选择创造条件,重点是指导和教会学生做出适合他们成才的合理选择。"

"把成才的选择权交给学生",一石激起千层浪。当时,全校师生对这样一个理念有不同的认识。学生们欢欣鼓舞,认为校长的理念真正体现了"以学生为本"。学生工作部门更是进一步提出,成才的选择权本来就是学生的,应该"还给学生"。也有人有疑议,学生会选择吗? 还有人顾虑,学校有那么多资源给学生选择吗? 甚至有人担心,这样会不会引起"热门专业撑死、冷门专业饿死"?

面对大家的不同认识,聂秋华在不同的场合不断地向师生做出说明,为什么要"把成才的选择权交给学生",以及如何真正做到"把成才的选择权交给学生"。

在聂秋华看来,从国家市场经济体系对人才的需求规律,到培养学生创新素质和就业的现实需要,都迫切要求高校的人才培养进行深入改革。而在改革中加入了学生成才选择的元素,无疑会加快这场改革的速度、深度和适应度,促使教师教育观念的转变和学校的教学建设。

在随后的实践中,学校加快专业、课程和实验室三大建设,为学生的成长成才选择提供更多的优质教学资源和条件,不断发挥教师在学生成才选择中的主导作用,逐步建立起根据学校办学资源正确引导学生合理选择的机制。在不断探索和实践中,逐步统一了全校师生对如何正确理解和实现"把成才的选择权交给学生"的思想认识。

2006 年,宁波大学作出了"构建创新人才培养体系"的重要决策,全面实施按学科大类招生,并正式组建对学生按大类组织教学和进行管理的"阳明学院",把构建创新人才培养体系的教育教学改革推向纵深。

创新人才培养体系的构建,极大地激发了学生成长成才的内在主动性,调动了教师对学生主动关心的积极性,提高了学校办学资源配置的科学性,更使得学生更好地适应了经济社会发展对人才培养的需求。这种"面向学生选择、适应社会需求、推动教学资源优化"的人才培养机制探索与实践在2009年获得了国家教学成果二等奖。

(四)青春无悔,余热再献宁波大学

2014年6月,由于年龄原因,聂秋华不再担任宁波大学校长职务。他在离任讲话中说:

"忽然我已届花甲之年,而最美好的青春岁月在宁大度过。先贤们把宁大建成一流大学的呼声,始终回响在我耳边,成为自己的理想;为实现这个理想而奋斗,感到无比快乐。亲眼目睹和亲身经历了迄今为止宁大从农田中破土而出、顽强生长的全过程,宁大教会了我做人、做事、做学问,宁大这片土地为我的成长发展提供了丰富的养分,使我一步一步成长为教授、校长。宁大给了我一个求上进的氛围,给了我一个干事业的舞台,宁大人给了我前行的力量,每当我凝视着承载我理想的宁大校园,细数着帮助过我的每一个人,感恩之情油然而生。人生能有几十年?青春没有虚度。我想如果我再有一次青春年华,依然献给宁波大学!"

聂秋华的离任讲话凝结了他对宁波大学的深厚感情和殷切期望,在师生中引起热烈反响,大家纷纷为他三十年来为宁波大学所作的贡献点赞,为他独具魅力的人格品质点赞。

有一位当地教育行政部门的领导干部,在工作中曾经和聂秋华有不少交集,他在自己的网络日志中写道:"真诚不夸张,内敛不张扬,务实不作秀,做人做事做学问皆秉持不移,浮躁时代仍修身不懈。有校长如斯,何尝不是宁大之幸!"

关于卸任校长职务后的打算,聂秋华说:"我是一名教师,希望自己在离开行政工作岗位后能够更加专心地从事教学科研工作,争取在教学科研方面取得更好的业绩,继续为宁波大学的事业发展作出自己的贡献。"

聂秋华也正用实际行动证明,虽然不再担任校长,他仍然以另一种方式为宁波大学作贡献。在前不久公布的国家科学技术奖获奖名单中,聂秋华主持完成的"新型红外硫系玻璃制备关键技术及应用"获得了国家技术发明二等奖。

　　包玉刚先生在捐资创办宁波大学时说过"要办就要办一流的大学"。办一所一流的大学是宁波市人民包括海内外"宁波帮"的共同心愿,这一目标的实现绝不在一朝一夕,还需要一代又一代宁大人为之不懈奋斗。对此,聂秋华充满信心地说:"精卫填海、愚公移山是一曲神话,也是一种精神,还是一个客观规律,只要能设法聚点滴之力、坚持做长久之功,就一定能实现这个宏伟目标!"

　　　　　　　　　　　　(原载于《教育与职业》2015 年 1 月刊,作者:张韦韦　李斯令)

目　录

附　　录

增强科研实力，加快学科发展[*]

——形成学科生长机制、引入竞争机制、建立激励机制、完善考核机制。

当前，校内外环境都为宁大增强科研实力、加快学科发展提供了良好的机遇。宁波市将"科教兴市"作为市委、市政府的"一号工程"，通过科技与教育的迅速发展来促进宁波市社会发展和经济增长，企业迫切需要更多的高新技术和产品以及科技人才，这一大环境为宁大科研工作的发展创造了更大空间；就学校自身而言，学校由教学型大学向教学研究型大学转变，要实现这一转变，关键是学科建设要上台阶，科研工作要有突破。如何抓住机遇，加快科研工作的发展，这是全校教师必须认真思考的问题，同时也是我校各级分管科研工作的同志们必须要思考的问题。

要抓住机遇，锐意进取，首先要对我校科研工作的现状有一清醒的认识：

（1）学校历史短、底子薄、积累少。对于我们这样一所年轻高校，它还需要岁月的积淀。

（2）学科基础差、水平低、人才少。学科优势不明显，学科带头人少，尤其在省内、国内有较大影响者更少。

（3）科研能力弱、项目小，经费少。科研项目数量不多，重大的、有影响的项目少。

为提高学校的科研实力，需要明确努力方向，今后在五个方面必须加强：

---

　　* 本文是 1999 年 11 月 1 日聂秋华在科研管理干部培训班上的讲话（节选）

1. 更新观念，营造氛围

学校要形成核心价值观，即什么样的事是大家公认该做的，什么样的人是大家公认好样的、该学习的、该受尊重的。

搞基础研究与搞开发，都有价值。我们要适应社会发展的形势，例如，宁波市成立风险投资公司，发展高科技，我们要特别鼓励结合宁波经济发展的实际搞应用研究，搞出产品，与企业合作或争取风险投资公司支持，使产品进入市场。

要增强学术氛围，进一步营造尊重知识、尊重人才的氛围，机关、行政部门与教师都应积极响应。

2. 深化改革，搞活机制

科研体制改革必须与学校改革相配套、相适应，打破大锅饭、平均主义、职称终身制等僵化机制，建立有效的新机制。

首先要形成学科生长机制。过去我们的学科老搞不起来，要反思。现在成立研究所，要作为学科建设的基本形式，以学科带头人为首组建学科梯队，形成学校科研与学科建设新布局。

其次要引入竞争机制。引入竞争是加快科研工作发展的动力，真正做到优胜劣汰。

第三要建立激励机制。要改革分配制度，学校、系、研究所办的产业可尝试采用股份制，研究人员应该占有股份。

还要完善考核机制。建立健全考核体系，科研要成为教师考核的硬指标。

3. 集聚人才，抓好学科

科研以学科为基础，要通过大力引进与积极培养来提高学科带头人队伍的水平。有了学科带头人，还要形成学科梯队，不能简单用行政管理代替学术管理、科研管理。要给带头人放权，尽快形成梯队。

4. 产学结合，重点突破

与地方产业结合，要有重点突破。无论什么学科，学校都要大力支持。

5. 加强管理，规范运作

为适应下一步发展计划，科研水平要更上一层楼，必须规范、健全（校、系）科研管理制度。争取 2000 年达到 10 个硕士点，2002 年达到 20 个硕士点，然后创造条件冲博士点。

有了大目标，全校上下就要形成共识，切实把科研工作放在与教学同样重要的位置上。为此对大家提几点要求：

（1）敬业爱岗。爱岗才能敬业，要通过人事制度改革，竞聘上岗，真正使大家体会到岗位来之不易，以此来解决敬业的动力问题。

（2）大胆创新。要发挥工作的主动性，创造性地开展工作。科研工作是创新性的工作，而科研管理工作本身也需要创新。

（3）善于学习。学习是创新的基础。科学技术是学问，科研管理工作也是学问。要解决学校科研工作管理、政策和机制的问题，都要善于借鉴成功经验。要像研究科研课题那样来研究科研管理中的问题。

（4）顾全大局。学校各学科发展不平衡，学校要有所作为、有所不为，要突出重点，扶强扶优；各学科自身要努力形成重点，又要乐于支持别人成为重点。

大力推进学院制改革[*]

> ——就我校而言,随着办学规模的扩大,要实现教学型大学
> 向教学研究型大学的转变,实现超常规发展,必须充分调动
> 校、院两个积极性,形成高效、富有活力的内部管理体制。

学校前一段时间进行了后勤社会化改革和机关机构改革,下一步将要进行的是校、院、系管理体制改革,我们也通常称为学院制改革。

首先我讲一讲进行改革的重要性和必要性。学院制是高等教育管理体制和发展的客观需要,也是目前高校内部管理体制改革的发展趋势。国内各地方综合性大学有半数以上已经完成或正在进行学院制改革,上海大学、苏州大学、青岛大学等同类高校都在积极推行学院制改革,省内高校浙工大、浙师大也已经完成或正在进行学院制改革。宁波大学最近已经被列为浙江省的三所重点大学之一,但实事求是地说,我们离高水平的省重点大学的要求仍然有较大的差距。如果按原来的体制运行,我们很难赶上其他同类高校,如果我们不加快进行改革,也会落后于其他高校。就我校而言,随着办学规模的扩大,要实现教学型大学向教学研究型大学的转变,实现超常规发展,必须充分调动校、院两个积极性,形成高效、富有活力的内部管理体制。学院制改革也有利于学科建设,实现学校转型;同时有利于推进学校其他内部管理体制改革的顺利进行。

学校对学院制改革十分重视,在完成后勤社会化改革和机关竞聘上岗改革后,马上着手进行学院制管理体制改革,并充分考虑到其重要性和困难性。学院组建方案的进展过程,分为三个阶段:第一阶段是准备阶段,学校从去年九月份就开始制定学科发展规划并组织硕士点申报的准备工作,

---

* 本文是 2000 年 3 月 17 日聂秋华在校、院、系管理体制改革动员大会上的讲话(节选)

还专门赴其他兄弟院校进行调研,学习其他高校的改革经验。第二阶段是酝酿阶段,本学期开始前,学校领导和部分机关干部召开了一次务虚会,会上确立了学院组建的四条原则:一是学科加强的原则,有利于扶强扶优、发展优势学科和为地方经济建设与社会发展服务的学科;二是资源优化原则;三是规模效益原则;四是各方兼顾原则,即兼顾长线专业与短线专业、兼顾教学与科研、兼顾基础与应用。第三阶段是反复征求意见阶段,校领导分头到文科、理科、工科等院系去调研,综合了解各有关院系的意见和建议,然后制定出学院设置方案的征求意见稿,分别在党总支书记、校学术委员会、民主党派和教代会主席团及各院系党政主要负责人会议上征求意见并不断完善。然后向严陆光校长汇报,听取意见后才最终制定了这份宁波大学学院设置方案,方案在遵循四条原则的基础上,又考虑了可操作性,有利于学校其他改革顺利推进。在此期间,参加了中科院与宁波市合作的会谈,中科院愿意帮助宁大进行学科建设和人才培养,并主动提出选派四位院士兼任宁波大学有关学院院长,这样有利于扩大学校影响,有利于学院发展。

根据宁波大学学院设置方案,全校共组建 18 个二级学院(包括学科性学院和管理性学院),按照学科顺序排列分别为:商学院、法学院、师范学院、体育学院、文学院、外语学院、传播与艺术学院、理学院、工学院、信息科学与工程学院、建筑工程与环境学院、海运学院、生命科学与生物工程学院、医学院、职业技术教育学院、成人教育学院(继续教育学院)、科学技术学院、国际交流学院。学院下设系、部、所和中心实验室等教学与科研机构。

学校为配合学院制改革还相应出台了《宁波大学学院管理若干意见》,实施意见体现了学院制管理体制改革的一些思想和导向:第一,体现强化校、院两级管理的思想。学院是一级行政实体,而学院下设的系不是实体。要实现管理重心下移,通过权力下放,特别是教学、科研、人事方面的权力,从而提高管理效率;学院要主动对人、财、物实行统筹,有一定的办学自主权;对属于学院的资源进行合理调配,提高利用率;通过扩大规模,实现规模效益。第二,体现加强素质教育、提高人才培养水平的思想。具体的教学工作由系来实施,学院要加强管理,拓宽专业培养口径,让学生有一定的专业和课程选择自主权。第三,体现加强学科建设的思想。充分发挥学科带头人的作用,给学科带头人一定的权力,如科研经费支配权、实验室管理权、人员调配权等,今后要规范学院下设的研究所,使研究所成为学科梯队的组织形式,有些学科实力还不够强,可以先成立研究室,较小的可以成立项目组。第四,体现强化岗位、淡化身份的思想。学校紧接着要进行人事分配制度的改革,今后改革的方向是"设岗聘任、因岗取酬"。第五,体现加强财务管理思想。今后学校财务制度改革的主要想法是实行一级核算、二级管理,学校通过设立结算中心代理各学院的财务管理,学校将部分经费管理权下放到学院,公用部分经费划入学院管理,学院有相对的财务管理权限,学校一般不加以干涉,但学院经费流转必须通过学校的结算中心。第六,体现学校资源有偿使用的思想。原来大家对这方面的想法没有,或者说较弱,主要表现在:一是创收活动,利用学校的资源为本院系服务;二是利用学校的教学、科研资源或无形的资产,但没有给学校上缴收益。人事分配制度改革以后,学校给各学院注入岗位津贴,但要转变原来的无偿使用学校资源的观念,今后要实行交费制度,解决资源分配中的矛盾,提高资源使用率。

同时,相应出台的还有《宁波大学教学科研关键岗位设置及聘任办法》,这次将学院领导岗位和教学科研关键岗位同时推出,进行合理的分流。根据学校现状和学科建设的规划,设置三级关键岗位和资深岗位(超过 60 岁以上的教授),这些都是由学校直接设置并聘任的教授岗位。每一级岗位都有一定的资格和考核要求,我们鼓励副教授们也去积极争取关键岗位。目的是通过改革,体现学校的价值导向,使学科带头人和教授得到充分的尊重,鼓励年青教师朝此方向努力;明确人才政策,不仅留住人才、积聚人才、培养人才,还破格提拔优秀人才,形成合理的学科梯队,而不能按资排辈;引入竞争机制,进行公开招聘、竞争上岗、择优选聘、滚动发展,以后关键岗位每三年评一次,每年进行年度考核。学校将教学、科研任务分配到岗位任务中去,学院也要将本学院承担的工作任务进行再分解。聘任办法反映了学校希望尽快提高教学、科研水平的思想。同时,聘任办法也隐含了即将进行的分配制度改革,使收入分配档次拉开,提高优秀人才的收入,形成激励机制。

谈"宁波帮"资助宁大楼宇建设[*]

  ——"宁波帮"不仅为我们捐资助建了大楼,还给我们带来更为可贵的财富,即这种爱国爱乡的崇高精神,值得我们师生学习和弘扬。

  在这百花盛开、万物萌发的美好日子,我们宁波大学又迎来了一批贵宾,并在这里隆重举行曹光彪科技楼的揭碑典礼。曾任国务院港事顾问、香港特别行政区第一届推选委员会委员,现任永新企业有限公司董事长、港龙航空公司永久董事长、宁波大学荣誉顾问曹光彪先生和其家人等一行专程来到宁波大学出席今天的庆典,让我们以热烈的掌声对他们的到来表示崇高的敬意和衷心的感谢,并向出席今天典礼的各位领导和来宾表示热烈的欢迎!

  享誉世界、人称"毛纺大王"的曹光彪先生,祖籍宁波市鄞县下应镇。在半个多世纪的创业生涯中,他以其过人的胆识、超凡的毅力和杰出的经营才能,在毛纺、服装、航空、地产、电力、食品加工、宾馆等领域创造了宏大业绩,业务遍及全球,成为世界华人中位居前列的杰出企业家。曹光彪先生热心科教,对教育倍加关心,多次捐巨资于科教事业,在过去的十多年里,已累计向国内教育机构捐赠 1 亿多港元,其造福桑梓的盛德义举受到了各界各级的一致好评和高度赞扬,先后被授予浙江省"爱乡楷模"、宁波市"荣誉市民"、浙江大学名誉博士、宁波大学荣誉顾问等多项称号。1997年 8 月,国家主席江泽民在接见曹光彪先生及其子女一行时高度评价他:一贯爱国爱港,积极支持内地经济建设和科教事业的发展。1999 年 4 月18 日,经国际小行星中心和国际小行星命名委员会批准,已将由中国紫金

---

* 本文是 2000 年 5 月 21 日聂秋华在曹光彪科技楼揭碑典礼上的讲话

山天文台发现、国际编号为 4566 的小行星正式命名为"曹光彪星"。从此，曹光彪先生的英名光耀星汉，彪炳史册，与天地永恒，同日月齐辉。

曹光彪先生非常关心宁波大学的建设与发展，1986 年 11 月宁波大学首届学生开学时，他就亲临典礼并捐赠厚礼；1995 年又再次携其家人出席曹光彪科技楼的奠基典礼，并接受宁波大学"荣誉顾问"之聘；此后，他又专门派公子曹其东先生等家人来学校访问；今天，曹先生又率家人专程出席曹光彪科技楼揭碑典礼，让全校师生无比欢欣和鼓舞，也是对宁波大学莫大的鼓励和支持，请允许我以宁波大学的名义对尊敬的荣誉顾问曹光彪先生及其家人再一次表示衷心的感谢！

曹光彪科技楼坐落于学校的中心位置，总建筑面积 5500 多平方米，共有五层，呈环形四方结构，于 1997 年 2 月建成并投入使用。中国科学院院长路甬祥院士亲笔题写了楼名。目前，已有一批研究机构和市重点实验室在科技楼内开展研究工作，并已取得多项成果。曹光彪科技楼已成为宁波大学重要的科研基地，在促进科学研究、培养科技人才、服务地方建设等方面正发挥着日益巨大的作用。

宁波大学三校合并办学以来，实力成倍增加，已经发展成为拥有经、法、教育、文、史、理、工、农、医、管理等 10 个学科门类的综合性大学，而且具备一定的规模，目前师生逾万。特别近几年来，在省、市政府和教委的领导、关心下，在海外"宁波帮"人士的扶助下发展迅速，继 1998 年获得硕士学位授予权后，今年又被列为浙江省三所重点大学之一。目前学校正在进行全面的内部管理体制改革，进一步增强办学活力，提高办学效益。学校正在进行的学院制改革，将全校的教学科研单位优化组合建立了 18 个学院，并拟聘请一批中国科学院院士担任学院的院长。著名的遥感技术与应用专家薛永祺院士和著名核物理学家沈文庆院士已经分别出任宁波大学信息科学与工程学院和理学院院长，这是继校长、著名电工专家严陆光院士以后到校的第二批院士，而且还将有一批院士出任宁波大学有关学院的院长，这对学校今后扩大影响、提高水平具有深远的意义。

曹先生家族一贯有捐资助学的优秀传统。早在 20 世纪的上半叶，曹先生的父亲曾捐资为家乡建立宽仁学校，传为美谈。曹先生旅居海外、心系故里，对家乡的教育事业非常关心，在家乡宁波建立了宗华系列学校，又欣然在宁波大学慷慨捐资助建"曹光彪科技楼"。"德施于人,而教行于家",其子女曹其镛、曹其真、曹其东、曹其瑛、曹其锋等以先辈为典范,大力弘扬爱国爱乡的优良传统,自觉地为祖国的繁荣昌盛和家乡建设而尽心尽力。以曹先生为代表的"宁波帮"不仅为我们捐资助建了大楼,还给我们带来更为可贵的财富,即这种爱国爱乡的崇高精神,值得我们师生学习和弘扬。

关于加快发展科研工作和学科建设的几点思考*

——努力开创体制顺、机制活、观念新、环境好、人气旺、学科特的科研工作新局面。

在去年十月份举办的全校性科研管理干部培训班上,提出学校今后的发展要从原来的教学型大学向教学研究型大学的转变以来,学校的科研氛围明显比以前浓厚,体制也在不断创新,在积聚、培养人才方面迈出可喜的步伐,科研工作大有起色。今年以来,学校通过学院制改革、人事分配制度改革等一系列的改革,使原来的教学、科研单位有较大幅度的调整,如何在新的体制下搞好科研工作,是学校今后工作的重点。

李岚清副总理前几天考察宁波大学时,特别指出年轻的大学一定要有特点,打破老大学的框架,办出自己的特色和水平,对于宁波大学来说,当前要想办法加速科研工作和学科建设。我认为可以从以下六个方面做好工作:

一是"体制顺"。体制关系理顺主要表现在职责分明,学校将建立校、院、所分级的科研管理体系,主要包括:校院的科研管理体制、院所的管理体制和所内的管理体制。要充分发挥学科带头人的作用,促进学科梯队的形成,以研究所作为学科梯队的组织形式,所长作为学科带头人,也要处理好与所内其他人员之间的关系。

二是"机制活"。机制灵活首先要鼓励学科带头人发挥作用,给学科带头人"松绑",给学科带头人放权,然后通过考核,建立学科建设目标责任制,符合学科建设的要求。其次,鼓励年青人脱颖而出,有利于年青人的培

---

* 本文是 2000 年 6 月 21 日聂秋华在宁波大学科研工作会议上的讲话

养。目前有些青年教师感到压力,苦恼的是找不到方向。科研工作需要积累,需要有人引导,要结合到研究所中去,结合科研项目,结合学科梯队的建设。第三,要鼓励创新,江泽民主席在院士大会上讲话指出,"科研工作的实质是创新",我们要树立实事求是的作风,不能抄袭、剽窃他人的研究成果,这是科研人员的基本学术道德。第四,鼓励大家创业,鼓励我们的教师,特别是工科的教师,进入科技产业,创办高新技术企业,同时我们还鼓励学生创业。

三是"观念新"。我们人事分配改革过程中,很多教师普遍感到压力,只有有压力,才能促进发展。"观念新"包括:其一是创新的意识,要多学习,接受新事物,不断接受新知识;其二是创造性地开展工作,科研工作中要寻求新的突破点。

四是"环境好"。只有创造好的、有利于人才发挥作用的制度环境,才能吸引人才,留住人才。经济建设要讲究好的投资环境,政策法规健全。我们这里的环境包括"软环境"和"硬环境"。"软环境"是指健全的规章制度和好的科研政策,例如科研处准备建立的科研工作数据库,为大家提供方便;"硬环境"主要指重点实验室的建立、工作条件的改善等等。

五是"人气旺"。首先说明一点:人多并不代表人气旺,只有大家紧密协作、代代传承才能人气旺。要达到人气兴旺,其一是学科内部团结、和谐,具有良好的人际关系氛围;其二是学科梯队的建立,科学研究讲究群体力量;其三是加快人才引进和培养,特别是高层次人才的引进和培养;其四是加强对外交流合作,通过国内外的学术交流、人员互访提升学科建设水平;其五是充分利用中科院的资源,寻求中科院有关专家的智力支持和帮助。

六是"学科特"。学校的特色建立在学院上,学院的特色建立在学科上,学科的特色要与地方经济建设和社会发展相结合,得到地方的支持;要与产业化相结合,围绕"科研成果产业化",广泛与企业合作;与地方行业相结合,争取地方部门的支持和帮助;与人才培养相结合,促进提高人才培养的质量。

建设高素质师资队伍，为实现
省重点大学目标而努力[*]

——"人才是学校发展的原动力"，教师是教学科研工作的具体
承担者，师资队伍建设是学校常抓不懈的重要工作。我们的教
师队伍建设必须适应学校从教学型向教学研究型转变的要求，
必须符合省重点大学的要求和目标。

随着学校内部管理体制改革的深入推进，特别是聘用制度的实施和分
配制度的改革，宁波大学的发展进入新的阶段，我们的各方面工作正在发
生可喜的变化。但是我们要清楚地认识到改革刚刚起步，还存在很多问
题，要真正使改革达到所预期的效果，还需要我们做大量艰苦细致的工作。
其中如何建设一支高素质、高水平的师资队伍，促进我们的学科建设和科
研工作，提高我们的教育质量，成为学校进一步发展的关键。"人才是学校
发展的原动力"，教师是教学科研工作的具体承担者，师资队伍建设是学校
常抓不懈的重要工作。我们的教师队伍建设必须适应学校从教学型向教
学研究型转变的要求，必须符合省重点大学的要求和目标。

一、三年多来的实际工作回顾和取得的成绩

1996 年 12 月举行了师资工作会议，确定了校本部"九五"期间师资队
伍建设规划，进一步强调师资队伍建设工作的重要性和紧迫性。三年多
来，基本上完成了当时确定的目标和任务，"人才工程"成果喜人。

三年多来，无论是人才引进还是培养工作都有显著的进步，在立足人

---

* 本文是 2000 年 7 月 19 日聂秋华在宁波大学 2000 年师资工作研讨会上的讲话（节选）

才的培育、使用和管理的同时,着眼于重点学科、经济建设急需发展的学科和具有潜力与应用前景的学科,加大了高水平、高学历、高层次人才的引进力度。1996 年以来,共引进高级专业技术人员 84 名,其中教授、研究员 31 名(包括博士生导师四人,另外共享的中国科学院院士 4 名),副教授、副研究员 53 名,中级职称人员 100 余名,在重点学科建设、重点实验室建设、硕士点申报等方面发挥了积极的作用,还构建了一些新兴学科。同时学校对教师特别是中青年教师培养的工作力度有很大的加强,投入的经费逐年增加,渠道不断拓宽。据统计,1996 年以来,学校派遣国内外进修培养的专业技术人员共 280 余人,其中访问学者 14 人,在职定向博士 29 人,在职定向硕士 20 余人,同等学力申请硕士学位 100 余人,研究生主干课程进修 6 人,专升本 50 余人,另外学校还组织举办岗前培训班 4 期,外语培训班 2 期,计算机培训班 4 期,受培训人数共 600 余人。

三年多来,全校师资结构有了较大的改善。1997 年至 1999 三年经评审,取得高一级任职资格的共有 315 人,其中正高职 14 人,副高职 121 人,另外还有一批分获中极和初级任职资格。学历结构从 1996 年年底的校本部具有研究生学历的教师共 139 人,占 32.2%,增长到目前的全校具有研究生学历的教师共 282 人,占 33.2%;职称结构从 1996 年年底的校本部高级职称人员共 126 人,占 30.2%,增长到目前的高级职称人员共 298 人,占 35.1%,考虑到三校合并的因素,我们在比例上虽然增长并不是很明显,但在数量上增长非常明显。学校的规模效益明显提高,师生比从 1996 年底的校本部的 1∶9.4 增长到目前全校的 1∶11.4。

学校在各方面关心人才的成长,鼓励年青人才脱颖而出,学校于 1997 年制定了《宁波大学师德规范》,并在 1998 年开展首届"十佳教师"的评选活动,促进教师责任心的提高和师德建设。学校先后设立"优秀教学成果奖"、"优秀科研成果奖"、"教书育人奖"、"课堂教学优秀奖"、"王宽诚育才奖"等奖项,奖励在教学和科研工作上作出突出成绩的教师。学校还积极开拓人才培养新的渠道和途径,如继 1995 年开始设立了包陪庆奖学金,资助青年教师到加拿大麦吉尔大学进修,到目前为止,共有 13 人次受到资助;1998 年开始争取到王宽诚基金会的资助,专门用于选派教师出国深造,到目前为止,已经有 12 人次受资助出国进修、访问或参加国际会议;还争取到包兆龙、包玉刚奖学金出国进修 1 人次，近期还专门设立"宁波大学荣华学者奖励计划"，这些措施都极大地促进了教师队伍的建设。

学校积极为优秀人才创造和改善教学、科研条件，使人才能充分发挥作用，加快学科带头人和教学科研骨干的培养。1996 年以来，学校共投入1000 多万元，积极为出国深造回来和引进的高层次人员提供设备、经费条件，支持他们申请有关科研项目，取得有关基金的支持；1996 年以来，学校建设起来一批省级、市级和校级重点学科和重点实验室，通过培养和引进高层次优秀人才，形成一支学科带头人队伍，现有学科带头人近 30 人；1996 年开始，学校设立了"21 世纪人才基金"，三年多来为 50 余人提供了科研启动费、国际学术会议费、学术论著发表费、安家费等；1996 年以来，共有 2 人入选国家"百千万人才工程"，有 4 人选拔为省高校中青年学科带头人，有 5 人入选省"151 人才工程"，有 30 人入选市"4321 人才工程"第一、二层次，有 4 人被评为宁波市有突出贡献科技工作者，最近，又有 3 人荣获教育部"高等学校骨干教师资助计划"项目。学校积极做好学科带头人、中青年骨干教师的选拔工作，三校合并以后，又选拔校级优秀中青年骨干教师 1 批共 32 人，加以重点培养。学校老的专家学者较好地发挥学术带头人的作用，一批中青年学科带头人和教学科研骨干也迅速成长起来，逐渐成为学校发展的中流砥柱。

学校为中青年教师解决实际困难，不仅引进人才，而且稳定人才，想方设法使人才能安心工作。学校改善了图书检索系统，建立了中国学术期刊光盘检索一级站和期刊网镜像站，实现网上信息服务，对学科带头人、优秀中青年骨干教师提供定题和专题跟踪服务；建立计算机校园网络并联通互联网，最近学校又改造了校园网，大大提高了运行速度；学校于 1999 年改造了幼儿园，解决青年教师子女入托问题，最近又与宁波市教委和江北区教委共同建设宁镇路小学，同时帮助联系落实新引进教师子女入学，从多方面解决教师的后顾之忧；学校的住房分配也体现向专业技术人员倾斜的政策，还在育才路建设高知楼，为引进高层次人才提供较好的条件，同时改善了校区的工作和生活环境。

自上次师资工作会以来，我们的师资队伍建设有了可喜的变化，结构得到优化，素质有所提高，但也要清醒地认识到我们的师资队伍尚不能适应教学、科研的迅速发展,与省重点大学的目标与要求差距较大,我们今后五年的师资队伍建设将关系到学校在整个"十五"期间的发展。

二、学校师资队伍建设现状及存在的主要不足

到 2000 年 5 月为止,全校共有教职工 1654 人,其中教师(包括教学、科研人员)849 人。现有全日制在校生 9700 人,目前全校职生比为 1∶5.86,师生比为 1∶11.4。全校教师的职称结构:具有正高职称(教授、研究员)的共有 70 人,占 8.25%,其中博士生导师 5 人;具有副高职称(副教授、副研究员、高级工程师)的共有 228 人,占 26.86%,两项综合共 298 人,占 35.1%;教师职称结构正高、副高、中级、初级比为 1∶3.3∶4.8∶3.0。全校教师的学历结构:教师中具有研究生学历者共 282 人,占 33.22%;其中具有博士学位者 32 人,占 3.77%。全校教师的年龄结构:35 岁以下的青年教师 413 人,占 48.65%;36~40 岁的教师 189 人,占 22.26%;41~50 岁的教师 119 人,占 14.02%;51~60 岁以下的教师 89 人占 10.48%;60 岁以上的教师 39 人,占 4.59%。学校的师资结构需要继续优化,高层次人才引进和培养的力度要继续加大,学科梯队建设要进一步加强。目前,师资队伍建设中存在的主要问题是:

(一)师资结构,特别是学历结构和职称结构急需改善和提高

根据《浙江高等改革和发展规划(2000—2020 年)》中对教学研究型大学提出的要求,到 2005 年,具有研究生学历的教师的比例应达到 80%以上,副教授以上高级专业技术职务教师的比例达到 45%~55%,我校的两个比例分别为 33.2%和 35.1%,现状是研究生学历的教师严重不足,大部分是本科学历,整体学历层次偏低;我校中、初级职称的教师比例很大,分别是 40%和 25%,近期内晋升职称人员较多,难度很大。

(二)高层次、高水平的学术骨干数量偏少,年青的学科带头人更少

我校具有博士学位者 32 人,仅占 3.77%,加上在读博士学位者 25 人,总共才 57 人,占比例也仅为 6.71%,与省里对教学研究型大学中具有博士学位教师比例达到 30%的要求差距很大。在总共 70 名教授中 60 岁以上的就有 31 人,接近半数,加上近 5 年要退休的教授较多,教授队伍的建

设任务十分繁重。现有29名学科带头人中56岁以上的接近三分之一,教师中有实力争取国家、省部级科研项目的人数偏少。总体上,我们在增加高学历、高职称的教师方面面临的困难比其他省内高校更艰巨。

(三)学科梯队存在一定结构性矛盾,需要继续完善

学校的办学水平主要取决于学科水平,学科建设,特别是重点学科建设的关键是学科梯队的建设,师资队伍的建设要围绕学科建设的目标来进行,从上次师资工作会议提出"以学科梯队建设为中心"以来,在人才引进和培养方面突出"学科梯队建设",学科带头人老化的状况有所改善,但教师队伍的结构性矛盾依然存在。

(四)教师专业分布需要调整,年轻教师综合素质有待提高

从总体上看,全校教师总量是不缺的,但比例结构不合理。部分学院超编现象比较严重,部分学院严重缺编,导致各学院之间的人均教学科研工作量的不平衡。部分专业,尤其是新开设的专业、紧缺专业和招生扩大较快的专业,师资缺口明显,急需补充。部分招生数量少的专业教师由于科研能力较弱而工作量不饱和。目前,我们的年轻教师的师德建设和综合素质需要加强,部分教师存在教学责任心不强、不能安心工作、科研能力和基础较弱、没有工作压力等现象。

(五)管理队伍整体素质和水平急待提高

全校机关部门和各教学、科研和教辅单位共有专职行政人员257名,其中大专及以下学历者64名,占25%;具有研究生学历者才11人,数量和比例都很少;其中参加过高校管理专业培训的人员更少。目前行政管理人员的学历、职称层次偏低,其综合素质和研究水平也相应偏低,与教学科研队伍的建设并不同步,管理队伍的建设关系到管理水平的提升,因此也要与省重点大学的建设同步。

三、"十五"期间师资队伍建设的指导思想和基本目标

根据教育部《面向21世纪教育振兴行动计划》和《浙江高等教育改革和发展规划(2000—2020年)》的精神,同时结合宁波大学现有的师资队伍情况和教育事业发展规划,确定在"十五"期间的师资队伍建设的总的指导

思想是:以学科梯队建设为中心,以提高学历层次和优化职称结构为重点,着力于学科带头人、后继学科带头人和中青年学术骨干的培养,着力于高层次、高水平人才的引进,着力于建立起有效的人才竞争激励机制。

在"十五"期间我校师资队伍建设的基本目标是:按照优化、高效原则,严格编制管理,逐渐提高当量师生比,争取达到1:14;教师中具有研究生学历者的比例力争达到80%,其中具有博士学位者达到100人以上;副教授以上高级专业技术职务教师的比例达到45%以上,年龄在55岁以下的具有正高级技术职务的教师人数达到100名,同时改善高层次人才的年龄结构;全校具有学科带头人和后继学科带头人100名,中青年学术骨干300名,形成比较合理的学科梯队;教师的师德建设和综合素质有明显提高,具有较强的教学、科研能力和创新能力,并建立起有效的人才竞争激励机制。

四、师资队伍建设的具体措施和发展方向

著名教育学家梅贻琦曾经说过:"大学者,非是大楼之谓,乃是大师之谓也。"办学的关键在于教师,能否建设一支结构优化、梯队整齐、素质优良的师资队伍无疑是关系到学校今后发展的关键。我们正处于一个发展的阶段,师资队伍建设的压力很大,面临的困难很多,形势也很严峻,但只有正确认识到自身的不足,才能上质量、上档次、上地位。今后几年,师资队伍建设将根据学科布局和人事制度改革后的需要,围绕省重点大学建设和向教学研究型大学转变的目标,继续加大投入,深化改革,做好师资队伍建设中的引进、培养和培训工作。

首先,加大投入,加强培养、培训的落实和管理。以学科建设为中心,积极、有计划地选派工作表现好、业务上有发展前途的教师,通过在职攻读学位、联合培养、访问学者和国外进修等多种途径,提高他们的学历层次和教学科研水平,重点抓学科带头人、后继学科带头人和中青年学术骨干的培养。拓宽培训渠道,鼓励中青年教师在职攻读博士、硕士学位;积极鼓励教师参加学术交流和继续教育,鼓励高级技术职务的教师参加高级研讨班或到一流大学做访问学者;积极创造条件,鼓励教师出国深造。同时加强对中青年骨干教师的选拔,加强对受培训人员的跟踪管理与考核,加强对

行政管理人员的培训，使行政管理人员达到本科化，选派一定数量人员攻读研究生或参加高校管理专业的进修和培训，使管理队伍的建设与教学科研队伍的建设相适应。

其次，广开渠道，加大吸引力度，积极引进师资。以学科建设为龙头，重点放在学科带头人和学术骨干引进工作上，以及紧缺专业教师的补充上，一般要求在硕士以上。每年引进人才在100名以上，其中正、副教授和博士等高层次人才占50％以上，并设定相应的年龄界限；同时加大投入，提供一定的教学、科研条件，努力创造人才引进的良好环境，采取多种形式积极引进人才；对于年青的学科带头人，根据学科建设的需要，争取宁波市给予在学科、实验室等方面建设的专项投入，学校努力解决其后顾之忧；进一步改善校区的工作、生活环境，营造学校的学术氛围。

第三，实施"百名教授"工程，充分发挥学科带头人的作用，促进学科梯队建设。在5年之内，使年龄在55岁以下具有正高级技术职务的教师人数达到100名，学校制定分阶段的目标，逐年完成；重点培养学科带头人40至50名，并有一定数量的在某一学术领域领先的学科带头人，以及后继学科带头人50至60名和中青年学术骨干300名，对学科带头人在人、财、物等方面给予一定的自主权，充分发挥学科带头人的作用，形成以学科带头人为中心的、结构比较合理、有一定特色的学科梯队。

第四，深化人事制度改革，完善竞争激励机制，充分调动教师的积极性和创造性。通过实施教学、科研岗位聘用制，加强考核，使全校教师有一定的压力和动力，鼓励优秀人才脱颖而出；实行与岗位职责、工作业绩和贡献直接挂钩的校内分配制度改革，实行因岗定酬、优劳优酬，适当拉开收入档次，加大对业绩优异者的奖励；对优秀的学科带头人进行倾斜，对其科研进行重点资助；推行"学科建设目标责任制"，将队伍建设、用人制度与人事分配制度改革紧密结合起来，建立科学、有效的人才竞争激励机制。最近，学校已经出台了《宁波大学教学科研岗位考核办法(试行)》和《宁波大学校内岗位津贴实施办法(试行)》两个文件，以后在实际操作中加以不断完善。

第五，继续狠抓师德建设，通过多种手段，提高教师队伍的综合素质。教师应该为人师表、德才兼备，学校将在原来的师德规范基础上，大力提倡敬业爱岗和教书育人；今后继续进行"十佳教师"的评选活动，树立典型，宣传先进，学习榜样；继续做好"优秀教学成果奖"、"课堂教学优秀奖"、"王宽诚育才奖"等奖项的评比活动，同时加强教学过程管理和教学督导工作，促使教师加强教学责任心，研究教学方法，提高教学质量。从今年开始，在现有教学、科研工作量 8：2 的基础上，逐步提高科研工作量的比例，使教师的科研能力和创新能力得到明显加强，加大对教师参加科研工作的压力和动力，逐渐浓厚全校的学术氛围。通过几年的努力，使全校的师德建设和综合素质得到加强，教师队伍的整体水平上一个档次。

我们学校正处于快速发展的时期，处于从教学型大学向教学研究型大学转变的过程之中，面临省重点大学的建设任务。新的形势新的目标对我们来说是大好的发展机遇，也是极大的考验，对我们的师资队伍建设提出了很高的要求。学校将加强队伍建设，加速学科梯队的形成，优化师资结构，建立起有效的人才竞争激励机制，希望学校和学院共同努力，认真制定规划，采取有力措施，使我们的师资队伍建设在五年以后再上一个新的台阶。

论竞争与发展[*]

> ——高校的核心竞争力是学校使办学的经济效益和社会效
> 益最大化并实现高度统一的能力。

一、关于竞争形势

我希望大家对宁波大学目前面临的竞争形势保持清醒的认识：

一是今年的招生。生源激烈竞争的形势扑面而来。今年通过按大类或学院招生，我们第一志愿录取率比往年高，但决不能盲目乐观。在浙江省高校第一批招生录取中，我们不仅远远落后于浙江大学，理工科生源情况也落后于浙工大；在第三批民办学校的招生中，我们已经落后于浙大城市学院，浙工大之江学院也紧紧跟在我们科技学院后面，与我们的差距已经越来越小。生源竞争是高校间竞争的最直接反映，也是即将到来的竞争前奏，这就是竞争的外部形势。

二是假期的校园。暑假期间很多重点大学如浙江大学有很浓厚的科研气氛，但是我们的校园却静悄悄，我们的教师还没有充分利用好本来可以做出一番工作的假期，这样的情况继续下去，我们还能应对竞争吗？我校的一位在浙大攻读在职博士生的教师对导师说："放假了，我明天回去了。"导师一脸诧异地反问："放假？放什么假？"说明我们尚未做好竞争的准备，这就是竞争的内部形势。

二、关于竞争对手

谁也不愿意被别人称为对手，而愿意被别人称为朋友，最好是没有竞

---

* 本文是 2001 年 9 月 7 日聂秋华在中层干部学习会上的讲话

争对手,在没有竞争压力的环境中自由自在地自然发展。但实际上,竞争
对手在不断产生。有竞争对手并不可怕,而且一定程度上说,竞争对手越
多,压力越大,学校寻求生存与发展的动力也越足,否则就会被淘汰出局,
特别是在目前这样一种高等教育资源重组、迅速发展的形势下,看不到竞
争对手几乎等于失去目标和动力。

我们首先要明确自己的竞争对手。目前,学校有几个不同层次上的竞
争对手。我们与浙江大学不在同一层次上,也很难竞争。在省内,主要是
三所省重点建设大学之间以及在杭的本科院校之间的竞争;在宁波,浙江
万里学院、浙大宁波理工学院目前从整体上虽然还不能算是我们的强力竞
争对手,却是潜在的竞争对手,而对我们的科技学院则是直接的竞争对手。
各个学院都有自己的竞争对手,全省、全国各高校的外语学院、外语系都是
我们外语学院的竞争对手。当然最大的"竞争对手"还是我们自己,是承受
压力,敢于竞争,还是贪图安逸,得过且过? 我们需要克服惰性,在压力下
不断改革创新,实现迅速发展的目标。

我们还要充分研究我们的竞争对手,看别人在教学改革、科研和学科
建设、师资队伍建设等方面是如何做的,我们要密切加以关注,要借鉴别校
成功的经验。

三、关于核心竞争力

什么是"核心竞争力",怎样才能提高"核心竞争力"? 竞争就是比赛,
就是"不让",就是敢为人先,核心竞争力就是那些使你名列前茅的关键因
素。某些企业管理专家指出企业的核心竞争力主要有三条:成本最优、与
众不同、目标集聚。我认为高校的核心竞争力是学校使办学经济效益和社
会效益最大化并实现高度统一的能力。经济效益是指多种渠道争取尽可
能多的办学经费,投向合理的学科专业,努力降低培养成本,提高办学经费
的使用效益;学校更注重社会效益,学校的社会效益包括学校贡献给社会
的人才、成果的数量和质量,其实也就是学校的声誉和影响力,大学校长的
主要职责就在于不断提高学校的声誉和影响力。

提高"核心竞争力"需要创新机制来保证。如果没有当时的路甬祥校
长推行的打破大锅饭的改革举措,浙大就难有今天的地位;干部制度改革

正在形成竞聘上岗的用人机制,刘剑虹研究员就是竞聘上岗的,哈佛的选课制、德国研究型大学的科研激励机制都值得我们借鉴。我们的人事聘任与分配制度的改革调动了教职工的积极性,激发了大家的潜能,但是改革还不够彻底,还有上不了岗的教职工跑到我办公室要我"给"他一个岗位;我们准备着手开展新一轮人事聘任和分配制度的改革,要靠建立竞争激励的机制,把平均主义和大锅饭思想彻底清理出校园,当然还要考虑具体社会背景和诸多矛盾。很多高校都在搞人事制度改革,我们要创造性地学习与实践,这个题目要认真研究,使我们下一轮的改革更能向前推进一步。

又如办学资源的配置,同样需要创新机制。要有所为有所不为,有些先为有些后为,怎样科学地界定"合理的学科专业"? 就要靠优胜劣汰、扶强扶优的机制。在专业建设、学科建设、实验室与设备建设的方面学校已开始要求,学院配套投入经费,就是这种机制;你能拿得出配套费,从一个方面说明你的学科专业有优势,有竞争力,这样做也挖掘了学院的潜力,引导了学院财力的流向。总之,我们要建立学校的有限资源都要通过适当竞争进行配置的机制。

学院也要注重经济效益与社会效益的统一。各个学院都在创收,利益驱动实在很诱人,但从稍微长远一点看,在追逐经济利益的时候,必须考虑如何提高学院的社会效益,提高学院的声誉和影响力,否则再可观的经济效益也是短暂的。

四、关于竞争优势

我们学校有多方面的优势,但是优势是相对的,处处都需要研究对策,趋利避害。

从外部看,一是地域优势,我们地处宁波市这个沿海经济发达的城市,地方经济持续快速强劲的增长为我们办学创造了良好的社会环境,但这也不是绝对的,比如我们的地域优势虽优于金华、温州、嘉兴,但不如杭州;二是侨资优势,长期以来得到海内外广大"宁波帮"的支持,只要我们努力做好有关工作,这种支持还有持续发展的势头,这也是我们与省内其他高校相比,所突出的优势,但是这一优势也是有限的,并且抵消了政府的投入,我们一直没有稳定的财政基建拨款渠道;三是地方政府支持的优势,学校能够得到宁波市特殊的关心和投入,而且这种重视和支持程度在不断增加,但是"甬投"抵消了"省投",学校办学经费仍然一直偏低,并且这种支持的热点近年来有所偏移,这需要我们为地方经济建设和社会发展作出更多的贡献,特别是在科技开发和成果转化方面。

从内部看,一是实力优势,我们的教育教学质量、科研和学科建设水平、硕士点、师资队伍、校舍设施等在宁波地区都是最具实力的,但是很难在省内稳居前列,更无法拿到全国去比;二是体制优势,我们先后较早地推行了后勤改革、机关机构与干部制度改革、学院制改革、人事聘任与分配制度改革、教学改革等一系列内部管理体制改革,对教学、科研、师资、后勤等方面都产生深刻的影响,但是这些改革都不够完善、彻底,需要进一步深化;三是综合性的优势,我们是一所学科门类齐全的综合性大学,并且有自己的学科特色,如海洋、商学、医学等,但同时存在两个问题:内涵单薄和力量分散,需要我们研究怎样发挥学科交叉的综合优势。

可见,我们必须最大限度利用和发挥这些外部和内部的优势,并将其转化为竞争优势。

五、关于如何竞争

应对竞争首先要打好基础,例如生源竞争,比拼的是教学质量。

目前高校招生扩大后,社会上普遍存在对高等教育教学质量的担忧,当然也包括我们学校。美国大学的本科教育一度出现"本科生出钱、研究生出力、培养教授、向联邦政府争取项目和经费"的现象,其热点不在本科教学质量上。宁波大学目前是一个以本科教育为主的高校,必须把重点放在本科教学质量上。我们过去在教学管理上主要解决了数量问题,教学质量与投入的精力成正比,但投入的精力并不是指人力,即并非仅指课时数。提高教学质量要采取综合管理的办法:一是坚持教学常规、完善教学规范,解决教学秩序稳定的问题;二是加强过程控制、健全监控体系、完善教学评价体系,解决教学质量的衡量标准问题,这里我特别强调一下过程控制,不控制过程,要想得到好的结果是非常困难的;三是发挥政策导向的作用、优化资源配置,解决教学基本建设水平问题。

赢得竞争还要敢于创新。我们启动的教改工程有所体现,比如构建

"平台＋模块"的课程结构体系,"教授上基础课"等,还包括教学管理、教风、学风、统考、考研等多方面的要求。我想强调一点:宁波大学的社会效益、我们的声誉和影响力一方面靠师生的传播,更重要的是由社会来评价。因此,我们必须认真研究和满足社会、家长、考生深层次的要求。比如他们希望能够选择自己喜欢、容易就业、有发展前途和有利于出国的专业,希望点菜吃饭、量体裁衣,我们就应该尽一切可能加大自选专业的自由度;针对考研的学生,我们就应该加强数学、政治、英语等考研基础课的教学工作和考研辅导的组织工作。总之我们要认识到生源正在成为我们最重要的办学资源,需要通过竞争来获得。

学校竞争的基础在学科、在学院,各个学院都要明确竞争对手,要清楚省内同类学院的发展态势。

学校要实现快速发展,前提是思想意识和思想观念的转变,关键是"竞争"意识的确立。我们要通过分析竞争形势、研究竞争对手、制定竞争战略、树立竞争优势,在竞争的环境中增加动力、激发活力,加速发展,确立宁波大学在省内高校中的先进位置。

宁波大学的优势与人才培养[*]

——要充分利用学校综合性、侨资性、区域性和包容性的优
势，为地方经济建设与社会发展培养合格人才。

宁波大学现在的优势主要有这么几个：

一是"综合性"。综合性得益于三校合并。原师范学院、原水产学院和
原宁波大学合并以后，综合性大学的框架基本上就形成了。而且这个形成
还是比较自然的。现在我省几个高校包括浙工大、浙师大等，也搞综合性，
但是他们的难度比我们大，因为我们现在的学科构成，虽然在 12 个学科大
类中没有军事和哲学，但军事都是由军事院校办，哲学我们考虑到招生与
分配问题而没有办，其余 10 个学科大类我们都涵盖了。虽然每个门类里
专业不是很全，但至少涉及、涵盖了这么多门类，有一定的基础，有扩展的
余地，所以我们综合性的框架相对来说搭得比较好。现在从高等学校发展
趋势来看，综合性应该是一个趋势，它有利于学科交叉，有利于培养复合型
人才，有利于学生科学与人文素质的综合提高。当然也不能泛化，综合性
也是双刃剑。有的学校本来是有特色的，也可以办得很好，但你一定要搞
综合性的话，有时是得不偿失。所以，这一点我们是得天独厚的。因为我
们现在有 10 大学科门类，50 多个专业，覆盖面比较广。与省内兄弟学校
比起来是我们的一个优势。

二是"侨资性"。我校开始建校时最早是由包玉刚先生来捐助的，在最
近办学的十几年过程中，不断得到香港"宁波帮"人士的资助。我们学校的
大楼大多是由知名人士捐资建造的，有的出全部，有的是部分助建，并以与
他们有关的名字命名，这一点，宁波大学是得天独厚的。另外，"侨资性"的

* 本文是 2002 年 9 月 20 日聂秋华在接受浙江财经学院学生采访时的谈话(节选)

优势还使得宁波大学从20世纪90年代初争取到一个政策，享受全国重点大学待遇，专业都在第一批招生。大家都知道，办学校光有好的教师、好的设备是不够的，最重要的还是要有好的生源。大家读过重点中学，重点中学把一个区、一个县、一个市的好生源都拉走了，它的基础当然就好了。然后再培养，它的升学率就高了，办学质量就慢慢上去了。质量和声誉上去了，就越能吸引好的生源，容易形成良性循环。所以这一点，也是宁波大学得益于"侨资"的一种优势。一批海外"宁波帮"人士确实对宁波大学关爱有加，他们每次到宁波来，都要到宁波大学走一走，看一看，为自己的家乡有这么一所高等学府而感到欣慰。当然这也给了我们一种压力，我们应该把我们的学校办得更好，不辜负海外"宁波帮"人士的期望。

三是"区域性"。我们学校地处宁波，宁波是沿海开放城市，也是计划单列市。在20世纪80年代，由于宁波市整个财政实力不强，对宁波大学的支持也就非常有限。等到成为计划单列市以后，宁波经济取得了快速发展，对宁波大学的支持也就逐年增长。实际上，宁波市对宁波大学每年的资金投入已经超过了浙江省和中央财政。这几年，宁波市特别重视宁波大学的学科建设，每年拨款500万元支持学校建设重点实验室和科研项目。宁波市作为一个港口城市，近几年综合实力显著增强，地方财政收入增长快，而且宁波地处改革开放前沿，在国际交往、国际信息与人员的交流方面都有它的优势。宁波人的观念新，宁波经济活跃，就业相对容易，对紧缺人才具有一定的吸引力，这都是宁波大学的区域性优势。

四是"包容性"。宁波大学在建校初期是由5所大学援建的，学校的起点比较高。我们的法律是北大援建的，我们的经济和数学是复旦大学援建的，我们的工科，计算机、机械和土木建筑是浙大援建的，我们的物理是中科大援建的，外语是原杭大援建的。这几所都是很好的学校。我们的教师来自四面八方，以后进来的教师也不都是宁波本地人，可以说来自五湖四海。特别在三校合并以后，宁波大学的包容性不但没有削减反而得到了增强，各种不同的人员来到宁波大学，能够很快融入到这个环境中来。宁波大学没有排他性，不会因为你不是宁波人，你就进不了宁波大学这个圈子，我们这些"帮宁波"的好像就没有被排斥的感觉。这就是我们新建学校的好处。大家知道美国，它发展得很快、很强，很大程度上取决于它具有很强的包容性。兼收并蓄,博采众长。宁波大学从建校开始,就是四面八方的人融合起来的。我们校园里讲的是普通话,来自不同地方的教师在宁波大学能够融合在一起,而且能发挥各自的长处,能够把各自的精华集聚起来,具有较强的活力和生命力。我觉得以上所说的综合性、侨资性、区域性和包容性,是宁波大学的优势所在。

宁波大学这几年随着省内高等教育事业的发展,整体发展还是比较快的。宁波大学去年进入"十五"规划的第一年。严校长也给大家介绍了,我们学校总体定位是地方综合性大学,所谓"地方"就是面向地方服务,为地方培养人才,这一点很重要。宁波大学首先要面向宁波服务,李岚清副总理到哪里都讲一句话:"共建的关键在于贡献,大学不为地方作贡献,地方肯定没有积极性。"他对浙大也这样说:"教育部和浙江共建,那么你浙大就必须给浙江作贡献。你不作贡献,谁有兴趣和你共建?这个是很显然的。"所以宁波大学首先应该面向地方,面向宁波的经济和社会发展。再大一点,就面向全省的经济和社会发展。为地方经济和社会发展服务,这是毫无疑问的。综合性就是要保持各学科的优势和特点,在综合性上满足社会对各种层次、各种人才的需求。实际上在以后很长一段时间内,宁波大学还是要把本科生教育抓好,这是一个很根本的问题。虽然我们现在也在招收研究生,但是本科教育是我们的根。当然,我们的努力方向是教学研究型大学,但是这个过程可能还是比较长的。所以我们的定位是地方综合性大学,想通过几年努力建成浙江省的重点大学。从思路上讲,一个是抓好本科生教育。我想如果把宁波大学比喻为一个能够承载我们学生在学海里遨游的一条船,那么我们的船就要牢固,船不牢,人家不要坐。这个是我们的根本。抓好本科生教育,就是"强体固身",是我们的根本。另一个就是增强学科实力,这就像给船树起桅杆,扬起风帆,叫"树桅扬帆",给它加上获取动力的设备。因为学科建设是体现学校发展后劲的标志,也是学校为社会作贡献的"细胞",还是师资队伍一代一代生生不息的载体,所以学科建设每个高校都非常重视。第三要加强师资队伍建设。这就像我们的船长和船员们,我们需要"精兵强将",这里的"精"跟"强"作动词用,使我们的兵更精,使我们的"将"更强。第四个就是坚持"以学生为本"这样一个理念。对同学要勤加教诲,善于引导,即"勤诲善导",增强为学生服务的意识，这样别人才愿意乘你的船。最后就是国际化。我们要扩大国际交流，这叫"借道出海"，就是要吸取别人的经验，包括发达国家先进的教育理念、教学方法和教学内容。这样，能使我们的本科教育搞得更好，更容易和国际接轨。我想我们还有几项改革，包括分配制度、聘用制、学院制和后勤社会化改革等。这些改革就好像给我们的船增加额外的动力，提高速度，才能"乘风破浪"，使我们能够勇往直前。

在本科生培养方面，我想再展开讲一下。我们这几年始终围绕一条主线，就是"人才培养模式"的改革与实践。"人才培养模式"是什么呢？就是确定本科人才培养的规格和目标，然后通过一定的方法和途径达到你设定的规格和目标，这就是所谓的"人才培养模式"。因为我们人才培养的规格是"宽口径、厚基础、强能力、高素质"的高级应用型人才，那么怎样来达到这个目标呢？我们现在采取的是"平台＋模块"的人才培养模式。从招生看，科技学院现在是大文大理类招生，实际上从去年开始，我们不少学院也开始按大类招生，就是按学院招，不匆忙分专业，给学生以后有选择的余地。一至二年后，我们给学生准备好各种课程模块，让他们根据自己的兴趣爱好和当时社会对人才需求的变化状况来选择专业。要预测四年以后的就业状况非常难，但要预测两年内，就相对准确一点。这样做，学生是很欢迎的，他们的个性因此能够得到一定的发挥，也就为学校今后逐步推行完全学分制打下一个好的基础。

以优秀成绩通过本科教学工作水平评估

> ——教学工作水平评估评出好成绩,我们的学校、我们的教师、我们的学生就能有一个更好的发展空间。这么好的一个发展良机,对于绝不放过每一个发展机遇的宁大人来说怎能不紧紧地把它抓住?而且我们即将看到,这种发展和变化就发生在我们身边,发生在我们眼前。

一年前,我们召开了全校教学工作水平评估动员大会,会上明确了评估的意义,提出了"确保评估优秀"的工作目标,并对全校教学工作水平的评估工作任务和工作进程进行了布置,标志着我校教学工作自评以及整改工作的全面启动。本学期开学已有一个月,第二轮岗位聘任工作也已基本结束,为了搞好今年省、部两次本科教学工作水平评估,学校再一次召开全校迎评促建动员大会,其目的就是进一步理解评估对学校发展的必要性和确保优秀的重要性,凝聚人心,加强荣誉感、责任感和紧迫感;进一步了解我校自评工作所取得的成绩和存在的差距,树立信心,精心准备,真抓实干;进一步明确迎评工作的各项任务和时间表,加强责任心,按期保质地完成各项评估准备工作;进一步发动全校广大师生员工,为了宁波大学的发展和声誉,为了自身的根本利益投入到评估工作中去。

一、教学水平评估工作是促进宁波大学发展的又一难得机遇

宁波大学经过几年的扩招,规模迅速扩大,学校资源也越来越紧张,配置也不尽合理,如何在快速扩张的形式下保证我们的人才培养质量是关系

---

* 本文是 2003 年 3 月 16 日聂秋华在宁波大学迎评促建动员会上的报告

到宁波大学发展的根本性问题,也是我们必须解决的问题。教学水平评估工作给我们提高人才培养质量和深化教学改革提供了一个很好的契机。我们要像抓发展机遇一样,牢牢地抓住教学工作水平评估这一难得的机遇,乘势而上,使宁大的发展再上新台阶,再创新水平。通过评估工作,可以在以下几个主要方面促进我校的工作:

(1)促使我们再次审视学校的定位,充实学校定位的内涵。

(2)促使我们再次思考学校的优势和特色,如何在高校激烈竞争中脱颖而出,在全省乃至全国的高等教育中占有一席之地。

(3)促使我们更加重视教育管理的规范,推进校院两级的管理体制改革,提高整体管理水平。

(4)促进我们加快教学改革的步伐,建立和完善有宁大特色的、面向生源和就业市场的、有利于学生素质教育和个性发展的人才培养模式。

(5)促使省、市和学校加大对教育工作的投入,给予教育工作更大的重视和更多的政策,并极大地改善办学的硬件。

(6)通过教学工作条件和校园学习、工作与生活环境的显著改变调动师生热爱学校、建设学校的积极性。

(7)通过省、部评估专家组的专家对宁波大学的了解,向外界展示宁波大学改革发展的成果,扩大学校的影响,提高学校的声誉。

如果我们把上述问题解决得很好,无疑能将全校师生团结凝聚起来,对宁大的发展起到极大的推动作用,为把宁波大学办成定位准确、目标清晰、特色明显、优势突出的高水平教学研究型大学奠定坚实的基础。

逆水行舟,不进则退。毋庸置疑,评估对学校的发展意义重大,获得评估优秀对学校的发展至关重要。因为评估的结果要向社会公布,例如去年浙江中医学院获得了优秀,今年全省4所本科高校参加省内评估,3所参加教育部评估,如果我校未能获得优秀,则会使我校处于十分尴尬的境地,对学校的声誉带来极大的影响,对我校今后的发展和在省里的地位均十分不利,也辜负了省市政府以及海外"宁波帮"人士对我校的期望,这些均使我们深感压力重大,同时形势也明确地告诉我们没有退路,必须确保优秀。

二、以优秀的成绩通过教学工作评估是完全可能的

我校能否获得评估优秀,我们必须有客观的分析,根据学校现有的条

件和前一阶段的自评工作,我们有理由认为,通过全体师生员工的努力,我校以优秀通过教学工作水平评估是完全可能的。

首先,近年来宁波大学快速发展的良好态势为我们获得评估优秀创造了良好的条件。学校 1995 年顺利通过教育部合格评估,1996 年三校合并,组建新的宁波大学之后,在办学规模、学科的综合性程度、学生的招收层次等方面都上了一个台阶。特别是近三年围绕"提高质量、提高档次、提高地位"的发展目标,开展了后勤社会化改革、人事分配制度改革、校院两级管理体制改革,进一步调动了广大教职员工的积极性,加速了学校发展。到目前为止,我校有重点建设专业 16 个,其中省重点建设专业 9 个(在数量上位居省属高校第一)。优秀课程建设项目 54 个,其中有 17 个优秀课程建设项目要参加今年 4、5 月份的优秀课程验收;有省、市重点学科和重点扶持学科 24 个,硕士点 9 个。围绕浙江省和宁波市高新技术产业的发展方向,积极开展产学研合作,建立了以重点实验室、研究开发中心、工程技术中心为核心的创新基地,现有省、市重点实验室 8 个。研究开发中心 4 个,工程技术中心 3 个。全校 1100 名教师中有正高职称 124 人,副高职称 464 人,80 多名教师具有博士学位,教学与科研队伍的结构趋向合理,素质也逐步得以提高,学校的发展呈快速上升的趋势。良好的发展态势为我们以优秀的成绩通过评估增添了筹码。

其次,宁波大学近年来教育教学的快速发展和通过改革取得的成果,为我们获得评估优秀奠定了坚实的基础。2000 年教学工作大会后,学校进一步明确了教育教学改革的思路,加强了教育教学研究,开展了以"平台+模块"的人才培养模式为核心的教育改革,加快了"专业、课程、教材"三大建设以及实验实习基地建设、教育质量保证体系和师资队伍的建设等。这些举措已经取得了明显的效果。

我校所构建的基于"平台+模块"课程结构体系的多样化人才培养模式,由于有利于学生个性的发展和满足社会对不同规格人才的需求,有利于培养复合型人才,有利于提高学生的学习自主权并激发低年级学生的学习积极性,有利于学生个性发展和应对人才市场变化,有利于提高学校、学院教育资源的共享,刚刚出台就受到了众多高校的普遍关注,有近 20 所高校前来调研交流。《光明日报》、《高教领导参考》、《教育信息报》也对此做了专门报道,深受学生及家长的欢迎。这一人才培养模式在我校人才培养中呈现出勃勃生机,正成为宁波大学的办学特色之一。

我校在2000年起开展了重点专业的建设,在全省甚至全国都算起步较早的,宁波市于2001年开始进行,浙江省于2002年开始进行。我校从重点建设专业的立项、年度检查到验收,所形成的一系列程序文件以及审评指标体系已经成为宁波市和浙江省制定有关重点专业建设文件的参考蓝本。我校重点专业建设已受到我省许多高校的关注。浙江省也决定将首次重点专业建设会议放在我校召开。可见,近几年教育教学改革和建设方面取得的成绩为我校这次评估获得优秀奠定了良好基础。

第三,通过一年的自评与整改,我校教学工作离优秀标准的差距越来越小。在过去一年的时间里,我校对照教学工作随机性水平的评估"优秀"标准,开展了校、院两级教学工作的自评。通过自评,发现我校在实验设备、图书资源、青年教师的研究生比例、主讲教师资格认定、应用多媒体授课比例、综合与设计性实验比例、开放性实验室、毕业论文、毕业设计管理的规范化等方面,离评估指标的A级标准存在一定甚至较大的差距,为了尽量缩小或弥补这一差距,我校制定了较为详细的整改方案,并将整改内容具体落实到了各个学院、部门,作为寒假期间的主要工作任务。同时,校评估领导小组在认真审定各学院硬件建设方案的基础上,根据需要拨款2000万元用于教学仪器设备的改善和学校图书资料的购置。近期,校评估办组织人员到各学院对评估整改情况进行再次检查之后发现,经过近一年的评估和整改,我校离评估"优秀"的标准已经不远了,经过努力完全可以达到优秀标准。

因此,我们只要树立必胜的信心,齐心协力,通过我们主观努力,评优的目标就一定能够达到。

三、评优的基础在于精心组织,认真实施迎评工作方案

评优的决心下了,评优的信心也有了,但关键还取决于我们的努力,否则一切都是空话。迎评的过程,首先是一个自我发现、不断提高的过程。"以评促改、以评促建、以评促管、评建结合、重在建设"是评估的宗旨所在。它要求我们对照评估指标,自评自查,找出差距,进行整改。迎评的过程,

同时又是一个自我展示的过程,它要求我们积极地、全方位地总结自己、展示自己。

(一)自评整改

我们已用了整整一年的时间,对照评估指标体系开展了教学工作的自评和整改,并形成了校、院两级《自评报告》。但是由于教育部 2002 年出台了评估新文件(第 152 号文件),新公布的评估指标体系,对原来的评估指标及观测点作了一些修改,二级指标由原来的 25 项减少到 18 项,二级指标中重要项目也略有调整,主要观测点由原来的 55 个调整为 38 个,并且多数观测点的等级标准和内涵作了变动,同时评估结论的标准也作了调整。按照新的评估指标,评估优秀的标准为:A≥14,C≤3(其中重要项目 A≥9,C≤1),D=0,有特色项目。就目前而言,虽然经过整改,我校的教学条件、师资队伍、教学管理等,跟一年前相比已有较大改观,但是按照新的评估指标,我校要达到优秀标准还有许多工作要做。因此,在去年自评、整改的基础上,对照新的评估指标,找出差距,边查边改,是我校目前迎评工作的当务之急。学校评估办公室根据教育部 152 号文件中新的评估指标要求,结合我校的实际情况,经过反复的讨论、修改,制定了我校迎评阶段的《工作方案》,形成宁波大学正式文件。《工作方案》指出了我校教学评估工作的指导思想,明确了我校迎评促建组织机构的设立和组织机构的职责,以及迎评冲刺阶段的工作进程。

根据《工作方案》,我校下一阶段自评整改工作的主要任务以及工作进程为:

1. 建立迎评促建工作领导与组织机构。学校已成立了迎评促建工作领导小组,下设迎评促建工作办公室和迎评促建专家组,迎评促建工作办公室分为:材料组、秘书组、宣传接待组、环境建设组和校园文化组。各学院也要相继成立院级迎评促建领导小组与迎评促建办公室。

2. 宣传发动与组织动员工作(2 月 18 日—3 月 18 日)。学校已组织各学院新任教学副院长学习教育部 152 号文件;现在全校要分片、分组召开师生动员大会;之后,各部门、学院要各自召开师生动员大会。希望通过层层动员,齐心协力,做好教学评估工作。

3. 边查边改工作(3 月 19 日—5 月 25 日):学校将投入资金 2000 万

元,并争取省、市投入资金 3000 万元,用于完善教学仪器设备设施,加强实验室、实习基地建设。各学院根据教育部 152 号文件和新的《宁波大学教育工作评估方案》,继续自评自查,并结合校专家组评估反馈意见,积极整改,重新修改学院《自评报告》,整理相应的佐证材料。评估办根据新的评估指标及内涵要求,结合现有的《材料整理方案》,已修改形成了新的《材料整理方案》。各部门、学院要根据新的《材料整理方案》的要求,通过"部门、学院检查材料——专家检查材料并反馈——部门、学院根据反馈意见重新整理"的程序,整理评估材料,同时要开展一些有助于教风、学风建设,有助于推动我校教育教学改革的活动。如:校园文明建设与检查活动、教师观摩课及听课活动、教师座谈会、校园文化科技活动月、工程教育教学改革研讨会、综合强化班管理研讨会及优秀课堂教学奖的评选等。

4. 迎评预检工作(5 月 15—31 日)。校专家组对各学院、学校教学工作进行预评,根据预评结果进一步整改。

(二)自我展示

1. 自评材料展示——《自评报告》及原始依据材料。为了让专家在短短的几天内了解我校的教学状况,首先要有既能真实反映学校现状,又能突出表现学校亮点,同时又能展示学校前景的自评文字材料,以及对这些文字材料加以佐证的原始材料依据。为此,校评估办专门组织人员承担《自评报告》的撰写工作,同时要求各学院组织人员在撰写学院《自评报告》的基础上,根据《材料整理方案》,积极配合各职能部门整理原始依据材料。

2. 校史、教育教学改革成果的展示——校史、成果展。为了让专家们了解我校的隶属沿革,展示我校近年来的教育教学改革成果,学校将专门组织校史、成果展。同时,将近几年我校教育教学改革成果以图片、文字的形式编辑成册,形成《宁波大学教育教学发展报告书》和《宁波大学学生创新成果报告书》。

3. 校风、校貌的展示。校风、校貌是无形的,很难用文字、图片加以说明,但一个学校的校风、校貌又很能反映一个学校的教育情况,是专家们亲临学校评估必定考察的一项内容。我们要在短短几个月里开展优化校风、校貌的大行动,一是要全面开展一些有助于学风建设的研讨会,形成政策并开始实施。二是要在专家来校期间举办校园文化活动和汇报演出,举办专业、课程、教材三大建设成果报告会,举行优秀课堂教学奖的颁奖仪式等,尽最大可能提升我校的精神面貌。

　　以上是学校迎评工作的整体安排,希望各学院围绕学校的安排并根据本学院的特点创造性地开展工作,认真落实各项任务。

四、评优的关键在于充分调动广大师生员工参与迎评工作的积极性

　　1995年原宁波大学顺利通过原国家教委本科院校合格评估的一条重要经验就是广泛发动师生员工,上至校领导,下至门卫老同志都积极参与了评估工作,全体师生员工的参与热情和精神风貌给专家组留下了非常深刻的印象。为什么大家会有这么高的积极性和热情?因为大家都明白学校是不是一所合格的本科院校不但事关学校的前途与发展,而且也与师生的切身利益息息相关。所以要使师生员工真正明白评优的道理,才能发自内心地主动参与迎评工作。

　　首先,我们分析一下,花这么大的人力、物力、财力搞评估对于我们学校值不值?这次我校教学工作随机性水平评估,志在获优。从学校内部的角度看,我们更看重评估的过程,在这个过程中改进学校的工作,提高学校的整体水平;从对外的角度看,我们更需要优秀,因为优秀代表着学校的社会声誉,撇开面子不说,它关系到学校以后的生源和学生的就业,这是学校的根基所在,同时也将对学校的发展产生多方面的影响,例如重点大学地位的确立、学位点的增设等等。1995年的本科合格评估非常成功,其影响是相当深远的,可谓是余音袅袅,八年不绝,给外界留下了很好的总体印象,在关键的时候都会发挥作用。所以,对学校来讲,就是一个字,值!

　　其次,教师个人的利益与学校的发展、地位密切相关。我们许多教师一定有这样的切身体会,过去学校的地位不高,参加学术活动,争取科研课题、申报各种奖励等都会受到“歧视”;随着学校的发展,这种现象有了明显的改观,学校在宁波市和浙江省有了一定的地位,使我们教师的“身价”有所提高,这是实实在在的。迎评促建过程的投入,将在较大程度上改善教师的工作条件,特别是为教师的教学改革工作提供有力的支持,比如实验设备、多媒体教学手段、网络、图书资料等,使我们的教师更加有条件在教

学工作中多出成果,确立教师教学工作在学校工作中的地位。在迎评促建过程中,学校将不断调整和完善有关教学工作的政策,更好地向教学一线倾斜,使教师教学工作的价值更能充分体现。"树大好乘凉"是一个最浅显的道理,但宁波大学这棵树还要靠大家来扶植,才能长得更大。所以,我们的老师多花一点力气,浇浇树,无论对自己,还是对学校都是值得的。

第三,归根到底,迎评促建工作的直接受益者是我们的同学。评估的根本目的不是评优,是通过评估这一过程改善办学条件,使学校、学院、教师、员工更加关注他们的意见,关心他们的学业,关爱他们的成长,促进人才培养质量的提高,增强同学的就业竞争力,使我们的同学直接受益。我们十分需要评估优秀的结果,借此扩大学校的影响力,为我们的同学建立起坚强的后盾,提高同学们步入社会时的地位,扩大他们的就业渠道,总之,使我们的同学直接受益。过程和结果相互依存,我们需要二者的完美统一,这个过程也需要同学们的参与,为了改善自己的成才环境,积极投身到这一过程中是非常有价值的。

当然,使大家能够感受的最直接的利益是通过迎评促建工作中的投入,使师生员工的学习条件、工作保障、生活质量和环境氛围都有明显的改善和提高,所以我们要把有限的投入计划好,使用好,发挥最大的经济效益,使大家能够明显感受到迎评促建工作带来的实惠和利益,才能从根本上激发广大师生员工全力投入到迎评促建的工作中去。

由此可见,宁波大学评出好成绩,我们的学校、我们的教师、我们的学生才能有一个更好的发展空间,对大家都是值得的。这么好的一个发展良机,对于绝不放过每一个发展机遇的宁大人怎能不紧紧地把它抓住呢?而且我们即将看到,这种发展和变化就发生在我们身边,发生在我们眼前。

可以毫不夸张地说,师生员工的发动面广不广,发动程度深不深,是我们这次评估成败的关键所在,而且这种发动应贯穿于整个评估过程,我们一定要通过各种场合和各种方式,把这些道理给大家讲清楚。只有广大师生员工真心地、热情地参与本次迎评促建工作,我们才能立于不败之地。

五、搞好迎评工作的几点要求

当然,无论是自评整改,还是自我展示,迎接评估都是一项非常艰巨的工作,教学评估既是对教学工作现状的评估,又是对教学工作历史的评价,也是对教学发展前景的评测。它要求我们的领导、我们的教师投入大量精力。领导精力的投入,既包括学院领导精力的投入,还包括学校领导精力的投入。因为,学院评估是学校评估的基础,只有学院评估获得优秀,学校才有可能获得评估优秀。教师精力的投入,既包括对评估材料整理的投入,又包括对进一步改进教学方法、提高课程教学质量的投入,还包括对如何教育学生积极迎接评估的投入。

1. 学校各级领导必须高度重视迎评促建工作。迎评促建工作是本年度学校的中心工作,各位校领导、各学院、各部门、各单位今年的工作必须紧紧围绕这一中心工作,由于迎评促建工作时间紧、任务重,其他工作要为迎评促建工作让路,保证迎评促建各项工作的按时完成。

2. 各学院、各部门、各单位的领导要深入学习教育部 152 号文件,认真领会文件精神,吃透指标要求与内涵,要按照学校评估的工作时间安排表,制定本单位的迎评促建工作计划,有条不紊地开展各项评估工作,按期保质完成各项任务。

3. 各学院要进一步做好教师和学生的发动工作,要认真听取和研究师生对学校、学院工作的意见,及时沟通反馈,要重在疏导、化解矛盾,解决实际问题,为评估创造一个良好的氛围。各部门、各单位也要进一步做好所在单位职工、包括离退休老同志和临时工作人员的动员工作,使大家了解评估的意义和作用,参与和支持学校的迎评促建工作。

4. 学校要求校聘岗位的教师,也就是我们的教授队伍,特别是受聘于教学类关键岗位的教师能够在本次评估中起到表率作用,为评估作出重要贡献,在评估这场硬仗中得到锻炼和升华,真正成为我们学校最受尊重的群体。

5. 学校号召全体共产党员和全体共青团员积极投身到评建工作之中,起好先锋队的作用,各级党、团组织要全力支持配合评建工作,把党建、团建工作与今年的评建工作紧密结合,在迎评促建工作中锻炼党团员,发展党团员。

迎评工作已进入倒计时。我们肩负的担子很重，面临的困难很多，但是只要我们抓住评建这一有利的发展机遇来凝聚人心，对评估取得优秀的目标充满信心，在评建工作中增强责任心，充分发动广大师生员工发自内心地支持、参与评建工作，我们评优的目标就一定能达到。

科学发展观与大学建设[*]

> ——学校的发展必须与地方经济和社会的发展相结合，学科建设必须与教学建设相结合，师资队伍建设必须与教职工个人发展相结合，学生工作必须与学校的发展目标相结合，必须在为地方经济建设与社会发展的服务方面实现重大突破。

首先结合学校的实际情况，谈谈我对科学发展观内涵的认识和理解。科学发展观的内涵涵盖了五个方面：

第一，科学发展观体现了以人为本的发展观

首先，以人为本强调把实现最广大人民群众的利益作为出发点，把提高人民生活水平，促进人的全面发展作为落脚点。这既是科学发展观的内涵之一，也是科学发展观的本质。其次，它强调要为人的发展创造环境和条件。第三，以人为本就是要保障人在政治、经济、文化各方面的合法权益。从执政角度讲，把人的发展作为科学发展观的内涵和本质，是符合"三个代表"的重要思想的。我们社会发展的最根本的目的是为了人。社会要发展，它的动力也是来自于人。人的积极性得到了充分调动，将会对社会产生巨大的推动作用。

关于人的发展，我举一个大家最熟悉的刘邦与韩信的例子。韩信因为在项羽那里得不到个人发展，所以跑到刘邦那儿去了。在萧何的极力举荐下，刘邦拜韩信为大将。韩信的个人才能得到了充分发挥，干劲很大，为刘邦扫平北方立下了汗马功劳。占据了山东以后，韩信希望刘邦封自己为假齐王。当时，刘邦正被项羽打得狼狈，一听就火了，正要发作，张良赶紧踩

---

　　* 本文是 2004 年 9 月 4 日聂秋华在全校处级以上干部暑期研讨会上的讲话

了刘邦的脚一下,刘邦马上意识到了现在正是自己用人之际,立刻封韩信一个真齐王,并依靠韩信的帮助,打败项羽,成就了汉室江山。萧何一张嘴,张良一条腿,使刘邦解决了韩信的个人发展问题。一旦人的发展问题解决了,就会释放出巨大的能量来推动事业的发展。再以我们的辅导员队伍为例,过去大家都不愿当辅导员,认为辅导员出路很窄。现在我们为辅导员提供了许多个人发展的途径,帮助他们解决了学习、提高和培养的问题,这支队伍就逐渐稳定下来了,今年还有 2 位辅导员考上了博士研究生。他们的个人发展问题解决好了,在学生工作中就会释放出更大的能量。

结合我们学校实际,坚持"以人为本",首先就是坚持以教职工为本,进一步营造尊重知识、尊重人才的氛围。过去几年,在这方面工作取得了很大的进步,但是我们还要进一步营造这种氛围。学校只关注高层次人才还不够,各级组织和领导要对各个层次、各个层面的教职工给予关注,才能使教职工更加关注学校的发展。其次,坚持以人为本就是要加强师资队伍建设。这几年学校对教师的个人发展做了充分的考虑,为教职工提供了读学位、进修、培训和晋升职称的各种发展机会,这些措施深受大家欢迎。再次,坚持以人为本就是要把教职工的个人发展与学校的发展有机结合,调动广大教职工建设宁大的积极性。这次研讨会请大家讨论下一轮岗位聘任,也就是让大家开动脑筋,探讨如何调动各个方面、各个层面教职工积极性的问题。岗位聘任制度实行几年,取得了明显的效果。一方面是物质激励,干得多干得好,就会拿到更多的报酬。另一方面也是精神激励,这一轮评一级岗,很光荣,下一轮如果评不上,对大家是一种压力,这也是一种激励,干得多干得好,就会获得更广泛的尊重和赞誉。我们之所以推出了浙东学者计划,也是要为我们的教师发展提供更大的空间。

对于学生,要坚持"以学生为本",进一步营造全员育人的良好环境,调动广大大学生参与宁大的建设。我们的学生在社会上的影响、在宁波地区的影响,一年比一年大,在宁波市的社区建设、社会发展方面,通过社会实践活动,给学校带来了很好的影响和声誉。另外,坚持以学生为本还要为学生的全面发展创造良好的条件。我们现在实施的基于"平台＋模块"课程结构体系的人才培养模式等教学改革,包括教学评估,都是为进一步提高教学质量、为学生的成才和发展创造更好的条件。

综上所述,在坚持以人为本这个问题上,结合学校的实际,我们要坚持以学生为本、以教职工为本这样一种理念来指导工作,因为宁波大学新的发展需要依靠我们每一个教职工和每一个学生的努力。光靠学校领导,光靠中层干部是远远不够的。我们坚持以人为本的发展观,就是要调动大家的积极性,就是要从个人发展的深层次上调动广大教职工和学生建设并发展宁大的积极性。

第二,科学发展观是全面的发展观。

学校的全面发展与大学的功能定位有关系。大学有三大功能:第一是培养人才,第二是创造知识,第三是服务社会。从我们学校整体上来看,这三方面都在发展。但是在发展的过程中,还需要着重解决好几个问题。第一是提高质量,这是大家比较关注的问题。通过教学评估,学校的教学工作有了明显的进步,但还存在很大的差距。所以我们在全面发展的过程中,应该注重人才培养质量的不断提高。第二是培育特色。在推进教学现代化的过程当中,要注意形成特色,应该有重点,在解决社会对于用人的要求方面、在学生发展和就业方面形成我们宁大的特色。第三是在学科建设上形成优势。这个问题大家在讨论中也非常关注。我们应首先在一两个学科上形成一定的优势,这一点我看大家都比较认同。优势学科的建设与发展对于带动整个学校的学科建设、对于学校申请博士点的突破都具有至关重要的意义。第四,学校在发展的同时,要注重服务地方。在这方面,学校已经做了很多工作,但还远远不够,今后要继续增强为地方服务的意识,应该不断提高服务地方的能力。

第三,科学发展观是协调的发展观。

从外部环境来看,我校的发展首先要与地方的经济和社会发展相协调。宁波是一个非常有活力的城市,发展迅速,使我校受益匪浅。但我们必须承认学校目前的状况与地方经济和社会发展的水平不是很协调。我们必须奋起直追,努力改变这种不协调的状况。从内部来看,协调的发展观并不是齐头并进、整齐划一,要突出重点来带动全局。齐头并进不是真正的协调。比如学科建设,不能把有限的资源全部分散,要集中力量,保证重点,有轻重缓急,这才是协调的发展观,这样才能发展得更快。各个学院发展也要有多种模式,要因时因地因部门制宜,尽量避免单一模式。各学院要根据自己的专业、学科特点,寻求自己的特色,寻求最符合自己发展的模式。

第四,科学发展观是开放的发展观。

树立开放的发展观,首先要解放思想,要突破一些条条框框的限制,开拓我们的视野,敢于创新,敢为人先。第二是借助外力,达到双赢。宁波大学首先要向宁波市开放,而且是全方位的开放,有形的包括实验室和教学设施,无形的包括我们的知识、我们的服务,都应该向宁波市全方位开放,因为这对于我们转变思想观念、扩大学校影响、提高学校声誉、获取外部资源都是非常重要的。第三,还要向世界、向国际教育机构、大学开放。我们正在尝试与境外或国外高校合作办一个专业,这个专业采用全英语教学,争取明年把牌子打出去,通过这个专业来学习、借鉴、吸收国外先进的办学理念和办学模式。这样,在离自己最近的地方有一个样板,大家就可以去琢磨,去学习。另外,学校也在考虑我们某一个学院能不能与国外某个知名大学合作,进一步达到联合办学的目的。总之,学校正在做这方面的探索,把宁波大学真正放在宁波和整个国际大背景、大环境中去考虑,真正做到开放式发展。

第五,科学发展观是可持续的发展观。

对学校来讲,发展必须与资源相匹配,过度的扩张不利于学校长远的发展。要处理好规模和质量的关系,今后一个时期,宁波大学新的增长点是发展研究生教育,因此要把有限的资源集中到这一新的增长点上,要控制本科生的规模。发展必须考虑结构与效益。例如,科技学院学生到底招多少为宜?是不是越多越好?必须认真考虑一本和三本学生的比例问题。可持续发展需要人力资源不断增值。应该使我们的学校成为学习性的组织,努力提高干部、教职工的工作能力与水平,通过使现有人力资源不断增值,保证学校长远发展的后劲。我们校领导和中层干部更要严格要求自己,带头学习。可持续发展需要充足的资源支撑,在目前办学资源严重短缺的情况下,大家要共同想办法,利用地处沿海发达地区的有利条件,通过与地方的结合来争取办学资源,保证学校可持续发展。

归纳起来,科学发展观的内涵就是以人为本、全面、协调、开放和可持续发展这五个方面,而且具有四个特点:一是人文精神。发展是为了人,更加注重人的发展,是为了更进一步调动人的积极性。第二是整体协调,突出重点,带动全局快速发展。第三是持久有序,要为学校长远的发展着想,要合理使用有限的资源。第四是要体现多样化,因地制宜,不搞单一模式。这些思想和观点对我们学校的科学发展、学院的发展都具有重要的借鉴作用。

落实科学的发展观,要根据学校发展的实际做好以下几方面工作,概括起来是"四个结合"和"一个突破":

第一,宁大的发展必须与地方经济和社会的发展相结合,而且是全方位的结合。

首先,我校的专业设置、人才培养要与地方经济建设相结合,根据地方经济建设和社会发展对人才的需求来进行专业的调整与设置,培养地方急需的人才。其次,我们的学科建设一定要与地方经济建设相结合。基础研究要搞,但更要重视应用研究。例如理学院的基础学科,现在向新材料的应用方向努力,材料的研究一旦与地方经济相结合,这个学科点就一定会有持久的生命力和特色。我们还要通过主动服务与地方密切结合。例如水产养殖,这个学科就有特色,为宁波地区的养殖户带来了很大的经济效益,也扩大了宁大的社会影响。不能简单认为它档次太低,没什么学术价值,只是赚点钱。而应当必须尽我们所能,服务地方,扩大影响,获取资源。

第二,学科建设必须与教学建设相结合。

应该努力使学科建设和教学工作有机结合。教学是立校之本,科研是强校之路。学科对教学具有重要的支撑作用,水平高的学科带头人带出来的毕业设计,其水平也比较高。同时,教学也为学科提供了基础,因为学科也是在其中生长起来的。我们的学位点、我们的研究生教育,都需要本科教育的支撑,两者密不可分。教学和学科建设本质上是一致的,都是为了人才培养,但它们也有各自的特点,如何处理好两者的关系,需要认真地探讨。首先是机构设置。教学、科研最基本的单元是什么?这个问题一直困扰我们,系与研究所是什么关系?如果不从这个基本单元上解决问题,这个矛盾就始终存在,两者对优质人力资源的需求矛盾很难得到有效解决。在下一轮专业和学科建设中我们要不要把两者合二为一,这个问题要慎重地进行研究。其次是设岗问题。到底要不要设教学型岗位,教学型岗位的提法从长远看是不合适的,作为一个教师,科研和教学都要搞。针对学校目前的实际情况还要不要设教学型岗位,还是对教学科研岗位的教师既提出科研方面的要求,也提出教学方面的要求,必须承担包括课程建设、教材建设方面的教学建设任务? 这些问题还需要作进一步的讨论和研究。我们只有将专业和学科这二者有机结合起来,才能使其成为建设教学研究型大学的坚强双翼。

第三,师资队伍建设、教职工队伍建设必须与教职工个人发展相结合。

我们在人事制度改革中已经体现了这样一种"以人为本"的思想,但是还应该在更广泛、更深入、更具体上下功夫。在学校的层面上,要对下一轮人事制度改革中校聘岗位和中层干部的聘任、管理、考核作认真的研究,要考虑这些人员中不同层次、不同类别人员的个人发展需要。从学院的层面上,是如何设置好院聘岗位的问题,如何更好地调动学院各类人员的积极性。从学科这个层面上,我们的学科带头人也要考虑培养人,学科带头人也要认识到除了自己的发展外,还要更多地考虑学科中每个人的发展,这样才能调动学科中每一个成员的积极性,有效地促进学科和学科梯队的建设与快速发展。

第四,学生工作必须与学校的发展目标相结合。

学生工作必须紧紧围绕学校的发展目标,这是毫无疑问的。近年来,学校学生工作做得非常出色,为学校在社会上赢得了很好的声誉。但要把学生工作做得更好、更深入,我认为应该从以下四个方面入手。一是要找准结合节点,应该首先与提高人才培养质量结合,在提高学生素质、提高学生为社会服务的能力上下功夫。二是扩大服务层面。第一个服务层面是为学生。我们学校有三个服务中心,帮困助学、心理咨询、就业指导都为学生提供了很好的服务,但还要不断地了解学生的需求,扩大服务面,例如为学生考研提供服务等。第二个服务层面是为社会。学生工作为社会服务的层面要扩大。我们的社区服务,其服务层面如何再扩大? 如何由市区扩大到县区,由县扩大到中心城镇,进一步提高我们学生工作的辐射能力? 这是值得我们认真探讨的。三是培育有效载体。学生工作的载体有很多,党团组织、学生会,还有众多的社团,开展了很多积极有效的工作。但是,我们的第二课堂一直比较薄弱,实际上第二课堂是我校人才培养模式不可或缺的重要支撑。如何把第二课堂搞起来,把学科竞赛搞上去? 如何在这个过程当中来培养我们学生的创新能力？这都需要我们再建设、再培育更多、更有效的新载体。四是结成统一阵线。要求我们全体教职员工参与和关心学生工作。教师与学生的沟通非常重要，如果我们学校能形成一个全员共同关心学生成才的局面，我们的学生工作就会取得更大的成绩，更好地促进学校的快速发展。

一直以来，为了学校的快速发展，我们都在苦苦思索、寻求突破。通过大家的讨论，渐渐清晰起来，为学校的长远发展计，我们必须在为地方经济建设与社会发展的服务方面实现重大突破。为地方服务，本来就是我校的办学宗旨，历任校领导都非常重视，我们学校也确实为宁波市的经济和社会发展作出过一些贡献，但是无论从影响还是从我们服务的能力、水平来看，还有非常大的差距。我们所谓重大突破的标志是什么？怎么才叫重大突破？我想至少在四个方面产生了作用才叫突破。第一，我们广大教职工要有这样的共识，即认为宁大的发展必须与宁波的发展紧密结合，宁波的发展是推动我们宁大发展的动力之源，也是学校发展急需的首要资源之源。第二，应该有几项标志性的成果。我们寄希望于我们的学院，我们的学科，通过不懈的努力，在为地方经济建设与社会发展方面取得突出的标志性成果。第三，让宁波市的领导有强烈的感受，宁波大学的发展的确为宁波的发展提供了有力的支撑。第四，获得社会的高度认可，特别是当政府部门、企事业单位考虑人才培养和技术、知识支持时首先想到宁波大学。要取得以上所说的重大突破不是一件容易的事情，我们必须从制度、政策、机构设置、队伍组织等多方面进行系统的研究，把这些方面结合起来综合考虑，为宁波大学的重大突破寻找方向，整合力量，只有真正取得了突破，才能为宁波大学今后的发展奠定坚实的基础，这才是事关宁波大学发展的长远大计。

教学评估获优秀后的总结与思考[*]

——宁大人执著的追求、扎实的工作、爱校的精神和真诚的
胸怀成就了宁波大学教学评估优秀的业绩。

经历了寒暑,又到了秋天,我们迎来了收获的季节。我校在本次教育部组织的本科教学评估中获得了优秀的成绩。这是我们庆祝我国第二十个教师节和第五十五个国庆节的最好礼物。但同时我们要认真总结评估的经验,同时要进一步认清我们所面临的形势,理清学校发展的思路,明确学校下一步建设的目标和任务。

一、评估工作回顾与总结

优秀的评估成绩来之不易,在教育部首批评估为优秀等级的 22 所高校中,我们是一所办学历史仅 10 多年的年轻学校,是唯一所没有博士授予权的学校,很多高校对宁波大学不太了解,许多有相当长办学历史的大学,对我们的评估结果感到十分惊讶。但只有我们自己知道,在优秀成绩的背后,宁大人为此而付出的艰苦努力,优秀的成绩之中凝结着宁大人的执著、实干、爱校和真诚。

1995 年,原宁波大学主动要求参加教育部首次组织的国家本科教学工作合格评估,并以良好的声誉顺利通过了这次评估,为本科教学水平的进一步提高打下了坚实基础;1996 年,积极响应国家高等教育体制改革的号召,较早实现了三校合并,组建了新的宁波大学,综合办学实力迅速提高;1998 年学校成为硕士授予单位,提升了办学层次,实现了宁波市研究

* 本文是 2004 年 9 月 14 日聂秋华在庆祝第 20 个教师节暨教学评估工作表彰大会上的讲话

生教育零的突破;1999年,学校积极探索办学体制和教育教学改革,在省内率先创办了首家民办二级学院。新世纪伊始,学校被列为浙江省首批建设的3所重点大学之一,同时,加快了改革和建设的步伐,办学规模迅速扩大,在教学改革中率先以学科大类招生,较早开展了专业建设,全面实施了基于"平台+模块"课程结构体系的人才培养模式,研究生教育迅速发展,师资队伍快速壮大,校园基本建设得到了前所未有的进展。

　　这是宁波大学的发展轨迹,这条轨迹不是一条平缓向上的曲线,而是一系列迅速提升的阶梯,它鲜明地刻画出宁大人决不放过任何一个发展机遇、锐意进取、敢为人先的精神。2002年初,当我们攀登在这样一条道路上的时候,当我们站在前人奠定的这么好的基础上的时候,当我们得知教育部即将分期分批组织新一轮全国高校的本科教学评估的时候,我们能作什么样的选择? 我们别无选择,我们只能像1995年那样要求首批参加,并且必须尽最大的努力、以优秀的标准准备迎评工作,去争取优秀的成绩。奥运精神追求的是更快、更高、更远,宁大人执著追求的也是更快、更高、更远,就是加快将宁大建设成为高水平的教学研究型大学这一远大目标。进行评估是宁大发展的又一个重大机遇,只要我们坚持"以评促建、以评促改、以评促管、评建结合、重在建设"这一教学评估工作的指导思想,按照优秀的标准建设,就能加快学校的发展,面对这样的机遇,我们宁大人又岂能放过?

　　目标的制订相对比较容易,但在实现目标的过程中我们还是遇到了极大的困难。2002年2月到8月,我们开展了本科教学工作随机性水平评估的自评工作;2002年9月,当我们在自评基础上积极整改,并接受了省教育厅专家组的预评。正当我们觉得准备就绪的时候,教育部将评估改为"本科教学工作水平评估",评估内容和指标作了较大的改动,许多指标优秀的标准提高,极大地增加了我校争取优秀评估成绩的难度。同时,我们向教育部的评估部门汇报工作时,被兜头泼了一盆冷水,他们说你们新建大学能评个合格就可以了,评个良好就不错了,评优是不可能的。这个信息使我们大家心情格外沉重,这盆冷水使我们清醒了许多,在清醒的基础上我们反而坚定了许多,评建领导小组认真分析了我们的日常教学工作和迎评工作,2003年年初,我们再次动员全校师生员工,继续坚持以优秀的标准进行迎评促建,并且对照变动后的指标体系,按优秀的标准逐项整改和完善评估材料,该投入的就投入,该加强的就加强,又经过近一年的建设和省教育厅专家评估,我们自评 18 项 1 级指标中的 17 项达到了优秀标准。宁大人执著的追求、快速的发展、创新的实践使来自名校的教育部专家们刮目相看,经过激烈的讨论和认真的评估,在 18 项 1 级指标上,以比较集中的票数给了我们重重的 16 个优秀,为我校的评估获优奠定了良好基础。专家组评估结束后,我们知道评优的道路还异常艰难,因为许多参评学校的评估成绩也非常好,而且浙江 3 所参评学校不可能都获得优秀,还要接受教育部评估委员会的 65 位专家的最后评判。我校立即根据专家组的意见进行整改措施的制订,以最快的速度、最详实的整改方案呈送给教育部评估办和有关专家,得到了好评,也得到了支持,使大家进一步了解了宁大。在教育部专家委员会最后确定评估等级的会议上,谷士文校长代表专家组汇报了我校的评估和发展的情况,特别强调了宁大作为一所年轻的大学取得目前的办学成绩难能可贵,在新兴的大学中具有代表性,得到评委们的认可,最终我校以较高的票数获得评估优秀的成绩。

我们深知,参加教学评估要有勇气、有激情、有目标,但更需要有认真、细致、扎实的工作。近 3 年,学校在专业、教学仪器设备和实验室、图书资料和多媒体教室建设等方面实实在在投入 7000 多万元,生均教学仪器设备值从 5257 元增加到现在的近 7000 元,新增图书近 10 万册,并基本建成了电子图书馆;两年中新盖了 97000m^2 的校舍,调整了校舍功能,保证了教学用房;完成了 700 余万元投资的校园环境整治、改造项目,扩建了主校道等校园道路,增设了路标、路名,新增了 54300m^2 的绿地面积。良好的教学条件和美丽校园环境给省、部评估专家留下了深刻的印象。

教学规范、教学改革和教学管理是教学建设的重点,涉及到所有教师、所有同学、所有学院。两年多来,我们加强了教学管理,校院两级教学管理规章制度日益完善,校院两级教学管理队伍不断得到充实和加强,校院两级教学督导的作用进一步发挥,管理手段日益先进,开发建立了校园网教学管理系统和网络课程平台;教学工作日益规范,教师执行教学规范的自觉性明显加强;不断深化教学改革,在"学生为本"教育理念指导下形成的基于"平台＋模块"课程体系结构的人才培养模式逐步推广到各个学院。

尤其需要提到的是,评3年的教学工作,我们没有、也不可能把这3年的教学活动用录像录下来,拿什么给专家评?只能是书面记录材料,只能是教案、考卷、论文等原始资料,只能是一叠叠统计表格,只能是厚厚的总结材料,这些要靠大家一笔一划写出来,一字一句敲打到电脑里,我带队到过不少学院和部门,翻看过一叠叠、一册册、一柜子一柜子的评估备查材料,深切感受到大家为此付出的艰辛劳动,扎实的材料准备工作,为我们评优奠定了坚实的基础。在迎接评估的两年里,学校在不断推进校院两级管理,学院的同志们付出的更多,院长和总支书记承受着巨大的压力,尤其是直接相关的教师、教学秘书、教务办主任、教学副院长、总支副书记,你们为此牺牲过不少节假日,加班加点,度过许多难眠之夜,宁波大学感谢你们!

评建工作是一项庞大、复杂、严密的系统工程,不管是百年老校,还是我们这种新学校,在接受国家教育部组织的评估面前,决不敢掉以轻心。严密的组织和全体师生的参与是评估的关键。我校成立了以严校长为组长、全体校领导和中层正职干部参加的"迎评促建工作领导小组",下设"迎评促建工作办公室"及一系列专门工作小组,对评估工作任务进行了细致的分解,提出了明确的要求,并分别负责督促检查评估体系各项指标的完成;此外,我校本次评估的一个显著特点是两级评估,学校与各单位、部门负责人签订了自评工作责任书,各学院成立二级评估工作机构,开展评建工作;学校还特别成立了校迎评促建专家组,对学院的自评工作进行评估与指导;在最后的专家进校评估阶段,还专门成立了评估指挥部,面对面地协助和配合专家的工作。通过这些组织和层层发动工作,我们全校2000多名教工和20000名学生形成了一个万众一心、团结凝聚的战斗群体,在评估中形成了巨大的合力。全校各单位、各部门的广大教职员工思想统一、顾全大局、行动一致,一切服从、服务于教学评估这一中心工作,充分表现了爱校奉献、敬业自强的高贵品质和知难而进、追求卓越的崇高精神。全体同学本着"校兴我荣、校衰我耻"的主人翁姿态投身评估的浪潮中,成为学校迎评促建队伍的生力军,为夺取评估工作的最终胜利作出了重要贡献,充分展示出宁大学子崭新的精神风貌和优秀的文化素质。我们的教师,哪怕过去会因为待遇问题而发牢骚,评估的时刻产生了强烈的归属感,对学校的荣誉看得很重很重;我们的学生,即使以前常因为生活、学习条件提意见,但在评估的时刻却强烈感受到我们的学校是那么可爱;包括我们的退休教职工,也在参与或关心着评估。特别是我在向专家组汇报时投影仪突然熄灭,也使学校的老师们那样的牵肠挂肚。评估以后专家也奇怪地说,怎么没有一个宁大人讲学校的怪话? 我可以说,每一个宁大人都以各种不同的方式参与、支持、关心过评估,都深深地爱着我们的学校。宁波大学一定会记住这段历史,这段历史也一定会记住共同取得本科教学评估优秀成绩的这一代宁大人。

高教界有些不成文的规矩,有些看不见、摸不着的潜规则,例如新建院校在教学评估中不能评优就是一例,也许自有它的道理,但我们如何去冲破这些成见,突破这个定势呢? 当然首先要靠我们的出色工作,还要靠我们的真诚去打开专家们乐意帮助宁大发展的心扉。去年11月份,学校的各位领导开始给专家送评估材料,也正式开始接触专家。我先谈一下我的感受。我怀着忐忑的心情到长沙给评估组长湖南大学的谷士文校长送材料,谷校长是一位严格、严谨、正直和细致的学者。他在宾馆的大堂里与我交谈了30分钟,开门见山,问了我两个问题。第一,宁波大学办学的特色是什么? 第二,宁大的评估目标是什么? 待我回答完以后,他面无表情地说了4个字,不错不错! 最后还让我把装材料的提包带回去。客气而审慎,还带有一丝疑虑,后来才了解到谷校长曾评估过沿海开放地区的学校,印象不太好。这就是我第一次见谷校长的感受,总之还是没有底,我想其他校领导也有类似的感受。我们除了认真准备,虚心接受评估而别无选择。专家进校以后,宁大人奋发有为的风貌、快速发展的态势、热情周到的接待、朴实无华的语言、友好默契的配合、扎实有效的工作、虚心请教的态度、真心实意渴求专家帮助学校发展的心情,深深打动了专家。当谷校长听了课,认真检查了我们的毕业环节,详细询问了学院的督导工作以后,他已经心中有数。我们各个学院、部门和每一位师生员工都从不同的角度、不同的侧面用我们的真诚撞击着专家的心灵,坚冰终于被打破,他们终于打开了帮助宁大的心扉! 尤其是谷校长,在教育部专家委员会最后评审阶段,不遗余力地肯定宁大的评估,被委员们戏称为宁波大学的“说客”。今年4月,当我再见到谷校长时,他还是两句话,第一,宁大干得不错,第二,宁大人非常热情。专家们对宁大的无私帮助,我们应该永远铭记在心。

在这里我还想引用一位评估专家的一段话,他说,宁大气息清新,没有一些自以为是的单位和人物,没有那种扑面而来的龌龊之气;宁大氛围亲和,我们来了你们很紧张,我们刚到一个生地方也紧张,但这种紧张很快就消失了,好像一家人在做共同的工作;宁大青春洋溢,学校是个十七八岁的小伙子,教师是支年轻的队伍,学生更是多姿多彩,是一群激情燃烧的人们、在激情燃烧的岁月、在这片激情燃烧的校园、干着一项激情燃烧的事业;宁大耐人寻味,不浅薄,有很多内在的东西值得我们回去慢慢品味。这是一段多么激情燃烧的话语,又怎能不使我们激情燃烧起来?

正是宁大人这种执著的追求、扎实的工作、爱校的精神和真诚的胸怀成就了宁波大学评估优秀的业绩。

我们更加不会忘记,我校的评估工作自始至终得到了省、市政府和教育主管部门的重视。省教育厅对迎接教育部评估进行了周密部署,对首轮参评学校进行了认真挑选,并组织专家对参评学校进行省内评估,帮助学校找问题,改进学校的评建工作。省、市政府还分别追加经费 750 和 1000 万元,有力地支持了我校的迎评促建工作。

回顾这次评估,我们深深体会到目标明确是评估获优的前提,全员参与是评估获优的关键,组织有力是评估获优的保障。通过这次评估,我校"学生为本"的办学理念进一步加强;我们的人才培养特色——基于"平台＋模块"课程结构体系的人才培养模式得到专家的高度认可;我们的教学管理更加规范有序,教学基本建设得到全面加强;我们充分认识到学科建设和科研工作对教学水平的支撑和提升作用;我们的师资队伍结构进一步改善,两年中增加了 65 名教授、175 名副教授,包括 62 名博士。特别重要的是学校的教师中产生教授、产生博士的能力大大提高;我们的教风学风建设进一步加强,学校的育人环境进一步优化。在学校的外部,我也可以自豪地告诉大家,通过评估以及评估所取得的优秀成绩,学校在社会上的声誉和影响得到了明显提升与扩大,学校获得评估优秀的消息公布后,我收到了许多"宁波帮"人士的贺电,社会各界给予我校更多关注和赞誉的目光,学校更有实力和条件去努力争取各种办学资源。这次评估我校再次给教育部和高教司的领导留下了深刻印象。在暑假召开的全国综合性大学教务处长会议上,刘凤泰司长用了大约 10 分钟的时间高度评价了宁波大学的评估,他说,宁大的评估结果,也使我们教育部转变了思想。这次教学评估获得优秀的成绩,是我校发展历程中的一项标志性成果,必将对我校的发展产生深远的影响。2000 年 6 月,时任国务院副总理的李岚清同志在我校图书馆发表演讲时说,"希望宁波大学成为中国未来大学的一颗新星",这次评估,可以说是一枚强有力的助推火箭,大大加快了这颗新星的升起。

专家们都来自国内办学历史很长、办学水平很高的学校,他们给了我们很高的评价,还谦虚地说要回去慢慢品味,所以我们自己更需要仔细地回味,在庆祝教学评估取得优秀的时刻,我们感到喜悦,我们感到激动,但是我们还必须保持异常的清醒。我们的评估工作尚未结束,评估专家组明确指出了我们的不足和差距,教学常规工作还不够规范,实践教学还比较薄弱,特色专业和精品课程、教材的建设力度还不够大,教学研究的作用还不太明显。这些问题都需要花很大的力气在整改工作中加以解决,以接受教育部的复评。实际上,我们已经开始了下一轮评估。

二、认清形势,努力实现学校新的跨越

我们的学校这几年得到了飞速的发展,但我们所面临的形势依然非常严峻。从全国高教发展的总形势看,我校突破博士点,继续提高办学层次的空间受到很大的限制;从省内看,在杭高校发展势头强劲,浙工大加快发展步伐,杭电、杭商、工程学院更名为大学后上升很快,单科特色突出,我们还缺少在杭高校吸引人才、吸引生源的地域优势,给我们带来强大的竞争压力;从宁波市看,诺丁汉大学宁波分校开始招生,浙大宁波理工三本招生赶了上来,他们在化工与制药学科建设方面成绩显著,我们在宁波已不再是过去的一骑绝尘、遥遥领先。从学校内部看,我们学校还缺乏国内知名的优势、强势学科;我们存在严重的资源问题,总量不足,配置分散,使用浪费;我们为地方经济与社会发展服务的能力较弱,因此获取资源的能力也较弱;我们还没有解决好师生的个人发展与学校的发展有机结合的问题,尚未发掘出蕴涵在他们身上的巨大潜力。

面对竞争的压力和存在的困难,我们怎么办? 唯有发展。发展是硬道理,但是不能硬发展。我们一定要牢固树立科学的发展观。针对我校的实

际情况,我们应该树立怎样的科学发展观呢? 首先是以人为本的发展观,必须充分考虑每个教职工的个人发展,继续营造尊重知识、尊重人才的氛围,坚持"学生为本"的办学理念,必须充分考虑每个学生的发展,多为同学创造一些选择机会。第二是全面的发展观,就是要全面提升高校培养人才、创造知识、服务社会的能力,努力提高教育教学水平,努力加快学科建设,努力为地方经济建设和社会发展服务。第三是协调的发展观,在外部,首先要与宁波、浙江的发展相协调,浙江、宁波的经济发展与教育本来就不协调,宁大与宁波的发展更不协调,对此我们要有深刻的认识,要努力改善这种不协调状况;在内部,协调绝不是齐头并进,而是要有轻重缓急,要集中有限资源取得重点突破,办出学校的特色,带动学校发展。第四是开放的发展观,我们首先要向宁波开放,通过与社会充分的交流,扩大影响,实现双赢;同时要面向海外开展实质性的教学科研交流,积极推进某些专业甚至某个学院与国外高水平的院校合作办学。第五是可持续的发展观,发展必须与资源相匹配,必须认真处理规模与质量、结构与效益的关系,保证学校健康持续的发展。

按照这样的发展思路,学校发展必须与地方经济建设与社会发展相结合,才能转变思想观念,推动学校改革,获得各种资源,加快形成办学优势和特色;学科建设必须与教学建设工作相结合,教学是立校之本,科研是强校之路,要形成相互依托的新局面,成为支撑高水平教学研究型大学的坚强双翼;学校队伍建设必须与教职工的个人发展相结合,使个人的发展与学校发展有机统一起来,才能从更深、更广的层面上调动广大教职工建设学校、热爱学校的积极性和自觉性;学生工作必须与学校发展目标相结合,努力形成全员育人的新格局,使广大同学成为建设学校的生力军,成为推动学校发展的重要力量。

去年我校成功召开了第一次党代会,确定了今后一段时期的发展战略,学校在认真研讨论证的基础上制订了《宁波大学 2020 年建设发展规划》,并确定了到 2010 年的建设发展目标和主要措施。今年上半年,学校行政领导班子进行了换届,按照省委教育工委、省教育厅的要求,学校要制定实施今后四年工作目标和具体措施。今后四年,学校要稳定本科办学规模,大力发展研究生教育,争取获博士学位授予权,积极配合宁波市建成市研究生园；要进一步转变教育观念，推进"教学现代化建设"，加强教学管理、教学改革和教学建设，精心培育人才培养特色，提高人才培养质量；要全面启动"新世纪学科建设工程"，创新科研管理体制，集中力量培育若干优势特色学科，显著提高学校的学术研究水平和创新服务能力；要坚持"以人为本"，认真实施"高水平师资队伍建设计划"，打造一支拥有 250 名正高和 400 名博士的高层次、高水平人才队伍；要强化"学生为本"的教育理念，探索建立教育、管理、指导、服务相结合的学生成长、成才工作模式和体系，努力形成全员育人的工作格局；要努力扩大对外交流与合作，引进国外高校的优质课程，继续发挥海外"宁波帮"人士捐赠办学的优势；要积极发扬优秀的大学文化传统，培育先进的校园文化；要修订完善校园总体布局规划，基本完成校园布局调整和基本建设的各项任务；要开源节流，提高财务管理和国有资产管理水平，建立资源配置和利益分配的合理机制。显然，我们依旧任重道远。

宁波大学在发展过程中得到了各级政府和领导的关心与支持，得到了海内外"宁波帮"和社会各界的帮助与捐助，实现了宁波有一所综合性大学的多年期望和梦想。人们不禁要问：他们为什么对宁大的发展投入了这么大的热情？因为他们的梦还没有结束，他们心目中的宁波大学应该是一所适应宁波发展，能为地方在人才和科研方面提供强有力服务的名牌大学，这本身就是宁波大学的办学宗旨，全校要进一步统一思想认识，在制度上、政策上、机构上和队伍上下功夫，集中力量，明确方向，积少成多，在为宁波市经济与社会发展服务方面取得重大突破，做出若干项标志性成果，得到宁波市领导与社会各界的深切感受和高度认可，才能为学校赢得更多的支持和办学资源，才能为学校的发展获得取之不尽、用之不竭的资源和力量，才能克服困难、应对压力与挑战，实现学校新的跨越。老师们、同学们，让我们来共同实现这一梦想，决不辜负关心我们宁大成长的领导、海内外"宁波帮"和社会各界的殷切期望。

宁波大学经过十八年的风雨兼程，取得了长足的进步，这是历届校领导呕心沥血、殚精竭虑的结果，也是全校广大师生艰苦奋斗、自强不息的结果。在机遇与挑战并存的新形势下，全校师生更加深刻地认识到要在激烈的竞争中脱颖而出，争创学校各项工作的新辉煌，需要付出艰辛的劳动和不懈的努力。全体教职员工和广大学生要进一步统一思想,明确目标,抓住良机,加快发展,牢固树立"敢为人先、艰苦奋斗、求真务实、真抓实干"的精神,保持教学评估工作的干劲,调动一切积极因素,努力提高学校的办学质量、办学水平和办学效益,为社会作出更大的贡献。

推进教学现代化建设

——"教学现代化建设"是学校为了适应社会对人才需求的变化，从教育观念、教学体系、教学条件、教学方法、教学管理、师资队伍建设等各个方面推进现代化的进程。以实现人的全面发展及其在全面发展基础上的创造潜能的充分发挥为最终的目标追求。*

一、提出"教学现代化建设"的重要意义

2003 年是宁波大学的"教学评估年"，我校先后接受了省教育厅和教育部组织的本科教学工作水平评估，并取得了"优秀"成绩。教育部专家组考察后认为：宁波大学以本科教学评估为契机，以提高人才培养质量为目的，紧密结合学校实际，在深化教学改革、加强教学建设、规范教学管理、提高教学水平等方面都取得了显著成绩。对于一个建校历史不长的大学来说，这是难能可贵的。而且，我校提出的基于"平台＋模块"课程结构体系的人才培养模式特色项目也得到专家组的高度认可。专家组对我校本科教学工作的充分肯定说明我校前几年在深化教学改革、加强教学建设、规范教学管理、提高教学水平等方面取得了实效。特别是从 2000 年《宁波大学"十五"教育教学改革工程纲要》颁布实施以来，我校的教育教学改革工作取得了显著的成绩，人才培养质量得到了明显提高。我校在本科教学评估取得好成绩后，提出要推进"教学现代化建设"。

今后几年，我校教学工作的中心任务是进一步巩固和提高本科教学工

* 本文原载《中国大学教学》2004 年第 10 期

作。2004 年的工作重点之一就是认真组织和做好本科教学工作水平评估后的整改工作,重点是师资队伍建设与学科建设、教学研究与教材建设、实践教学等三个方面,不断加大学科建设对专业和课程建设的影响和支撑力度。推进"教学现代化建设",是我校"十五教育教学改革工程纲要"的延续,也是新一轮教育教学改革工程的开始。

推进"教学现代化建设"将为我校尽快建设成为教学研究型大学提供有力支撑。教学现代化建设能在一定程度上推动学科建设和师资队伍建设,促进学校管理水平的提高。专业建设能对优势学科、特色学科建设起到推动作用,对学位点建设也起到基础性作用;教学水平的提高需要高水平的师资队伍,特别是教学名师、教学骨干的作用;教学管理手段信息化、效率提高是学校管理水平提高的一种表现。学校目前正处于从教学型向教学研究型的过渡时期,教学水平提高是学校下一步发展的基础。只有本科教学质量得到保证,学校才有可能加强学科建设和研究生教育,教师才有精力从事科学研究、不断提高学术水平。所以说,推进"教学现代化建设"与"尽快建成教学研究型大学"的发展目标是相辅相成、相互支持的。

推进"教学现代化建设"是我校实现跨越式发展的重要基础。学校跨越式发展体现在多个方面:包括在校生规模扩大、办学层次提高、学科建设水平提高、师资队伍整体水平提高和结构改善、学校地位提升等,其中最重要的是教学质量和人才培养质量的提高。如果教学质量和人才培养的质量上不去,学校想实现跨越式发展也是不可能的。我校在 1995 年通过原国家教委组织的本科教学工作合格评价,时隔 8 年后参加教育部的本科教学工作水平评估,先后两次接受教育部组织的教学评估,在国内高校尚属第一所,在新兴高校中目前是仅有的。去年本科教学评估取得优秀成绩表明:我校的教学质量和人才培养的质量有了明显的提升,可以说初步具备了跨越式发展的基础。

二、"教学现代化建设"的涵义和内容

对于"教学现代化建设"的涵义,我们是从以下几个方面去理解的:首先,教学现代化建设是一种动态的发展过程。很难为教学现代化建设设置一个终极目标,所谓"教学现代化建设"实际上是要求我们的人才培养工作

不断地、尽快地适应社会与经济的快速发展,与时俱进,不断地深化教育教学改革,积极探索和创造高素质人才培养的新模式,建立全方位的教育质量保障体系。其次,教学现代化建设在本质上是对教育教学工作的全面改革与完善。教学现代化建设并不是只涉及某一方面,而是包含教育教学工作的各个方面,是一项全面的改革工程。"教学现代化建设"是学校为了适应社会对人才需求的变化,从教育观念、教学体系、教学条件、教学方法、教学管理、师资队伍建设等各个方面推进现代化的进程。再次,教学现代化的核心是实现人的素质的现代化。教学现代化最终体现在培养出高素质的人才上,而人才培养质量是检验教学现代化建设是否达到预期目标的主要标准。教学现代化建设是过程而不是目的,以实现人的全面发展及其在全面发展基础上的创造潜能的充分发挥,以实现人的现代化为最终的目标追求。

教学现代化建设的内容比较广泛,主要包括:教育教学思想现代化、教学体系现代化、教学条件和教学手段现代化、教学管理现代化、师资队伍现代化等方面。这几个方面是相互联系、相互促进的,其中教育教学思想现代化是前提,教学体系现代化是核心内容,教学条件和教学手段现代化、教学管理现代化、师资队伍现代化则分别从物质、制度、人才等方面提供保障。

教育教学思想现代化既是教学现代化的重要内容,又是前提条件。更新教育思想观念从 20 世纪 90 年代开始得到重视,特别是 1998 年开始在全国高校开展的"教育思想大讨论"更是产生了深远的影响。我校在"教育思想大讨论"中,已经形成一些共识,如素质教育思想、创新教育思想、个性化教育思想与终身教育思想等。但"教育思想大讨论"的目的不在于讨论本身,关键是能否将讨论中形成的新的教育思想观念在教学工作中得到体现与落实,这需要一个转变的过程。教育教学思想现代化主要体现在:

(1)树立正确的成才观与个性化的教育思想。任何学生都可能成为人才,只是所学的专业或所从事的职业不同而已;个性化教育思想要求高等教育注重人的兴趣培养,注意"因材施教",保证个人能按其特质充分发展。

(2)树立正确的教学质量观和素质教育、创新教育的思想。教学质量观变化体现在从原来的教师本位逐步转移到学生本位,以学生掌握知识多少、综合素质高低和能力强弱作为教学质量的衡量标准。特别是在目前非常强调素质教育和创新教育的时代,更应该强调学生综合素质和创新能力的培养。

(3)树立"以学生为本"的教育观念。"以学生为本"的教育观念是科学发展观中"以人为本"观念在教育中的体现,是学生本位的必然要求,体现对学生个性发展要求的重视。

(4)树立终身教育思想。"终身教育思想"体现在教育教学中主要是从原来的单纯向学生传授书本知识,转变为重点放在为学生的终身学习、生存和发展打下基础。同时,在"教育国际化"的背景下,还要树立"开放"的教育观念。

教学体系现代化是教学现代化内容的核心内容。教学体系现代化也是体现新的教育教学思想与观念的重要载体。这是在知识经济和新科学技术蓬勃发展的背景下提出的,现代社会知识不断更新、信息交流频繁,需要高等教育也不断更新知识体系与教学内容,将教学体系从传统继承型向创新型转变,培养出符合时代发展要求的创新型人才。教学体系现代化,首先表现为人才培养模式的创新和人才培养方案(教学计划)的不断更新。对于我校而言,主要是对现有的基于"平台＋模块"课程结构体系的人才培养模式特色项目进行不断完善和优化,使现有的公共基础平台、学科基础平台、专业基础平台的设置更加合理,模块的设置也更加符合个性化培养和现代社会对人才的需要。其次,表现为加强专业建设,形成优化的专业结构体系。第三,表现为教学内容反映现代科学文化先进水平,教学方法具有明显的时代特征。第四,在一定程度上还表现为考试评价制度更加符合人才成长规律。为了实现教学体系现代化,我校在已经开展的"重点专业、优秀课程、优秀教材"等"三大建设"基础上继续加大投入力度、加强建设,争取通过5年的努力,形成一批国家、省、市、校级的品牌专业、精品课程和精品教材,并形成科学合理的建设体系和运行机制。

教学条件和教学手段现代化为教学现代化提供物质条件保证。要实现教学条件和教学手段现代化,首先,要加强教学基础设施建设,积极推进数字化校园建设,形成现代化的教学条件。应成立现代教育技术中心;要有足够数量的多媒体教室、多媒体网络型语言实验室等现代多功能教室;

应建立先进的网络教学平台,利用多媒体、网络技术实现高质量的教学资源、信息资源和智力资源的共享与传播,促进高水平的师生互动,实现教学的信息化、网络化;加强图书馆电子学习环境的建设,实现图书资源网络化、信息化。其次,应加强对实验室的建设,形成一批实验教学示范中心(实习基地)。第三,注重现代教育技术在教学中的应用,积极推进教学手段的现代化。配合教学内容和教学方法改革,要高度重视教学手段改革的研究。通过信息技术在教育教学中的应用和推广,使教育资源配置更优化,教育教学过程更高效。要不断扩大使用信息技术特别是网络技术和多媒体技术手段应用的课程比例和范围,逐步推行网络辅助教学,带动和促进学校现代化教学技术水平的不断提高。教学条件现代化建设是当前高等教育教学改革发展中的当务之急,更是我校亟须加强的方面。

教学管理现代化为教学现代化提供制度保障。教学管理现代化是指教学管理的理念、行为、活动须符合经济、社会发展形势的需要,符合教学现代化的要求。教学管理是保证学校教学运行与发展的重要环节,教学管理现代化就是指逐步实现教学管理思想、管理制度、管理手段的现代化。要以制度创新、尊重选择、保护个性为教学管理指导思想;要建立健全有利于实施素质教育、创新教育与个性化教育的现代教学管理制度;教学管理必须实现网络化、信息化,不断提高教学管理的水平与效率。在教学质量监控全过程、全方位、全员性的理念指导下,构建起多层次、多视角、多元化的教学质量监测与保障体系。教学管理现代化需要建立一支满足教学管理需要又具有现代教育理念又能适应时代发展要求的高素质教学管理队伍。我校已经构建起由教学管理系统、教学监督系统和教学评估系统组成的教学质量监控与保证体系,并建立了基于互联网的教学管理网络系统,今后需要在教学管理实践中不断完善。

师资队伍现代化为教学现代化提供人才保证。教师是教学现代化建设的落实者。因此,需要建立一支适应教学现代化建设要求的数量充足、结构合理、素质较高的教师队伍,重点培养一批教学效果优良的"教学名师"。在师资队伍现代化建设过程中,要特别重视发挥教师的积极性,更加重视岗位设置的合理性,特别是将专业、课程、教材、实验室等各项教学建设任务分配到岗位职责中去,重视发挥团队的力量,以目标导向来引导个人的发展目标与学校的建设目标有机结合起来,形成"上下同欲"的新局面。

三、"教学现代化建设"的实施和保障机制

面对高等教育国际化、大众化、多样化、信息化的新形势,我校在教育教学观念创新、教学内容、方法和手段的改革以及教材建设和实践教学等方面还存在差距,因此,进一步加快教育教学改革和建设步伐仍是当前和今后一个时期我校教育改革和发展的一项迫切任务。

推进"教学现代化建设"必须以全体教职员工的教育教学思想现代化为先导。转变教育思想和观念是推进"教学现代化建设"的前提,但是也是一项非常艰巨的工作。传统教育思想、思维定式和教学习惯很难在短期内改变。我们要采取各种方式方法,包括加强教育研究、深入讨论和广泛宣传实践成果,不断推动教育观念的更新,树立"学生为本"、素质教育、创新教育、因材施教、终身教育等现代教育理念,并通过制度保障使之转变成为教师的自觉行动。转变教育思想还需要学习和借鉴国外高等教育的成功经验,最好的办法是我们的教师和教学管理人员直接感受和接触国外高校的教学和教学管理工作。要加强教师和教学管理人员赴国外进修培训的力度,创造条件,通过引进、嫁接等方式建设全英语教学专业,借此加快教职工教育观念的转变,保证"教学现代化建设"工作的顺利实施。

推进"教学现代化建设",要以相应制度作为保障。在教学管理制度上,为适应素质教育和创新人才培养需要,今后要进一步改革与完善学分制,实行更加弹性的学习制度。建立健全选课制、主辅修制、双专业制、双学位制、导师制等配套制度,鼓励学生跨学科、跨专业修读课程。实现第一课堂与第二课堂的互动,逐步实行按学分选课、按学分收费、按学分毕业的教学管理新模式。实施"1学分工程",通过部分课程1个自主学习学分的设立,改变以课堂教学为主、以书面考试为主的传统方式,促进教师改进教学方法,促进学生变被动学习为主动学习。在课程建设管理方面,在积极开展精品课程建设的同时,推行课程(群)负责人制,形成以课程(群)负责人为核心的高水平教学骨干队伍,不断提高课程教学水平。要大胆进行教学管理体制的创新,完善校院二级管理体系。加强和改革校院两级教学管

理工作,建立学校对学院教学工作的年度评估制度,逐步建立教学过程控制和质量保证的长效机制。要进一步完善教师课堂教学质量评价与学生学习综合评价体系与方法,进一步调动教与学的积极性。探索与完善由教师、学生和用人单位共同参与的教学质量内外部监测与评估体系,形成具有我校特色的教学质量监测与保证体系。

推进"教学现代化建设",要以经费投入为保证。为迎接本次本科教学评估,学校先后共投入了 7000 万元用于基础实验室与实习基地建设、新专业建设等方面,达到了教学科研仪器设备生均值 7000 元的指标。本科教学评估期间的投入补上了教学基础建设投入不足的缺口,但随着在校生规模逐步扩大,并考虑教学科研仪器设备更新换代,必须进一步加大教学经费的投入。而且,学校提出的开展"专业、课程、教材、实验室"四大建设和图书资料建设与教学信息化建设,都需要大量经费的投入作为保障。学校将千方百计筹措经费,以保证"教学现代化建设"工作的顺利进行。

推进"教学现代化建设",需要"新世纪学科建设工程"与"高水平师资队伍建设计划"作为支撑。"新世纪学科建设工程"主要包括:加强优势特色学科建设,努力在科研成果的获奖和推广应用方面取得突破性进展,为获得博士学位授予权工作奠定坚实的基础,积极做好新一轮学位点申报的基础工作。学科建设与专业建设密切相关,特别是与重点专业、特色专业建设结合非常紧密,精品专业建设更是需要以强势学科作为依托。通过实施"新世纪学科建设工程",可以促进专业建设、合理调整专业结构,形成优化的专业结构体系。"高水平师资队伍建设计划"主要包括:继续坚持以学科和专业建设为龙头、培养与引进并重的方针,采取团队引进、智力引进、外智引进等超常规方式,积极引进高层次人才,特别是正高职称人员、博士和留学回国人员;进一步采取优惠政策,完善师资培训管理机制,加大对校聘岗位教师、中青年教师和管理人员进修培训、学历提高的支持力度。通过"高水平师资队伍建设计划",可以加快建立一支适应教学现代化建设要求的结构合理、素质较高的教师队伍,为教学现代化提供人才保证。同时,深化人事分配制度改革,积极推进现代大学教师管理制度的建设,也可以创造良好的用人环境和制度保障。

通过本次本科教学工作水平评估,我校的教学工作已经跃上一个台阶,走在国内新兴高校的前列,为我校从教学型院校向教学研究型院校过渡打下扎实的基础,也为我校在本世纪初再次实现跨越式发展提供强劲动力。通过推进"教学现代化建设",我们有理由相信:再通过 5 年左右的建设,我校的教育教学工作将会再上一个台阶,在下一轮本科教学工作水平评估中将会取得更加出色的成绩。

谈青年干部的成长[*]

———青年干部应该努力提高自身的综合素质,要志存高远,
百折不挠;探求真理,实事求是;甘于牺牲,乐于奉献;严于
律己,宽以待人;增长才干,丰富知识;艰苦奋斗,勤俭创业;
廉洁自律,慎独慎微;与时俱进,开拓创新。

进入 21 世纪,面对全面建设小康社会、加快推进社会主义现代化和经济全球化深入发展的新形势,建设一支政治上强、业务上精、综合素质好、管理水平高的高校干部队伍,对于贯彻人才强国、科教兴国战略,对我国高等教育事业发展、实现中华民族的伟大复兴,具有十分重要的意义。学校第一次党代会提出了把宁波大学建设成为适应时代发展要求与地方经济建设和社会发展紧密结合、海内外知名、高水平的教学研究型综合性大学的目标,也要求我们必须重视干部队伍建设,明确干部队伍建设的方针和措施,大力培养选拔青年干部,不断提高整体干部队伍的政治水平、思想水平和工作能力,以适应学校的改革和发展。

一、学校要高度重视青年干部的健康成长

毛泽东同志曾经说过:"世界是你们的,也是我们的,但是归根结底是你们的。你们青年人,朝气蓬勃,好像早上八九点钟的太阳,希望寄托在你们身上。"青年干部是青年中的优秀分子。在新世纪新阶段,国际和国内形势都在发生着前所未有的深刻变化,我们党在领导建设有中国特色社会主义的进程中,面临着许多难得的历史机遇,同时也面临着严峻的挑战。那

---

* 本文是 2004 年 11 月 27 日聂秋华在青年干部培训班结束时的讲话

么能否经受住各种困难和风险的考验,关键取决于各级领导班子和领导干部的素质和能力,归根到底取决于一代又一代青年干部的健康成长。"事业兴,看后生"。能否培养造就出可靠的接班人,是衡量一个政党成熟与否和事业能否兴旺发达的重要标志。

(一)培养、选拔青年干部是建设有中国特色社会主义事业的需要

党的政治路线确定以后,干部就是决定性因素。青年干部是党的事业的接班人,是干部队伍的重要组成部分,担负着贯彻落实党的一系列路线、方针和政策的历史使命,肩负着建设有中国特色的社会主义的历史重任。江泽民同志在 2001 年 2 月的中央工作会议上专门强调了培养选拔年轻干部问题,指出:"年轻干部应具有一定的马克思主义理论水平和思想道德素质,掌握一定的科学文化知识和管理能力,经过一定岗位的实践锻炼,这是最基本的条件。但这还不够。年轻干部要担当起领导重任,最重要的还应具有治党治国的能力,善于从政治上正确判断形势、把握大局,能够在错综复杂的条件下开展工作。"同年 6 月 9 日,江泽民同志在全国党校工作会议上进一步强调:"要把培养中青年领导干部工作作为一项战略任务,不仅要抓紧,而且要抓好。培养中青年领导干部,一要不拘一格,二要加强磨练,三要人才辈出。"江泽民同志的这些重要论述,高瞻远瞩,高屋建瓴,语重心长,是在新形势下对毛泽东、邓小平等老一辈无产阶级革命家关于培养选拔社会主义事业接班人思想的继承和发展,既对年轻干部提出了殷切希望,也阐明了培养选拔青年干部在建设有中国特色社会主义事业中的重要意义,是我们进一步做好培养选拔青年干部工作的指导思想。

加强优秀青年干部的选拔和培养,是事关党和人民的事业是否后继有人,事关我们党和国家能否长治久安的一项十分重要的工作。因此,我们必须加强青年干部的理论培训,使他们具备扎实的马克思主义理论功底;在实践上,我们要注重培养青年干部理论与实践相结合的能力,培养他们能运用马克思列宁主义的基本立场、观点和方法,善于从政治上正确判断形势和把握大局,善于在复杂条件下开展工作,善于在实践中灵活地运用马克思列宁主义;在思维方式上,我们要注重培养青年干部的创新意识,要在党的理论创新、实践创新、制度创新的探索中,逐步培养起青年干部的创新意识。所以只有大力培养选拔青年干部,才能保证我们的社会主义事业

后继有人,才能保证党的事业兴旺发达,才能有国家和民族的伟大复兴。

(二)培养、选拔青年干部是学校建设和发展的需要

高等学校为社会主义事业培养建设者和接班人,在中华民族的伟大复兴中扮演着不可替代的重要角色,是人才强国和科教兴国战略的基础。党的十六大提出全面建设小康社会和十六届四中全会提出加强党的执政能力的宏伟目标,而目标的实现,按照小平同志的说法,"关键是科学技术要能上去。发展科学技术,不抓教育不行。靠空讲不能实现现代化,必须有知识,有人才"。

从全国看,改革开放 20 多年来,高等教育有了长足的发展,取得了巨大成就。特别是近几年来,高等教育的发展突飞猛进,对于缓解广大人民群众对高等教育的需要,解决社会进步和发展对高层次人才的需求的矛盾,都做出了历史性的贡献。但是,高等教育存在的问题也不少:我国还没有世界一流大学;还没有一批世界知名的高水平大学;教育投入、管理体制还存在许多问题;教学内容、方法和手段还比较落后,人才培养数量和质量还不能很好适应形势要求,等等。

高等学校面临着共同的为全面建设小康社会和现代化建设培养合格人才的重任,同时,相互之间又存在着激烈的竞争。在市场经济的条件下,大学之间的竞争是不可避免的,也是十分必要的,竞争是促进大学进步和发展的重要因素。

大学之间的竞争包括许多方面。首先是人才市场的竞争,大学培养的人才是否为社会所接受、受社会欢迎,直接关系到学校的生存和发展;其次是要素市场的竞争,这包括劳务市场,大学是否有能力从全社会招聘到自己需要的教师;第三是资金市场的竞争,大学能否以较低成本从社会上筹集到所需资金;第四是技术市场的竞争,大学能否取得新技术成果,并设法转让自己的技术发明而获取有形或无形资源;第五是产权市场的竞争,全国大学虽然大都属于国家所有,但由于种种原因,学校的办学状况是不同的,应当鼓励优势明显、管理强、趋势好的大学不断壮大。相反,另一些学校为自己的生存发展自愿向这些大学靠拢、联合、重组甚至合并,实现产权流动转移。任何事情都必须有生有灭,优胜劣汰,从长远看,大学也应如此。

高等教育要发展,学校要发展,学校要在激烈的竞争中争取先进地位,没有一批德才兼备、素质优良的干部,是不可想象的。根据教育部2001年统计,全国普通高校1225所,培养硕士研究生的学校441所,培养博士研究生的学校240所。结合实际,我们宁波大学是国家高教战线上的重要一员,经过近二十多年的发展,宁波大学无论在办学层次、办学规模和办学水平上都取得了长足的进步。1995年,学校通过国家教委本科教学合格评价,取得专家的一致好评;从1996年起,原来宁波大学、宁波师范学院、浙江水产学院宁波分院三校合并,组建为新的宁波大学,率先进行高校管理体制改革;1998年,被国务院学位委员会批准为硕士学位授予权单位;1999年,浙江省政府批准宁波大学创办全省首家国有民办本科二级学院——宁大科技学院,在办学体制改革上迈出重要一步;2000年宁波大学被浙江省政府确定为三所省重点建设大学之一;2003年荣获国家教育部本科教学水平评估优秀等级。如今,宁波大学已经发展成为一所涵盖经济学、法学、教育学、文学、历史学、理学、工学、农学、医学和管理学等十大学科门类的地方综合性大学。学校占地面积2400亩,校舍总建筑面积56万平方米,藏书100余万册。学校设有17个学院,有27个硕士点、57个本科专业、1个第二学士学位专业。普通全日制在校本科生18000余人,研究生500余人。全校现有教职工2100余人,其中专任教师1100余人,有院士4人,正高级人员140人,副高级人员450余人。然而,我校还十分年轻,与国内一流大学相比,存在着很大的差距,博士授予权单位尚在准备申报之中,还有许多不足,其中很突出的一点,是学校的许多管理工作滞后于教学、科研工作,这制约着学校实现新的跨越式发展。要改变管理落后的状况,青年干部有着义不容辞的责任,需要付出十分艰辛的努力。为此,学校必须加强干部队伍特别是青年干部队伍建设,为学校的发展并在激烈竞争中保持有利地位提供管理人才保障。

(三)培养、选拔中青年干部是顺利实现干部新老交替的需要

"长江后浪推前浪",新老交替是时代发展的必然趋势,关系到我们社会主义现代化建设目标的顺利实现,关系到党和国家长治久安的战略大计。我们要从战略的高度,增强责任感和紧迫感,加快培养选拔优秀青年干部的进度,加大工作力度,使一大批优秀青年干部脱颖而出,担当建设和

发展学校的重任。我校现有中层正职领导干部51名,中层副职领导干部95名,他们的平均年龄偏大。至2005年底2006年初下一轮中层干部竞聘上岗时,将有一批干部从中层领导岗位上退下来,这就需要补充相应数量的中层领导干部。这些干部从哪里来? 毫无疑问,主要应从优秀青年干部中产生。

顺利实现干部的新老交替,必须下功夫抓好后备干部队伍建设这一基础性工作。今年,学校根据建设高素质干部队伍特别是领导班子建设的需要,把政治素质好、业务能力强、发展潜力大的优秀青年干部正式确定为后备干部。在确定后备干部名单的过程中,主要做法就是扩大民主、拓宽渠道。扩大民主,提高群众的参与程度,是干部人事制度改革的基本方向,也是选准、选好后备干部的重要保证。选拔后备干部必须在一定范围内进行民主推荐,坚决防止和克服由少数人圈定或在少数人中圈定人选的现象。组织部在操作中适当扩大了参加民主推荐的范围,进一步完善民主推荐方法,多形式、多渠道发现和选拔后备干部。今后还要按照公开、公平、竞争、择优的原则,积极探索选拔后备干部的新方法、新途径。后备干部名单确定后,组织部要有针对性地加强培养,实行动态管理。既要重视补短,更要重视扬长。根据后备干部的自身特点和专业特长,有针对性地进行思想理论、党性修养和业务能力等方面的教育培训,强化他们的优势,弥补他们的不足,要坚持备用结合,提高后备干部的使用率。加强对后备干部的考察了解,及时掌握他们的政治思想表现、工作政绩、廉洁自律以及接受培训、经受锻炼的情况,对各方面条件比较成熟的,要及时提拔使用,特别优秀的要破格重用。同时,要加强监督,严格管理,对那些有这样那样问题或相形见绌、不适合继续作为后备干部培养的,及时调整出后备干部名单,并不断地将新发现的优秀分子及时补充到后备干部队伍中来,使后备干部队伍有进有出,真正成为"一池活水"。

另外,在这里我想再简单讲一个问题,关于青年干部的培养与使用,培养与提拔的问题。请大家来参加培训,是因为大家都是各个单位、部门的优秀青年干部,培训是为了今后更好地开展工作,发挥大家的作用。但是现在有些人的一种想法不好,认为培训就是要提拔,我认为这两者之间没有必然的联系。参加培训的是优秀的人才,提拔是正常的,但是领导岗位是有限的,不一定你接受了培训就一定要提拔,还有一个时间问题,机会问题,从全校的大局来考虑实际需要的问题。但是有一点是可以肯定的,请你们来培训是想让大家有更多的机会学习新的东西,提高自身的素质,是出于学校对青年干部的关心和加强培养的角度出发的,希望大家在今后的工作中一定会干得更出色,发挥更大的作用。

二、青年干部一定要不断地加强学习

在座的青年干部,大多已经具有较高的文化水平和一定的专业知识,眼界比较开阔,思想比较活跃,开拓进取精神较强,许多同志在自己的工作岗位上做出了出色的成绩,积累了一定的经验。但是,从总体上说,青年干部身上还存在着一些不容忽视的弱点和不足,主要是相当一部分同志程度不同地缺少马克思主义理论的系统学习,缺少对党的优良传统和党的历史的深刻了解,缺少党内生活的严格锻炼和艰苦环境的磨练,缺少做群众工作和解决复杂矛盾的能力。另外,社会发展日新月异,人民群众的创造丰富多彩,新形势新任务对青年干部提出了越来越高的要求。时代不断前进,学习永无止境。我们一定要正确认识自己的学识和能力,千万不可自视过高、自我满足,而要倍加谦虚、永不懈怠,在不断更新的知识和快速发展的实践面前甘当"小学生",缺什么补什么,在知识的海洋中汲取营养,以孜孜不倦的精神坚持学习、学习、再学习。

人的素质的提高,学习是一个最基本的途径。毋庸置疑,每个人的天资是有差异的,但这种差异经过后天的努力和锻炼是可以改变的。我们党历来高度重视学习问题,始终把学习作为一项关系党的事业兴旺发达的战略任务来抓。以毛泽东、邓小平、江泽民同志为核心的党的三代领导集体,都高度重视全党的学习,特别是在革命、建设和改革的重大历史转折关头,在面临新的形势和任务的时候,总是把学习的问题突出地提到全党面前。进入社会主义建设时期,毛泽东同志指出:"现在的重要问题是要重新教育干部。干部教育好了,我们的事业就大有希望。不教育好干部,我们就毫无出路。"在改革开放之初,邓小平同志强调指出:"实现四个现代化是一场深刻的伟大革命","全党同志一定要善于学习,善于重新学习"。这样,"才可能领导好高速度、高水平的社会主义现代化建设"。在发展社会主义市场经济的新的历史条件下,江泽民同志根据我们党面临的新形势新任务和干部队伍状况,深刻指出:"要保证我国改革和建设事业顺利发展,保证跨世纪宏伟目标的顺利实现,保证党和国家的长治久安,严重的问题在于教育干部"。他还强调,现在进入了"终生学习"的时代,全党同志要"学习学习再学习"。去年底,胡锦涛同志带领新一届中央政治局全体同志进行集体学习,并发表了重要讲话。锦涛同志强调指出,新世纪新阶段,我们党要团结带领全国各族人民抓住机遇、迎接挑战、与时俱进、开拓创新,实现全面建设小康社会的宏伟目标,不断开创中国特色社会主义事业新局面,必须把学习作为全党一项十分重要的任务,不断加强,不断推进,努力使全党的马克思主义理论水平和科学文化水平不断有新的提高。可以说,新一届中央政治局已经为全党在新形势下进一步坚持和加强学习树立了榜样,指明了方向。我们必须大力加强学习,不断充实和武装自己。

要加强对马克思主义理论的学习,打下坚实的理论功底。要系统地而不是零碎地、全面地而不是片面地、深入地而不是肤浅地、融会贯通地而不是相互割裂地学习马克思列宁主义、毛泽东思想和邓小平理论,特别是"三个代表"重要思想。要牢牢把握学习贯彻"三个代表"重要思想关键在坚持与时俱进,核心在坚持党的先进性,本质在坚持执政为民的根本要求。要全面掌握马克思主义的基本原理,领会马克思主义的精髓和本质,学会运用马克思主义的立场、观点、方法来分析和解决改革开放和现代化建设中的实际问题。不断提高自己的政治理论水平、政策水平和行政管理水平,增强驾驭和处理各种矛盾的能力。只有理论上通透,政治上才能清醒,工作中才能有原则性、系统性、预见性和创造性,才能全面正确积极地贯彻执行党的基本路线和各项方针政策。

要着眼于党的事业和自身全面发展的需要,要加强专业知识学习。干部的专业文化素质,以及与此相联系的尊重科学、尊重知识的作风,是提高领导效能的基础。科学文化和专业知识素质是做好高校管理工作的必要条件,应加强对履行当前岗位职责所必需的专门知识和技能的学习。一个合格的管理干部必须具备真才实学,才能适应形势的发展和社会的需要。要广泛学习一切有益知识。列宁说过:"只有用人类创造的全部知识财富丰富自己的头脑,才能成为共产主义者。"高校的管理干部同样应当博学多识，知识越多越能懂得客观世界的规律，在工作中越主动，尤其是在知识密集、人才集中的高校，没有良好、合理的知识结构，难以胜任工作。加强对经济、政治、文化、法律、科技、管理、历史、军事等基本知识的学习，广泛涉猎多方面的知识，学习一切反映当今世界文明进步的新知识、新经验，做到"专"与"博"相结合，求知与修身共进步，使知识结构更加合理，个人素质全面提高，并把这些方面的学习同加深领会和灵活运用马克思主义理论紧密结合起来。要加强教育科学与管理科学的学习。应有计划地学习和掌握《高等教育管理学》、《管理心理学》、《教育学》、《教育行政学》等专业知识，具备熟练运用现代办公设备（如计算机、网络信息等）的能力。逐步使高校管理由经验管理向科学管理发展，由过程管理向目标管理转化。作为青年干部，在向书本学习的同时，还要注意加强在实践中学习，向周围的同志和老同志、老干部学习。每个人都要"取人之长，补己之短"。

要发扬理论联系实际的学风。我们党历来重视理论联系实际，始终坚持学以致用。毛泽东同志强调学习的目的全在于应用，邓小平同志强调学马列要精、要管用，江泽民同志强调理论学习和研究要坚持"一个中心、三个着眼于"，其基本精神都是强调学以致用。学以致用是理论联系实际的马克思主义学风的重要体现，也是青年干部学习、提高必须遵循的重要原则。马克思主义是科学，不是静止的封闭的教条，而是在实践中接受检验、不断发展的理论体系。马克思主义的基本原理不能丢，但一定要以我国改革开放和现代化建设的实际问题、以我们正在做的事情为中心，着眼于马克思主义理论的运用，着眼于对实际问题的理论思考，着眼于新的实践和新的发展。要坚持解放思想、实事求是的思想路线，紧跟时代发展潮流，不断研究新情况，解决新问题，形成新认识，开辟新境界。不断地把学到的东西运用于实践，同时不断在实践中做事悟理、总结经验，用实践来检验和提高学习的成效，做学习型、知识型、实干型相统一的新一代青年干部。

要持之以恒，努力养成热爱学习、善于学习的良好习惯。要发扬"挤"的精神，在繁忙的工作之余，减少应酬，排除干扰，合理安排好时间学习，做到学习和工作两不误、两促进。

这次培训的意义很重要的一点就是要大家树立自觉学习的意识，不要培训完就学习完，在工作中和生活中也要注意学习新东西，自己培训自己。

这样我们的学习才有意义,才会有好的效果。

三、青年干部一定要切实提高自身的综合素质

高校是一个非常特殊的场所,知识分子密集、人才荟萃,是新思想、新观念、新知识、新科技、新文化的引领之地。作为高校的主体——知识分子(高校教师)有独特的思维方式、工作生活方式和个性特点。知识分子的可贵之处就是崇尚科学、追求真理,不畏权势、敢于直言,有强烈的社会责任感。这个特征是非常明显的。所以,高校要出新思想、新观念,必须要营造一种学术自由、科学探索的宽松环境。要有这样的环境,很大程度上来自学校各级各类干部,在这样的氛围下,包括青年干部在内的高校各级各类干部仅靠权力影响力来开展工作是难以有所作为的,必须依靠非权力影响力,即干部个人的综合素质铸就的人格魅力和学识才能。

人格魅力是非权力影响力的最高境界,它既高于权力,又高于学识才能。这就是我们通常所说干部"德才兼备"中的"德"。一个干部,学识才能很好、能力很强但品德不那么好,人格上有缺陷,那么,他的工作就会大打折扣。这就是我们讲的"德"不好。一个具有良好品格的干部,再加上有一定的学术水平,那他就具有很强的号召力、凝聚力、亲和力。按照老师们的说法,那就是"我服你"。

如何才能提高自身的综合素质、塑造良好的人格魅力呢?很重要一点就是要不断地注重自己的人格修养。首先要使自己的人格完整,然后再追求人格的崇高。勤政廉洁、公道正派、为人师表,这只能讲是人格完整,还谈不上崇高。所以,人格修养是一辈子的事。每个人到这个世界上,性别可以不同、职务可以不同、职业可以不同、财富可以不同,但人格修养是一样的。不会因为职务高、财富多,人格一定就完整。相反,那些处在社会低层的平民百姓,人格高尚的大有人在。而身居要职的人格低下的也不乏其人。贪污、受贿等违法犯罪的例子不少。有哲人说:人不一定能使自己伟大,但一定能使自己崇高。这个崇高就是人格的崇高。按中国传统的文化,有英雄与圣贤的区别之说。英雄能征服天下,但常常不能征服自己。英雄有胆略、有气魄,但有些由于修养不够,很难抵御各种诱惑。所以就有"英雄虽能征服天下,美女却能征服英雄"的历史悲剧。圣贤不去征服天

下,却常常能征服自己。圣贤一般是指学识、修养到家的人,能抵御金钱、美女、地位等各种诱惑。孔子就是圣人。英雄将烦恼交给了别人,而圣贤则是挑尽了天下人的烦恼,忧国忧民。我们要成为一个称职的干部,就要注重自身的修养,要有挑尽天下烦恼,"先天下之忧而忧,后天下之乐而乐"的精神境界。

孟子曰:"天将降大任于斯人也,必先苦其心志,劳其筋骨,饿其体肤,空乏其身,行拂乱所其为,所以动心忍性,曾益其所不能。"青年干部要不辱历史使命、担当重任,应当在以下几个方面切实提高自身综合素质,塑造良好的人格魅力:

1. 志存高远,百折不挠。超越平庸是大学的特征。要有远大的理想抱负、崇高的精神境界、强烈的责任意识和使命感。看问题、思考问题要站得高一点、望得远一些,不要总是拘泥于一些小事。有时和学院领导谈工作,个别领导说的总是一些小事,总是谈钱、谈酬金,很少谈学院的发展问题。这样的领导干部与普通教师有什么区别呢?钱和发展是联系在一起的,如果你想做的事情确是对学校、对学院的发展很有利,对学生的培养很有利,学校认为很有必要支持,那么钱就有了。不谈发展目标、不谈工作思路,总是围绕钱转,这种工作是不到位的。

2. 探求真理,实事求是。追求真理,实事求是,敢于批判,是大学的精神。要真正做到实事求是是很难的,但有很多我们学习的榜样。竺可桢担任浙江大学校长13年,提出了"求是"校训。他认为"求是"就是探求真理、实事求是,不盲从、不附和、不武断、不专横;"求是"精神就是奋斗精神、牺牲精神、革命精神、科学精神;马寅初任北京大学校长期间发表了《新人口论》,一度遭到批判,其孤独无援的境地可想而知。但他在权威面前不低头,甘心为真理受难。历史终于证明真理在他手里,历史的评判是公正的。马寅初为北京大学树立了探求真理的伟大丰碑。现在大学在追求真理方面还远远不够,功利主义倾向比较严重,在这里我们不展开讨论。但我觉得在座的青年干部有责任去思考这些问题,有责任去改变这种状况。

3. 甘于牺牲,乐于奉献。这是一种品质,也是高校职业的要求。要正确处理好个人和集体的关系、个人与他人的关系。作为青年干部,个人的发展很重要,但首先必须服从集体的发展,不应以影响工作来求得个人的发展。作为学校、组织,要统筹考虑,要关心重视青年干部的成长,要积极创造条件。无视个人的社会不会繁荣,无视社会的个人不会发展。群众看你很清楚。有的领导干部在很短的时间里什么也不肯落下,按照群众的说法,一个都不能少。干部照当、岗级待遇照拿、学位照读、课照上、国照出、项目照搞、文章照有。那样,他在教职工中就没有威信,就不会是一个好的领导干部。因此,一个领导干部应该有这样的境界,为了学校、学院牺牲一些个人利益应该在所不惜。

4. 严于律己,宽以待人。对自己从严要求,正人先正己,要有正气。但待人一定要宽容,有爱心,平等相待,不可居高临下,拿腔拿调,目中无人。越是有水平、有内涵的,越是谦虚、越是能看到自己的不足。当干部的,不是你特别有本事,能力强的人多得是,更多的因素是机遇给了我们,有许多人他们没有这样的机遇。我们一定要谦虚谨慎,戒骄戒躁。同时,还要善解人意,在工作中要经常换位思考,设身处地为别人着想。原则性和宽容是不相矛盾的,在大是大非面前要坚持原则,对人的个性、脾气、不同意见要宽容,不能斤斤计较。心胸狭窄是一个干部的大忌。有的干部总是把那些恩恩怨怨的东西放在心里,一个人的脑子容量是有限的,你装了这些东西,别的东西怎么放得进去。要海纳百川,有容乃大。

5. 增长才干,丰富知识。拿破仑讲过一句名言:狮子率领的绵羊部队必然战胜绵羊率领的狮子部队。这说明领导的重要性。战士很强大,但指挥者很弱,就会出现群龙无首、各自为政,就毫无战斗力,形如一盘散沙;指挥者很强大,绵羊虽弱一点,但能密切配合、协同作战,就能以弱取胜。我举这个例子,只是想说明干部才能素质的重要性。

才干一般是指完成一定任务的本领,就是通常所说的"才",即"才能"。高校干部应具备以下几个方面的能力:

管理能力,就是指完成自己所管理工作的能力。高等学校管理工作,门类众多,任务繁重,每一方面都是一门大学问,终其一生都不一定能成为某一方面的专家。因此,管理干部只有充分发挥自己的主观能动作用不断地学习、磨练,才能做好管理工作,提高管理水平。

协调能力,就是指善于处理上下、左右、校内校外各种关系的能力。一个管理干部,一个具体单位部门,上下、左右、校内校外相互之间都有一定的联系。干部应具有较强的协调能力,合理协调好各种关系,努力为本校、本单位部门的各项工作创造一个宽松的工作环境。

开拓创新能力,就是指发现新问题、提出新问题、解决新问题的能力。学校教学、科研、管理、服务,方方面面都需要创新。我们要坚持制度、体制和机制创新,提高管理水平。我们要进行课程体系、教学内容、教学方法的创新,培养具有创新意识、创新精神和创新能力的高素质人才。我们在工作中不能因循守旧、墨守成规,要善于结合自己的工作,研究新情况,解决新问题,提出新思路,创造新经验。

知人善任的能力,就是指调动人的积极性和创造性的能力。选人用人,知人善任是事业成败的关键。知人,就是要知人之所长、所短;善任,就是要用其所长,避其所短。各单位部门的干部都要根据每个人员的专业特长,兴趣爱好,尽量做到各得其所,各尽其能,做到"适才适用","优才优用",使之切实履行职责,保质保量地按时完成各项工作任务。

此外,还要不断丰富自己的知识,可以学历和职称的提高作载体。我校青年干部包括在座的大部分学员学历职称偏低,以学校机关中层以下干部为例,至今没有一个取得博士学位的研究生,只有一个在读博士研究生;取得硕士研究生学历的也只有六七人。没有一个正高职称人员,副高职称的也只有五六人。这种状况与我校的档次、地位不相符合,会阻碍学校管理水平的提高,甚至更严重地说会影响学校新的跨越式发展。虽然近一二年来,攻读硕士研究生的青年干部有明显增多,但还不够。时不我待,"一万年太久,只争朝夕"!青年干部只要有提升学历和职称可能的,务必抓紧时间,花大力气奋力拼搏,争取在最短的时间内提升学历,提升职称。这样既有利于本人的全面发展,也能尽快增长知识。

6. 艰苦奋斗,勤俭创业。现在的青年干部,都是在我们党长期执政的和平环境中成长起来的,同老一辈相比,大多还缺乏对党的历史和优良传统的深入了解,缺乏严格的党内生活、艰苦环境和基层群众工作的锻炼,更要增强艰苦奋斗的意识,居安思危,求真务实,自觉为党和人民的事业埋头苦干、拼搏奉献。应当肯定,广大青年干部在艰苦奋斗方面,总体上做得是好的。但是,应当清醒地看到,这些年来,拜金主义、享乐主义特别是奢靡之风在青年干部队伍中有滋长蔓延之势。对此,青年干部必须保持高度警惕，做到警钟长鸣、防微杜渐。要牢记我国的基本国情和我们党的庄严使命，树立为党和人民长期艰苦奋斗的思想；牢记全心全意为人民服务的宗旨，以艰苦奋斗的实际行动为最广大人民谋利益；牢记党的基本理论、基本路线、基本纲领和基本经验，以艰苦奋斗的精神做好各项工作；牢记党和人民的重托和肩负的历史责任，自觉在艰苦奋斗的实践中加强党性锻炼。要弘扬艰苦朴素、勤俭建国的精神，发扬脚踏实地、真抓实干的作风，坚决反对浮躁浮夸、急功近利，坚决反对铺张浪费、大手大脚。要勇于到困难大、环境艰苦、矛盾比较集中的地方摔打磨练，在急难险重的重要岗位和关键时刻经受锻炼和考验。

7. 廉洁自律，慎独慎微。社会上和高等学校内部确实存在各种不正之风、违纪违法现象甚至犯罪问题，严重损害了党和干部的形象。面对这些消极腐败现象，青年干部一定要严格要求自己，切实加强行为自律。我们手中的权力是党和国家授予的，是用来为人民谋利益的，不是个人的权力，不是用来谋取私利的。青年干部要摆正自己与集体以及"小集体"与"大集体"的关系，要有全局观念，为人民谋利益的观念。要用党的纪律严格约束自己，自重、自省、自警、自励，慎独慎微，保持清正廉洁的浩然正气。

8. 与时俱进，开拓创新。"十六大"报告中指出：发展要有新思路，改革要有新突破，开放要有新局面，各项工作要有新举措。目前，学校发展快、变化大，各项工作面临着众多的新情况、新问题、新矛盾，需要我们继续去探索、去实践、去总结。学校要谋求更大的发展，唯有与时俱进、开拓创新。学校的各项政策、目标和工作要体现时代性，把握规律性，富于创造性。这就要求全校各级各类干部包括青年干部要创造性地开展工作。我认为创造性地开展工作有两层含义。第一层含义就是指在前人工作的基础上，要有所创新、有所创造、有所前进。第二层含义就是在工作的过程中，不呆板地套用别人的经验，不机械地模仿别人的做法，而追求一种独到的、最佳的境界，取得比前人更大的进步、成绩，这也是一种创新。联系学校、各个单位各部门工作，创新问题往往会面临三种情况：一种是过去没有的，现在需要我们去做，这是一种创新；第二种是过去虽然有了，但已经不适应了，需要我们去改革、去创新；第三种情况是过去有的并且比较好的，我们还需要肯定它，但在做的过程中要有新思路、新方法。如学生的思想政治工作、教师的思想政治教育、党的组织形式和活动方式等等。其实,在学校的管理工作中,需要我们改进的内容很多,有的东西我们已沿用了好多年,现在还在执行,显得很不适宜了,有些令人感到不可思议,这些需要青年干部用心去思考、去想办法。

论学校当前的压力及破解之道*

> ——宁波大学要扛起为地方经济建设服务的这份责任是非常沉重的,而宁波大学的发展要取得突破,也必须与地方经济建设紧密结合。

今年 3 月 18 日,《中国教育报》有一篇专门谈地方综合性大学如何为地方经济发展服务的文章,其中举了一个例子:我国东部沿海开放地区的一个城市要建临港大工业,这个学校是该城市的综合实力最强的一所大学,对建临港工业以后的专业学科怎么调整是没有反应的,争取申报博士点的学科都是物理、化学和力学等;据对这所城市的有关企业单位的了解,至少有 80% 以上的单位和这所大学没有任何合作关系。这篇报导据说是清华大学的一位教授写的,在市里开高校工作会议时,成岳冲副市长讲起了,当然他的意思是大学应该为地方服务。这个例子大家一听就知道指的是哪所学校。我想我们宁波大学不可能什么都做,而且我们学校不是没有考虑过根据临港工业调整我们的专业,但经过仔细分析,我们办化工专业不知道多少年后才能赶上浙工大,更不知道多少年后才能赶上浙大,就算真能赶上,说不定那些化工专业已经被淘汰了。但我们可以保证,这些临港工业里面一定会有宁波大学的毕业生。临港工业的确需要化工专业人才,但也需要其他多种专业人才,包括管理人员和销售人员等。一个大学不可能调整得这么快,这完全不符合教育发展规律。我们是都可以办,但办冶金办得过北钢吗? 办化工办得过浙大吗? 而且这种大规模的工业对技术人员的要求、对人才的要求质量非常高。所以,我开始很不平,但最后还是表示理解:这说明他对一个学校的期望很高,谁叫我们学校的名字叫

---

  * 本文是 2005 年 3 月 30 日聂秋华在全校中层干部大会上的讲话

宁波呢？宁波大学的牌子是不好扛的。宁波大学的名字很好，三校合并，老宁波大学就沾了这个光，叫宁波大学。如果原来宁波师范学院叫宁波大学可能也就叫宁波大学了。这个牌子是很值钱的，但是扛着这个牌子也是很沉重的，大家对你的要求确实很高，这样一想也就好理解了。但我们这所在宁波市综合实力最强的大学，怎么为地方经济建设服务？这是值得好好考虑的。我把这个例子告诉大家，是想让大家知道，自己肩上的担子还是沉甸甸的，宁波大学要扛起为地方经济建设服务的这份责任是非常沉重的。

学校当前的发展面临巨大压力，如何破解？例如学科建设，重点是学位点建设，我们希望能突破博士点。这是我们全校师生、包括已退休教职工的共同心愿。我们只有突破了博士点，拿到博士学位授予权，才能使学校在更高的一个层次去进行发展和竞争，实现向教学研究型大学的转变，这是我们非常美好的心愿，但是这项工作是非常艰巨的，这是学校今年工作的重点，但就目前情况而言，还是非常的困难。博士点建设中存在的问题，确实受到我们原来发展的特殊的历史条件所限制，我们的基础、学科方向都还比较散，实事求是地说，我们博士点建设到达了哪一步呢？到了开始凝炼研究方向这一步。实力比较好的海洋、信息学科，方向也都比较散，还没有凝在一起。通过论证我们发现，原来这些学科在评比的时候，就占了人多、杂七杂八东西合起来分量比较重这样的优势。一报学科，东拼西凑，SCI文章、项目等，跟人家一比，东西多就上去了，但仔细分析，我们的方向是很乱的，没有凝在一起，现在就涉及到凝聚方向问题，不能瞎凝聚，不能以我研究什么来凝聚，这样凝聚是不对的。凝聚方向就是要与地方经济建设紧密联系起来，必须这样做。为什么呢？我们申报博士点，还差什么？大家分析一下就知道差国家级奖。我们国家项目有，"863"、国家自然科学基金、社科基金项目有，论文有，SCI也有，但就差国家级奖。现在评学位点，是评硕士点有一项国家基金就差不多了，但评博士点必须有国家级奖励，宁波大学在博士点建设中差什么呢？最差这一点。再分析一下，怎样才能拿到国家级奖励？国家三大奖：自然科学奖、技术发明奖、科技进步奖，其中自然科学奖要求是很高的，主要是针对基础研究，一等奖已经空缺好多年了；其他的发明奖、科技进步奖，都需要产生巨大的社会效益和经济效益。要产生社会效益和经济效益,你不和社会结合,不和经济发展结合,可能吗?尽管学科与企业结合是困难的,但是不这样能够争取到博士点吗?如果我们自己在凝炼研究方向过程中,不和地方经济与社会发展结合,就肯定拿不到奖。所以面对这样的形势,从博士点建设这个角度来看,必须做到要跟地方结合。申报博士点我们很辛苦,但是我还是觉得自己腰杆子不硬。在博士点建设上我们学校也投了不少钱,学校的钱不容易,大家要集中起来,凝炼方向,应该抛开个人的利益、个人的荣辱,真正按照这样的客观规律去争取,再说我们本身就该为地方经济建设服务。所以要与地方经济建设结合,我们的博士点的突破才有希望。我们封闭在象牙塔里,永远也搞不成。靠躺在侨资学校和躺在宁波市经济高速发展的怀抱中,我们永远也长不大。所以这一点务必请大家认识到,这一点是我们在学位点建设上必须要突破的,也是必须要走的一步,大家要有这样的观念,不走出去,就没希望。

以实干精神推动学校发展方式转变[*]

——建设一流地方大学尤其需要创新的勇气，团队的意识，奉献的精神和拼搏的激情。

一、学校所面临的形势

学校在上一轮的发展中取得了显著成绩：我校进入了省重点建设大学行列，学校规模迅速扩大，在教育部本科教学工作评估中获得了优秀的成绩，学科建设蓬勃发展，硕士点的数目快速增长，2003 年学校获得了 18 个硕士点。今年我校在硕士点评审中，评分成绩比 2003 年还要好，这些都反映了我们学校的快速发展。但是，面对全国、全省高等教育发展的形势，我们必须认真审视我校在新一轮发展中应该采用的发展方式，以求充分发挥学校自身的优势，克服自身的局限和弊端，以最小的代价换取更大的发展。

上一轮发展的特点和带来的问题主要有：

（一）规模快速扩张

我们学校已经从 1999 年的 8000 多学生发展到现在的 20000 多学生，但是规模的快速扩展也给学校带来了一些问题：发展太快，必然对质量提高带来冲击，尤其是我们的人才培养质量；快速发展的结果使我们的结构产生了新矛盾，包括专业结构，学科结构，师资结构等等，这些结构上的矛盾在发展中越来越突出。

（二）债务迅速积累

学校的发展离不开资金上的支持，在国家投入不足的情况下，就要靠

* 本文是 2005 年 8 月 30 日聂秋华在宁波大学保持共产党员先进性教育活动党课上的第二讲

借贷来保持学校的快速发展。除了财务资金债以外,我们还在设备上、管理上和队伍建设上欠了债。如学校快速发展所需的设备跟不上,虽然通过教学评估,学校在设备等硬件上得到了一定程度上的改善;由于我校从一个小学校扩大到 20000 万名在校生的大学校,我们在管理上,无论在管理水平上,还是管理人员的素质上,都是跟不上学校的快速发展;学校的快速发展中,我们引进了很多教师,当时还引进了大量硕士,但是从现在看,硕士还不能满足现在学校发展的要求,所以我们在队伍结构上也欠了债。

(三)要求不断提高

谁的要求不断提高呢?就是社会、政府、员工、学生和家长对学校的要求不断提高。大家都已经感受到了来自于方方面面的压力,我们学校不能满足各方面对学校的要求,就难以得到社会各界的支持。

(四)竞争日趋激烈

首先在学校的声誉上,比方说排行榜,尽管很多人都认为对学校这样那样的排名不科学,但是排行榜却影响着社会、考生和家长对学校的评价,在报考时候,考生和家长会把它当作一个重要的指标来选择学校。此外,在优质生源、高水平师资、重点专业、重点学科、重点实验室、学位点、各级各类课题的获取方面,学校都面临着空前的激烈竞争。

总之,发展带来的问题逐渐积聚,各种矛盾更加突出,学校的压力空前增加。从目前的形势来看,我们学校下一步发展的瓶颈是博士学位授予权。博士学位授予权制约着学校下一步能否在更高层次上去竞争与发展。学校发展的方式必须从单纯量的扩张转变到质的提高,这是对学校下一步发展总体的要求。学校发展的主要矛盾是教育资源的相对短缺,因为快速发展需要各种资源,包括人力、财力、物力,从学校现在所能获取资源的能力上来看,和学校发展的要求是有矛盾的,从某种程度上说还是发展的主要矛盾。这就是我们在现阶段和下一步发展当中所面临的形势。

二、转变学校发展方式的思考

前不久学校提出了建设国内一流地方综合性大学的发展目标,这是一个艰巨的题目,破解这个难题要从目标定位入手,就是坚定一个信念,做好两篇文章。这个信念就是"一流",两篇文章就是"地方性"和"综合性"。尽管有人也会怀疑,能不能建成一流?但是我们首先要有建设一流的决心和信心,通过一代代宁大人的努力,我们一定能达到这个目标,我们现在的师生员工要为追求这个目标,贡献自己的力量。

建设一流的过程是一个长期的过程,不是一蹴而就的事情,应该有长远的目光,要有长期艰苦奋斗的思想准备。另外,我们还必须以科学的发展观为统领,转变观念,迅速调整学校发展的方式,使学校能够全面、协调、可持续发展,为建设国内一流的地方综合性大学奠定坚实的基础。

我们的学校几年来各个方面都取得了明显的发展,大家有目共睹,成绩是应该充分肯定的。但是,我在下面转变发展方式的思考中主要是针对我们各个方面存在的不足而展开的,其目的是共同来探讨如何解决这些问题。

（一）以人为本,深化改革

学校运作的任何改变都可以认为是改革。"以人为本"应该理解为学校必须为教职员工的个人发展创造条件和提供机会。要坚持"想干事有机会,能干事有舞台,干成事有回报"的原则。在这里我重点谈谈学校最重要的两项改革的深化问题,一项是人事分配制度改革,一项是校院两级管理。

1. 人事分配制度改革。改革的结果是利益的再调整,改革的目的是调动人的积极性,而分配制度改革涉及个人利益最直接,也最敏感,所以说学校一切改革的最核心部分是分配制度的改革。分配制度改革是非常难的一件事。有增量的改革相对比较容易,但调整利益的改革就非常困难,因为有一个既得利益问题。把张三的利益拿出一块给李四,张三就不干,反之亦然。前两轮改革基本上是增量改革,虽然谈不上皆大欢喜,但由于学校毕竟每年多拿出两三千万元发津贴,或多或少总比过去有所增加,有些矛盾也随着时间的推移淡化了。应该说这几年学校分配制度的改革是非常有成效的,引进了一批人才,调动了大家的积极性,对学校的快速发展起到了推动作用。但随着学校的发展,前两轮的分配制度也逐渐暴露出它的不足,最大的不足有两点:一是学院对学校的依赖性过大,向外争资源的积极性和主动性不强,为地方服务的能力和水平提高不快,争取外部资源的能力变得更弱,形成不良循环,加上这两年要提高工资,客观上造成了学校负担过重的局面；二是事事讲工分，什么都要算工作量，缺乏进取精神，想尽办法挣工分，挣到一定程度就拉倒，什么公益活动，接触学生，服务社会统统与我无关。如果我们学校的办学形成这样的氛围是十分危险的，也是非常失败的。

针对以上问题，第三轮分配制度改革方案的核心是设岗，关键是考核。设岗抓两点，一是岗位设置总数和岗位如何分配，二是岗位职责的细化和完善。考核要按岗考核，不仅仅分类，例如要明确院长、处长、学科带头人的考核。

2. 校院两级管理。可以这么说，学校下一步发展的希望在学院，学校下一步的主要任务就是进一步完善政策，简政放权，增强学院的活力和竞争能力。三校合并办学十年来，学校对学院（或系）的经济政策基本上是四个字"放水养鱼"，十年很快过去了，鱼养得怎么样了？"鱼"总的说来都大了，有的个头还不小，但是很强很壮的"鱼"没有。为什么呢？说到鱼，我想起网箱中的大黄鱼，饭来张口，优哉游哉，没有到深海去觅食的辛劳，没有什么危机，这样的大黄鱼和野生黄鱼之间肉质的差异也就可想而知。为了改善这种情况，养殖的人在育种和饵料上也下了不少功夫，更有甚者，在网箱里放鲨鱼，引入危机。我想我们的学院一定不要作网箱中的大黄鱼，要有忧患意识，要面向社会的大海，奋力搏击，这样成长起来的学院才会更加强壮！

下一步学校继续完善各项政策，进一步对学院地发展进行引导扶持，调整学校对学院的拨款体制。继续加强教学科研基层组织建设，成为学院发展的坚强堡垒。继续构建对学院的考核体系，对学院下达明确的工作任务，按照任务完成情况，加大奖励力度。而学院应该牢固树立自我发展的意识，努力提高自我发展的能力。

（二）突出重点，协调发展

科学的发展观要求协调发展，但协调发展不是齐头并进，而是有序地发展。大家都知道刘翔，刘翔跨栏不是整个身体同时过，而是先上左腿，先出右臂，左臂后摆，右脚蹬地，这样才能顺利跨过栏架，这就是协调。我们是综合性大学，学科专业的面较宽，这既是有利的一面，也是不利的一面，因为我们至今也没有"品牌专业"、"品牌学科"。为什么？最近纪念抗战胜利 60 周年,播出电视剧"八路军",八路军打鬼子,就是集中兵力打歼灭战,而如果我们的学科专业散沙一片,我们就发挥不出综合大学的优势,也形不成我们的品牌。所以在下一轮的发展中,我们要集中力量,突出重点,才能快速协调发展。

1. 加快优势特色学科建设。首先要加快团队建设,不断凝炼方向,从半封闭式的建设转变到开放式的建设,要走出校园,为地方建设服务。学科建设的水平取决于与地方、应用结合的水平,理工科是这样,文科也是这样。我们扶持优势特色学科,那么其他学科怎么办?其他学科的发展对学校也是非常重要的,因为"申博"时"学校评价"中包括 12 项指标,和各个学科都有关。就像老太太纳鞋底,优势特色学科做"针尖",其他学科就要做"顶针",要为优势特色学科突破出力。其次各个学科要谋求发展。在"申博"答辩中我曾经向省学位委员会陈述宁波大学申报博士学位授予权的优势是扩点的能力较强,例如我校硕士点扩展的速度。所以其他学科的建设也不能放松。要学毛竹,迅速延伸根系,越远越好,因为近处已被别的学科占据,想方设法为自己的长远发展奠定基础。

2. 提高人才培养质量。为了提高人才培养质量,适应市场经济对人才的要求和学生就业的要求,我校构建了"平台+模块"的人才培养模式,构建这个模式的基本思路就是把成才的选择权交给学生,而学校和教师们就是为学生的选择提供指导和创造条件。应该说这样的设计是符合教育改革的方向的。学校也非常重视教学建设,投入也不少,但建设的效果却不尽人意。原因在哪里?就是因为没有一个科学的教师教学质量评价体系和教学质量的责任体系。教师教学质量评价是一个世界性的难题,但是不去想办法分步骤地解决这个问题,教学工作始终得不到真正重视。要下决心逐步建立教师教学质量的多元评价体系;要建立教学基层组织,每一门课程,每一个课程群的质量要有人负责。

3. 加强氛围和环境建设。我们能不能建成一流大学,可以用一个简单的方法衡量,这就是看校园。怎么看?晚上看学生晚自修时间,假期看校园的师生人数,这就是氛围。对学生的教育,从主要依靠专职队伍转变到全员育人,从单纯的课堂教学转变到校园文化氛围的熏陶。要追求润物细无声的人才培养的最高境界。氛围和环境建设不能一蹴而就,要靠在座的每一位党员和全校师生的贡献,学校要加强引导,并制定政策,特别在第三轮聘任的岗位职责中要有明确的要求,在制度层面上予以保障。

（三）调整结构,充实内涵

在规模迅速扩大以后,必然带来结构性的矛盾,因此必须调整结构,走内涵发展的道路。

1.专业结构调整。要从以教师的专业为导向转变到以学生的就业为导向,在专业布点上不能铺摊子。那么围绕地方所需人才如何进行专业调整?首先分析宁波发展的人才需求和我们自身的特点,有所为有所不为;其次要充分利用综合性大学的优势和"平台＋模块"的特点,跨学科、跨学院组建专业。当然,跨学科组建专业是一个创新性的课题,不那么简单,如何打破学院壁垒,调动大家的积极性来实现这一设想,还需要认真研究。如果这个问题解决得好,我们学校的综合性优势就能得到充分的发挥。

2.院系结构调整。结合学校与近几年学院的实际发展状况,从简单合并转变到有机整合,充分发挥教育资源的效益。以第三轮聘任为契机,在调研的基础上进行学院调整,优化学院结构。

3.学生结构调整。从扩大本科生规模转变到扩大研究生规模,要抓住今年扩充硕士点的机会,不失时机地扩大研究生教育规模,促进研究生园建设的早日启动。

4.师资结构调整。要继续坚持引进加培养的原则。我们面临的困难是难于引进高水平的学科带头人和学科团队。客观上现在每个单位对于人才是千方百计地保护,主观上是我们的工作还不到家,甚至还受到"武大郎开店思想"的阻碍。我们要利用"钱江学者"、"甬江学者"的有利政策,要下大力气引进学科带头人。要加大智力引进力度。我们在为地方建设服务的工作中逐渐树立了一个品牌,"百名教授、博士进企业",取得了明显成效,也形成了一定的影响。在师资队伍的建设上可不可以逐步形成一个"百名教授进校园"的品牌?相映生辉。这"百名教授",我们到社会上去聘请,密切与地方、企业的联系,弥补学校师资联系社会与生产实际不足的缺陷,形成互补的态势。在培养方面要特别注意攻读博士学位的教师的研究方向和学院现有学科的结合程度,最好是在论文阶段做本校学科带头人的课题,否则会造成本来学院的学科方向就不集中,学成回来更分散,另搞一摊,得不到资源又调走,造成更大的人力资源浪费局面。

(四)加强管理,提高效益

提高效益的关键是建立"成本"观念,核心是提高管理水平。要努力建立相应的机制,使我们在资源的获取与使用两方面能力上都获得显著提高。

1. 人力资源。学校的首要资源是人力资源。但由于受到现行人事制度的制约,人员易进难出,尤其是学校合并、规模扩张、配偶安置等因素,造成了学校队伍的臃肿。消肿无非是两个"转",一条是通过培养转方向,读博士、读硕士,把研究方向转过来,与学院的学科发展方向一致。所以教师的培养要严格按学科专业发展的需求把关;另一条是通过聘任转岗。通过严格设定岗位职责,根据个人的条件,调整聘任岗位,更好地发挥作用。虽然很难,但一定要推进。

2. 财力资源。资金是学校发展必不可少的资源,学校下一步的发展资金是一个很大的问题。积极启动土地置换,盘活现有的资源。学校层面一定会千方百计地从政府、社会、"宁波帮"等渠道筹集办学经费,但一定要拓展新的资金渠道,新的财源渠道就是通过为地方服务从社会企业争取资金支持,例如与地方合作办学等举措,更重要的是我们的学院要成为争取社会资源的主力军。

3. 设备资源。经过教学评估和这几年的学科建设,我校的教学和科研设备条件得到了根本性改善。但我们的使用水平、效率、软件管理大大落后于硬件。从教学角度讲,我们的实验教学本身就比较薄弱,但设备的利用率一直比较低。要对实验教学在开出综合性、设计性实验上提出定量指标,要向学生开放;从科研角度看,利用率低不说,还存在着严重的部门壁垒。当然,这里有一些实际的问题,请设备管理部门认真研究,制定政策,必须打破壁垒,要向全校开放,向宁波市开放。

4. 房屋资源。这几年我们的大楼盖了不少,但大家还说不够,一定要制定从无偿占有到有偿使用的政策,要出台评价房屋使用效率的办法,努力提高房屋的使用效率。

(五)融入地方,办出特色

我们这个大学的名字叫"宁波",为什么要办这个大学?大家非常清楚,就是首先为宁波社会与经济的快速发展提供人才、智力的支撑。如果连宁波都服务不好,何谈浙江?更免谈全国。

1. 支撑地方,回报社会。这一点明明白白,20多年前在国内外"宁波帮"的共同呼吁和支持下催生了宁波大学。20年以后我们做好了吗?我们距宁波市政府和人民的要求还有不小的差距,我们如果不尽力为宁波的社会与经济建设主动服务,我们将无颜见宁波父老。

2. 拓宽渠道,争取资源。学校发展与资源短缺的矛盾在下一轮发展中将十分突出,除了学校努力争取外,还必须瞄准社会,学校、学院共同向社会争取资源。宁波是经济发达地区,有丰富的资源和经济实力,但天上不会掉馅饼,要靠为社会服务去获得。经过了这些年的发展,我们的学院也具备获取更多资源的潜力,关键是转变观念,不能仅仅靠学校,要主动出击。学校要给学院下指标,定任务。学院也要落实到每个研究所,每个人。

3. 提高水平,办出特色。宁波市在全国250多个城市中的地位要远远高于我校在全国高校中的地位,我们应该充分借助宁波市飞速发展这个"势",乘势而上,迅速提高我们自身的水平。例如我们的学科水平提高,目前的瓶颈是什么?国家重大课题和国家级奖励,如何突破?突破口就是与地方经济与社会发展紧密结合,要与宁波的企业结合。本事大的找大企业,本事小的进小企业,否则很难取得突破。一个地方性院校要创一流,不走特色之路是很难办到的,我们的特色如何形成?其捷径还是要与地方结合。

三、学校发展需要党员的先锋模范作用

保持共产党员先进性教育活动的目的非常明确,就是"提高党员素质,加强基层组织,服务人民群众,促进各项工作",最后的落脚点是促进我们的各项工作。学校当前面临着新的发展形势,改革发展的任务十分艰巨,我们党员应该以什么样的精神面貌来迎接新一轮的挑战、为建设一流地方综合性大学作贡献?我觉得当前最需要提倡和我们党员包括我自己应该具备的品质有四种。

（一）创新的勇气

我们要建设一流地方综合性大学,跟着老的大学走是永远办不到的,

只有改革创新这一条路。但是改革创新需要很大的勇气。作为党员领导干部，应该鼓起创新的勇气。创新是对原有政策或做法的改革、改变，容易引起矛盾，创新要慎重，要深思熟虑，但看准了的事，就要大胆地试，大胆地闯，要有不怕别人品头论足，批评指责的勇气，明哲保身是不可能创新的。浙大校训原为"求是"，为什么改成"求是创新"呢？这其中有深刻的原因。有一次浙大与清华争一个重大项目，浙大的老师很"求是"，说这个项目浙大只能干其中的40%，而清华的教师说清华能干60%，另外的40%我们请国内最好的单位合作，争的结果可想而知。科学研究本身就应该"敢于好高骛远，善于实事求是"。因此，只"求是"还不行，必须敢创新。所以路甬祥校长坚持要在校训上加上"创新"。又例如，浙大原来有许多项目结题后不来结账，为什么？当小金库，有钱花就不再找项目。后来浙大决定实行项目结题一年后结清，逼着大家再找项目去，当然大家有意见，但这些年浙大上得很快，骂就骂吧，千秋功过，后人评说，我们的干部应该有这样的勇气。另一方面，作为普通党员，要有接受创新的勇气，遇到创新的举措伤及自身利益时，不应骂街，不应写信。要从学校、学院长远发展的角度，支持学校、学院的领导创新改革，因为领导们有顾虑，害怕背骂名，害怕大家在评议时画不称职的"圈"。比如，在班车这个舆论阵地上就要多从正面去引导，作为党员不能跟着别人发牢骚。13辆班车13块舆论阵地，不可小瞧，应当认真地引导。我们要形成敢于创新、支持创新的氛围。

（二）团队的意识

建设"一流"的大学，首先要有一流的团队。学科是一个团队，学校领导班子是一个团队，各个职能处室也是一个团队。从这个意义上讲，要建设"一流"大学，首先大家的汗要往一处流，劲要往一处使，如果大家的劲不往一处使，汗不往一处流，就成不了"一流"大学。

一流的团队关键要有好的带头人，应该德才兼备。司马光在《资治通鉴》中评论人才时说，"才德全尽谓之圣人，才德兼亡谓之愚人，德胜才谓之君子，才胜德谓之小人，……，与其得小人，不若得愚人"。做圣人难，我们的党员干部和带头人要加强思想道德修养，要做君子，千万不要做小人，在长才干的同时，一定不要忘了品德修养的提高。要有开阔的心胸，高尚的情操。汤于翰先生"育人德育为先"的呐喊，的确令人深思。西游记里的唐僧团队应该是比较成功的,唐僧应该说是一个好的带头人,尽管心肠软,但意志坚定,不屈不挠,不贪财,不好色,爱徒如子,虽然他的团队成员各有缺点,但他能包容,能发挥各人的长处,最后取回真经,终成正果,这就是带头人的作用。

我们普通党员在团队的建设中也应该发挥作用。例如,在一起工作,难免产生矛盾和利益冲突,有时甚至吵架。吵架需要两个人,而停止吵架只需一个人。共产党员就应该做这个人。你要争,我谦让,就争不起来。这在团队的建设中是十分重要和必要的。

我们学校引进的一位学科带头人曾这样对我说,我到宁波大学来不是想做一棵大树,我要种出一片片树林,这个树林就是我的学科团队。为什么?因为独木难支。这话说得多好,远远望去,宁波大学不应该只有孤零零的几棵树,而是有一片片树林,一片片森林!

(三)奉献的精神

我们的学校朝一流迈进,和一些老学校相比,无疑还存在着巨大的差距。怎样才能快速增加积累,缩短差距?需要大家多奉献,少索取。实际上我们学校发展到今天都离不开老一辈教师的奉献。原宁波大学从包氏家族的奖励款300万元中挤出240万盖学生宿舍。从陶公山到三官堂,从清水浦到育才路,饱含了多少老同志的默默奉献!

所谓奉献,就是不计回报。我们宁波大学不能形成事事算"工分"的风气。我们应该学会感恩,滴水之恩,涌泉相报,多出来的水就是奉献。我20年观察下来,没有感觉宁波大学故意亏待了谁,难道我们,尤其是共产党员们不应该多奉献一点给学校吗?还要学会嫉妒自己,嫉妒之心,人皆有之,程度不同而已,但从来没有听说嫉妒自己的。嫉妒是怎么产生的,就是和别人比,一比就不平衡,就忿忿不平,嫉妒就油然而生。多和自己比,就不会嫉妒别人。

但是有付出,必然有回报。大家会记住你的奉献,会以其他的形式予以回报。中科院数学所席南华平时淡泊名利,默默奉献耕耘。但当他得了重病,却得到全所上下的鼎立支持,挽救了他的生命,这种回报是在他最需要时他得到了别人的全力帮助。再举个身边的例子,我们几位新上任的校领导,在他们当中层干部时,拿得不多,付出不少,都为学校、学院的发展作了奉献,回报是什么? 就是教职工的信任,上级组织的重托。对于每一位同志也是这样,在岗位聘任时你是否是一个乐意奉献的人在部门领导心里占有非常重的比重。乐于奉献的人大家抢着要,这就是回报!

根据我个人在宁大工作的经历,我们应该记住:我们大家多作奉献,学校就会发展得更好,回报是我们个人的发展会更好,我们的日子会更好!

(四)拼搏的激情

去年我就任校长以后,市里领导和教育厅领导都对我说要多向省领导汇报宁波大学的情况,争取更多的支持。我就去找盛省长汇报工作,谈到晚上 11 点多。盛省长非常关心宁大的发展,她向我介绍了浙江理工大学等省内高校的一些好的做法,希望我们借鉴。当我征求盛省长对宁大工作的意见时,她说她的感觉是宁大干部教师的工作非常努力,但缺乏激情。这条意见着实令人深思。

什么是激情? 强烈激动的情感。一个人在什么样的情况下才会产生这种情感呢? 它首先来自于对目标的强烈的、内在的追求。应该说宁波大学的历任领导和教职员工都有办好宁大这个强烈目标的追求,并且不懈地为实现这些目标而顽强拼搏,在我们身边不乏拼搏的榜样和典型,吴训威不知疲惫的耕耘,有的教师大年三十还泡在实验室里,强烈追求真知、建设学科、奉献学校的拼搏精神在这些教师身上得到了充分的体现,宁大的快速发展正是这种拼搏奋斗的结果,那么为什么宁大人还缺少激情呢? 原来激情还必须被别人感知,引起别人共鸣,它需要一种外在的表现形式。关在屋子里无论如何激动,也如锦衣夜行,不为人所知。冼星海创作《黄河大合唱》时一定充满激情,因为他一直想用音乐来激起人民抗日的热情高涨,但他创作过程主要是一个人进行的,他的内心是别人无法得知的,那么我们是如何感知他的激情呢? 是通过大合唱这种外在的表现形式来感知的! 没有激情是创作不出这样激动鼓舞人心的作品的。

那么我们干得这么辛苦,为什么别人没感觉到呢? 我们缺少必要的沟通,适合于我们的外在显露方式。这几年科研处的同志很辛苦,为打通科研申报项目的渠道,做了大量的工作,但是,当千方百计将基金委、科技部、教育部的有关领导请来辅导时,我们的不少教师却缺乏主动靠拢的迫切精神,好像这都是你学校和科研处的事情,与自己无关,大好的机会就失去了。但我们也有一些教师就不是这样，主动积极，认真请教，感动专家和领导，得到了别人的支持，在项目上就取得了突破。

参加一定的接待和学术活动，需要宝贵的时间，但如果不花时间，不投精力，没有沟通，别人怎么会了解你，被你向上的精神所感动，转而支持你？

假期中一位党员教授来找我，我问他最近在干什么，他说在跑项目。原来他以为不认识人很难办，干脆毛遂自荐硬闯，结果见面一谈，一拍即合，几个项目金额达几十万元。没有面对面的沟通了解，人家会把项目交给你吗？我确实很感动，对他说，我们宁大要有 100 个、200 个你这样的教师，学校的日子就好过了！我们还有一位老师帮助余姚的企业解决榨菜的低盐制作工艺问题，取得了明显的效益，每天大老远跑去，认真投入的精神也令企业老总感动。外界认识宁大，会从我们每一位干部、每一位教师和每一位同学的言行上去感知宁大，了解宁大，形成对宁大的认识。所以我们每一个宁大人的行为对外界的影响都至关重要。

事情不在大小，目标不在高低，但干一件事情，就应该锲而不舍，百折不挠，千方百计，想方设法，不达目的，决不罢休，这就是激情所造就的工作态度，这也是我们迸发激情、感染他人、获得支持的外在形象，我们建设地方一流大学太需要这种精神了，希望通过先进性教育，我们共产党员能够有这么一种精神风貌。

转变教育教学观念，争创一流教学业绩[*]

> ——坚持"以人为本"的理念，培养学生的学习能力、实践能
> 力、创新能力和创业能力，把推进素质教育与服务地方的实
> 践有机地统一起来。

一、"十五"期间教学工作取得的成绩和存在的问题

过去的五年，是宁波大学迅猛发展的五年。在规模快速扩张的情况下，学校始终坚持"三个牢固确立"，以《宁波大学"十五"教育教学改革工程纲要》为指导，全面推进教育教学改革，取得了较大成绩。以教育部本科教学工作水平评估获得"优秀"成绩为标志，表明我校的教学工作已经跃上一个新台阶，而且在国内高校中获得较好的影响。

我校教育教学改革以人才培养模式的改革为核心，坚持"以学生为本"的教育理念，从办学定位和人才培养目标、规格出发，设计并全面实施了基于"平台＋模块"课程结构体系的人才培养模式，形成了公共基础平台、学科基础平台、专业基础平台逐层递进、平台与模块有机联系的课程结构。实践了按学科大类招生，分流培养的方式，将成才的选择权交给了学生，激发了学生学习的主动性与积极性。这一新的人才培养模式代表了国内高校人才培养模式的改革趋势，引起了社会、新闻媒体和高等教育界的高度关注。该人才培养模式被教育部确认为学校的办学特色项目，并获得浙江省高等教育教学成果一等奖。

为了形成与新人才培养模式相适应的现代教育教学体系，近 5 年学校

---

* 本文是 2005 年 9 月 9 日聂秋华在庆祝第 21 个教师节暨表彰大会上的讲话

累计投入和争取上级经费近 1.4 亿元,鼓励广大教师积极开展教学研究,参加专业、课程、教材、实践体系等建设。全校现有省级重点建设专业 9 个,在省属高校中排名第一;市级重点建设专业 4 个、校级重点建设专业 18 个。这些专业正逐渐成为学校的优势专业和特色专业。学校实施"百门优秀课程建设工程",已建成校级优秀课程 85 门,校级精品课程 7 门,省级精品课程 12 门。通过优秀课程建设,推动了教学内容和课程体系改革,逐步形成了新人才培养模式要求的优秀课程群。共评审出校级优秀教材建设项目 33 项、教育教学课件 54 项,16 项被列为省级高等教育重点教材建设项目,1 项被列入教育部"十五"国家级规划教材建设项目,我校教师主编或参编教材 142 部。学校重视学生实践能力的培养,完善了各专业基础课实验教学平台,建成省级基础课实验教学示范中心 2 个,工程训练中心和学科综合素质技能教育培训基地 6 个,首次争取到国家财政部实验室专项经费 200 万元。通过"四大建设",转变了教师的教育教学观念,促进了专业培养模式、教学内容与课程体系、教学方法与手段等的全方位改革,提高了人才培养质量,培育了一批教学成果。"十五"期间,我校共获得省高等教育教学成果奖一等奖 4 项,二等奖 9 项,特别是 2004 年获得一等奖数量创历史之最;市级优秀教学成果奖一等奖 8 项、二等奖 13 项、三等奖 16 项。

新人才培养模式的成功与否在于它有没有行之有效的质量保证体系。学校以教学质量监控全过程、全方位、全员性的理念为指导,构建了由教学管理系统、教学督导系统、教学评估与咨询系统组成的教学质量保证体系,形成了良好的自我约束、自我发展的教学运行机制,并成功地实践了教学的决策、执行、监督相分离的质量管理理念,此项成果获得省高等教育教学成果奖一等奖。

在过去的几年里,学校教育教学改革取得的成绩是有目共睹的,但我们也应充分认识到教学工作中存在的问题与不足,特别是与一流大学的要求相比,我们的教学工作还存在明显差距。主要表现在以下几方面:我校教师主持了 18 个省市级重点专业、139 个省市重点(精品)课程,完成了近 200 本教材建设,256 项各级教学研究项目,参与面比较广,取得的成果也比较多,但缺乏精品成果,我校还没有国家级教学成果奖与精品课程,没有国家级教学名师;教学建设存在明显的"重立项、轻建设"倾向,最近两年教师申报教学建设项目积极性也不高了;专业建设与结构调整还不能很好适应地方经济建设与社会发展的需要,内部的自我激励与约束机制还没有建立起来;校、院两级教学管理体制还需进一步完善;提高教学质量的长效机制有待于进一步确立,教学质量责任体系需进一步落实,教师教学责任心有待于进一步加强;实践教学存在的问题还比较多,学生的创新能力与实践能力培养有待于进一步改进。当然,教学中的问题是发展中的问题,必须通过进一步发展与改革来解决。因此,我们要更新观念,锐意改革,建立健全教学基层组织,认真研究,寻求对策,完善教学质量责任体系,建立引导与激励机制,加大培育教学精品的力度,努力创建一流的教学工作业绩。

二、今后几年我校教学工作思路与措施

为加快推进我校教学现代化建设,继续深化教育教学改革,提高人才培养质量,学校近期起草了《宁波大学"十一五"教育教学改革与发展纲要》。下面结合纲要我讲几点意见:

在指导思想上,除了坚持教育部〔2005〕1号文件提出的"三个牢固确立",我们还要特别强调"牢固确立教育教学工作必须为地方经济建设与社会发展服务的观念"。把坚持"以人为本"的理念,培养学生的学习能力、实践能力、创新能力和创业能力和推进素质教育与服务地方、理论与实践相结合有机地统一起来。

在工作思路上,"以教育思想观念的创新为先导,以深化人才培养模式改革为核心,以服务地方的应用人才培养基地建设、专业建设、课程建设、教材建设和实验室(实习基地)建设为主要载体,推进教育教学现代化;以教学质量责任体系构建、品牌专业与精品课程建设、个性化学习指导体系建立、实践教学改革为重点,继续深化教育教学改革,不断提高教学管理水平和人才培养质量。

在工作措施与任务上,我主要给大家讲以下三点:

(一)面向地方,培养创新人才

为浙江省特别是宁波市培养经济建设和社会发展需要创新型人才是

学校的首要任务。因此,要以服务地方为导向,进一步优化基于"平台+模块"课程结构体系的人才培养模式。充分利用综合性大学学科门类齐全的优势,加强文理渗透、理工结合、多学科交叉培养,注重加强基础与强调适应性的有机结合,使公共基础、学科基础、专业基础三大平台的构建更加科学,学院要根据宁波市产业结构的调整与升级,灵活及时设置调整专业方向,形成一批具有宁波特色的专业方向模块,努力培养宁波地方经济发展的紧缺人才。宁波市最近提出到2010年重点资助建设十大应用人才培养基地,我们要牢牢抓住这次机会,以学科为依托、专业为载体,面向产业开放办学,争取建成3～5个应用人才培养基地。建成一批省内外有较大影响的、与学校优势特色学科相匹配的、能为地方支柱产业、特色产业提供更多的智力支持和人才支撑的品牌专业,形成面向地方的创新人才培养体系。

学校要从人才培养的全程性、全员性、全方位性特点出发,构建培养创新人才的机制,实现第一课堂与第二课堂的互动,形成全员育人的局面。鼓励教师将科学研究、社会服务中取得的成果充实到课堂教学中,鼓励学生参加教师的科研,使学生直接了解知识创新的过程,培养学生的创新能力。确立实践育人的观念,切实采取措施,使各类实验室以不同的形式面向学生开放,加强校内实践与创新创业基地建设,积极开展各类学科竞赛,鼓励高水平教师从事实践教学工作,聘请社会、企业的高级技术与管理人员到校任教、授课、开讲座、带学生,促进理论教学与实践教学相统一,促进学生提高迅速获取最新知识的能力,提高对知识加工提炼与创新的能力。

(二)真抓实干,争创一流教学工作业绩

作为学校首先应为学院、教师提供创建一流工作业绩的平台与机制。完善机制问题我后面再谈。这个平台就是专业建设(包括宁波市应用人才培养基地建设)、课程建设、教材建设和实验室(实习基地)建设等四大建设与教学研究。我们的目标是,努力培养一批创新型、创业型人才。通过"四大建设"和教学研究,逐步形成服务地方社会经济发展的现代化教育体系,成为浙江省特别是宁波市高素质人才培养基地,重点资助完成若干个有较大影响的教育教学改革与建设项目,争取突破国家级高等教育教学成果奖与精品课程。这就要求学院充分利用这个平台,拓展思路,寻求对策,组织团队争取建设项目,树立走在前列的意识,建成一批在省内乃至全国有影响的品牌专业、精品课程与教材,使培养的人才在国内有特色有影响。作为教师要乘学校建设一流大学这个势而上,要转变教育教学观念,不断提高自己的学术水平。更新教学内容,要使教学内容从封闭的知识体系转变为开放的知识体系,用反映科学技术飞速发展和时代变化的新信息来不断更新其内容;要改革教学方法,调动学习主体——学生的学习积极性与主动性,激发学生的求知欲与创造力,促进学生知识、能力、素质的协调发展;要探索能激发学生独立思考与创新思维能力的多样化考核方法,不断提高课程教学质量。鼓励教师积极争取各级各类教学建设项目,努力成为专业、课程群负责人,积极开展教学研究,以研究促教学,并注重将研究与实践成果的固化,努力培育教学精品。要强化激励机制,引导广大教职员工求真务实,真抓实干,形成人人争创一流教学工作业绩的新局面。

(三)完善机制,构建责任体系

要创造一流的教学业绩,关键是机制创新,以调动学院与教师教学的积极性。学校正积极探索"构建教学质量责任体系",主要内容有:第一,完善校、院两级教学管理体制,进一步优化学院结构,理清校、院两级的管理权限与职责,强化对学院教学工作年度考核。院长是学院教学工作质量的第一责任人,要将学校的工作任务分解到学院,对学院本科教学工作进行每年一次的考核,并定期发布学院教学工作状态数据与突出业绩,作为对院长任期考核的主要依据,促使各个学院重视与加强教学工作,真正把教学工作放在各项工作的中心位置;第二,要加强教学基层组织建设,建立专业与课程群负责人制度。专业与课程群负责人制度与岗位聘任相结合,实行责、权相统一。对专业与课程群负责人的考核纳入学校岗位考核体系,与学校岗位聘任考核同步进行;第三,形成发展式的教师课程教学质量评价指标体系,并建立教师教学业务档案。按照学生课程教学质量反馈与学院评教、专家评教相互补充的方式,区分等级,评估结果据实记入教师教学工作信息库,作为教师职称晋升、岗位聘任、评优评奖的重要依据。在新一轮岗位聘任制度改革中,强化对教学工作业绩的考核,要将教学建设、教学的质量与数量分解到每个岗位。同时,学校从下学期起,将启动青年教师课堂教学大评比活动,优胜者可直升高一级职称。学校也在考虑从明年起,凡申报晋升教授的教师,必须讲授一堂公开课,评价优良者方能进入评审程序,作为评聘教授的必要条件。另外,学校从今年开始实施"百万教学奖励计划"。学校每年投入约 100 万元用于各类教学奖励,大力表彰奖励在教学工作中做出突出贡献的单位和教师,充分调动教师教学工作的积极性。

依托区域经济社会发展，
牢固树立大学服务的使命[*]

> ——宁波大学作为地方综合性大学，立足宁波、面向宁波、为宁波经济建设和社会发展服务是学校发展的出发点和着力点，也是学校在宁波市构建服务型教育体系中应尽的义务。

高等学校有三大职能，分别是人才培养、科学研究和社会服务。无论是人才培养还是科学研究，其终极目标还是落在服务社会的职能上，因此服务社会是高校的一项根本任务和基本功能。在宁波大学建校之初，首任校长朱兆祥教授就主张：创办宁波大学就是要为宁波开放服务，宁波大学应当成为宁波市的智囊团和信息中心，成为经济发展决策的参谋。本届学校党政班子着眼于学校发展大计，在服务地方方面一致认为：宁波大学作为地方综合性大学，立足宁波、面向宁波、为宁波经济建设和社会发展服务是学校发展的出发点和着力点，也是学校在宁波市构建服务型教育体系中应尽的义务。下面我代表学校，向大会作宁波大学服务地方经济社会工作汇报。

一、宁波大学的建设与发展情况

宁波大学的创建和发展得到了各级领导和海外"宁波帮"的关心、支持和帮助。学校由包玉刚先生率先捐资 2000 万美元创办，由邓小平同志题写校名。1985 年 10 月和 1986 年 11 月，宁波大学分别举行奠基典礼和开学典礼，参加这两次盛典的有万里同志、包玉刚先生夫妇及中央、省市的领

＊ 本文是 2005 年 11 月 17 日聂秋华在宁波大学服务地方经济社会专题大会的讲话

导。根据原国家教委的指示,由浙江大学、复旦大学、中国科技大学、北京大学以及原杭州大学等五所高校对口援建宁波大学八个系,并派出系主任,直至完成宁波大学首届本科生的全部培养任务。

1995 年开始,国家教委对 108 所新建大学进行本科教学评估,宁波大学被列为首批接受评估的高校,也是浙江省第一所接受评估的高校。评估专家组来校考察后认为:宁波大学"迎评促建"重在建设、成绩显著;办学指导思想明确、定位准确,学生综合素质明显提高,学校上升发展的趋势明显,评估成绩合格。

1996 年原宁波大学与宁波师范学院、浙江水产学院宁波分院三校合并组建新宁波大学。三校合并过程以学科资源的整合进行院系调整,形成了学校目前涵盖十大学科门类的综合性学科体系。学校根据海洋经济和地方产业发展需要,确立宁波大学的学科特色,努力发展海洋生物技术、电子信息、国际贸易等特色学科。

1998 年 6 月,经国务院学位委员会审核通过,宁波大学获得硕士学位授予权。同时批准国际贸易、工程力学、水产养殖三个学科点为硕士学位授予点,列入 1999 年招生计划。硕士学位授予权的取得,不仅促进了学校的学科建设和科研工作,提升了学校的办学层次和社会服务能力,而且开创了宁波教育发展史上的新局面,结束了宁波市不能培养研究生的历史,同时为宁波市的大学毕业生提供了一个在本市深造的机会。

2000 年浙江省召开科技教育大会,将宁波市定位为浙江省高等教育副中心,将宁波大学列为浙江省重点建设大学,另两所省重点建设大学分别是浙江工业大学和浙江师范大学。

2003 年接受教育部本科教学水平评估并获优秀。教育部专家组考察后认为:宁波大学以本科教学评估为契机,以提高人才培养质量为目的,紧密结合学校实际,在深化教学改革、加强教学建设、规范教学管理、提高教学水平等方面都取得了显著成绩。对于一个建校历史不长的大学来说,这是难能可贵的。在第一批获得优秀成绩的高校中,宁波大学是最年轻的大学,也是唯一一所没有博士学位授予权的大学。

宁波大学现有 63 个本科专业,27 个硕士点,今年又有 24 个二级学科硕士点和 2 个一级学科硕士点预评通过。另外,学校还获得了农业推广硕士学位授予权和同等学力人员硕士学位授予权。现有全日制在校生约22000 名,其中研究生 741 名;有教职工 2400 余名,其中专任教师 1300 余名,有正高职称者 214 名,博士 209 名;有浙江省重点学科 12 个,其中 2 个是重中之重学科;有宁波市重点学科 11 个;有国家级科技创新基地 3 个,浙江省重点实验室 2 个、工程技术中心 2 个,宁波市重点实验室 10 个。

在改革开放中成长起来的宁波大学,用十几年的历史走过了一般大学需要几十年才能走完的发展历程。十几年的风雨兼程,换来了今天的跨越式发展,凝聚了无数人的心血和汗水。宁波大学的跨越式发展,离不开中央和省委省政府领导的关怀和指导,离不开社会各界和兄弟院校的关心帮助,离不开海外“宁波帮”的鼎力相助,离不开全校师生员工的努力奋斗,更加离不开宁波市委、市政府的重视和支持。

二、宁波大学为地方经济社会服务工作

宁波大学是一所省市共建、以市为主的地方综合性大学。在近 20 年的办学历程中,始终秉承面向宁波、服务宁波的办学理念,也逐渐形成了为地方经济发展服务的优势。

1. 地方性的优势。作为地方性大学,学校的许多学科和地方都有紧密的联系。在学科布局、研究方向和学科特色凝练、学科基地建设以及学位点建设方面,学校建设过程中,努力使其面向地方,在为地方服务的过程中提高学科的发展水平。例如,我校 2 个浙江省重点建设的重中之重学科(应用海洋生物技术和信息与通信工程)立足宁波、紧贴宁波,较好地做到了把学科发展和服务宁波经济社会结合起来。

2. 综合性的优势。宁波大学除了地方性的特点外,还有一个特色就是综合性。作为综合性大学,学校涵盖了经济学、法学、教育学、文学、历史学、理学、工学、农学、医学、管理学等十大学科门类。综合性大学的一个显著优势就是:根据经济社会发展需要,通过整合资源,组建跨学院、跨部门、跨学科研究机构进行有针对性的科学研究。而且还可以根据地方产业结构调整和社会发展的需要,培养社会急需的复合型人才。

3. “平台＋模块”人才培养模式的优势。这一人才培养模式是我校的办学特色,在 2003 年本科教学评估中作为优势特色项目,得到了评估专家

组的广泛关注和一致认可。"平台＋模块"作为课程结构体系,教学中在重视学生理论素养的同时,强调学生的实践能力和创新能力。近5年的统计数据表明,宁波大学的毕业生60％以上选择留在宁波工作。因此在人才培养方面,学校充分考虑宁波地区对人才结构的现实需求和发展方向。根据市场需求,为宁波地区培养宽口径、厚基础、强能力、高素质的应用型人才。

近年来,学校充分发挥服务地方的优势,紧紧围绕宁波现代化建设的发展需要开展科技攻关和技术服务。通过整合学科资源以及出台相关政策作为保障措施,引导和鼓励广大教师在完成各自的教学、科研工作外,主动到企业寻找科研项目和合作途径,帮助企业解决技术难题,改造传统产业,培育新兴产品。指导企业生产与管理,全方位、多形式、多层次地开展了为地方经济建设的科技服务工作。将科研成果转化为现实生产力,为宁波经济和社会发展作出了一定的贡献。

浙江省是海洋大省,宁波市是海洋大市。应用海洋生物学科是我校优先发展的学科,近年来,不断开发水产养殖技术,应用养殖生产实践,该学科在为地方经济发展服务方面作出了比较突出的贡献。

严小军教授的"海水饵料生物高效培养与特种营养研究及其应用"项目组,在饵料生物新种质、高效培养新技术、营养功效筛选新方法等方面取得了重大创新,实现了海水育苗生产的高效化,产生了显著的社会经济效益。在浙江沿海600多个水产养殖育苗场的生产应用中,受益养殖面积14.3万公顷,创经济效益2.3亿元,社会经济效益7.5亿元。

王国良教授2002年开始"梭子蟹主要病害防治及健康养殖技术"的研究,经过近三年的刻苦钻研,掌握了梭子蟹养殖中的常见病害种类及梭子蟹乳化病的发生规律和流行病学特征;研究成果主要适用于海水养殖梭子蟹及其他蟹类的病害防治及健康养殖,在全省20多万亩梭子蟹养殖面积推广应用后,新增产值2亿元以上。

王春琳教授攻克"曼氏无针乌贼的人工育苗与养殖技术",成功育出的4万余只乌贼苗种,其另一养殖技术"黑斑口虾蛄人工育苗与养殖"应用后,两年内实现利润1700多万元;蒋霞敏教授的"双齿围沙蚕人工育苗与养殖技术"在浙江沿海产业化,年产值达2000万元以上。

朱艺峰教授于 2002 年 8 月开始进行"象山港高温期大型海藻试养及高温期水质生态调控作用"的研究,得到宁波市海洋渔业局的支持。经过 3 年多的养殖海区低温和高温实验,研究开发出了龙须菜与网箱鱼类养殖规模相匹配的评估方法,使龙须菜在象山港全年养殖成功,填补了象山港高温期耐高温大型经济养殖海藻的空白。

李明云教授自 1979 年始,负责承担了宁波市计经委"香鱼育苗技术研究——全人工工厂化育苗"和国家水产总局"香鱼生物学及人工繁殖研究"等项目的研究与开发,经过 20 多年刻苦钻研,掌握了香鱼的工厂化规模育苗和高产高效养殖技术。2003 年该研究成果被国家科技部列为全人工养殖技术示范与推广项目,目前该项目已推广应用到宁波、温州、台州、福建等地区,产生了极大的经济效益和社会效益,2002—2004 年,该项目总产量已达到 2900 余吨,总产值计 1.60 亿元,其中出口创汇 1600 多万美元。

榨菜是宁波地区的特色农产品,仅余姚市目前鲜菜种植面积就达 15 万余亩,是全国最大的榨菜生产加工基地。为了改变榨菜加工的传统生产模式、提高产品质量和档次,吴祖芳博士与宁波久久红食品有限公司合作进行"榨菜加工中应用乳酸菌关键技术产业化示范"的研究,将乳酸菌技术结合低盐腌制应用于榨菜的加工过程,该项目推广应用后大幅度降低食盐用量等原料成本以及劳动力成本,减少了对环境的污染。该项目已在宁波久久红食品有限公司进行技术示范,并可望为乳酸菌技术应用于工业化生产发酵保健蔬菜食品的推广应用提供理论和生产指导。

信息学院信息与通信工程学科也是我校优先发展的学科,在服务地方上通过科技攻关,将研发的技术成果转化为现实生产力。将传统产品改造成高新技术产品,帮助企业更新换代,为企业带来新的经济增长点。

何加铭教授及其研究团队与宁波钢铁总厂合作成立宁波大明通信科技发展有限公司,生产 CDMA 宽带光纤直放站系列产品。该系列产品取代了国内进口直放站产品,结束了浙江省该产品完全依赖进口的历史。截至 2004 年 12 月,大明公司在 CDMA 直放站产品上实现销售收入 6000 余万元,上缴国家税收 500 多万元。研究成果获得了浙江省科技进步一等奖、宁波市科技进步一等奖,获发明专利 6 项、软件著作权登记证书 12 项。

杨鸣研究员长期在宁波永新光学仪器有限公司挂职,主持省级工程技术中心"宁波医用光电仪器省级高新技术研究开发中心",充分利用学校的信息科技资源,成功研制系列数字化显微镜,这些高技术含量光机电产品的开发,在带动学校信息学科建设的同时,推动了企业技术进步与发展。通过技术攻关,为企业产生直接经济效益6000余万元。

叶锡恩教授研制的"基于ASIC设计技术的语音交互系统"实现产业化,取得3700多万元的经济效益;其研发成功的"多媒体语言学习系统"、"基于DSP嵌入式网络结构的同声传译交互系统"等均取得了较好的经济效益。

应启峰老师将自己的研究成果在创办科技型企业中进行转化,成功创办了宁波东英禾电子有限公司,该公司成为宁波市科技园区十大明星企业。其研制的国内第一台多路扩展的"防伪税控共享服务系统"主机及有关专用设备,获得了6项国家专利。

工程力学将研究成果与服务地方紧密结合,解决了许多工程技术难题。以工学院为主要技术力量组建的波力公司,多年来一直致力于爆破新技术的应用开发,研制成功了"控制爆破新技术",以高效、安全的技术特点,有效地减少了安全生产事故的发生。近三年来,承接了宁波市及周边地区高难度的控制爆破工程、构筑工程拆除、土石方爆破等技术服务项目近百项,所有工程项目均安全顺利完成。"控制爆破技术在城建工程中的应用"技术还被宁波市建委列为重点推广应用的新技术。

建工学院也是我校产学研工作开展较好的学院。蔡泽伟教授主持的研究项目"宁波海岸积淤问题及港口积淤治理",结合宁波与浙江沿海的实际情况,开展了岸线淤积的基础研究,为港口淤积整治提供了理论依据,对宁波市的港口建设有一定的实际应用价值;张殿发教授的"宁波市创建最佳人居环境实施方案"顺利通过了宁波市政府组织的项目评审。该《实施方案》现已被市政府采纳,并由宁波市建设委员会分步实施。王新堂教授研究的"住宅钢结构体系及关键技术问题的研究",以实现钢结构住宅产业化为目标,与有关钢结构公司和企业建立了密切的合作关系。

学校加强人文社会科学的研究和应用,以人文社科研究为城市建设和政府决策提供服务。在今年的宁波市第九次哲学社会科学优秀成果奖中,50%的奖项均为我校夺得,许多奖项,尤其是高级别的奖项,都注重为地方的经济社会发展服务。近五年来，宁波大学承担人文社科项目 1142 项，出版与宁波有关的著作 20 部。

学校承担的"宁波市旅游资源普查"项目，对宁波市进行了有史以来最全面、最系统、最规范的旅游资源普查。制定全市旅游业发展总体规划，进一步实现旅游产品结构的优化配置，使旅游资源得到合理开发。2004 年 3 月市委决定编纂 5 卷本约 150 万字的《宁波通史》，作为宁波市的一项重大文化研究工程，并由宁波大学负责全书 5 卷中的 4 卷主编任务，学校发挥方志学专业的优势，承担了该项重大文化研究项目的编纂。

在鼓励学院教师服务地方的同时，学校加大组织力度，积极寻求载体，丰富与拓宽服务地方的渠道。自 2003 年 5 月学校与宁波市科技局联合启动宁波大学第一批"百名教授、博士进企业"行动计划以来，我校教师与宁波地方企业界的合作已经取得了良好的效果。为了更好地推进此项工作，第二批行动计划也于 2005 年 7 月正式启动，继首次行动计划的 44 家企业与 47 名教师签约，第二批又有 78 家企业与 84 名教师（94 人次）签订了合作协议。经过两次行动计划的实施，使得学校与企业的产学研合作面得到了进一步的拓宽，为企业寻找技术支持提供了更加自由的选择空间，让更多的企业与教师参与到活动中来。

三、宁波大学今后服务地方的思路和举措

虽然学校在服务地方上做了许多工作，也取得了一定的成绩，但是离地方经济社会发展对我们提出的要求还存在不少的差距。在宁波调整产业结构、实现经济增长方式转变的今天，学校只有不断地提升服务能力和服务水平，才能真正融入为地方经济建设和社会发展中去。为此，宁波大学今后的服务工作要朝着以下六个方面努力。

第一，以建设国内一流地方综合性大学为目标，服务地方经济建设和社会发展。

在今年的暑期党委扩大会议上，学校提出建设国内一流地方综合性大学的奋斗目标。一流地方综合性大学的重要标志是服务地方经济建设和社会发展的能力，宁波大学实现一流建设目标，其中服务宁波经济建设和社会发展是学校今后的努力方向，也是学校进一步发展要突破的重点。

第二,以服务型教育为导向,推进应用型人才培养。

积极争取应用型人才培养基地建设。根据宁波市产业结构的调整与升级,及时形成一批具有宁波特色的专业方向模块,争取在 IT 产业、经管经贸、文化服务、港口物流、金融保险、机电模具、生物医药、旅游会展等领域牵头或为主建成若干个宁波市应用型人才培养基地。

不断完善"平台+模块"人才培养模式建设。以学科为依托、专业为载体,面向产业开放办学,采取产学研合作培养方式,强化学生的实践能力、创新能力与创业能力的培养。

加大继续教育和职业培训体系建设的力度。培养为区域经济建设和社会发展的实用经济人才和实用管理人才。

第三,以科技创新平台为载体,开辟产学研工作新渠道。

建设以重点实验室、工程技术中心为主体科技创新平台。学校根据重点学科研究领域,依托现有各类实验室,与高新技术企业、科研院所合作,重点建设国家及省部级科技创新平台。

整合校内外科研资源,建立跨学院、跨学科的科研平台。集成科技研发资源,组建创新研究团队,提高对宁波地方经济社会发展的贡献度。

为双十双百工程作贡献:努力建设国家级科技创新平台,2006 年将建设教育部工程技术中心。

第四,以研究生教育规模质量为重点,提高服务地方工作的整体水平。

面向宁波经济建设和社会发展,重点建设应用性优势特色学科。全力争取 2007 年获得博士学位授予权,培养更高层次的应用型人才,引进更多高层次的专家服务于宁波。

加快专业学位建设,办好现有的农业推广硕士学位,尽快获得教育硕士、法律硕士、工商管理硕士、公共管理硕士等专业学位。

积极促成宁波市研究生园建设。筑巢引凤,引进优质资源,把研究生园建设成为宁波经济和社会发展服务的窗口。

第五,以校庆工作为契机,加强与宁波各县市区的交流合作。

充分利用校友资源,加强与各县市区合作。明年是宁波大学 20 周年校庆,校庆为我们提供了和地方交流和沟通的平台,我们的校友大多来自宁波市及各县市区,这样我们就可以利用学校珍贵的校友资源,加强和地方的合作。

学校鼓励教师承担地方政府重点、重大科研项目和企业的科技项目,以项目为纽带,争取专项基金,在合作中服务地方。今天,学校与宁波11个县市区签署全面合作协议,建立了一个2000多万元的科技合作基金,为广大教师服务地方提供了更加广阔的合作平台。

第六,以人事分配制度改革为保障,调动广大教师服务地方的积极性

制定政策强化引导。在职称评定、岗位聘任、业绩考核等方面突出为地方经济建设和社会发展的工作业绩。推动广大教师,尤其是中青年教师服务地方的积极性。

加大科技成果产业化的奖励力度。对于市级重大课题、省部级以上纵向课题和大型横向课题,学校将进一步加大经费配套力度,扩大配套经费的使用范围。

采取"走出去"的方式,全面实施"百名教授、博士进企业社区"计划。对于列入该计划并取得相应工作业绩的教师,学校提供政策、经费支持与奖励。

宁波是我国沿海经济发达城市,是全国首批文明城市,也是长三角南翼的中心城市和华东地区的重要贸易口岸,当前正加快步伐,建设现代化国际港口城市。宁波大学的区位优势不言而喻,作为一所在宁波成长和发展起来的大学,作为一所由城市名字直接命名的大学,为宁波经济建设和社会发展服务,宁波大学责无旁贷。一直以来,学校党政领导和全体师生员工秉承一个坚定的理念,那就是:依靠宁波,服务宁波。我们相信,在中共宁波市委、宁波市人民政府的高度重视和大力支持下,宁波大学一定能够培育办学特色,凝练学科方向,在与企业及社会各界密切合作中取得共赢,努力实践在为宁波服务中谋求快速发展的强校之路。

对创新人才培养的理念及其
体系构建的思考*

——在构建创新人才培养体系实践中，要勇于突破传统观念的束缚，要敢于面对利益调整带来的阻力，要精于处理体系设计中的复杂问题，要善于处理教学改革发展中的矛盾。

胡锦涛总书记在年初全国科学技术大会上发出了要努力建设创新型国家的号召，今年上半年以来，在各种媒体上出现频率最高的词汇可能就是"创新"这个词，显示了全社会对于建设创新型国家的高度关注。各省、市也都相继召开了自主创新大会，提出要建设创新型省份、创新型城市。宁波大学作为一所地方综合性大学，结合创新型国家、创新型省市、创新型高校建设，我们应该做些什么？能够做些什么？怎样去做？这些都是非常值得我们深入思考的问题。

前不久，国务委员陈至立在上海召开的第三届中外大学校长论坛上指出："大学是科技进步和人才培养的结合点，在建设创新型国家中担负着重要的使命，肩负着不可替代的历史责任。大学要构建创新型人才的培养体系，成为培养和造就高素质的创造性人才的摇篮。"由此可见，构建创新人才培养体系，为社会培养大批创造性人才是大学服务创新型国家、创新型省市建设的核心内容。

一、深刻认识构建创新人才培养体系的重要意义

构建创新人才培养体系，通过培养大批具有创新精神和创新能力的优

---

* 本文是 2006 年 8 月 29 日聂秋华在暑期党委扩大会议的讲话

秀人才来服务社会,这是国家构建创新体系对高校提出的根本要求,也是地方经济社会发展和建设创新省、市的现实需要,更是我们学校自身发展的必然选择。

（一）构建创新人才培养体系,是国家构建创新体系对高校的根本要求

胡锦涛总书记明确提出:"要充分发挥政府的主导作用,充分发挥市场在科技资源配置中的基础性作用,充分发挥企业在技术创新中的主体作用,充分发挥国家科研机构的骨干和引领作用,充分发挥大学的基础和生力军作用,进一步形成科技创新的整体合力。"同时,《国家中长期科学和技术发展规划纲要》(2006～2020 年)也明确指出:"大学是我国培养高层次创新人才的重要基地,是我国基础研究和高技术领域原始创新的主力军之一,是解决国民经济重大科技问题、实现技术转移、成果转化的生力军。"由此可见,在我们国家创新体系的构建当中,企业占主体地位,高校的作用主要体现在创新人才的培养和科学研究方面。结合国家对高校在国家创新体系中的定位和我们学校的发展实际,积极构建宁波大学创新人才培养体系,是我们学校贯彻和落实建设创新型国家决定的具体体现。

（二）构建创新人才培养体系,是服务地方经济和社会发展的现实需要

宁波大学的快速发展与办学特色的形成离不开浙江、宁波这块热土。包玉刚等老一辈"宁波帮"创办宁波大学的初衷,就是希望宁波大学培养出宁波市急需的大量专业人才,为宁波的腾飞提供强有力的人才支撑。我们在发展的过程中也一直坚持立足宁波、面向浙江的办学思想,这也是二十年来宁波大学能够保持快速发展的主要因素。随着经济全球化浪潮的推动,随着我国经济与社会的快速发展,社会对人才的知识结构要求不断变化,对人才的素质能力要求不断提高。当前,省、市分别提出了建设创新型省份、创新型城市的目标,要实现这个目标,首先需要高校提供创新型人才的支撑。我们应该根据地方对创新人才的实际要求,构建创新人才培养体系,培养一大批能够直接参与创新型省份、创新城市建设的创新人才。我们作为省市共建的浙江省重点建设高校,应该为省市的创新体系建设作出应有的贡献。

（三）构建创新人才培养体系,是我们学校自身可持续发展的必然选择

高等学校具有人才培养、科学研究、社会服务三大职能,其中最根本的

职能是人才培养。不断提高学校人才培养的质量,是学校办学的生命线。如果我们培养的学生没有特色、得不到用人单位和社会的高度认可,我们的学校就会在激烈的竞争中被边缘化。要使我们学校在当前竞争激烈的高校群体中继续保持快速发展势头,我们必须主动地进行改革创新,尤其在人才培养方面,我们一定要培养出适应创新社会所需要的创新人才,以此来不断提高学校的声誉。从招生的角度看,优质生源是办好学校的宝贵资源,当前高校之间生源的竞争十分激烈,我们学校近几年的招生似乎不成问题,但从长远和根本来看,潜在的形势也不容乐观,招生形势必然会越来越严峻。因此,改革人才培养模式、提高人才培养质量可以说是学校得以持续健康发展的根本保证。学校当务之急的任务就是要探索如何构建创新人才培养体系和培养创新人才,以满足社会对人才新的需求,这是建设创新型高校最核心的内容,也是我校实施"十一五"事业发展规划,进而实现一流地方综合性大学建设目标的必然选择。

二、努力构建我校创新人才培养体系

宁波大学的传统一直是非常重视教学工作,尤其是为了适应地方经济与社会发展对人才需求不断变化的实际情况,学校从 2000 年开始实施了新世纪教改工程,构建了"平台+模块"课程结构体系的人才培养模式,从创新学分到自主学习学分,从学生评教师到学校评学院,从质量监控体系到教学质量责任体系,我校的教学改革从风雨中一路走来。尤其是获得了教育部本科教学评估优秀的成绩,"平台+模块"课程结构体系的人才培养模式被专家认定为办学特色项目,取得了标志性的成果,实属不易。这些成绩的取得也为我校构建创新人才培养体系打下了良好基础。

但我们必须清醒地看到,当前我校教学改革的深化正面临多种困难,对"平台+模块"的人才培养模式的重要意义大家认识还没有完全统一,课程体系还不能适应实施培养模式和市场变化的需要,组织保障体系也不够健全,我们领先的人才培养方法已被其他学校借鉴超越。当前教学改革工作的现状,与我们学校的教学管理、政策支持和服务保障等方面存在的问题有关,但是必须客观公正地说学校、学院和管理部门是想尽最大努力把教学改革工作做好。在人才培养这一问题上,我们要解决的突出问题是如何依靠广大教师,调动广大教师的积极性、挖掘教师中蕴藏的潜力,提高教师参与度。要通过完善激励政策,进一步激发教师参与教学改革的积极性与主动性,通过强化危机意识,进一步增强教师教书育人的自觉性,进而形成规范的职业道德,是我们构建创新人才培养体系必须解决的重点问题。

创新人才培养体系的建设是一个系统工程,是教育教学、学科科研、师资队伍、学生工作、后勤保障等多方面协同作战的一项综合性工作。构建创新人才培养体系首先要树立创新人才培养的教育理念,为学生成才创造更好的条件,强化学科对专业的支撑作用,造就一支创新型的师资队伍,不断完善学生工作体系和评价体系,营造一种有利于创新人才培养的创新文化氛围。

(一)树立创新人才培养的教育理念

在我校实施"平台＋模块"人才培养的实践中,实际上孕育着一种新的教育思想,即谁能成为哪种人才的选择权不应该属于学校,而应该属于学生自己。把成才的选择权交给学生,学校的任务是为学生的成长成才和全面发展的选择创造更好的条件和提供有效的指导,使学生有更大的选择余地,我们应该把这个处于萌芽状态的教育思想上升为指导我们构建创新性人才培养体系的教育理念,使它开花结果。这个教育理念的核心是把成才的选择权交给学生,关键是为学生的选择创造条件,重点是指导和教会学生做出适合于他们成才的合理选择。

就大学的学习阶段而言,学生成才的选择权主要包括:选择专业、选择课程、选择专业方向和选择教师的权利。当然,我们说把这些选择权交给学生,还会受到学校资源和学生自身的限制,在实现中还是有一定的条件限制或需要主动的引导,不是简单地把什么都一股脑儿推给学生,还有一个逐步交给的过程。那么,为什么要树立这样一种教育理念呢?

一是有利于提高学校人才培养的社会适应度。经济社会的快速发展和变化,需要高校不断提供与之相适应的创新性人才。学校人才培养在整体上适应社会需求是通过学生每一个体选择就业来实现的。我们学校每年有 6000 多名毕业生,就业率接近 100%,学校为地方培养人才就具体落实到每个学生的就业之中,选择什么职业,从事何种工作,都是通过学生的就业选择来决定的,既然如此,当然学生应该有权利选择自己打算成为哪方面的人才,选择自己的知识结构和专业方向。

二是有利于激发学生成长成才的内在主动性。通过高考一次确定学生专业的方法,不利于学生的成才。实际上在高考填报志愿时绝大多数考生对自己适合学习哪类专业心中无数,基本上都是家长做主。但是等到了大学以后才知道自己适合或喜欢学哪些专业,可为时已晚,转专业太难。如果学生的个性难以发挥,学生学习的主动性不能调动,学生创新的动力也就无从谈起。

三是有利于培养学生创新创业的思想独立性。一个没有独立思想、不会选择、没有主见的学生不可能具有主动创新的行为。现在不少学生习惯了家长、老师的包办,从高考志愿的填写到毕业时选择什么样工作,都是在按照别人设计的路线走。学生没有自己的想法,面对选择不知所措,这样的学生根本无法自立,何来创新能力？我们就是要通过让学生不断地自己进行选择,迫使学生学会为自己的事情打算,学会为自己的成才设定目标,学会在成长过程中不断做出选择,从而培养学生的创新素质。

四是有利于提高教师对学生成才的主动关注。学生一旦真正拥有了上述的成才选择权,我们的教师,我们的专业就会立刻感到压力,因为决定你生存的不再是学校,而是学生,就能促使教师更加关心关注学生,如果这种压力能够转化为动力,我们的创新人才培养体系建设就有了内力,因为为了生存,大家一定会尽最大的努力搞好专业与课程建设,来吸引学生,老师们就会去主动关心学生的就业,因为就业不好的专业不利于持续地吸引学生。

五是有利于提高学校办学资源的优化配置。通过把成才的选择权交给学生,那些与地方经济社会发展结合密切、就业好的专业就会有较多的学生去选择,这些专业就会获得更多的办学资源,获得更快的发展。通过学生的选择来合理调配学校资源,为社会培养更多急需人才,同时也通过优化资源配置使学校获得更大的办学效益。

六是有利于提高学校在招生上的内在竞争力。如同社会经济中运用市场发挥对资源的配置作用一样,学校在办学过程中就是要通过社会的需求来影响学生的选择,我校每年为冷门专业的招生而煞费苦心,在整体上降低了我们学校的录取分数线,从长远看,影响了学校声誉和地位的提高。

如果我校承诺给学生有更大的选择专业的权利,对考生应该具有更强的吸引力,从而进一步提高我校在招生方面的竞争力。

(二)完善创新人才培养的支持体系

我们把成才的选择权交给学生后,马上就会遇到一个问题,我们有没有条件满足学生的选择? 经过这些年的教学建设,又经过了"平台＋模块"人才培养方案的实施,学校已经为学生的选择创造了一定的条件,但是对于创新人才的培养,这些条件还不够充分,我们必须为满足学生的选择在课程、学科基础平台、专业方向模块,实验手段、创业环境和"第二课堂"建设等方面进一步创造条件,在这些条件具备的情况下,才能为学生的选择提供出一份丰富的菜单,使学生有充分选择的余地。

建立跨学院的学科基础平台。基于"平台＋模块"课程结构体系的人才培养模式为学生的选择奠定了基础,为了进一步深化人才培养模式改革,还应该设计跨学院的大学科基础平台,不断强化基础宽厚与学科交叉,学生在学完学科基础平台课程后,可以再次选择认为适合于自己发展或有利于自己就业的学院、专业进行学习,培养学生学习的兴趣,充分调动学生学习的主动性。这是我们继续推进教学改革,构建创新人才培养体系的关键一步,当然构建这么大的学科平台是件非常复杂的事情,也是值得我们认真思考和解决的关键难题。

调整专业方向模块结构。专业方向模块最直接地决定了学生的就业取向,也最能贴切、及时地促使高校在教学方面服务社会需求,实施"平台＋模块"的培养方案的初衷,就是希望我们的专业方向能够根据社会对人才的需求变化做出实时的反应,而且根据经济与科技发展的趋势,及时调整课程结构和内容,使学生的知识结构能够适应用人单位的要求,容易就业。要进一步发挥专业方向模块课程灵活搭配的优越性,根据社会需求,适时调整专业方向模块结构,调整课程、更新课程内容,采取"走出去、请进来"的方式与行业联合办学,探索产学研合作教育模式。并与相应的学科方向紧密结合,提高专业模块方向在人才培养中进行创新教育的水平。

强化教学实验实践环节。这个问题是我校的老大难问题,也是上次教学评估专家要求整改的问题,又是在培养创新人才过程中必须解决好的一个问题,因为创新、创业能力在很大程度上是由对学生的实际动手能力培养和他们对社会、生产实际的了解所决定的。应该说我们也有这方面成功的经验，例如电子设计竞赛基地等，但作为整个实验教学，在综合性、设计性、创新性实验的开出率方面还存在相当大的差距，要在这方面奋起直追，为培养创新人才动手能力的提高创造良好的条件。要继续加强对社会实践活动的指导，使广大同学深入了解社会实际情况，为适应社会对人才的要求进一步完善自己。特别要加强工科学生的生产实习环节，进一步探索在目前新形势下的学生生产实习方式方法，要克服种种困难，使学生能有生产第一线的亲身感受，给他们以解决生产第一线所存在问题的欲望和冲动，引导他们在毕业设计中创造性地解决生产中的实际问题。

加快创新创业基地建设。我校虽然已经建立了8个学生创新基地，开展了学生科技竞赛和创业大赛等活动，但总的水平不高，没有形成氛围，最近全省的挑战杯比赛在我校举行，从纵向来看，我校取得了历史最好成绩，但和兄弟院校横向比较，我们还存在明显差距。要认真研究鼓励教师参与学生创新创业活动的政策，调动教师参与指导学生创新创业活动的积极性，尽快建立学生创业培育中心，启动大学生创新创业训练计划，形成由学校、学院、学生组织等共同参与的多层次创新创业体系，把第一课堂与第二课堂结合起来，为学生的创业实践提供良好的条件。

加强学生第二课堂建设。第二课堂是第一课堂的补充和延伸，是培养和提高学生创新能力的重要途径，许多高校都把提高学生创新能力作为第二课堂建设的重中之重，学生创新能力的高低也成为衡量一所高校第二课堂建设总体水平的主要指标。学校下一阶段的第二课堂建设，要以国家大学生文化素质基地建设为契机，立足于如何更好地促进创新人才的培养这一课题，加以认真研究、规划。要将学生课外科技活动、学科竞赛、职业技能培训、学术讲座等第二课堂活动，通过整合形成大学生创新、创业训练计划，明确相关部门的责任，设计形成一系列项目及考核标准并纳入专业人才培养方案，成为毕业学分认定的一部分。通过第一课堂与第二课堂的互动，促进创新人才的培养。同时制定相关的政策，提高第二课堂师生的参与度，形成具有宁大特色的第二课堂体系。

（三）加强学科对专业的支撑作用

学科建设不仅对研究生的培养具有重要作用，同样，对于本科教学工作也具有重要的支撑作用。我们不能割裂学科建设与专业建设、科研与教学的关系,创新人才的培养必须与高水平的学科建设相结合。学科建设在一所高校的发展进程当中起着举足轻重的作用,北大的文史、清华的理工、交大的船舶、同济的建筑、中南的冶金,这些强实力的学科往往是一所学校的代名词,也是品牌专业的代名词,还是人才培养质量高的代名词。因为这些强实力的学科也汇聚、培养了众多创新型教师,产生了大量创新成果,也培育了大量创新学生,成为一所学校经久不衰的知名品牌。

促进学科建设与专业建设的互动结合。学科是大学发展的核心,但我们建设学科不单单是为了学位点而建设,难道那些已有了博士点的学校就不需要建设学科了吗?因为学科能够为学校创新人才的培养提供长远的支撑。专业是大学建设的基础,高等教育带有专业教育性质。就学科与专业的关系而言,学科是专业的基础,专业是对学科的选择与组织。如同土地与植物的关系,学科是专业生长的土壤,因此学科布局合理与否,是关系到能否形成专业的生长点和专业建设的前提条件。但是学科建设又离不开专业,换句话说专业也是学科建设的载体。因此,我们既要避免不顾学科基础,随意上新专业的草率决策,又要避免不顾社会需求和效益,勉强上新学科的做法,做到学科建设与专业建设的互动结合。

建立学科方向对于专业模块的支撑关系。这种思想要求我们进一步调整和优化学科结构,不断加强基层学术组织建设,以基层学术组织为载体,让基层学术组织在开展研究的同时承担教学改革工作,真正把教学和科研两张皮合为一张皮,相互促进,共同发展,形成合力,打造品牌。同时,要把学科建设和专业、课程建设的成果作为基层学术组织的工作业绩加以考核。在我们国家的教育体系中,学科和专业往往是不能严格对应的,但从我们学校构建的人才培养体系看,学科方向是可以和专业方向模块建立对应的关系,由此出发,把二者有机结合起来,建立稳定的联系,有助于人才培养体系的形成。

把学科建设与培养创新型师生密切结合。大学教师是知识的研究者与传授者,是学科建设与专业建设的主体。高校任何一名教师,他都不是孤立地搞教学或搞科研、搞学术或搞专业,而是有机地结合在一起,相互促进。真正在教学上优秀的教师一定是在学科专业领域有造诣的、有自己学术见解的教师。我们要通过学科建设,培养创新型教师,与此同时,一定要提高教师把最新的研究方法、研究成果和前沿发展动态融入教学内容的能力,努力给予同学以更为广阔的视野,激发他们的创新兴趣。我们所建设的学科平台,不但要对教师、对研究生、对社会开放,还要向我们的本科学生开放,使学科平台成为学生学习创新的重要场所,成为学生了解社会需求、通往社会的重要桥梁。

宁波大学作为一所年轻的高校,只有通过持之以恒的学科建设,着重打造、培育优势特色学科,形成自身的创新亮点,才能以具有创新能力的学科支撑创新人才的培养。

(四)培养创新型的教师队伍

没有创新型的教师要培养创新型的学生显然是天方夜谭,在第三届中外大学校长论坛上,很多中外大学校长都谈到教师队伍建设是学校创新人才培养的关键。瑞典皇家工学院院长安德斯·弗洛德施特洛姆在演讲中说道:"大学创新的最重要组成部分是充足的研究者团队:教授、讲师、研究助理和博士生。这样一套完备的'人力资本'会使大学的价值完全显现。"上海交通大学校长谢绳武也指出:"高水平的师资队伍是培养高素质创新型人才最重要的保证。"我们要培养创新型人才,如果我们的教师没有创新精神和创新能力,那肯定是不行的。教师自己都不愿创新、不会创新,又如何去培养学生的创新能力?因此,我们要花大力气去加强师资队伍建设,想方设法提高教师的创新水平。

促进教师增强创新动力。把成才的选择权交给学生这一教育理念的提出,本身就是针对解决教师动力不足的问题提出的。完善激励的政策,建立鞭策的机制,让教师自身迸发出创新意识和创造激情并付诸行动和实践,让创新成为教师自身的一种内在需求,并引导这种需求与学校、社会的需求有效结合,从根本上来推动教师逐步树立起创新的意识。

帮助教师提高创新能力。我们即使解决了动力问题,如果没有能力,也是无法实现创新的,因此我们要通过建设创新团队带动教师整体提升创新能力。建设创新团队要靠学科平台建设,通过学科平台来凝聚人才队伍,通过科研项目形成创新团队,只有在团队的特定环境中,教师才能迅速提高开展创新的能力与水平。我们要把培养教师能够在课堂教学中将创新的思想和思维方式交给同学的能力放在突出重要的位置,课堂教学仍然是创新型人才培养的主阵地,广大教师是否具备这种引导学生创新的教学能力也是培养创新人才的重要环节。

加强兼职教师队伍建设。我们要继续大力聘请社会上具有创新精神的企业家和有丰富管理经验的地方官员来担任我校的兼职教师,通过他们参与我校的创新人才培养的过程,帮助我们的教师和学生更好地了解地方,融入地方,进入地方经济社会发展的前沿,帮助我们的教师和学生找准创新的突破口。我们也要充分调动学校离退休教师,利用他们丰富的人生阅历、广博的知识为学校创新人才的培养发挥积极作用。

以创新教师培养创新人才。我们要努力提高教师的创新水平,其根本目的是要求教师通过科研和教研等途径提高自身创新能力而更好地服务于创新人才的培养。我们的教师不仅要自己具有较高的创新水平,还应融入教书育人的具体实践中去,要积极引导和带动学生创新,实现"创新教师培养创新人才"的目标。

(五)完善学生工作体系

我校在 2002 年就明确提出了"学生为本"的教育理念,我校的学生工作,围绕为学生的成长成才提供更好的条件,进行了大胆的实践,也有不少创新之举,逐步形成了具有特色的工作体系。把成才的选择权交给学生、构建创新人才培养体系是"学生为本"教育理念的深化与延伸,也为学生更好地成长成才提供了更为广阔的空间。在创新人才体系的构建中,学校的学生工作应该担负起指导和教会同学选择的重要任务,这是非常重要的一环。把成才的选择权交给学生,给学生的选择创造好条件,不是万事大吉,重要的是学生能够做出正确的选择,这就需要我们主动的指导和帮助。

积极引导学生制定好生涯规划。学生的选择是以个人的发展目标为导向进行的,进入大学以后,学生应该尽早确定自己的发展方向,或者选择某个行业就业,或者准备考取公务员,或者考研深造,越早决定越有利于不失时机地确定自己的努力方向,否则将可能错过有利时机而追悔莫及。对于刚刚踏入大学校门的同学,面对如此复杂而陌生的人生选择,必然十分迷茫,因此要建立指导学生做好生涯规划的工作机制,能及时为学生解惑释疑,为他们规划好个人发展提供有益的咨询,尤其要鼓励学生敢于挑战人生,在人生设计时就埋下创新、创业的种子。有了现实可行的人生目标,学生就会为了实现这个人生目标而行使好学校给予他的选择权利。

继续加强对学生创业工作的指导。从宁大校友目前的就业情况分析,有不少校友选择了创业,宁波地方经济社会的快速发展和传统文化,都为我们的毕业生选择创业提供了良好的环境支撑。如何引导学生形成创业的强烈意识,培养学生具有较强的创业能力,为学生的创业提供良好的条件,值得我们深入研究。例如,参加挑战杯大赛和学科竞赛,通过社会实践广泛接触社会,建立学校的创新创业园,都有可能成为培养创新创业型人才的催化剂。

积极调动广大教师参与学生工作。我们的学生工作面对着两万多名学生,要帮助学生制定生涯规划,带领他们学习创新,或引导他们进行创业,单靠学生工作部门是不可能的。要教会学生学会选择,还必须依靠广大教师,当然扩大了学生对专业和课程的选择权,教师会更加注意对学生的指导,但是,还要进一步研究建立教师指导学生的工作机制,把指导学生的任务分解到教师,通过必要的制度进行保障。

(六)营造创新的校园文化

文化具有强大而持久的影响力,校园的文化氛围对建设创新人才培养体系具有重要的作用,只有将培养创新人才的不懈探索内化为学校的文化,学校构建的创新人才培养体系才会有长久的生命力。我们的学校历史不长,可以说自身传统文化的束缚不多,包袱较轻,而且建校二十年来我们走过了艰难的改革与创新之路,因此我们应该更有创新的信心和勇气,也更容易形成创新的校园文化氛围。我们要引导广大师生树立勇于创新的意识,倡导自由的学术氛围,同时以富有活力的制度规范激励师生的创新精神。只有这样,我们才能营造出一种更加积极向上的、创新的文化氛围,为创新人才的培养提供一个有利的环境。

在精神文化层面上,要引导教师树立创新的意识。胡锦涛总书记在报告中提到中国传统文化中有鼓励创新的丰富内涵,耐人深思。创新意识的建立绝非一朝一夕之功,在建校 20 周年之际,我们也应该结合我校的发展和侨资学校的特点,努力宣传我校不畏艰难,勇于创新的创业历史,充分报道我校校友克服困难,艰苦创业的鲜活事迹,大力弘扬"宁波帮""爱国、爱乡、创新、创业"的可贵精神,充分挖掘我校"兼容并包、自强不息、务实创新、与时偕行"精神的文化内涵,以生动的事例和发生在我们身边的故事来影响广大师生,只有通过活生生的人和事,充分利用多种多样的现代传媒方式和手段进行宣传和报道,让大家不断产生强烈的认同感,才能逐步在精神层面上将创新内化为学校和师生个体的自觉意识。

在学术文化层面上,要倡导大学学术自由的氛围。积极提倡"鼓励创新、容忍异见、保护少数、和而不同"。大学创新要有一个宽松的学术环境,自由的学术氛围是创新的基础条件。我们要创造一个允许失败的环境和允许重新尝试的条件,即使师生的研究终告失败,也会得到宽容和谅解,宽容失败,防止急功近利,创造有利于创新人才培养与汇聚的良好环境与氛围。

在制度文化层面上,要鼓励师生投身创新的实践。制度文化是大学文化创新的重要保证,是大学文化精神的传播载体,制度有活力,师生才能够表现出持续不断而不是昙花一现的活力和旺盛的创新精神。作为学校的各级管理部门,要加强制度创新的研究与实践,要围绕建立学校创新人才培养质量的保障体系不断完善各项规章制度。在进一步完善学校管理制度的过程中,我们要重视广大师生在创新活动中的主体地位,引导与激发其内在创新动力。高校的管理更多的是一种服务,我们的服务不能阻碍服务对象的发展,为了适应创新人才培养体系构建的需要,我们必须要主动地改进学校的管理制度,为创新人才的培养提供更为广阔的空间。

(七)切实增强研究生创新能力

研究生创新能力培养是研究生教育的核心内容,也是我校建设创新型大学的重要支撑。去年,我校硕士点数再次实现翻番,今年,在校研究生数也将突破千人,学校研究生教育将步入一个新的发展阶段。如何通过研究生培养体制、机制和模式的改革来增强研究生创新能力的培养,提高研究生培养质量,是我校下一阶段研究生教育要着重研究的课题。

改革研究生培养模式。研究生培养涉及培养体制与机制、培养目标、课程设置、教学内容和方法、教材教案、培养方式、科研训练、社会实践、导师指导、学位论文、质量保障等方方面面。在导师指导方面,目前我们采取的是典型的学徒式模式,师生关系是在科研和论文写作中简单的一对一的指导与被指导的关系。学生受导师的知识结构、思维方式、研究方法影响较大。因此，有必要借鉴西方发达国家的成功经验，改革现有的培养模式，采用以学科为团队的招生形式，形成多导师对多学生的关系。在课程设置方面，构建以一级学科或二级学科群为平台的课程体系，为学生选择课程和导师提供充分条件，实现学科交融、知识宽厚、博采众长的目的。在研究生培养的体制和机制方面，学校还将深入研究，提出符合我校研究生教育的有效形式。

加强导师队伍建设。导师是决定研究生培养质量的关键因素，在改革培养模式、指导和激励研究生提高创新能力方面发挥主导作用。随着我校研究生规模的快速扩张，优秀研究生导师数量不足是下一阶段我校研究生教育发展的瓶颈，对此我们要大力加强师资队伍建设，不断提高研究生导师队伍的整体实力。首先是通过改变研究生教育的培养模式，以团队模式进行研究生培养，优化师资结构和资源配置。第二，优化导师遴选制度，从产学研项目、研究成果、学生指导业绩等多方面对导师进行综合评价。第三，大力推行研究生主辅导师制。通过聘请在第一线工作的专家、学者型管理人员、企业家作为我校的辅助导师或导师，增强研究生指导的实践内容。

启动研究生教育创新计划。提高研究生的创新能力，关键在于研究生创新思维的建立。要通过启动研究生教育创新计划来形成一种有利于创新人才培养的机制。除了上面谈到的培养模式外，还应当在科研训练、社会实践、个性化培养、国际化拓展等方面有所作为，有所突破。首先，要建立研究生创新中心，为研究生跨学科的学术交流、自主开展科学实验和实践创新提供场所。该中心可以与有关优势学科的平台和基地有效衔接，充分利用院、系(所、中心)已有的研究条件和各种教育资源。同时，依托宁波市应用型人才培养基地的平台，与知名企业合作，嫁接一批研究生创新创业基地；还可积极争取社会支持，利用社会资源共建各种形式和内容的校外研究生培养基地。其次，进一步加大力度资助优秀研究生的科研创新，激励研究生做出重大创新成果；同时加大对研究生优秀科研成果的奖励力度；建立宁波大学导师论坛和研究生学术讲坛，形成两个论坛的良性互动，营造浓厚的创新研究学术氛围。最后，要加快我校研究生教育的国际化进程,注意引进国外先进的教育理念和教育资源,在研究生全日制培养模式中引入国际合作办学,加强研究生教育的国际合作与交流,与国外高水平大学联合培养研究生。

构建研究生教育质量保障体系。要实现研究生创新教育,教学责任体系和质量保障体系是关键。下一阶段,我们要根据国家和省教育主管行政部门对学科和学位点进行评估的要求,构建针对各学位点研究生教育质量的年度目标考核指标体系,把研究生培养质量落实到每个学位点、每位导师和管理人员身上;加强对研究生教育的几个重点环节如课程教学、论文选题、论文写作与答辩等的过程控制,以有利于学校对各学院及学位点开展研究生教育工作进行有效的宏观管理与微观激励。

三、构建创新人才培养体系实践中必须解决的几个关键问题

建设创新人才培养体系和建设创新型大学绝非易事,但也不是高不可攀,需要有面对困难和问题的胆略和勇气,更要有应对矛盾和争议的智慧和办法。只要我们群策群力,集思广益,借鉴古今中外和我们学校创新的成功范例,依靠集体的智慧,我们就没有克服不了的困难、也不会有逾越不了的障碍。

(一)要勇于突破传统观念的束缚,拓宽创新空间

创新是一个民族的灵魂,是一个国家兴旺发达的不竭动力。但在我国的历史长河中,往往是萧规曹随好做,要变祖宗之法则非常艰难,有时还要付出血的代价,这些历史教训在某种程度上束缚了我们创新的意识。中国社会发展历史上最成功的创新范例之一就是开始于 20 世纪 70 年代末的改革开放,当时情景可能我们还历历在目。这场改革就发端于对于"两个凡是"束缚的突破,如果中国的所有事情永远按毛主席他老人家生前说的办,那么我们仍在彷徨中不知所措,也很难有建设中国特色的社会主义实践的可能,更谈不上中华民族的伟大复兴。突破"两个凡是"的禁锢以后,就有了改革开放的广阔舞台。1999 年我校也是突破了"公费生自费生刚刚并轨"的限制,创办了全省首家民办二级学院,推动了我校的快速发展。

我们构建创新人才培养体系,是对教师传统教育观念的又一次挑战,

再一次冲击,这个传统观念就是我在学校学什么,我就教什么;我教什么,你学生就学什么。至于如何满足社会发展对人才要求的变化,如何更新教学内容,如何激发学生的创新思维,则与己无关。这种观念牢牢束缚了相当一部分教师,使我们在人才培养上的改革异常艰难,如果我们能够通过学生的选择冲破这个束缚,我们人才培养的创新空间也会大大拓宽,必然会对我校创新人才培养体系的建设起到有力的推动作用。

(二)要敢于面对利益调整带来的阻力,坚定创新勇气

我们提出构建创新人才培养体系,实际上是我校教育教学改革的继续深化,既然是改革,就必然涉及到利益调整。推进创新人才培养体系的构建就是一次对学院、专业、课程、教师和学校管理大的改革,涉及到部门利益、学院利益、教师利益的调整。你只要不是平均主义的利益调整,一定会引起意见。你要把学校发展的压力传递到每一位员工,也必然会引起反弹,这将会给创新带来巨大阻力。

面对阻力怎么办?关键是对我们的创新举措要认真分析,我们提出的把成才的选择权交给学生的教育理念对不对?使我们的教师有更多的精力放在教学、放在学生身上对不对?构建创新人才培养体系是否有利于学生成才?是否有利于学校形成办学特色、增强学校的竞争力?是否有利于学校的长远发展?是否有利于我们向着一流地方综合性大学的目标迈进?如果都对、都有利于,那么我们还犹豫什么?我们还顾及什么?成大事者不计小利,成大师者不能小气。我们宁大的员工应该大气,要看到自己的根本利益,要共同把宁大这棵树培育大,大树底下才好乘凉;如果树倒了,那只好树倒猢狲散。总结我校几次改革的经验,开始总是听到不少反对声,似乎天要塌了。但这并不见得就是反对改革的人比拥护改革的人多,因为往往是拥护的不出声,反对的到处呼吁。如果听到几个反对声,心里就开始犹豫,那么改革很容易陷入困境。因此要建设创新人才培养体系,要建设创新型大学,必须要坚定创新的勇气。

(三)要精于处理体系设计中的复杂问题,打造创新方案

当然创新不等于蛮干,我们进行创新人才培养体系建设是非常复杂的系统工程,需要有一个发动的过程,需要一个统一思想的过程,更需要制定

细致的、可操作的实施方案。我们应该再次展开教育思想大讨论,对建设创新人才培养体系的教育理念有一个比较统一的认识,在此基础上,再次召开学校教学工作大会,确立创新人才培养体系的建设方向,将学校的教育教学改革工作引向深入。我们要学习借鉴国外和国内兄弟高校在创新人才培养上的可贵经验,认真调查研究,反复比较论证,发动广大教师参与,集思广益,用一年左右的时间做好完整的创新人才培养方案,争取在2007年新学年开始之际得以实施。建设创新人才培养体系是一项全校性的工作,涉及到学校工作的方方面面,需要各部门、各学院积极参与配合,上下协力,才能把前期准备工作做好。

(四)要善于处理教学改革发展中的矛盾,确保创新成功

改革创新由于引起利益的再调整必然会产生矛盾,但是我们不能因噎废食、畏首畏尾、裹足不前。但是我们又必须正视矛盾,在改革创新中解决这些矛盾,保持必要的稳定与和谐,以保证我们的创新人才培养体系建设成功。例如,把选择专业的权力交给学生后,那些冷门专业怎么办?当然对特殊专业另当别论。这是一个很现实的问题,但也不是一个不能解决的问题。我们应该借鉴以往改革中处理这类矛盾的成功经验,主要有三条,第一,改革创新不能损害既得利益,不能把一个群体已经得到的部分利益扣下来放到另一个群体的口袋中,这样的改革十有八九会失败;第二,由于第一条原则的限制,改革必然是增量的改革,否则改革创新没有了利益驱动的保障,而增量部分主要用于鼓励新机制的建立;第三,改革创新是必然要付出成本的,我们公立大学的人事体制,决定了我们必然要妥善发挥每一位教工的作用。当然我们付出的成本也要物有所值,换来的是一种新机制,这种新机制带来的效益只要大于我们付出的成本,我们的改革就成功了。一旦新机制形成,就会"青山遮不住,毕竟东流去",大家也只能随波逐流了,这就是制度的力量。当然实际的改革创新中可能还会遇到十分棘手的问题,那么我们还必须以灵活的方法来解决。

我们即将迎来建校20周年和三校合并10周年的庆典,宁波大学虽然还很年轻,但宁波大学本身就是改革开放年代的产物,她的历史本身就是一部改革创新的发展史,当我们追忆往事,不难发现从不分专业到混系居住,从科技学院创办到内部体制改革,直到"平台+模块"的人才培养模式,

都体现了宁大人克服艰难险阻,孜孜追求快速发展之路的创新精神。当建设创新型国家的历史机遇展现在我们面前,当高等教育的改革大潮再次兴起的时候,我们没有理由不再次紧紧抓住发展机遇,打造学校的创新人才培养体系,建设创新型大学。我们希望学校的每一位教师,每一位职员都要有一种紧迫感,以时不我待的精神重视和研究学校创新人才培养体系的构建。每一个部门、每一个学院、每一个学科,每一个专业都要充分发挥自身优势创新工作思路,站在新的角度努力给自身的工作赋予新的特色,为学校创新人才培养体系的构建作出积极的贡献。

大学特色培育初论[*]

> ——地方大学应该也必须在与地方经济社会发展的需求相结合的过程中培育自己的特色,在培育特色中要处理好大学的综合性与学科发展的选择性的关系,处理好学科水平的整体提高与重点学科优先突破的关系,处理好人才培养中的通识教育与个性化培养的关系。

一、引言

特色是一所大学成长与发展的生命力,是一所大学价值和理想的体现,是大学的"安身立命"之本,所有知名的一流大学无一例外都有自己的特色。

新兴的高校要尽快缩小和老牌大学的距离,寻求自己的发展空间,就必须走一条特色之路。走特色之路,就是要努力避开自己的先天不足,找准自身的优势,在发挥优势中办出大学的特色。宁波大学办学时间不长,我们在办学历程中,必须把培育大学特色作为重要的理念和目标。那么如何培育宁波大学的特色呢? 我想可以从下面几个方面来把握与实践。

首先我们思考的是宁波大学的区域优势。宁波是一座现代化的沿海港口城市,也是我国经济最活跃的城市之一,宁波在改革开放以后取得了令人瞩目的发展成就,2005 年综合竞争力列全国城市第 6 位。一座经济快速发展的城市需要大学在人才、科技和文化上的坚强支撑,同时也能够给大学的发展提供更多的支持。

---

* 本文是 2006 年 10 月 28 日聂秋华在宁波大学建校 20 周年暨三校合并 10 周年"中外大学校长论坛"上的讲话

其次是我们考虑的是宁波大学的学科综合优势。宁波大学是一所在改革开放中诞生的新兴高校,在建校之初就明确了综合性的办学定位。经过二十年的发展,学校已经发展到拥有理学、工学、农学、医学、法学、文学、历史学、经济学、教育学、管理学等 10 大学科门类的综合型大学。在众多的学科基础上优先发展若干个与地方紧密结合的特色学科,将起到十分有效的引领作用。

这些考虑决定了宁波大学要优先发展与地方经济建设和社会发展密切相关的学科和研究领域,并以此作为学校的特色,在人才培养、科学研究和社会服务中努力推进特色的培育。

二、通过创新型人才培养体系形成育人特色

育人是大学的第一使命。大学走贴近地方服务社会的特色发展之路,必须把培养满足地方需求的人才放在第一位。为使绝大多数学生个人发展能适应地方经济社会需求,我们提出了“把成才的选择权交给学生”的新的办学理念。学校的任务是为学生成才的选择提供有效的指导和创造更好的条件,使学生有更大的选择余地,这就是我们构建新的人才培养模式的基本思路。

根据这样的思路,宁波大学逐步建立起基于“平台+模块”课程结构体系的人才培养模式。这种人才培养模式由三个平台和若干专业方向模块并辅之以选修课、第二课堂等组成,培养流程是 2+1+1,按学科大类招生,经过两年的基础和学科平台的学习,选择专业,经过一年专业平台学习,最后一年选择专业方向模块学习至毕业。这种人才培养模式有四个特点:一是全校按学科大类招生,并充分考虑了课程结构的复合性和学科知识交融性,保证了拓宽口径;二是学生具有了专业、专业方向和课程的选择权,为学生自主学习提供了更大的空间,有效地保证了个性发展;三是通过设立自主学习课程、增加了创新和技能学分,加强实践教学,鼓励学生参加科研和学科竞赛活动,加强了学生创新能力的培养;四是较好地满足了学生个人发展和就业的需要以及社会对各类人才的要求。

新的人才培养模式实施后,学生学习动力增加,创新能力和实践能力提高。2004 年,学校获得国家教育部本科教学工作评估优秀成绩,基于

"平台＋模块"课程结构体系的人才培养模式也被评估组专家确认为宁波大学办学特色项目。

为使人才培养更加符合学生个性成长的需要，贴合地方经济社会发展对人才的需求，学校加大人才培养模式改革力度，提出构建创新型人才培养体系。创新型人才培养体系的核心思想是进一步把成才的选择权交给学生。学校要为学生搭建更大的选择平台，为学生成才的选择提供更有效的指导和创造更好的条件，使学生在专业、课程、专业方向和教师等方面有更大的选择余地。

三、在自主创新和服务社会中凝练学科特色

对于年轻的地方性高校来说，学科建设不可能齐头并进，只有围绕地方需求，加大自主创新，凝练学科方向，在服务地方中不断获得学科资源，在融入地方中逐渐形成学科特色和亮点，在与地方合作中，才能快速提高学科建设水平。

宁波大学以全面服务地方经济社会发展为导向，把优势特色学科建设作为培育学科特色，提高办学水平的重要手段。学校集中人力和财力，建设若干个高水平的优势特色学科，首先选择与地方经济与社会发展密切的学科，例如水产养殖与海洋生物，通信与信息系统，新型功能材料，国际贸易，工程力学等，加大扶持力度，围绕地方需求凝练学科方向，在服务于地方中逐渐形成学科特色。实践证明，与地方发展结合密切的应用性学科发展迅猛，例如水产养殖与海洋生物、通信与信息系统学科，正在逐步形成自己的特色和亮点。海洋水产与生物技术学科转让或被采用的科研成果产生的经济效益平均每年在 5000 万元以上，并且以该学科的基础上建立了教育部重点实验室。信息与通信工程学科与宁波市的通信产业结合，在成果推广应用方面也取得了显著成绩，并在 2006 年成为教育部工程技术中心。

学校依托学科平台，建设科技创新团队。在学科带头人引得进、留得住、用得好等方面形成了良好氛围，在特色学科上逐步形成了年龄、学位、职称和知识结构合理的学科梯队。目前，全校教师中具有正高职称的教师达到 220 名，具有博士学位的教师也达到 236 名。其中有 3 人入选国家百

千万人才工程,2 人入选教育部"新世纪优秀人才支持计划",4 人入选教育部"优秀青年教师资助计划",25 人入选浙江省"151 人才工程"。

学校以地方需求为导向,加快科研创新平台建设。几年来,宁波大学共建设国家重点实验室培育基地 1 个,省部级重点实验室、工程技术中心和人文社科基地 8 个,市重点实验室、工程技术中心 11 个,所有这些科研平台的建设都与地方经济与社会的发展密切相关,为进一步在服务地方中加快学科建设提供了良好平台。

学科建设与地方需求紧密结合,极大地提高了学校科技成果转化的能力,形成了一批产业化的科研成果。如"海水饵料生物高效培养与特种营养研究及其应用"被广泛应用于全国东南沿海省份,技术达到了国内领先水平。该项目获得 2005 年浙江省科学技术一等奖,并且已经通过了 2006 年国家科技进步二等奖的评审;"信息与通信工程学科"CDMA 光纤宽带系列直放站的研发成功,结束了浙江省该类设备完全依赖进口的历史,以及高分辨率数码显微镜多媒体互动系统的研究成功,在数字高分辨率成像与宽带多媒体高效压缩传输技术方面解决了高速数据采集、处理、压缩、传输等关键技术问题。

在学科建设工作的推动下,学校的科研工作获得了较快发展,全省高校科研成果奖获奖数连续三年名列省属高校前列。2005 年,学校获得的专利数量在全国高校中排名第 20 位。2005 年,学校教师在核心期刊共发表论文 1082 篇,科研经费达到 1.13 亿元。2006 年学校已经获得了 20 项国家自然科学基金项目和 6 项国家社会科学基金项目。

四、结论

新建学校一定要有特色,要有所为有所不为,才能集中有限的办学资源办好大学,扩大影响,为学校的生存和发展打下基础,拓展空间。

宁波大学所处的地域环境为学校特色的培育提供了良好的机会和土壤。学校应该也必须在与地方经济社会发展的需求相结合的过程中培育自己的特色,选定自己重点发展的方向。在培育特色中要处理好大学的综合性与学科发展的选择性的关系,处理好学科水平的整体提高与重点学科优先突破的关系,处理好人才培养中的通识教育与个性化培养的关系。

　　宁波大学是一所十分年轻的学校,也是一所迅速发展中的大学,同时也是浙江省重点建设的大学。根据武书连的大学排名,宁波大学的 10 个学科中有 8 个进入了全国百名,学校的综合排名也在全国 600 多所本科院校中进入了前五分之一。在过去的 20 年里,宁波大学通过不断创新办学理念,努力探索人才培养的新模式,使大学更加贴近了地方,更好地服务于社会,自身也得到了快速的发展。并且为宁波大学今后 20 年乃至更长时间的特色发展积累了宝贵的经验,打下了坚实的基础。

论和谐校园建设 *

———发展是绝对的，和谐是相对的。我们要能够正确面对并想办法解决好因发展带来的诸多问题，在改革发展进程中把握好和谐，对于因发展引发的各种矛盾和问题要仔细分析，认真研究，分门别类地加以解决，有些暂时解决不了的也要分清利弊，做出适当处理，努力维护校园和谐的良好发展环境。

构建和谐校园是我校在新的一年提出的努力目标，也是贯彻落实党的十六届六中全会精神的具体体现。《中共中央关于构建社会主义和谐社会若干重大问题的决定》深刻阐述了构建社会主义和谐社会的重要意义，明确提出了社会主义和谐社会的基本特征、重要原则和主要工作。作为在和谐社会构建中担负着重要使命的高校，我们要深入了解构建和谐社会的内涵，结合和谐社会的建设，深入思考学校和谐校园建设这一问题。

年前，宁波市召开了全市高教工作会议，毛光烈市长作了题为《以科学发展观为统领 加快推进我市高等教育转入科学发展 内涵发展 提升发展的轨道》的重要讲话，明确提出了"十一五"期间宁波市高等教育发展的 20 字方针——"完善保障，稳定规模，提升内涵，化解债务，强化服务"。这个方针是在客观分析我市"十五"以来高等教育大建设、大发展之后所积累的一些矛盾和问题基础上提出的，明确了在"十一五"期间，我市高等教育的发展要从量的扩张转向质的提升，要走内涵发展之路。

宁波市高等教育新的发展思路对我校各项工作具有很强的现实指导意义，市里也明确了我校下一步的发展规模，要求我校在"十一五"期间本

---

　* 本文是 2007 年 2 月 26 日聂秋华在寒假中层干部会议上的讲话

科生规模控制在 25000 人以内,学生当量规模要在 31000 人以内,同时也对学校下一阶段的基建规模和贷款额度给予限定。因此,走内涵发展之路,是我校下一步发展的必然选择,而积极推进和谐校园建设对我校走内涵发展之路将起到积极的支撑和保障作用。

一、推动学校持续协调发展是构建和谐校园的核心目的

发展有利于解决积累的问题和矛盾,增进事物的内在和谐,内在的和谐又积极推动事物的持续协调发展。一个和谐稳定的环境是学校改革与发展的坚实基础,而学校发展的理念、发展的速度、发展的成果同样推动着和谐校园的建设。只有通过持续协调的发展,才能使学校保持并充满活力,形成团结奋进、共谋发展的和谐局面。因此,我们要在科学发展、内涵发展、提升发展的进程中去积极构建和谐校园,在构建和谐校园的过程中推动实现学校的持续协调发展。

我校的持续发展促进了内在和谐的形成。回顾我校建校 20 年和三校合并 10 年来的历程,学校的持续快速发展有力地促进了学校内在和谐的形成。尤其是 1996 年三校合并到后来的四校并入,我校之所以能在较短的时间里形成相对和谐稳定,人心较为凝聚的有利局面,正是得益于学校近些年来的持续快速发展。在学校持续发展的大环境中,广大师生看到了自身发展的希望,学校快速发展的业绩,也促进各级领导、海外侨胞和港台"宁波帮"人士持续不断地关心支持学校建设,形成了良性循环。

构建和谐校园的核心目的是推动学校持续协调发展。我们提出要构建和谐校园并不是为了构建而构建,而是为了更好地促进学生的发展、教师的发展和学校的发展。"发展是硬道理",从哲学角度讲,发展是绝对的,和谐是相对的。学校的改革发展总会打破相对的原有状态,在学校强化发展的过程中也势必会带来一些新问题。在这种情况下,我们要能够正确面对并想办法解决好因发展带来的诸多问题,在改革发展进程中把握好和谐,对于因发展引发的各种矛盾和问题要仔细分析,认真研究,分门别类地加以解决,有些暂时解决不了的也要分清利弊,做出适当处理,努力维护校园和谐的良好发展环境。

二、学校发展到现阶段所面临的主要问题

事物的发展是内部矛盾不断产生、运动和解决的过程,循环往复,才得以向前发展。近几年来,我校取得了快速发展的办学成绩,但在发展进程中也蕴含着一些突出的矛盾和问题,主要集中在以下几个方面。

（一）学生的社会适应度和创新能力亟待提高

人才培养的质量是学校最大的品牌与特色。当前社会就业形势日趋严峻,用人单位对学生的适应能力和实践能力要求越来越高,市场对人才的需求更趋向"高素质、复合型",而我们有的专业设置与社会脱节,专业方向模块与地方经济的结合度不够紧密,人家需要的是"面包",而我们只能供给"馒头",长此以往势必将对学校的声誉造成影响,不利于今后的发展。2003年本科教学水平评估我们虽然获得了优秀,但实践教学环节一直是弱项,而这又是培养学生创新能力所必需的重要一环,我们的学生毕业后一进企业,实际工作能力有的还不如高职类学生。因此,如何提高学生的社会适应度和创新能力是下一阶段我们教学改革所面临的一个很大挑战。

（二）学校发展与资源短缺的矛盾较为突出

近年来,我校在实现持续快速发展的同时,一直面临着资源短缺的严重制约。作为综合性大学,我校学科涵盖十大门类,而学科布局广的特点是把双刃剑。在学校资源有限的情况下,资源分配"撒胡椒面"的结果是学科特色难以形成,学科多的优势反而会变成学科重点难以突出的劣势。其实,没有重点或重点不突出的学科建设方式也是一种资源的浪费。目前,学校的教学、科研、师资队伍建设还都需要有很大的投入,基本建设也尚未完成,教职工要求提高待遇的呼声还比较强烈,学校在办学资金上的压力很大。近年来,学校日常事业经费都在赤字运行,基本建设只能靠银行贷款。当然,我们也应该看到,资源短缺的问题是国内高校所面临的共性问题,对于我校来讲,造成这种状况的主要原因包括政府投入跟不上高等教育的发展,我们获取其他资源的能力相对较弱,资源的使用效益还有待提高,以及人员负担相对较重等。

（三）教师激励与评价机制有待进一步完善

人才培养、科学研究和社会服务是大学的三大基本任务,这三者对大

学来说都是神圣的职责,不可偏废,应该协调发展。直接承担这三项任务的是教师,为了调动广大教师的积极性,使学校能在这三个方面均衡发展,2000年开始的人事与分配制度改革的设计对这三方面均进行了考虑。客观地讲,这次改革很好地促进了宁波大学的快速发展。七年过去了,改革虽然取得了巨大成果,但在新的形势下逐步显现出一些弊端。教学工作由于缺乏有效的考核手段,使教师对教学及育人工作的投入相对不足,科研工作基本上还以"单打独斗"的形式为主,承担重点项目、攻关项目的能力较弱,服务地方经济社会的意识不够强、能力提高比较缓慢。相比较而言,这三方面的工作科研工作发展相对较快,主要得益于考核易于量化、申博需要、奖励兑现、聘岗和提职必需。而教学和育人工作的性质难以用单纯量化指标客观评价,服务社会工作没有硬性要求,客观上使得这两方面的工作发展速度受到制约。反映出我们对教师的激励与评价制度还需要进一步完善。

(四)内部管理体制有待进一步改革完善

虽然我校近年来在内部管理体制改革方面进行了积极的探索,在人事分配体制、岗位聘任办法、校院两级管理、后勤管理社会化等方面都作了富有成效的改革,但学校内部管理体制改革还远未完成,在很多方面还需要去深化、完善和拓展。学校整体的管理还较为粗放,部门经费预算编制的科学性亟待加强,内部资源共享和对外开放程度不够,校院两级拨款体制改革尚需深入,对学院和部门的考核和绩效评价制度还不够科学合理,资源使用效益不高现象较为突出,建设节约型高校的氛围尚未形成,有利于资源节约的制约、激励机制和管理制度尚未建立。在厉行节约上,我想举两个例子:一是同济大学2006年通过开展节约型校园建设,一年节能增效就达1200万元;二是我校去年通过加强管理,安装水电计量装置,预计今年就可减少支出近200余万元。可以说,在这方面,我们还可以大有作为。

(五)学院之间发展的不平衡问题较为突出

我校自1999年底实行学院制至今,已经历了7年多时间,各学院经过这一阶段的发展,都取得了一定的成绩,但学院之间发展的差距也日渐加大。比如在师资队伍建设上,有些学院早已把人才引进的目标定位在学科领军人物上,而有些学院还要为了解决教学师资的燃眉之急而寻求学校支持。在学科发展方向上,一些学院近年来通过围绕申博目标,不断凝练学科方向,已经基本形成了本学科发展的三个主要方向,使得学院在资源配置过程中能做到突出重点,确保成效;但还有一些学院学科方向凝聚整合的工作才刚刚起步,学科发展的主攻方向还不明确。另外由于校内拨款体制和学科性质的不同,学院之间的分配差距也在逐步拉大,这种学院之间发展的不平衡性使得学校很多时候在制定相关政策时难度较大,往往是顾此失彼,所制定的政策对各学院的普遍适用性不强。

三、把握重点,理清思路,积极推进学校各项事业协调发展

上述矛盾和问题,都是在学校特定的发展过程中产生的,也只有在学校持续发展的进程中才能逐步得以解决。下一阶段,学校行政工作要着重在人才培养、学科建设、服务地方、人事制度和管理创新等方面加大改革发展的力度,为和谐校园建设提供保障。

(一)构建创新人才培养体系,培养具有创新能力的人才

人才培养是一所大学的根本任务,最近,教育部、财政部联合出台了《关于实施高等学校本科教学质量与教学改革工程的意见》,提出要择优选择 500 个左右人才培养模式创新实验区,推进高等学校在教学内容、课程体系、实践环节等方面进行人才培养模式的综合改革,以倡导启发式教学和研究性学习为核心,探索教学理念、培养模式和管理机制的全方位创新。这和我们在去年暑期党委扩大会上提出的构建创新人才培养体系是不谋而合的,我们要充分把握这个机遇,创新人才培养模式,进一步提高人才培养质量。

1. 深刻认识创新人才培养体系的内涵。宁波大学一直就有重视教学工作的优良传统,我们"八年两评估"的目的就是要强化教学建设,抓好本科教学这一办学基础。2000 年我校实施了新世纪教改工程,从构建"平台＋模块"课程结构体系的人才培养模式至今,我们也已经走过了 6 个年头,其中,"平台＋模块"课程结构体系的人才培养模式已成为学校的办学特色项目,这些都是我们创新人才培养体系的良好基础。但是,在新的要求下,

我校原有的人才培养工作凸显出了一些不足,突出的问题是教师对学生的关注和交流程度不够,教师开展教学改革的积极性与主动性不强,教师教书育人的自觉性不足,解决这些问题正是我们构建创新人才培养体系的目的所在。从国内其他高校的人才培养情况看,一些高校已在着力体现素质教育和个性化培养,其人才培养方案的共性是前期着重打好宽厚基础,强化通识教育,后期突出宽口径专业教育和学科交叉人才的培养。在学生的专业选择上,都不同程度地体现了自主选择性,无论是专业选择还是专业变更在学校教学资源允许的前提下,都充分尊重学生的选择。因此,我们提出"把成才的选择权交给学生"的理念,提出要构建创新人才培养体系不是为时过早,而是适应高教发展需求和时代要求的及时反应。我们提出创新人才培养体系,本质是要进一步扩大学生的选择权,激发学生成长成才的内在主动性,促进学校办学资源的优化配置,提高教师对学生成才的主动关注,从而提高学校人才培养的社会适应度,切实提高教育质量。我们要在充分了解社会和市场需求的基础上,创新人才培养模式,摸索尝试既遵循高等教育办学规律,又符合时代要求和学生个人成长成才需求的人才培养模式。

2. 准确把握创新人才培养体系的关键点。在创新人才培养体系的设计上与实践中,我们要努力解决以下几个关键问题。第一,要努力改进课堂教学方式,提高教学质量。学生主要的学习时间是在第一课堂,因此第一课堂仍然是培养学生创新能力最重要的场所。关键是改进课堂教学方式方法,这就要求教师要有创新意识,要在课堂上加强与学生的互动交流,引导学生主动学习、不断思考。我们要从根本上解决填鸭式课堂教学的问题,教师应该成为给学生撒下创新种子的播种机,使课堂教学成为培养学生的创新能力的主阵地。第二,要加强专业模块建设,提高学生适应社会的能力。专业模块可以使学生知识结构更加与地方需求紧密结合,能够加强针对性,有利于学生就业。同时模块建设也可以为以后专业发展奠定基础,可以说一些好的模块建设是今后专业设置的前提。我们还可以利用专业模块平台,与企业合作办学,由企业参与模块平台的教学,使学生更具有快速适应岗位要求的能力。第三,要充分调动教师教学积极性,引导教师投入教学工作。教师参与这次改革的程度,是这次改革能否取得成功的关键,是决定成败的。在改革的过程中,我们要认真研究如何激发教师教学积极性,使教师真正把精力投入到教学工作中。我们要从物质和精神两方面激励教师以更大积极性参与到改革中,引导教师与学生之间建立起相互合作、彼此尊重、平等和谐的关系,促进彼此经验、知识和情感的交流互动,实现教学相长和共同发展。第四,要重视社会实践、创新创造等第二课堂活动对培养学生创新精神的重要作用。学生实践能力和创新创造能力培养是构建创新人才培养体系的重要内容,我们要进一步扩大课程范围,包括开设一些第二课堂的内容供学生自主选择,为学生的选择创造尽可能多的条件,使学生在参与各种实践活动的过程中逐步培养创新精神。

(二)打造优势特色学科,培育创新学科团队

学科是大学和谐发展的重要基础,是一所大学特色形成的关键所在。今后五年学校将按照"突出重点,统筹兼顾,强化特色,创出品牌"的工作思路,继续把学科建设作为一号工程,以重中之重学科为先导,凝炼学科方向,构建学科体系,组合优势力量,形成创新团队,构筑大平台,攻克大项目,获得大奖项;要进一步将学科的发展融入到国家与地方的需求中去,尤其要根据地方产业特点、社会经济发展趋势,研究学科发展重点和特色,形成优势学科新亮点。

1. 积极探索特色学科建设的有效途径。纵观国内外各著名大学学科建设的发展轨迹,都是以优势特色取胜。对于我们这样一所正从教学向教学研究大学转型的高校,优势特色学科的建设尤为重要。这几年我校学科建设的实践告诉我们,建设特色学科的捷径就是充分与地方经济社会的发展相结合。2003年以来,学校以博士学位点建设和服务地方工作为主要目标,加强优势特色学科培育和重点学科建设工作,如海洋水产与生物技术学科,信息与通信系统等学科,紧密围绕地方需求,加速了学科建设的步伐,优势、特色和亮点正在逐步形成。

作为一所新兴的地方综合性大学,我们常为"特色"、"亮点"所困扰。什么是特色呢?简单讲就是"人无我有,人有我优"。对于年轻学校,要做到"人有我优"比较困难,因为老学校相应学科的发展积累远胜于我校的学科,要超过显然困难,这就需要我们寻找"人无我有"的方向加以突破。方向在哪里?就在我们眼前!因为宁波的快速发展为我们学科建设创造了

选择突破口的有利条件,宁波有大港口、大贸易、大化工、大桥梁、大海洋,宁波有众多在国内行业中领先的企业,波导三星奥克斯,炼化金田雅戈尔,文具模具注塑机,服装家电钕铁硼等,这些领域、这些企业在许多方面都拥有全国第一,在众多的第一中一定能发现别人所不具有的东西,如果我们的学科能够与这些领域、企业相结合,我们的学科特色将会加速形成。同时,港口城市和文化大市建设也为软科学研究和人文学科发展带来重要机遇。地方经济与社会发展需要大学提供智力支持,在政府决策咨询、文化大市建设、行业规划、社区服务、新农村建设等方面,我们的学科大有用武之地。这些都为我们的学科提供了广阔发展空间,是我们形成学科特色的宝贵资源。

因此,学科建设必须根据自身基础和特点,紧密结合地方经济建设和社会发展需要,不断调整、凝炼学科研究方向,建设和壮大一批与地方经济与社会发展联系紧密的应用技术学科和人文社会学科;适度建设和发展对重点学科、对本科专业建设具有支持作用的相关学科以及一些急需学科;实现全校现有学科全面和谐发展,最终形成一批特色和优势明显、与地方经济与社会发展紧密相关、学科之间支撑作用明显、协调发展的学科群;要充分利用宁波市经济社会充分发展的优势,找准结合点,打造新亮点,增强自主创新能力,创立宁波大学自己的学科特色品牌,增强学校核心竞争力。

2. 努力建立培育学科团队的保障机制。学科建设不是个体行为而是群体行为,在于学科团队的支撑,培育创新学科团队是我们学科建设的当务之急。团队建设的核心是领军人物,重点是学科方向凝炼与聚焦,关键是机制的保障。一些学科的领军人物还需要引进,但更重要的在于我们现有人才的培养。支持现有学科团队和方向带头人去国外进行合作研究、做访问学者或攻读学位,扩大国际视野。进一步完善学科负责人制度,调动学科负责人和学科成员的积极性。我们要认真研究每个优势特色学科发展面临的困难和问题,有针对性地研究措施,帮助他们解决相关困难,通过培训提高,不断凝聚现有人员形成团队。要发挥研究所在学科方向凝炼、特色培育方面的作用,使研究所真正成为学科建设、科技创新和服务地方的学术实体。要进一步完善学科建设与发展保障体系,在校、院两级管理体制下,建立学科建设责任制,进一步理顺管理体制。继续完善对学科团队重点扶持、梯度发展、科学考核、优胜劣汰的运行机制。营造尊重个性、平等竞争、鼓励创新、宽容失败的和谐学术氛围。

(三)服务地方经济社会,增强自我发展能力

作为地方性大学,我们要把服务地方工作作为学校的重要工作常抓不懈,通过服务地方扩大学校影响,为地方经济社会发展提供强有力的智力支撑,通过服务地方打造学校特色,也要通过服务地方来获取更多资源,突破学校今后发展中资源短缺的瓶颈。

1.积极拓展服务地方经济社会发展的领域。学校服务地方工作,要紧密围绕宁波市经济社会发展的各项战略任务和重点工作不断扩大服务领域。积极联合地方政府对重大科技创新计划项目进行研发、攻关,主动与地方企业合作建立高层次工程技术中心,联合地方科技管理部门,设立技术转移中心。搭建区域科技创新平台和产业化平台,以提升科技创新能力,加速科技成果转化,促进区域高新技术产业发展和地方特色产业集群的形成。发挥多学科综合与交叉优势,为宁波市提供高质量、高层次决策咨询服务平台。建立宁波市社会主义新农村建设指导与培训基地,为新农村建设提供决策咨询、技术指导、实践模式和人才支撑。要花大力气拓展培训市场,充分利用现有的教学资源,积极抢占培训市场,扩充培训项目,在服务中争取更多的资源,获得更好的发展空间。积极贯彻"人才强市"战略,优化人才培养模式,构建服务型教育体系,建设应用型人才培养基地等。在扩大服务领域的同时要瞄准区域发展、企业发展的重大关键科技问题,努力培育服务地方经济社会发展的亮点,使我校服务地方经济社会发展的水平再上新的台阶。

2.着力构建服务地方经济社会发展的长效机制。加强服务地方工作要进一步完善校内有关政策,地方服务与合作处要协调各部门推进地方服务工作中的交叉性工作。健全校地合作机制,创新合作模式,以项目研究和成果转移为纽带,搭建开放性、创新型服务平台。各学院要明确有一名负责人分管地方服务与合作工作,有条件的学院要成立或组建负责地方服务与合作工作的专门机构。学校为地方经济和社会发展服务能力的强弱,归根到底是要看教师的服务水平和投入力度,我们要建立促使更多教师投入地方服务的激励机制,完善学院和教师个人服务地方工作的评价和考核

办法,让更多的教师能够更为积极主动地投入服务地方工作,同时促进其通过服务地方工作获得更好的个人专业水平的提升和科研创新能力的提高。

(四)加强师资队伍建设,深化人事管理制度改革

师资队伍是推动学校发展的主要力量,是学校实现可持续和谐发展的重要保障。学校要坚持"以人为本"的理念,在新的形势下,继续加强师资队伍建设,改革人事管理制度。为了进一步深入研究和解决学校人事工作中存在的问题,努力提高学校师资队伍建设水平,学校将在今年上半年组织召开一次全校人才工作大会,重点研究学校人事管理工作中的一些重点和难点问题。

1. 合理调整师资队伍建设的工作思路。随着我校学生规模趋于稳定,我们必须调整人才和师资队伍建设的工作思路。从过去人才引进的规模和数量来看,学校每年人才引进近百人,引进人才为学校的发展建设作出了重大贡献。但我们也应看到,人才引进的成本很大,每年近1000万元的人才引进成本,已成为学校不能承受之重。这种通过大幅度引进人才来推动整体提升的发展模式已不适合学校内涵建设的要求,学校下一步要转变人才工作思路,主要立足校内现有人才培养,重点引进学科发展急需的高端人才。要加大对中青年教师的帮助和指导,增加中青年教师学习深造的机会,设立专项基金,出台相关政策,通过完善的选拔机制,有计划地选送部分优秀中青年教师赴国内外一流大学学习深造,进修课堂教学方法并引进先进课程,提高中青年教师的教学水平和创新能力。同时,鼓励教师参与社会实践活动,深化"百名教授、博士进企业(社区、农村)"活动,扩大教师到政府部门或企业挂职和兼职的覆盖面,使广大教师深入社会、了解需求,解决实际问题,在实践中提高科技创新水平和服务地方能力。

2. 加快建设专兼职创新型师资队伍。师资质量是保证教学质量的关键,我们要培养创新型人才,首先要建设一支具有创新能力的师资队伍。可以说,培养一支创新型的师资队伍是创新人才培养的关键,也是瓶颈与难点所在。创新师资队伍建设涉及很多问题,如我们的教师是否已真正确立"以学生为本"的教育理念;教师的评价指标是否科学合理等等。教育部在质量工程实施意见中指出要"加强本科教学团队建设,重点遴选和建设

一批教学质量高、结构合理的教学团队,建立有效的团队合作的机制,加强青年教师培养。"这些都是我校今后创新师资队伍建设的努力方向。同时,学校今后要大力加强兼职教授聘请工作,吸引更多的校外各界优秀人士以兼职的形式来校授课,聘任实践经验丰富、学术水平较高的企事业单位高级职员或高级工程技术人员参与人才培养,承担相关课程的教学或实习课程的指导工作,以解决学校此类教师十分匮乏的问题,通过兼职教师队伍建设,还可借机增强学校与社会的联系沟通,推动大批实践教学基地的建立。

3. 继续深化人事管理和分配体制改革。严格定编定岗,强化用人成本意识,着手研究科学合理的岗位设置与管理办法、岗位绩效评价体系等。根据学校人才培养、科学研究和服务地方协调发展的原则,探索建立更有针对性、实效性和多元化的教师考核评价、职称评聘、岗位聘任办法。改革教师教学工作考核评价机制,建立以创新人才培养为核心的考核制度,明确教学质量评价标准。充分发挥职称评聘和岗位聘任的杠杆作用,细化建立人才分类评聘制度,在学术水平达标的前提下,探索教学、科研、服务型人才的不同评聘机制。完善学院专项目标考核机制,使学院的专项目标考核更全面、更有针对性。完善机关部门目标考核机制,实施机关管理与服务贡献奖。同时,结合国家分配体制改革,深化校内收入分配体制改革,加快形成有效的激励机制。建立教职工收入分配正常增长机制;研究建立我校人员收入增长与宁波市经济发展协调机制;结合三本学生经费划拨方式的调整,合理缩小各学院之间收入差距,缩小机关与学院之间收入分配差距,调整校内教职工收入分配平衡机制。

(五)加快实施精细管理,努力提高办学效益

高校管理是一门学问很深的科学,管理水平的高低,直接关系学校改革发展的成效,关系和谐校园建设的成败。

1. 进一步完善校院两级管理体制。学校现行校院两级管理体制在过去的几年里较好地调动了学院的积极性,为各学院的快速发展发挥了重要作用,基本符合学校一个时期内发展的需要。同时,我们也注意到在学校发展的新阶段,原有校院两级管理体制也面临许多新的问题,以前我们是"放水养鱼",目的是想为学院实施二级管理创造好的环境,但相关制度实

施至今,各学院的资源获取能力和创收能力并未得到显著提高,学院的创收任务也未分解到基层组织,负担逐渐加重,对学校的依赖性依然较强。而学校可调控资源越来越不足,难以保证对发展重点的有效投入。下一阶段,学校将进一步深入研究校内拨款体制与分配体制改革方案,从有利于教学、科研、服务地方协调发展,有利于和谐校园建设的角度,对现行有关政策作出适当的调整,以利于整合资源,合理配置,更好地调动各个层面的积极性。学院也要探索缩小核算单位,逐步建立创收的分担机制,以减轻学院压力。

2. 努力提高学校办学资源使用效益。继续积极争取省、市财政支持,加快育才路、曙光路土地置换步伐,盘活学校资产,继续做好"宁波帮"工作,拓展校友资源、服务地方等筹资渠道。另一方面要切实提高资源使用效益,优化经费支出结构和资源配置机制,建立健全资源使用绩效考核机制;改变专项经费投入方式,强化细化预算管理,厉行节约,勤俭办事;深化校院两级财务管理制度改革,既调动学院一级争取资源的积极性,又做到应收尽收、集中财力。同时,要进一步完善校内财务管理制度,实行依法、科学理财,积极推进校务公开,做到经费预算科学合理,加强对经费预算执行情况的监控,建立完善内部审核和绩效评价制度。

3. 加快建立健全现代大学制度。现代大学管理的总趋势是管理的科学化、法制化、人性化和民主化。我们必须创新管理体制和工作机制,加快建立健全现代大学制度。要推进管理科学化,使我们的管理工作更加符合教育教学规律,贴合学校发展实际。要推进管理法制化,严格依据国家法律法规建章立制,做到依法治校,依法办事。要推进管理人性化,积极营造有利于师生个性发展,促进师生全面发展的宽松环境。要推进管理民主化,充分尊重民意,善于集思广益,做到依靠师生员工办学治校。

构建和谐校园工作需要潜移默化、润物无声的文化熏染,更需要扎扎实实地落到学校工作的全方位、全过程。要全面、有序地做好上述人才培养、学科建设、地方服务、人事改革和管理创新等各项工作,需要调动方方面面的积极性,克服各种各样的困难,努力推进和谐校园建设。

当前,我们学校总体上是和谐的,但也存在我刚才所提到或还没提到的一些现实问题,尤其是在学校持续快速发展的情况下,个人利益与集体利益、局部利益与整体利益、当前利益与长远利益有时会产生一定的冲突，这里就有一个如何引导大家正确看待与处理的问题。我们做思想政治工作的任务就是要结合具体实际，向广大师生员工讲清楚个人利益与集体利益、局部利益与整体利益、当前利益与长远利益的关系，使个人利益服从集体利益、局部利益服从整体利益、当前利益服从长远利益。我们构建和谐校园必须着眼于学校持续协调发展的长远利益，要引导大家理性的权衡分析孰重孰轻、孰大孰小。当然学校要和谐快速发展，必须解决教职工个人发展和待遇提高等具体问题，我们必须尽最大努力为解决这些问题创造条件。

"十一五"期间仍然是我校发展的关键时期，面对巨大压力和挑战，面对重重困难和阻力，我们广大干部和学科负责人要带头发扬艰苦奋斗、勤俭建校的传统，要像自己居家过日子一样精打细算，爱惜并使用好学校资源，在构建和谐校园中为师生员工树立榜样。

论宁波大学创新人才的培养(上) [*]

——会选择的学生不一定能创新,但能创新的学生一定具有很强的选择能力,因此培养创新人才必须注重对学生选择能力的培养,应该为他们提供这种机会。

我校获得了两门国家级精品课程的建设任务,揭开了宁波大学教学工作崭新的一页,具有里程碑的意义。人才培养是大学的根本任务,教书育人是每个教师的天职。在当前高等教育从量的扩张到质的提高转变过程中,在社会对人才的要求越来越高、趋于实际,大学生就业形势十分严峻的情况下,高校只有培养出高质量的、适应社会需要的人才,才能得到广大用人单位和社会的认可,学校提出推进创新人才培养,是在新形势下提高人才培养质量的一项重要举措;而且作为一所年轻的地方综合性大学,在很长一段时间内,本科教育仍将是学校的主要任务,我们只有在人才培养上不断改革,积极推进,才能提高毕业生的社会适应度和竞争能力,从而为学校的可持续发展提供保证;同时,在人才培养方面创出自己的特色、大力培养符合地方发展需求的人才也是学校立足地方的根本,是形成学校自身办学特色和优势的有效途径。下面,我主要从如何正确认识推进创新人才培养的改革理念、我校目前在人才培养方面存在的问题以及下一步推进创新人才培养的几项重点工作这三个方面谈几点意见和想法。

一、正确认识推进创新人才培养的改革理念

我们提出推进创新人才培养这项改革的一个重要理念是"把成才的选

* 本文是 2007 年 3 月 23 日聂秋华在宁波大学 2006 年教学表彰暨推进创新人才培养动员大会上的讲话

择权交给学生",一石激起千层浪,对这样一个理念大家有不同的认识,学生工作部门的同志说,成才的选择权本来就是学生的,应该是"还给学生"。有的同志有疑义,学生会选择吗? 有的同志有顾虑,学校有那么多资源给学生选择吗? 还有的担心,这样会不会引起热门专业撑死,冷门专业饿死等现象。为此,借今天大会的机会,我想再强调几点认识:

(一)"把成才的选择权交给学生"是培养创新人才的前提

会选择的学生不一定能创新,但能创新的学生一定具有很强的选择能力,因此培养创新人才必须注重对学生选择能力的培养,应该为他们提供这种机会。学生具有了选择权以后,将会激发其学习的主动性和成才的目的性。学生具有了这种选择权,反过来将对教师、课程、专业、专业模块提出更高的要求,促进教师加强课程建设,提高课堂教学质量,也促进各学院加强专业建设,吸引学生。一句话,使我们的学院、专业和教师为了自身的发展和生存而更加关注学生。

(二)"把成才的选择权交给学生",学校要为学生的成才选择提供条件

要真正使学生可以选择,学校必须为学生的选择提供条件。包括课程体系、师资队伍、图书资料、实验实习条件和校园文化氛围等,为学生的选择营造出更加优越的环境。我们要充分利用综合性大学的学科优势,促进学科交叉,培养复合型人才,使学生的个性得到充分发挥。

(三)"把成才的选择权交给学生"的过程中,教师应发挥主导作用

应该建立起指导学生合理选择的服务体系,不但把成才选择权交还给学生,而且要教会学生选择。在这个过程中,教师应该起到主导的作用。要更多地与学生开展交流,让学生更为全面地了解本学科、本专业的发展历史和发展方向,注重对学生的正面引导和学业规划;在学生入学第一年,各专业的教师可以在绪论课上向学生全面介绍专业,帮助学生了解专业发展情况,培养学生的专业兴趣,为学生进入第二平台时选择专业奠定基础;在学生进入专业学习后,教师要根据学生的职业生涯规划加强指导,使学生对模块、课程的选择更加符合自身发展、成才的需要。比如:工学院的工程力学以前在学生选专业时很难得到学生青睐,但这几年来工程力学的教师们通过给学生介绍专业知识,引导学生选择,不仅使选择该专业的学生

人数在稳步增加,同时也帮助了这些学生更加热爱自己的专业,找到自己的成长空间。

(四)"把成才的选择权交给学生",并不等于学生可以任意选择

实事求是讲,学生的成才选择还将受到学校资源条件的很大限制。学校目前资源短缺的情况还比较严重,不可能满足所有学生的随意选择。(其他高校也不可能完全放开)。因此我们在进一步放大选择权时,首先会考虑现实资源条件的允许程度,我们不可能让学生不加限制地选择,而是要根据各专业、课程、教师的承受能力和条件的许可性,设定一些选择条件。这一点在科技学院学生进入第二平台选择专业的实践中已经证明,对进入一个热门专业做出相应的条件限制,比如采取积点分优先等原则对学生的选择进行适当分流,学生总体上还是能够接受的。因此,我们把"成才的选择权交给学生",是一个逐步推进的过程,在现阶段,我们还没有条件做到完全放开地选择,我们也必须尊重这一客观现实。

二、我校目前在人才培养方面存在的问题

我们提出推进创新人才培养,既是对高等教育人才培养趋势的及时把握,同时也是对原有人才培养体系的调整和超越。但要使我们的教学改革能够进一步深化,就必须清楚地认识到目前学校在人才培养中所存在的问题。对症下药,才能收到明显效果。我认为,这些问题主要存在于学生、教师和我们的教学与学生管理等三个方面。

(一)学生的就业压力增加了,但学习的主动性和积极性仍然不高

就业压力一年紧似一年,在这么大的就业压力下,按理学生会更加积极主动地学习专业知识,努力提高自身素质和能力,加重自己求职的砝码,但不少同学并未感到十分紧迫。有人总结了三种怪现象,"自习室成了娱乐场"、"图书馆等于被遗忘的天堂"、"必修课选逃,选修课必逃"。究其原因,首先是学生缺少对自己的职业生涯进行规划,也很难得到及时和正确的指导,虽然我们的学生已经成年,但从实际情况看,相当多的同学对于自己的未来还是懵懂一片,对如何成才无从下手。深层次原因则是我们对学生教育培养责任的一种缺失,我们有责任进行正确、恰当的引导。其次,我

们的教学在很大程度上可能忽视了对学生学习过程的监控。我们现在对学生学业方面的考核基本是"一考定终分",而且大多是标准化考试,因此文科学生考前抄笔记、背笔记的现象比比皆是。这说明我们的考核办法还有值得探讨和改革的空间,国外大学教师通常是想尽办法引导学生课外去查资料、看资料、思考问题,而我们学生一下课就很轻松,基本没负担,那么为什么会出现这些现象,为什么我们的自习室和图书馆乏人问津?学生自身的原因是一个方面,另外一方面我们也应该看到,我们的学校、教师对学生学习过程的关注、重视程度和监控力度都是很弱的。第三,良好的学风和学习氛围还有待于形成。例如我校学生晚上 8 点多钟就结束晚自习了,这与许多著名大学的学生晚上 10 点多才结束晚自习有较大的差距。

(二)教师职称学历提高了,教师与学生之间的沟通交流不够。

现在宁波市的家长们对基础教育正在形成一种共识,就是初中读效实,高中读镇海。表面现象是升学指挥棒,但实质是学校、教师对学生的投入在起作用。任何教学模式,如果教师不投入,都是空谈,都不会收到良好效果。问题之一是教师与学生的沟通机会少,多媒体教室、下课就走。问题之二是课堂教学质量不高,外校专家评价低,传授知识这一关尚未过好。问题之三是教师的课堂教学方法单一,满堂灌多,启发式少;标准答案多,主观题目少;课堂教授多,课外要求少。总之教师投入教学和育人的积极性未充分调动起来。

原因有三,其一,教师教学考核的办法还不完善;其二,教师教学工作的激励政策尚未取得理想效果;其三,教师教学工作的理念和能力尚有待提高。

(三)教学和学生管理制度细化了,但彼此之间的矛盾也增加了

教学管理和学生管理方面也经常出现矛盾。我们在学生学籍管理以及在教师教学规范上都有一系列的规章制度,但是在执行过程中常会发生是严格执行还是高抬贵手的矛盾。例如不少同学由于一门课程、一个学分毕不了业,拿不到学位,影响就业;教师由于违反教学规范而受到批评等等。学风、教风的建设有赖于制度的建设与完善,对基本管理制度我们应该有原则性,要坚持,不能退避。有时只要坚持了,就会形成习惯,风气。

但在法与情的冲突中,我们必须把握好什么时候挥泪斩马谡,什么时候七擒与七纵。不失时机地推进制度的建立

学生申诉制度的建立,有助于提高我们的管理水平和保护学生的合法权益,尽管有时教学管理部门对申诉委员会的判决不太理解,但这还是有助于改进我们的工作。在教师方面也可以考虑建立类似的机制,缓和学校内部的矛盾,保证制度的确立与深入人心。

我们在模块的设立与开设,学生的实践动手能力和基本素质方面也不同程度地存在着问题。上述问题的存在值得我们每一位教师和每一位教育管理工作者深思,而且在推进教学改革过程中必须正视这些问题,分析这些问题,并通过改革逐步改进。

三、推进创新人才培养的几项重点工作

改革总是要对现有的事物、规则作一些改变,甚至这种改变可能是比较激烈的。为什么我们要改革,而不是满足于现状?在着手改革前,我们一定要思考明白,通过这次改革,我们主要要解决什么问题?综合目前各方面的情况来看,我想下一步我们要着重做好以下几个方面的工作:

(一)进一步扩大学生的选择机会,让学生学会选择、合理选择

"把成才的选择权交给学生",首先要解决学生有选择的东西。我们要通过改革,给学生提供更多的选择机会,包括选专业、选课程和选教师的机会。在专业选择方面,我们要搭建更大的学科平台,打破原先学院间的壁垒,从根本上解决学生跨学科转专业难的问题。在课程和教师的选择上,我们要多开选修课,而且要开真正的选修课,而不是原来的限制性选修课或者必选的选修课。哈佛有 9000 多门课程,我们目前只有 2000 多门,根据现有学生规模,我们要把课程增加到 3500 门左右。目前仅凭校内教师的能力开不出那么多课,我们就要想办法利用社会资源,浙工大有 600 多名兼职教师,我们也要扩大兼职教师队伍,可以请一些企业老总、高工、政府官员和杰出校友等一些既有实践经验、又有上课意愿的人士担任兼职教师,开设与社会实际、创新创业实践紧密结合的学分课程,这既能解决课程门数的问题,也有利于改善学生的知识结构,满足学生对实践真知的渴望,

为就业打下基础。这当中还有一个重要问题就是如何让学生学会选择,不可否认,我们的学生很多都不知道怎么选择,进大学以前听父母,进大学以后大一不用选,大二随大流,大三很迷茫,大四来不及,这就需要我们的教师和学生工作者共同来指导和帮助他们选择,大一一进来就制订好他们的职业生涯规划,例如专业绪论课程,要很好地发挥对学生生涯规划的指导作用。我们的学习指导中心也要积极发挥作用,要在选课、学分安排等方面给予学生更多的指导和合理化建议。

(二)切实改进课堂教学方式和考核办法,为创新人才培养提供土壤

增强学生的创新精神与实践能力,是推进创新人才培养的核心。学生创新能力的培养可以通过很多途径,但学生主要的学习时间还是在第一课堂,因此第一课堂仍然是培养学生创新能力的最重要渠道,我们决不能舍本求末,不能在强调其他途径培养学生创新能力的同时,却忽略最重要的第一课堂的教学。如何利用课堂教学环节培养学生创新能力?关键是要改进课堂教学方式方法。课堂教学方法的改进,要求教师要有创新意识,要在课堂上加强与学生的互动交流,引导学生主动学习、深入思考,培养创新思维。我们身边也有一些好的例子,比如外语学院张正军老师的课堂"高峰体验"教学方法,文学院赵则玲老师的"创新作业",都是教师积极改进课堂教学方法,培养学生创新能力的很好尝试。我们要通过这次改革,让我们的教师更多地进行这样地尝试,引导教师改变教学方式方法,从根本上解决灌输式、填鸭式课堂教学的问题,使课堂教学真正成为培养学生创新能力的主阵地。

(三)精心设计专业模块,提高学生的社会适应度

专业模块的设计是要引导学生按职业规划有目的地选择进入一个方向,要有利于学生知识结构更加贴合于地方的需求和个人发展的需要,能够加强针对性,有利于学生就业。我们要设置一些符合地方需求的专业方向,把模块设计好,从而培养更具有适应能力的学生。通过模块建设,也可以为以后的专业发展奠定基础,可以说一些好的模块也是今后专业设置的前提。我们还可以利用专业模块平台,与企业进一步地开展合作办学,比如可以由企业负责模块平台的教学,设备、师资都可以由他们来投入,学生

可以到企业接受实践课程的教学,这样培养出来的学生将大大缩短社会适应期,很快能够胜任工作岗位的要求。

(四)大力加强实验实习环节,提高学生实践应用能力

很多学生都有这样的感触,认为实践环节对他们的影响非常大,不少学生到了大四毕业实习时到了生产第一线,才总算弄明白前几年书本上说的是怎么一回事。我们这次改革的一个重点是要加强实验实习环节,在实验教学方面要实现以学生自我训练为主的开放式实验教学模式,将设计性、综合性、研究性实验,毕业实习与毕业设计(论文)的内容和要求结合起来;在实习教学方面也要创新教学模式,加强校内外实习基地建设,形成面向真实环境的实习机制,同时建立科学的实践教学评价体系,确保实践教学环节的必需学分(经济与管理类、法政文史类、体育类、艺术类、外语类、基础教育类专业不低于总学分的 20%,自然科学类、建筑规划类、航海类、工程技术类、海洋生物工程类不低于 25%,其中偏重应用型的专业不低于30%;医学类专业不低于 30%),还要加强实习教学、毕业设计(论文)指导教师的配备,建立导师跟踪负责制,加强过程管理。

(五)加快教师队伍培养培训,努力提高教师教学水平。

要通过多种途径提高教师的教学水平。今年学校将召开人事工作会议,根据学校新的发展形势,制定学校师资队伍建设的各种新政策。在下一步的建设思路中,要加大对于现有教师在职在岗的培训力度,尤其要加强教师教学水平的提高。建立教师培训的经常制度,可以参考医生的培训积分制度,不断提高教师的能力与素质。建立以老带新的制度,充分发挥老教师的作用,加快青年教师教学能力的提高。为教师提供到国内外大学进修提高教学水平的机会,转变观念,借鉴和学习先进的教学方法和手段。建立教师挂职锻炼的制度,使教师进一步了解社会、企业对于人才素质能力的要求,改变学生培养方式,提高学生适应社会需求的能力,比如科技学院艺术系新教师先去企业一年的做法,我们也可以尝试教师去企业轮训制。

(六)改革和完善考核激励等制度,为创新人才培养提供动力

这次改革是一项全局性的工作,涉及学校资源的调整分配、经费拨款

方式、教师管理、学生管理等一系列重大问题,重点是教师教学业绩的考核方法的完善。因此,学校对改革方案的出台是非常慎重的,下一步我们将深入研究配套政策,进一步细化制度设计,从最基础的课程设置、教学大纲的制订、教材的选用到教学方式的改进、考核形式和标准的确定,以及人事分配、岗位聘任、职称评聘、培训制度、考核评价等方面的政策导向和具体措施都将逐步制定,比如我们将通过调整岗位聘任条件、完善教学工作量计算办法等,引导教师加强与学生的交流,促进教师与学生的互动;对教师的评价将由科研为主转向教学、科研、服务地方并重;职称评聘将加大教学和育人工作的业绩考核,人才政策将从引进为主转向内部培养培训为主。各学院要针对自己的实际情况,认真思考学院发展思路,争取在这次改革的过程中获得更快的发展,尤其要仔细研究改革方案,深入分析改革可能带来的问题,提前考虑,并积极思考解决方案。管理部门也要认真研究当前的工作体系是否能够适应推进创新人才培养的要求,陈旧的、不利于创新人才培养的工作方式方法要改进,要根据改革方案提前设计新的工作体系,尤其是教学管理体系和学生管理体系。

推进创新人才培养是一项系统工程,其中牵涉面很广,遇到的问题也会很多。如此庞大的一项改革工程,不是靠一个动员、几次会议能够解决的。很多措施都需要我们循序渐进,要边做边推进,可能要花几年时间才能全部完成。但有一点是要强调的,学校既然已经认准了改革的方向,即使困难再多,也一定要实践探索下去。只要有利于学生的成长成才和学校的长远发展,我们都会坚定不移地走下去,把这项改革进行到底。

推进创新人才培养是一项战略性的工作,事关全局。全校师生首先要高度统一思想,深刻理解其对学校长远发展的重要意义,坚决支持学校决定的改革大方向。这次改革成败的关键在教师,教师的观念转变是这轮教学改革成败的先决条件,如何调动教师的积极性是这次改革最难的一项工作。因此,在这次动员大会后,各学院都要召开全院教职工大会,全面部署教育思想大讨论工作,让教师们在大讨论中了解改革方案,帮助教师深刻认识这次改革对于学生成才、教师提高和学校发展的重要意义,正确引导教师积极思考如何主动参与这次改革。

论宁波大学创新型人才的培养(中)[*]

> ——学生能成为哪种人才的选择权不应该属于学校,而应
> 该属于学生自己。学校的任务就是为学生的成长成才和全
> 面发展的选择创造更好的条件和提供有效的指导,使学生
> 有更大的选择余地。

2006 年 1 月,全国科学技术大会提出要"加强自主创新、建设创新型国家"。一年多来,国内高校围绕"如何贯彻科技大会精神,充分发挥高校在建设创新型国家中的作用"这一话题展开了热烈的讨论并进行着积极的实践探索。宁波大学结合自身实际,把学校新一轮的教育教学改革重点放在如何加强创新型人才的培养上。经过一段时间的思考、调研和讨论,学校把培养创新型人才的突破口放在努力扩大学生成才的自主选择上,提出了"把成才的选择权交给学生"的新理念,并在这一理念的指导下,逐渐形成了学校创新型人才培养方案。

一、确立"把成才的选择权交给学生"的教育理念

宁波大学在努力扩大学生学习的自主选择权上已进行了多年的实践探索,2000 年就开始实施了"平台＋模块"的课程结构体系改革。所谓"平台＋模块"的课程结构体系,就是指由公共基础平台、学科基础平台、专业基础平台三个层次不同但相互联系、逐层递进的"平台"构成必修课,专业方向模块和任意选修课程构成选修课的课程结构体系。"平台"主要是为了保证人才的基本规格和全面发展的共性要求,体现"宽口径、厚基础";

---

   * 本文原载《国家教育行政学院学报》2007 年第 4 期,原标题为《扩大自主选择权 培养创新型人才》

"模块"主要是为了实现不同专业、方向人才的分流培养,体现个性发展。

2003年,学校接受了教育部本科教学水平评估并获得优秀等级,基于"平台＋模块"课程结构体系的人才培养模式被专家组认定为办学特色项目。在我校实施"平台＋模块"人才培养的实践中,孕育着一种新的教育思想,即谁能成为哪种人才的选择权不应该属于学校,而应该属于学生自己。把成才的选择权交给学生,学校的任务是为学生的成长成才和全面发展的选择创造更好的条件和提供有效的指导,使学生有更大的选择余地。这个教育理念的核心就是把成才的选择权交给学生,关键是为学生的选择创造条件,重点是指导和教会学生做出适合于他们成才的合理选择。

就大学阶段而言,学生成才的选择权主要包括:选择专业、选择课程、选择专业方向和选择教师的权利。当然,我们说把这些选择权交给学生,还会受到学校资源和学生自身的限制,不是简单地把什么都一股脑儿推给学生,需要一个逐步交给的过程。基于这种情况,为什么还要树立这样一种教育理念呢?

(一)有利于提高学校人才培养的社会适应度

经济社会的快速发展和变化,需要高校不断提供与之相适应的创新型人才。学校人才培养在整体上适应社会需求是通过每一学生个体实现就业来体现的。宁波大学每年有6000多名毕业生,就业率接近100%,学校为地方培养人才就具体落实到每个学生的就业之中。选择什么职业,从事何种工作,都是通过学生的就业选择来决定的。既然如此,当然学生应该有权利选择自己打算成为哪方面的人才、选择自己的知识结构和专业方向。

(二)有利于激发学生成长成才的内在主动性

通过高考一次确定学生专业的方法,不利于学生的成才。实际上在填报高考志愿时,绝大多数考生对自己适合学习哪类专业心中无数,基本上都是家长做主。但是等上了大学以后才知道自己适合或喜欢学哪些专业,可为时已晚,转专业太难。如果学生的个性难以发挥,学生学习的主动性就不能调动,学生创新的动力也就无从谈起。

(三)有利于培养学生思想的独立性

一个没有独立思想、不会选择、没有主见的学生不可能具有主动创新的行为。现在不少学生习惯了家长、老师的包办,从高考志愿的填写到择业,都是按照别人设计的路线走。没有自己的想法,面对选择不知所措,这样的学生自立尚且困难,何来创新能力?我们就是要通过让学生自己不断地进行选择,促使学生学会为自己的事情作打算,学会为自己的成才设定目标,会在成长过程中不断作出选择,从而培养学生的创新素质。

(四)有利于提高教师对学生成才的主动关注

学生一旦真正拥有了上述的成才选择权,我们的教师、我们的专业就会立刻感到压力,因为决定你生存的不再是学校,而是学生,因而能促使教师更加关心、关注学生。如果这种压力能够转化为动力,我们的创新人才培养体系建设就有了原动力。为了生存,大家一定会尽最大的努力搞好专业与课程建设来吸引学生,教师就会去主动关心学生的就业,因为就业不好的专业不利于持续地吸引学生。

(五)有利于提高学校办学资源的优化配置

通过把成才的选择权交给学生,那些与地方经济社会发展结合密切、就业期望高的专业就会有较多的学生去选择,这些专业就会获得更多的办学资源、获得更快的发展。因此,把成才的选择权交给学生,有利于合理调配学校资源,为社会培养更多急需人才,同时也通过资源优化配置使学校获得更大的办学效益。

二、如何构建创新型人才培养体系

宁波大学创新型人才培养方案以扩大学生学习的自主选择权为重点,以创新型师资队伍建设、改革课程结构体系、强化实践实习教学、推进学生创新创业训练、建设学校创新文化等为抓手,以教学管理创新为保障,积极探索教学理念、培养模式和管理机制的全方位创新,努力寻求一条适合学校实际的创新型人才培养道路。

(一)完善创新型人才培养的支持体系

我们把成才的选择权交给学生后,马上就会遇到有没有条件满足学生选择的问题。经过这些年的教学建设,又经过了"平台+模块"人才培养方案的实施,学校已经为学生的选择创造了一定的条件,但是对于创新型人才的培养,这些条件还不够充分。为满足学生选择的需要,我们必须在课程、学科基础平台、专业方向模块、实验手段、创业环境和"第二课堂"建设等方面进一步创造条件,在这些条件具备的情况下,才能为学生的选择提供出一份丰富的菜单,使学生有充分的选择余地。

1. 建立跨学院的学科基础平台。"平台+模块"课程结构体系的人才培养模式为学生的选择奠定了基础,为了进一步深化人才培养模式改革,还应该设计跨学院的大学科基础平台,不断强化基础的宽厚与学科的交叉,使学生在学完学科基础平台课程后可以再次选择认为适合于自己发展或有利于自己就业的学院、专业进行学习,培养学生学习的兴趣,充分调动学生学习的主动性。

2. 调整专业方向模块结构。专业方向模块最直接地决定了学生的就业取向。实施"平台+模块"的培养方案的初衷,就是希望我们的专业方向能够根据社会对人才的需求变化做出实时的反应,而且根据经济与科技发展的趋势,及时调整课程结构和内容,使学生的知识结构能够适应用人单位的要求,容易就业。要进一步发挥专业方向模块课程灵活搭配的优越性,根据社会需求,适时调整专业方向模块结构,调整课程、更新课程内容,采取"走出去、请进来"的方式与行业联合办学,探索产学研合作教育模式,并与相应的学科方向紧密结合,提高专业方向模块的创新教育水平。

3. 强化教学实验实践环节。学生的创新创业能力在很大程度上取决于高校对学生实际动手能力的培养和他们对社会生产实际的了解程度。要继续加强对学生社会实践活动的指导,使广大学生深入了解社会实际情况,为适应社会对人才的要求进一步完善自己。特别要加强工科学生的生产实习环节,进一步探索在目前新形势下学生生产实习方式、方法。要克服种种困难,使学生能有生产第一线的亲身感受,使他们产生解决生产第一线问题的欲望和冲动,引导、帮助他们在毕业设计中创造性地解决生产中的实际问题。

4. 加强学生第二课堂建设。第二课堂是第一课堂的补充和延伸,是培养和提高学生创新能力的重要途径。因此要对学生课外科技活动、学科竞赛、职业技能培训、学术讲座等第二课堂活动进行整合,形成大学生创新、创业训练计划,明确相关部门的责任,设计形成一系列项目及考核标准并纳入专业人才培养方案,成为毕业学分认定的一部分,通过第一课堂与第二课堂的互动来促进创新型人才的培养。

(二)增强学科对专业的支撑作用

学科建设在一所高校的发展进程中起着举足轻重的作用,创新型人才的培养必须与高水平的学科建设相结合。一所学校的特色、优势学科往往汇聚、培养了众多创新型教师,产生了大量创新成果,也培育了大量创新型学生,成为学校经久不衰的知名品牌。

1. 促进学科建设与专业建设的互动结合。学科是大学发展的核心,能够为学校创新型人才的培养提供长远的支撑。专业是大学建设的基础,高等教育在本质上是一种专业教育。就学科与专业的关系而言,学科是专业的基础,专业是对学科的选择与组织。如同土地与植物的关系,学科是专业生长的土壤,因此学科布局合理与否,是能否形成专业的生长点和专业建设的前提条件。但是学科建设又离不开专业,换句话说专业也是学科建设的载体。因此,我们既要避免不顾学科基础、随意上新专业的草率决策,又要避免不顾社会需求和效益、勉强上新学科的做法,努力做到学科建设与专业建设的互动结合。

2. 建立学科方向对于专业模块的支撑关系。这种思想要求我们进一步调整和优化学科结构,不断加强基层学术组织建设,以基层学术组织为载体,让其在开展研究的同时承担教学改革工作,真正把教学和科研两张皮合而为一,使其相互促进、共同发展、形成合力、打造品牌。同时,要把学科建设和专业、课程建设的成果作为基层学术组织的工作业绩加以考核。在我们国家的教育体系中,学科和专业往往是不能严格对应的,但从我们学校构建的人才培养体系看学科方向是可以和专业方向模块建立对应关系的。由此出发,把两者有机结合起来,建立稳定的联系,有助于创新型人才培养体系的形成。

3. 把学科建设与培养创新型师生密切结合起来。大学教师是知识的研究者与传授者,是学科建设与专业建设的主体。任何一名高校教师都不是孤立地搞教学或搞科研,而是将两者有机地结合在一起,相互促进。真正在教学上优秀的教师一定是在学科专业领域有造诣的、有自己学术见解的教师。我们要通过学科建设培养创新型教师。与此同时,一定要提高教师把最新的研究方法、研究成果和前沿发展动态融入教学内容的能力,努力拓宽学生的学术视野,激发他们的创新兴趣。我们所建设的学科平台不但要对教师、对研究生、对社会开放,还要向本科学生开放,使学科平台成为学生学习、创新的重要场所,成为学生了解社会需求、通往社会的重要桥梁。

(三)培养创新型的教师队伍

在第三届中外大学校长论坛上,很多中外大学校长都谈到教师队伍建设是学校创新型人才培养的关键。瑞典皇家工学院院长安德斯·弗洛德施特洛姆在演讲中说道:"大学创新的最重要组成部分是充足的研究者团队:教授、讲师、研究助理和博士生。这样一套完备的'人力资本'会使大学的价值完全显现。"上海交通大学校长谢绳武也指出:"高水平的师资队伍是培养高素质创新型人才最重要的保证。"我们要培养创新型人才,如果我们的教师没有创新精神和创新能力,那肯定是不行的。教师自己都不愿创新、不会创新,又如何去培养学生的创新能力?因此,我们要花大力气去加强师资队伍建设,想方设法提高教师的创新水平。

"把成才的选择权交给学生"这一教育理念的提出,本身就是针对解决教师动力不足的问题提出的。要通过建立完善的激励政策和机制,让创新成为教师自身的一种内在需求,并引导这种需求与学校、社会的需求有效结合,从根本上来推动教师逐步树立创新意识,帮助教师提高创新能力。我们即使解决了动力问题,如果没有能力,也是无法实现创新的。因此我们要通过加强创新团队建设来带动教师整体提升创新能力。建设创新团队要靠学科平台建设,通过学科平台来凝聚人才队伍,通过科研项目形成创新团队。只有在团队的特定环境中,教师才能迅速提高创新的能力和水平。

(四)完善学生管理、指导服务体系

"把成才的选择权交给学生"并不意味着学校为学生提供管理、指导服务的相关部门就万事大吉了,反而是赋予了这些部门更多的学生指导任务。把选择权交给学生,需要我们主动地指导和帮助学生学会选择,重要的是要让学生能够做出适合自己的正确选择,这是非常重要的一环。

1. 积极引导学生制订好生涯规划。学生的选择是以人生的目标为导向进行的,进入大学以后,学生应该尽早确定自己的发展方向,或者选择某个行业就业,或者准备考取公务员,或者考研深造。越早决定越有利于不失时机地确定自己的努力方向,否则将可能错过有利时机而追悔莫及。对于刚刚踏入大学校门的学生,面对如此复杂而陌生的人生选择,必然十分迷茫。因此,要建立指导学生做好生涯规划的工作机制,能及时为学生解惑释疑,为他们的生涯规划提供有益的咨询,尤其要鼓励学生敢于挑战人生,在人生设计时就埋下创新创业的种子。有了现实可行的人生目标,学生就会为了实现这个人生目标而行使好学校给予他的选择权利。

2. 继续加强对学生创新创业工作的指导。从宁大校友目前的就业情况分析,有不少校友选择了创业。宁波地方经济社会的快速发展和传统文化,都为我们的毕业生选择创业提供了良好的环境支撑。如何引导学生形成强烈的创业意识、培养学生较强的创业能力,如何为学生的创业提供良好的条件,值得我们深入研究。例如,参加挑战杯大赛和学科竞赛;通过社会实践广泛接触社会,建立学校的创新创业园,都有可能成为培养创新创业型人才的催化剂。

(五)营造有利于创新型人才培养的校园文化。

文化具有强大而持久的影响力,校园的文化氛围对建设创新型人才培养体系具有重要的作用。只有将培养创新型人才的不懈探索内化为学校的文化,学校构建的创新人才培养体系才会有长久的生命力。我们要引导广大师生树立勇于创新的意识,倡导自由的学术氛围,同时以富有活力的制度激励师生的创新精神。只有这样,我们才能营造出一种更加积极向上的、创新的文化氛围,为创新型人才的培养提供一个有利的环境。

1. 在精神文化层面上,要引导教师树立创新的意识。创新意识的建立绝非一朝一夕之功,宁波大学作为新建院校和侨资助建院校,应该结合学校的创业发展和侨资助建的特点,努力宣传学校不畏艰难、勇于创新的创业历史,充分报道我校校友克服困难、艰苦创业的鲜活事迹,大力弘扬"宁波帮""爱国、爱乡、创新、创业"的可贵精神,充分挖掘我校"兼容并包、自强不息、务实创新、与时偕行"精神的文化内涵,以生动的事例和发生在我们身边的故事来影响广大师生,让大家产生强烈的认同感,由此逐步在精神层面上将创新内化为学校和师生个体的自觉意识。

2. 在学术文化层面上,要倡导大学学术自由的氛围。积极提倡"鼓励创新、容忍异见、保护少数、和而不同"的大学学术文化。大学创新要有一个宽松的学术环境,自由的学术氛围是创新的基础条件。我们要创造一个允许失败的环境和允许重新尝试的条件,宽容失败,防止急功近利,创造有利于创新型人才培养与汇聚的良好环境与氛围。

3. 在制度文化层面上,要鼓励师生积极投身于创新的实践。制度文化是大学文化创新的重要保证,是大学文化精神的传播载体。制度有活力,师生才能够表现出持续不断而不是昙花一现的活力和旺盛的创新精神。作为学校的各级各类管理部门,要加强制度创新的研究与实践,要围绕建立学校创新型人才培养质量保障体系来不断完善各项规章制度。在进一步完善学校管理制度的过程中,我们要重视广大师生在创新活动中的主体地位,引导与激发其内在的创新动力。高校的管理更多的是一种服务,我们必须要主动地改进学校的管理制度,为创新型人才的培养提供更为广阔的空间。

三、构建创新型人才培养体系实践中必须解决的几个关键问题

扩大学生自主选择权,构建创新型人才培养体系绝非易事,但也不是高不可攀,需要有面对困难和问题的胆略和勇气,更要有应对矛盾和争议的智慧和办法。

(一)要勇于突破传统观念的束缚,拓宽创新空间

构建创新型人才培养体系,是对教师传统教育观念的一次大挑战。这个传统观念就是我在学校学什么,我就教什么;我教什么,你学生就学什么。至于如何满足社会发展对人才要求的变化,如何更新教学内容,如何激发学生的创新思维,则与己无关。这种观念牢牢束缚了相当一部分教师,使我们在人才培养上的改革异常艰难。如果我们能够通过学生的选择冲破这个束缚,则人才培养的创新空间也会大大拓宽,必然会对我校创新型人才培养体系的建设起到有力的推动作用。

(二)要敢于面对利益调整带来的阻力,坚定创新勇气

我们提出构建创新型人才培养体系,实际上是我校教育教学改革的继

续深化。既然是改革,就必然涉及利益调整。推进创新人才培养体系的构建就是一次对学院、专业、课程、教师和学校管理的大改革,涉及部门利益、学院利益、教师利益的调整一定会引起各方面的不同意见。要把学校发展的压力传递到每一位师生员工,也必然会引起意见反弹,学校人才培养模式的改革创新也必定会有巨大的阻力。面对阻力怎么办?就要认准方向,坚定创新的勇气。只要认准了改革是有利于学生成长成才的、有利于学校长远发展的,就要坚决推动改革并使之深入进行下去。

(三)要精于处理体系中的复杂问题,筹划创新方案

创新型人才培养体系的建设是一个非常复杂的系统工程,是教育教学、学科科研、师资队伍、学生工作、学校管理、后勤保障等多方面协同作战的一项综合性工作。体系的建立实施需要有一个发动的过程、一个统一思想的过程,更需要制订细致的、具有可操作性的方案。为此,我们要广泛组织讨论,积极学习借鉴,认真调查研究,反复比较论证,集思广益,全校协力。唯有如此,才能确保改革的成功和顺利推行。

(四)要善于处理改革发展中的矛盾,确保创新成功

改革由于引起利益的再调整,必然会产生矛盾,但我们不能因噎废食、裹足不前,必须正视矛盾,并在改革的过程中逐步加以解决。创新型人才培养体系的建设是一项创新性的改革,务必要为其营造稳定与和谐的环境,并及时化解改革带来的矛盾,确保改革能够达到预期目的、获得最后成功。

高校是自主科技创新领域的生力军,更是创新型人才培养的主力军。努力培养大批高素质创新型人才,是高校服务创新型国家建设、提高自主创新能力、推动经济和社会发展所肩负的重要历史使命。宁波大学作为一所新兴地方综合性大学,应一以贯之地与地方经济发展密切结合,紧紧围绕创新型人才培养这个主题,充分挖掘自身的潜力和优势,不断深化教育教学改革,通过提供源源不断的、高质量的人才支持和智力储备,为创新型国家建设做出应有的贡献。

把成才的选择权交给学生[*]

> ——把成才的选择权交给学生,关键是为学生的选择创造条件,重点是指导和教会学生做出适合于他们成才的合理选择。

宁波大学是一所办学历史仅 20 年的地方综合性大学。学校在发展过程中,结合地方经济社会发展对人才的需求变化,调整自己的办学定位和培养目标,不断更新教育观念,探索、创新和完善人才培养模式。经过多年实践,学校已基本形成以"拓宽口径、发展个性、注重创新、适应需求"为特征、基于"平台＋模块"课程结构体系的人才培养模式,成为学校的办学特色与品牌。

宁波是经济比较发达的沿海开放城市,随着地方经济社会的快速发展,对人才的需求更加多元化,对高素质人才与紧缺人才的需求更加迫切,对高校毕业生的创新能力、实践应用能力与社会适应能力方面的要求也越来越高。学校正处于教学型大学向教学研究型大学的转型阶段,获得博士学位授予权后有了更高的层次定位,并提出了建设国内一流的地方综合性大学的发展目标。学校办学定位的变化,对办学水平与教学质量提出更高的要求,而且要求人才培养目标也要做出相应的调整。于是,学校在 2006 年提出"构建创新人才培养体系",培养"面向地方经济社会发展的具有'人文素养、创新精神、实践应用能力、社会适应能力'的创新型人才"。此后,在新的本科教学培养方案中,将我校人才培养目标确定为:主要培养适应地方社会经济发展需要的、具有可持续发展能力的应用型创新人才,同时培养多学科交叉的复合型创新人才和知识宽厚扎实的研究型创新人才。

---

　　* 本文原载《光明日报》2007 年 7 月 4 日第 11 版

我校在实施基于"平台＋模块"课程结构体系的人才培养模式过程中,曾提出"以学生为本"的教育理念,提出以教师为主导、以学生为主体、以培养创新能力为主线。在此理念的指导下,设立了创新学分与自主学习学分,实行弹性学制,并把部分选择权交给学生,如按照大类招生的学生可以在本学院内选择专业与专业方向,并有一定的课程选择权。同时,学校注重因材施教和个性化的教学,激发和培养学生的学习兴趣,发展学生的潜能。

为构建创新人才培养体系,学校继续深化人才培养模式改革,首先要进一步转变教育教学观念。学校在教育教学改革过程中,逐渐在孕育着一种新的教育思想,即学生成为哪种人才的选择权不应该属于学校,而应该属于学生自己。在构建创新人才培养体系中,更加强化了创新教育和个性化教育的理念。我们认为拥有比较充分的选择权是学生学会创新的前提条件,个性的自由发展是创新型人才的重要特征,也是创新型人才成长的基础。我们把这种教育思想概括为"把成才的选择权交给学生",并上升为指导我们构建创新人才培养体系、培养创新型人才的教育理念。这一教育理念是"以学生为本"教育理念的进一步深化,核心是"把成才的选择权交给学生",其中学校主要为学生的选择创造条件,学生应该学会选择与问题设计,教师要指导和教会学生做出适合于他们成才的合理选择。

为什么要确立"把成才的选择权交给学生"教育理念呢?从学校的角度看,主要是为了提高学校人才培养的社会适应度。高校人才培养在整体上适应社会需求是通过学生每一个体选择就业来实现的,所以学生应该有权利选择自己打算成为哪方面的人才,选择自己的知识结构和专业方向。另外,通过学生的选择来合理调配学校资源,为社会培养更多亟需人才,同时也通过办学资源优化配置使学校获得更大的办学效益。由于学校给学生更大的专业选择权,对考生有更强的吸引力,从而进一步提高我校在招生方面的竞争力。从学生的角度看,不仅有利于激发学生成长成才的内在主动性,而且有利于培养学生创新创业的思想独立性。学校通过让学生不断地自己进行选择,促使学生学会为自己的事情打算,学会为自己的成才设定目标,学会在成长过程中不断做出选择,从而培养学生的创新精神与能力。还有,从教师的角度,可以提高教师对学生成才的主动关注。学生一旦真正拥有了成才选择权,那么决定教师生存的不再是学校,而是学生,教师就会感到压力,如果这种压力能够转化为动力,教师一定会尽最大的努力搞好专业与课程建设,来吸引学生选择,教师会更加主动关心学生的学习与就业,发挥指导作用。

"把成才的选择权交给学生"教育理念说明了学校充分肯定学生成才的可行性,承认学习是学生自我成长、成才的过程,尊重学生在教育中的主体性,特别是强调学生的自主选择权。我们认为,学生的选择权主要包括以下方面:选择专业及方向的权利。专业选择将直接影响到学生今后的工作选择与职业选择,所以非常受学生与家长的关注。我校从 2001 年开始就按照学院或学科类别招生,然后进行专业分流培养。学校在目前新一轮的人才培养模式改革中,进一步拓宽了人才培养口径。全校 68 个本科专业以学科类别相近、基础课程融通为原则,划分为 12 个学科大类:经济与管理类、法政文史类、外语类、基础教育类、自然科学类、工程技术类、建筑规划类、海洋生物工程类、医学类、航海类、艺术类、体育类。这种学科大类划分比原来的学科类别更大,意味着学生在学科大类中有更大的选择权,可以比较大范围地选择专业与专业方向。学生入学后的第一学年以学科大类组织各类教学活动,这样可以使学生有充分的时间和知识背景来认识学科、选择专业。一年后在学科大类内选择专业,第三年在专业内选择专业方向(每个专业至少设置 3 个及以上的专业方向模块),另外,符合一定条件的学生还可以转学科、转专业。

选择课程的权利。学校在新一轮人才培养模式改革中,在原来课程体系基础上,完善课程结构,形成了具有通识教育课程、学科教育平台、专业教育平台以及专业方向模块的新"平台＋模块"课程体系。为了确保学生有较大的课程选择权,学校课程设置有较大的弹性。学校提出通识教育四年不断线,首期就开设了近 300 门通识课程供学生选择,有利于拓宽基础知识;拓宽学科大类教育平台,其中跨学科大类课程为选修课,学生可以相对自由地选择,有利于加强学科交叉;在完成专业教育平台后,学生可以选择其中某一专业方向模块学习,模块课程也分必修课和选修课,有利于个性发展;部分基础课(如高等数学、大学英语、计算机等)实行分层次教学,学生可以根据专业特点、原有基础或自己的兴趣,选择相应的层次进行学习,有利于因材施教。

选择参与研究的权利。学校在新一轮人才培养模式改革中,将原来的第二课堂活动,通过资源整合形成具有特色的"大学生创新创业训练计划",该计划包含科研创新训练计划、创业训练计划、科技竞赛计划、人文素养提高计划和职业技能培训计划五方面内容。每个计划贯穿于整个培养过程,以项目的形式每学期滚动开设,学生可以根据自己的爱好、能力和特长选择相关项目及其修读时间。每个专业须设置4个第二课堂的创新创业学分,作为对第一课堂的补充,创新创业学分根据项目训练性质分为创新学分、技能学分、素质拓展学分,学生可以自行选修,体现个性化的要求,同时促使第一课堂与第二课堂的良性互动。

选择学习进程的权利。学校实行弹性学制,学生可以在4年正常期限内毕业,也可以在6年内延期毕业,这样有利于学生进行创业、参加辅修与修读双学位、第二专业;学校鼓励课程滚动开设,学生可在不违背课程先修后续关系的条件下,根据自己的意愿在学习年限内选择学习进程。部分选择教师的权利。同一课程在人数允许的情况下,应以平行班的形式开课。学生可在此类课程中,选择自己的任课教师。在以上各项选择权中,扩大专业及方向选择权与课程选择权尤其重要,是学生个性发展、自我成才的保证,参与研究选择权则是培养学生创新精神与创新能力的重要抓手。为了加强对学生的学习指导,学校将建立一个校、院、系三级的学生学习指导网络,形成教师关心学生成长的机制,为学生学会选择,学会设计职业生涯提供指导。

对获得博士学位授予权的总结与思考 *

> ——正是一代代宁大人的"勇于追求、敢于超越",为了学校的快速发展,自我加压、设定目标,并且牢牢地把握住学校发展过程中的每一个机遇,才能将常人认为不可能完成的任务转化为学校发展进程中的现实可能,这也正是一代代宁大人"自强不息"的生动写照,也成为宁大精神的重要内涵。

2007 年 6 月 9 日,这是将永远载入宁大史册的一天,国务院学位委员会正式发文,批准我校为博士学位授予单位,工程力学、通信与信息系统、水产养殖等三个学科被批准为博士学位授权学科专业。至此,全体宁大人申博成功的愿望终于得以实现,喜讯传来,全校师生无不欢欣鼓舞。

一、申博工作的总结与回顾(略)

二、申博成功的经验与体会

我校的申博之旅,历经了艰辛周折,尝遍了酸甜苦辣。有获准申报时的踌躇满志,也有申报被拒时的沮丧失落,有顶住压力重拾信心的振作,也有举步维艰难以逾越的无奈。但我们宁大人以"逢博必申,以博申博"的勇气,咬定申博,绝不放松,坚定信心,从不气馁,以申博促发展,直至取得最后成功。

回顾学校的申博历程,我们深深感到成功的来之不易。八年来,为了

---

* 本文是 2007 年 7 月 18 日聂秋华在获得博士学位授予权庆祝大会上的讲话

实现向教学研究型大学的转变,我们以申博为动力,以申博促建设。我们在申博中得到的许多工作经验,在申博中涌现出的大量感人事迹,在申博中克服种种艰难险阻的感受,都已经成为宁波大学一份宝贵的精神财富,成为宁大精神的一个重要组成部分。我校申博成功的原因有很多,但有几条可以说是我们成功的主要经验,也使我们体会至深。

(一)学科建设水平达到博士学位授予权要求是申博成功的首要前提

要想申博成功,必须练好内功。学校的历任领导很清楚,学科建设水平是决定申博成功与否的根本所在。为此,学校在世纪之交就确立了"以申博促建设,以评审促水平"的指导思想,始终坚持把学科建设作为学校各项工作的龙头,作为提高学校核心竞争力的重要举措。在 2003 年的学科建设工作会议上,提出了学科建设是全校各项工作的重中之重的指导思想,并紧紧围绕突破博士学位授予权和增强服务地方能力的目标,制定了2020 年学科建设发展规划,实施了新世纪学科建设工程,按照"突出重点、兼顾一般、协调发展、整体推进"的原则要求,有重点、分层次开展学科建设工作,以优势特色学科建设推动其他重点学科发展,基本形成了以省"重中之重"学科为引领,省、市重点学科为基础,校重点学科为支撑的省、市、校三级学科建设体系,实现了学科的梯度建设和有序发展。同时,学校通过实施高水平师资队伍建设计划,通过推行教师岗位聘任制、引入人才竞争机制、改革激励政策和考核评价体系,通过制订校聘关键岗位青年教师培养计划等来全面提升师资队伍的层次和水平,为学科和学位点建设提供了有力的人才支撑。经过三年的建设,学校在学科、学位点和创新平台建设上取得了明显成效,科技创新能力明显提高,高层次科研项目和科研成果取得快速增长。记得省学位办一位领导在当年我校启动新世纪学科建设工程时曾说:"宁波大学不出三年,学科建设肯定能得到快速发展。"可能他从我们这些有力的措施中已预计到结果,而我们也通过自己的实践努力有力地证明了这一点。现在回头再看 2003 年申博时的指标,我们的高级别科研奖、科研总经费、两大基金、三大索引论文、发明专利数量真的是不可同日而语,说到底,如果我们的学科水平和办学实力够不上条件,要想申博成功是完全不可能的事。

（二）海外"宁波帮"人士多年来的鼎力相助是申博成功的关键因素

海外"宁波帮"人士对于宁波大学的成长是非常关注和倾力支持的,他们一直以来都热切盼望着宁大能够不断取得进步,不断提高办学层次和办学水平,他们为宁大获得的每一点进步而欢欣鼓舞,宁大一旦有什么需要帮助解决的,他们总是愿意出面奔走。对于宁波大学申请博士学位授予权的进展他们始终高度关注,学校领导和有关部门也经常及时地把申博的情况向诸位乡贤汇报,寻求他们的理解、支持和帮助。在校庆期间,学校还组建了以"宁波帮"人士为主要力量的发展促进委员会,来推动申报博士学位授予权的相关工作。在整个申博过程中,顾国华、曹光彪、邵逸夫、李达三、赵安中、包玉书、汤于翰等一批老一辈"宁波帮"人士表示了极大的支持热情,他们不断鼓励我们,还致信给国家和教育部领导,要求增列宁波大学为博士学位授予单位;包陪庆、孙宏斐、李宗德等第二代"宁波帮"人士也为学校申博的事情辛勤奔走,专门拜访有关领导,并大力联络几大名校帮助我校加快学科建设。(举顾国华、曹光彪、包陪庆例)"宁波帮"人士的强烈愿望和迫切要求,打动了国家和省市领导,为我校以侨资院校的特殊性单独赢得申博机会,并最终获得成功起到了关键的作用。

（三）各级党委、政府和领导同志的关心支持是申博成功的重要保证

我校这次申博成功还得益于党和国家领导人、各级政府和教育主管部门的重视和支持。原中共中央政治局常委、国务院副总理李岚清,国务委员、原教育部部长陈至立都曾亲自视察我校并提出明确的要求并寄予厚望。教育部副部长吴启迪于 2004 年国庆期间视察我校时,认真了解了我校博士点的申报情况,提出了关键性的意见和建议,要我校练好内功,办出特色,争取强援,实现突破。正是按照这样的工作思路使我校申报博士授权的问题获得了实质性的突破。

我校申博工作还得到了省委、省政府和省教育厅及相关部门的全力支持。在确定我校为省重点建设大学、省重中之重学科建设和省级高层次人才引进等方面给予了有力支持。在三次申博过程中,省政府和省学位委员会均专门向国务院学位委员会、学位办呈文推荐我校申报博士学位授予单位,全力支持我校的申博工作。省政府和省教育厅领导也多次到我校指导

工作,听取学科建设工作汇报,实地考察学科建设情况,提出了许多建设性的意见和建议,并为帮助我校解决申博过程中出现的难点问题做了大量细致有效的工作。

宁波市委、市政府对于我校的博士学位授予单位申报工作也一直给予高度重视和大力支持。在市"十五"、"十一五"经济社会发展总体规划中,都将我校列为重点予以支持的高校,要把"宁波大学建成教育科研并重,有影响、有特色的重点大学"。我校的申博工作,市里更是作为一项重点工作连续几年写入《政府工作报告》中,而且历任市委、市政府主要领导和分管领导都亲自写信给香港知名人士,并专程赴香港拜访,请求其支持;同时还向教育部、国务院学位办领导多次专题汇报,要求将我校作为侨资大学的特例列入博士学位授予单位的申报范围,使宁波能在博士生培养方面尽早实现零的突破。

正是由于各级党委、政府和教育主管部门领导和同志们长期的关心和支持,特别还有一些对宁波、对宁大具有深厚感情的老领导、老同志的鼎力支持和帮助,才使得我校的申博工作得以圆满成功。

(四)全校广大师生员工的共同努力和团结拼搏是申博成功的坚实基础

学校历届党政领导站在事关学校生存和发展的高度来审视申博工作的重要性和紧迫性,在学校"十五"规划、"十一五"规划和第一届党代会都明确提出要尽快获得博士学位授予权。2005 年学校暑期党委扩大会议提出了建设国内一流地方综合大学的目标,要求五年内在四个方面取得重点突破,这四个突破汇聚到一个突破口,就是一定要把博士学位授予权拿下来,要咬定申博不放松,只有这样,宁波大学才能走向一片更广阔的天地。学校领导集体的执著感染了广大师生员工,在三次申博过程中,学校多次召开动员大会,宣传学校申博的重要性,使全校干部教师在思想上得到了高度统一,也使得宁大人在申博中无论遇到多大困难,受到多大阻力,都能义无反顾,一往直前。(外校同志对我说,宁大没有机会也会创造机会上)。这种执著也感染了教育部有关部门的领导们,学位办随队来校考察的同志深有感触地说,宁大的人缘真不错,想不到有那么多人关心宁大的申博。当我校想今年就开始博士招生工作时,学生司的领导说按照以往规定这是不可能的,但马上改口说,博士授权你们在这个时候都能拿下来,那么对你们宁大就不敢说不可能!

前两次申博,国内、省内高校间的竞争一次比一次激烈,学校申博的压力空前增大,这种压力首先传递到科研处,为了申博成功,各项指标必须搞上去,尤其是快速增加两大基金项目数量和获得国家级成果奖励的艰巨任务,像山一样压了下来,科研处历任领导和全体同志责无旁贷地担当了这一艰巨任务的组织者和实施者,因为他们知道学校没有退路,同样他们也没有退路。科研处在加强内部建设的同时,拼命拓展,疏通争取外部资源渠道,加强组织协调,分解任务指标,把这种压力也传递到了相关学院和学科。特别是学校优势特色学科所在的生命学院、信息学院和工学院等学院,在巨大压力下,这些学院把博士点建设作为学院工作的头等大事,抽调精干力量,制定切实方案,落实具体措施,在引进学科带头人、争取高层次的科研项目和出高水平标志性成果等方面做了大量工作,使本学科的发展水平有了显著的提高。此外,各学院还利用多种方式请进来,走出去,积极宣传自己,反映自身实力,扩大外界影响,收到了良好的效果。在学校领导和相关部门的鼎力支持下,科研处和各学院密切配合,面对压力,奋力拼搏,硬是在申博的关键指标上取得了重大突破,为成功申博奠定了坚实基础。

申博工作是一项事关全局的复杂系统工程,涉及学校工作的方方面面,需要各部门、各学院的紧密协作。在历次申博过程中,学校相关职能部门、申博学科所在学院的领导、学科负责人和工作人员,不辞辛劳,日夜苦战,相互理解,相互配合,始终保持高度负责的态度。严格对照申报条件,及时发现和解决准备工作中反映出的问题。每一个项目的争取,每一次申报材料撰写,每一次预陈述,都需要大家协同作战。有时为了保证一个数据的准确性,可能要上上下下几个来回,需要大家有足够的耐心和全力的配合。正是这种理解与合作,保证了申报材料的正确性,也保证了每次申博工作的顺利进行。冲击国家奖并获得成功,更是全校通力合作的典范。在本次申博过程中,我们七个学科和所在学院更是以大局为重,表现出高度配合支持学校申博工作的姿态。大家深知,七个学科都上博士点是不可能的,但谁不想自己的学科能乘势而上?在这个问题上各学科都能正确对待，服从学位办的选择安排，做好自己的工作，只要学校能突破，我们今后将会有更大的希望。国务院学位委员会专家组来校考察期间，在学校申博总指挥部组织协调下，全校上下，团结一致、全力以赴、有条不紊地完成了各项考察工作，得到专家组的高度评价。

在整个申博过程中，各个学科的带头人身先士卒、冲锋陷阵，为了学校的申博工作立下了汗马功劳，受到表彰与尊重，当之无愧。同时我们不能忘记那些为申博工作默默无闻、辛勤工作的幕后英雄。例如，为了学科建设的需要，近年来，学校专门派遣相关同志在北京、杭州等地挂职，这些同志克服了家庭生活和个人工作上的种种困难，有的别离了年仅两个月的儿子，有的照顾不到身患重病的妻子，在相对比较艰苦的条件下、在特殊的岗位上为学校的申博成功默默地做着贡献。在每次申博工作的背后，有多少同志在熬夜加班，辛勤耕耘；在申博的紧要关头，有不少同志顾不上自身的伤病和准备高考的子女，挺身而上，不达目标绝不罢休！可以说在今天申博成功里面也饱含着这些同志的心血与汗水、艰辛与付出，他们的奉献精神也同样感染了学校领导和广大师生员工，激励大家奋力向前！在此，我谨代表学校向为学校申博工作做出无私奉献的各位老师和同志们表示崇高的敬意和诚挚的谢意！谢谢你们！

宁大人正是凭借这执著追求，奋力拼搏，精诚协作和无私奉献的精神，攻克了一个个堡垒，战胜了一个个困难，迎来了申博成功。

三、申博成功后的思考与展望

此次申博是对学校多年来学科建设成果的大检阅，获得博士学位授予权，标志着我校跨入了教学研究型大学的门槛，但是由于学校办学历史较短，在学科水平和实力上与国内名牌大学还有很大距离，要全面建成教学研究型大学，要走的路还很长。我们必须清醒地看到，还有很多方面需要改进与加强：一是学科方向还要进一步凝练，学科特色还不够鲜明，在同类学科中的影响力有待提高。二是国家级奖、国家级重大项目依然缺乏，不利于学科水平提升和高质量博士研究生的培养。三是学术合作意识急需提高，学术团队建设工作亟待加强。

针对上述这些问题，我们要继续坚持以学科建设为龙头，通过学科建设带动教学质量、科研水平和服务地方能力的提高,要着重抓好以下四个方面的工作。

(一)调整学科建设规划

学科建设发展规划是指导学科建设的重要依据,在新的历史发展阶段下,我校学科建设要继续坚持"突出重点、分层建设、逐步推进"的建设原则,围绕发展一级学科博士点和一级学科硕士点、建设二级学科群要求,进一步调整学科建设规划,根据各个学科自身条件和基础,瞄准国家及区域重大需求,分层设定目标,明确发展思路,凝炼学科方向,培育学科特色,确定建设内容和实施措施。让"重中之重"学科成为强势学科,整体实力达到国内先进水平,某一研究方向达到国内领先水平;注重理工文学科的协调发展,着力培育若干个具有地方特色的人文社会学科,鼓励文理学科交叉、渗透,形成新兴学科,加强工科学科的建设发展;优先发展与地方经济社会发展紧密结合的应用学科;重视和扶持基础学科的发展,引导基础学科不断提升水平,并为应用学科提供重要支撑;适当兼顾其他学科的发展,给各个学科提供自身的发展空间,为研究生教育提供重要支撑。

(二)加强学科团队建设

学科的影响力和竞争力关键看学科带头人的学术地位、水平和学科团队的创新能力。要继续实行学科负责人负责制,发挥学科负责人在学科建设中的核心作用和学科专家组集体领导功能,共同担负起学科建设的重任;要加大学科成员的培养力度,逐步实现将学科队伍从"自发"走向"自觉"、从"分散"走向"集中"、从"个人奋斗"走向"团队合作";要建好以研究所为单位的基层学术组织,形成更合理的学术梯队,为学科或学科研究方向提供基本支撑,使研究所真正成为学科建设、科技创新的学术实体。要继续推进"创新团队"建设,通过组织以科学问题为引导、知识互补性的高水平科研创新团队,汇聚人才,整合创新资源与能力,促进学科交叉融合和集成发展,提升学科的创新能力和竞争实力,为学科发展和博士生教育提供重要的支撑。

(三)做好"顶天立地"文章

"顶天"是培养高质量博士生的需要,也是跨入一流学科行列走向世界的需要。要充分依托各类科研创新平台,结合国家科技目标,以国家自然科学基金、国家社会科学基金和国家重点、重大项目为突破口,驱动技术创新和学术创新,突出原始创新和集成创新程度,不断提高科研成果的创新水平,从而提升学科建设水平和在国内外的影响力。

同时,地方高校要形成学科特色还必须"立地",要以全面服务地方经济建设和社会发展为导向,瞄准学科研究前沿和地方产业需求,调整学科结构布局,不断凝炼学科方向,把学科建设与服务地方经济社会发展紧密结合起来,在融入地方中逐渐形成学科特色和亮点,在服务地方中不断获得学科资源,在与地方合作中快速提高学科建设水平。"顶天"和"立地"是相辅相成的,要努力实现"顶天"与"立地"的统一。

(四)健全绩效考核机制

重点学科必须重点贡献,重点投入必须重点产出,这是公平竞争、和谐发展的体现。今后,学校将加大学科建设后期评估,探索"后期奖励"的学科建设经费投入方式和以"个体考核"与"团队考核"相结合的绩效考核办法,实现学科建设经费的投入与学科建设成效相结合,"以奖代建",上不封顶,最大限度地激发学科的创新动力和工作活力,提高学科建设经费使用效率,鼓励各学科有序竞争、和谐发展。

老师们、同志们,通过全校上下的共同努力,在各级领导和广大海内外"宁波帮"人士的大力支持下,我们终于获得了博士学位授予权,取得了我校和宁波市教育史上的重大突破,也在一定程度上突破了我校下一步发展的瓶颈。海内外"宁波帮"人士和所有关心宁大发展的各级领导、社会各界、我校校友在得知我校申博成功的喜讯后,一片欢欣鼓舞,纷纷发来贺信贺电表示祝贺。

但是,我们必须清醒地认识到,我校的博士点建设还刚刚起步,我们依然任重道远。最近,省政府明确提出要重点建设若干省属高校跻身到全国同类高校前列。谁能在同类院校中挤到前列,谁就将赢得发展先机,获得更多资源,取得更快发展。我校必须在新的形势下,充分发挥自身优势,充分打好"侨资牌、地方牌、综合牌、开放牌",在激烈的高校竞争中脱颖而出。

6月22日,中科院常务副院长白春礼院士来校作"做人做事做学问"的报告,其间题赠学校"勇于追求、敢于超越"两句话,我觉得这是对我们学校二十多年来快速发展的准确概括，也是对我们的鞭策。正是一代代宁大人的"勇于追求、敢于超越"，为了学校的快速发展，自我加压、设定目标，并且牢牢地把握住学校发展过程中的每一个机遇，才能将常人认为不可能完成的任务转化为学校发展进程中的现实可能，这也正是一代代宁大人"自强不息"的生动写照，也成为如今我们宁大精神的重要内涵。

老师们、同志们，我们今天召开的申博庆祝大会，既是一次总结会，也是一次动员会，我们要以获得博士学位授予权为契机，进一步加强学科建设，努力培养创新型人才，切实增强服务地方能力，全面落实科学发展、和谐发展、内涵发展的要求，秉承"兼容并包、自强不息、务实创新、与时偕行"的宁大精神，全面建设教学研究型大学，为实现国内一流地方综合性大学的奋斗目标而不懈努力！

对新形势下开创人才工作新局面的思考[*]

> ——在人事管理方式上,实现从身份管理向岗位管理转变;
> 在考核激励机制上,实现从注重个体的发展向强化团队建
> 设转变;在队伍建设模式上,实现从人才数量的扩张向人才
> 质量提升转变。

今年 6 月 9 日,国务院学位委员会正式批准我校为博士学位授予单位,工程力学、通信与信息系统和水产养殖等 3 个学科专业被列为博士学位授权学科专业,实现了学校办学的历史性突破,也彻底改写了宁波高校无博士学位授予权的历史。与此同时,学校在获得博士学位授予权后的短短半个月时间中,积极争取上级各有关方面和相关兄弟院校的大力支持,实现了当年获批、当年招生的愿望,三个博士点在今年都将开始招收博士研究生。由此,宁波市和宁波大学真正自主培养博士研究生的历史又比正常时间提前了一年。

今后几年,学校将按照"十一五"规划的既定目标,努力办出特色,提高办学水平,在这个过程中,人才工作将是一项举足轻重的关键工作。前几年,我们的人才工作通过实施"高水平师资队伍建设计划",坚持"培养和引进并举"的方针,有力地推动了学校的学科队伍建设,为成功申博提供了有力的人才支撑。现在,面对学校新的发展阶段,我们如何建设学校的人才队伍,才能更好更快地推动学校新一轮的发展? 这是我们必须抓紧研究、深入思考的问题。

---

* 本文是聂秋华 2007 年 7 月 31 日在宁波大学人才工作大会上的讲话

一、1999 年以来我校人才工作取得的成绩及经验

1999 年，我国的高等教育步入了一个快速发展期，这也给我校带来了良好的发展机遇。在这样一个重要的战略机遇期，学校人才工作围绕校党委确立的建设教学研究型大学的目标，实施了"高水平师资队伍建设计划"，以学科建设为龙头和学位点申报工作为重点，经过八年的积极探索和锐意改革，取得了明显的成绩：

（一）加大引进力度，人才队伍规模结构明显改善

根据学校人才缺少和年龄老化的实际情况，从 2000 年开始，学校确立了"人才队伍引进与培养并举，以引进为主"的工作思路，加大人才引进的投入，出台了一系列的政策措施，理顺了人才引进工作中的各种关系，取得了明显的成效。

人才引进的投入机制基本形成。为了保证人才引进工作顺利进行，学校想方设法，多方筹措，形成了学校、政府和"宁波帮"共同投入人才引进工作的新格局。近五年来，学校平均每年投入人才引进经费 1800 万元，配套建设了专门用于引进人员的住房 300 多套；学校积极争取省市人才引进专项支持，充分利用"钱江学者"和"甬江学者"等高层次人才建设平台为学校的引进工作提供有力支撑；学校进一步引导"宁波帮"人士的捐赠项目，先后利用"荣华学者奖励计划"、"包玉刚讲座教授"和其他基金项目，加强对高层次人才引进的资金支持。人才引进投入机制的建立，为引进人员的安家、科研工作启动和实验室建设等提供了有力的保障。

人才引进的保障体系日趋完善。为了解决引进人才的后顾之忧，学校建立了由人事部门牵头，校办、工会、公共事务管理处、科研处、教务处、设备与实验室管理处和各学院分工合作、协调配合的人才引进保障体系。从应聘人才的接待到引入人员的安家、家属安排、子女入托上学、教学科研工作启动等都有专人负责，迅速落实。为了能留住人才，充分调动和发挥引进人才的积极性，学校出台了引进人才待遇、岗位聘任考核、职称评审、培养进修等系列配套政策。人才引进保障体系的建立，使引进人员感受到学校的重视和人文关怀，感受到宁大教工的包容和热情，使许多应聘者迅速

做出了加盟宁大的决定,也使绝大多数引进教师树立了扎根宁大、服务宁大的决心。

人才引进的累积成效日益明显。八年来,学校对人才引进的投入很大,成效也日益凸现。通过人才引进,学校新增教授 76 名,副教授 141 名,博士 198 名,硕士 459 名。引进的教授中有省、市、校特聘教授 10 名。这些人才的加盟不但壮大了学校的师资力量,也使师资队伍的年龄结构日趋合理,目前低于 45 岁的教师占 86%,其中正高低于 45 岁的占 56%,副高低于 45 岁的占 74%。教学科研人员的学历明显提高,具有研究生学历的教师占总数的 69%,具有博士学位的教师占总数的 19%。教学科研人员的学缘结构更加合理,有外校学习经历的教师已达 91%,由名校名师培养的人才逐渐增多。八年来还通过人才柔性引进工作,引进“兼职教授”、“客座教授”、“课程讲座教授”、“项目研究教授”等 200 多名。引进的教师中已有一批学科负责人和学术骨干,为学校的教学、科研、社会服务工作做出了突出的贡献。据统计,引进人员中累计有 9 人成为国家、省、市重点学科、学科基地和工程中心的负责人,5 人成为省市教学名师,6 人成为国家、省、市精品课程的负责人,8 人成为国家级奖、省部级奖的负责人,入选各类人才工程的有 29 人,晋升教授的有 40 人,这些人才共争取到 42 项国家级项目,125 项省部级项目。

(二)强化培养措施,人才队伍整体水平明显提高

八年来,学校在加强人才引进的同时,始终没有忽视对在职人员的培养。三校合并后,随着学校规模的迅速扩大,出现了学科带头人相对缺少、高学历教师比例偏低的情况。同时,由于这个阶段学校办学规模的快速扩张,为了满足教学工作的基本需要,又调入了一批本科生、硕士研究生从事教学工作,这些教师以及管理和教辅人员的学历都需要提高。针对这一状况,学校加大了对教职工的培养力度,努力提高教职工学历,强化学科骨干教师培养,提升教职工队伍的整体素质和水平。

教工培养培训力度不断增强。按照“引进、培养共举”的方针,学校在加快引进人才的同时加大了在职教职工的培养培训力度。学校在每年投入 200 万元的同时,还积极利用各类捐赠项目资金,用于在职人员进修和培训。近年来,每年平均有 80 名教师在国内外攻读硕士和博士学位,迅速

提高了教职工中高学历人员的比例。对新进校的青年教师,学校按规定组织了上岗培训,八年共培训教师600余名。学校对中层干部加强了培训工作,各职能部门也根据实际需要,组织开展了各类岗位培训、多媒体课程培训、申报项目培训、工作技能培训等,并且支持教职工参加国内的相关岗位培训,有效地提高了教职工的实务能力。学校充分利用王宽诚幸福基金会等资助项目,加大了对教师出国留学、参加学术会议、合作交流等国外培训力度,拓展了教职工的国际视野,促进其学术水平的提高。

学科骨干教师队伍日益壮大。学校积极争取国家、教育部、省、市各类人才工程培养项目,并启动了第二、第三轮中青年学术骨干培养计划,每轮培养100名,促进了中青年骨干教师学术水平的提高,造就了一批学科带头人和学术骨干。八年来,有2人评为省突出贡献中青年科技人员,3人入选教育部新世纪优秀人才支持计划,4人入选教育部优秀青年教师资助计划;2人评为省教学名师,1人享受政府特殊津贴,31人入选省"151人才工程"第一、第二层次;25人入选省高校中青年学科带头人,39人入选宁波市"4321"人才第一、第二层次,成为我校学术骨干队伍的中坚力量。

教师队伍整体素质明显提升。学校这些强有力的培养措施,推动了学校教职工整体水平的提升。八年来参加国内外进修深造的教师有739名,占教职工的30%,其中国外有107名,攻读学位的621名,学成回校的硕士有126名,博士77名,在读的有271名。据统计,在近五年获得博士学位的教师中,有35%晋升了教授,55%受聘学校三级以上岗位,25%承担了国家级项目。学校正高职称在省高评委的评审通过率一直保持80%以上,2006年通过的正高人数达到36名。教师争取到的国家、省、市科研和教研项目以及奖项不断增加,申请专利、发表高水平论文和著作数量不断创新高。在国内外具有较大影响的教师数量不断增加。

(三)推进制度改革,人才队伍潜能得到充分激发

2000年,我校借鉴清华、北大等重点大学的做法,结合自身实际,率先在省内高校实施了以岗位聘任为核心的人事管理制度改革,为学校事业的快速发展奠定了坚实的基础。

岗位聘任人事制度日臻完善。八年中,我校的全员岗位聘任已经过三轮,第一轮提出了"强化岗位,淡化身份"的原则,强化了业绩考核和激励机

制。第二轮在总结第一轮聘任经验的基础上,明确了"稳定骨干,吸引人才,教师为本,分类管理,协调发展"的原则,进一步完善了分配体系。第三轮则重点体现了"按需设岗,按岗聘任,突出重点,兼顾一般"的原则,将岗位与团队的业绩挂钩,完善了定量与定性相结合的考核体系。

各类人才潜能得到充分发挥。岗位聘任制以及校内岗位津贴制度的实施,使学校一大批有能力的人才走上了教学科研、教辅和管理关键岗位,凸显了人才在学校发展中的作用,极大地激发了教职工的积极性和创造性,释放了工作潜能。教职工开展教学建设、学科建设、科学研究、社会服务和学生培养的热情空前高涨。在三轮岗位聘任中,学校共聘任校聘岗位人员626人次,其中一级56人次,二级231人次,三级323人次,且有多名业绩突出的青年教师被聘任到三级以上岗位。教师的人均教学工作量从2000年的293当量课时增加到2006年的405当量课时,人均科研工作量从2000年的75.3增加到2006年的193。管理和教辅人员的服务能力、办事效率、服务态度和管理水平也在一定程度上得到提高。实施岗位津贴制度以来,我校教职工的年人均收入从2000年的2.8万元增加到2006年的6.69万元,年平均增幅达15.6%。在提高教职工总体收入的同时,进一步加大了向教学科研第一线倾斜的力度,更好地体现了"突出重点,兼顾一般"的原则。

岗位绩效思想观念渐入人心。经过三轮的岗位聘任,学校的人事管理工作逐步树立了岗位管理的观念,强化了绩效挂钩的意识。学校分配方式在整体上摆脱传统等级工资制的束缚,打破了单一的分配形式,初步建立了以岗位绩效工资制为主要形式的分配体系,在思想观念和操作实施层面为下一步事业单位工资改革以及其他各项改革打下了坚实的基础。

(四)优化成长环境,人才队伍建设得到高度重视

八年来,学校在大力进行人才队伍建设的同时,不断优化人才队伍的成长环境,"人才是第一资源"的发展理念已逐步在校内牢固树立。

尊重人才的良好氛围已经形成。学校进一步加强了对人才队伍建设的领导,从"管宏观、管大局、管战略、管政策、管协调"的角度,做好人才工作的领导、管理、协调和服务工作,在制订学校发展规划时考虑人才的需求,制订政策时考虑人才工作的导向,部署工作时考虑落实人才建设的措

施。八年来,学校出台或修订了 52 项关于人才工作的文件,不断完善人事管理和其他管理规章制度,进一步营造公开、公平、公正的人才成长环境。学校人才工作坚持"以人为本",大力弘扬"宁波帮"精神和"兼容并包,自强不息,务实创新,与时偕行"的宁大精神,努力营造"想干事有机会,真干事有舞台,干成事有回报"的氛围,形成了"尊重人才,爱惜人才,培养人才,重用人才"的良好环境,为培育和积淀我校独特的校园文化发挥了重要作用。

人才成长的激励体系不断完善。在人才队伍的建设过程中,学校极为重视激励机制的建立,人才的奖励和激励体系不断完善。几年来,学校设立了"百万教学奖励计划"、优秀教学课堂奖,并且加大了对高水平研究成果和高级别项目的奖励力度,激励教师积极争取更多更高水平的项目和成果。此外,还大力争取海外"宁波帮"人士的支持,先后设立了"荣华学者奖"、"王宽诚育才奖"、"徐望月特别奖"、"阳光教授"等奖励项目。为了给人才成长提供更宽广的工作空间,学校积极建设国家、省、市重点实验室、重点学科、工程中心、人文社科基地和人才培养基地等平台,为人才的进一步发展拓展空间、提供舞台。

人才成长的协作机制初步建立。在人才队伍的建设过程中,我校各级党组织、共青团、工会和行政组织也发挥各自优势,通过关心人才的生活、家庭和身心健康,通过开展丰富多彩的文体活动,初步建立了一个有利于人才成长的温馨环境。通过全校上下的共同努力,目前,一个有利于吸纳人才、培养人才的良好制度已基本形成,全校的人才观念也有了很大改变,"人才是第一资源"的理念已经成为共识,"唯才是举、任人唯贤"的用人方针也得到了广泛认同,人才工作的良好环境初步形成。

二、目前我校人才队伍建设存在的问题和面临的挑战

八年来,在全校教职工的共同努力下,学校人才工作取得了很大的成就,人才队伍的规模、结构、质量和人才成长的环境等各方面都发生了很大的变化,基本满足了学校各项事业快速发展的需要,为学校完成从教学型大学向教学研究型大学的成功转型做出了积极贡献。但是,我们在看到成绩的同时,也必须清醒地看到学校人才工作仍然存在的一些问题和矛盾,为了适应学校发展新阶段对人才的新要求,我们的人才工作还需要在实践

中不断改革、调整、充实和完善。当前,我校人才工作存在的主要问题有:

(一)学科领军人物数量相对不足

学科领军人物是学科水平的标志和学术影响的招牌。一名好的学科领军人物可以带出一支杰出的团队,稳定一批优秀人才,形成一种学科特色,是学科建设的核心。学科领军人物的条件要求很高,除了要有很高的学术水平和学术声誉外,还必须要有宽广的胸怀、很强的团队协作意识和超群的学术组织能力。从最低要求看,一名学科领军人物至少应该能够组织带领一个团队获得一个博士点,而我们目前最缺少的就是这类人才。

(二)人才队伍结构矛盾较为突出

按照科学发展观的要求,一个学科、一个学院乃至一个学校,要取得快速的、可持续的发展,其组成人员的年龄、职称、学历等结构,必须要有一定的梯度,否则将步调不一致,很容易产生矛盾和不和谐,不能最大限度地发挥集体的力量。从宏观角度看,目前我校教学科研人员的总量基本满足教学、科研和社会服务工作的需要,师生比控制在 1∶16 左右,也比较适合。但是从微观角度分析,结构性矛盾依然十分突出,学科之间教学科研人员的数量和职称比例不均衡,有的教授比例很高,有的还远远不足,总体上管理和教辅人员的比例偏高,教师中博士学位比例仍然较低。

(三)学术团队建设工作仍显滞后

随着我国高等教育的快速发展,高校的学术活动也越来越成为一种有组织的行为,越来越依赖于团队的运作。要在教学、科研、服务社会等方面做出大的成就,一定需要有一个强大的实体性的团队,依靠单打独斗很难成就大的事业,也难以实现个人价值的最大化。目前我校的团队建设工作不尽人意,因为团队建设的滞后,使得我校在争取大型的、重点的项目,在争取高级别的科研成果奖,在承担重大的横向课题等方面竞争力不强,明显处于弱势地位。例如,我校的国家自然科学基金一般项目每年有 20 项左右,但是重点或重大项目至今尚未突破;在承担省科技重大计划项目的能力上与许多在杭高校相比也有很大差距;我们至今还缺乏具有重大影响的服务地方经济社会发展的大项目。

除了以上几个问题,还有一些人才建设上的问题也亟待解决,比如人才建设经费与经费使用不足也是一个需要认真研究解决的问题。目前,我校拿到了博士学位授予权,跨入了全面建设具有地方特色的教学研究型大学的新阶段,学校的发展在整体条件、学科专业建设方面将面临更大的挑战,也面临更大的发展空间。我们要全面分析过去人才工作的成绩和存在的不足,充分认识内外部环境条件的变化和可能对我们工作带来的影响,认真研究应对措施和发展思路。

从学校外部来看,我国高等教育已进入了大众化阶段,高等教育已经从规模的扩张转入内涵提升的阶段,高等学校的工作重心也转移到提高质量、加强内涵建设、促进和谐发展上来。从省属高校的竞争态势看,当前浙工大明显领先,其他高校处于竞争的胶着状态。最近,省政府明确提出要重点建设浙江工业大学等若干省属高校跻身到全国同类高校前列。谁能在省属同类院校中挤到前列,谁就将赢得发展先机,获得更多资源,取得更快发展。高校间的竞争,归根到底是人才的竞争,下一步我校如何发挥综合性大学的优势,在激烈的竞争中脱颖而出,首先应该考虑的应该是我们的人才问题。

从学校内部来看,获得博士学位授予权后,我校在办学层次上又跨上了一个新台阶,但这只是表明我们刚进入教学研究型大学的行列,仅仅是起点,而绝非终点。教学研究型大学必须具备的特征有很多,比如要有较高的学科建设水平、较强的科学研究实力、较高的研究生培养质量、成熟定型的大学文化、务实严谨的教风学风、科学民主的现代教育理念和管理模式、优美的校园环境等等。我校全面建设教学研究型大学的任务仍旧十分艰巨,今后仍要以学科建设为龙头,以博士点建设为主导,进一步加强师资队伍建设、形成人才梯队。在人事管理方面,学校改革的任务也还相当艰巨,以工资改革为核心的新一轮国家事业单位人事制度改革启动在即,我们要以这次改革为契机,通过内部人事分配制度的深化改革,更好地调动广大教职工的积极性,推动学校的各项事业快速发展。

三、下一阶段我校人才工作的目标和思路

在客观分析我校人才工作所取得的成绩和面临的挑战的基础上,学校初步确定了今后 5—10 年人才工作总的努力目标,下一阶段,我校人才工

作的目标是:根据学校教学、科研和社会服务的实际需要,更新人才队伍建设理念,深化人事管理制度改革,促进人才队伍内涵发展,完善人才队伍建设政策措施。以岗位聘任为核心,初步建成科学合理的岗位体系和结构优化的人才队伍;以基层学术组织建设为载体,初步形成集教学、科研、社会服务功能于一体的创新学术团队群;以学科领军人物的培养和引进为重点,全面提升人才队伍的整体学术水平,为全面建设教学研究型大学提供强有力的人才支撑。

我校未来几年人才工作的思路是:围绕全面建设教学研究型大学的目标,转变观念,不断创新,实现跨越。在人事管理方式上,实现从身份管理向岗位管理转变;在考核激励机制上,实现从注重个体的发展向强化团队建设转变;在队伍建设模式上,实现从人才数量的扩张向人才质量提升转变。

根据上述人才工作的目标和思路,今后我校人才建设工作要在深化人事制度改革、引进学科领军人物、加强在职岗位培训、推进基层学术组织建设、完善人才工作机制等几个方面重点展开。

(一)深化人事制度改革,不断完善人才工作的政策体系

学校下一步的人事制度改革要在国家关于事业单位人事管理改革的大框架内进行,同时要在总结过去改革经验的基础上,充分考虑学校今后人才队伍建设的特点,完成改革任务,保证人才队伍建设工作按照科学发展观的要求不断推进。

深化分配制度改革。去年,国家启动了事业单位工作人员收入分配制度改革工作,这次改革的总体目标是:建立符合事业单位特点、体现岗位绩效和分级分类管理的收入分配制度,完善工资正常调整机制,健全宏观调控机制。同时在内容和方法步骤上,都充分考虑了事业单位其他相关配套改革的要求和进程。目前,该项工作只进行了第一步,紧接着还要进行岗位分级、绩效工资改革等工作。相关政策上级有关部门还在制定过程中。

合理设定岗位编制。加强编制控制,实现学校人事管理由身份管理向岗位管理的有效转变。按照上级有关文件规定,结合学校实际,设置合理的岗位,通过各级各类岗位的设立来保证学术队伍具有合理的结构,实现人力资源在全校范围内的均衡合理配置。学校将依据编制和岗位进行各

单位人员的合理调配,同时,将进一步严格人员进入政策,超编非教学科研单位一律不得进人;超编的教学科研单位,原则上只能引进学科领军人物;缺编的教学科研单位也应严格控制进人,依据设置的岗位空缺情况进人;非教学科研单位缺编时,优先从校内待聘或超编单位的人员中聘任;支持和鼓励校内人员转岗、转系列,从超编单位向缺编单位流动或从超编比例大的单位向超编比例小的单位流动。

完善评价激励机制。坚持绩效挂钩的分配原则是人事管理制度设计的核心思想。要完善针对不同工作性质的单位和部门的考核办法,完善教职工收入分配正常增长机制,进一步调动教职工的积极性和创造性;要建立和完善教学、科研和社会服务工作业绩协调的教师评价体系,促进教师全面发展;要通过改革来逐步解决校内分配体系中的各种矛盾;要通过严格的编制控制来解决学院之间工作量严重不均衡的问题,从而解决学院之间收入差距过大的问题;要通过为青年教师创造更多的发展机会,让青年教师受到更好的培养和做出更大的贡献来提高青年教师的待遇问题;要通过精简人员、强化考核和奖励等办法来解决管理人员和教辅人员收入较低的问题。

调整人员引进政策。教师引进工作的重点是引进学科领军人物和优秀博士,引进的教师原则上应具有国内外著名高校的博士学位,要采取各种办法增加学科领军人物的数量和教师中的博士比例,力争在 5 年内教师中的博士比例达到 30%。一般岗位教职工按照正常程序调入。学校不解决引进人员的家属工作。从 2007 年开始,引进的人员(除学科带头人外)先与学校签订 1 年期聘任合同,聘任期满考核合格后,根据实际情况签订有固定期限的合同。学校仅为引进的学科带头人和具有博士学位者提供一次性安家费、科研启动费,并提供可售性房源。进一步加强非事业编制聘任人员管理,完善有关规定,降低用人成本,规避用人风险。

加强柔性引进工作。进一步研究和探索人才柔性引进和智力引进的有关政策和有效途径,充分利用校内的"包玉刚讲座教授"、"客座教授"、"兼职教授"、"课程讲座教授"、"项目研究教授"等岗位,吸引国内外学术界和企事业单位的著名专家为学科建设和其他各项工作服务。积极开拓国家和省高层次人才岗位渠道,争取更多更高的岗位。继续完善兼职队伍聘任管理办法,加大兼职教师队伍建设,有效发挥兼职教师队伍的作用。

(二)引进学科领军人物,进一步增强学科的核心竞争力

当前,我省省属高校中已有 7 所具有博士学位授予权,今后一段时期,这 7 所高校之间的竞争主要是在学科建设上,具体标志就是学校博士点的数量与质量。在学校已经获得博士学位授予权之后,我们要充分利用综合性大学学科门类广、学科体量大的优势,尽快增加博士点数量、提高博士生培养数量和质量,以此来提高学校的核心竞争力,力争在省内高校群雄纷争的格局中占据有利位置。但当前,制约我校博士点快速增长的最主要因素就是学科领军人物的匮乏,一个学科产生领军人物需要多年的积累和磨练,由于我校建校历史还较短,在今后一段时期内学科领军人物的引进工作必将是学校人才工作的突出重点。

对学科领军人物的引进,我们要围绕博士点申报工作展开,按急需程度有步骤、有计划地引进。在目前学校资源十分有限的情况下,要尽力将资源向学科领军人物的引进倾斜,保证重点投入,重点产出,为学科领军人物的引进创造更加充分的条件。同时,我们也要明确学科领军人物的引进必须与一个基层学术组织建设相结合,让其担任负责人,以便充分发挥其带头作用。对于一般岗位的人员补充,尽量采用调入的方式,努力降低队伍建设的成本。

(三)加强在职岗位培训,全面提升人才队伍能力素质

随着学校进入新的发展阶段,人才队伍建设的方针将由引进与培养并重调整为以在职岗位培训为主,强调全体员工通过岗位工作实践、采用各种形式进行在职岗位的培训获得提高。培训的内容包括思想政治教育、职业道德教育、岗位知识和政策、履行岗位职责的工作能力和水平以及有利于促进教职工身心健康的多种形式的在职培训。学校将调整培训资源和经费的投入方向,努力扩大培训资源投入的受益面。全校教职工要进一步统一思想,明确终身学习的理念,努力适应学校新阶段发展的需要。具体来说有以下几个方面:

强化青年教师培训。近几年来,学校引进了一大批青年教师,下一步将通过有效的培训使青年教师尽快适应现在的岗位。学校将设立专门的

青年培养基金,启动第四轮中青年学科骨干培养计划;要建立青年教师培养机制,通过助教制度、导师辅导制度等方式,帮助青年教师过好教学关;通过学科团队内部导师结对方式,帮助青年教师找到学术研究方向,加快融入学术团队,过好科研关;通过派遣青年教师到企业、政府部门和事业单位挂职、实习,开展产学研项目等方式,提高其实践能力,过好社会服务关。

建立岗位培训制度。要做好调整岗位人员的上岗培训,根据岗位不同,采取分类型、分层次的培训措施;要支持和鼓励学科带头人利用寒暑假或学术假去国内外著名大学做短期学术访问,了解学科动态,扩大学术影响;学科骨干教师要在国内外一流学校和研究机构做短期(2~4个月)学习研究,提高科学研究能力或教学能力;要加强研究生导师队伍的建设,通过培训,提高导师水平和研究生教育质量;教辅和管理人员要加强岗位职责、岗位技能的专项培训;辅导员要探索适合自身特点的培训方式,提高思想政治素质和管理能力;要继续加大力度派遣教师到政府部门或企业挂职、兼职,在实践中提高科技创新水平和服务地方能力,积极探索派遣管理人员去国内著名大学挂职培训的方式,提高管理和服务水平。人事处要总体规划教职工的培训工作,其他职能部门也要根据工作需要积极组织专项性的职工培训,要让岗位培训成为一项制度,终身学习成为一种风气。

调整学历培训方式。要适当控制以提高学历为目的的培养规模,学习的专业方向要与教师所在学科保持一致。教师在职攻读博士学位的,原则上应该采取联合培养或合作培养的方式,在宁波大学完成学位课题研究,并选派本校教师担任合作导师或副导师。管理和教辅人员申请攻读博士学位的,原则上应该进入学科性团队,由所在学院以教师身份培养,攻读硕士学位的在校内以不脱产方式完成。

完善赴国内外培训政策。大力支持教职工利用国家、省、市以及港澳台资助项目出国留学或开展合作研究,推进人才培养的国际化进程。要围绕创新人才培养体系大力推进以提高教学质量为目的的国内外培训工作。根据学科大平台和专业大平台的构建需要,有计划地分期分批派遣骨干教师去国内外大学开展课程教学进修。今后,要将出国进行课程进修作为学校派遣教师出国培训的重要方式。

加强师德师风教育。良好的师德师风的形成需要长期潜移默化的教育和积累,因此师德师风教育应成为各级党组织和行政管理部门的日常重要工作。要围绕学校的中心工作开展行之有效的教职工思想政治教育,全面提高教职工的思想道德素质,以教风带学风,逐步形成与教学研究型大学相适应的教风、学风和校风。

(四)推进学术组织建设,促进学术团队向纵深发展

学校将在 2006 年出台的《关于实施创新团队建设工程的若干意见》的基础上,进一步采取措施,努力探索有效方式,促进学术团队的建设。

继续推进"所系合一"的基层学术组织建设。基层学术组织是学术团队建设的主要形式,建立"所系合一"的基层学术组织可以促使学科资源更好地为教学、科研和社会服务工作提供支撑,从组织上保证实现"人人进学科"。在今后 3 年内,学校将根据学科发展规划,结合各类学科的特点进行分类指导,以"所系合一"的方式,逐步推进基层学术组织建设工作。在完善基层学术组织体系的同时,还将不定期组建并申报各级创新团队,以重大研究项目为纽带把学术团队进一步做实做强。逐步降低学术管理重心,以后将依托各基层学术组织来具体开展教学、科研和社会服务等工作。

加快形成有利于学术团队建设的激励机制。完善基层学术组织的考核办法,建立以基层学术组织在教学、科研、学科建设、社会服务和团队建设等方面的业绩和贡献为基准的考核和奖励体系。对基层学术组织的考核结果,将作为学校专项经费投入以及相关工作政策倾斜和提供支持的重要依据,也作为学院对基层学术组织进行相应调整的重要依据。逐步加大学科和基层学术组织在师资培训、人员调配、岗位聘任和考核、职称评审等工作中的自主权。强化基层学术组织负责人责任制,保持基层学术组织负责人的相对稳定,促进团队建设工作的可持续发展。

(五)完善人才工作机制,营造和谐的人才成长环境

为全面加强我校人才队伍建设,扎实推进人才强校战略,我们要进一步完善学校人才工作机制,为人才的成长营造良好的环境。

加强党对人才工作的领导。要继续坚持党管人才原则,学校的人才工作要按照科学发展观的要求,努力为和谐校园的构建服务,为学校可持续发展服务。学校各级党组织要坚持以人为本,坚持"尊重劳动、尊重知识、

尊重人才、尊重创造"的方针，紧紧抓住"培养、吸引、用好人才"三个环节的建设，为人才的成长营造良好的环境。

加大对人才工作的投入力度。要继续加大经费的投入力度，在未来5年内，学校要想放设法筹集人才建设经费，各学院也要加大配套投入，使全校每年人才建设投入继续保持较高水平。积极争取国家、省市政策和"宁波帮"人士、企业界对我校人才工作的支持，努力提高我校教育基金中用于人才经费的额度。要加大精力投入力度，学校人事处和各学院要将领军人才引进和现有学术骨干的培养作为学校发展的关键，紧抓不放，主要负责人要将主要的时间和精力投进去，务求在2~3年内取得明显成效。

注重对人才的人文关怀。各级领导要与人才交朋友，努力成为人才的知己。各级管理部门要克服"管人"的误区，切实把人才工作的重点放到服务上，努力改善人才服务质量，帮助他们解决后顾之忧，从各方面关心、爱护人才，做到"多尊重不挑剔，多支持不干预，多理解不指责"，使人才能够安心、舒心工作。学院党组织和工会组织，要经常与人才沟通谈心，了解他们的工作、生活、学习等情况，帮助解决一些实际困难，同时，通过组织丰富多彩的联谊活动，营造温馨的氛围。

正确处理好几种关系。在学校人才建设工作中，我们要统筹协调好各种关系，认真解决人才建设中的突出矛盾：一要统筹协调好人才队伍总量、结构和水平之间的关系，包括师生比和职生比之间的关系，促进人才的规模、结构与质量协调发展；二要统筹协调好应用学科、基础学科以及优先发展、重点发展学科和适度发展学科人才之间的关系，努力构建能够支撑高水平特色学科体系的人才队伍；三要统筹协调好引进人才与现有人才的关系以及人才培养与使用的关系，充分调动和激活全校的人才资源，更好地为学校发展服务；四要统筹协调好教学科研人才、党政管理人才和技能人才之间的关系，充分发挥人才队伍的整体效能。

我校的人才工作已开始进入新的改革进程，同时也拉开了学校全面建设教学研究型大学的序幕。此时此刻，学校对人才的渴求比以往任何时候都更加强烈，对现有的人才队伍也比以往任何时候都更加珍惜，对人才成长的期望也比以往任何时候都更加迫切，对人才建功立业的前景也比以往任何时候都更加充满信心。

谈新形势下学校的发展思路及路径[*]

——加强学校内涵建设,提高获取资源能力;完善分配考核
机制,调动教职工积极性。

在取得申博成功之后,我们随即面临着下一步发展目标和途径的设计
问题。按照学校"十一五"发展规划所确立的相关核心指标,到今年年底,
除了国家教学成果奖、研究生在校人数等个别指标外,其他的如博士学位
授予权和博士点、国家科技成果奖、国家精品课程、国家级科研项目数和重
大项目的突破等指标我们基本已达到"十一五"发展规划所设定的目标
要求。

现在距离"十一五"结束还有 3 年多时间,在学校成功获得博士学位授
予权、"十一五"规划相关核心指标提前完成的情况下,适时调整学校发展
目标设定,明确我校下一阶段发展的核心指标定位,以进一步凝聚全校师
生,继续发扬宁大人"勇于追求、敢于超越"的拼搏精神,对实现学校新的快
速发展至关重要。在这样一个学校发展的关键时期,认清形势,正视不足,
确立目标,明晰思路,必将对学校新一轮的发展起到极其重要的作用。在
此,我讲四个方面的内容:

一、学校当前所面临的形势

我们学校在短短的 21 年办学时间里,尤其是自 1996 年三校合并办学
以来,学校确实可以用跨越式发展来形容。1996 年三校合并,1998 年获得
硕士学位授予权和首批三个硕士点;2000 年学校被省政府列为省重点建

---

* 本文是 2007 年 8 月 29 日聂秋华在暑期中层干部务虚会上的讲话

设大学,在校学生数突破 10000 人;2003 年本科教学工作水平评估获得优秀;2005 年硕士点突破 50 个,科研总经费突破亿元;2006 年获得国家科技进步二等奖和两门国家精品课程;2007 年 6 月 9 日,学校获得博士学位授予权,首批三个博士点当年获批,当年招生。回顾学校这些重要的发展历程,不由让人感慨与激动。但是,我们不仅要在纵向与自身进行比较,更要在横向与同样在跨越式发展的省内外兄弟院校进行比较。在我们学校大发展的同时,兄弟院校也同样实现了快速的发展。

(一)全国同类院校老店遍布,强手如林

前段时间,学校就省内外相关高校的基本情况作了一个对比,从侨资四校(按武书连 2007 排名,下同。暨南大学 44,宁波大学 112,汕头大学 156,华侨大学 159)的情况看,论整体实力,我们大概可以排在第二位,但汕头大学现有博士点 7 个,华侨大学现有博士点 9 个,整体实力也不容低估。从华东 9 所地方院校实力比较来看,(苏州大学 35,上海大学 50,扬州大学 57,南昌大学 66,福州大学 72,青岛大学 96,安徽大学 109,宁波大学 112,烟台大学 147)我们学校处在倒数第二位,华东地区 9 所地方院校平均有博士点 28 个,最多的苏州大学有博士点 87 个。从全国 16 所地方综合性大学整体实力比较来看,我们学校也处在倒数的位置,全国 16 所地方综合性大学平均有博士点 31 个,最多的郑州大学有博士点 89 个。所以,我们今年获得博士学位授予权、拿到 3 个博士点只能说是开了个头,只是刚刚跨入教学研究型大学的门槛,离我们要建设国内一流的地方综合性大学的目标还有很大的距离,还有很长的路要走。

(二)省属本科院校一帆引领,百舸争流

近些年来,省内相关高校围绕申博目标,获得了快速发展,相互之间的竞争也异常激烈。就当前省内各高校的整体实力而言,浙江工业大学处于领先的位置,整体实力已稳居全国高校百强行列。同时,在今年上半年召开的全省高教工作会议上,吕省长明确提出要"推动浙江工业大学等若干省属高校跻身全国同类高校前列",从目前各方面的信息来看,省里已经推荐浙工大申报国家新一轮"211 工程"建设高校的评审。另外,当前我校和浙师大、浙工商、浙理工、温医、中医药、杭电等高校处于省内高校的第二梯队,互相之间的竞争呈胶着状态。浙师大和杭电由于还未获得博士学位授予权,两校都面临着巨大的压力,但这一压力同样也是学校发展的巨大动力,在申博压力下,师大和杭电在未来几年也必将保持快速发展的势头。浙理工去年获得了博士学位授予权,今年又有三个项目已经通过国家科技进步奖和技术发明奖的评审。中医药大学和温州医学院办学特色明显,中医药大学现在已有1个一级学科博士点和4个二级学科博士点,今年还有一位教授进入了院士评选的第二阶段。温州医学院去年申博成功并获3个博士点,整体实力列小组第一,得到了专家的高度认可。同样,杭师大、温大等院校也发展迅猛,不容小觑。

(三)市内高等院校异军突起,风潮涌动

宁波大学在宁波市高校中虽然具有明显的办学优势,但是也决不是一枝独秀,其他院校凭借自身的特点,在争夺宁波市教育资源方面仍然显示出强大的竞争力。宁波诺丁汉大学凭借世界名校的品牌,异军突起,招生形势一年好过一年,在国内产生了重要影响,在政府资源的获取和生源的录取等方面已经开始对我校产生重要冲击和长远影响。宁波工程学院新校区建设和纳入二本招生的政策,使其获得了宁波市一大块教育资源,为今后在与其他同等院校竞争中脱颖而出打下了良好基础。宁波职业技术学院率先进入全国示范高职行列,在争取北仑开发区和其他宁波市教育资源方面争得了先机。其他院校也不甘落后,使出浑身解数,采用各种方法,努力争取宁波市教育资源,这种激烈的竞争情况,在宁波市应用型人才培养基地的申报中即可见一斑。

因此,虽然申博成功是我校发展史上的一个重要里程碑,也实现了学校"十一五"规划中最为核心的一个目标,但不是说我们现在就可以沾沾自喜、高枕无忧了,我们必须要保持清醒的头脑,要有强烈的忧患意识,逆水行舟、不进则退,百舸争流、慢进则掉队。"明者因时而变,知者随事而制。"当前,在学校处于一个新的发展阶段之际,我们必须清醒地认识和正确把握学校所面临的形势,确立学校发展新的目标定位。

二、学校下一发展阶段的目标定位

学校要在激烈的竞争中抓住机遇,实现新的发展,关键是要理清思路、找准定位,确定阶段发展目标,明确努力的方向。

（一）我校现处的办学阶段

博士学位授予权的获得,标志着我校正式跨入教学研究型大学的门槛,那么什么是教学研究型大学,它有什么特征呢? 在这里,我也想结合一些学者的分析,对我校现处的办学阶段作一个客观定位。有关学者指出:所谓教学研究型大学是指介于研究型和教学型之间的大学,是以培养有研究潜力、具有一定的复合知识、以技术应用、技术开发等高级人才为主要任务,在培养的层次上以本科教育为主,研究生教育与本科教育并重,科学门类以多科性和综合性为主,学历教育一般都涵盖博士、硕士和学士完整层次的大学。有些学者把大学是否拥有博士学位的授予权作为一所高校是否是教学研究型大学的基本标准,也有的学者把博士点和硕士点的数量,以及研究生的数量和规模作为标准。也有一些学者通过一些定量指标来评价一所学校是否是教学研究型大学,主要的几个数据分别是:(1)年授予博士、硕士数:在教学研究型大学中,研究生的培养必须达到较大的规模。一般每年授予 10 个以上的博士学位、200 个以上的硕士学位。(2)科研经费:一般年科研经费应不少于 5000 万元人民币。(3)国外及全国性刊物发表学术论文数:一般在国外及全国性刊物上年发表学术论文数应多于 500篇。(4)学科群状况:一般教学研究型大学应围绕特色学科形成学科群,本科学科大类有效覆盖面在 4 个以上。(5)在校研究生比例:一般教学研究型大学的在校研究生比例要达到在校本科学生数的 15%。因此,从上述学者对教学研究型大学定性和定量的相关分析,对比我们学校的具体情况,我们基本可以得出这样一个结论,我们学校现在处于教学研究型大学发展的初期阶段。

（二）我校阶段发展目标

在 2005 年暑期,学校党委确立了建设国内一流地方综合性大学的目标,这个目标是学校发展的一个中长期目标定位。而要实现这一长远目标,我们必须分步走,一步一个台阶,一步一个脚印。结合教学研究型大学建设的核心内容和学校发展历史及现有的条件基础,我们提出学校今后大约 5 年的阶段发展目标定位是:以博士学位点建设为龙头,加强创新学科

（群）建设，力争博士学位授权学科专业达到 20 个；以提高教育教学质量为核心，推进人才培养模式改革，构建创新人才培养体系；以人才队伍建设为重点，深化人事分配制度改革，组建 100 个左右的创新团队。全面提升学校的创新能力、服务地方能力和综合实力，争取达到全国重点大学的水平。

（三）提出这一阶段发展目标的依据

我们提出学校今后几年的阶段发展目标，主要是基于以下三点考虑。

1. 博士点建设对学校发展具有强有力的引领作用。尽管教学研究型大学的评价标准五花八门，但有一点是一致的，那就是学科的发展水平是评价教学研究型大学的共同标准，学科是大学办学水平和综合实力的体现，也是研究生教育的载体，而博士点建设在学科建设中处于领头的位置。过去几年，我们学校就是通过围绕博士点建设，在科研项目、创新平台、科研奖项、学科领军人物、团队建设和高级别论文等各个方面取得了快速发展，尤其是提高了服务地方的能力和水平。同时，博士点数量的多少也是当前高校、特别是浙江省属高校实力评价的核心指标，我们应该充分利用综合性大学多学科优势，通过今后几年博士点数量上的快速增长，尽快摆脱与省内其他高校胶着竞争的局面，缩小与浙江工业大学的差距，争取进入省属高校的第一梯队。

2. 学生培养质量始终是我们的立校之本。教学研究型大学有两个重要特征：一是教学工作与科研工作并重，二是本科教育与研究生教育并举。教学与科研是教学研究型大学的两大支柱，维持本科教学与科学研究的平衡、保证两者的协调发展是促进教学研究型大学可持续发展的关键。从长远看，人才培养质量与学校的声誉紧密相连，是社会评价大学的主要依据，因此是学校的根本所在。今年下半年，我校将在新生中开始实施创新人才培养计划，但要真正建成创新人才培养体系将是一个长期的持续过程。创新人才培养体系将会对学校现有的教育理念更新、学院结构调整、学科分类调整、教学方式改革、学生学业评价等产生全方位、深层次的变革。因此，通过几年的努力，完成创新人才培养体系建设，逐步形成我校人才培养的特色，不断提高人才培养的质量，是我校全面建设教学研究型大学的必然要求和基本保障。

3. 创新团队建设是学校实现快速发展的关键环节。近几年，学校各项事业得到快速发展,学科水平明显提升,科研经费总量快速增长,教师个体素质也有显著提高。但是学校的学术基层组织建设还比较薄弱,教师团队作战能力较差,承接教学、科研大项目、形成大成果的能力还不够,能将学校带入更高层次的学术领军人物还太少。以组建创新团队的方式加快学校基层学术组织建设,依托现有近1400名的教师,根据学校现有基层学术组织的实际情况,组建100支左右的创新团队。在建设团队的过程中,使相当数量的中青年教授成为团队带头人,加快培养学科领军人物。把创新团队建设成为学校最基层学术组织,成为担负人才培养、学科建设和服务地方任务的最基本单位,成为教师收入分配的基本核算单元,成为争取校外资源的活性细胞。要积极探索创新团队的运作机制,使创新团队成为责任、权力和利益相统一的实体。通过大力推进创新团队建设,加强学术基层组织的基础和堡垒作用,不断提高学校的人才培养质量、学科发展水平、知识创新能力,为全面建设教学研究型大学奠定坚实的基础。

三、学校发展面临的主要问题

我校这几年的发展,有两个主要原因:一是在三校合并以后,我们率先实施了学校内部管理体制改革和人事分配制度改革,调动了教职工的积极性,为学校的快速发展奠定了基础;二是我们依靠科技学院办学体制创新和全校招生规模的扩大,补充了办学经费,改善了办学条件。但是,随着学校的快速发展,现有机制所存在的问题也逐渐暴露,成为我校进一步快速发展的桎梏。学校今后的发展虽然面临许多新的问题,斗转星移,但面临的主要问题没有变,仍然是资源问题和教职工积极性问题。

(一)学校下一步发展资源相对短缺

学校的发展需要物质条件的支撑,相对充足的办学经费是学校进一步快速发展的先决条件,但是由于诸多原因,资源短缺的问题仍然是未来制约我校发展的瓶颈。首先,学校从政府得到的办学经费是有限的,基本上是与学校的学生数挂钩,专项经费需要大力争取,并得不到保障;其次,我们服务社会的能力较弱,争取社会资源非常有限;第三,资源的配置不够合理,资源的使用效率不高;第四,由于学校多次合并,人员负担相对较重;第五,学校管理还存在漏洞,浪费现象还比较严重。

(二)教职工积极性有待进一步调动

学校的每一步发展都离不开广大教职工的共同努力,随着学校内部人事分配制度改革边际效应的下降,广大教职工积极性的问题又摆在了我们的面前。积极性不高的问题主要反映在以下几个方面:第一,教师从事教学的积极性不高,如何评价教师的教学业绩仍然是困扰我们的难题;第二,年轻教职工的待遇偏低,经济负担较重而有些怨言;第三,引进人才和学校人才的矛盾,在一定程度上影响了校内人才的积极性;第四,教师主动服务地方的意识不强,服务地方的能力提高缓慢;第五,校院两级管理还需要进一步理顺,学院自主发展的积极性和能力需要进一步提高。

当然学校内部还存在很多问题,涉及观念、管理、服务、育人等诸多方面,但是资源问题和教职工积极性问题是我们在下一步发展中必须花大力气加以解决的关键问题,只要比较好地解决了这两个问题,其他问题才能迎刃而解。

四、围绕目标定位,破解发展难题

未来几年是开始全面建设教学研究型大学的关键时期,我们面临的任务非常艰巨,要做的各方面工作有很多。这就要求我们分清主次,突出重点,找准主攻方向,重点围绕今后几年的发展目标,解决影响学校全局的重要问题。下面,我主要就如何破解困扰我们的两大难题,从六个方面谈一些想法,请大家一起来思考。

(一)加强创新人才培养

学生是学校的重要资源,提高人才培养质量是争取优质生源地关键。在去年暑期党委扩大会议上,学校明确提出要构建创新人才培养体系之后,经过近一年的努力,这项改革我们将在 2007 级学生中开始实施,但这仅仅是我们在深化教育教学改革、探索创新人才培养模式上迈出的第一步,要使新的人才培养体系真正发挥作用,我们还必须解决好以下几个重点问题:

1. 组建基础学院。构建创新人才培养体系的一个关键前提,是如何真正扩大学生自主选择权的问题。我们现有的学生培养模式，还是"专才教育"框架下的培养模式，不是完全意义上的学生自主选择的培养模式。根据复旦大学实施基础学院的经验来看，其优点在于各专业学院普遍加大了对一年级新生的关注度，通过有效的院系专业介绍和选派优秀教师任课等方式，提高了学生对专业的认可度，学生也从中学会了冷静理智地面对选择，规划大学生涯。由此可见，基础学院的设置，有利于增强学院对新生的主动关注，增进学生的专业认同，有利于扩大学生合理的自主选择权，有利于真正意义上"通识教育"的推行，有利于一年级新生良好学习、生活习惯的形成。基础学院的建立从制度层面上保证了创新人才培养模式的实施，我校也将在充分调研的基础上加快组建基础学院。

2. 转变教师课堂教学方式。我们必须清楚地认识到，培养创新人才的主战场在第一课堂。如果不改变我们传统教学方法，继续采取满堂灌的方式，第一课堂就很难成为培养创新人才的主战场。当然，要转变课堂教学方法绝非易事，要采取多种手段，逐步解决。要加大教师赴国内外提高教学能力的培训和进修，要充分发挥国际交流学院的示范作用，要组织教学观摩和教学技能比赛等活动，要开展有利于创新人才培养的教学方式方法评比活动，在评选各类优秀教师中要体现教学方法的转变，在全校树立较强的教师教学业务导向。

3. 实施学生创新创业训练计划。当前，我国正在大力实施创新型国家建设战略，省第十二次党代会也明确提出了"创业富民，创新强省"的号召，宁波市也对大学生的创新创业提出了迫切的要求。我们学校要建设创新型地方高校，要积极构建创新人才培养体系，创新创业教育是其中最重要的内容之一。8月初，校长办公会议已经通过了《关于实施学生创新创业训练计划的决定》，将在原来每年投入130万元的基础上，再加一倍，总共260万元用于在全校开展大学生创新创业训练计划，充分利用第二课堂，努力培养学生的创新素质、提高学生的创业能力，希望学校的这一项投入能对学生创新创业能力素质的培养提高起到真正的实效。

4. 建立科学的教师教学工作业绩评价体系。教师教学积极性的调动问题是一个老大难问题，调动积极性无非是物质或精神奖励，但是由于教师教学活动的特殊性，比较难找到一个大家公认的评价体系，因此如何奖励、奖得大家服气的确不容易,正因为缺乏统一的标准,教学业绩不能与诸如职称晋升、岗位聘任等有效挂钩,使得调动广大教师教学积极性往往难于落实。最近省教育厅要求各校出台教师教学工作业绩考核的文件,应该是积极向前推进,但是我们还必须结合我校创新人才培养体系的建设,进一步探索完善,只有将这种评价与教师的切身利益有机地结合起来,才能充分调动广大教师在教学工作方面的积极性。

5. 做好三本学生培养方式改革。根据教育部关于独立学院评估的有关要求和科技学院发展的自身需要,我们还要积极稳妥地做好科技学院学生培养方式的改革。要以教育部对独立学院的这次评估为契机,加快科技学院的发展,调整学院布局,形成人才培养特色,努力提高科技学院的竞争力。虽然以后科技学院学生培养不再分流,学生学习、生活等管理职能主要都划归科技学院自行负责,但是,三本学生的教学工作还有相当部分需要各专业学院的支持与配合。全校上下必须清醒地认识到在办学资源短缺的今天,办好科技学院是学校发展不可或缺的重要一环。同时,学校也将对现有办学资源作必要的调整,按照学校校园布局规划,争取在明年秋季开学前完成相关学院办学场地的搬迁,科技学院办学主要集中在北区,西校区主要安排教育类、艺术类专业等学院办学。

(二)加快研究生教育发展

要全面建设教学研究型大学,势必要求我校的研究生教育在未来几年保持快速发展,这是我校未来几年生源的主要增长点。但是,既要保持研究生培养规模上的稳步增长,又要确保研究生培养质量,这是我校快速发展研究生教育所面临的最大挑战。

1. 推动研究生规模稳步扩大。由于我校办学历史较短,研究生教育的起步相对其他学校较晚,使得我校目前的研究生教育规模相对偏小,这也是影响我校在高校排名中人才培养指标分数的一个因素。但根据我校目前的发展态势,尤其在获得博士学位授予权和拥有 5 个专业硕士学位授权资格之后,我校的研究生规模会有较大的上升空间,成为学校发展的主要增长点。今后几年,我们要继续做好硕士点的扩充工作,多争取一级学科硕士点,通过硕士点的扩张和专业硕士数量增长来实现研究生教育规模的有效扩大,进一步提高在校研究生占学校学生数的比例,完成在校研究生数到 2010 年达到 3000 人的既定目标。

2. 建立研究生培养质量保证体系。我校自主培养研究生的历史到现在也已有 9 年,时至今日,面对研究生培养规模的扩大和培养层次的提升,我们更要致力于推进研究生培养模式的改革与创新,大力开展研究生培养的教育研究工作。要加强对研究生的创新教育,培养研究生的创新能力;要通过大力加强研究生导师队伍建设,确保研究生培养质量;要建立健全适合我校实际的研究生工作机制,为广大研究生提供正确的指导和帮助。同时,针对我校当前研究生教育快速发展的现状,学校计划在明年召开宁波大学首次研究生工作会议,认真研究研究生教育的相关问题,全面制订和完善研究生教育的配套政策与相关制度,建立健全研究生培养的质量保证体系。

3. 积极推动宁波市研究生园建设。建设宁波市研究生园是市委市政府为推动创新城市建设,加快宁波市高层次人才培养所做的一个发展规划,也是我校争取宁波市教育资源的一个重要切入点。前几年由于土地审批限制和我校研究生培养规模较小等实际因素,宁波市研究生园的建设一直没能启动。现在,宁波市整体城市规划已经获得国家批准,我校研究生教育获得快速发展,启动宁波市研究生园的工作已具备相应的基础条件。下一步,学校要加强与市有关方面的联系沟通,争取市里早日实施宁波市研究生园建设规划,为我校研究生教育规模持续快速扩张提供有利的发展空间。

(三)提高学科建设水平

对高校而言,学科的结构与水平,是关系到学校建设与发展的关键性问题。学科建设好了,才能保证学校的教育质量和科研水平,学校的资源获取能力才能得到提高。在过去的几年里,学校围绕争取博士学位授予权,以申报博士点来促进学科建设,推动了学校的快速发展。在学校获得博士学位授予权后,我们还要继续以学科建设为龙头,以博士点扩点为重点,进一步提高学科和科研水平。

1. 抓紧修订学科发展规划。目前,我们正在积极制订学校新一轮的学科发展规划,做学科发展规划的目的主要有三个:一是凝炼学科方向。通过规划的制定使我们对学科发展的方向进行凝聚和锤炼,使学科结构更加优化,定位更加准确,重点更加突出,特色更加鲜明。二是建好学科梯队。通过科学规划使学校的相关学科能按照梯队发展的原则进行合理的排列,保持学科发展的稳定性,确保学校在今后几轮的博士点评审中都有一定数量的学科能申博成功。三是引导资源配置,实施梯度发展战略,走可持续发展道路。通过学科规划来引导学校、学院的资源配置,既要突出重点,也要考虑协调发展,使各个学科进一步明确自己所处的发展阶段和努力目标,充分调动方方面面参与学科建设的积极性。

2. 做好博士点扩点准备。今年获批 3 个博士点只是学校博士点建设的起步,我们绝不能固步自封。对我们而言,下一轮博士点的申报对我校影响很大,可以说是我们的实力之战、攻坚之战！放在全国同类学科层面参加评审,我们的学科有没有这个实力？在下一轮的博士点申报中,我们能上几个点？这些都是我们要提前做好充分准备的。从其他学校申博的情况来看,往往是获得博士学位授权后的第二次博士点申报是最困难的,因为首次申博每个学校都是举全校之力在做,同时首次申报的学科点也是学校实力最强的学科点,而第二次申报由于学科建设时间间隔较短,主要依靠学科自身力量开展申报等因素影响,所以往往申报困难较大,而再往后的申报因为学校各学科已逐渐形成申博工作的有效机制,一般都相对好一些。因此,对下一次的博士点申报工作,我们必须提前做好各项准备工作,要充分利用我校综合性大学多学科的优势,实现博士点数量上的快速扩张。

3. 完善学科建设考核机制。学科建设在学校发展中具有龙头的地位,也是一项需要高投入的工作,如何提高经费使用效率,获得较高的投入产出比,对学校低成本、快速发展至关重要。在前几年学校的优势特色学科建设中,我校逐步建立了一套考核评价制度,优胜劣汰,对首批博士点申报成功起到了积极作用。要进一步完善学科建设的评价考核办法,根据学科建设发展的阶段,要从注重前期投入转为以成果评估奖励为主,从对个人考核转向对学科团队的考核,从硬件考核转向软件考核。调整鼓励和奖励政策,力求降低学科建设的成本,要体现学科做强做大后对于学校发展的贡献。

4. 加强学科团队的建设。要根据学科建设规划,制定有关政策,加快学科团队的形成。在新的岗位聘任办法中,将明确要求绝大多数二级、三级教授必须负责团队建设。在岗位考核办法中,将从过去的只考核个人向考核团队的整体建设情况和完成学校下达的任务方面调整。在团队建设的要求中,要明确团队应该成为支撑学位点建设与申报的一个方向。学校将通过一系列政策的制定,来推进学科团队的形成,通过努力,使学校现有的教师都能汇聚、融入到一个团队中去。

(四)提高服务地方能力

作为地方性高校,服务地方是我们学校的基本办学宗旨。培养地方经济社会发展急需的人才、结合地方加快学科特色的形成和努力向社会争取更多的办学资源,都需要我们加快提高服务地方的能力和水平。

1. 加快应用型人才培养。从我们学校的实际来看,我校最大的服务地方工作,还是我们的人才培养工作,就是我们所培养的学生能不能真正适合地方需求,支撑地方经济社会发展。作为一所综合性大学,我们的学科门类齐全,但实际上我们的学科专业对宁波经济社会发展的支撑作用还不太明显。今后要继续根据服务型教育体系的要求,以建设应用型人才培养基地为契机,培养符合地方经济社会发展需要的人才,培养能够适应宁波地方需求的应用型人才,不断提高我校毕业生的就业竞争能力和社会适应能力,尤其要创造条件,鼓励和帮助我校毕业生进行创业活动,为社会创造更多的就业岗位。不断提高地方政府、企业和社会对我校毕业生的认可度和对学校的支持力度。

2. 积极开拓培训市场。下半年,学校的育才路校区就要完成置换,成教学院在育才路校区置换后,培训和继续教育工作将是主要任务。当前,做大做强我校的培训工作面临着很好的发展机遇,一方面,宁波市的培训市场容量较大,市领导明确表态支持各高校积极开展社会培训工作,并且设立了专项奖励经费以推动培训工作的开展;另一方面,依托宁波大学良好的社会声誉和学科综合的优势,我校的社会培训工作有着较强的竞争力。但目前要开拓培训市场,我们还存在很多内部管理体制上的问题。学院自行办班行为如何规范?推进社会培训工作的内部合作分工机制如何建立?关系如何进一步理顺?相关职责权限如何界定等等都需要我们下一步统筹加以考虑。在今年多个专业硕士点获批后,我们也要以专业硕士点的建设为契机,提高为地方培养人才的层次。各专业硕士点、国际交流学院的培训项目都要紧密围绕地方需求,主动与地方加强合作,在为地方培养人才的过程中,为自身的发展争取更多的资源。

3. 做好"顶天立地"文章。我们要更加充分地利用宁波经济社会高速发展的区域优势,要在紧密结合地方发展上做文章。在学科建设和科学研究方面,我们要从"立地"上着手,找准与地方的结合点,开展地方急需的研究和研发项目,从中提炼科学问题,再去争取顶天的项目。"顶天"和"立地"的工作并不矛盾,相互为用,可以获得更多的社会和各级政府的资源。因为解决经济社会实践中的关键、重大问题,容易得到政府部门的支持。这也是我们学校这些年来一些国家级重大奖项、重点项目得以申报成功的关键所在,这也是我们在争取资源、加快学科发展中必须要坚持的重要举措。

(五)深化人事分配制度改革

调动广大教职员工的积极性,关键在于人事分配制度,学校前几年的发展充分证明了这一点。暑假前我们召开了人才工作大会,研究申博成功后,学校人才工作的思路和人事政策的调整,初步形成我校在新的历史发展阶段人才工作的目标、思路和措施,下面,我想结合创新团队建设再补充谈一些想法。

1. 加强现有人才培养。在学校获得博士学位授予权后,我们进人的门要卡得紧一点,关键的高层次、高水平的学科带头人(包括优秀博士、博士后)还要引进,其他学术骨干主要应该着眼于学校现有人才的培养。今后学校要为教师进修提高创造更多的条件,当然教师个人也要努力,学校的压力要传递到学院、学科。学校今后要加强在职岗位培训和教师赴国外课程进修,提高人员素质和教师教学水平;重视教辅实验人员队伍的稳定和培养,落实聘用管理制度;注重制定校、院两级教师队伍的梯度发展计划,要拓展人才的国际化视野。尤其要加大力度培养创新团队的带头人,使我们学校的教授们既成为学术的领头人,又成为基层学术组织的管理者。

2. 完善岗位聘任办法。要进一步加强编制控制,实现学校人事管理由身份管理向岗位管理的有效转变。通过编制管理制度的完善,形成用人成本概念,控制人员扩张;通过新一轮定编定岗来调整人员结构。在岗位的分配中,要充分考虑各学院、各创新团队所承担的具体任务;在岗位聘任工作中,要强化岗位合同的作用,今后每个岗位合同都要落实岗位任务,不能千人一面,要在每一个教师的聘用合同中明确他的教学、科研、服务地方的任务。学院在考虑聘任问题时也要重视内部的梯队发展状况,形成有利于个人长远发展和促进团队合作的激励机制。

3. 实施分配制度改革。去年,国家启动了事业单位工作人员收入分配制度改革工作,目前,该项工作只进行了第一步,紧接着还要进行岗位分级、绩效工资改革等工作。坚持绩效挂钩的分配原则是人事管理制度设计的核心思想。接下来学校要以工资制度改革为契机,探索针对不同工作性质的单位和部门的考核办法,完善教职工收入分配体制,进一步激发教职工的积极性和创造性。学校教职工的工资组成中,固定工资其实已包含对工作基本职责的报酬,在下一轮工资制度改革中将按照工资改革的要求,逐步取消固定津贴,实行绩效工资,使教职工的收入能够真正和实际工作业绩挂钩。

4. 缩小分配核算单位。学校现行的分配体制基本上建立在"一大二公"的制度之上,教职工的收入基本上靠学校负担,正因为是这样一种机制,大家向外争取资源的动力和能力始终不足。在学校快速扩张的过程中,由于学生数量增加,办学经费增长,尚能勉强支撑。而在办学资源非常短缺的今天,如果这样的机制不改,学校一定会难以为继,而且学院的负担和压力也会越来越重。而破解这一难题的根本出路就是缩小核算单位,这个最小的核算单位就是"团队"。学校根据学校财力和分配政策,将经费划拨到团队,由团队的带头人负责分配。收入增加的来源要靠团队去争取,以此激发大家向外争取资源的活力。

(六)推进管理制度改革

不断提高学校的管理水平是一项十分艰巨的工作,推进学校管理制度改革也是一个长期的持续过程。针对学校目前管理工作的实际,下一阶段学校的管理制度改革,主要从以下几个方面来着手开展:

1. 完善校院管理体制。进一步研究完善有关政策,激发学院的办学活力,充分调动学院、教师的积极性。学校将以科技学院学生培养方式改革为契机,调整校院两级财务拨款方式。要完善学院的进人机制,按照学科建设的需要和承担学校任务的多少,并结合现有编制,科学合理地做出进人规划。学院要根据承担的任务完善岗位设置和任务分解,为下一轮聘任做好基础工作。要建立学院发展的自我约束能力,健全学院经费预算、经费使用、人员进出、教师进修和资源分配等方面的管理制度,保证下放给学院的权力得到有效的使用。

2. 加强基层学术组织建设。通过团队建设加快基层学术组织的建设,真正把"团队"建设成为学校管理的活跃细胞。加强团队建设的核心问题,是要探索学校科学合理的分层分级管理问题,学校应该放哪些权、放多大的权给学院,学院又应该放哪些权、放多大的权给团队,这是理顺当前学校内部管理体系,降低管理重心的一个十分关键的问题。在充分调研的基础上,有关针对团队建设的考核、激励政策要尽早出台,通过几年的努力,要把团队建设成为责、权、利明确,融教学、科研、服务与一体的基层学术组织,既作为学科的支撑方向,又作为学校基本的核算单元,要使每个教师都成为某个团队中的一员。

3. 努力提高学校办学效益。在当前学校招生规模不能继续扩张的形势下,学校资金来源有限,还要盖楼、添设备,改善条件,提高教职工待遇,钱从哪里来?必须靠开源节流。开源:(1)继续争取政府、"宁波帮"和校友的支持及各种社会资源;(2)基金市场运作;(3)成教、继续教育拓展市场;(4)通过校内资源配置优化,提高办学效益;(5)加大科技开发和成果转化力度。节流就是要避免资金损失,减少资源浪费。学校有关部门要加强对资金、水电、车辆的管理,严格控制办公费用支出。固定资产在今年彻底清查的基础上,今后凡丢失损坏都要有严格的审核制度;相关部门要制定严格有效的安全防范措施,防止国有资产流失现象的发生。要继续加大大型仪器设备和实验室开放力度,提高资源使用效益。同时,要实施规范化、精细化管理,尝试建立有偿使用学校资源的办法。要强化成本核算与绩效管理概念,尤其要强化预算对经费控制的作用,要进一步细化预算编制,尽可能避免预算外的支出。对于校内的基建项目,要继续坚持和完善招投标制度,建立健全重大项目论证制度,加大监察审计力度,控制基建成本,提高重大投入决策的准确性和有效性。

　　加快发展、科学发展、和谐发展仍然是宁波大学成长的主旋律,但是在发展的过程中,还有许多困扰我们的矛盾,面对困难和问题,我们应该认真思考,仔细研究,不急不躁,我们要明白"不积跬步,无以至千里;不积小流,无以成江海"的道理,从我们工作的方方面面来考虑如何破解学校发展中的主要矛盾和问题,从有利于学校发展的角度来完善我们的各项制度和机制。其中,加强学校内涵建设,提高获取资源能力;完善分配考核机制,调动教职工积极性是我们应该重点考虑的问题。

关于分配制度改革的思考[*]

——人事分配制度改革正是拨动学校发展这千斤重担的四
两之力。

收入分配体制是高校调动教职工积极性、促进学校各项工作持续快速
发展的一个关键因素。从高校人事分配体制改革的历史来看,我们现行的
人事分配体制始于 1999 年,当时,为了适应社会主义市场经济和高等教育
改革对建立新型人事管理体制的需要,同时也是贯彻落实党的十五大提出
的高等教育要"优化教育结构,加快高等教育管理体制改革步伐,合理配置
教育资源,提高教学质量和办学效益"的精神,教育部在 1999 年 9 月 15 日
颁发了《教育部关于当前深化高等学校人事分配制度改革的若干意见》,
2000 年 6 月 2 日,中央组织部、国家人事部、教育部又联合印发了《关于深
化高等学校人事制度改革的实施意见》,正式启动了人事分配体制改革为
重点的高校内部管理体制改革。

高校人事分配体制改革的内容主要有三项:一是依据"精简、高效"的
原则进行高校机构编制改革,精简机构,理顺编制管理体制。二是进行用
人制度改革。通过引入竞争机制,破除专业技术职务和干部职务终身制,
推行教师聘任制和全员聘用合同制。三是进行分配制度改革。加大内部
分配改革力度,教职工的工资收入与岗位职责、工作业绩直接挂钩,实现按
劳分配、优劳优酬,建立体现高校特点的具有激励功能、体现效益导向的分
配机制。

到 2002 年,通过人事分配体制的改革,全国主要高校都建立起了"按
需设岗、公开招聘、平等竞争、择优聘任、合同管理、以岗定薪、按劳取酬、优

---

* 本文是 2008 年 2 月 17 日聂秋华在 2008 寒假中层干部学习会上的讲话

劳优酬"的用人机制。高校也以此为动力,加快改革步伐,推进教育事业持续、健康、快速发展。我们学校和省内其他兄弟高校也牢牢抓住了高等教育发展和人事分配体制改革的历史机遇,八年来,通过人事分配体制改革促进了浙江省高等教育的快速发展。

一、我校人事分配体制改革历史回顾

我校是最早实施人事分配体制改革的省属高校。1999年上半年,学校即开始着手进行校内管理体制改革的各项准备工作。6月中旬,在学校一届一次教职工代表大会上,就讨论并审议了《宁波大学校内津贴发放办法》和《宁波大学人员定编方法》。1999年下半年,当北大与清华在全国高校中率先实施高校人事分配体制改革后不久,我就与贺书记一起跑到清华和北大,了解他们实施这项改革的具体方案和举措。在认真调研的基础上,学校迅速提出了收入分配体制改革的总体思路和实施办法。1999年12月15日,学校在林杏琴会堂召开全校机关改革动员大会,全面启动了以人事分配体制改革为核心的校内管理体制改革。在2000年7月底之前,完成了学院制改革、全员聘任和分配体制改革。

我校急于通过分配体制改革来推进快速发展是有着当时现实背景的。学校于1998年6月获得硕士学位授予权和首批3个硕士点;1999年7月30日—31日,校党委举行扩大会议,确立了学校下一步由教学型向教学研究型大学转变的奋斗目标;2000年2月25日,当时的副省长鲁松庭同志在全省教育工作会议上又正式宣布宁波大学为浙江省三所重点建设高校之一;同时,在世纪之交,我国的高等教育处于大规模扩张的初期,高校的发展面临一个重大机遇。但面对学校发展的这一历史机遇,当时学校的基础状况是不理想的。1999年,学校有教职工1633名,其中教师771名,教授仅有55名,且大多年龄已高,全校教师有博士学位的仅42名。在科研方面,1999年学校在研的国家自然科学基金项目仅有6项,省自然基金项目也仅有12项,科研项目总经费仅有900多万元。因此,无论是师资队伍还是科研实力,当时的宁大可以说是底子薄,基础差。在这种条件下,要抓住机遇,加快发展,用老的激励办法是很难取得新的突破的,只有通过改革,激发新的活力,才有可能取得新的发展,而人事分配制度改革正是拨动学校发展这千斤重担的四两之力。这项改革的核心内容就是:精简机构、定岗定编、全员聘任和实施 9 级制校内岗位津贴。截至今日,此项改革也分别在 2003 年和 2006 年初进行了两次调整。

我校分配体制改革与调整工作取得了很大的成效,极大地推进了学校的持续快速发展。学校建立健全了校内岗位聘任体系,成功实施了三轮全员岗位聘任;建立了以岗定酬的校内分配体制和岗位绩效考核机制,激发了广大教职工的工作积极性。经过三轮改革与调整,"淡化身份、强化岗位、按需设岗、按岗聘任、以岗定薪"的新人事分配理念已经深入人心。在第一轮岗位聘任中,有 103 人被聘为校聘岗位;在第二轮岗位聘任中,147人聘为校聘岗位,低职高聘 57 人,高职低聘 22 人,未聘 6 人;在第三轮岗位聘任中,410 人聘为校聘岗位,岗位晋级 403 人,岗位降级 69 人,未聘8 人。

新的人事分配体制的实施,极大地促进了学校教学、科研、学科建设和师资队伍等各方面的快速发展。在过去的几年中,学校获得了教育部本科教学水平评估优秀成绩,获得了 2 门国家精品课程、4 个国家特色专业建设点和 1 个国家人才培养模式创新实验区;获得了 1 项国家科技进步二等奖和 2 项教育部自然科学一等奖;2007 年 6 月,学校成功获得博士学位授予权和首批 3 个博士点;二级硕士点达到 54 个,专业学位硕士点扩大到 5个,在校研究生已有 1500 余名。学校正高职称人数从 1999 年的 55 名增加到 252 名,具有博士学位人数从 1999 年的 42 名增加到 290 名;1 人入选国家百千万人才工程,4 人入选教育部新世纪优秀人才支持计划,4 人入选省 151 人才工程第一层次,15 人入选省 151 人才工程第二层次,1 人获国务院政府特殊津贴,25 人入选省高校中青年学科带头人。引进"钱江学者"5 名,"甬江学者"4 名。在新的人事分配体制的推动下,学校各项事业尤其科研事业在近两年更呈加速发展态势,2007 年新立国家项目 47 项,其中国家两大科学基金项目达到 42 项,自然科学基金项目经费超过 1000万元,1 项科研获得国家自然科学基金重点项目资助,新立省部级科研项目 120 项,省两大基金项目数创历年之最。全年新立横向项目 330 项,合同金额 2481 万元,实际到款 1944 万元,比 2006 年增长 21%。

回顾学校人事分配体制改革历程,我们可以自豪地讲,这项改革是成功的,我校通过积极实施以人事分配体制为核心的内部管理体制改革,适应了新世纪高等教育改革和发展的要求,激发了广大教职工的积极性,促进了教育资源的优化配置,初步形成了有利于吸引人才、培养人才、使用人才的新机制,提高了学校的办学效益和整体水平,为学校这八年来的持续快速发展提供了有力的支撑和重要的保障。通过学校分配制度改革,我校教职工的收入也普遍有了较大提高,2002 年我校教职工人均收入为 30093 元,到 2007 年已增加到 56000 元,年均增幅达到 13.2%。

在我校通过人事分配体制改革促进学校快速发展的同时,省内兄弟院校同样通过人事分配体制的改革创新,使学校各项事业获得了快速发展。在 2000—2002 年间,省属主要高校也都实施了校内人事分配体制改革,也都结合学校自身的实际情况,对本校的分配体制进行了必要的调整,目前省属主要高校校内分配体制在体现"按劳分配、效率优先、优劳优酬"总体原则的同时又各有不同。浙江工业大学与我校一样实行了岗位分级聘任制,但其岗位津贴实行打包下拨办法,由学院统筹后再进行二次分配。浙江师范大学、浙江理工大学和杭州电子科技大学等 4 所高校教学科研人员岗位津贴包括二部分,其中一部分是教学科研工作业绩津贴,另一部分是与职称、入选各类人才工程情况和教师身份(如博士生导师、硕士生导师、重点学科负责人、重点实验室负责人等)有关的津贴,浙江工商大学则主要是按照教师实际工作量来核算津贴。机关管理人员的津贴各高校基本上按照岗位级别和职务级别确定,并与学院的人均津贴水平按一定比例挂钩。

得益于"九五"末以来国家高等教育大发展的宏观政策和以人事分配体制为核心的高校内部管理体制的改革,在过去的 8 年中,省内兄弟高校也都及时抓住了发展机遇,获得了跨越式的发展。在杭高校由于有着天然的地利优势,近年来的发展势头更加强劲。浙江工业大学通过 8 年的发展,已稳居"省内第二、省属第一"的位置,在 2008 高校排行榜上比上年度更是强劲提升了 8 位,排到了全国高校的第 80 位,整体实力位列省属高校首位已不容置疑。同时,还提出了建设国内名校的目标定位,并在不懈努力,力争能搭上国家最后一批 211 高校的增设列车。浙江理工大学 2005 年成功申请到了博士学位授予权,评分列所在小组第一。2007 年该校更是挟校庆之风,一举拿下了 2 项国家技术发明二等奖和 1 项国家科技进步二等奖。浙江中医药大学在过去的一年中,中医临床基础学科被评为国家重点学科,李大鹏教授当选中国工程院院士,这两项都开创了省属高校的历史。杭州电子科技大学虽然尚未获得博士学位授予权,但其相关学科、专业发展势头同样十分强劲,2007 年在科研奖项、教学质量工程建设等方面也有不俗表现,同时省政府与国防科工委签订了共建杭电的协议,为该校下一步的快速发展创造了良好环境。

因此,从总体上看,通过本世纪初期我省高校人事分配体制的改革,省属高校大都获得了快速发展,浙江也实现了从高等教育小省到高等教育大省的转变,现在正努力向高等教育强省的目标迈进。但从全国和省内高校人事分配体制改革的成效看,既有合理分配促进学校快速发展的事例,也有分配体制激励性欠缺而导致学校发展相对缓慢甚至面临困境的例子。我们学校发展到今天,当前需要破解的两大难题,一是资源相对短缺,二是教职工积极性的有效调动,这同样需要结合学校发展的现实状况,通过分配体制的合理调整来进一步优化学校资源配置,有效调动教职工积极性,以促进学校下一步又好又快地发展。

二、现行分配体制所面临的矛盾

我校这次分配体制调整,也是对 1999 年以来学校分配体制改革的一次深化,可以讲是第 3 次调整。对于这次学校即将实施的分配体制调整工作,有许多老师都会有一个疑问:"学校岗位聘任是三年一聘,今年年底三年聘期就要结束,为什么不在这一轮聘期结束之际实施新的分配制度调整,而是要在现在急于调整?"这主要是因为现在的分配体制已暴露出其诸多矛盾,不能适应学校现阶段的发展要求。具体分析,现有的学校分配体制已呈现出五大急待化解的矛盾。

(一)学校现行分配体制与国家工资改革要求之间的矛盾

在目前的校内分配体制中,岗位津贴由固定津贴和浮动津贴两部分组成。因为上级没有核定学校的人员编制,学校内部也没有限制岗位数量和级别,使得学校固定津贴的总量无法控制,全校固定津贴总量会随学校的人员数量增加及所聘岗位的变化而增长,呈开放式状态。据粗略测算,近7年我校平均每年净增人员70名左右,每年固定工资与津贴部分增加就达700万元。另一方面,学校岗位浮动津贴与每年教职工完成的教学、科研工作总量直接相关,由于工作量单位津贴额度是固定的,而每年教学尤其是科研工作量是上不封顶、呈开放状态的,因此,学校岗位浮动津贴也是呈开放式、不可控的。据统计,近4年的学校浮动工作量津贴从1210万元增加到了2149万元,增长了77.6%,年均增长为19.4%。统计显示,2006年学校实际共承担校内津贴(固定+浮动)3990多万元,2007年在学校严把进人关后,校内津贴总量仍增长到4400多万元,净增410万元,增幅为10%。随着学校学生规模的逐渐稳定,学校的收入也趋于定数,因此津贴的开放式、不可控性对学校财务安全产生了巨大冲击。这种开放的不可控的分配体制与国家绩效工资制度改革的要求是相矛盾的。在国家的《事业单位工作人员收入分配制度改革实施办法》文件中规定,国家对事业单位绩效工资分配实行总量调控,事业单位在上级主管部门核定的绩效工资总量内,实施本单位绩效工资的分配。

(二)教学、科研工作量比例不当的矛盾

在目前学校的分配体制中,本科教学、研究生教学和科研工作量是按照各自办法计算的,三者之间没有内在的联系。2007年,全校本科生教学工作量为43.6万当量课时,占全校工作总量的49%;研究生教学工作量8.2万当量课时,占9%;科研工作量34万分,占38%;教研工作量3.2万分,占4%。与2006年相比,全校工作总量增长15%,但本科教学工作量减少了5%,研究生教学工作量增加44%,科研增加42%,教研增加88%。这里值得关注的是本科教学工作量份额的下降,从2004年到2007年的四年里,本科教学工作量津贴占总工作量津贴的比例分别为66.8%、62.6%、64.0%、53.9%,而科研工作量津贴占总工作量津贴的比例分别为22.8%、28.2%、25.3%、31.6%。从这些变化数据可以看出,在三大工作量津贴的比例中,本科教学的比例总体下降,去年尤为明显,而另外两项有快速增加的趋势,科研的增幅尤为明显。

但是,从我校现处的发展阶段来看,我们还处在建设教学研究型大学的初期,本科教学工作依然是学校工作的重点和基础。当然,研究生教学和科研工作是学校要加强的重要工作,但这三者之间应有一定的比例来合理切分,以保持总体平衡、推进协调发展。如果当前学校本科教学工作量快速下降、科研工作量快速上升的状况继续不加以调控,任其发展,必将会影响教师从事教学工作的积极性,制约人才培养质量的提高,动摇学校发展的根基。

(三)高岗位与低岗位教职工收入差距相对过大的矛盾

在近两年征求的教职工对校领导的意见与建议中,低岗位教职工希望改善待遇的呼声很高。在学校现有的岗位津贴设置办法中,最高、最低岗位的固定津贴差在 10 倍以上;在浮动津贴、教学工作量计算办法中,最高、最低岗位单位课酬的差别也接近 2 倍;在科研工作量计算办法中,低级别岗位人员由于受到资历、学术积累等因素影响,很难申请到高级别的项目、获得高级别的奖项和发表高级别的论文,他们在学校科研工作总量中所占到的份额也相对较少;在研究生教学工作量的分配中,因为客观上低岗位教师带研究生很少,因此所占份额也很少。数据统计显示,2006—2007年,五级以上岗位人员的浮动津贴人均增长为 15.5%,而六级以下人员人均增长仅为 1.4%。我校 35 岁以下教师占到全校教师的 41%,由于受职称职务等因素的影响,大多数年轻教师聘在低岗,收入相对较低,且增长幅度也相对较慢,但他们也是学校当前发展的重要力量,更是学校今后持续发展的重要依托。学校的分配政策,在有效激励高岗位教师的同时,也要确保低岗位教师积极性的发挥,使这部分人的收入也能得到同步增长,共享学校改革发展的成果。

(四)行政人员与教学科研人员收入分配的矛盾

行政人员和教学科研人员是学校发展中两支不可或缺的队伍,任何一支队伍的积极性受挫都会影响到学校的发展。由于行政和教学科研在工作绩效的计算方面存在不可通约性,在分配平衡点的把握上很难找出具有科学性和说服力的依据。就我校的现实情况而言,行政人员尤其是机关行政人员整体收入相对偏低是现有分配体制存在的一个突出问题。

从近几年的情况看,教学科研人员的岗位津贴总量每年都在增加,2004—2007 年平均增幅为 11.8%,其中教学科研工作量津贴总量平均增幅为 21%,而行政人员由于业绩一般不与教研人员挂钩,津贴增加幅度很小。虽然从 2000 年开始,学校已经意识到这个差距,采取了年终一次性补贴的办法加以弥补,2001 年补贴了 1800 元,2002 年补贴了 3000 元,2003 年补贴了 4000 元,2004 年开始补贴 5000 元,但这项补贴的数量还是跟不上教学科研工作量的增幅。据统计,2005—2007 年,学校机关行政人员平均津贴与学院教职工人均津贴之比从 77% 下降到了 70%,差距不断拉大。

(五)三本学生拨款机制变化和各学院之间收入差距过大的矛盾

2001 年以来我校所沿用的三本学生三、四平台拨款体制,在我校规模迅速扩大、教师力量紧张情况下,对调动各学院的积极性和挖掘校内潜力,使三本学生顺利分流培养起到了重要的保障作用。但是,根据教育部对独立学院的评估要求,从 2007 年开始,科技学院三本学生的教学管理、学生管理等工作由科技学院独立承担,不再由本部其他学科性学院承担,其他学院只承担相关学生的教学、实验等工作。这种管理体制的变化,使得原有科技学院与学校、各学院之间的经费结算办法将不再适用,必须进行调整,代之以一种新的、更为合理的办法。从统计数据来看,三本学生拨款经费的巨大差异是造成各学院之间收入差距过大的主要原因。统计 2004—2007 年学院自筹经费收入来源数据,全校学院自筹经费的近 60% 来源于三本拨款,多的学院有 300 多万元,少的一分没有,少数三五个学院的三本拨款经费占了全校三本拨款总经费的近 70%,可见这一分配是很不平衡的。学校进行分配体制的调整,既要投入一定的增量,也必然要对现有的学校整体经费划分作一个调整。就学校投入的增量而言,由于受到国家高校办学规模控制等因素的影响,增量幅度相对有限,而三本学生拨款经费则是学校本次分配体制调整的重要经费来源。

以上五点矛盾的存在,已经影响了学校的和谐与持续发展,影响了教职工的积极性,成为学校实现新目标的障碍。因此,在学校提出新的发展目标后,我们就着手进行了有关调研工作,征求了学校有关部门、学院和民主党派的意见,计划提前一年启动分配体制调整,目的就是要为学校下一阶段发展提供更有力的支撑。

三、分配体制调整的主要思路

目前我校教职工的校内收入构成主要包括四部分:一是国家和省市政

策性的固定工资部分,包括岗位工资、薪级工资、省市职岗贴、工龄职务津贴等;二是学校建立的九级制固定岗位津贴部分;三是浮动津贴部分,主要是教学与科研工作量津贴;四是各类福利性补贴,包括住房公积金、养老金、失业金、医保金、十三个月工资等等。这次分配体制调整,主要是针对二、三两块分配的调整,按照"深化改革、化解矛盾、统筹兼顾、和谐发展"的要求,对学校现有的分配体制进行必要的调整,以适应学校新的发展阶段的要求。下面我向大家说明这次分配体制调整工作的基本思路和需要把握的几个问题。

这次分配体制调整的具体思路可以概括为"十六个字",即"总量控制、一三并轨、分类切块、逐步增长"。

(一)总量控制

学校的分配制度一定要建立在"成本核算、量入为出"的范畴内,只有这样,学校才可能有效抵御财务风险,确保各项事业持续协调发展。在这次分配体制调整中,我们要改变以往上不封顶的开放做法,实行校内津贴总量控制,根据本科教学、研究生教学、科研工作、学科建设和社会服务等事业发展的实际情况,结合国家、省、市社会经济发展状况,依据学校财务收支平衡,在上一年发放的校内津贴总量的基础上,经过合理测算,按照一定的增量,核定当年校内津贴总量,并以学校年度预算形式予以明确。总量控制可以使学校有效控制人员的进出,调控学校总收入中用于发展和用于吃饭之间的适当比例,在保证教职工待遇的情况下,更好地保证学校重点工作的有序推进,有效规避学校财务风险。

(二)一三并轨

"一三并轨"是指各学院承担的三本学生教学工作量核算办法与一本学生并轨。从今年开始,一本教学与三本教学工作量的核算实行相同办法,三本学生的工作量与一本一样作为教师职称评审、岗位聘任、教学业绩考核、浮动津贴计算和学院编制计算等的依据。并轨后,为了减小个别学院因为体制变化造成工作量津贴明显降低带来的困难,学校将采取适当补贴办法缓解学院压力,即从今年开始的三年内对有关学院进行差额补贴,2008 年补贴 90%,2009 年补贴 60%,2010 年补贴 30%,逐年减少补贴额度,从2011年起不再补贴。对于各学院承担三本学生教学支出的成本,由学校相关职能部门根据不同学院的实际支出情况分别提出补偿办法。在这里,我也要强调一点,在目前学校的编制计算办法中,三本学生是核算到各学院学生数中的,核算各学院的教职工编制时所依据的工作量也包括三本学生教学工作量。因此,希望一三并轨以后,各学院还是要一如既往地扎实做好三本学生的教学工作。做好三本学生教学工作,支持科技学院的发展,就是支持学校和学院自身的发展。

(三)分类切块

这次分配体制调整,所有人员的岗位津贴都由学校承担。在津贴总量控制的前提下,根据学校现阶段处于建设教学研究型大学初期的发展定位,对校内津贴总量按照学院教职工和学校管理人员不同的人均津贴(含固定津贴和浮动津贴,下同)标准切分为两块,即学院教职工津贴总量和学校管理人员津贴总量。2008年学校管理人员的人均津贴按学院教职工人均津贴的75%执行,其固定津贴标准不变,浮动部分按系数确定。学院教职工的固定津贴标准也暂时保持不变,其浮动津贴总量,按本科教学、研究生教学和科研工作三大块实行分类切块,按一定比例控制各块的工作量总津贴,使各块工作的发展符合我校现阶段的发展状态。学校将根据各学院当年完成的本科教学、研究生教学和科研工作量占全校相应工作总量的比例,分别从全校三块津贴中切分给各学院。各学院再通过二次分配将浮动津贴发放到学院的全体教职工,学院可以将自己其他收入纳入并一起参与分配。学校将进一步调整固定津贴与浮动津贴的比例,使津贴体系既体现资历和身份,又体现绩效,使分配体制的激励作用能够得到充分发挥。

(四)逐步增长

在学校分配制度调整过程中,经费是个核心问题,是增量调整还是存量调整,是本次分配体制调整能否取得成功的重要前提。从我们学校的实践来看,一项成功的改革必须是增量改革,我们在每年工作总量控制的前提下,必须要有一定的增量,增量部分要根据学校每年实际工作量的增长情况和财力收支状况来合理确定。为做好这次分配体制调整工作,学校今年将拿出700多万元作为增量,以后也将会根据学校财力和社会经济发展实际,每年增加投入,用于扩大津贴总量,提高广大教职工的待遇。同时,随着学校各项事业的发展,今后浮动津贴的比例也要逐步提高,以更大地激发广大教职工的积极性。

对此次分配体制的调整,我们要把握好以下几个关键问题。

一是淡化了工作量单位价格概念。以前学校的分配办法都有一个工作量单位价格概念,实行新的分配体制后,在学校总量控制的前提下,各学院在全校的总工作量中分切蛋糕,再结合学院自身的财务收支状况进行二次分配,因此,就学校整体而言,已没有工作量单位价格的概念。

二是进一步完善学院二次分配制度。学校只是控制津贴总量和几大块的宏观比例,并按比例切块到学院;各学院可以将自我创收的经费与学校切块的经费合并,进行二次分配;学校鼓励学院将经费切块到团队,由团队进行再分配,以推动学院基层学术团队建设。各学院要结合学校分配体制调整抓紧做好学院二次分配方案的制定,方案必须广泛听取所在单位教职工的意见,由单位党政联席会议讨论决定,并报学校人事处备案。

三是抓紧修订学校教学科研工作量计算办法。与调整后的分配体制相配套,还要尽快修订完善本科教学、研究生教学和学校科研工作量计算办法。比如科研工作量计算办法要适当降低项目经费分值,国家级项目分值要分贡献分和工作量分,限制高岗位教师承担和完成低级别的项目和论文的分值,修改横向项目核算办法等;在教学工作量计算办法中,要增加教学质量评价内容等等。

四、我校下一步分配体制改革的宏观思考

我校这次分配体制调整是根据学校现有分配制度存在的具体问题,结合国家关于事业单位收入分配制度改革的原则精神来实施的。自 2006 年启动的事业单位收入分配制度改革和第一阶段工作已于 2007 年 1 月顺利完成,在第一阶段,我校共有 2390 名在职人员、713 名离退休人员和 9 名内退人员参加了收入分配制度改革,人均月调资额为 370 元,第二阶段改革工作我们正在等上级有关政策通知,因此,上述调整办法先试行一年,下一步结合国家工资改革以及学校新一轮岗位聘任工作,我们还要进行一次调整。在这里,我再谈一下学校下一步深入推进人事分配体制改革的几点

宏观思考。

(一)强化编制管理,细化聘用合同

定岗定编是人事分配体制改革的基础。实施有效的编制管理就是以最小的用人成本取得最好的办学效益,我们要以编制为手段促进教职工队伍的结构优化。在定编工作中,要从过程管理转向目标管理,宏观控制,微观放开。要坚持满负荷原则,即在科学设岗的基础上,以工作任务饱满为原则,严格控制编制规模;要坚持增一线、压二线原则,即要增加一线教学科研人员编制,减少非教学、科研人员编制;要坚持分类管理原则,即对全校人员编制进行科学分类,不同的类别编制,实行不同的管理办法。在定编定岗过程中,岗位设置必须与学科建设和师资队伍建设的需要相统一。学校的发展最终取决于其优势学科的发展和拥有一支高水平、高素质的骨干师资队伍,岗位设置必须优先考虑学科建设和骨干教师队伍建设的实际需要。

学校也要依据国家工资改革精神,按照国家规定的岗位类别和级别进行校内岗位设置和聘任,完善岗位聘任合同管理,建立个性化的聘用合同。目前学校教职工的聘用合同是"千人一面"的,不同单位、不同岗位的教职工的聘用合同基本相同,没有太大区别,这就使得学校和学院在实际工作中往往难以将具体的工作任务分解落实到每个岗位。下一步,学校要研究制定出台"千人千面"的个性化聘用合同,明确每一个岗位的具体职责和在聘期内所要完成的任务以及享有的权利等,既让应聘者做到心中有数,又使学校和学院的工作能通过岗位设置和聘用得到有效落实。

(二)缩小核算单位,推进团队建设

分级管理是推动人事分配体制改革向纵深发展的有力杠杆。学校要坚持管理重心下移,努力扩大学院的办学自主权,逐步探索人事分配政策与人才培养、科学研究、学科建设、地方服务、人才引进等工作与办学成本紧密结合的新机制。学校在总体上负责全校工作津贴总量的核定,对各学院下达每个年度具体的工作任务,并对完成情况进行业绩考核,按业绩考核情况将学校津贴总量进行切块发放,具体到每个岗位人员的考核、分配,则由学院自主进行。

学院在二次分配过程中也要逐步缩小核算单位,以加强基层学术团队建设。基层学术团队是高校开展教学科研活动的基础力量,是知识创新、技术创新的主要生长点,也将成为高校最具活力、最为活跃的学术单元,是培养和造就学科带头人、学术骨干的沃土,并对整个教师队伍的成长起到引领和推动作用。学院要根据学校分配体制调整总的思路,建立有利于团队建设的分配体制,赋予团队负责人以一定的分配权力。学校下一步也将大力推进基层学术组织建设,启动学术团队建设工程和学术团队奖励计划。为倡导团队精神、鼓励团队合作,对那些产出不仅依赖个人,还依赖于团体中其他成员共同努力的工作,学校也要有针对性的设计团队绩效的计量和考核方法。

(三)完善考评机制,调整固定津贴

学校分配体制的调整必然要求相应的考评机制进行必要的调整并与之相适应。随着岗位津贴分配中分类切块原则的确定,我们首先要对教学和科研的工作量计算办法进行深入研究和仔细修订,要严格控制工作量的快速膨胀,对某些政策要进行调整。对学校发展急需的工作,要在工作量计算中给予充分体现,例如国家教学质量建设项目等,使工作量计算更加科学合理地反映各块工作的客观情况,更加符合学校下一步工作的努力方向。

要在总体上调整岗位固定津贴、浮动津贴与其他奖励的合理比例。调整学校管理人员的人均津贴与学院教职工的人均津贴的比例,今后五年内每年增加 2 个百分点,使该比例由 75% 逐步达到 85%,解决两类人员收入差距过大的问题。同时调整本科教学、研究生教学与科研津贴的比例,随着学校教学研究型大学建设进程的逐步推进,也要合理提高科研津贴比例,在今后五年内,科研津贴的比例每年增加 1 个百分点,使该比例从 29% 达到 34%。从深化学校分配体制的角度来看,为更加有效地调动广大教师的工作积极性,学校将逐步减少固定津贴比例,增大浮动津贴比例,适当缩小固定津贴的岗位职级差别。

(四)加大奖励力度,确保重点工作

奖励是调动大家积极性和确保学校重点工作完成的有效方法。在国家新一轮的事业单位工资改革方案中，奖励工资是每个单位工资总额的四大块之一，我们要在下一步的工资改革中充分加以利用。一个好的分配体制既要做到突出重点，确保学校重点工作的有效推进，又要兼顾全局，促进学校各方面工作的和谐发展。但要真正做到这两点，是十分困难的。这就需要我们研究出台相应的辅助机制，来弥补具体分配体制的某些不足。

配合这次收入分配体制调整，学校要进一步完善各类奖励计划，对学校发展起关键作用的非常规性工作应该以奖励为主，例如国家级的各类奖项申报等；学校要继续完善和强化学院专项目标考核工作，使其更加具有针对性和实效性；要完善机关部门管理与服务贡献奖评比办法，促进管理岗位服务质量和管理水平的提高；要加大对三本教学工作的奖励力度，鼓励相关学院积极承担三本教学任务，不断提高三本教学质量；要制定对年轻教工优秀业绩的奖励办法，激励其奋发有为，积极进取，通过自身的努力来改善待遇。

学校分配体制调整是一项复杂的系统工程，涉及方方面面，关系到每个人的切身利益，难度很大。一个好的分配体制可以最大限度地激发全校教职工、各个学院的积极性和创造性，使学校有限的资源发挥最大效益。我们制定的调整方案，既要考虑学校的实际承受能力，又要客观看到我校教职工在收入上与兄弟高校存在的实际差距；既要保证今后一个阶段教职工收入的稳定增长，促进教职工积极性的有效发挥，又要防止只管眼前、不顾长远的做法；既要解决校内学院之间、学院与机关之间、教师与行政之间收入的不平衡问题，又要防止出现新的"平均主义"和"大锅饭"。

论宁波大学创新人才的培养(下)[*]

> ——大学培养创新人才要营造创新的良好氛围,要培育学生的兴趣爱好,要尊重学生的个性发展,要发挥教师的主导作用。

一、什么是创新人才以及如何培养创新人才

在 2006 年第三届中外大学校长论坛上,中外校长就什么是创新型人才和如何培养创新型人才进行了深入的讨论。美国《创新杂志》对于创新人才的定义是,所谓创新型人才,是指能够孕育出新观念,并能将其付诸实施,取得新成果的人。法国国立高等先进技术学校校长多米尼克·迪克斯隆认为,大学要注重培养学生的好奇心和求知欲,要通过让学生参与科研培养创新的兴趣,刺激他们的想象力,提高创新能力和推理能力。香港城市大学校长张信刚总结他在国外教学和考察经验,提出创新人才培养的四个方法,就是让学生扎实掌握所学的基本要素;功课、考试不设标准答案;鼓励学生和宽容学生;培养学生的兴趣。香港理工大学校长潘宗光认为,培养学生个人的创新能力,最重要的是启发和潜移默化,靠教师的讲授和学生的一般性课堂学习是不能培养出学生的创新能力的,加强学生的思考、分析能力和社会责任感,用多种形式包括课外活动、专题学习,各种成功和失败的个案以及专门设计的作业,引导学生学习如何把创新应用于工作上。不能墨守成规,要以新的思维改善教学体系。有的校长认为,创新型人才仅仅有知识是不够的,创新思维和创新人格不能缺失。创新思维,

---

* 本文是 2008 年 7 月 8 日聂秋华在阳明学院专题工作会议上的讲话(节选)

最重要的是分析能力、问题意识和批判精神。创新人格的养成,就是要培养学生高度的社会责任感和追求真理、献身科学的品质,培养学生关注现实、关注前沿的学术品格,培养学生严谨勤奋的学风和对学术研究的兴趣,培养学生善于与他人团结合作的协作精神,以及敢为天下先的理论勇气。有的校长还认为,凡对社会和自然规律关注,其创造是为人类发展服务的人,都可称之为创新型人才。其个人特点是,发现了别人看不到的东西,并具备坚韧不拔的研究精神。从各位大学校长对创新人才培养的精辟见解中,可以看出对它的认识并未统一,对它的研究也是各执其说,恐怕短期内也很难建立起一个大家都认同的统一理论,仅仅处于探索之中。可见,创新人才培养是一个十分复杂的理论问题,也是一个复杂的实践问题。尽管知识界、教育界对创新人才培养尚无完善的理论体系,但这并不妨碍我们进行探索,而且也为我们的探索留下了广阔空间。从上面各位大学校长的论述中也可以看出,对创新人才应具有的基本素质,成长规律和培养方法等,有一些基本的观点是大家都比较认同的,对培养学生创新能力和激发创新潜能是十分必要的,也是最基本的。

第一,要营造创新的良好氛围。宽松的环境氛围对于培养创新人才是至关重要的,给我印象最深的一个例子是贺贤土院士讲他外孙的故事。他的小外孙没上小学之前,每次来看他,都要问他各种各样的问题,非常多,他会不厌其烦地解答他的问题。但令人沮丧的是,上了小学之后,小外孙再来他家里就什么问题都不问了,而是背着沉重的书包,做完作业就筋疲力尽地睡觉了,没时间问问题,他的好奇心就这样一点一点地褪去了。其实创新在很大程度上源于好奇心,在我国现行基础教育体制下,应试教育培养12年就是为了满足学生能考上一个好大学。在这样的环境氛围下,学生的绝大部分精力都花在了书本知识上,负担很重,无暇思考教学内容以外的东西,对自然、对社会的好奇心没有了。如果上了大学之后,我们的教育方法还是单纯以传授知识为主的教育,那么我们的学生不过是到了大学读"高四"。所以,我们应该在大学里营造一个宽松的环境和氛围,学生进了大学之后,让他们觉得原来大学这么大,原来大学还有这么多可以选择的东西,原来大学不是"高四",这样的环境氛围我们首先希望通过大学一年级来营造。学生进来之后不要受太多的条条框框限制,要保护学生的好奇心,要鼓励学生多提问题,我们要充分利用学生刚入大学时的好奇心较强和可塑性较大的时机,给予他们多种选择。不是说把选择权交给学生,就万事大吉,而要通过教师的引导,学识渊博教授的感召,使学生对你的专业、学科、学院产生好奇,产生兴趣。

第二,要培育学生的兴趣爱好。兴趣爱好对激发人的创造力是非常重要的。一个典型的案例就是达尔文。达尔文的祖父和父亲都是名医,自然也希望达尔文能子承父业,但达尔文对学医不感兴趣,而是对在野外采集动植物标本感兴趣,他父亲认为他是游手好闲,一怒之下将它送到剑桥学神学,希望他成为神父,但是他毕业后就参加了测量考察舰"贝格尔"号历时 5 年的环球旅行。这对达尔文是有决定意义的 5 年。南美洲等地大量的物种变异的事实,使他对《圣经》产生了怀疑。通过对采集到的各种动物标本和化石进行比较和分析,他进而认识到物种是可变的。由此,他逐步摆脱了神创论的束缚,坚定地走上了相信科学和追求真理的道路,完成了科学巨著"物种起源"。比尔·盖茨是我们熟悉的另一个例子,他在哈佛大学没有毕业,但他对计算机的操作系统很感兴趣,就辍学自己去创业,他的父母比达尔文的父亲伟大,并没有干预,如果没有对他兴趣爱好的支持,可能造就不了一个比尔·盖茨。同理,若一个学生对所学的专业没有兴趣,你强迫他学,调动不了他的主观能动性,肯定就学不好,这是无疑的,是大家必须承认的。要重视学生自身的兴趣和爱好,当然,有些兴趣爱好也要靠引导和培养。我们要通过大学的教育来充分调动学生学习的兴趣,发挥其学习的主动性,如果学生对所学的东西不感兴趣,要培养创新能力基本上是天方夜谭。

第三,要尊重学生的个性发展。我们知道创造性往往来自于个性的发挥。一个有关陶行知先生的故事很能说明问题。一次,陶行知先生的同事对他说:我儿子把我的金表给拆了,我把儿子暴打了一顿,打得他心服口服,下次再也不敢了。陶行知先生霍得站起来说:你怎么能这样对待你的孩子呢,你说不定就把一个爱迪生扼杀了,你应该保护孩子的好奇和天性,这样才能保持孩子的创造力。陶行知接着说:不过还有办法补救,你拿着表、带着你的孩子去钟表铺,让一个钟表师傅把你的表装回去,要多少钱给多少钱,但是要让他把你儿子教会怎样装这个金表。这个小故事反映出,对于学生个性的发展我们要给予充分的空间，简单地打一顿就妨碍了他创新的积极性，尤其是在童年教育的印象会特别深刻，可能会影响他的一生。所以没有给学生个性发展的空间而让其去创新是不可行的，阳明学院让学生在成才的过程中，尊重学生的个性发展，为其个性发展提供更多选择的自由和空间，整体上会对学生创新能力和潜质的培养起到好的作用。

第四，要发挥教师的主导作用。培养创新人才是一个复杂的过程，要想让学生自发的成为创新人才的概率是非常低的。在培养学生创新能力的过程中，教师的主导作用是十分重要的。一是教师的个人魅力：渊博的学识，优雅的谈吐和对学生的关心；二是教学方法：鼓励学生提问，激发和保护学生的好奇心，改变考核方法，调动学生在课外时间继续这门课程的有效学习，教会学生正向思维的同时，也要同学学会逆向思维。当前学校所面临的困难是，我们正处于一个社会转型期，功利主义影响非常大，导致高校的领导和教师与同学的接触太少了，对于学生的关注、引导还不够，这是我们培养创新人才和提高教学质量要解决的关键问题，也是要花大力气解决的问题。没有教师的精力投入，培养创新人才美好愿望就会落空。

要齐心协力为培养创新人才营造良好的氛围，为学生的个性发展创造空间，培育和尊重学生的兴趣爱好，根本改变仅以传授知识为目的的教学方法，培养同学的质疑和批判精神，提高学生的选择能力，这对于培养创新人才一定具有重要的推动作用。但是，我们也要十分清醒地认识到，培养创新人才没有捷径可走，只有一步一步地去探索，去实践，在探索和实践中逐步完善对创新人才培养的认识和方法，才有可能把创新人才培养的工作引向深入，以上是对于我校如何培养创新人才的初步思考。

二、充分发挥阳明学院培养创新人才的积极作用

学校必须要面向社会，我们的教师也必须要面对社会对人才需求的现实，适应学生对专业、教师、课程的选择，而且学校可能还要面临更严峻的社会选择。现在高考填志愿本身就是一种社会对高校的选择，从高考改革的趋势看，学校自主招生的试点范围已是愈来愈大，这将是很大的压力和考验。学校要面临社会的选择，何况我们的专业，一定会面临学生、市场和社会的选择，这是一定要走的路，如果不适应这样的选择，学校怎么生存？

教师不适应这样的选择,教师怎么生存?覆巢之下,安有完卵!学校都不行了,教师怎么生存?所以面对这样的现实,我们必须要有忧患意识。到时候学生拿着几个高校的录取通知书来选择,对我们的压力和挑战将会更大,我们不如先主动走出去,主动接受学生及家长的选择,适应市场的变化,这是一个大的趋势。所以学校在"平台+模块"人才培养模式改革的基础上,在深入实践"把成才的选择权交给学生"的教育理念的过程中,决定组建阳明学院,负责本科一年级学生的管理与培养。

阳明学院的建立是我校在适应市场需求和探索创新人才培养进程中跨出的重要一步,阳明学院是以宁波名人王阳明的名字命名的,他生活于明朝中叶,是著名的思想家、文学家、教育家,又是军事家,是一个文武全才。我们选择阳明来冠名,也是择其思想中鼓励个性发展和他本人全面发展的精华,与我们培养创新人才有一定的关联,同时也体现了我校对浙东文化的传承。我们要把创新人才培养的基本要求贯穿到阳明学院建设过程中,使其成为新生眼中宁波大学的第一道风景线,成为培养创新人才的第一站。为此,阳明学院应该认真考虑做好以下工作:

第一,着眼长远,重视制度建设。阳明学院在我校是个新生事物,从零开始,从一张白纸画起,所以更要重视制度建设。制度的设计必须有利于学生的长远发展,必须有利于教师积极性的发挥,必须有利于学校各部门和各学院的管理。当然兼顾这三者绝非易事,当发生冲突时,必须把学生的利益放在首位。这一点很重要,体现了学校以学生为本的教育理念,也是为了学校的长远发展。在管理制度制订的具体过程中,应该与学校各管理部门、各学科性学院充分的沟通,有些制度还要充分听取学生的意见,把各项规章制度考虑得更加充分和仔细,与现行的制度能够平稳接轨,如果能做到这一点,我们在管理方面就会少费些劲,少一点争议,能得到大家的认可。制度一旦制定,就必须严格执行,通过一项项制度的建立和实行,通过不懈的努力,逐渐形成阳明学院的优良传统。

第二,大胆改革,坚持体制创新。我们为了培养创新人才创立阳明学院,因此阳明学院必须要建立有利于创新人才培养的学院工作体制,因为这个学院应该做的很多工作对我们的传统教育、思想、观念、制度、方法都会有很大的冲击。如果按照现在的体制再造一个一年级学院,实际上没有什么意义,如果我们整个的教育教学方法不做革命性的变化,我们也没有必要成立这样一个学院。阳明学院的同志要本着改革创新的精神和勇气进行认真研究和思考,如何建立有利于创新氛围形成,有利于学生个性发展,有利于学生兴趣爱好养成,有利于教学方法改革的管理与工作体制,从而避免走过去有碍于创新人才培养的老路。

第三、沟通合作,共享学校资源。阳明学院要主动争取各学科性学院和管理部门的支持。阳明学院是一个学院,也是学校和各个学科性学院共同的学院,不能封闭起来,一定要开放,要和学科性学院衔接好,这是大家非常关注的问题。阳明学院能否处理好与各个学院和管理部门的关系,在很大程度上决定了阳明学院举办的成败。希望各个学院、各个部门能够支持阳明学院的工作,不要斤斤计较,不要把账算得那么细,要理解和支持。希望各个学院能够把自己最好的教师,最好的班主任配到阳明学院去,能够让学生入校后接触到学校最好的教师,起到我们共同关注一年级新生的作用。可以肯定地说,开始的时候,阳明学院会给大家带来不适,但是我们要有足够的耐心和信心,一年以后来享受阳明学院结下的第一批果实。阳明学院的同志也要有充分的思想准备,要主动和各学科性学院沟通,因为要变革一个长久的习惯、制度、思维,都是非常困难的事情。你一变,违反了习惯,事情就很多,大家压力就很大,其他学院就会感觉麻烦,容易形成对立。所以要做好沟通工作,一定要下气力,下功夫。从阳明学院介绍的情况来看,学生管理配备了相对比较强的辅导员队伍,考虑的还是比较仔细,学生管理问题应该会相对少一些,当然不是说没问题。但是,我们在教育、教学这方面的问题可能还比较多,有些地方考虑得还不够,如何有效利用学校的教育教学资源,今后还要和各学科性学院作深入的沟通。

第四,巧借外力,发挥选择功能。阳明学院应该有他们的选择权,首先最重要的选择权是课程的选择权。一年级的学生选择什么样的课程,阳明学院应该有选择权,而阳明学院第一年,主要是上基础课,基础非常重要,通识类课程也是重点。有些专业的基础课,不是非要上的,而大家现在争得很厉害,这个选择权要给阳明学院。各学科性学院不要过多地强调自己的专业,因为强调专业,那就没必要办阳明学院,直接分到各学科性学院就行了。实际上,国外强调的创新型人才,不是像我们提的这么直接,最高的教育理念就是给社会培养一个具有完善人格的人才。人格必须健全,比如,好奇心存在,自尊心存在,社会责任感和意识也应该存在,这些都是通过培养完善人格实现的。所以,应该给阳明学院比较大的课程选择权,因为它要构建通识课程、基础课程的课程体系。其次,阳明学院对教师有比较大的选择权。我们应该形成一个共识:优秀的教师才能上阳明学院的课。要鼓励我校名教授、名师给一年级新生授课,使新同学感受到学校对他们的关心和重视。同时还要在阳明学院建立完善的听课制度。最后,阳明学院应该有选择教师教学方法的权利。在某种程度上,要改革现在这种传统的以传授知识为主的教学方法,还有困难。但是,在阳明学院,在有条件的课程中,一定要把一些比较好的教学方式方法引进到一年级教学中,鼓励教师动足脑筋,充分利用学生的课余时间? 这点是一个非常关键的问题。如果教学方式方法还是那种"满堂灌"的形式,就很难使第一课堂成为培养创新人才的主战场。阳明学院要能主导教学方法的选择,使教学方法、考试方法多样化。以上这些权利要给阳明学院,否则,在教学方面没有发生根本改变,那么成立这样一个学院的意义也就大打折扣。但是阳明学院也是一个学院,它没有行政管理的职能和权限,如何实现上述的选择功能呢? 这就需要阳明学院的同志充分利用各管理部门、专家、督导和学生的力量,在实践中不断探索,实现以上的各种选择。

三、2008,宁波大学聚焦阳明学院

今年九月份,随着 2008 级新生入校,阳明学院就要正式运行了,我希望全校的目光聚焦到阳明学院,通过这样的聚焦,点燃学校创新型人才培养的火种。

首先,对阳明学院和新生的关注要从学校领导做起,从我本人做起。也希望以阳明学院建立为契机,改变我们的领导作风,干部作风,花相当的时间在一年级学生身上。我记得我到台湾去,碰到台湾大学原来的一位老校长,他和我说,他每年开学的时候都很忙,他要和每个班级的新生吃一次饭。我想,让我和我们 70 多个班级都吃一次饭,困难比较大,但是这种精神值得我们学习和借鉴。所以从校领导做起,新生进校以后,不单单是给新生讲第一课,而且在平时的工作当中,能够经常和学生接触,了解他们的

想法和动态,了解他们对学校、教师、专业、课程的种种要求,我们要建立这样的制度。

其次,希望各部门要支持阳明学院的工作,因为阳明学院是个新生事物,在建立过程中会有很多没有碰到过的新问题,新矛盾。例如财务报销,阳明学院的很多报销科目和其他各个学院不一样,在经费处理方面可能好多东西都是新科目,怎么处理,需要计财处的支持;阳明学院师资配备、导师配备、对各个学院人员的聘请如何做? 他们的报酬如何算? 这都需要人事处给予支持和配合,才能够解决种种问题。阳明学院的学生管理工作、教学工作还有很多工作需要和学生处、教务处协调,也希望这些部门给予支持。办公条件、学院基本建设等方面都需要大家的支持配合。总之,希望大家耐心一点,切实解决阳明学院在创办和以后发展过程中的困难。

最后,希望各个学科性学院给予阳明学院支持。如果没有学科性学院的帮助和支持,阳明学院是肯定办不好的。在这个过程中,也会出现很多新的问题,希望大家能够理解、支持和配合。各学科性学院要认识到阳明学院对本学院发展的重要意义和重要作用,绝不能认为一年级学生都是阳明学院的事情,和我无关,那么等你清醒过来以后,会发现你的学院损失将是多么巨大。在阳明学院成立之初各学科性学院应该把自己学院的精兵强将投入到阳明学院学生的创新能力培养,成长指导和日常管理中去。这样,才能齐心协力把阳明学院的工作做好,使其充分发挥它应该起的作用,使学生受益,使各学院受益。

特别希望宁波大学一年级学生,出了阳明学院以后思维更加活跃,勇于提问,敢于质疑,促进教师改进教学方法,提高教学水平,使教学相长发挥作用。我们的学生要有这样一种素质,我们的教师也要有这样一种心态,从根本上促进学校人才培养方式方法的改变,提高人才培养的质量,点燃学生所蕴含的创新之火。

我们对新生的创新能力培养开始于阳明学院,但是阳明学院并不是我校创新人才培养的终点,创新人才的培养贯穿于学生在校的整整四年。我们在开办阳明学院的起始之时,同时已经考虑阳明学院学生到各个学院以后之事,希望各有关管理部门,各个学院进行深入思考和研究,进一步完善我校创新人才培养体系的整体构建。

关于学校办学资源拓展的论述*

  ——对待资源,特别是对待资源短缺的情况,我们的先人早就有办法,也很简单,就是两个字:勤俭。勤,就是努力获取资源;俭,就是尽力节约资源,也就是用力地开源节流。形成学校强势文化的一个重要出发点和基本点就是要有强烈的"忧患意识"。

  2007年我校获得博士学位授予权后不久,学校立即就下一步的发展思路和目标进行了探讨,同时也深刻分析了发展中的各种矛盾和困难。在去年的务虚会上,明确提出学校在发展中所面临的两大难题,一是资源短缺的问题,二是教职工积极性的进一步调动问题。今年初,学校根据国家事业单位工资改革的总体要求,部分调整了校内津贴的分配办法,在调动广大教工积极性方面迈出了重要一步。同时,学校也着手考虑如何有效地解决资源短缺问题,在进行了大量调查研究的基础上,形成了初步的意见。今后,我们要进一步理清思路、统一思想、明确职责,为学校下一步又好又快的发展提供可靠的资源保证。下面,我从宏观角度就"破解资源短缺难题,推动学校快速发展"谈一些想法。

一、办学资源决定着高校的发展

  大学的办学资源大体可以分为两大类,有形资源和无形资源,有形资源主要包括办学的学生生源、人力资源、财务资源和物质资源;无形资源主要包括政府政策、学校声誉、大学文化、社会关系等。在很大意义上,高校

---

  * 本文是聂秋华2008年9月1日在暑期中层干部务虚会上的讲话

发展的竞争，就是高校办学资源获取能力与配置机制的竞争。一所大学如果能做到办学资源既拿得来、又分得好，那么这所学校就具备了较强竞争力和又好又快发展的基础。

从中外大学的发展史上我们可以看到，国家对高等教育办学资源的投入力度，在很大程度上决定着高等教育的发展。欧洲是现代大学的发源地，但从上世纪中期以来，欧洲已将高等教育的领跑地位拱手让给了美国。为什么那些曾经被美国高等教育视为范本的欧洲大学如今风光不再了呢？一个很重要的原因是欧洲国家花在高等教育上的钱没有美国多。有研究显示，欧盟国家在高等教育上的投入平均只占其 GDP 的 1.1%；而美国则高达 2.3%；美国大学花在一个学生身上的钱，比欧洲大学要多两到五倍，再加上美国大学拥有灵活的机制，集聚了全世界最顶尖的人力资源。因此，自 20 世纪中期以来，全世界高等教育的中心已从欧洲转移到了美国。

从我们国内高校近十几年的发展来看，也是由于国家对高等教育事业的重点投入，促使了近年来中国高等教育事业的快速发展。1995 年 11 月，我国正式实施"211 工程"建设计划，面向 21 世纪，重点建设 100 所左右的高等学校和一批重点学科。1998 年 5 月，国家又在"211 工程"建设的基础上，实施高校"985 工程"，重点支持国内部分高校创建世界一流大学和高水平大学。这两项工程的实施和大量办学资源的投入，使得我国高等教育获得了较快的发展。统计数据显示，国家在"九五"和"十五"的十年时间里，"211 工程"共计完成投资 368.26 亿元，"985 工程"一期，北大、清华国家各投入 18 个亿，浙大 14 个亿，南大、复旦、中山、上交大、北师大各 12 亿，哈工大、中科大、北理工、西交大、北航、西工大、武大、山东大学各获 8 亿～10 亿不等的投入，其他 985 高校也各获 3～7 个亿不等的投入。这种高校建设专项资金投入的力度远远高于以往，大笔建设资金的投入和国家高等教育发展扶持政策的实施，使得我们国家高水平大学建设取得了很大的成绩。数据显示，在科研经费方面，我国主要的 28 所大学科研总经费、纵向科研经费的平均值与美国高水平大学的平均值之比，从 1995 年的 1：23.4 和 1：34，分别缩小到 2005 年的 1：6.2 和 1：6.8；在 SCI 论文发表数量和被引频次方面，从 1995 年的 1：15.1 和 1：51.7，分别缩小到 2005 年的 1：3.6 和 1：6.2。这从一个侧面说明，我国大学与国外高水平大学的差距正在缩小。

近十年来,浙江省的高等教育也获得了快速发展,逐步由高等教育小省向高等教育大省转变,但从各校的发展态势来看,也不尽平衡,谁获取的资源多,谁就占得了发展的先机。1998 年浙大四校合并以后,省里也有意识地要把浙江工业大学扶大扶强,给了浙江工业大学在重点学科、发展用地、重大项目、办学经费、特殊政策等方面较多的办学资源,使得浙江工业大学办学整体实力得到了快速提升,综合办学实力已稳居省属高校第一。同样,1998 年 11 月,浙江农村技术师范专科学校转制,改名为浙江万里学院,公办转制为民办,当时省里给万里最为核心的一条政策就是新成立的万里学院能按民办大学的收费标准收费,并且可按学校实际办学能力扩大招生,不受招生指标限制,这一政策资源使得万里学院这所原本面临困境的学校呈现出良好发展的势头。

日前,杭州市委市政府又出台意见,明确提出要将杭州师范大学建设成为"一流的综合性大学",为支持杭师大发展,杭州市每年市财政安排的杭师大教育经费增幅要高于市财政支出增幅、高于全市教育经费增幅、高于省属高校拨付标准,并保留每年 3000 万元的办学经费支持。同时,在杭州市社会发展重大项目专项资金内切块支持杭师大建设和发展。2008 年杭州市财政安排杭师大年度预算内各项经费支出 6.389 亿元,其中在市社会事业重大项目专项资金中一次性安排杭师大整体搬迁建设专项经费 4 亿元。同时,为支持杭师大实施整体搬迁,在余杭仓前高教园区建设新校区,校园占地总面积 3000 亩。杭州市政府还在学科建设、人才引进、项目申报、服务地方等各方面为杭师大提供一系列的优惠政策。在杭州市强有力的办学资源投入下,相信杭师大在未来几年中必将保持快速发展的势头。

从发展历程来看,宁大的发展得益于宁大人"团结拼搏、迎难而上"的办学精神,得益于宁波地方经济社会的快速发展,得益于以"宁波帮"为代表的社会各界的广泛支持,更得益于国家和省市政府对宁大办学多次特殊政策的扶持。学校开创初期的五校援建使学校有了一个较高的办学起点;1992 年宁大被列入全国第一批招生的政策确保了宁大有着较好的生源质量;1996 年,在全省高校中率先实现三校合并办学,使得办学资源得到了很好的整合；1999 年，在全省高校中第一家试点创办独立学院，这一体制创新为学校和浙江省高等教育事业的后继发展奠定了极为重要的资源保证；2007 年，国家单独增列我校为博士学位授权单位，更是直接帮助我校提升了办学层次，进入建设教学研究型大学的新阶段。

二、我校下一步发展面临着严重的资源短缺问题

2007 年 6 月 9 日，我校正式获得了博士学位授予权，标志着学校正式跨入了教学研究型高校的行列。但与此同时，宁大下一步如何发展，靠什么来保证宁大今后发展的问题也摆在了我们面前。"申博"成功的这一年多时间来，虽然我们学校在教学、科研、地方服务等方面都取得了可喜的成绩，但同时，我也明显感觉到，学校下一步的发展已面临着严重的资源短缺问题，在很多方面都显得力不从心，现有的办学资源已经难以支撑起学校新一轮的快速发展。

（一）政策资源优势不再

政策资源上的相对优势是宁大 22 年来获得快速发展的重要保证。但时至今日，宁大在发展过程中的一些政策资源在现在已无优势可言。五校援建已成为历史；一本招生的政策现在省属高校中已有工大、师大、工商、理工、杭电、温医等 14 所院校获得；全省高校举办民办独立学院已达 20 家，省属主要高校都是与我校同期开始举办民办独立学院；虽然我校被增列为博士学位授予单位，但现在省属高校当中已有工大、中医、工商、理工、温医等 5 家具有博士学位授权资格，我校在这一点上并无优势可言。与此同时，省内兄弟院校也都各自想方设法来获取各级政府的政策资源，省里明确要把浙江工业大学扶大扶强的意愿强烈，相关领导也已明确向教育部主要领导提出希望把工大纳入国家"211 工程"建设计划，虽然难度很大，但省里支持工大快速发展的政策不会改变。2007 年 12 月，省政府与原国防科工委签约共建杭州电子科技大学，虽然国防科工委现已撤销，但杭电今后通过新的工业和信息化部争取军工科研资源的优势仍然很强。今年上半年，经新闻出版总署批准，浙江工商大学成立了出版社，这对学校科研工作的提升有着积极的意义，也使学校多了一条重要的新增资源渠道。杭

师大更是利用其百年校庆之际,获得了杭州市对其今后发展的全方位政策支持。因此,与同类兄弟院校逐渐增多的政策资源相比,宁大在政策资源上已无优势可言。

(二)人才资源新增乏力

高素质的教职工队伍是学校发展最重要的资源。目前我校教职工共有 2352 名,其中教学科研人员 1343 名,管理岗位 491 名,教辅人员 277 名,后勤及附属人员 241 名。全体教职工中有正高 218 名,副高 653 名,博士 302 名,这些人才资源是我校过去几年快速发展的重要保证,但近年来,我们也明显体会到学校人才资源后继乏力的状况。2007 年,我校获国家级科研项目 47 项,其中两大基金 42 项,国家自然科学基金项目总经费首次超过浙工大位列省属高校第一。但今年,学校能获得的国家级科研项目数再要增长则十分困难,两大基金经费数则有可能下降。分析其原因,核心还在于我校新增人才资源的乏力。人才资源的竞争是高校竞争的重点,目前,我校在国内外学术界有影响的高端人才偏少,中青年教师中高水平学科领军人物匮乏,学校汇集、孕育国内一流学术大师的条件还不够完善,与省会城市杭州相比,宁波的地域环境对一流人才的吸引力还不强,学校吸引人才的政策随着学校财力的吃紧,也只有紧缩。这使得学校下一步快速发展与新增人才资源乏力的矛盾变得十分突出。

(三)土地资源扩充困难

我校现有用地面积 2749 亩,实际使用面积约 2329 亩(原林校 420 亩土地为城市职业技术学院使用)。现有土地又比较分散,其中校本部占地只有 1388 亩。由于学校的快速发展,基本建设规模不断扩大,土地资源变得越来越匮乏。由于征地难度不断增加,征地进度比较缓慢,学校现在已造成“项目等土地”的状况,这严重影响了学校的建设和发展,对学校目前的布局调整带来了很大的困难。正是因为学校土地存量非常有限,部分急需建设项目只能通过盘活土地存量。2006 年,学校在学生招生规模刚性扩大和学生住宿无法得到满足的急切状况下,不得以将原来留作教工宿舍建设的用地转为学生宿舍用地。目前,由于高教园区(北区)撤消后,征地主体、征地费用、土地政策、运行体制没有理顺,原历史遗留问题也没有得到妥善解决,给现在学校新的土地征用工作带来诸多困难;周边农民对现行的综合价补偿标准不满意,提出了一些较高的赔偿要求,使本来就已经激化的征地价格矛盾越来越成为制约征地工作的瓶颈;由于有着现实的经济利益,农民违章建筑的拆除阻力很大;以上这些原因,都使学校今后新增发展用地面临极大的困难。

(四)财政资源日趋紧张

随着招生规模基本稳定,学校的收入也基本稳定,但支出增长的势头却有增无减。在人员经费方面,工改引起工资支出增长,人员结构的变化也使得工资呈逐年增长趋势。工资的增长使得以工资总额为缴费基数的各类社会保障缴费同步增长。2007 年学校的人员经费支出比 2006 年增加 2170 万元,预计 2008 年比 2007 年又新增 2000 万元。在还本付息方面,按照教育厅的要求,学校每年平均须归还贷款本金 3000 万元。按学校目前贷款规模,2007 年学校支付贷款利息就达 3300 万元。2007 年六次加息,以 3~5 年期贷款利率为例,从 6.48% 提高到 7.74%,学校每年就需增加贷款利息支出 500 多万元。按照学校目前的负债规模,如果贷款全部到位,每年须支付利息 4400 万元;如果按教育厅 2018 年前还清债务的要求,平均每年还本须 5500 万元。在校园建设方面,按照学校"十一五"建设规划,如果要实现校园建设目标,至少还需要增加基本建设投入 13 亿元。另外,学校每年用于房屋、道路维修和其他学校事业发展必要投入的经费数也相当大。因此,面对学校今后的发展,学校的财政资源也面临着难以为继的巨大压力。

三、突破办学资源瓶颈的思考与思路

这些年学校发展的曲折历程告诉我们,在前进的过程中总会遇到许多的挑战和不少的困难,同样,在学校步入新的发展阶段后,我们立刻遇到巨大的资源难题。我们应该如何面对当前的资源压力和今后不断的挑战与困难,加快学校的发展呢? 这是我们应该思考的重要问题。我们在建设高水平教学研究型大学,并向着一流的目标迈进时,除了充分利用外部的环境与条件,牢牢抓住各种机遇外,在学校的内涵发展中必须重视学校的文化建设，因为学校文化是学校延续和传承的载体，一个强势的校园文化才能成就一所强大的学校，文化强则学校强。当然学校文化不是一两句话就能够说清楚的，学校文化的形成和发展是一个长期的过程，但是我认为，形成学校强势文化的一个重要出发点和基本点就是要有强烈的"忧患意识"。

可以毫不夸张地说，忧患意识是人类文化的源头之一。畏天地，敬鬼神，于是就有了宗教；患生存，盼温饱，于是就有了部落（政治）；忧现实，思人生，于是就有了哲学等等。实际上，世界上的各个民族均有忧患意识，但是只有具有强烈忧患意识的民族才最有可能立于世界民族之林。例如犹太人，几千年历尽沧桑，培育了马克思、爱因斯坦、弗洛伊德、毕加索、卡夫卡、普利策、基辛格等大批世界伟人，有160多位诺贝尔奖获得者，精确测定光速，发现了夸克、叶绿素、人类的四种血型，发明了链霉素、青霉素、小儿麻痹症疫苗、原子弹乃至于牛仔裤、胸罩、避孕药和芭比娃娃等等，这个民族之所以能如此优秀，他们在极其恶劣的历史环境中能为人类做出如此巨大的贡献与这个民族有着强烈的忧患意识不无关系。直到今日，每年的逾越节，犹太家庭总是全家人围坐在一起，无论老幼，共同诵读经书《哈加达》，重温犹太人在埃及被奴役的遭遇，以及摩西带领犹太人出埃及的历史。身处岛国的日本人其忧患意识就更加典型了，在他们经济步入巅峰的辉煌时刻，他们没有谈崛起，而是在担忧"日本沉没"。就连世界一号的美国人，他们担忧的也是"世界末日"，思考的是下一个对手。

我们中华民族也是具有强烈忧患意识的民族，"人无远虑，必有近忧"、"生于忧患，死于安乐"的先人教诲已经传承了两千多年，虽然这期间内忧外患不断，但总体上讲，在大部分时间里中国一直是世界强国，因此中华民族文化中流淌着优越感，只是到了最近的两百年才落后了，而且蒙受了百年的耻辱。但是中华民族没有屈服，忧国忧民之士大有人在，至今我们的国歌还不断提醒"中华民族到了最危险的时候"，就是要用这种忧患意识促进中华民族的伟大复兴。

今年"两会"期间，胡锦涛总书记告诫各级干部特别是领导干部要增强三个意识，头一个意识就是忧患意识。什么是忧患意识？概言之，这是人群中特定群体在社会发展转折时期或关键时期的一种清醒的防范意识和预见意识，源于自觉的危机感、紧迫感、责任感和使命感，表现为坚强意志和奋发精神。忧患意识表现出的是这个群体的一种精神自觉,是这个群体对改造世界的一种强烈的责任感和能动性,因此成为重要的精神动力。要形成积极向上的学校文化就离不开强烈的忧患意识,当然要真正具备这种文化,还需要我们不断努力,特别要通过我们的制度设计来加速形成。

面对学校发展所面临的资源短缺问题,我们应该有深深的危机感、紧迫感、责任感和使命感,分析面临的资源现状,思考走出困境的办法,建立有效的制度和机制,破解发展中的难题。

对待资源,特别是对待资源短缺的情况,我们的先人早就有办法,也很简单,就是两个字:勤俭。如果用现代规范说法来诠释这两个字:勤,就是努力获取资源;俭,就是尽力节约资源,也就是用力地开源节流。这也可以作为我们破解资源制约难题的主要思路,两字方针。"成由勤俭败由奢",在我国历史发展的长河中,这是一个屡试不爽的真理。

(一)努力获取资源

高校办学需要各种资源,资源属性的不同和资源分配的主体与方式的不同,决定了必须针对不同的资源,采取不同的获取方式。针对办学中的几种主要资源,我们应该根据学校自身的条件和特点,想方设法,尽力争取。

1. 打好"四张牌",巧取政策资源。有人说,宁波大学是一所得到了超常规政策支持的学校,因此宁波大学能够实现跨越式的发展。的确,如果没有政府的倾斜政策和大力支持,我校的建设步伐也不可能迈得如此大而有力。从我国高校的发展来看,政府政策资源是高校办学最大、最为重要的资源渠道。因此,学校下一步的发展要继续充分利用宁大侨资性、综合性、地方性、开放性的办学特点,继续打好这四张牌,努力争取更多的政府有利政策。在国家层面上,我们要巧打侨资牌,侨资院校是我国高校群体中的一个独特类型,由于其办学的特殊性和海外人脉关系,在国家层面有其相对特殊的影响,因此,学校今后的发展,要继续充分利用好侨资优势,努力争取教育部的政策支持。在省内,宁大要打好综合牌,要充分利用宁大学科综合的优势,争取省里对宁大继续快速发展的政策支持。对宁波市,宁大要打地方牌,要针对宁波现代化国际港口城市的定位,构建学校的品牌专业和特色学科,通过宁大人自身扎扎实实的服务地方经济社会发展的行动来获得宁波市政府和人民对宁大的认可与支持,通过打实地方牌,向地方要资源,包括盘活现有土地资源和启动研究生园建设的政策。就学校自身而言,宁大要坚持开放办学的理念,要走出去学习、请进来交流,加强与各级政府主管部门的沟通联系,多渠道选派干部、教师挂职锻炼,努力为学校下一步的发展争取更多的政策资源。

2. 练好基本功,竞争财政资源。在目前财政拨款体制下,政府对高校的导向性日益增强,不但是教育主管部门,而且财政主管部门的介入也不断加深。钱比以前是增加了,但高校必须跟着政府的指挥棒转。必须全面加强教学的基本建设,从今年开始,省财政对大学上浮 10% 的经费拨款政策将进行调整,调整的依据是十几个教学工作的指标,综合评分的结果,我校并不具有优势,还要花大力气提升我校教学工作的整体水平。近几年,各级政府对高等教育的专项投入持续增加,但获得专项需要靠项目去竞争。从教育部教育质量建设工程,各级政府的各类重点专业、学科、实验室、工程技术中心、创新团队建设项目竞争异常激烈。在竞争过程中,我校还主要采取短期突击的办法,逐渐显得力不从心,反映了我校在教学和学科基础建设工作的薄弱和后劲不足,以学院为主去竞争省级以上项目的能力尚亟需加强。面对财政资源的激烈竞争的现实,迫使我们要苦练内功,只有具有了扎实的基础,我们才有可能在这种竞争中获取更多的资源。

3. 改善软环境,增强人力资源。高校的竞争,归根到底是人才的竞争。在今年我校参与的多项竞争中,我们开始感到有些力不从心,从本质上讲,是我们人才队伍的竞争力在相对下降。为了改变人才队伍的现状,从根本上提升学校的竞争能力,要继续营造尊重人才的良好氛围,努力做好学校人力资源的开发与利用。首先要提高人才引进的质量。按照高校工资制度改革的思路,学校的岗位越来越宝贵,因此在引进过程中必须严把质量关。尽管现在要引进一个高水平的人才非常不易,但是我们必须要咬紧牙关,把宝贵的岗位留给学科带头人和具有发展潜力的博士。其次是加快人才培养的速度。青年教师的学历培训工作得到了较大发展,学校具有博士学位的教师比例增长较快。除了学历培养,还要着力加强青年教师教学工作和科研工作的能力和水平提升,要尽快建立和完善"以老带新"的青年教师培养制度,使更多的青年教师能够脱颖而出,使我们的学术队伍后继有人。要加大教工培训的力度,我们现有的教职工队伍是我校宝贵的人力资源,通过多种形式的培训,能够提升他们工作的能力和水平,可以最大限度地挖掘他们的潜力,为学校发展发挥更大的作用。应该针对不同岗位、不同类型的教职工建立相应的培训规范,努力使教工培训工作走上制度化的轨道。

4. 利用新形势,拓展培训资源。中国的高等教育市场是一块很大的双层蛋糕。第一层为全日制的本专科、研究生教育市场,第二层为继续教育、成人教育的培训市场。第一层蛋糕的特点是每年总额限定,由政府主导切分;第二层蛋糕的特点是每年总额不定,由市场主导切分。在第一层蛋糕上,由于总额限定、政府分配的特点,我们要争得比原来更多的份额渐无可能。但在第二层社会培训蛋糕的切分上,我们可以大有作为。今年 7 月,毛光烈市长在我校服务宁波经济社会发展报告会上曾讲到,在继续教育方面,清华每年的收入高达 10 亿,浙大有 2 亿,而整个宁波市的培训市场目前只有 2 亿。从我校现状来看,我们在宁波的培训市场所占份额还不到 10%,在高端培训方面更是少得可怜。目前,市政府对宁波市高等教育的投入方式也有一个新的变化,就是在上年经费总量基础上,每年新增 1.5 亿,新增经费主要用于培训,由全市各高校和社会培训机构通过自身在教育培训市场上的份额来切分这 1.5 亿的新增经费。宁波大学作为宁波市唯一的一所具有博士、硕士、学士三级学位授予权的综合性大学,我们一定要依托我们的品牌和实力,充分整合、盘活学校现有资源,着力开拓教育培训市场、拓宽办学渠道,为学校发展争取更多的办学资源。今后,学校要理顺校内培训管理体制、培育宁大培训品牌,尤其是要开拓高端培训市场,既要通过高端培训来争取办学经费,也要通过高端培训来锻炼管理队伍、帮助教师提高自身素质。各个学院应该认真思考如何结合本学院学科的优势和特点拓展培训项目,充分利用国内外教育资源形成高端培训品牌,形成"一院一品"的教育培训格局,借此提升学院服务地方的能力和获取资源的能力。

5. 依托"宁波帮",广筹社会资源。多元化的办学资源筹措方式是我校的一大办学特色。建校之初,包玉刚先生就与政府达成意向,学校基本建设由包先生出资,日常运行经费由国家出资。当时,学校建校初期每年

600 万元的日常经费就由国家、省、市三方各出资 200 万元予以解决。学校办学至今,也已初步形成了以政府拨款和学校学费、科研项目经费为主体,独立学院办学收入分成和学校其他事业收入为重要支撑,"宁波帮"、校友和地方企事业单位捐赠为有益补充的多元化、多渠道的资源筹集方式。学校要继续努力拓宽资源获取渠道,在继续做好海外"宁波帮"工作的基础上,做好新一代海内外"宁波帮"的工作,进一步获得社会各界对学校发展的支持。要加强校友会的工作,要把校友作为将来支持学校发展的重要力量。同时,学校也要着眼长远,建立学校筹资机制,把筹资作为学校一项重要的事业来做,要进一步发挥学校发展促进委员会、学校教育基金会的作用,逐步探索建立学校办学资源筹措的专门机构,制定明确的目标和相应的规范,配备专兼职相结合的工作人员队伍,努力学习和研究筹资技巧,积极探索学校办学资源筹措的新方法。

总的来说,争取资源要靠脑勤、嘴勤、手勤、腿勤。恳请大家记住,别人最愿意做的事情是锦上添花,而不是雪中送炭,这个锦是需要你自己首先织出来的。那种在家靠父母呵护,出门靠朋友帮忙,靠上帝保佑,靠菩萨慈悲,靠皇恩浩荡的观念是消极被动的,我们要努力争取别人的帮助,但是不能靠,靠是靠不住的,从来就没有什么救世主,要靠就得靠自己,这是建立积极向上的学校文化的根本立足之点。

(二)尽力节约资源

谈到节俭使用资源,要与吝啬区别开来。资源本身是要用的,节约资源不等于不用资源、少用资源,而是如何用好资源,有时甚至还要超前使用资源,关键是发挥资源的最大效益。我们要树立积极的节俭意识,也就是从如何最大限度发挥资源的使用效益来形成我们的资源使用节俭观。

1. 打破传统观念,有偿使用资源。为了使我校的有限资源得到有效的使用和发挥更大的效益,首先应该破除学校的资源均可以无偿占有和使用的传统观念。当然教育是公益事业,有些资源的使用不能靠单纯的收费来分配,但是充分利用经济和效率的杠杆以实现资源使用效益的最大化,是我们在资源问题上进行改革的方向。无偿占有和使用学校资源的最大弊病是大家都尽力向学校争取资源,不争白不争,容易引发内部的矛盾;由于资源是无偿的,因此在使用中不会重点考虑资源如何发挥最大的效益,造成资源潜在的浪费;而且资源到手以后是部门所有,资源再要进行全校共享就十分的困难。要改变目前我校在资源分配与使用中的不合理现象,重要的是树立资源有偿使用的观念,通过制订切实可行的国有资产有偿使用管理办法,使学校的土地、房产、仪器设备、编制、职称指标等有形资产和专利权、商标权、著作权、社会声誉等无形资产发挥最大效益,并逐步形成有效的管理机制。使用学校资源后,偿付给学校的可以是货币形式,也可以是绩效形式,即使用资源后对学校发展的贡献。不建立资源有偿使用的观念,学校就很难推出下一步关于资源使用的各种政策,很难在全校范围内建立一种资源获取与使用的有效机制,以积极应对目前学校发展资源短缺的挑战,突破资源瓶颈制约的困境,促进学校的更快发展。这是我们这次会议要解决的首要问题。

2. 注重绩效考核,优化配置资源。目前,以绩效为基础的高等教育资源分配方式已经在全球范围内得到广泛应用,美国、德国等国家都普遍实行了高等院校绩效拨款体制。虽然国内现在还普遍实行"生均定额加专项补助"的拨款方式,但绩效分配的趋势已越来越明显。省教育厅已基本完成了今后按各校教学工作业绩来切分高校部分办学经费的办法,宁波市按培训市场份额比例来切分宁波新增教育经费的办法,其目的就是强化高校办学的绩效。今年我校已经制定并开始实施新的薪酬分配制度,其主导思想就是要强化绩效来分配学校资源,学校现在对学院的目标考核办法也突出了学院办学业绩。实际上以绩效为依据配置资源正是有偿使用资源的具体体现之一,也是优化配置资源的主要手段。今年学校在教学上进行资源配置改革的最重要举措是阳明学院开始运作,阳明学院的建立不仅是一项教学改革,而且也是学校资源优化配置的改革,通过进一步扩大学生的选择权,根据学生的发展需求来推进学校的教育教学资源的优化配置。在教学方面要进一步按照省里的财政拨款考核指标要求,制订优化教学资源配置的具体细则。在学科建设方面,要继续采取绩效管理、扶强扶优、滚动竞争、梯次发展的策略,努力提高学科在国家和浙江省层面争取资源的能力。在师资队伍建设方面,要研究制订师资引进、教师培养和职工培训的绩效考核办法,提高我校人力资源开发和管理的水平,把有限的岗位资源向那些师资引进质量高、青年教师培养速度快和职工培训抓得紧的单位倾斜,提高人力资源的使用效益。学校的各管理部门,要认真研究思考与本部门有关的以绩效分配资源的管理办法,努力提高学校办学资源的使用效益。当然,在强调我们要提高资源使用效率的同时,也必须注意到各个学院和单位发展的不平衡性和竞争能力的强弱,要求我们在激励强者的同时,也要关注弱者,努力形成都有成长空间,都能积极向上的和谐发展局面。

3. 建立有效机制,充分共享资源。资源的充分共享是节约使用资源的最有效手段之一,也是提高资源使用效益最有效办法。我们学校在一些资源的使用和利用方面应该也做了大量的工作,例如图书与期刊的共享,这已经成为一个约定成俗事情,即使各个学院的资料室向全校开放也不是一件很难的事情。但是在实验设备的共享方面还存在比较大的困难,尽管学校的设备总值将近 3 亿元,但是总体的使用效率还非常低,其中很难共享是使用效率低的重要原因之一。设备共享的确是高校设备利用的一个难题,涉及了观念、有偿使用和机制等诸多方面的问题。首先是观念问题,设备的部门所有,不管用不用,都是我的。为他人服务,费时费力费钱,凭什么? 其次是有偿使用问题,使用设备应该付费,但是为了充分利用学校资源,鼓励校内同事共享设备,收费要合理,不能太高。第三也是最重要的就是如何建立设备共享的有效机制问题,设备管理部门要认真分析制约设备共享的障碍,例如各种费用问题,要努力形成这样一种机制,使设备所属部门感到不充分共享,这个设备就是本单位的一个负担;使校内想共用设备者感觉使用校内设备非常方便,不必自己购置或跑到学校外面去费时花钱。我们宁可少买点设备,把部分设备经费用于共享机制的建立方面,调动各部门在实现学校设备共享方面的积极性,努力形成"同属一个学校、共用一台设备"的良好局面,这就是最大的节俭。同样,我们在师资、教室、报告厅等方面也要积极探索如何实现最大限度的校内资源共享机制。

4. 加强制度建设,珍惜有限资源。我校一方面由于办学资源不足,已影响和制约了学校的发展,但另一方面,学校也存在着严重的资源浪费现象,造成这种现象的重要原因,是我们的资源管理制度和管理方法还比较粗放,不够健全。加强对学校办学资源的管理,健全资源管理的制度,是珍惜和节约办学资源的关键所在。要准确掌握学校各种资源的家底,进一步规范学校物资采购、入账、使用保管、移交和报废的工作程序,对现有资源全面实现计算机数据库管理。根据资源有偿使用的原则以及绩效考核和资源共享的要求,制订和修订资源管理的有关规章制度,通过制度的不断完善,在学校资源的优化配置和提高资源的使用效益上形成新的机制。要推进实施规范化、精细化管理,强化成本核算与绩效管理,学校以及各个学院要进一步细化预算控制。要继续坚持和完善招投标制度,创造条件建立学校层面上的统一招投标平台,建立健全重大项目论证制度,提高重大投入决策的准确性和有效性。加大监察审计力度,规范常规审计事项,进一步落实校务公开制度,增强学校资源使用的透明度,推进民主监督。通过扎实有效的努力,建立健全学校国有资产管理、使用、运作和监督的制度体系,确保国有资产使用过程中的高效、节俭和廉洁。

节俭应该是我们中华民族的美德,对于个人的财产,个人的钱财,大多数人不难做到节俭,问题是对待公共的资产我们还能做到节俭吗？这是一个道德问题,我们理应像对待个人的资产一样来对待学校的资产。但是在现实中,做到这一点绝非易事,在提倡这种美德的时候,还必须要通过制度和机制的建立,来保证每个人在使用学校资源时优先考虑到节俭,逐步形成学校节俭使用公共资源的传统和文化。

我校的发展正处于一个关键时期,面对高等教育激烈竞争的发展态势,我们应该具有强烈的忧患意识,在应对学校资源短缺的挑战和困难中,本着"勤俭"的方针,解放思想,更新观念,通过加强制度机制建设,使我们的管理工作从例外到例行,从强制到自觉,从短期到传统,使我们在资源问题上的认识、观念、制度和做法成为学校积极向上的校园文化的有机组成部分。能否突破办学资源的瓶颈制约,对下一阶段学校的发展至关重要,将决定着学校今后的发展速度与质量。

科学发展观视域下几个问题的审视*

> ——我们现在的工作书写着宁大的历史,而我们现在工作中表现出来的、经得起历史考验的价值观念和取向才会对宁大的未来产生有益和深远的影响。

胡锦涛总书记指出:"科学发展观,第一要义是发展,核心是以人为本,基本要求是全面协调可持续,根本方法是统筹兼顾。"科学发展观符合马克思关于人的全面发展的基本观点,符合辩证唯物主义,需要我们认真学习、深刻领会、准确把握。而在实践科学发展观时,我们必须分清对象和场合,坚持具体问题具体分析。科学发展观的提出主要是针对解决我国在发展过程中所暴露出来的矛盾和问题,比如贫富差距、城乡差距、环境恶化、能耗严重、资源匮乏等问题,在这样的背景下提出科学发展观,总的思想是要侧重公平,强调可持续,因为改革开放三十年来的发展是粗犷的,主要是强调效率,现在则是要做到效率与公平的统一。学习实践科学发展观还提出了一些要求,比如要重视社会稳定、关注民生、社会保障等,这些要求主要是对各级政府提出的,因为政府担负有这样一些责任。但大学和政府的职责、发展侧重点以及所面临的实际问题不尽一致,因此,在我校学习实践科学发展观活动中,首先应该对我校所处的具体环境和实际现状进行分析,再来思考如何实践的问题。

宁波大学能够发展到这一步,取得现在这样的办学成绩实属不易。但是,当前学校面临的问题也很多,首先是思想认识的问题。例如,学校现在的发展到底是快了还是慢了?学校从获得博士学位授予权以后的这两年,实事求是地说,我们各方面的工作仍然在发展,但是和兄弟高校、在杭高校

---

* 本文是 2009 年 4 月 28 日聂秋华在学习实践科学发展观主题讨论会上的讲话

相比,我校发展的相对速度慢了下来,根据这两年教学、科研、学科等各方面的指标,我们学校实际处于相对下滑的状态,这些各方面得到的微小信息综合在一起,就提示我们,现在学校的发展处在一个危机时刻、关键时刻,这是我们学习实践科学发展观的过程中首要面对的实际问题。另外,我们的办学资源已极度匮乏,资源对学校下一步发展的制约非常明显,到目前为止,我们还没有有效的办法来调动学校上下共同努力突破资源瓶颈的限制。显而易见,我们学校下一步发展面临的压力很大,但压力的承受并不平衡,我们还没有建立起有效的机制,把压力能传递下去让大家共同承担,而仅仅是压在部分人的身上,从长远看,必将制约学校的发展。如何应对目前面临的处境、走出困境?我认为首先应该认真思考和解决下面几个问题:

第一,要明确目标。宁波大学三校合并以来开了两次党代会,第一次党代会提出要建设海内外知名的高水平教学研究型大学,第二次党代会提出要建设国内一流地方综合性大学。这些奋斗目标的提出对学校的长远发展起到了方向性的指引作用,在此基础上,我们还需要有一个具有一定标准和实现时间的阶段性目标。例如,为实现第一次党代会提出建设海内外知名的高水平教学研究型大学的发展目标,我们就明确首先要迈入教学研究型大学的门槛,确定了"申博"的阶段性奋斗目标。现在回过头来看,"申博"这个目标对推动学校过去几年的发展和建设的确起到了至关重要的作用。我们第二次党代会提出要建设国内一流地方综合性大学,这也是一个长远的目标,我们怎么去实现呢?我想也应该在此基础上设定更为具体的目标,集中大家的力量,努力去实现它。当然,确定一个能大家公认、并能凝聚大家而奋起实现的具体目标并非易事,这个问题我也考虑了许久,现在提出来大家还可以讨论,形成更有效的目标。例如,我们是否可以把目标定为"全面学习浙江工业大学"。我记得 2003 年工大张立彬校长来学校检查教学评估的时候,我告诉他我办公桌上长期放着工大的发展规划,因为那时我觉得宁大要赶上工大还是有希望的。但几年过去以后,发现要赶上工大很困难,工大是在杭高校,有它的地理优势和学校的优势。特别是第一次评省"重中之重"学科,工大一下子拿了七个,我们只有两个。那次之后,差距就逐渐拉开了。我觉得工大是浙江省地方院校的标杆,我们班子也很多次提到要把工大作为我们学习的榜样，我想这个目标可以进一步明确。现在我们学校做事情都是集全校之力，才能做成一件像样的事，当然在特殊的情况下也只能这么做。但这么做很大的一个后遗症是：我们的部门、学院独立做事的能力提升缓慢。所以，如果学校定位全面学习工大的话，我们各个部门、学院也应该树立自己的标杆和追赶的对象，我们可以在省属高校里面排序，每一个学科定一个标杆、每一个部门定一个学习追赶的对象。比如信息学院，杭电这几年发展很快，一个学院拿的科研经费就比我们最强的两个学院加起来还多。部门也是这样，要盯着省属高校的第一方阵，如工商大学的财务管理得好，我们财务部门就要盯住学习。在教学方面，我们也可以树立标杆，比如教学方面的改革，国内专家目前逐渐将教育改革的注意力转向教学方法的改革，在这方面，我们可以以宁波诺丁汉大学为标杆。如果每个学科每个部门都盯紧一个目标，向人家学习、努力追赶，我们才有可能立于省属高校第一方阵的前列。我们一定要树立一个目标，失去了目标，失去了对手，我们的发展就会慢下来。因此，我们在学习实践科学发展观中就要思考，我们的目标究竟如何确定？各个学院部门也要思考，自己的标杆在哪里？努力的方向是什么？

第二，要寻找路径。应对压力，走出困境的根本途径还是要紧紧依靠广大群众。学校事业的发展要靠全体师生员工的共同努力，如何让大家来共同承担学校发展的压力，就需要在完善机制上下功夫。第四轮岗位聘任给我们提供了一个良好机会，学校就如何做好聘任工作形成了主要思路：一是岗位跟着任务走。岗位设置数量根据学校要完成的实际教学科研任务来确定，岗位的分配也跟任务挂钩。在给各学院分配岗位的时候，过去的业绩权重占 25％，岗位聘任的现状占 25％，未来将要承担的任务量化后占 50％，重在未来，据此把岗位分解下去。二是充分发挥学院的主动性，岗位聘任操作由学院为主来进行。过去的岗位聘任标准，特别是高级别岗位，都按照学校统一的标准来定，个人完成了学校的标准，学院就很难再分配任务。这次，我们把岗位数分配到学院后，学院可以按照学校规定的标志性条件和学院的具体任务自行决定聘任。这样对学院来说，就可以先定任务，再行聘任，把岗位聘任与完成学院的工作目标紧密结合起来。三是希望由个人的聘任向团队的聘任转变。首先，团队要负责团队整体的发展问题;其次,学科团队必须按照一级学科组建,我们学校学科建设中多校合并的痕迹依然存在,不少学科始终凝聚不起来,我们要通过这次团队聘任,来凝练学科发展方向,同时把学科建设和专业建设合到一起,解决教学、科研两张皮的现象,这次聘任就是按照这样的思路来设计的,希望大家能充分理解学校的改革措施。其实,最终不管高校的机构怎么调整,都是校、院、系这种体制。我们现在是绕了一圈之后回到系,为了和过去的"系"区分,我们叫"学系",这是按照一级学科成立的,是为了把资源整合到一级学科中去。学系作为基层组织,要有一定的权力,同时也要分担一定的责任。在制度的设计过程中,我们还要考虑学院、学系如何划分权力、划分责任的问题。学院要把权力分下去,把压力传递下去,让学系真正成为稳定的基层组织。

第三,要建好班子。我们学校这十年来发展的经验证明,一个学院、一个学科要发展好,班子、带头人是关键,正反两方面的例子不胜枚举。因此,我们在岗位聘任的时候,要特别重视各学院、部门的班子建设。班子和个人都会有各自的优缺点,选拔什么样的带头人是我们要认真思考和解决的问题。对班子和个人当然不能求全责备,但是当我们选拔干部和带头人时也要有一个基本把握。首先我们来看个人。从优缺点角度看,人大致有四种情况:一种人是缺点大优点小,这种人显然不适合当领导;另一种人是优点小缺点小,比较平淡,这种人当领导很难取得太大的成绩;有的人是优点大缺点也大,这样的人用起来风险很大,有可能成事是他,败事也是他,对这种人要尤其慎重;最后一种人是优点大缺点小,我们应主要用这样的人,让他们充分发挥大优点,施展才华。班子建设也是一样的道理,衡量一个班子好与差的重要标志就是这个班子有没有大优点、有没有战斗力。面对学校发展的形势,学校领导班子、学院和部门班子所需要的大优点是什么呢?最需要的大优点首先是应该具有开拓能力,能够在激烈的竞争中,千方百计、想方设法,不断拓展本单位、本部门的各项事业,并使之达到新的发展阶段;其次是奉献精神,能够始终把大家的利益放在首位,吃苦在先、享受在后,成为本单位具有良好风气和战斗力的源头力量;第三是团队意识,能够紧紧依靠集体的力量,凝聚人心,团结协作,从而克服种种困难去实现既定的目标。如果一个班子明显具有这三方面的优点,就可以说有大优点,这样的班子一定会领导本单位开创出一个崭新的局面。

最后,要发扬精神。确定了目标、选择了路径、配备了班子后,就要踏踏实实往前走。然而我们现在面临的情况非常艰难,在前进的过程中肯定会碰到很多困难和曲折,我们能不能绕着走? 会不会打退堂鼓? 当然不行! 这就需要我们还必须有一种精神。最近,原清华大学校长张孝文来到学校,期间和我们讲到,清华的发展主要靠三条:大师、优秀学生、传统。清华大学集中了很多全国最有名的教授,学生都是各个地方的尖子,清华学风好,故事多,文化积淀深厚,有着良好的传统,年轻的教师和学子在这样的氛围中自然受到了潜移默化的熏陶,收到了润物无声的功效。而我们宁波大学还没有这样厚重的传统,传统需要文化的沉淀,需要岁月的淘沙。宁大还很年轻,宁大传统的形成,要靠一代代宁大人来积淀。我们现在所作所为中最有价值的精神部分,将来才有可能成为宁大的文化、宁大的传统。我们现在的工作书写着宁大的历史,而我们现在工作中表现出来的、经得起历史考验的价值观念和取向才会对宁大的未来产生有益和深远的影响。在越是艰难的条件下,宁大人越是奋起努力,这一点我有切身体会。宁大长期以来都没有充足的办学资源,靠的是艰苦奋斗、自强不息的精神,推动学校向前发展。如果现在我们想停下来、喘口气,那就会落后,这是很严酷的客观现实。因此,我们应该继续提倡艰苦奋斗、自强不息的精神,长期坚持,使之内化为宁大办学的一种文化、一种传统、一种自觉的力量。

总之,我们要通过学习实践科学发展观活动,努力解决学校下一步发展的目标问题、机制问题、班子问题和精神状态的问题,把这些问题都解决好,必将有利于推动学校的科学发展,也真正使我们这次学习实践活动取得实效。

关于深入实施全员聘任工作的思考*

> ——和别人比，主要比差距，才能开阔眼界；和自己比，主要找不足，方有远大胸襟。我们需要把全校教职工的积极性都调动起来，把学校各项任务都分解下去，把发展压力有效传递到每个教职员工肩上。

一、深刻认识第四轮全员聘任的背景

我校是在 2000 年开始实行全员聘任制改革的，至今已有十个年头，在进入新世纪以来的这段时间里，学校取得了令人欣喜的办学成绩，其中获得博士学位授予权可以说是这一发展阶段的标志。在 2007 年取得博士授予权后，学校跨入了教学研究型大学的门槛，学校的发展也进入到了一个全新的阶段。学校近十年的发展证明，人事聘任制度的改革是学校发展过程中改革的重点，同时也是改革的难点。正确认识学校第四轮岗位聘任工作所处的背景和十年人事制度改革的成绩与不足，对我们通过第四轮岗位聘任工作进一步深化人事聘任制度改革，具有十分重要的意义。如何做到"正确认识"呢？我觉得应该通过正确的比较来获得。中华民族是一个十分善于比较的民族，概括地说，比较分两种，一种是和别人比，另一种是和自己比。这两种"比"都可能产生两种不同的结果。例如，和别人比，容易产生嫉妒，引起心态失衡，你凭什么能当处长，而我就不能；相反，和别人比，也会发现别人的长处，与别人的差距。和自己比，容易产生满足，乐以安于现状，已经不错了，夫复何求？相反，和自己比，也会发现自己的短处，

---

　　* 本文是 2009 年 6 月 29 日聂秋华在宁波大学第四轮岗位聘任动员大会上的讲话

自身的不足。我认为正确的比较应该是：和别人比，主要比差距，才能开阔眼界；和自己比，主要找不足，方有远大胸襟。建议大家用这种积极的思维方式。

（一）学校发展面临的新形势

今年4月份学校党委学习实践科学发展观的主题讨论会上，我讲到在2003年的时候我校和浙江工业大学之间的差距还不是很大，当时我认为我们追赶工大还是很有希望的。但是，六年时间过去了，浙江工业大学在自身努力和各种外部因素的共同作用下，发展非常迅速，现在说要赶上工大已经很困难了。但无论如何，我始终认为浙工大是浙江地方院校的标杆，虽然有距离，我们还是应该把它作为我们学习的榜样。两周前，教育部与浙江省正式签署了省部共建浙江工业大学的协议，这标志着浙江工业大学将在教育部、浙江省的共同支持下，在一个更高的平台上迎来新的发展局面。

不仅如此，实际上我校面临的竞争形势还要严峻得多。在省内，除浙工大一马当先外，省内其他本科院校的发展也呈现出强劲的势头。举几个数据就可以说明问题，例如师资队伍，我校博士教师目前占专任教师的比例为28%，而杭电该比例为39.75%，中国计量学院、宁波诺丁汉大学、浙江工业大学、浙江工商大学、浙江师范大学等高校的这一比例均在30%以上。在人才培养方面，我们的研究生报考率一直徘徊于25%，很难有大的提高，而考取率为11.43%，位列全省地方高校第7位，浙工大这一比例为16.37%，宁波诺丁汉大学2008年有62.2%的本科毕业生考上研究生，其本科生高端就业的竞争力对我校毕业生就业开始产生影响；全省本科生课堂教学质量抽查我们2006年是0.675分，这两年是0.8分，还进入不了省属高校第一层次；我们的学生论文、作品、专利数只列在省内地方高校的第16位，学生学科竞赛获奖数去年我们列在第5位，但总数与杭电（76项）比相差了一半；研究生学位论文质量抽测这两年快速下滑，去年落到了倒数的地步。在科研方面，我们的国家级项目努力维持在一个较高的水平，纵向科研经费基本持平，但2008年较之2006年还是下降了5.4%；总的学术论文发表数相对2005年有所下降，国内一级核心论文发表2006、2007年持续减少（人文社科尤其明显），2008年有所回升，但较之2005年增长不多,申报职务专利数这两年有较大幅度增加,但授权专利数在逐年减少。

从全国层面看,国家正在研究出台 2020 年中国教育发展规划纲要,它的导向也是要加大对重点大学的支持力度,我们如果不在竞争中尽快脱颖而出,今后在获取资源等方面将没有任何优势可言,那么我们的发展将会变得更加困难。

由以上分析和数据可以看出,我校这两年的发展速度有所减缓,而兄弟高校却仍处在快速发展的态势中,相对来讲,我们就在退步和下滑,这就是当前摆在我们面前的紧迫形势。

(二)前三轮聘任工作的成绩与不足

从 2000 年学校实施全员岗位聘任制改革,我校已进行了三轮校内岗位聘任工作。岗位聘任制度改革适应了新时期高校的发展要求,激发了广大教职工的积极性,学校在人才培养、科学研究、社会服务均取得了很大的进步,办学综合实力显著增强,在省内高校中的地位明显提高。我校是浙江省最早实施全员聘任制改革的高校,人事制度改革的先发优势明显,九年来吸引了大批优秀人才加盟学校,极大地改善了师资队伍结构,具有博士学位的教师从 54 名增加到 330 名。在新的岗位聘任与分配体制的推动下,学校各项事业呈现了加速发展态势。在教学改革中,学校提出"把成才的选择权交给学生"的教育理念,构建了"平台+模块"的课程结构体系,建立了阳明学院,开展了教学建设,开课门数从 2000 年的 2000 门增加到如今的近 5000 门,为学生的成才选择创造了良好条件。2008 年全校在研科研项目总数达 3219 项,其中新增科研项目 1069 项,新立国家级科研项目49 项,其中国家两大科学基金项目达到 45 项;新立部省级科研项目 101项;学校科研总经费达 11714.7 万元,比 1999 年增长 13 倍,服务社会的能力明显增强。新的聘任和分配制度,使"淡化身份、强化岗位、按需设岗、按岗聘任、以岗定薪"的高校岗位聘任理念深入人心,学校建立起了"多劳多得、优劳优酬"的分配机制,为学校事业发展中的各项改革创新奠定了良好的基础。

但是我们也要看到,随着学校的不断发展和形势的不断变化,现有岗位聘任体系在实施九年多以后,其内在的局限性也已经逐步显现出来,主要体现在四个方面:

1. 个人聘岗为主，学院层面难以管理。在过去三轮的岗位聘任中，高级别的岗位都是由学校来聘任，岗位聘任也主要强调个人业绩，学院在聘任过程中的作用不大。因此聘任后学院对高级别岗位者的管理缺乏抓手，很难结合学院、学科发展的变化对高级别岗位人员赋予新的任务，制约了学院管理作用的发挥和有效行使。高级别教师忙于自己保级，年轻教师的培养很少有人问津。

2. 合作意识不强，重点工作难以落实。根据省教育厅、财政厅高校拨款体制改革的要求，争取各种办学标志性成果已经成为与拨款挂钩的重点工作。尤其是各级教学质量建设工程项目的争取与建设，不是通过个人单枪匹马就能够做到的，它需要团队合作的有力支撑，而原有的岗位聘任制度是以个人岗位为主，合作意识淡薄，团队作战能力较弱，不利于学校集中力量、整合资源去争取高级别项目和获得高水平的标志性成果。

3. 任务分解困难，发展压力难以传递。学校的发展，不是单靠校领导、院领导的努力能做到的，也不是我们人数有限的学科带头人、一级岗位教授能够包揽的，我们需要把全校教师的积极性都调动起来，把学校各项任务都分解下去，把发展压力有效传递到每个教职工肩上。但原有的岗位聘任制度无法使学校各项任务有效分解落实到各个学院和具体的教师，办学压力的传递机制尚未有效建立。

4. 方向凝练不够，学科特色难以形成。由于历史遗留等各方面的原因，我校学科发展方向凝聚工作推进缓慢，科学研究方向五花八门，各搞一摊。原有的岗位聘任制度缺乏凝练学科方向的有效办法，也无法将教师的研究方向集中起来，严重制约了学校学科特色的凝练和科研水平的进一步提高，导致学校在争取各类学科平台、学位点和高级别奖项时缺乏有力支撑。

5. 教学科研脱离，支撑作用难以发挥。学校科研和学科建设的根本目的是服务于人才培养，在提升教师学术水平的同时提高人培养的质量。在前三轮的岗位聘任中，重科研、轻教学的现象还比较严重，学科带头人的主要精力还是放在学科与科研上，教学管理和教学建设的工作还主要是低岗位级别的教师承担，严重制约了我校教学建设项目的争取和建设的水平，学科建设尚未对人才培养形成有效的支撑。

以上这些问题的存在,将在很大程度上制约学校今后的全面协调可持续发展,需要我们在新一轮的岗位聘任工作中努力加以解决。

二、第四轮全员聘任工作的改革思路与特点

学校现在的状况虽然比九年前有了很大的发展,但是也遇到了新的困难和挑战。进行第四轮岗位聘任工作,应该根据学校目前所面临的形势和任务,在总结前三轮聘任工作经验的基础上进行大胆的创新与改革,以推动学校实现新的快速发展。第四轮岗位聘任改革的总体思路是以一级学科布局为主线,以学科团队建设为载体,以落实学校发展任务为重点,以加强学术基层组织建设为保障,进一步调动广大教职工的积极性,努力提高人才培养、学科建设和服务地方的水平,落实学校第二届党代会提出的各项任务,全面提升学校的综合实力和竞争能力。概括起来就是四句话:一级学科布局,任务分解设岗,团队聘任导向,基层组织重构。通过本轮聘任制度改革,逐步解决学校发展中遇到的矛盾和问题,进一步凝练学科方向,发挥团队作用,传递发展压力,解决教学和科研两张皮问题,为学校发展奠定雄厚的基础。在此,我想再强调一下本次岗位聘任工作所希望达到的目的:

(一)凝练学科方向,形成学科特色

从国家对学科建设和申报学位点的要求来看,围绕一级学科进行学位点建设是大势所趋。三校合并以来,学校综合性大学的学科框架已初步建立,但学科方向分散的状况仍没有得到根本改变。因此,围绕一级学科开展学科建设势在必行。本次岗位聘任就是要根据学校学科建设规划,利用一级学科的建设,进一步凝练学科方向,对现有学科进行有效整合。通过对学科布局的调整,集中力量加强学位点建设,逐步强化一些学科,形成特色和优势。同时,也要通过本次岗位聘任工作,促使教职工围绕学科特色调整研究方向,有重点有特色地开展教学科研工作,切勿造成大杂烩的局面。

(二)强调团队作用,提高整体能力

从全国高校岗位聘任机制调整的新趋势来看,鼓励教师团队的形成,

实现由个人聘岗向团队聘岗转变是高校岗位聘任工作发展的新趋势,学校第四轮岗位聘任也着重推出了团队岗位,这将在一定程度上克服现有教学科研活动中存在的个体化现象,团队内部的个人岗位聘任和考核由团队进行,学校和学院只针对团队整体目标的达成进行考核,团队负责人个人业绩免于考核,这样就让他有更多的精力投入到团队建设中,努力达成团队的整体目标,同时帮助团队成员整体水平提高特别是年轻教师的成长。团队作为一个整体有利于个体优势互补,促进共同提高,特别是可以使年轻人快速成长起来,从而为学校、学院、学科的可持续发展提供有力的后继人才。

(三)传递发展压力,激发教工潜能

本次岗位聘任,主要是根据学校在聘期内计划完成的实际教学科研和服务任务来确定岗位设置数量的,岗位的分配与承担的任务挂钩。学校在给各学院分配岗位时,过去的业绩权重占 25%,岗位聘任的现状占 25%,未来将要承担的任务量化后占 50%,重在明确未来的任务,据此把岗位分解下去。岗位聘任操作以学院为主进行,学院可以按照学校规定的标志性条件和学院的具体任务自行决定聘任。这样对于学院来说,就可以先定任务,再进行聘任,把具体的岗位聘任与完成学院的工作目标紧密结合起来,把学院的压力有效传递到学院每个教职工,从而激发每个教职工的积极性和创造潜能。

(四)建设基层组织,融合教学科研

为强化学校教学科研基层学术组织建设,本次岗位聘任在一级学科团队岗位聘任的基础上组建学院下的一级管理组织——"学系"。"学系"具有本学科相关的教学与教学建设、科研与学科建设、社会服务的职能。通过本次岗位聘任,我们要让"学系"成为学院下一级稳定的基层组织,学科带头人不但要在学科方面成为带头人,同时也要成为教学上的带头人和责任人,把教学和科研融合在一起,促使教学科研互相支撑,共同发展。

第四轮岗位聘任与前三轮岗位聘任相比具有如下突出特点:

1. 岗位跟着任务走。前三轮岗位聘任,主要根据过去的业绩确定岗位级别,而且岗位数量是开放式的,基本不受限制。第四轮岗位聘任,学校将未来几年需要完成的重点任务进行赋分，并折算成对应数量的高级别岗位，这样，学院承担的重点任务的多少就与学院的高级别岗位数紧密相关。

2. 级别学院说了算。这次岗位聘任，团队、个人的岗位聘任与考核工作都下放到了学院，这样做可以充分发挥学院的主动性和创造性，体现学院在聘任与考核中的主体作用，也赋予了学院按照自我发展要求通过岗位聘任进行学科建设、人才培养、社会服务等工作布局的权利，当然这样一来学院面临的压力会比较大，需要学院根据实际制定公平的聘任办法，只要运用得当，学院下一阶段的发展的任务将容易有效落实，促进学院的建设和发展。

3. 团队整体更重要。这次岗位聘任，明确以团队为单位承担学院下达的各项任务，通过团队内部人员分工合作，完成聘期内的各项工作任务。学校将对团队整体进行分年度考核，团队中的个体则由学院和团队进行考核。对于团队考核，不考核团队负责人的个人业绩，主要考核在他的带领下，团队整体和所有人员完成的业绩情况，使团队更加关注团队整体目标和任务的达成，更加关注团队中的每个成员承担和完成任务的情况。

4. 考核影响下一轮。第四轮岗位聘任第一次将未来的任务与岗位挂钩，每个岗位的细化任务都是学校未来发展的基本组成部分，因此，这些任务原则上必须完成。学校将在中期进行一次考核，根据考核结果调整任务和岗位数量；本轮聘期考核不合格的团队所在学院在下一轮聘期内的高级别岗位数量将酌情减少，不合格团队的带头人下一轮岗位聘任将受影响。

5. 聘任不搞一刀切。考虑到各学院发展的不平衡性，第四轮聘任工作体现了较大的灵活性。对各类团队和"学系"的组建，学校不搞"一刀切"，成熟一个、建设一个。没有条件建立学科团队和"学系"的学院，允许独立设置学科方向团队，仍按校院两级管理体制运行，但希望这些学院加快引进或培养一级学科带头人，尽早形成团队，建立起"学系"，发挥基层组织应有的作用。

这一轮管理岗位（职员）的聘任也有一些变化和特点，目前推行教育职员制改革也不现实，所以一直实行专业技术职务、行政职务双轨制，并按就高原则执行。但是这一轮在具体岗位聘任实施过程中，根据学校发展的要求，个别政策作了调整，这次职员的聘任办法主要有以下几个特点：

一是严格按编设岗,按岗聘任。这次岗位聘任,为了强化和规范培训、国资管理、企业改制等工作,新成立了 3 个部门,同时许多部门也进行了职能的重新划分和调整。为了避免过去机构改革的通病,即机构改革和调整,往往会增加编制、人员,总体上,学校严格按照去年的编制核定 2009 年编制,分与合的部门都不增加编制,而且新成立的部门编制,是从与其相关的部门编制中分列出来的,同时严格按照设置的岗位数进行聘任,没有聘上岗位的进入学校人才交流中心待聘。

二是保持相对稳定,适度流动。这次岗位聘任,管理部门职责有一些调整变化,但总体变化较小,因此,为了保证工作的延续性和稳定性,管理人员队伍将保持相对稳定,避免过度的流动。但是,对于在个别岗位工作时间较长的人员,特别是重要岗位上的人员,则要适当换岗,以保护这些同志,并通过多部门任职的锻炼得到提高。

三是增设临时岗位,合理分流。因为学院合并、部门撤并等原因,个别单位部门的管理岗位实有人员较多,明显超过核定的岗位数,在这次岗位聘任中,学校将根据实际设置一些临时岗位,聘任分流待聘人员。同时,我们也调整出台了《待聘人员管理办法》,可以使得待聘人员的分流、安置工作更加科学有效。

再论大学特色的创建[*]

> ——宁大人善于在夹缝里求生存,在压力下谋发展,在竞争时找优势,在艰难中抓机遇,这是宁大发展过程中内部外部因素使之所然。这应该逐渐成为我们的办学特色,真正形成了这样坚忍不拔的办学特色,何愁宁大特色形成!

关于大学特色的创建问题,我想以国内外的一些著名大学创建特色的实例,同时结合我们学校的实际,谈谈我对如何进一步培育宁大特色,促进新一轮发展,努力开创学校建设与发展的大好局面的一些思考。

一、办出特色是建设一流大学的必由之路

美国当代著名高等教育学家伯顿·克拉克在《高等教育系统》一书中指出:"院校的希望与其说产生于彼此的共同点,不如说产生于相互之间的差异。"也就是说,大学的特色是大学办学的一种追求,是一所大学区别于它校的优势所在。办出大学的特色,既是建设一流大学的必由之路,也是大众化阶段高等教育提高质量的必然要求。

综观国内外一流大学,他们无不以鲜明的特色傲立于大学之林。例如,普林斯顿大学,坚持"小而精"的办学之路,迄今为止,学校尚未增设商学院、法学院、医学院,在校生也只有 7145 名。但他却赢得了"美国学者和政治家摇篮"的称誉:20 多位教授获得 30 多次各类诺贝尔奖,两位毕业生当上了美国总统,1000 多名毕业生先后担任过美国国会议员、众议员、联邦政府的高级官员以及州长和州政府的高级官员。其中一位当总统的就

---

　　* 本文是 2009 年 9 月 3 日聂秋华在 2009 暑期中层干部学习会上的讲话

是伍德罗·威尔逊,是普林斯顿大学的第13任校长,他曾对哈佛校长艾略特说过:"普林斯顿不像哈佛,也不希望变成哈佛那样,反之,也不希望哈佛变成普林斯顿。我们相信民主的活力在于多样化,在于各种思想相互补充,相互竞争"。

斯坦福大学经历了成长期的磨难,它的首任校长乔丹有一句名言:"评判一个人的成功,是看他的成就,而不是他的梦想",尽管斯坦福在乔丹校长手上多灾多难,但他的这句话却对斯坦福产生了很大影响,第四任校长特来塞达上任前组织人马讨论改革斯坦福,这些人一致认为金钱是改变斯坦福的关键,所以上任伊始,就将"向钱看"的思想落实到"抓钱战"上,特别是在"二战"后放下耻于与联邦政府合作的架子,不再像公主那样等着别人来求婚,而是主动推销自己。坚持走自己的路,既不学哈佛,也不学麻省,既要政府的钱,也抓企业的钱,鼓励教师与企业合作,鼓励学生创业,在第五任校长斯特林和工学院院长特曼推动下,1951年学校辟出大片土地创办了著名的"硅谷",成为硅谷"新思想、新建议、新科学家和工程师的源泉"。学校由此财大气粗,请来大批一流教授,实现了跨越式发展,跻身世界一流行列。

1904年美国威斯康星大学在查理斯·范海斯校长的领导下提出了"威斯康星理念",这位校长要威斯康星大学成为本州人民的头脑,要给人民信息、光明和指引。这个理念使得威斯康星大学具有了两项特色鲜明的使命——帮助州政府在全州开展技术推广和函授教育。范海斯认为,威斯康星大学要在一个农业大州——美国的奶牛场中生存和发展,教授的皮靴上不能不带有牛粪,大学必须把整个州作为大学的校园。在"威斯康星理念"提出仅仅四年之后,当时的哈佛大学校长艾略特这样评价威斯康星大学,它是一所优秀的州立大学,它之所以取得这样的地位,是由于它向州政府部门提供了专门知识,向大众提供了讲座,把大学送到了人民当中。在为本州服务的过程中,威斯康星大学在学科方面也办出了特色,它在畜牧科学、生物科学和细菌科学等学科迅速取得全美领先地位。

对于中国的著名大学大家非常熟悉,可以说耳熟能详,有以"思想自由,兼容并包"闻名的北大,有以"自强不息,厚德载物"而传世的清华,还有以"学为人师,行为世范"而著称的北师大等等,无不具有鲜明的特色。再例如中国海洋大学,大家过去总以为它主要是面向海洋生物、物理、化学和地质等理、工、农学科方面的大学,但是中国海大能够结合自身发展历程和现实,在我国最早成立了"海洋法学研究所",其研究成果在国内产生了很大的影响。在此基础上,学校紧紧依托自身理工科背景和海洋学科的优势,集中力量,优先快速发展海洋人文社会科学这一"学科特区",成为学校文科的鲜明特色,也为中国海大跻身全国高校前列立下汗马功劳。

如上所述,这些国内外的著名大学在发展的进程中,无不具有鲜明的办学理念,并以其独具的个性和特色,迈向一流大学的巅峰,我想这些已是大家的共识。

二、大学特色的形成是一个继承与创新的历史过程

大学特色是指大学在发展过程中依据自身条件和客观环境,坚持不懈地追求自己的办学理念、办学模式和办学风格,主动合理地选择自己的发展方向、发展空间和发展进程,从而形成自己的优势和社会声誉,形成自己与众不同、别开生面的个性和风格。而能有效促成学校合理选择发展要素、促使大学特色形成所采用的一系列独特方式则可以称之为一个学校的办学特色。

康奈尔大学的创办人伊兹拉·康奈尔说过"我要建立一所大学,在那里任何人都能找到他要学习的科目",据说这是康奈尔大学首任校长怀特教他这样说的。怀特在其就职仪式上的演说词被冠以"康奈尔计划"而闻名,其要点是:全方位授课;课程科目间平等;科学研究;通过学习商业、政府所需科目而服务社会;对所有阶层的学生开放;优秀学生可以获得奖学金;杰出的学生可以得到三年的研究生奖学金;最杰出的毕业生可以获得津贴,继续研究国家和世界面临的最艰难的课题;董事会成员实行任期制,并逐渐由校友选举来产生;学生自治等。怀特还建议在康奈尔大学建立商业及贸易系,实行优先选课制,都是非常有远见的主张,对美国的高等教育产生了非常大的影响。可以说,哈佛大学的选课制和威斯康星大学的服务社会都闪现着"康奈尔计划"的火花。在专业设置方面紧贴地方需求,例如康奈尔的农学院在其院长利贝蒂·贝利带领下,不仅给纽约州的农民带来了福利,也为康奈尔大学带来了世界声誉。农学院还衍生出一个"怪

物"——家政系,使广大农妇受到教育,其毕业生中产生了"汉堡包大王"。在常青藤学校中,康奈尔的规模后来居上,专业设置最广,基本上实现了老康奈尔的梦想。

芝加哥大学首任校长哈泼一直想建一所甚至比约翰·霍普金斯大学还要好的学校,他在写给董事会的信中曾经表示,我有一个组织这个学校的计划,它将使这个国家的大学和学院发生革命性的变化。他在芝加哥大学的组织结构中增加了推广部、出版社和附属单位,这在当时的美国大学中是一个全新的概念。这就将大学定位从内向型转变为外向型,从大学被动适应外界环境的封闭生存方式变为向外扩张,对社会主动施加影响的新型大学。四学期制就是哈泼校长的一个大胆创举,使得第四学期成为成人教育和在职人员进修的最佳时间。芝加哥大学的第五任校长赫钦斯更是把这种办学理念发扬光大,为了促进学科之间的相互渗透,它将全校 39 个系分成了四个学部,每个学部为学生开一门基础课;任何学生只要能通过那门课的综合考试即可获得学分,不论是否听课;在学校注册一年以上,修满学分即可获得学位,不受时间限制;综合考试由一个专门的考试委员会主持。这一套计划称之为"芝加哥计划",被认为是美国 20 世纪高等教育的第一次伟大改革,的确如哈泼所设想的,为大学带来了一次革命。芝加哥大学还利用"二战"的机遇,积极为国防建设服务,建立了核反应堆,而当时哈佛认为不可能成功,哥伦比亚认为太危险,从而带动了它的物理学科极大发展。经济学科也是芝加哥大学的骄傲,凭借自由市场经济理论的研究而声名大振,在获得诺贝尔经济学奖的 61 人中有 24 人与芝加哥大学有关,成为年轻学子向往的经济学胜地。而经济学教授却对此看得很淡,他们认为,上《时代》杂志的封面和去华盛顿当秘书都不是你的工作,"而与你的同事一起工作比去华盛顿更重要"。芝加哥大学还积极参与芝加哥市的社区改造,成为大学与政府合作推进城市发展的典范。

芝加哥大学本科生的前两年非常辛苦,要选择学习 21 门核心课程,而且教授要求非常严,打分非常吝啬。学生们的 T 恤衫上印着"芝加哥大学:欢乐在此消亡",不要以为这是学生对学习任务太重表示不满,而是一种自豪:看啊,我们的课程有多难!当校长关心学生,希望他们在紧张的学习中放松一下自己,没想到引起学生的抗议和质疑:校方要把我们引向何处？在如此努力的氛围中,芝加哥大学的学生确实了得,仅举一例说明,目前就有 100 多名芝加哥大学的校友担任美国大学的校长或第一副校长。

从上述例子中,我们可以发现一些共同的东西,办一所与众不同的大学是不少名校的创办者建校伊始的追求,这可以说是办学理念中最为核心的东西。重视本科生教育,因为它是学校的立校根基,无论是哈佛本科教育的四次大改革,还是"康奈尔计划"、"芝加哥计划"无不体现了对本科教育的关注程度。另外重视顶尖科学研究,注重与社会、政府的互动,善于抓机遇发展自己,注重网罗大师等等,贯穿其中的就是继承发扬,不断创新。

英国学者阿什比有一句被教育界引用频率很高的名言:"任何类型的大学都是遗传与环境的产物",大学特色作为一所大学的属性,自然是遗传与环境所造就。因此,任何一所大学特色的培育和形成,都是其在长期办学过程中,薪火相传,审时度势,不断创新,不断积淀而成,形成了不同于其他学校,或优于其他学校的独特的个性与品格。

美国大学的崛起,是令我们钦羡的,为我们提供了借鉴的样本,但大学是不可复制的,我们还必须面对自身的现实状况。

三、培育大学特色面临的实际问题

进入 21 世纪以来,中国的高等教育得到了长足的发展,进入了高等教育大众化的新时期,目前已成为世界高等教育最为庞大的体系,这种情况可以和美国 1862 年赠地法案出台后的情景相比拟,必将在中国的高等教育发展史上留下重重的一笔。但是由于高等教育数量的扩张太过迅速,质量问题则尤为突出,而且各个高校都朝研究型、综合性和升格大学这一条道路上挤,形成了专业学科雷同,千校一面的不利局面,各高校的个性和特色也面临着消失殆尽的危险。

大学的趋同化的原因是多方面的,有大学内部的原因,也有外部的因素。从大学内部来看,盲目攀比,求大求全,反映了大学管理者办学理念的落后,对大学特色的研究工作滞后,对大学的特色建设存在误区,重有形而轻无形,重建设而轻继承等等。宁大作为一所新兴院校,虽然早就有"以创新求特色,以特色创一流"的认识,也进行了实践与探索,但是学校总体上对大学特色的研究还远远不够,对怎样形成宁大特色的战略思考不足,对如何办出学校特色在全校教职员工中还远未形成共识,再加上宁大办学历史不长,积淀不多,对特色形成的支撑也显得比较薄弱。

从外部来看,大学趋同化的更深层次原因是管理的标准化问题,政府过分标准化的评估和市场竞争的引入使大学特色逐渐隐退,或难以形成。因为目前我国公办高校的主要资金渠道还是来源于政府,而政府有限的资源配置是有条件的,为了资金使用效益的最大化和显示度,制定了层出不穷的项目、计划以及相应的申请规则和验收标准。大学为了能拿到资源,必须迎合政府制定的标准,而这些标准往往又比较单一和狭窄。一方面是教育资源的短缺,另一方面政府又按照标准分配资源,大学在利益驱动下,只能跟着政府的指挥棒转,跟着走会逐渐失去特色,不跟着走会遇到生存危机,当然生存是第一位的,最后大学忍痛放弃的只能是自己的个性!

看起来政府这种导向和办出大学特色似乎是风马牛不相及的两回事,对大学发挥个性、形成特色是十分不利的,这确实是我们的困惑,也是我们所面临的实际情况。刚才谈了美国一些著名大学形成自身特色的典型案例,只能供我们参考,美国的历史发展进程和所处的环境、美国社会的政治制度和大学管理制度也是不可复制的,我们只能在所处的现实状况中来考虑如何办出我们大学的特色。这是一件痛苦的事情,学校和学院面临相同的问题。一方面政府有标准、要考核,一方面要考虑如何形成特色,在竞争中处于有利位置,这的确是两难的问题。那么我们是否因为难就不做呢?这不是宁大的品格,宁大人善于在夹缝里求生存,在压力下谋发展,在竞争时找优势,在艰难中抓机遇,这是宁大发展过程中内部外部因素使之所然。这应该逐渐成为我们的办学特色,真正形成了这样坚忍不拔的办学特色,何愁宁大特色不成!所以面对办出特色这个难题,我们也应该去积极思考与探索。而且从横向比较来看,我校难,其他高校也难,谁先走上特色发展之路,谁就会先掌握发展的主动权,谁就有先发的优势。

四、加快创建宁波大学特色的思考

包玉刚先生创办宁波大学时曾经说过的话:在宁波办大学,要办就办一流的。为什么我总是要老话重提呢?因为使我们的广大师生员工牢牢记住它很重要,它是我们追求的目标,会激励我们把目光放远一点儿,脚后跟儿一直离开地面一点儿,追求始终高一点儿。但是办大学有它自身的规律,长远目标的实现要通过一个个阶段来实现,现阶段我们要为宁大特色的创建做些什么?如何为宁大办出特色打好基础?我认为首先应该从下述几个方面进行认真思考和积极探索。

(一)创建大学特色需要先进的办学理念和准确的学校定位

办学理念是人们对大学的理性认识、理想追求及所持的教育观念,是对大学精神和使命、大学本质和特征、大学目的和功能以及大学管理原则等大学发展基本思想的整体概括,可以说大学办学理念引导着大学的发展。宁波大学的办学理念是什么呢?从宁大的办学实践中,能否归结成"实事求是,经世致用,师生为本,开放创新"。实事求是有这么几层意思,首先是崇尚学术,追求真理;其次是敢讲真话,坚持正义;第三是勇于探索,脚踏实地,是宁大人"做人、做事、做学问"的基本准则。经世致用也有其深刻内涵,"经世"有经邦济世之意,其现代诠释就是要引领社会,"致用"就是要学以致用,走出"象牙塔",服务宁波、浙江,服务社会,体现了宁大的办学宗旨和对"浙东学派"思想精髓的传承。我们的办学过程是紧紧围绕"人"这个中心展开的,办好学校,要紧紧依靠广大师生。学校在 90 年代中期,就提出"五好三为"建设宁大,"五好"的第一好就是靠好教师,第二好就是好学生。师生为本的理念在宁大不是一个空泛的口号,历任领导都想方设法把这一理念落实到具体的办学过程中。例如,"教授应该是宁波大学最受尊重的群体",充分体现了对人才的倚重。进入 21 世纪以来,宁大围绕"把成才的选择权交给学生"的思想,开展了全方位的教学改革,体现了在大众化高等教育背景下,重视对学生成长规律的实践探索,尊重学生的个性发展,尊重学生的成才选择。开放创新,宁波大学本身就是我国改革开放的产物,现代的大学必须是开放的大学,首先是对国内开放,与社会形成互动,努力从社会的边缘走向社会的中心,第二是对国外开放,走国际化的道路。创新是大学发展的不竭源泉,尤其是对于一所年轻的大学,是通过创新"做第一个我",还是简单模仿,"做下一个谁"?这是一个创建学校特色的关键要素。

再看学校的定位问题。宁波大学的定位是什么?经过 20 多年的发展,特别是经过三校合并和这 10 年的发展,学校目前的定位问题也逐步清晰起来,层次定位是教学研究型,类型定位是综合性,属性定位是地方性,水平定位应该是"有特色,有水平,有影响",具体来说就是"区域特色,国内一流,海外知名"。

(二)创建大学特色需要过硬的师资队伍和高效的管理人员

大学如果没有大师,按照清华老校长梅贻琦的看法就不能称之为大学,可见教师或顶级教授对大学来说是多么重要,这是我们教育界能普遍接受的观点,因为这个观点可以说比梅老先生本人还有名。但是时过境迁,现在全国大学这么多,能称得上大师的人又屈指可数,前不久还走了一个,如果按这个标准,许多大学就必须降格。所以我们对大师要有一个发展的、相对的理解,现在的大师至少应该是本学科国内有一定影响的学科带头人,这是一个最低标准吧。没有这样的人,大学将不成其为大学,更何况还要办出特色?目前宁大这样的人物还不够多,有的时候一个学科、甚至一个学校就靠那么一、两个领军人物就起来了,最有名的例子是加州理工,靠了两个人,一个是密立根,一个是冯·卡门,学科也起来了,学校也起来了。在这方面,斯坦福大学更是"大打出手",不择手段,不但要你的人,还要你的钱。所以我们还要创造条件引进一些学科带头人,先要准备钱,这点大家一定要理解,人家挪个窝不容易;还要有一定高度的学科平台,否则很难引进理想的"大师"。

当然单靠"挖"人也不是长远之计,关键还是自己能培养。一个大学只有自己能孕育出大师来,才真正是长大成人,成熟了。要做到这一点,我们应该把目光聚焦到我们的年轻教师身上,首先要深刻了解他们的需求,理解他们的喜怒哀乐,要制定有利于他们发展的各种政策,使其有良好的发展空间,能看到那并不太遥远并充满希望的未来,例如这次学校的团队聘岗,在考核时一定要把年轻教师的成长情况作为一个重要的指标。

大学的高效运作要靠幕后辛勤奉献的管理人员,但是,高校的管理人员不是忙碌的小职员,是和教师一样的"白领",而"白领"就是靠脑力劳动为特征工作的人们,搞管理主要是靠脑,事务性的工作要处理,只有多动脑筋,才能设计出、建立起有利于办出学校特色的管理制度,才能出效率,才能为师生服务得更好。要能动出脑筋,想出好点子,光靠小聪明还不行,还要有大聪明,这就要靠学习。别人提拔了,千万别不服气,先查一查是否自己比他学习差！脑力劳动的确比体力劳动艰苦,体力劳动累身,脑力劳动累心。我们对管理人员还应该加强系统的培训,树立终身学习的理念和勤于学习的习惯。

刚才只是从个人水平和能力的角度谈到了人才对一个大学的重要性,但要办出特色,我们还必须使学校的办学理念和目标能深入人心,得到大家的认同,还要通过有效的政策和制度,特别是科学的评价机制,能把大家有机地整合起来,积极性调动起来,去办出特色,这是我们最需要加以研究和解决的问题。

(三)创建大学特色需要出色的人才培养和可靠的质量保障

一流的大学必然有一流的本科生教育,因为本科生教育是大学最重要的根基,目前国内大学的巨擘们纷纷搞起了本科生教学改革,而且动作越来越大,可以说是对建设一流大学在认识上的回归。从上面所列举的美国一流大学的例子来看,他们无一例外地非常重视本科生的教育,并根据时代的发展和社会的需求进行了不断的改革。美国上个世纪的本科教育改革中,对课程体系的建构争议颇大,焦点集中在大学的教育是博雅教育还是专精教育,是通识教育还是专(职)业教育,对培养方案的课程设置是限制还是选修,是强调培养学生的个人属性还是培养其社会属性,其实这样的争论在西方也是由来已久,可上溯至柏拉图的《理想国》,他认为人群要分等,教育要分层,基本思想是根据国家需要限修或限选课目;而卢梭在《爱弥儿》中则强调自然教育,即教育要服从自然的永恒法则,任由人的身心自由发展;杜威的《民主主义与教育》则认为教育即生活、生长和经验的改造,强调个人亲身经历的重要,西方的教育深受这些观点的影响。因此,当时的美国大学有紧抱博雅教育不放者,也有任由学生选课者,而以哈佛为代表的一大批大学的本科课程改革则走了一条中间道路,既考虑学生个性的发展与兴趣,又考虑学生就业和承担社会责任的共性目标。因为这个"中间"还是有比较大的空间,各个大学在这个"中间"上各自做文章,从而使其本科生教育各具特色。

我从中得到这样的启示:我们的人才培养既要为学生个性发展提供一定的空间,又要设定相应的底线保证高等教育社会功能的达成,在给定的空间中学生个性可以自由发展,但触及了底线则要被弹回来。如果这种看法是基本正确的,那这个空间和底线是什么? 就是我们的人才培养方案。方案的首要问题是确定人才培养的目标,需要我们根据学生和社会的发展趋势进行仔仔细细的研究,宏观的目标虽然不错,但缺乏可操作性,培养目标要适当具体化,并且能够成为广大教师的共识,进而能渗入到具体的课程中。要想达到设定的人才培养目标,有效实施培养方案,还要选取适当的路径和方法,即人才培养模式,宁大对此已进行了多年的探索,积累了一些经验和成果,但还远远不够。在进一步的探索中,要特别强调两点:一是要研究课程设置,要根据培养方案调整,要科学地整合课程内容(例如美国某些大学的核心课程),如果按照传统的课程设置和内容,原封不动地套入现行人才培养方案,结果只能是不伦不类;二是课堂教学方法,如果说课程是大学教育的最基本细胞,那么课堂教学方法则是这些细胞的活力因子,要强力引入讨论式、探究式、情境式等多种教学方法,激发学生学习的兴趣和潜能。课程体系的构建和课堂教学方法的多元化可以说是我们形成人才培养特色的两大基石。

我们应该追求形成这样一种学生成长的氛围:学生一进入宁大就会感受到学习的压力和个性发展的空间,并且能够把这种压力和发展转变为一种自豪感,我们的本科生教育多半就成功了,人才培养的特色也会因之而形成。

人才培养质量保障体系涉及学校工作的方方面面,由于时间关系不展开了,重点谈谈教学质量问题。教学质量监控体系已经逐步建立,教学规范的问题逐步得到解决,有些环节大家感到很烦琐,有意见,还需要进一步的提高和完善。但是,对教师课堂教学质量的评价仍然是困扰我们的难题,目前以我们的能力,只能从教学效果的优劣上大致把教师划为三类:师生公认优秀的、一般说得过去的和比较差的。两头小,中间大,关键是中间太大,过得去就行了。这个问题不解决好,要想进一步提高课堂教学质量,改变教学方法,解决教师教学精力投入问题则十分困难,还需要积极研究对策,制定政策,建立机制,想办法把优秀的一头做大,把差的一头尽可能缩小,这个问题解决得好,本身就是一个特色。

(四)创建大学特色需要知名的优势学科和有力的创新团队

没有学科优势的大学注定会成为一所平庸的大学。一个或多个大师有可能支撑起一个优势学科,一个优势特色学科也一定有一批大师级的人物,那么是先有大师呢?还是先有优势学科呢?这是我们在"申博"过程中面临的先有博士点还是先有博士生导师一样的难题。对于我们来讲,还是要从两方面推进,一方面想办法请大师,另一方面也要加快学科建设,努力提升学科平台,先栽梧桐树,再引凤凰来,相辅相成。在培育学科的特色和优势过程中,我们必须与学校的定位相结合,在教学研究型、综合性和地方性上做足文章。大学教师进行科学研究的很重要目的是为了更好地教学,学科需要高质量的本科生读研,两者之间需要相互支撑;综合性大学的优势在于学科之间的相互交叉、融合与渗透,长出新方向,形成新优势;地方的特色与社会经济发展对大学的直接影响是显而易见的。在这三方面我们还需要深度挖掘。教学与科研要紧密结合,过去在宁大这两者的关系像花生米与花生壳,一剥就开,现在呢,有些进步,像小核桃,壳对仁有了点儿支撑,剥起来有点费劲了,但还有很大缝隙,将来呢?应该像苹果,皮和肉紧密的长在一起,剥不开。此外,我校学科多的优势还没有显示出来,学科之间的合作也只能说是初露端倪,要知道学科综合是我们与省内其他高校竞争的比较优势,要想办法把它发挥得淋漓尽致,一个可行办法就是要尽量通过大的科研项目把学科整合与凝聚起来,要特别关注国家重大专项和地方重大攻关课题,积极参与进去。令我们最可惜的是,我们的学科建设没有充分利用地方的优势,比如宁波,有很多的全国第一,无论是港口、大桥,还是企业、行业,乃至外贸、物流都令人肃然,我们的学科只要真正搭上其中的任何一个,就会有质的飞跃,这应该是我们建设优势学科的一条捷径,阳关大道。为什么我们还走得不够好?值得深思!

一个学科是由一批人支撑的,这一批人我们把他叫作学科团队。优势学科的形成则需要有一支坚强有力的团队,团队形成的自然方式是师承关系,对于年轻的学校想要以此形成团队短期内还做不到。从这次聘任的思路看,学校尝试团队聘任,首先想把团队作为一个利益共同体,团队中的每一个人承担一定的任务,获得相应的报酬,得到满意的个人发展,并通过合作使个人得到的利益更大化,用这种方法使大家乐意聚合起来。在座的有不少团队负责人,责任重大。既然是这样一种利益共同体,团队负责人首先应该考虑的是,任务怎么分、合作怎么搞、利益如何更大、如何分配?这对负责人是第一个大考验,其中最关键的是利益如何增大?否则大家单干好了,为什么要组织团队。这里只剩下一个变量了,只有通过合作。团队的首要特征就是合作,人多力量大,但人多也容易吵架,这对团队负责人是最大的挑战。更重要的是,团队应该是一个学术思想共同体,大家有相近的学术研究方向和共同的学术兴趣,通过思想的碰撞点燃照耀学术研究方向的火把,所以,要吵,就在这上面吵,通过争论使真理越明,这是团队负责人要把握的第二件事。第三,要建设优势学科不是短期内就能奏效的,需要一个较长的历史过程,因此需要建设这个学科的团队有长期的稳定性,岁月不饶人,这就要求团队是一个有机体,要有一个梯队,能够完成新老交替,如果团队在这个过程中就奄奄一息,那么优势学科如何建得成?团队负责人还必须考虑使团队具备这样一种传承的功能。学科团队建设的尝试能否成功直接关系到我们的优势学科能否建成,还需全校上下共同探索和努力。

(五)创建大学特色需要主动地服务社会和广泛的合作渠道

在前面的介绍中,大家也了解了美国的一些州立大学,通过树立为地方服务的理念,走上特色之路,成为一流大学的范例。我再举一个名不惊人的国内学校例子,这就是地处湖南湘西的吉首大学。这个大学的特色集中体现在服务湖南西部民族地区和贫困山区的"三个不可替代性":一是为地方经济社会发展提供人才支持的"不可替代性",针对民族地区人才需求实际,设置当地经济社会发展急需的专业;开办少数民族预科班,解决少数民族考生上大学难的问题。二是为地方资源开发提供科技支持的"不可替代性"。学校教学科研人员把科研主攻方向瞄准湘西资源的开发利用,如"米良一号"美味猕猴桃。三是为当地社会发展提供先进思想与文化的"不可替代性"。"三下乡"活动开展得有声有色;学校社科研究在湖南省一直处于领先地位,湘西文化研究为当地政府提供决策依据。被当地老百姓亲切地称之为"我们的吉首大学",所以学校也是不可貌相的。我们可以看出,主动为社会、为地方服务对于一个学校特色的形成是多么重要!

为社会服务不但是学校自身发展的需要,而为社会服务理应是高校的职责,例如哈佛校长科南特在二战期间作为"国家防务研究委员会"的副主任,为了军事科研,几年中往返于华盛顿与波士顿之间的里程达到 40 万公里,300 多个来回,美国其他高校也都把研究的重点纷纷瞄向军事领域,带动了一批学科的发展。国家有难,匹夫有责,我国经济社会发展到现阶段,政府公共事务管理的软课题研究,企业管理与产品研发,都需要大学的积极参与,这是时代的召唤,特别是在当前世界金融危机的影响下,如何为浙江和宁波的企业转型升级服务,这是摆在我们大学面前的任务,与企业合作,通过联合申报攻关项目争取政府资源是我们的必走之路,否则在服务地方、争取资助方面就会被边缘化。我们经常抱怨大学的投入不足,但是我们必须对目前政府的投入方式有清醒的认识,近 10 年来,政府对高校的常规投入主要是保证"吃饭",要发展的资源就得靠自己通过竞争去争取,我们必须要适应这种模式。

在历史发展的进程中,社会都有其自身所面临的各种问题,因此,社会也会对高校提出不同的要求,有时还很"过分",这是不是有点儿让高校疲于奔命呢?高校在服务社会的过程中,不单是为了争取资源和尽一份社会责任,更关键的是培养一种观念和能力,无论社会环境如何变化,高校必须具有良好的适应能力,与社会的各个层面建立广泛的沟通渠道,想方设法将自己的根系深深地扎入社会,去吸取无尽的营养,这样的高校在办出特色的道路上将会显示出更强大的生命力。

(六)创建大学特色需要开阔的国际视野和开放的教育体系

宁波大学是改革开放的产物,具有得天独厚的"宁波帮"背景,受到国家的重视和海内外关注。在中华民族伟大复兴的道路上,树立良好的国际形象,扩大中国的国际影响,高等院校责无旁贷,而各级政府对我们这种背景的学校则抱有更大的期望。暑假中,教育部郝平副部长视察我校,肯定了办学成绩,并对我校如何走国际化办学道路和扩大对外交流方面提出了殷切希望。在省教育厅举办的暑期书记校长读书会期间,刘希平厅长也希望宁波大学在国际化和吸收外国留学生方面为省内高校做出示范。利用国际合作的方式培育宁大的特色应该是我们要重点考虑和选择的路径,也是宁大形成海外影响必需的载体。我校在办学过程中,对国际交往是比较重视的,经过了这些年的努力,在国际上也与几十所高校建立了合作关系。但是,交流的层次、深度和广度和我们这样的学校还不相称,许多合作仅仅停留在学校这个层面上。在新的形势下,我们要充分利用学校的特殊背景和条件,制定学校国际化发展的战略与规划,选准方向,尤其要在我校人才培养特色和优势学科建设上借力于国外同行,在若干个国际交流合作项目上取得重大突破。这些年的国际交流使我们深深体会到,要使一个国际交流项目具有生命力,这种交流必须是双向、互利、共赢的,要从这个前提出发去设计国际交流项目。项目是否落实,关键不在于校方之间的协议,关键是下面要有人去做,尤其是教授层面的交流,如果一个项目是双方教授共同感兴趣的,那么这个项目能够取得实效的可能性就非常大,推动起来就比较容易。要继续加强教师到国外进修和培训的力度,使我校具有国际交流意识和能力的教师队伍尽快壮大起来。

宁波诺丁汉大学就在我们身边,要充分利用这块宝贵资源,要积极推进与宁波诺丁汉大学的合作,积累经验,锻炼教师。尽管我们不能生搬硬套国外高校的所有做法,但是,在许多方面,是可以借鉴、消化和吸收的。例如关于课堂教学方法的改革,要想办法让我们的老师能够消化吸收,为我所用。

我们还要着眼构建开放的教育体系,打造对外汉语教学的精品,进一步扩大招收语言生的渠道,要加快全英文专业和课程的建设,为扩大读学位的外国留学生数量奠定良好基础。

上面谈到了对于我校在创建特色的过程中要特别重视和加强建设的几个问题,但实际上大学特色的创建会涉及学校工作的方方面面。所以,我们要使每一位教职工理解创建宁波大学特色的意义,它不是空谈,宁大的特色就蕴含在我们今天有意识的工作之中。创建大学特色是一个比较长的历史过程,需要办学理念和办学实践的双重探索,需要历史的积淀,在这个过程中,大学文化对大学特色的创建是一种无形的力量,营造有利于创建大学特色的文化氛围,是建设大学特色过程中十分重要的一环。什么样的大学文化对创建大学特色能够起到积极的推波助澜作用呢?

这种文化首先应该是一种创新的文化。所谓创建大学特色就是要培育出别的大学所没有的东西,这些东西是不可复制的,必须通过创新的方式获得,因此创新是形成大学特色的根本方式。创新是对传统的继承和扬弃,继承与创新是相互依存的。没有继承,就失去了根基;而没有创新,就丧失了大学的生机与活力,失去了大学的希望与未来。在创建大学特色的过程中,尤其需要制度创新,需要在教师评价、人才培养、学科与团队建设、服务社会等关键点上进行体制、机制的创新。

这种文化也应该是一种宽容的文化。宁波大学地处东海之滨,教职工来自五湖四海,理应具有海派的博大胸怀。大学特色就是一所大学个性的外在显露,大学的个性要依靠有个性的群体来打造,个性可以说是形成特色的种子,因此尊重个性、给予理解和支持就保留了这颗种子生存和成长的肥沃土壤。大学特色的形成需要孜孜以求的探索,甚至需要惊世骇俗的创举,敢于尝试的人们应该成为宁大师生推崇的偶像。大学特色的创建绝不是一件轻而易举的小事,少不了艰难曲折,暗礁险滩,前面等待我们的不可能都是鲜花和美酒,少不了遗憾与泪水,容许失败,在跌倒的地方重新站立起来,应该获得大家更热烈的掌声。

这种文化还应该是一种开放的文化。通过开放,充分吸收和借鉴国内外大学形成特色的成功经验,获得营养和灵感。开放还应该把自己投入到与国内外同行、与社会各界的主动合作中去,后发的大学更应该学会“借好风,上青云”的大学特色建设之路。大学的特色在本质上是一种比较优势,开放就是把自己放到社会的大环境中去比一比,通过比较,才能显示特色与优势,这种比较所带来的结果必然是竞争。所以开放的文化其实是一种不惧怕竞争的文化,只有敢于竞争,善于竞争,在竞争中树立自己的优势,大学的特色才能脱颖而出,才有可能在大学的百花园中占有令人侧目的一席之地。

这种文化更应该是一种辐射的文化。大学在知识经济时代,要从社会的边缘迈入社会的中心,起到引领社会的重要作用,就必须能有效地展示自己,能够向外辐射自己的能量。大学特色的形成,少不了外界的评价和社会的公认,树立大学的社会声望则尤为重要,借助于现代媒体手段和各种文化形式,宣传展示大学的成就和成果,广泛地参与社会各界的各类活动,频频发出大学的声音,将有助于更好地发挥大学的影响作用和提升大学的公众形象。大学自身良好形象的确立,对提高大学师生的自信心和自豪感,将形成一种良性的、正向的激励,不断使特色更加明显,不断得到社会的广泛认可和师生的普遍认同。

我们应该努力营造这种创新、宽容、开放和辐射的大学文化,我相信,当宁波大学的文化中真正有了这些宝贵的元素,创建宁波大学特色也就有了深厚的土壤、充足的养料和灿烂的阳光,宁波大学的特色必然会茁壮成长。

关于高校教师职业形象的思考[*]

——教师的个人魅力在于既有渊博的学识和精湛的教学艺术，又能以自己良好的思想和道德风范去影响和感染学生。

宁波大学在长期的教育教学实践中，形成了以爱岗敬业、严谨治学、求是创新为核心的良好的教风和师德传统。二十多年过去了，教师队伍经历了很多变化，也得到了很大的充实和提高。值得高兴的是，近年来，我们学校也涌现出了一批非常优秀、具有代表性的教师个人，他们严谨治学、教书育人，积极投身课堂教学改革；他们热心指导学生开展研究型学习、创新性科技活动；在他们身上，我们可以看到老一辈宁大人用心血凝成的优良师德师风传统的很好的继承和发扬，正是因为我们有这么一支有能力、有水平、讲奉献的师资队伍的有力支撑，学校才能够在较短的时间内取得令人欣喜的快速发展。可以说，宁大的每一点进步、每一滴成绩都是教师努力付出的结果。

作为教师，我和大家一样，在每年的教师节这一天心情有些特别。首先是以这个日子为荣耀，因为一年一度的教师节是社会对中华民族尊师重教优良传统的最好弘扬；其次是感觉肩上的责任又重了一点。古人云："师者，人之模范也。"教师是一个崇高的称号，在我们庆祝自己节日的同时，我们每一位教师都应该反思一下，在过去的一年中，我们是否无愧于"教师"这一称号？我偶尔会听到一些学生对教师的评价，我们的学生对每一位老师、每一堂课，都有他们的判断。有时候，我在与学生的交谈中，他们总是会谈到愿意听某某老师的课，想选某某老师的课，谈到这些老师时，他们会眉飞色舞，喜形于色，我也为之感动，从心底感谢这些优秀的老师；而谈到

---

* 本文是 2009 年 9 月 10 日聂秋华在宁波大学庆祝 2009 年教师节大会上的讲话

少数不负责任、教学水平较差的教师时,他们也会面露不屑,但又不大好意思在我面前直接说内心的想法,每当此时,作为校长,我的心里也不是滋味。我想,一个教师,如果让学生对你"不屑"了,那是作为教师最大的失败。

近些年来,学校的师资队伍整体素质和水平有了较大提高,但不容忽视的是,我们的教职工队伍中也还存在着一些不令人满意的现象,虽然是个别现象,但却影响了教师队伍的整体形象,不利于学校的发展,主要表现在以下几个方面:

一是对学生缺少关爱之心。现在学校大了,学生多了,教师和学生的距离也越来越远了。师生之间关系简化为你讲我听的关系,交流沟通越来越少。教书育人本是教师最本质的工作职责,但面对越来越多的利益诱惑和大环境的功利导向,我们个别教师对教书育人的本职工作投入的精力越来越少。对学生漠不关心或很少关心,尤其把教学任务视作负担,能不上课尽量不上课,能少上课尽量少上课;即便上课,也很难静下心来教学生,或海阔天空,不着边际;或满堂灌,不讲效果;或照本宣科,毫无新意。个别管理岗位的同志,也对学生的困惑、冷暖视若无睹,无动于衷,工作方法简单粗暴,自身言行令学生反感。

二是对自己缺乏严格要求。我常常听到有些老师在责怪学生,认为我们学生的质量不够高,学习不够自觉、不够努力,其实这是很片面的。我们的本科生从今年开始进入了90后的时代,这些学生的知识面广、学习潜能大、可塑性非常强。我们还是首先要从自己身上找原因,先要看看自己的教学内容是否反映了最新的学术成果,学生能否有效消化吸收。事实上,我们有个别教师腹中空空、也只会用传统的教学方法进行课堂教学:重教有余,重学不足;灌输有余,启发不足;复制有余,创新不足,以至于学生的所学无法满足现代社会的需求,也引不起学生丝毫的学习兴趣。

三是对学校缺少贡献意识。还有一些教师只关注于个人的发展、追逐个人的名利,对学校的工作缺少热情,对承担学校的任务不感兴趣。个别教师心思不在学校,把学校里的主业当作副业,对学校实行创新人才培养模式改革、实施"顶天立地"战略、加强服务地方工作,加快学校建设与发展,缺乏必要的理解和认识,觉得这些事情是学校的事情,我只要宁波大学教师这块牌子就行了,其他的都与我无关。

以上提到的问题,虽然是个别现象,但我们必须对这种现象加以重视和引导,否则我们就会偏离人才培养这个"立校之本",失去学校存在的意义和根本的立足点。希望大家以高度自觉的精神担负起教书育人的职责,把更多的精力和心思用在人才培养上,都能对学生负责,对家长负责,对社会负责。借此机会,我谈三点意见和想法:

一是要加强师德师风建设。刚才提到的这些问题的出现,师德师风是一个很大的原因。说实在的,教师的工作很大程度上是个"良心活",取决于个人的责任心和道德水平。古人云"经师易得,人师难求",大学教师要做传道授业的"经师",更要做善于育人的"人师"。教师的个人魅力在于既有渊博的学识和精湛的教学艺术,又能以自己良好的思想和道德风范去影响和感染学生。希望大家能不断加强师德修养,提高自身魅力,能让学生在你的一言一行中有所感悟,有所收获,能让学生欣赏你、敬佩你,以作你的学生为荣。当然,师德师风建设是一项长期的系统工程,不能一蹴而就,急于求成,需要我们共同努力。学校今后将大力营造教书育人的氛围,形成师德师风建设的有利环境。校领导要身体力行,深入研究教学问题,认真调查研究,听取各方意见,制订科学有效的相关政策;要完善教师工作业绩评价机制,对教学业绩突出的教师要进一步鼓励,发挥其特长,对教学水平相对较差的教师我们也要给予足够的关心,找问题,想对策,通过培训等手段帮助其提高。

二是要努力转变教育观念。我们经常听到一些教师埋怨现在的学生不努力,不刻苦,认为学生本身素质不好。我以前也觉得,我们的学生在经历十多年应试教育后,他们的创新精神基本已被磨灭,在大学阶段已经很难再改变。但宁波诺丁汉大学的教育实践让我改变了这个想法。宁波诺丁汉大学在建校之初,就采用了国外很多先进的教育理念和教学方法,当时我对国外的这套东西在国内能否奏效是持怀疑态度的。但随着宁波诺丁汉大学毕业生步入社会,我看到他们非常受社会欢迎。事实证明,我们的大学生并没有完全被基础教育、应试教育所定型,国际通行的教学方法能够为这些中国学生所接受,并使其在就业方面具有很强的竞争力。所以,我们的教师要转变的第一个观念,就是要充分认识到我们的学生具有很大的可塑性，关键是我们如何去激发学生的学习兴趣，引导和培养学生自主学习能力。第二个要转变的是我们的教学理念。既然学生具有如此大的可塑性，那么我们就要试着改变自己，要积极主动地开展教学改革，尤其是自己的教学方法。要努力改变"教师讲、学生听"这样一种"满堂灌"传统教学模式，让学生变被动学习为主动学习；要设计好作业环节，让学生在课外更多地去查阅资料、集体讨论，深入思考；在课堂教学上，师生之间应该有一定的学术探讨、交流对话，甚至争论，虽然课堂不是学术会议的会场，但学生已有独立思辨能力，要鼓励学生在课堂上自由发表自己的观点和体会。

三是要加强学术团队建设。这些年，我校师资队伍水平有了较大的提高，上半年的岗位聘任又为人才工作开创了新的局面。下一阶段，学校将加强对学术团队的建设，由此构建起科学的人才梯队，促进师德师风建设，全面提升学校师资队伍的整体质量、学术水平和竞争力。学术团队不是把一些才气纵横的人凑在一起，提供一切所需的硬件条件就意味着一定能组建一支成功有效的团队。那么，如何才能建设一支好的学术团队呢？我想，一个好的学术团队首先要根据每个成员各自的特点和研究基础，建立起共同的发展目标，让成员始终保持积极参与的心态，树立起团队的信心；其次是团队要能提供给个体发展的空间，团队负责人要以发现和培养优秀人才为己任，在团队中既要尊重个性差异，为大家提供能够充分发挥各自才能的学术研究空间，又要鼓励成员之间的密切合作，使团队为学校发展做出更大贡献；第三，团队要制定明确的规范，要确定工作基本准则，努力形成以老带新，以新促老的良好局面，促进团队长期稳定，发展壮大，并成为传承我校优良师德师风传统的有效载体。对于学校来说，则要进一步规范学术团队的考核机制，加强对团队的培训和引导。学术团队的建设是一项比学术团队的建立更加艰巨而长期的工作，这也是我们下一阶段要共同努力的一项重点工作。

谈"宁波帮"精神与宁大校园文化建设[*]

> ——在宁波大学校园文化建设的过程中,"宁波帮"精神也融入其中。而"爱国爱乡、创新创业"是"宁波帮"精神的核心内容。

校园文化是一所大学特定的精神环境和文化氛围,在宁波大学校园文化建设的过程中,"宁波帮"精神也融入其中。对"宁波帮"精神的阐述有好多种,我认为,"爱国爱乡、创新创业"是"宁波帮"精神的核心内容。宁波大学办学 20 多年来,学校师生员工深受"宁波帮"人士爱国爱乡的崇高精神、坚韧不拔的进取精神和艰苦奋斗的创业精神的教育,形成了富有特色的宁大校园文化。

一、"爱国爱乡,造福桑梓"的奉献精神

"爱国爱乡,造福桑梓"是海外"宁波帮"人士思想品质的核心内容,宁波大学始终将其作为对全校师生进行爱国主义教育的最典型而生动的教材。包玉刚选择 1984 年 12 月 19 日中英两国政府首脑正式签署《关于香港问题的联合声明》的同一天,与当时宁波市市长耿典华签署了捐资创办宁波大学的洽谈纪要,用包先生事后的话来说:"我之所以要兴办宁波大学,就是为了要纪念香港回归祖国这一天,希望家乡的科技经济都搞上去"。1996 年,在宁波大学十年校庆之际,台湾大学著名教授毛子水先生的夫人张菊英女士遵循丈夫遗愿,冲破重重障碍,亲自将变卖家产所得的 12 万美元捐赠给宁波大学,设立毛子水先生清寒优秀学生奖学金基金,充

---

* 本文是 2009 年 10 月 8 日聂秋华在全国教育科学"十一五"规划 2008 年度课题的研究成果《侨资性大学》书稿讨论会上的讲话

分表达了在台湾的"宁波帮"人士赤诚的爱国爱乡之心。香港声宝—乐声有限公司董事长李达三先生将其四个子女为他和夫人金婚之喜、借以回报养育之恩的礼金 325 万元人民币全部捐赠给学校,助建宁大外语楼。香港九纶纺织有限公司主席李景芬小姐在宁大捐资助建了李兴贵球场、捐设了董玉娣奖学金,热心赞助学校每年举行的校运会,2000 年,她立下遗嘱,决定将其个人遗产的 1/4 捐赠给宁大,并在香港办妥了有关公证手续后,连同其遗嘱副本一起寄给了学校领导。这些生动的事例已成为全校师生净化心灵、树立爱国思想的精神丰碑,成为激励师生员工努力进取的不竭精神动力。

二、"以诚为本、信誉至上"的诚信理念

"以诚为本、信誉至上"是海外"宁波帮"的立身之本,也是其驰骋商场的成功之道。"宁波帮"在其工商经营活动中以诚为本,注重信用,是商业史上的一大进步,这种精神在他们为人处世方面也同样表现得淋漓尽致。宁波大学充分挖掘这一教育资源,在培养学生诚信精神的过程中发挥了积极作用。《镇海志》载包玉刚远祖包祉奎,在宁、台、温一带做丝绸生意,晚间投宿一客栈,第二天天未亮叫挑夫挑起行李货物赶路,走了一程,天亮时,发现一头货物不是自己的东西,打开一看里面还有银票,知道拿错了东西,急忙赶回客栈,但已找不到货物的主人,包祉奎只好在墙上张贴"招识",说明原因,留下自己地址,终于物归原主。"客感其诚,又高其义,因偕至闽,凡营业十年,遂获利起家"。这就是包家远祖以信起家的故事。王宽诚青年时期深受其父"立身处世,必须宽厚待人"的影响。当他结束在宁波永丰猪行三年学徒工作后,转入江厦街源吉钱庄做放贷工作,事事处处以正直、敦厚、诚实取信于人,严格要求自身生活言行,严肃端正,办事公私分明。1935 年,在宁波泥堰头与人合资开设维大鼎记面粉号,自任经理,对待职工,唯才取人,并订立各项规章制度,赏罚有度。不到两年,面粉号设分号于余姚、镇海、慈溪及宁波市区各区。魏绍相决定捐资 100 万元助建宁大国际交流中心后不久,亚洲金融风波使魏先生经营的公司陷入困境,但他在公司刚刚渡过难关时就兑现了承诺。他的那句"宁可自己辛苦点、节省点,助教兴学这件好事一定要做的"感动着宁大的师生员工。学校充

分利用"宁波帮"诚信为本的处世之道，在全校学生中开展"诚信"教育，积极引导青年学生争做诚信青年，使"宁波帮"诚信至上的精神发扬光大。

三、"艰苦奋斗、自强不息"的创业精神

"艰苦奋斗、自强不息"是海外"宁波帮"生生不息、经久不衰的重要因素。包玉书对公益事业慷慨大方，而平时生活却十分俭朴。《浙江日报》记者到香港包玉书府上采访，记者原以为像他这样的实业家，一定居豪宅享荣华，可怎么也想不到他的家是如此的俭朴：客厅除一圈旧沙发和一套旧花梨木桌椅外，很难见到其他值钱的家什。客厅的一台窗式空调，已用了10余年，已使用多年的彩电旁架着一台已经不新的鸿运扇。他的内衣，常常是穿到破了才更换。平时家务事以自己料理为主，家具坏了，总是能修则修，不轻易扔掉。他对记者说："我们中国人，节俭这个传统美德到啥时都不能忘掉。"赵安中30岁时还是香港"宏兴金号"的小伙计，月工资160港币，晚上睡在店里，后转为推销员，第一笔生意的失败使他体会到经商的艰辛，但他并不放弃，凭其精明能干，省吃俭用，凭勤俭建立根本，靠积聚而成小康，历经十年的磨炼，终于"借鸡生蛋，借船出海"，从一个金店伙计变为纱厂老板，逐渐奋斗成功，事业渐入佳境。到晚年，为希望工程捐资助学时，一掷千万，毫不心疼，把重教兴学作为毕生的最后一项事业。曹光彪自小贫寒，17岁时被迫辍学，从父经商，18岁即出任上海鸿祥呢绒店经理，经过13年艰苦打拼，使鸿祥呢绒店一跃成为当时全国最大的呢绒商号之一。20世纪50年代初，他到香港和澳门开创毛纺工业。1964年，他创办香港永新企业有限公司，虽经历风雨，却百折不挠，终建成世人瞩目的跨国集团，被香港实业界誉为"毛纺大王"。朱绣山、黄庆苗、应圣瑞、叶杰全、周鸣山等众多"宁波帮"成功的背后，都有一部勤俭立业，顽强拼搏的创业史。他们在外闯荡，历经艰辛，靠的就是"勤"与"俭"这个中华民族的传统美德。尤为可贵的是，他们在创业有成、腰缠万贯之后仍能保持克勤克俭之风。宁波大学的事业要生生不息，经久不衰，宁大学子要立足社会、创业有成，必须继承和发扬这种精神，使之成为学校校园文化的重要内容。

四、"坚韧不拔、开拓创新"的进取精神

"坚韧不拔、开拓创新"是海外"宁波帮"事业发展的不竭动力。近代

"宁波帮"大多从最底层的劳动做起,白手起家。他们不怕艰苦,勇于开拓,终于成就一番事业。"宁波帮"的开拓进取精神可以概括为"不坐吃现成,求事事创新"。具体表现在:一是追求行业上的创新。如刘鸿生经营煤炭业挖到第一桶金,并不就此坐享现成,而是一个接一个地向新兴行业——火柴、水泥、毛纺业进军。二是追求技术上的创新。如三友实业社之一沈九成,自扮小工到日本工厂当工人,学到技术回来改进技术;又如项松茂制固本皂,学祥茂的技术来超过祥茂;竺梅先引进技术设备加以仿制、改进,造出高质量的卷烟纸。三是力求用人创新。刘鸿生以比自己还高的薪金聘请专家林天骥为工程师,解决了火柴防潮问题;他还聘请第一流会计师设计标准的成本会计制度,改善经营管理,为提高章华毛纺厂的经济效益,他一连换了四位经理,直至招聘到适任的人选。商海拼搏,风险迭起,而海外"宁波帮"总能出奇制胜,化险为夷,靠的就是坚韧不拔,锐意进取的精神力量。宁波大学经常以此教育全校师生员工,学校办学和学生创业,所遇困难和挫折常常难以避免,如果没有一种文化、没有一种精神,没有一种传统,就不可能持续发展和取得成功。

在教育教学工作中,学校高度重视"宁波帮"捐赠文化和经营思想的潜在价值,注重发挥其导向与育人的功能,积极筹建并组织新生参观包玉刚陈列室、赵安中厚望阁、汤于翰至真楼医学画廊和锦绣学生活动中心《乡情润学子,血脉连故根》甬台交流回顾摄影展等。同时注重有关校史资料的积累,先后组织学校相关人员开展课题研究,组织编写了《宁波帮与宁波大学》、《宁波帮大辞典》,以及"宁波帮"的人物传记,开设专题讲座和有关的选修课,以弘扬海外"宁波帮"造福桑梓的奉献精神、诚信为本的处世之道、艰苦奋斗的创业精神和坚韧不拔的进取精神,培育自己独特的校园文化。

关于对教学改革和团队建设的思考[*]

> ——进一步明确人才培养的目标,并将目标具体化,保证培养目标能够分解到课堂教学和实践教学中去,通过教学方法的改革和教学方法的多样化来达成培养目标。

一、本科教学工作

现在国内一些顶尖的大学都越来越重视本科教学,我觉得这是高等教育的一种回归,从规模扩张转变为内涵发展,首当其冲的是才培养质量的提高。今年我校要召开第二届教学工作大会,为此要做很多准备工作,要进一步明确我校教育改革的思路和方向,出台一些政策和措施,更好地调动广大教师的积极性,把学校的教学工作推上一个新台阶。

我校这几年的教学改革和人才培养工作取得了一定的成绩,但与社会对我们培养人才的要求相比,可能还相距很远。有些问题我们要做得更加细致、更加深入,不能大而化之,否则不能真正起到提高人才培养质量的目的。我校人才培养工作面临的挑战有很多,政府部门正在进行绩效评估,把人才培养工作的绩效和财政拨款挂钩,虽然对这种评估是否合理大家还有不同看法,但是至少从这样的评估中,我们发现了学校人才培养工作中的一些薄弱环节,在省属大学排名中处于中偏下的位置。要改变这种局面,需要全校上下集思广益、想好对策,推动我们的本科人才培养工作,真正形成一个良好的教学传统及其一套行之有效的运行机制。

我校具有重视本科教学工作的传统,不断推进教学改革。教学改革从

* 本文是 2010 年 2 月 23 日聂秋华在 2010 年寒假中层干部学习会上的讲话

何处入手呢？应该从培养什么样的人入手。宁波大学建校之初就提出培养地方经济发展急需的应用型人才；1995 年教学合格评价时，针对我校究竟要培养什么样的人才这个问题，学校经过总结，提出要培养社会需要的实务型人才；21 世纪初，随着学校规模不断扩大，在迎接教育部教学评估前，我们又提出了要培养"宽口径、厚基础、强能力、高素质"的基础型、应用型和复合型人才。这些目标的提出无疑都是正确的，但是这些目标过于宏观，又没有细化分解，没有把人才培养目标落实到教学的各个环节中，使目标的达成受到影响。在进一步深化教学改革的今天，像我们这样一所地方综合性大学，必须根据地方社会发展的需要来培养人才，社会需要什么样的人才？怎样培养出这样的人才，是我们在推进新一轮教学改革时首先应该深入思考的问题。

从当前社会对人才的要求和学生的就业与发展角度来看，我校培养的人才应该具备以下特征：一是具备良好的沟通能力，包括语言表达能力、书面表达能力、一定的表达技巧、能够用各种表达工具等。二是掌握科学的思辨方法，包括逻辑思维能力、科学的批判与质疑能力、定量分析即一般的数量统计分析能力。三是具有合格的道德水准，包括公民意识和责任、热爱祖国、遵纪守法、热心公共事务和回馈社会。四是拥有合理的知识结构，包括专业知识和历史、政治、人文、艺术、体育等通识知识。五是学会一定的专业技能，包括专业训练、职业证书培训、创新创业实践等。概言之，沟通能力、思辨方法、道德水准、知识结构和专业技能这五个方面是我们大学教育所应该给予学生的，我们培养的学生应该在这几个方面受到良好的训练。

我们要围绕上述几个方面设立人才培养的目标，并且不能太笼统，太过笼统就很难落到实处、真正实现。各专业、各学院应该通过对毕业生的跟踪了解和对用人单位的调查，衡量自身人才培养的利弊得失，获取有用的数据信息。一方面要了解用人单位对毕业生的优缺点和特点的反馈；另一方面，从毕业生处了解，他们对学校进一步提高学生在社会上的竞争力还有哪些要求和建议，通过他们谈具体感受，来反思学校究竟要把什么东西教给学生。我希望在教学会议召开前，各学院、各专业对此要做到心中有数。我们一定要把人才培养的目标合理设定好，要比较具体、能够操作。

我们要通过认真的调查研究先把培养目标设定好，下一步就是如何实现培养目标，这就要结合高校教育的特点来深入思考。

1. 培养目标的实现需要每一个教师的贡献和全体教师的通力合作。任何一个培养目标的达成，仅仅靠一个老师、一门课程是远远不够的。比如我们要提高学生的表达能力，光通过开一门表达课来使学生的表达能力提高是不可能的，表达需要很多训练的，应该把它融化、分解到各门课程中。各门课程都要给学生表达的机会和相应的训练，从而通过一门门课的积累，使学生的表达能力一步步增强。再比如提高写作能力，光靠一门写作课就能把人的写作能力提得很高是做不到的，只有通过多门课的作业，不断地训练才能提高，就像作家，也是写了不知多少东西才成其为作家的，所以我们要通过各门课给学生提供写作锻炼的机会，这样才能提高学生的写作能力。因此，培养目标的达成，需要每一位教师个体的劳动对其有所贡献，我们每一门课程的教学过程不可能大家都来参与，但是我们培养的学生又都是教师们通过一门门课程组成的共同劳动成果，所以培养目标的达成需要所有老师共同配合才能很好地做到。

2. 必须有一个把人才培养目标细致分解的过程。我们要实现培养目标，首先需要对目标进行细致分解。例如，要培养表达能力或思辨能力，都要把它落实到一门门课程中，这样才能使学生获得所需要的素质、能力和知识。哪怕专业课，仅靠一个老师也是不能系统地将整个专业所有的知识都传授给学生的，仍然需要其他专业老师的配合，才能将这些专业知识较好地传授下去，所以确定的目标需要细致地分解到一门门的课程当中去，才能确保培养目标的有效达成。

过去教师上课比较关注单纯讲授课程内容的知识点，其他的事情与己无关，没有考虑到学生沟通能力、思辨能力等的培养，就连知识点的讲述也只是简单的讲述，学生是否理解与老师关系不大。所以，除了要分解到各门课程，最重要的是教师在传授知识的过程中，要有意识地培养学生的这些能力和素质，这就需要调整和充实教学内容，改革教学方法，包括考试的形式。纵观学校的教学改革，从始至今，能够体会到一点：如果教学方法不改革，教学改革都只能停留在表面和形式上。教育方法不改革，我们的这些目标就无法达成。

知识要不要传授？答案是肯定的,但是怎么传授是有很多方法的。一个知识点的传授,并不是只有老师讲学生听这一种方式,可以通过多种方式,例如学生自己阅读(提高阅读能力)、到课堂上发言(锻炼表达能力)等等,在这个过程中学生不仅掌握了知识,同时还培养了能力,这是我们所追求的。否则学生的表达能力、沟通能力谁去培养？开专门的选修课没有用,我们组织的辩论队也不可能让每个同学都参加,所以培养目标的达成,如果不靠每一门课程去改变教学方法是做不到的。实际上,教学改革的核心就是教学方法的改革。比如阳明学院要请外教,我觉得是可以尝试的,还有其他专业课也可以尝试请一些外教上。

3. 要通过教育教学思想大讨论,推动教学改革。我觉得教学思想大讨论对推动我校的教学改革非常必要,我们从现在开始到暑假前召开教学工作大会,在这一过程中要认真组织学院、团队、教师进行教学思想的大讨论。首先,转变教育观念要先行。任何一项改革,观念转变是前提,观念的形成不是一朝一夕的,所以要改变也非一朝一夕。但任何改革若先不改变观念,则很难进行,一定要通过广泛的讨论对下一步的教学改革在校内、在教师中形成广泛的共识,这是推进教学改革的基础。第二,改革教学方法是核心。在修订每门课程的教学大纲时,一定要围绕学校人才培养的总目标,知识点的传授要与教学方法的改革相结合。上海交大这方面的改革比较领先,他们在修订每门课程的教学大纲时,一定提到此课程除向学生传授知识外,对学生的沟通能力、思辨能力、道德培养等起到了哪些作用,而不仅仅是大纲的一种笼统概述。在制定每门课的教学大纲时必须要围绕学校人才培养的总目标,必须说明本课程达成人才培养目标的贡献点。第三,依靠教师是根本。一是抓教师榜样,树立典型,我校在开展探究式课程教学改革过程中,有些教师能够非常自觉地参与改革,取得了一定的成效,这少部分教师可以发挥榜样的作用。二要抓教师培养,我们大多数教师本身是在灌输式的教育模式中成长起来的,所以让教师本身自觉主动地去改变教学方法,是存在很大困难的。因此我们要抓教师教学能力的培养,我们已经进行了有益的尝试,如教师到国外进修一两门课程,但这还远远不够,应该创造条件和机会让更多的教师掌握更多的教学方法。三是加强政策导向,对教师的教学改革工作予以承认,激励大家探索教学改革的途径与方法。第四,机制建立是关键。在修订教学计划时,要形成教学大纲与培养要素相结合的审核机制;建立对课堂教学、实践教学目标的达成进行评估的机制、教师教学工作业绩在新的条件下的评估机制;只有通过建立机制,才能慢慢形成良好的人才培养的传统。

综上所述,我校要通过教育教学思想大讨论,进一步明确人才培养的目标,并将目标具体化,保证培养目标能够分解到课堂教学和实践教学中去,通过教学方法改革和推动教学方法的多样化来达成培养目标,在此基础上形成共识,然后坚决有力地去推动。

二、团队建设

团队建设,简单说,就是按一级学科构建三级管理体制。团队建设的过程也是一个责权利重新分配的过程,做起来自然会有很多矛盾,对此我讲几点意见:

1. 大家要充分认识这项工作的重要性和紧迫性。按一级学科建设团队是大势新趋,学院倘若不能很好地建立有竞争力的一级学科和学位点,将有被边缘化的危险。例如在 2020 年前,如果某个学科的一级学科硕士点上不去,这个学科以后的发展就会受到很大制约。所以学校如果不按照这个方向整合团队,那么学科发展的机会将会丧失。现在我们按照一级学科来整合我们的专业和系,正是为了这个目的,希望大家能认清这个严峻的形势。

2. 要相信我们的教授能够承担团队建设的重任。学院要学会放权,将眼光放长远点,在把任务分解下去的同时,多给学科团队带头人、教授一些锻炼和施展能力的机会。要相信我们的教授有这样的能力和素质,经过一定的锻炼和培养,他们一定能逐步带领一个个团队为学校的发展做出更大的贡献。

3. 学院发展的历史经验值得深思。不管是团队建设还是一级学科的布局,对学院来说,都是一次不容错过的发展机遇。有的学院在前几轮改革中抓住了机遇,大力引进学科带头人,近几年就脱颖而出,所以过了这个村就没这个店,按兵不动就等于错失良机。这次团队建设过程中,有几个学院比如教师教育学院,虽然历史包袱比较重,学院实力也不强,但学院重视，工作做得细致到位，所以团队建设起步好，苗头不错，而有些学院还没充分认识到团队建设的重要性，组织得比较乱，相关工作都没跟上，这样下去势必会错过发展机遇。希望大家本着对学院、学科发展的历史责任认真思考这个问题。

4. 谈谈下一步加强团队建设的一些思考。团队建设的过程就是学院与学系之间权利、义务与利益再分配的过程，今后学院更多的要转向服务，比如做好学生管理、教学管理和条件保障等工作，把相关的一些权力和利益根据团队建设的实际需要逐步地赋予学系，让学系甩开臂膀，全力做好教学、科研和服务社会工作。下一步学校将在人、财、物、事等方面给学系以更多的权利：一是财务管理，以学系或团队为单位编制预算，核算单位到学系或团队，明确学系或团队对经费的使用权限，奖励团队的奖金主要由学系分配；二是资源分配，教学、科研和师资队伍等建设项目都要以团队为单位，仪器设备、实验室的立项申报将更多地倾向于团队建设，房屋在推进有偿使用的过程中也将以学系为单位考虑占有和分配的问题；三是队伍建设，引进和培养应该由团队来规划，职称晋升今年开始学科组就放到一级学科，岗位聘任权逐步也要下放给团队；四是责任落实，要落实团队任务和目标，通过考核激励促进团队工作，比如教学研究工作，科研与学科建设，青年教师的培养，与宁波市大的企业、政府部门、事业单位的合作情况等；五是鼓励兼职，学系不定行政级别，其管理工作一般不设专职编制，鼓励大家来分担，考虑到学系作为一级管理机构，有很多的事情，学校将给予一定的补贴。

总之，我们要在人、财、物方面加大对团队的倾斜力度，来扶持团队更好地成为我们学校坚强的基层学术组织，更好地完成所承担的学校人才培养、学科建设和服务社会的各项发展任务。这个过程比较难，毕竟两步并成一步走，难度比较大，但我相信通过进一步理顺关系，能够探索出一条学科团队和基层学术组织建设的成功之路，也希望大家认真分析目前团队建设中存在的问题，并积极寻求解决问题的对策，共同来把我们的基层学术组织建设得更好。

敢为人先的"三招"打开发展新局面*

> ——率先创办全省首家国有民办二级学院,率先改革人事分配制度,率先改变招生方式使宁波大学跨出了改革发展的关键几步。

1996 年,宁波的 3 所全日制高校即宁波大学、宁波师范学院和浙江水产学院宁波分院,经省、市政府决定合并办学,组建新的宁波大学。这 3 所学校原来底子都比较薄,用当时一些老领导的话说就是"三个穷棒子,走到一起过日子"。

学校的领导班子深深认识到,要想加快发展,就必须抓住机遇,抢占先机,才有可能在激烈的竞争中找到一条适合自己发展的道路。要做到这一点,就必须敢为人先,取得先发优势。在这方面,学校跨出了关键的几步。

第一个先手,是率先创办全省首家国有民办二级学院——科技学院。1999 年,是我国高等教育大发展的前夜。那时大家在酝酿,是不是高等教育也可以引进民营资本。我校于这一年率先提出了创办民营二级学院的设想,这在当时是比较超前的。学校想尽办法说服各级领导,宁大一些担任省政协委员、省人大代表的教师都纷纷在两会上向省政府建议,一定要举办民办二级学院。最后由浙江省的主要领导拍板定下来,宁波大学可以办民办二级学院。宁大办了以后,其他学校纷纷效仿,跟着办了起来。现在省内民办二级学院已有 20 多所。后来的事实证明,这种体制的建立推动了高等教育的大发展,突破了浙江高等教育的一个瓶颈。在这一点上,宁波大学是功不可没的。

---

* 本文原载《中国教育报》2010 年 3 月 8 日第 06 版

　　第二个先手,是敢在全省率先改革人事分配制度,实行十级岗位聘任制。三校合并后,学校最缺的是人才,但在吸引人才时遇到很大的问题就是待遇低。1999年下半年,清华、北大率先提出九级岗位聘任制,把教师分为九级,教授分为三级。每级教授除了工资,还可以分别拿到一年5万元、4万元、3万元的岗位津贴,而当时我们的工资也就一两万元。这一政策推出后引起的震动非常大,许多高校在观望。贺建时书记和我赶紧到清华、北大去学习,回来后大家讨论,觉得这件事情得抓紧办。2000年1月,我校正式启动十级岗位聘任制,这在浙江省高校是第一所。这项改革对当时吸引人才起到了非常重要的作用,具有先发的优势,一批优秀人才得以从四面八方汇集宁大,校内教师的积极性也得到了空前提高。据我所知,很多高校都是在两三年之后才实施分配制度改革,但已流失了一些人才。这说明先行一步是多么重要!

　　第三个先手,就是率先改变招生方式,突破人才培养模式改革的禁区。市场经济的建立有力地推动了经济与社会的快速发展,同时也对高校人才培养提出了更高的要求。如果培养的人才不能很好地适应市场经济的发展,那么学校在人才培养方面很难走出自己的路来。2000年,我与教务处的领导商量是不是在科技学院平台教学的基础上加上模块,使我们的学生能够推迟选专业,最好等他们入学两年以后再选专业,这样学生一是了解了自己的兴趣特长所在,二是两年后选社会需要的专业的话,比4年前选更有目标、更准确些。分管校长和教务处在这个基础上积极论证,建立了"平台+模块"的课程结构体系,但这样的改革也是有困难的,因为按这个方案培养,必须按大类招生,不能按专业招生,而高中毕业生填高考志愿时都要填专业代码。为此我们跟浙江省招办联系,希望他们允许宁大在浙江省以大类来宽口径招生。浙江省招办很支持,这在当时全国也是没有的。现在大类招生在不少省份推开了。所以我们当时跨出这一步,还是符合高等教育发展趋势的。

　　国有民办二级学院的申办、分配制度的改革、人才培养模式的改革这三个敢为人先的举措,为学校关键性的发展取得了先发的优势,2007年6月9日,我校被批准为博士学位授予单位。宁波大学虽然是一所年轻的学校,但非常有朝气,在许多方面都敢于尝试,比如较早建立了学生综合素质的考评机制，学生申诉制度也走在全国高校的前列，等等。回首往事，我总在问自己，为什么要花这么大的力气来做这些？答案只有一个，就是为了宁波大学学生的成才创造一个更好、更高的平台。

论学校综合实力的全面提升*

——在校训、宁大精神当中所涵盖的精华是什么？很简单，就是"实干加巧干"。实干是什么？就是真心实意、踏踏实实、脚踏实地、实实在在地去把事情做好。实干就是要务实，而巧干就是要创新，要有自己的独到之处，就是要用脑子、用心干事。

学校的"十二五"规划已经启动，进一步认清形势，找准差距对我们来说是非常重要的。下面，我就从分析形势、寻找差距、谋求对策、做好规划这四个方面对我们的会议作一个总结。

一、分析形势

首先，应当肯定学校近几年来取得的成绩，特别是今年，学校工作又有了可喜的进展。在教学方面，继去年获得两项国家教学成果奖后，今年学校在教育质量工程项目上又取得了可喜成绩。我们学校在质量建设工程上最大的瓶颈来自省内竞争，学校的质量工程建设项目往往无法冲出浙江省，今年我们由省里出去的项目全部申报成功。到目前为止，我们已经获得了5门精品课程（包括前几年的在内）、3门双语课程，以及实验教学示范中心、国家级教学团队等，这些项目的取得是非常不容易的。在教育方面，我们今年还组织了教学思想大讨论，这次组织工作做得比较好，讨论得比较深入，所以也为我们下学期召开全校教学工作大会奠定了良好的基础。在科研方面，我们在获取国家重大项目上有突破，今年从国家海洋渔

* 本文是 2010 年 7 月 29 日聂秋华在暑期中层干部学习会上的总结讲话

业局获得了一千万以上的主持项目;最近,我们又获得了国家十六个重大专项课题之一,经费九百万元,由我们学校主持,地方高校很难获得这类项目。学校今年国家自然科学基金立项的情况,到目前看来也是比较好的,有望达到50项。此外,今年我们学校在育才路土地置换方面的运作比较成功,经过学校的努力,土地款大部分已经返还到位。学校的土地征用工作也有了实质性的突破,包括293亩甬江边的土地,现在基本已经完成征地,还有科技学院运动场以及高等研究院的土地征用工作都基本上取得了成功。这些工作,大家知道都是非常不容易的,土地征用工作需要花费很大精力。另外,学校重大工程的跟踪审计已经启动,学校以前在基础建设管理上还是有比较大的漏洞,针对过去出现"人财两空"的情况,在各个部门及有关分管校领导的有力配合下,大家取得了共识,重大工程项目开始跟踪审计,这样可以为学校节约建设资金。从今年建设启动的科技学院实验楼和医学院实验楼建设情况来看,建设资金的控制工作取得初步成效,为学校节约了大量资金。还有,教师业务考核的管理系统建设也在启动,学校承诺,今年教师考核不填表,这项工作已经取得了一定进展,现在还处于适应性阶段。另外,教职员工的培训工作也在启动并规范中,今年短学期还是比较紧张的,有很多工作要做,包括教职员工的培训工作。同时,学生科研工作也在蓬勃展开,学生工作这条线的同志也在积极想办法发动教师,特别是学生参加大学生科研、学科竞赛活动。更值得庆贺的是,我校男女乒乓球队在全国大学生最高水平组赛事中获得女子团体冠军和男子团体亚军,为我校争得了荣誉,扩大了学校的影响。今年科技学院为了迎接教育部的评估,在学院的建设与发展上也取得了一定的突破,大家可以看到,科技学院的大门即将打开,原来我们只可以从背面看到科技学院,现在可以由正面一睹芳容。

我刚刚所讲的每一件都不是容易的事情,需要克服大量的困难,做大量的工作,才能顺利进行下去,这是今年学校所取得的一些可圈可点的成绩。由此可以看出我们学校还是有一大批教职员工正在为学校的发展勤奋工作,特别是在座的各位,承担了学校发展的巨大压力。不足的是,每一位员工承受的压力是非常不均衡的,因为学校发展的重任尚未很好地落实到每一位教职员工身上,而大多只是压在少数人的身上。

以上是学校发展有利的一面,我们的成绩应该充分肯定,从中也可以看到,但从另一方面看,学校的发展也受到了严峻的挑战和巨大的压力。今年的学习会请到了武书连先生,大家知道武书连的大学排行榜,在国内大学排行榜中的影响比较大,对于社会、特别是家长指导学生报考大学的影响力可以说是最大的。当然我们请武书连来讲排行榜并不是说学校的每项工作和发展唯武书连的排行榜马首是瞻,但我们可以从中获得一些有用的信息,可以作为一把尺子衡量学校发展的态势:

(一)从学校发展的纵向看,惯性向前,后劲不足。

目前学校还是靠申博时所积累的巨大惯性来发展,客观来讲是向前的,但明显可以看到发展后劲不足。在武书连的排行榜上,2010 年和 2009 年相比,学校 10 大学科的排名上升的 4 个,等级升、名次平的 1 个,等级升、名次降的 3 个,等级没变、名次降的 3 个,也就是说名次实质下降的是 6 个。虽然有的学科等级有所上升,但是横向相比其实是下降的。我们有进步,比如人文社科上升了 15 位,其中文学、历史上升较快,但经济学、教育学只上了 1 位,法学还降了 4 位。我们的自然科学下降了 11 位,工学下降了 12 位。在人才培养总得分方面,我们提高了 1.94 分,这是与质量工程挂钩的,近两年我校质量工程在逐渐上升,我们的教学,特别是本科生教学方面还是有所进步的。其中研究生培养得分提高了 0.63 分,这与我们的规模增加有关,但事实上别的学校的规模增加也很快。本科生培养得分提高了 1.31 分,提高比较明显。在科学研究总得分方面,我们提高了 2.52 分,其中人文社科提高了 2.21 分,但自然科学研究得分只提高了 0.3 分,得分提高不快,这主要是我们的成果,尤其是论文方面没能增加很多。我们自己跟自己比,还是进步的,但进步得快的方面很少,从发展情况来看,学校整体向前,发展速度相对减缓,反映出我校后劲不足。

(二)从省内高校的横向看,竞争激烈,彼涨此消

浙江省内各高校对排行榜都十分重视,前些日座谈会中,浙江理工大学的书记说,他们也在谈论是否能够将他们学校的排名靠前一些。事实上,除浙江工业大学外,其他省内高校都在考虑谁能率先进入排行榜 100 强,各高校都已瞄准这一目标。从武书连的排行榜来看,今年省内排名前

15 名的高校中,有 11 所排名上升,1 所与去年持平,3 所排名下降,我们就是那 3 所下降的高校之一。去年 6 月,浙工大被列为省部共建高校,所以他们处于一种更有利的态势,发展的动力较大。其他省属高校中,中医药、杭电、温医的上升幅度都很快,分别上升了 115 名、76 名、70 名,浙师大的发展势头更是锐不可挡,已经从第 115 名跃居至第 102 名,而我们则从原来的第 104 名退到了第 112 名。当然,光看一个排名不能说明全部的问题,名次的下滑,并不是说我们没有取得任何成绩,但是至少通过这个排名,我们横向相比,我们进步的速度不如其他省属高校快。特别是浙师大和杭电,他们都憋着一口气在努力申博,这也激励了两所学校整体水平的快速提升和发展。这是从省内高校横向看,其他学校进步,我校反而退后。

(三)从地方综合性大学看,差距拉大,挑战严峻

在武书连排行榜上排名前 100 的学校基本上都是综合性大学,只有少量的是非综合性大学,如浙工大。事实上,工大也在向综合性大学发展,尽管它的人文学科分量比重还较少。2010 年,我们学校位于地方综合性大学第 17 名,如果排除 7 所省部共建大学,我校排在地方综合性大学第 10 名,这一排名与 2009 年相同。但是,把 2009 和 2010 年各项指标分值与前 16 位的地方综合性大学的平均值相比,就可发现我校在后退,距离平均值越来越远,特别是研究生培养、自然科学研究的差距拉大明显,在人才培养方面的差距是 1.40 分,科学研究的差距是 0.37 分。从这一比较可以看出,其他地方综合性大学进步也很大。我们知道,地方性大学不如部属院校资源丰富,大家都在拼命地争取资源,因此竞争形势也将会越来越激烈。昨天武书连举了江南大学之例,江南大学是部属院校,进步就非常快。

所以,横向、纵向、地方大学的比较都反映出我校在向前发展,但发展速度不如其他同类院校,这就是我们所面临的实际状况。

二、寻找差距

差距在什么地方?是什么原因引起我校发展与其他学校存在差距?我觉得第一个是思想认识方面。近两年来,特别是申博成功以来,"差不多就行"、"过得去就好"的思想不时抬头,当年感动教学评估专家的"宁大人

的激情"也在慢慢褪去。我想,这有两方面原因:一方面是自我感觉良好,大家觉得学校一直在前进,正如前面所讲,我校每年还是取得了一些成绩;另一方面是由于劳累后产生了"喘口气、歇一歇"的思想,以及"这么苦干什么呢?"这样的想法。所以,首要的差距就在这口气上,大家不愿再花更大的力气在学校的发展上。武书连很不客气地认为我们学校这三年在"睡大觉",工作一直停滞,其实他并不是非常了解我校的具体情况,实际上学校工作还是在向前发展的,但是松懈的思想也还是有的。

第二个差距,是在人才队伍上。首先是我校学科带头人比较缺乏,顶尖学科带头人的引进比较困难,现有学科带头人的潜力已经发挥到极致。学校请几位校领导兼学院院长,他们在管理过程中也感觉到要引进顶尖人才并不是件容易的事情。其次,年轻博士的成长比较缓慢。学校近几年引进了一批博士生,但是博士的成长并不明显,这从学校近几年申报自然基金和社科基金情况可以看出。在青年项目上,和其他学校,特别是与杭电、工大等相比,他们都是一批博士拿到了国家青年基金,而我校博士拿到青年基金的比例非常少,这是一个很严重的问题,也是一个反映学校发展有没有后劲的问题。第三,教师队伍的整体层次不高。从我校获得博士学位的教师来看,2006年我校是236人,2009年上升至354人,增幅为50%;但与其他高校相比,差距较大。同一时期,浙工大、浙师大、浙工商、杭电、浙理工的增幅分别为:64.4%、111.3%、135.3%、145.6%、164.7%,所以,从获得博士学位教师的比例来看,我校的增幅是比较低的。今后教师队伍来源主要是博士,我校博士学位的教师太少,仅占28%,其他学校均已超过了30%,甚至接近40%。第四,是我们管理队伍的水平还有待提高。

第三个差距,在压力传递方面还存在问题。学校的发展,承受着巨大的压力,形势非常严峻。学校要承受压力,加快发展,这种压力需要全校师生员工共同承担,才能使学校发展得更快。我校压力传递方面还存在一些问题,主要是压力承受不均衡。一是缺乏压力传递的科学方法。压力如何能够很好地分解下去,需要动脑筋,不是简单的命令式的、强迫性的,还需要我们深入探讨,包括我们第四轮聘任,对任务的分解方法是否科学、是否客观,都值得我们商榷。由于压力一定要分下去,所以办法要科学。二是缺乏压力传递的有效途径。压力承担虽然最后要落实到个人,但分解需要靠组织保证。在传递当中，有些学院操作很简单。不管教师行不行，就将任务分下去，但分下去后又缺乏有效的组织，做好做不好成为个人的事情。因为我们缺乏一种组织制度，学院落实到教师后，就没有人再进行管理，教师又都各自为战，彼此力量都很小。教师无法完成任务，进而导致学院也无法完成。这就需要一种组织制度将压力很好地分配下去，在大家的共同协作下完成任务。三是缺乏严格要求。有的压力传不下去，有些教师又顶着，坚决不干。我们也没有严格要求，也缺少办法，这些都阻碍了压力的下传，没有很好地将压力分解并通过大家的努力缓解压力，完成任务。

　　第四个差距是资源瓶颈问题。事实上，学校之间的竞争，大到国家之间的竞争，归根结底都是资源的竞争。比如美国，科技强大，却还是要争取更多的资源。我们学校争取的资源来自政府、社会，包括有形资源、无形资源，物质资源、人才资源。有了资源，才能够发展；没有资源，是无法发展的；有了更多的资源，才能发展得更好。所以竞争的关键是资源。我校的资源获取能力还比较薄弱，许多教师走不出去，也不愿走出去。对资源的获取应当是上下齐动的，学校领导有责任，教师同样有责任。同时，我校资源获取的渠道有待开拓，资源存在于方方面面，例如今年生命学院获得主持上千万元的科研项目，就是通过打开国家海洋局这个口子而争取到的。关键是能不能打开众多的资源渠道。此外，资源配置也不尽合理。资源使用的效率不够高，产出率不够，武书连的排行榜中，每项指标都几乎与政府对高校的要求相吻合，也是我们自身应当努力的方向。武书连的排名系统在科学研究方面比较看重产出，我们有的领导指出，这一排名体系没有反映出高校对资源的争取能力，比如对项目的衡量，就没有考虑高校服务地方，产学研结合的能力。但武书连认为，获得资源的目的就是产出。当然这项指标并不一定完全合理，但也存在合理的成分，尽管它的指标产出的衡量集中在科技获奖、论文上，但至少能从这一侧面反映出产出效率高不高。如果获得资源不产出，就是一种资源浪费，而我校资源的产出效率还是比较低的。

三、谋求对策

　　综上所述，思想认识、人才队伍、压力传递机制、资源瓶颈这几个方面，是排行榜上的差距,也是我校发展当中存在的差距。有些老师提出,我们不能按照武书连的排行榜来搞大学的发展,当然,谁都不会一切围绕排行榜来开展学校工作,但从排行榜所分析出来的差距,确实值得我们去思考,去弥补。我觉得大家还是有一种干劲,通过大家的努力,我相信还是可以大大加快学校的发展。接下来,我从以下几个方面来谈谈如何加快学校的发展。

(一)统一思想认识,加快学校发展

首先要看到加快发展是刻不容缓的选择,前面的"标兵"已经越走越远,我们连他们的背影都看不到了。我们的竞争对手与我们也是不相上下,有的正在赶超我们,所以学校不发展,或发展相对慢一点,实际上就在落后。武书连的排行榜使我们很清楚地认识到这一点,发展慢一点是不行的,一定要加快发展。发展才能解决我们学校出现的问题和矛盾。我们学校的发展与我们国家的发展一样,速度慢下来后,各种矛盾也会随之出现。矛盾是要在学校快速发展的过程中去解决、去克服的。速度慢下来,什么矛盾都来了,学校更是会不可收拾。因此,要有突破,这样才能引起政府的关注和支持,才能鼓舞全体教职工的斗志。我们一定要在某一方面有所突破,比如说,学校要尽快进入"百强",尽管进入武书连排行榜百强,可能并不完全被大家所公认是全国最好的百所大学之一,但对于我们学校就是一个突破,带来的影响和效果是难以估量的。所以在发展过程中一定要找到一个突破点,才能带动全局的发展。

(二)勇于改革创新,努力培育特色

我们要走自己发展的道路,要勇于改革创新,努力培育特色。这应当有"敢为天下先"的勇气,要有创新性和预见性。先走一步,才能掌握主动。一定要走在前面,否则会处处被动。我们的特色应在以下几个方面下功夫。

第一,在人才培养上形成特色。大学的教职员工要为满足两个发展服务,一是要满足社会的发展,二是要满足学生的发展,这点为东西方教育界所公认,所以人才培养上也要满足这两个发展。大学培养的人,要满足社会的需求;大学内部在培养过程中也要满足学生的发展。通过教学大讨论,大家也渐渐明白,我们要首先明确人才培养目标。为了社会的发展,要培养什么样的人才,是要弄清楚的。我们培养的学生如何在社会上成才,如何满足自身发展道路上的需求,是要考虑的。

在此基础上,首先要科学制定培养方案。我们以前的修订人才培养方案,就是在老方案的基础上拼凑,这是远远不够的。我们一定要围绕人才培养目标,科学制定人才培养方案。我们必须要认识到培养人才并不单单是为了传授知识,如果我们的老师,我们的学科带头人,我们的院长,能够理解在人才培养方案中必须考虑到对学生知识、能力、素质的培养,不仅仅是传授知识,这将是一个很关键的理念提升。而我们的人才培养所要考虑的是怎样通过人才培养方案将目标合理地分解下去。

其次是课堂教学方法改革。课堂教学方法不进行改革,所有的改革都流于形式。只有从教学方法改革入手,才能真正达成我们的培养目标。教学方法、考试方法的改革是很难的。我们现在的难处主要有两个,一是观念,因为我们自身也是通过传授知识的方式被培养出来的;第二,我们不是小班教学。但是我们能够在这方面撕开一个缺口,可以尝试推广,逐步建立一套科学的课堂教学方法。在这个过程中,要加强我校国际化进程,借鉴国际先进的教学方法,在教学方法上能够有实质性的进展,真正在人才培养上形成宁波大学特色。前期的教学改革已打下了很好的基础,下一步的关键是我们如何一步一步把它落实下去。这是一个长期的、艰巨的工作。我们敢不敢这样做?能不能这样做?能不能做好?如果能再往前推进一步,我们人才培养的特色就会慢慢出来,我们培养的学生就会越来越具有社会竞争能力,越来越受到社会的欢迎。

第二,在学科建设上培育特色。一是要继续坚持"立地顶天"的策略,从社会的需求、地方的需求开始去寻找课题,瞄准国家的重大需求来寻找课题,从中形成我们的学科特色。二要坚持我们的团队建设,通过团队使我们的科研能力有更大的提升。在学科建设上,要注重成果的取得,特别是重大的科技成果,包括我们的论文、专利、奖励以及它所产生的社会效益和经济效益。如果不从地方角度出发,要形成我们的学科特色是非常难的,这一点要一以贯之,长期坚持。所以,在省里举行的座谈会我也提出,重中之重学科的培育,应该将眼光放远一点,要继续扶植,十年磨一剑,学科成长需要长期支持，五年、十年以后这个学科才会壮大起来。从第一期的情况来看，学科是在蓬勃地向前发展的。所以，在这个方面我们一定要坚持，从地方出发才能形成特色。

第三，特色的培育要在校园文化上下功夫。我校在围绕"宁波帮"的校园文化建设方面也取得了一些可喜的进步。我们的校园文化要紧密围绕我们的校训、宁大精神和"宁波帮"精神来展开。在校训、宁大精神当中所涵盖的精华是什么？很简单，就是"实干加巧干"。实干是什么？就是真心实意、踏踏实实、脚踏实地、实实在在地去把事情做好。实干就是要务实，而巧干就是要创新，要有自己的独到之处，就是要用脑子、用心干。宁大精神和宁大校训里涵盖的实质，就是让大家"实干加巧干"，要务实，要创新，要争先。如果我们的文化是一种实干加巧干的话，我们可以独步天下。如果我们的学生有了这种实干加巧干的精神，他们可以独步天下。

因此，我们在培育特色上还得下功夫，重点是在人才培养、学科建设和文化建设上。

（三）加强团队建设，壮大人才队伍

壮，要通过自己培养，自己培育；大，要靠引进。首先在团队建设、队伍建设上要建立稳定的基层学术组织，这个问题对我们学校来讲是越来越重要。院长的管理幅度有一定限度，太宽则难免顾此失彼。大家都知道，在军队的建制中，最基层的组织是一个班，一个班是十几个人。实际上一个群体就十多个人、二十来个人是最好的，因为这样，大家的相互了解可以非常充分。人多了不太好了解，我们有的学院很大，同一学院的老师相互不认识，这也是常事。目前，我校的基层学术组织很没有力，比较散，这就导致压力无法传递下去。如果没有下边的组织来帮助学院把这个压力传递下去，我们的责任也无法落实。例如，现在学科团队负责人或者学科带头人基本上在引进博士上有很大的发言权——某一学科方向需要一个博士生，需要一个助手，就引进来了。但是进来以后，责任却没有落实。其实，这个助手的成长要靠你们去关心，不但是科研上，还有教学上。科研上的关心还比较容易，可以跟着学科带头人做课题，但是教学上，我们的学科带头人则觉得自己没有责任，认为教学得靠博士自己，这是普遍现象。因为责任无法落实，博士的成长相对来说比较缓慢，所以刚才我讲我们的青年基金出不来。不要以为博士就很厉害了？博士也是刚刚步入社会的年轻人，他没有经验，没有资源，如果没人带他的话，他当然成长慢，毕竟这种靠自己的能力能快速独当一面的博士还是少数。所以，没有一定的组织保障，我们落实不了这样的责任。另一点，关于权力下放问题。如果我们的责任不落实，我们的权力就不能下放。学校很想把博士引进权下放给学院、给学科，学校也不愿再对引进人员一个个进行考察讨论。但是如果没有责任体系，没有约束，这样放权的结果就会很严重，会出现不论好坏，盲目引进的情况。学校的资源是有限的，找不到承担责任的人，学校也就不敢贸然把这个权放下去。如果引进的博士都有导师带，那他的成长，他在科研教学包括思想品德方面的成长，就有人去管理，去定期进行考核。这样的话，我们就可以把这个权放下去。等该博士进入规定编制，最后看看他是否有成果，如果他没有成果，那导师就有责任，所以学术基层组织是重要的。否则大家都会感到，现在分配任务，教师都选择逃避，都不想承担。有许多大家都不承担的事情，院领导只好自己承担，结果造成压力很重，牢骚很多，脾气不好，这就说明你没把基层学术组织建立起来，没把责任很好的分解落实下去。

第二，要建立年轻博士培养的责任体系。我们下一步准备加大力度培养我们的博士，送到国外去，去进修去提高。过去我们也做这个事情，但效果不是很好，或者是博士一去不回，或者是他进修的内容和我们现在学科的发展所需要的不一致，这说明他的进修纯粹是个体行为，无人管理。这样我们花大量钱培养出来的人，不过是有一段国外经历，回来后用不上；或者优秀的人却走了，因为没人管他。我们这几年准备要把150名博士送到国外去，但如果学院内部没有导师与他很好地联系，很好地规划他的进修计划，那最后效果会很差，所以我们年轻博士的培养一定要落实到人，要有人带要有人负责。在这方面医学院做得比较好。医学院引进的博士，一两年以后，基本上个个有国家基金。一是对博士的选择，要求比较高；二是博士进来以后，有人帮助他。大的学院只靠院长来做这项工作可能就很困难了，所以要把帮助青年教师的任务分解到每一个导师身上，不然是行不通的。当然，引进的博士条件基本上是好的，但也不是个个都非常强，主要还是靠导师的帮助，靠他们的策划，指导帮助这些博士拿到高级别的研究课题,这样博士就能逐渐得到发展。我们其他学院的博士,进来以后就在"放羊式"管理下,有些博士一年要上 5 门课,这么多课,他怎么办?实际上这样的话,他的教学也得不到提高,只能得过且过,这一点大家都是很清楚的,因为他教学上并没有多少经验,只能变成一种无可奈何的状态。所以,年轻博士培养提高的责任体系一定要建立起来,每一个年轻博士进来以后要有人管,他怎么成长一定要有规划。我们确实是缺博士,但人来以后一定要发挥作用,否则就是浪费人才,浪费资源。

第三,要加强学科顶尖人物的柔性引进。有的时候,一个顶尖的人,特别是在国内,要动他的根是非常困难的,这要靠很多的机遇。但是,我们可以加大柔性引进的力度,不求所有,但求所用,在这方面有些兄弟院校是非常成功的。通过找相关学科的顶级专家,来帮助自己学科发展,帮助教师的提高,帮助这个学科走向国内学术圈子,并在这个过程中推荐人才。所以,柔性引进力度应该加大。实际上我校有的学科在这方面也做了一些探索,取得了一定的效果,是大家可以借鉴的。当然,柔性引进方面我们要付出一定的代价,要有一定投入。像这种投入有时要比我们引进一个人还合算。引进一个人,他的生老病死,他的一生都要管,而柔性引进,我们只用他精力最旺盛的一段,所以该付报酬的就付报酬。我们原先通过柔性引进人才的作用还没有充分发挥,所以要研究如何让柔性引进的人才发挥更大的作用。

第四,特殊的人才要用特殊的引进政策。这点大家应该明确。对顶尖人物、特殊人才,学校要加大引进的投入。特别是在引进高层次人才方面,我们的资源非常有限,尤其是理工科,实验用房都分配光了,所以我们要充分利用高研院这个平台,利用这个平台引进有分量的学科带头人,也希望相关学科能够加大这方面的引进力度。其次要加大应用人文社科顶级人物的引进,人文社科引进的代价相对来说比较小。对这些特殊人才可以采取一些特殊的引进政策,这对我们壮大人才队伍能够起到一个非常积极的推动作用。

(四)奋力争取资源,提高使用效益。

首先要面向政府和社会争取资源。我们现在积极争取的省部共建也是一个非常有利的政策资源。另外,还要加大力度向社会争取,宁波大学是从侨资学校的背景中发展起来的，对社会资源的争取还是有很大的潜力。此外，进入"百强"也是一种很大的资源。拥有"百强"称号后，学校再向政府，再向社会争取资源，相对来说就更容易一些，我们必须奋力争取进入"百强"行列。

其次，应该优化配置资源。资源不产生效益的话，资源就会越来越枯竭。学校给你的资源，你能把这个资源的产出做到最大化或者比较大，你下一步再争取学校的资源肯定就比较容易。作为领导都是这样，给你一些政策，一点儿资源，如果你做得好，领导会给你更多的资源，这是天经地义的事。如果给了资源，你不把它使用好，产生更大的效益，资源就会枯竭，你想再要，怎么"叫"也是没有用的。所以，我认为还要在这方面下工夫。我觉得我们现在有些好的资源浪费了，包括现在的硬件建设，通过这几年的建设，我们的实验室硬件建设已经有了很大的改观，但实际上我们的资源没有发挥好它的效益，这是一种浪费，很可惜。所以，我们一定要想办法努力提高资源使用的效益。

（五）坚持以人为本，建立合理机制

在学校建设发展过程中，很重要的一个方面是要调动广大教职员工的积极性，学校的改革很大程度上就是围绕调动教职员工积极性进行的。所以在未来的发展中，一要加强调研总结，不断深化人事分配制度，进行改革。人事分配制度已经进行了四轮，每轮中都进行了一些修订，我们还应继续改革这一人事分配制度，使之进一步充分调动广大教职员工的积极性。

二要研究有效的奖励激励机制。现在，行政部门做事形成了一种惯例，要完成某一个目标，达成学校的某一个要求，就制定一个文件，文件中把完成了目标奖多少、怎样奖作为一个套路，这种套路实质上是广种薄收的。做事会得到学校奖励——这一方法经过尝试，效果并不是很好。虽然有收获，但是比较薄。所以在激励教师方面要精工细作，将激励用在刀口上。我们讨论了很多文件，文件中大多是学校给多少钱，奖多少，但结果是不了了之，尽管也会有一点效果，但方法上还有很多值得改进的地方。

三要坚持教职工收入逐年有所增长的原则。学校一直在坚持这样做，并采用适当向青年教工倾斜的机制，逐步提高青年教工的待遇。我们还需要积极创造条件,逐步建立学校、学院、团队合理分担的教职工收入体系。教职工收入的提高,我们各级组织都有责任,很多学院已经开始在分担教职工的收入。所以,在提高收入过程中,也必须要大家一起来想办法。现在,教职工要求提高收入的呼声应当说还是比较高的,我们有责任建立这样的共担机制来一步步改善教职工收入。这是我们下一步发展要做的一项工作,并且需要不断深入。

四、做好规划

至于规划工作,简单说就是要明确目标,明确我们进入百强的目标,分解好任务,研究制定好我们的各项任务。规划做好后,我们应当落实责任。武书连一再强调,一定要将责任落实,无人落实责任,工作将非常困难。

这次我们的研讨会大家讨论得很热烈,这一点很好。刚才我在与武书连交流的时候谈到了这一点,他说与2007年来的时候相比,这次气氛更热烈,2007年大家的反响不是很热烈。我说2007年的时候,我们感觉是比较好的,我们刚拿到博士点,大家欢欣鼓舞,你所讲的内容并不能使大家很兴奋。现在为什么大家反应很大?很重大的原因在于,浙师大的发展惊醒了我们这个梦中人。浙师大位于一个相对较偏的地方,能干出今天这样的业绩,我们应当表示敬佩。在人才都很难留住的情况下,有如此的成绩,确实值得我们学习。同时也刺激大家思考怎样向其学习,能够促进我们进一步统一思想,奋力赶超,从而加快我校的发展,这是一个很好的转折。但是要做到这一点,还必须做到以下两个方面:

一是要敢于严格要求。现在大家有很多顾虑,不敢对下面严格要求。严格要求应建立在公正无私的基础之上,只要公正无私认真工作,对下面的严格要求是正常的,大家都看在眼里,心中有数。如果自身后退,一团和气,懒得引起矛盾,则什么事情都做不成。在这一方面,应当有霸气。我们都知道知识分子爱讲道理,所以按照道理在工作上该做什么就做什么,一定要严格要求,退让是做不好的。学校在征地过程中深有体会,一旦退让便无法成功。同样,学校要进"百强",就不可以退让,推脱是做不成任何事情的。

二是要起表率作用。学校的发展要靠我们各级领导的引领,作为学校、学院和部门的带头人，应当起表率作用。1949 年，共产党为什么能够取得胜利？国民党为什么会失败？就是因为在激烈的战斗中，共产党的基层干部高喊"同志们，跟我冲"，我冲在前面；国民党方面则是"弟兄们，给我上"，弟兄们在前面。这就是共产党胜利、国民党失败的一个本质原因。在冲"百强"的过程中，是"同志们，跟我冲"还是"弟兄们，给我上"，这是非常关键的，我们的干部一定要起到表率作用。在带头向前的情况下，对下面严格要求，下面不会不服从。不管是知识分子还是农民，只要领导冲锋在前，对下面严格要求，那就会取得成功。我们大家都应当学习陈大年老师、何加铭老师的那股拼搏精神，陈大年老师已年过七旬，还为学校争取到了一项国家基金；何加铭老师已年过花甲，还为学校拿到了十六个重大专项之一，我们应当向这样的老师学习。只要有这样一股劲，这样一种精神，我们宁波大学就没有办不成的事情。经过几年努力，短则三年，长则五年，我们一定能够进入全国高校"百强"。

为学生的成才选择创造更好的条件

——坚持人才培养必须满足社会和学生两个发展需求的教育发展观,明确"具备合格道德水准、良好沟通能力、科学思辨方法、合理知识结构和一定专业技能"的人才培养目标。*

今年,国务院发布了《国家中长期教育改革和发展规划纲要》,就高等教育而言,《纲要》明确提出"要从规模发展转到质量发展",必须主动适应社会发展的要求,适应经济增长方式转变,"优化结构办出特色"、"全面提高教育质量和人才培养质量"、"增强社会服务能力"。《纲要》明确把适应经济社会发展转型和提高人才培养质量作为高等学校的核心使命,深刻反映了当前我国社会和高校存在的阶段性特征与必须解决的主要问题。前不久国务委员刘延东来我校视察时,也谈到当前高校最重要的课题就是要抓好人才培养质量,因此,对于如何全面提高教育质量和人才培养质量的问题,我们要引起足够重视并认真研究。谁在这方面解决得好,谁就能在新时期经济社会发展的挑战和激烈的高校竞争中胜出,赢得新的更大的发展机遇,谁在这方面解决不力,就很有可能失去发展机遇,在激烈的竞争中处于劣势,这是我们必须清醒认识的一个问题。今天我们召开第二次教学工作大会,就是要贯彻《纲要》精神和国务委员刘延东同志的讲话精神,并根据学校第二次党代会和学校第三次双代会提出的发展目标和任务,进一步探讨如何深化教学改革,加强教学建设,提高教学质量的思路和措施。因此,要认真分析目前我校教学工作所面临的形势和存在的主要问题,找

---

* 本文是 2010 年 9 月 9 日聂秋华在宁波大学第二次教学工作大会暨 2010 年教师节表彰大会上的报告

出我们思想上、工作上的差距，提出切实可行的措施，全面提高教学质量和办学水平，为实现我校教学改革与发展新跨越打下坚实基础。

下面我讲三个方面的问题：

一、十年教学改革工作回顾

为了迎接二十一世纪的到来，适应在新的市场经济条件下对人才培养的需求和高等教育大众化的发展趋势，我校在 2000 年出台并实施了《宁波大学"十五"教育教学改革工程纲要》。当年的 12 月 21 日至 22 日，宁波大学首届教学工作大会隆重举行，这是我校自三校合并以后首次召开的教学工作大会。以该次大会为标志，我校全面启动了新一轮教育教学改革，及时把教学工作的重点聚焦到了推进教育创新、深化教学改革、提高教学质量上。之后，学校以迎接教育部本科教学工作评估为契机，加强基础建设、提升教学内涵，在全体师生的艰苦努力下，最终以优秀的成绩通过了评估。在 2003 年接受评估的 40 多所高校中有 20 所高校评估成绩为优秀，我校是办学历史最短而且是当时唯一一所没有博士授予权的学校，这一成绩来之不易。通过教学评估，学校形成了领导重视教学、投入倾斜教学、科研促进教学、管理服务教学、人人关心教学的良好局面，教学工作的中心地位也得到了进一步的重视和加强。在此基础上，学校根据教育部《关于加强高等学校本科教学工作，提高教学质量的若干意见》（教高〔2007〕2 号），不断深化教育教学改革，加强教学管理与建设，实现了人才培养方面的多项突破，使本科教学质量和水平迈上了一个新台阶。

（一）创新人才培养体系初步形成

2000 年，学校实施了基于"平台＋模块"课程结构体系的人才培养模式改革，在省内率先实行按大类招生的试点，学生可以在进入大学两年后选择专业，为满足社会和学生成长的需求跨出了坚实的一步，这项改革在 2003 年教学评估中被专家组确定为学校办学特色项目。2006 年，在"把成才的选择权交给学生"的教育理念的指导下，开始构建"创新人才培养体系"，学校通过建立面向一年级学生的阳明学院，进一步优化课程结构体系，重构人才培养流程，实施"大学生创新创业训练计划"，一个面向学生选择、适应社会需求、利于教学资源优化并具有宁大特色的创新人才培养体系框架已经基本形成。

（二）学科专业结构不断优化

近十年来我校共新增 34 个本科专业、1 个第二学士学位专业和 3 个专科专业，目前全校共有 72 个本科专业，综合性大学的专业内涵变得更加丰富。与此同时，学校针对地方主要产业领域对人才的需求，并根据学生选择专业分流的实际情况，积极调整专业结构，改造和停招了 10 多个专业，促使专业与专业方向不断优化，并开设了地方经济社会发展急需的一些专业方向模块。学校积极参与宁波市服务型教育体系的建设，包括建设应用型人才培养基地和服务型重点专业，通过与政府、企业的良性互动，全面提升了专业办学水平与社会适应性，使我校的专业结构更加符合地方经济发展对各类人才的需求，更具地方特色。

（三）标志性教学成果取得突破

2004 年初，学校在获得教育部评估专家组好评的情况下，并没有骄傲与懈怠，而是针对专家组提出的整改意见，着力加强教学建设，提出了要"推进教学现代化建设"，努力加强"专业、课程、教材、实验室及实践教学基地"四大建设，通过内部悉心的打造和外部积极的争取，教学精品项目开始不断涌现。近年来在国家级教学成果奖、国家级教学团队、国家精品课程、国家级特色专业等方面不断实现突破，形成了以 2 项国家级教学成果奖、6 个国家级特色专业、1 个国家级实验教学示范中心、1 个国家级教学团队、5 门国家精品课程、3 门国家级双语教学示范课程建设项目、7 部国家级规划教材、17 项中央与地方实验室建设资助项目、1 个国家文化素质教育基地、2 个国家人才培养模式创新区等为代表的一批教学成果和平台，为学生的成才选择提供了更多的优质教学资源，学校的教学内涵和品质得到显著提升。

（四）教学管理水平不断提升

"十五"期间，学校提出并着手建立由教学管理系统、教学监控系统和教学咨询与评估系统组成的教学质量监控与评估体系。"十一五"期间，学校又在国内高校中比较早地提出并实施"教学质量责任体系"，在传统的教学质量监控与保障体系基础上进行了新的发展。2005年,学校开始实施"百万教学奖励计划",建立了全方位、多角度的"教师教学业绩奖励体系",进一步完善了教师教学激励机制。十年来学校的教学管理制度与教务管理系统建设也不断取得新进展,学生自主选择与教师多方指导的培养机制逐步形成,为学生的成长成才提供了更多有益的帮助与指导。

(五)人才培养质量显著提高

十年来,学生创新成果日益丰硕,在"挑战杯"竞赛以及全国大学生数学建模竞赛、全国大学生电子设计竞赛等诸多学科项目竞赛中开始崭露头角。2008年勇夺全国"挑战杯"大学生创业计划大赛金奖;在全国健美操锦标赛、全国大学生乒乓球锦标赛、全国大学生田径锦标赛中,我校学生均获冠军,并代表中国大学生参加世界比赛。我校学生就业势头良好,近年来毕业生初次就业率一直保持在90%以上,用人单位对我校毕业生评价也比较高,毕业生具有一定的竞争优势;学生创新创业的意识日渐浓厚,目前已经有31个学生创业团队入驻校创业基地,其中13个团队已注册为有限公司,不乏一些成功的典范。

过去的十年,是我校本科教学工作快速发展、教学改革稳步推进、教学质量不断提高的十年,是改善教学基本条件、优化学科专业布局、教学资源优化配置的十年,也是规模、质量、结构、效益协调发展的十年。这十年,学校在本科教学工作方面所取得的成绩可以说是令人欢欣鼓舞的。当然,在看到成绩的同时,我们也应该清醒地认识到学校在本科教学工作上存在的一些问题和不足:在对待教师的本职工作上,重科研、轻教学的情况还比较严重,使得教师投入到教学方面的时间和精力远远不足,与学生在一起的机会也很少;在教学建设工作中,各种建设项目立项数虽然不少,但重立项、轻建设的现象还比较突出,导致我们能够提供给学生选择的优质教学资源的缺乏和冲击国家级教学建设项目的稀少,教学上的投入产出比不高;在师资队伍建设上,缺乏提高教师教学水平的长效机制,特别是对具有博士学位的青年教师,存在着重引进、轻培养的现象,青年教师在教学方面缺乏有效的指导,成长缓慢;在开展教学研究方面,还缺乏有效的组织,重上课、轻教研的现象比较普遍,不少专业和课程很少开展教研活动,教学纯粹成了教师的个体劳动,在专业和课程群建设中难以形成合力,影响了整体教学水平的提高。上述"四重四轻"现象反映出我们有些教师和学院没有很好地确立并落实"学生为本"的理念,有少部分教师教书育人的意识不强,这些问题如果从体制机制上找原因,那就是我们的本科教学工作还缺乏有力的基层学术组织支撑,缺乏有效的教师教学业绩的评价机制、教师个人发展的激励机制和教师教书育人的责任机制,因此没有很好地落实教师在本科人才培养中的责任和义务,缺乏强有力的基层执行机构,缺少从根本上调动教师从事本科教学积极性的有效办法。如果我们不能在这些根本问题上取得突破和进展,学校本科教学工作的基础就不会牢固,我们也很难在人才培养质量的提高上有更加明显的作为。

二、"十二五"期间学校教学改革的总体设想

从我校十年本科教学工作的回顾和总结,以及分析存在的问题和差距,可以看到我校"十二五"期间本科教学工作的任务依然艰巨。上个学期,学校组织开展了广泛的教育教学思想大讨论,召开了多次座谈会交流沟通,广大师生员工对如何深化我校的教育教学改革和提高人才培养质量纷纷献计献策,体现了对本科教学工作的重视和关切,大家的思想认识还是比较统一的,对开展新一轮教学改革的必要性和重要性也有了比较深刻和迫切的意识。我想,"十二五"我校教学改革的指导思想、主要任务、要达到的目标以及工作思路应该是明确的。

我们在教育教学改革上的指导思想是:以科学发展观和《国家中长期教育改革和发展规划纲要》为指导,坚持党的教育方针,坚持"学生为本"的教育理念,坚持人才培养是学校根本任务的教育思想,坚持人才培养必须满足社会和学生两个发展需求的教育发展观,明确"具备合格道德水准、良好沟通能力、科学思辨方法、合理知识结构和一定专业技能"的人才培养目标,更新教育教学观念,深化课堂教学改革,加强师资队伍建设,提高人才培养质量,充分调动广大教职员工教书育人的积极性和学生学习的主动性,努力为学生的成长成才选择提供更好的条件和指导,形成能够满足地方发展需求和具有宁大特色的专业结构体系和人才培养体系。

在"十二五"期间教学改革的主要任务是:扎实推进教育质量建设工程,建设一批示范课程,打造一批教学精品;继续完善教师教学业绩评价制

度,调动教师投入教学的积极性,不断提升教师教学水平;加快建设基层学术组织,夯实教学工作基础,落实教学建设任务;深入开展大学生创新创业训练计划,取得一批学生科研成果,争取一批学科竞赛高级别奖项;切实加强教学保障制度建设,加大教学资源投入,改善办学条件与环境,全面提高人才培养质量,为学校进入全国"百强"高校做出积极的贡献。

经过五年努力,我们应该在本科人才培养上达到下述工作目标:我校"平台＋模块"的创新人才培养体系更趋完善,专业结构更趋合理,有 7～10 个专业建设成为国家特色专业;教师教学水平明显提升,专任教师中具有博士学位的教师达到 45％以上;人才培养更具地方和宁大特色,学生的就业竞争能力和社会适应能力明显提高;国家"教学质量工程"建设项目的数量和质量稳居省属高校前列,本科教学业绩考核成绩跻身省属高校前五行列。

为了完成"十二五"期间教学改革的各项工作,确保达到预期的目标,采取以下工作思路:以更新教育观念为先导,以提高人才培养质量为主线,以培养学生创新能力为核心,明确人才培养目标,改革课堂教学方法,提升教师教学水平,健全基层学术组织,完善教学管理制度,建立教学保障机制。勇于探索,锐意创新,培育特色,打造品牌,努力形成我校人才培养的竞争优势;加大激励,严于考核,分解任务,落实责任,使学校的人才培养工作为每一位教职员工所担当。

要完成上述任务和实现以上目标是十分艰巨的,需要全体师生员工的共同努力,而教师在这个过程中起着关键的核心作用。

经过十年的努力,我们在本科生教育上初步形成了一个面向社会需求和学生选择的人才培养框架体系,但再好的模式,如果离开了教师的辛勤耕耘和精力投入,那只不过是一件美丽的外衣,徒有其表。大家都知道,在宁波的中等教育上一直存在着效实中学模式和镇海中学模式之争,的确从模式角度讲,各有千秋。但从效果来看,确有天壤之别,这种现象绝不单单是模式之争,在这背后,是教师的精力投入之争。显然,我们在教学改革过程中如果不能将教师的精力更多地引导到教学和人才培养上,我们在提高人才培养质量上所作的努力则不会结出多少果实。

让教师的精力更多地放到教学上并不是一件十分简单的事情,它与社会大环境,它和学校对教师业绩的评价、职称的晋升、岗位的迁移、津贴的多少等政策密切相关,这是我们必须要通过改革努力解决好的重要问题之一。但是,大家都知道,教学是个良心活,靠政策引导可以解决一些问题,但不能解决所有问题,还需要广大教师恪守教师的职业道德,承担教书育人的职责,明确人才培养的任务,以及作为教师的良知。

首先,教学工作既是学校的中心工作,更是教师的根本任务。教师作为学校的一员,理应承担教学工作;教师的工资和各类保险,主要是因为教师从事教学工作所得,理应对得起这份报酬,做好教学工作,扪心自问,是不是这个道理?这是最起码的职业道德,我想在这个问题上大家是有共识的。第二,教师既要向学生传授知识,更要培养学生的能力。这个问题就不那么简单了,因为长期的传统,教师形成了教书就是把这门课程的主要知识点讲授给同学,知识点讲过了,这门课也就完成了。而通过课程提高学生沟通表达、思辨分析、自学等能力的培养与我无关,那么学生的这些能力又从何处得来,如何训练?这些能力的培养单靠一门课程是不行的,要靠每一门课程的点滴积淀!在传授知识的过程中培养能力是第一位的,因为知识是死的,而获取知识、应用知识、发现知识都需要靠能力。说得绝对一点儿,学生将来的生存和发展主要靠自身的能力,而不是在学校里学到的这点儿有限的知识。第三,教师除了认真教书,更应该精心育人。教书不易,育人更难。如果说教书主要是靠言传,而育人则更多的是靠身教,靠教师的人格魅力,行为举止;靠潜移默化,润物无声。育人本身并不难,难就难在学生和教师之间在课堂以外没有更多时间接触,所以育人对教师的最基本要求是和学生一起多待一会儿。第四,在人才培养过程中,每一位教师既需明确分工,更需精诚合作。培养人才是一个集体劳动的过程,谁也不敢说某某学生就是我一个人培养的,某个专业的学生也不可能单单是由该专业的教师培养而成。既然是共同劳动,就应该有一个共同的目标,围绕目标,分解任务,各负其责。因此,在教学工作中,教师必须明确在这个培养过程中,我这门课负责教给学生的是哪些知识与能力,并保质保量去完成。这样各门课总装起来,才能保证培养质量,达成培养目标。

"十二五"期间,完成教学改革任务,提高人才培养质量,就要坚持"师生为本"的理念,紧紧依靠广大师生员工,在"把成才的选择权交给学生"的同时也要"把育人的主导权交给教师"，这两个权力本质上分别属于学生和教师。学生的"成才选择"是学生的内在需求，教师的"育人主导"是教师的本职工作，只有充分调动教师和学生双方的积极性，才能开创教学相长、师生互动的人才培养新局面。

三、主要措施

完成"十二五"期间人才培养和教学改革的任务，关键在于抓落实，围绕以上目标和思路，我们要重点做好下述五个方面的工作。

（一）加强团队建设，为落实各项教学任务建立稳固的基层学术组织

宁波大学建校初期，只设系不设教研室的做法在当时有着积极的意义，主要是为了我们的教师不能只成为教书匠，从事非常狭隘的教学活动。随着学校的发展，特别是学院规模的扩大，学院下的基层学术组织建设显得尤为迫切。没有坚强的基层学术组织，学校下达的各项教学建设工作，要不学院大包大揽，要不无法真正落实，越来越不适应学校人才培养工作发展的需求。我们应该重构基层学术组织建设，使学校在教学建设和人才培养工作上有一个得力的抓手。

明确一级学科团队下属的各学科方向团队为教学科研的基层学术组织。这是学校开展教学建设和落实教学任务的最小单元，也是今后以此为基础调整设立研究所的一个单位，把教学建设任务和学科建设职责统一在这个基层组织之内。对个别尚未组建学科方向团队的学院，要尽快创造条件建立。

强化方向团队承担各项教学建设任务的责任意识。必须明确方向团队担负一个专业或若干个课程群的建设任务，努力推进学科体系与专业教育体系的有机融合，促进科研与教学互动，体现学科建设对人才培养的有机支撑。

发挥方向团队在提高教学工作水平中的重要作用。学科方向负责人不但要组织开展科研活动，更要组织好教研活动。通过多种形式的教研活动，改变教师上课"单兵作战"的状况，利用团队的优势相互促进，共同提高，不断提升团队每一位成员的教学水平和教研能力。

落实方向团队在青年教师培养上所承担的任务。青年教师是学校的未来,对于青年教师的培养和帮助,老教师责无旁贷。教授、副教授不仅要积极承担本科教学工作,同时也要承担青年教师在教学上的指导任务。方向团队要落实这项任务,使得每一个青年教师在教学上都有一个师傅,帮助他们尽快过好教学关。

学校在"十二五"期间将继续加大团队的建设力度,尤其是加快学科方向团队的建设,规范方向团队的责任、权利和义务,使其成为学校培养人才、科学研究和服务社会的坚强堡垒。

(二)加强师资队伍建设,为实现教学改革的目标提供可靠的人力支撑

搞好本科教学,提高人才培养质量,教师是关键。要认真研究激发教师投身本科教学的各项政策,调动教师从事本科教学的积极性,加强师资队伍的引进和培养,努力提升师资队伍的整体教学水平,树立良好师德师风,营造良好育人氛围。

提升师资队伍的整体教学水平。加大人才培养的力度,特别是中青年骨干教师队伍的建设和培养,尝试成立教师发展中心,努力形成有利于提升教师教学水平的长效机制。对于新引进的青年教师,将推出硕士一年、博士半年的助教制度;积极创造条件,扩大出国进修课程教师的比例;大力提高具有博士学位和留学经历教师的比例等等。

建立灵活多样的人才引进机制。在财力资源非常有限的情况下,要加大人才柔性引进的力度,不断扩大课程兼职教师的比例,重视具有实际工作经验教师的引进。要更加关注人才引进的质量,在引进时不但要看重个人的科研能力,更要注重对个人心理素养、组织能力和语言表达能力等教师基本素质和具体执教能力的考察。

完善教师教学考核和激励机制。进一步完善课堂教学质量、教学业绩考核、教学研究成果、指导学生获奖等教学业绩评价和教学责任机制,通过制定更加科学完善的学评教办法、教学业绩评价机制,来激发和促使教师更加投入于本科教学,有效推动教学质量的提高。

加大教学业绩和教学建设任务在各级各类评优及职称评聘、岗位聘任中的权重。强化对教师教学工作量和课堂教学质量的基本要求,实施教授、副教授每学年至少为本科生讲授一门课程,连续两年不讲授本科课程

的教师不再聘任教授、副教授职务等制度。

加强师德师风建设。继承和培育宁大优良的教学传统，强调教师的根本任务是教书育人，每位教师都应积极承担、保质保量地做好本科教学工作。营造"尊师重教"的氛围，树立教育教学先进模范典型，积极宣传在本科教学工作中真正努力付出、获得学生好评、取得突出成绩的先进集体和个人，加快形成"人人热爱本科教学"的良好氛围。

（三）加强课程体系建设，为学生的成才选择提供更多的优质资源

人才培养质量的提高最终落脚在人才培养方案的合理制定和一门门课程上，我们为学生提供的成才选择最基础的是课程和开设这门课程的老师。因此设计科学的人才培养方案，改革课堂教学方法，更新充实教学内容，提升教师的教学水平是进一步完善我校"平台＋模块"课程体系结构和人才培养模式的重要内涵。要充分发挥国家教学质量工程项目的引领作用，打造一批精品课程，为学生提供更多的优质选择。

修订人才培养方案和教学计划。近阶段，各专业都在认真制订人才培养方案，在这一过程中，要充分考虑学生成才和发展所需要的知识、能力、素质来科学地规划各专业的课程体系，将提高学生"道德水平、沟通技巧、思辨能力、知识素养和专业技能"的培养目标分解到各门课程之中，落实在教学大纲之上。同时，要建立通过社会力量共同参与制定人才培养方案的机制，我们不能闭门造车，要充分了解社会在人才培养上对学校的要求，主动调整培养方案，适应社会和学生发展的需求。

改革课堂教学方法。在探究式教学试点的基础上，逐步建设一批课堂教学方法改革的示范课程，倡导启发式、讨论式、参与式的课堂教学模式，引导学生课外大量阅读、查找资料和团队作业，采用多元的考试方法，减少闭卷考试，最大限度地调动学生的学习积极性和主动性。建立多媒体课件评价制度，加强对多媒体授课方式的有效管理，引导教师合理设计和使用多媒体课件辅助教学。

建设一批高级别精品教材。教材建设一直是我校的弱项，今后我们一方面要按照国家、省、市的要求建设一批精品教材，提高规格和水平；另一方面还要鼓励编写一批教学改革力度大、课程体系结构更能反映最新学科内容和先进教育理念、对实现人才培养目标贡献度更大、更能体现学校人

才培养特色的高质量教材。

推进各级各类核心课程建设。通过规划设计、招标建设和鼓励高岗位教授自主申报建设等程序和措施,重点培育与打造一批对提高学生人文素养、拓宽学生视野、增强学生思辨与创新能力等有重要作用的通识教育核心课程。各专业也要将本专业的核心课程尽可能地纳入国家、省市精品课程和学校示范课程的建设范围,提升专业教学的水平,提高学生与外校相同专业学生在考研和就业方面的竞争能力。

提高实验和实践实习教学水平。要切实加强实验室建设,改善实验室装备条件,增加实验教学日常运行经费的投入和各专业实验耗材补贴。积极创造条件,提高教学和科研实验室的开放程度,引导教师及时将研究成果应用于实验教学和实践教学中。要加强实习基地的建设和实习环节的管理,采取各种有力措施,确保学生专业实习和毕业实习的时间和质量。

加强网络课程建设。鼓励广大教师建立个人教学网站,加强网络课程建设,构建网络课堂,与学生进行教学互动,逐步将个人教学网站的建设纳入教师教学业绩评价考核内容。高校数字化校园的建设已经为电子学习(E-learning)的应用提供了优越的支撑环境,我们应利用这一条件努力实现基于网络的自主式学习、引领式在线学习,并可在将来实现基于社交网络的协作学习模式,实现不受时空限制的移动学习(M-Learning)。

加快开放办学的步伐。引进国外先进教育理念,提高我校的教育国际化水平。增加与国际接轨课程的数量,探索设立全英文授课专业,加强双语教学,努力扩大留学生规模,促进我校课程方法和内容的改革。积极创造条件,为更多的学生提供赴国外、港澳台和国内知名高校学习、实习的机会,让一定比例的学生具有国(境)内外的"第二校园"经历。

(四)加强第二课堂建设,为增强学生创新能力提供更广阔的空间

学生在大学期间,除了在教室中上课之外,还有大量的"业余时间",如何有效地利用这些时间,也是我们提高人才培养质量的关键环节。因此,开辟"第二课堂"、利用"第二课堂"成为我们人才培养的有益补充,使人才培养的一些特定项目和目标在"第二课堂"中达成,为学生能力和素质的提高提供更多的锻炼机会。

培养学生的科研与创新能力。推进学生科研训练、创业实践、科技竞

赛、人文主题活动和职业技能培训等第二课堂建设,不断提高大学生创新创业训练计划项目的质量,加大资金投入和政策导向力度,努力调动教师参与指导学生科研的积极性,引导更多的学生参与科技创新训练,帮助有潜力的学生出成果,争取在各类大学生学科竞赛中获得更加突出的成绩。

完善大学生社会实践活动。继续做好大学生暑期社会实践活动的组织与指导,继续开展面向西部的支教活动,扩大社会实践的内容,把参与社会实践活动与顶岗实习有机地结合起来,让我们的学生更多地接触各行各业,接触人民群众,了解国情,了解社会,增强社会责任感和使命感。

开展丰富多彩的学生社团活动。社团活动是丰富学生课余生活、提高自身素质、开辟第二课堂的重要组织形式,也是学生锤炼自己成长成才的重要基地。因此,我们要进一步加大政策引导和扶持力度,加强学生社团的外延和内涵建设,让更多的学生在不同的社团活动中开阔视野、接受锻炼、陶冶情操、提高能力。

提供多样化的学生生涯指导。根据学生就业、考研、出国等不同需要提供相应的指导和帮助,促进学生个性健康发展。就业教育关口前移,就业观念的引导要超前,职业生涯辅导从低年级开始推进。要积极营造氛围,引导学生考研,并为其提供良好的复习环境和条件,不断提高我校毕业生的考研录取比例。利用与国外高校合作的平台和学校多个外语资格考试考点的优势,为学生出国深造提供满意的咨询和良好的服务,使更多有志于出国的学生能够得到学校的及时帮助,顺利出国。

加强优良学风建设。优良学风是保证教育质量的重要前提,学校要将学风建设作为教学工作的一项重要内容来抓。今后几年我们要进一步健全和完善各项教学管理和学籍管理制度,构建更加科学合理的学生学业评价体系,加强对学生学习过程的管理和考核,继续利用校、院各类讲座,营造良好的学术和学习氛围,以师德师风建设带动学风建设,不断促进优良学风的形成。

(五)加强保障制度建设,为切实提高人才培养质量创造更好的条件

提高本科教学质量是我们现实面临的一项工作,也是学校今后在很长的时期内要持之以恒的工作。要做好这项工作,需要建章立制,从制度层面上予以保障,才能从根本上保证人才培养质量的持续提高。

加强对本科教学工作的领导。校、院、部门主要领导应该经常深入教学第一线,通过听课,与教师座谈等不同形式及时了解、研究和解决本科教学工作中出现的新情况、新问题。在对领导班子的考核中,要把是否真正重视本科教学工作作为衡量学校各级党政班子工作水平的一项重要依据和标准。学院要重视分管教学副院长的人选和教学秘书的配备,全力支持分管副院长的工作。

完善各项教学管理制度。加强教学质量监控与保障体系建设,继续完善"教学质量责任体系",切实把提高人才培养质量的责任落实到每一位教师身上。注重教学规范化建设和日常教学管理工作,在倡导教学改革创新的同时,坚持不懈地抓好教学常规。积极探索提高教学管理效率的有效途径,简化管理环节,减轻教师负担。继续加强教务和教学管理系统的信息化建设,建立完整的教师教学业绩电子档案。研究出台相关政策制度,规范教师和管理人员在人才培养过程中的行为,进一步稳定和优化教学管理、实验室管理人员队伍,不断提高其综合素质、业务水平和服务质量,保障教学和相关管理工作的良性运行。

推进教学管理重心下移。充分发挥基层学术组织在专业、课程建设和组织日常教学工作中的重要作用。教务、人事部门和学院要积极探索学科方向团队如何在教学中发挥积极作用的有效途径,解决学科方向团队初期在教学管理上出现的各种问题,帮助其尽快成为既进行学科建设又从事教学管理,二者相互依存、相互支撑的基层学术组织。

重视本科教学督导工作。积极探索推进教学督导工作的有效途径,继续发挥教学督导工作在本科教学中的重要作用。不断改进教学督导工作,进一步完善校、院二级督导工作体系。要及时发现本科教学工作中存在的问题,为学校提供有说服力的调研报告和有建设性的建议意见,努力提高教学督导的工作水平。

建立本科教学工作的投入保障机制。学校和学院要保证本科教学经费的投入,而且在经费增长时优先考虑本科教学工作,在年度经常性预算经费中安排一定比例的资金,与学院本科教学业绩考核结果挂钩。为激励教师实施课程教学改革,提高精品课程、示范课程和通识核心课程的课时津贴和奖励。同时也要加强对教学投入经费的管理,使之发挥更大的效益。加强图书资料建设,加快形成校图书馆与学院资料室资源统一管理和共享机制,加大电子书刊数据库建设力度。要进一步研究开发利用教室资源,创造条件改造部分教室,为课堂教学方法的改革提供合适场所,为学生课堂学习、自修以及考研提供便利的条件。要加快甬江边学生公寓的建设进度,改善大学新生的住宿条件,继续规范寝室管理,为学生的生活创造一个良好的环境。

为推进"六个加快"作出新贡献[*]

> ——发挥学科优势,提供决策咨询,增强创新能力,提高信息化水平,倡导生态文明,加强创新创业教育,全方位服务地方经济社会发展。

市委十一届十一次全会审议通过的《中共宁波市委关于制定宁波市国民经济和社会发展第十二个五年规划的建议》,从宁波的发展基础和特色优势出发,提出了加快打造国际强港、加快构筑现代都市、加快推进产业升级、加快创建智慧城市、加快建设生态文明、加快提升生活品质的总要求。宁波大学坚定不移以市委"六个加快"总要求为引领,紧紧抓住地方经济社会快速发展的机遇,充分发挥综合性大学学科齐全的优势,全面提高学校国际化办学水平,努力增强学校整体创新能力,努力为推进"六个加快"作出新贡献。

一、宁波大学服务"六个加快"的情况

(一)发挥学科优势,为加快建设国际强港服务

海洋资源是参与区域竞争的核心战略资源,也是宁波建设海洋强市的"先天之利"。目前,宁波市在以港口为龙头的海洋经济发展中势头迅猛,正在成为世界瞩目的现代化国际港口城市。近几年来,学校围绕着"海上宁波"建设,找准与地方的结合点,推进学科交叉,努力把学科向着"海洋"方面凝练,使学科的方向凝练、特色培育、可持续发展立足于地方发展之中,比如,工程力学重点研究近海冲击与安全工程,理学学科重点研究海洋

* 本文是 2011 年 3 月 18 日聂秋华在省委常委、市委书记王辉忠视察宁波大学时的汇报发言

性气候,通信与信息系统学科重点研究"数字海洋",文科性学科则重点研究海洋文化、海洋经济。

通过几年的建设,学校学科特色日益显现,为宁波市加快建设国际强港做出了积极贡献。其中,应用海洋生物技术学科对海水生物活饵料与饲料的研究成果在沿海近300家育苗场推广应用,近三年共实现直接经济效益3.39亿元。工程力学学科致力于港口航道跨海大桥的抗船舶撞击安全防护技术的研究与应用,以及海港及重要近海结构物的耐久性研究,研究成果处于国际先进水平,成功应用于杭州湾大桥、象山港公路大桥主桥、宁波外滩大桥等上百项桥墩保护工程。依托交叉学科建立的"高效海水养殖和灾害响应机制"创新团队结合营养调控与生理、品种养殖与改良、灾害预警与响应、病害机理与防控等四个研究方向,入选2007年教育部"长江学者和创新团队发展计划"创新团队,该团队突破了海水养殖业关键瓶颈问题,为现代海洋产业的发展做出了积极贡献。此外,学校还积极开展港口管理、物流管理、交通运输规划与管理领域等方面的研究工作,取得了良好的研究效果;与宁波港务局签订了战略合作协议,为宁波港建设提供服务咨询和人员培训,为地方培训船员10余万人次,为养殖户培训养殖技术数千人次。

通过技术服务和创新,学校不断凝炼研究方向,使研究方向既符合地方产业需求,又体现个性特征,从学科交叉与创新中提炼学科特色,形成了具有地方特色的学科结构体系。目前,学校拥有省重中之重学科4个,省属高校人文社科基地2个,省重点学科12个,市重点学科17个。近年来,学校主持了有关海洋、水产养殖的国家863高技术项目、973重大基础研究项目、国家发改委重大产业化项目、国家农业成果转化项目,国家科技支撑计划项目、国家星火计划项目,以及地方"十一五"重大科技专项等,有力地促进了地方海洋科技和产业的发展。

海洋是宁波的优势所在,也是宁波大学的优势所在,更是宁波大学未来发展的希望所在、潜力所在。下一阶段,学校将从以下几个方面为加快建设国际强港服务:

一是组建宁波市海洋高技术产业创新平台,为宁波港口发展、海洋生态、海岛开发、海洋牧场建设、海洋生物技术新兴产业等提供源头创新的技术成果和专业化的技术与服务；

二是集中学科资源，重点建设一批与海洋经济、海洋资源、海洋环境、数字海洋紧密结合的优势学科；依托交叉学科研究平台，探索新型研究体制和运行机制，在学科建设中努力体现海洋特色；

三是在海洋生物芯片研究中取得技术创新和产业化成果，在项目实施中力争占据技术制高点，取得产业化突破；

四是争取获批"海洋生物技术"和"海水养殖"的浙江省重大科技创新团队，努力在海洋生物技术、海水养殖、水产品加工等优势学科领域引领地方相关科技与产业发展；

五是创新海洋科技的教育理念和教育方法，为建设海洋经济强市输送专门人才。

(二)提供决策咨询，为加快构筑现代都市服务

学校不断加强对人文社科研究工作的支持力度，积极发挥社会咨询服务的作用，在人文社科的研究上迈上了一个新的台阶。近年来，学校与宁波市政府相关部门或行业协会组建了一批决策咨询服务平台，如"宁波市新农村建设研究中心"、"宁波区域经济研究中心"、"宁波市社会工作教育研究基地"、"宁波市城市管理研究中心"、"宁波市文教用品研究中心"等，有效地为政府决策提供了科学依据和智力支持。相关教师先后开展各类项目咨询研究，内容涉及宁波城市轨道交通工程、地下空间利用工程、高速公路建设工程等，不少研究成果已被相关部门采纳。其中熊德平团队对农村金融与农村经济协调发展机制与模式的研究，作为国家重要决策参考，引起中央有关领导同志重视，并作重要批示，该项目获得 2009 年高等学校科学研究优秀成果奖(人文社会科学)二等奖。宁波市新农村建设研究中心近几年完成各类新农村建设规划、新农村建设相关技术研究等 46 项，已在江北、象山、宁海等地建成多个"宁波市新农村示范基地"，编制的《宁波市农村生活污水综合治理实施方案》被市政府肯定采纳。

下一阶段，学校将做好以下几点为加快构筑现代都市服务：

一是深入实施人文社科研究繁荣计划，建立两个分别与地方发展紧密结合的研究院，以地方需求为导向设立重大研究课题，建立学科交叉的研究团队，为加快构筑现代都市提供有力的决策咨询服务；

二是加快建设交通工程学科,为建设现代都市的物流管理、交通管理、轨道交通等,提供有力的技术支撑。

(三)增强创新能力,为加快推进产业升级服务

服务地方经济转型升级,是地方高校的使命与责任,也是地方高校实现自身发展的一个重要机遇和抓手。学校不断提高科研创新能力,千方百计加大高水平人才的引进力度,汇聚高端人才,创新基层学术组织,构筑人才高地,加大科技创新平台建设,建成了国家、部委级科技创新平台8个,省级科技创新平台7个,市级科技创新平台17个,其中在15个省部级以上科技创新平台中,基本上采用地方与部委联合共建,或直接面向地方产业经济,有力地推动了与宁波高新技术产业直接相关的信息工程、海洋工程、材料工程、区域经济等学科发展,为地方科技合作提供有力支撑。

学校产学研合作不断深化,开展了地方急需的重大项目研究,加快成果转化和技术转移,多领域为企业提供技术,有力地推进了地方产业转型升级。2006年至今,学校被国家知识产权局受理的职务专利达644件,其中发明专利490件;授权职务专利340件,其中发明专利184件;横向合作研究经费超过5000万元/年,研究项目内容涉及宁波市经济社会发展的各个领域;90%以上的发明专利已被转让或应用,140多项科研成果被采用或转让,产生直接经济效益11亿元。学校在"立地"基础上去争取"顶天"的项目,在国家级重大奖项、重大项目方面取得一批标志性成果,实现"服务、合作、互动、共赢"。近五年来共主持承担国家级项目241项,部省级项目594项,年均科研经费达到1.32亿;在服务地方经济产业转型升级中,学校的高水平科研成果奖也取得了实质性突破,取得国家科技进步二等奖5项,教育部高等学校科学研究优秀成果奖(人文社会科学奖)3项;获得部省级科学技术奖和人文社科奖90余项。信息学科的科研团队与宁波永新光学股份有限公司合作建立省级医学光电仪器技术研究开发中心,完成了对于传统产品的更新换代,企业由此成为高新技术企业和科技成果转化的产学研合作基地。"宁波大学与金田集团组建跨学科团队解决关键问题"产学研合作案例被评为2008中国高校产学研合作十大优秀案例。

学校还努力构建公共服务平台,促进科技成果转化,近年来先后与江北区、镇海区等地建立了战略合作关系,在校地全面合作框架下,与镇海区

合作共建了宁波市国家大学科技园;创新面向地方发展需求的科技创新平台建设机制,与中科院材料所共建了宁波高等技术研究院,还与中国社会科学院合作共建5个研究中心。

下一阶段,将从以下几个方面为加快推进产业升级服务:

一是进一步提升科研创新水平,围绕地方重大产业需求和博士点建设的发展需要,和企业共建一批部省级高层次科研创新平台;

二是启动重大项目培育工程和标志性成果培育工程,全面提升科研创新竞争能力;

三是探索顶天立地发展战略的长效机制,建立技术转移中心合作机构和高新技术研发及成果转化平台,着力推进宁波高等技术研究院的建设,成为"产学研"重要平台;建立工业设计研究与设计服务中心平台,成为宁波市重要的工业设计服务基地等;

四是加快专业调整步伐,为地方产业升级培养急需的人才,探索开展"阳明班"、"全英文教学专业"等人才培养新途径。

(四)提高信息化水平,为加快建设智慧城市服务

智慧化是工业化、城市化和信息化的深度融合,是世界科技革命又一次新的突破。利用智慧技术,建设智慧城市,是当今世界城市发展的趋势和特征。宁波建设智慧城市也已扬帆起航,宁波大学根据已有的学术研究基础,依托浙东区域经济发展的区位优势,充分利用技术创新平台,集中力量开展新型通信与信息技术等方面的研究,取得了"无线多媒体通信传输与终端系统关键技术"、"显微视频图像处理与压缩关键技术"、"流媒体音视频处理系统关键技术"等一系列关键技术的突破,获得了国家科技进步二等奖及多项教育部、省市科技进步奖。"高分辨率网络数码显微镜、全自动显微镜"等研究成果成功实现了产业化。学校建有教育部科技查新工作站,实行开放式运行;承担了浙江省高校数字图书馆(ZADL)宁波分中心和宁波市数字图书馆的建设,为智慧城市基础设施建设做出了积极贡献。

下一阶段,将从以下几个方面为加快建设智慧城市服务:

一是优化物联网网络结构,提升数据传输与处理能力;开发面向客户的物联网技术应用系统;调整和改造相关专业,着力培养物联网人才、软件人才;

二是结合宁波"智慧制造"应用体系建设，大力推进智慧产品的嵌入式软件应用，加快电子信息、信息家电、机械机电、汽车电子、仪器仪表、医药设备等行业嵌入式系统发展；

三是深入开展海量数据收集、存储、运行、分析、挖掘利用算法和云计算处理技术的研究；

四是开展智能终端、3G 通信终端、多媒体移动终端等产品和智能化电能表、水表、光学仪器等产品的研发。

（五）倡导生态文明，为加快建设生态文明服务

生态文明建设涉及科技转向、产业结构的全面改变、经济增长模式的改变、制度变革和观念革命。我校的理论物理学科注重对海洋性气候的研究，在非线性理论研究方面成绩突出，其中《灾害性天气与气候研究的数学物理问题》项目获得 2007 年国家自然科学重点基金的资助，研究成果"非线性系统对称性及其相关研究"获得 2007 年教育部高等学校自然科学一等奖；以第二完成单位与宁波沁园集团和浙江大学合作完成的"节能型饮用水深度处理系列设备的研发与产业化"成果喜获 2008 年度国家科学技术进步二等奖，该成果既可用极低成本来制取优质饮用水，又为社会节约了大量能源。学校还汇聚全校智慧，为满足宁波"国家可再生能源建筑应用示范城市"建设的具体工作要求，促进宁波建筑节能与可再生能源建筑应用相关的基础理论、工程技术、设计理念与方法、管理方法与手段等的研发与应用，成立了"宁波大学可再生能源建筑应用研究中心"，围绕基础调研、政策研究、技术咨询、宣传推广等做了大量工作，为宁波市加快推进生态文明城市建设发挥了应有的决策咨询和技术支撑作用。此外，学校还通过建立"宁波大学新农村建设研究中心"，积极参与地方新农村建设。

下一阶段，将从以下几个方面为加快建设生态文明服务：

一是培育"生态文化"，创新生态文化理论，并把生态文化理论研究成果或科技成果反馈到社会，传播生态意识；

二是推行生态教育，培育具有生态文明理念、倡导新人道主义与新生态伦理以及具备生态环保的基础知识、基本技能等的生态素养人才；

三是倡行生态科技，绿色科技，研发具有经济效益与环境效益双丰收的绿色产品；

四是建设节能示范校园,通过网络管理,实现学校的能源自动化监控和管理,有效节能降耗。

(六)加强创新创业教育,为加快提升生活品质服务

作为教育部、财政部 30 所创业教育人才培养模式创新实验区之一,学校深入实施大学生创新创业训练计划工作,在学生创新创业训练方面做了很多有效尝试,构建了"平台·模块·窗口"式培养体系,在氛围营造、课程建设、师资培养、项目孵化等方面提供了充分的保障条件。目前,我校共有53 支创业团队入驻创业中心,近年来共孵化有限责任公司 10 余家,学生创业意识、创业能力、创业竞争力都得到大幅提升,涌现了一批优秀的学生创业项目。徐毅、姚文俊两位校友创办的浙江宣逸网络科技公司和宁波市镇海迪麦格磁性工具有限公司被评为"2009 年度宁波市大学生创业新秀企业"。卢妍的创业案例在市"巾帼建功"和"双学双比"活动协调小组开展的女大学生创业就业成功案例征集活动中荣获"优秀创业案例"奖。钱吉利荣获浙江省大学生最具潜质"创业之星",徐毅荣获浙江省大学生成功"创业之星"。

下一阶段,将从以下几个方面为加快提升生活品质服务:

一是以创新创业为抓手,努力构建学生创新平台,着力提高其运用知识解决实际问题的能力;组织开展"创业在宁大"活动,鼓励学生在为宁波经济和社会发展服务过程中创新创业;

二是努力打造一支创业指导教师队伍,充分发挥其在学生创业活动中的指导作用,并通过产学研等途径营造创新创业的良好氛围,提高学生就业竞争力;

三是推进继续教育培训,引进国际国内高端培训项目,初步形成适应地方经济发展需求的继续教育项目群和高层次培训品牌;宁波大学女子学院依托宁波大学和宁波市妇联,开展"母亲素养工程",该工程在 2006 年被列入宁波市妇女"十一五"发展规划。目前已有超过 2 万名母亲参加培训。

二、学校下一步发展面临的挑战及建议

(一)政策资源无明显优势

作为地方性高校,学校信息渠道不够畅通,发展平台不够多样、层次不

高,在争取政策资源上无明显优势,因此希望市委市政府继续大力支持宁波大学列为部省市共建高校。

(二)人才资源新增乏力

目前,我校在国内外学术界有影响的高端人才偏少,中青年教师中高水平学科领军人物匮乏,学校汇集、孕育国内一流学术大师的条件还不够完善,与省会城市杭州相比,宁波的地域环境对一流人才的吸引力还不强,学校在引进、培育学科领军人物方面因财力吃紧而成效不大。希望市委市政府大力支持宁大加快引进高水平学科带头人,通过落实土地及相关政策,帮助宁大建造高级人才公寓;协调解决高知楼改造升级涉及的立项、土地、规划和房产开发等事宜。

(三)土地资源扩充困难

学校现有土地比较分散,其中校本部占地只有 1388 亩。由于学校的快速发展,基本建设规模不断扩大,土地资源变得越来越匮乏。存量土地盘活困难,新征土地又碰到现实问题难以推进,这严重影响了学校的建设和发展,对学校目前的布局调整带来了很大的困难,希望市委市政府继续支持宁波大学解决双桥村土地征用难题。

(四)财政资源日趋紧张

人员经费支出有增无减;还本付息压力大;要实现校园建设目标,至少还需要增加基本建设投入 13 亿元;学校每年用于房屋、道路维修和其他学校事业发展必要投入的经费数也相当大。面对今后的发展,学校资金状况面临很大压力。希望市委市政府像杭州市支持杭师大那样支持宁大的建设发展,帮助解决新图书馆等急需项目的建设资金,支持解决由于省市共管领导体制造成的一些具体困难。

宁波大学的快速发展得益于宁波市经济社会的迅猛发展,宁波大学的每一点进步都离不开宁波市委市政府的热情关心和大力支持。下一步宁大将紧密围绕宁波"三思三创"主题教育活动和关于"六个加快"的经济社会发展要求,进一步提高教学科研水平,切实增强服务地方能力,为宁波市全面提升综合竞争力做出更大的贡献!

为学生的成才创造条件，
为教工的发展创造空间[*]

> ——其实，核心价值的形成和学校的成长一直相伴而行，存在于我们学校的发展过程中，只是我们没有发现它而已，它需要我们摒弃浮躁，静下心来去仔细寻找。

今年年初，宁波市委市政府召开了全市"三思三创"主题教育实践活动动员大会，会上省委常委、市委书记王辉忠作了重要讲话，提出了"五找八问"的具体要求，号召全市上下思想更加解放，理念更加科学，眼界更加宽阔，精神更加振奋，作风更加扎实，工作更加努力，心往一处想，劲往一处使，共同开辟宁波科学发展新境界。这绝不是一般意义上的号召和活动，是一个事关宁波长远发展的重要战略举措，它的核心是加快发展、科学发展，关键词是"思"和"创"，它也正好契合了宁波市广大民众要求加快发展的心声。本学期初，学校党委就学习传达了全市"三思三创"主题教育实践活动动员大会的精神，提出了贯彻与实施意见，将这次活动的主要任务明确为"树标杆、鼓干劲、创特色、进百强"十二个字。3月初以来，我们又召开了下属党委（总支）书记扩大会议，进行动员部署；相关校领导在此期间也进行了认真的专题调研活动；各单位、部门也已经基本明确了各自的标杆，正在寻找差距，提出赶超措施，对学校下一步的改革与发展也提出了一些很好的建设性意见和建议。为了更好地以"三思三创"为指导，推进学校的改革与发展，我想我们还需要更加深入地思考一些问题，进一步理清思路。只有把制约学校发展的症结找准了，破解了，才能推动学校发展得更快，有利于学校的长远发展。

---

[*] 本文是 2011 年 5 月 10 日聂秋华在宁波大学中层领导干部扩大会议上的讲话

下面我讲四方面的内容:

一、学校当前所面临的发展形势

看一个大学的综合实力,仅凭一个排行榜也许不能说明全部问题,但如果所有的排行榜都表明一所大学的排名都在后面,肯定说明这个大学的综合实力不济。《中国大学评价》是目前比较有影响的排行榜之一,我们一直在关注这个排行榜,作为分析学校发展态势的一个重要参考。在 2011 年武书连全国大学排行榜中,我校在全国 706 所本科高校中排名 103 名,比上一年上升了 9 位;其中人才培养第 116 名,比去年上升 7 位,科学研究第 91 名,比去年上升 13 位。总体而言,我校各方面指标较之去年都有比较大的提高,但通过仔细比对,我们也看到了高校与高校之间的激烈竞争态势,了解了学校发展的不足之处,特别是在有些方面我们学校还存在着隐忧。

从四所侨资大学的比较情况来看,暨南大学的发展势头很好,今年排在了 52 位,虽然我校在四所学校中位居第 2,但各项指标与暨大相距甚远,不在一个层次上,与汕头大学、华侨大学的差距不明显,我们学校没有优势可言。

从与前 105 名的 17 所地方综合性大学的比较情况来看,我校位于第 16 名,比安徽大学靠前 1 个名次。在这些高校中,郑州大学、山西大学、南昌大学、河北大学、云南大学、湘潭大学、广西大学等 7 所大学是省部共建大学,如果排除这 7 所省部共建大学,我校则排在地方综合性大学的第 9 名,比去年高 1 个名次,从这个排名上我们可以看出,我们学校距国内一流地方综合性大学的目标还有很大的差距。

从省内前 6 名的本科院校排名情况来比较,虽然我校在全国排名方面上升幅度最大,提升了 9 位,浙江理工大学下降了 8 位,其他 4 所高校均在 4 位以内波动,但在省内排名方面,6 所高校的名次没有发生变化,我们仍居第 4 位,列浙大、工大、师大之后,而且我们的总得分也低于去年水平,他们三所除了浙大进步很大,其他两所的总得分较之去年都有小幅提升。所以说,我们总排名是升了很多,但在省内高校第一方阵中进步不大,能够保持 103 位都有很大压力,如果想赶超,难度就更大。

因此，不要认为我们"十二五"确立的"进百强"的目标定低了，记得我们在教师中征求意见的时候，有的老师说从 103 名进入到 100 名就叫跨越。应该说，从第 90 到 150 位这 60 所学校，大家水平都不相上下，竞争非常激烈，所以在全国全省高校中，哪怕想进一位都非常不容易。

再从宁波的情况来看，宁波诺丁汉大学的教学模式与国内高校的教学传统形成了很大的反差，无论在整体引进外国优质教育资源方面，还是与国际接轨的人才培养方面，都突显了很强的优势。4 月初温家宝总理在宁波召开会议，唯一视察的一所高校就是宁波诺丁汉大学。为什么？我想总理一定也是带着"钱学森之问"去的。当然，仅仅靠一所舶来的大学不可能完全解决这个难题，但是宁波诺丁汉大学在人才培养方面的做法值得我们深刻反思和借鉴，因为他们的毕业生在就业方面已经显示出了越来越强的竞争优势，对我校的毕业生正在形成越来越大的压力。

宁波大学在"十一五"期间取得了长足的进步，为学校将来的发展奠定了良好基础。但是，我们也要清醒地认识到在学校发展过程中还存在着资源瓶颈、管理粗犷、服务地方能力不强和发展后劲不足等困难，我们的发展模式还存在缺陷，在学校发展的重要环节和指标上仅仅依靠了少数人的主观能动性，没有发挥广大师生员工的积极性，特别是年轻教师的成长比较缓慢。最近省和国家评的青年科研项目当中，我们也是频频告急，参加评审的校领导和专家都纷纷说我校的年轻教师、年轻博士这一批人上报的材料，比兄弟学校有明显差距，青年教师是学校的未来，如果我们的青年教师是这种状态，长此下去，将使学校的发展后劲不足，难以为继。

在"十二五"的开局之年，学校又面临难得的发展机遇，浙江省作为国家发展海洋经济示范区对涉海学科发展和人才培养提出了迫切的要求，宁波市对港航物流、临港工业、海洋高新企业和海岛开发等海洋经济的重点发展领域进行了全面规划，亟需科技与人才的支撑；同时，为了提高高等教育国际化水平，引进和利用国外优质教育资源，国家和省、市层面都在大力推进国际合作办学的进程。这些新的情况给我校的发展带来难得的机会，说它们难得，是因为这两个机会对于其他高校来说也许是一般性的，但对于宁波大学却具有重大的意义，因为宁大有较强的涉海学科，可以借助于海洋经济的迅速发展，加快形成宁大的学科特色；作为侨资性大学，有着与海外合作办学的基础和良好条件,通过推进国际化办学,不断提高创新人才培养的质量,加快形成人才培养的特色。

综上所述,学校在"十二五"期间所面临的发展和竞争压力依然存在,但是,浙江省大力发展海洋经济和大力推进高等教育国际化的举措是宁波大学下一步发展的天赐良机,我们必须牢牢抓住。要抓住机遇,不惧竞争,关键是全校上下能够齐心协力,共同承担学校发展的重任,也是学校可持续发展必须解决的首要问题。但怎么样才能使大家齐心协力呢? 我想先从学校的发展理念入手,这就是我所要讲的第二个问题。

二、学校核心理念的形成与发展

大家都知道,大学是全世界公认的为数很少的能够"基业长青"的机构。什么是"基业长青"呢? 就是它能够延续一百年、数百年甚至上千年。美国加州大学前校长克拉克·科尔曾经作过一个统计,发现在 1520 年以前,就是 500 年以前全世界建立的组织中,现在仍然用同样的名字、做着同样事情的只剩下 85 个,这 85 个之中有 70 个是大学,另外 15 个是宗教团体,即大学和宗教团体这样的非营利性机构的寿命是非常长的。全世界最古老的大学是意大利的博洛尼亚大学,已经有近千年的历史,其次是巴黎大学,还有牛津大学,也有九百多年历史。为什么大学可以"基业长青"呢?有以下几个原因:第一,大学具有最为忠诚的客户和品牌;第二,大学有一个持续的核心理念;第三,大学有着为这种核心理念而奋斗的一个师资队伍;第四,大学有着宗教式的组织文化;第五,大学本身是一个不断反思和创新的组织。我认为,在这几个原因中,大学的核心理念是大学自身发展过程中最核心的灵魂。

大学理念是高等教育的一个永恒话题,大家最近可能注意到大学校长论坛都在大谈大学理念,也不乏学者对其进行不懈的研究。大学理念应该是对大学的本质、功能、发展规律的哲学思考和理性认识,也是一个不断深化的过程。从大学功能的不断拓展,可以发现大学的理念在不断完善,一般认为,大学的理念应该包括以人为本的理念、崇尚学术的理念、服务社会的理念和文化引领的理念等等。对大学理念的研究更多的是对大学发展的一般规律性的研究,重点在大学发展的共性,而且这些共性也基本上为大学的管理者和教师所认同。例如，大学的三大功能大家都基本认可。虽然大学由于自身的性质，自然比企业有更强的延续性，比方说宁波大学，延续一百年、两百年应该没问题吧？因为这个学校的名字是以地方的名字命名，不易受到外部条件变化的影响。但是，尽管各个大学所具有的理念相差不大，经过了岁月的蹉跎，为什么有的能够傲然于世，而有的则发展平平？我觉得这个问题值得大家深思！我们刚才讲了博洛尼亚大学，为什么它现在没有哈佛大学、牛津大学那么有名呢？你说它的理念不是大学的理念吗？在各个大学发展的背后，一定有某种特定的文化和传统决定着大学发展的快慢和大学特色的形成，而这种文化和传统的积淀必定是经过了大学自身的筛选，那么这个筛子是什么呢？就是一个组织的核心理念。

什么是核心理念？《基业长青》的作者认为核心理念是一个组织持久不变的特质，这种特质是超越了时间、领导人、管理时尚、社会需求等的一种自我认同。简单地说，一个组织的核心理念应该包含两个部分：一是核心价值，二是存在目的。

核心价值要有长远性和共识性，一个组织在提炼自己的核心价值时，必须要问自己这样一个问题："无论周围的世界怎样改变，我们是否都会以此作为核心价值？"不同的组织有着不同的核心价值，但这些核心价值都不会随着时间和环境的改变而改变，它们都是各个组织——小到一个公司、一所学校，大到一个国家都要永久保留、历时不变的。我们不妨借鉴一些成功企业组织的案例，比如迪士尼，迪士尼的核心价值是什么呢？就是"追求想象力和使人快乐"；惠普的核心价值是什么呢？是"尊重和关心个人，为顾客提供最优质的产品"；宝洁公司的核心价值是什么呢？是"追求产品的完美"。

再一个是目的，目的是组织存在的根本原因，一个组织在探讨自身存在的目的时，也可以反问"我们为什么走到了一起"？目的如果经过适当的构思，可以成为根本而长盛不衰的东西，例如摩托罗拉存在的根本目的是"以公平的价格向顾客提供品质优异的产品和服务，光荣地服务于社会"；索尼的目的是"提升日本文化和国家地位"，为什么索尼提这样的目的呢？因为过去日本货就是假货劣质货的代名词，索尼公司为改变日本货的形象，提出了这个目的；迪士尼存在的目的是"用我们的想象力，带给千百万人快乐";福特公司的目的是"使更多的人享受汽车的乐趣"。

一般而言,组织的核心价值和存在目的构成了组织的核心理念,目的与核心价值一样,关键在于真实,不在于与众不同。这些就是《基业长青》这本著作当中的基本观点。

大学与企业是性质和功能完全不同的社会组织,作为一个结构性组织和企业具有某种相同之处,也应该具有自身的核心理念。值得注意的是,大学与企业的最大差异之一是大学的顾客和产品是同一的,顾客和产品都是学生,而产品的加工制造者是以学识和情感为工具的大学教职员工。那么,宁波大学的核心理念是什么?我想还没有标准答案!还需要我们去探索,通过探索,逐步形成共识。在核心理念的两个要素中,确定宁波大学存在的目的相对简单一些,因为宁波大学的建立就是首先要为宁波的经济社会发展提供高级专门人才的支撑和专家学者智力的支撑,至少从最近几十年来看,宁波大学存在的目的就是为地方提供人才的支撑。当然这是一个直白的表述,如何使这个表述像迪士尼公司那样更富有创意和鼓动性呢?这需要大家的智慧。值得欣慰的是,经过 25 年的发展和其中 7 个学校的先后合并,这个目的已经部分实现。而确定宁波大学的核心价值,却不是一件简单的事情。其实,核心价值的形成和学校的成长一直相伴而行,存在于我们学校的发展过程中,只是我们没有发现它而已,它需要我们摒弃浮躁,静下心来去仔细寻找。回顾学校二十多年来的发展历程,结合这次"三思三创"的调研情况,我想我们可以从以下两个方面去发掘学校的核心价值。

一是努力为学生的成才创造条件。

学生是学校最重要的客户和产品,学生培养质量的高低也是社会检验学校的最重要标准,是一所学校的命脉所在。所谓命脉,这个"命"意味着你能存在与否,"脉"意味着你能存在多久。宁波大学历来重视本科人才培养工作,教育教学改革一直围绕努力为学生的成长成才创造有利条件这条主线。从建校之初实行"按系培养"到"按大类招生",从"平台+模块"课程结构体系的构建到创新人才培养模式改革,都是为了调动学生学习的兴趣和主观能动性,为学生营造个性发展的空间,给学生的成长成才搭建更为宽广的舞台。学校积极建设"国家大学生文化素质教育基地"、教育部"人才培养模式创新实验区"、国家本科教学"质量工程"人才培养模式创新实验区;学校努力争取国家和省市教育教学质量工程建设项目,对教学资源不断整合优化,使学生在学习过程中享受到越来越多的优质教学资源;创新型人才培养的格局也基本建立。经过多年的努力,我校的教学改革逐步从人才培养模式的构建延伸到课堂教学方法的改革,将实现人才培养目标的具体培养内容逐步细化到各门课程之中,为学生的成才提供可靠的保障。

"把成才的选择权交给学生"的理念就是在这样的教育教学改革背景下确立的,短短 11 个字,要做到,不容易! 首先要回答三个问题,谁来选?如何选? 选什么? 第一个问题的答案当然是学生,学生是选择的主体,因为成才的选择权本来就是学生的,虽然家长、教师有时总是不自觉地替学生选择,但是这种选择最多只能算是强制性引导,因为最终的选择还是由选择主体做出,并通过这个主体去实施选择的内容。第二个问题最关键,大家老是要问学生如果不会选、胡乱选、选偷懒怎么办? 正是基于此,他们需要教师的帮助和指点,教师在这个环节上应该发挥主导的作用,教会学生学会选择。在一定程度上,教会学生学会选择比学会选择的内容更重要! 第三个问题的答案是选择学生成才所需要的优质教学资源,包括教师、专业模块、课程等等,这些条件需要学校、学院提供和创造。以上三个问题解决好了,这个理念方能落到实处。

学校在人才培养方面做出的种种努力,虽然取得了一定的成绩,但是有许多教育教学改革的理念往往停留在学校层面的架构上,尚未取得实质性突破。实际上,我们高校工作者对国内大学人才培养的不足和缺陷是非常了解的,但是真要改革时,却又步履维艰。我个人的感受是教学改革的推进比争取博士授予权更加艰难! 因为任何教学改革必然要求广大的教师参与,必然会涉及利益的调整,必然要先付出更多的劳动! 大家就会问,凭什么? 为什么? 实事求是地讲,每次推出教学改革的举措时学校都考虑了财力的保障,考虑了教师的付出,学校再难也不差这些钱。但是仍然难以调动更多教师的积极性。这是为什么? 首先是一个价值取向问题,我们进行这样的改革是不是在为学生的成才而努力? 如果是,我们应不应该投入其中? 共同的价值取向是达成共识的基础,也是做好一件事情的前提,

　　我们需要一种共同的核心价值,只要是为学生成才创造条件,我们就应该投入其中。要形成这样的共同价值观,还有一个过程,尚需大家一起精心培育;除此之外还要考虑的是,做这样的教学改革既有报酬,也有荣誉,我们知道在教学上如果获得一个奖项,争取到一个项目的话,学校给教师的奖励和荣誉不可谓不高,但是在这种情况下为什么没有多少人愿意投入,我们在这个过程中还缺少了什么? 我觉得是教师的个人发展问题!

　　二是努力为教师的发展创造空间。

　　其实教师的发展问题是各国高等教育大发展后所面临的共同问题。我们以美国为例,大家知道 20 世纪 60 年代初,苏联载人地球卫星率先上天震惊了美国朝野,美国各界认识到人才与科技的重要,在美国政府资助的激励下,美国各个大学开始扩张,特别是扩张了博士生数量。因为培养的博士可以作为研究的助手,让博士生成为研究的生力军,但培养博士需要强调教师的科研,因此教师的主要精力都放在了研究上。到六十年代末七十年代初,由于美国经济的衰退,国家对大学的资助明显减少,在一些一流学者集中的大学爆发了学生抗议运动,指责学校学院式的教学、无关紧要的课程和低下的教学质量,而且随着专业学位研究生数量的增加,传统的教学方法遭到质疑,学生要求更具创新性的教学方法。在此种压力下,大学开始把教师的努力方向转到教学上,注重教学方法的改进,调整资源配置和提高利用效率,从而开始了关注教师全面发展的新阶段。在这个过程中,美国的一些学者建立和完善了关于教师发展的理论,而且一些大学受各种基金会的资助,开展了教师发展中心的工作,对教师的发展开始倾入大量的资金和关注。我国高等教育经过十来年的大发展后,也面临着类似的问题,从去年开始,教育部开始重视教师的发展问题,已计划在部属院校中开展教师发展中心的试点工作。我们学校的发展也处于同样的窘境,在获得博士学位授予权的过程中,学校相关部门、部分学院和部分教授的作用得到了充分发挥,而大多数教师在这个过程中所得到的发展和提高却是十分有限的,与学校现在发展的层次和要求相比,无论是观念上还是能力上都存在巨大的反差。学校快速发展,而教师整体素质不能得到相应提升,这种发展模式是有缺陷的,也是不能持续的!

　　说到教师发展,大家首先想到的是进修提高问题,这也是大学校方普遍重视的一个问题。宁波大学一直注重教师的培养和提高，在我个人的记忆中，最为成功的例子是在上个世纪九十年代中期，包陪庆女士在加拿大麦吉尔大学设立了奖学金，学校选派了 20 名左右的青年教师先后到这所学校进修培养。如今，他们之中的大多数已经晋升教授，还有不少人走上了校级或院级领导岗位，成为学校的中坚力量。近 5 年来，学校已经加强了常态化的教职工培训体系建设，共投入培训经费 700 多万元，加大了在职培养的力度，扩展了培训提高的渠道，实施了一系列的人才培养计划，应该说为教工的发展提高提供了有力的支持。

那么，教师个人发展最关心的是什么呢？是职称晋升，有的教师甚至把成为教授作为一生当中最重要的追求。值得关注的是，我们一个副教授在晋升教授这个过程当中，往往是他一生中对学校的发展贡献最重要的时期，因为他在这个过程中所取得的一些学术成就正是学校发展所需要的，所以这个时候他和学校的发展目标是一致的。在这个追求的过程中教师往往能释放很大的能量，发掘自己的所有潜力，去实现这个追求，同时也为学校的发展做出更大贡献。

但是，教师的培训提高和教师自身的职称晋升，仅仅是教师发展的两个重要方面。当教师成为教授以后，他还有没有发展的问题？答案是肯定的，还有发展问题。所以，培训和职称并不是教师发展的全部，除了教师的教学能力、学术水平的发展外，还应该包括职业道德、组织沟通能力、职业生涯规划和发展保障条件等，这种发展还应该包括所有的管理和工勤人员，不仅仅是教师。

教工是学校赖以发展的第一资源，学校的发展和学生的成才应该建立在教工发展的基础之上，我们可以靠引进教师解燃眉之急，但是一个大学的发展不能永远依靠在大量教师的引进上，应该为现有的教工、特别是青年教工创造更广阔的发展空间。只有这样，才能够出自己的大师，能够为学校的发展持续不断地提供优质人力资源。学校过去可能对教工发展的重要性、紧迫性、长期性和系统性认识不够，目前国内高等教育发展的态势和学校的发展现状使我们深刻意识到，如果不花大力气解决好教工的发展问题，学校持续、健康和快速的发展必将受到制约，我们还需要这样的核心价值，即必须想方设法将学校的发展与教工的发展有机结合起来。哪个学校在教工发展上先跨出一步，走好这一步，就可能抢占先机，使学校发展得更快更好。

为学生的成才创造条件，为教工的发展创造空间，我想在这两点上要达成共识不难，但要将其作为学校核心价值的基础去深度发掘，并坚持共同去实践，则绝非易事，还需要艰苦卓绝的努力。

三、在实践中追求学校的核心理念

深入分析一些著名企业的核心价值可以发现，其表述可以迥然各异，但实际上无非是围绕着员工、客户和产品这三者做文章。在实践中，处理这三者的关系和具体操作方法的不同，决定了企业的发展进程，也因此形成了企业各自的特色。同理，大学的员工、客户和产品就是教工和学生，大学的核心价值也必然围绕学生和教工来形成。大学怎样对待学生、如何对待教工，同样会左右大学的办学历程，影响大学自身特色的形成。那么，我们学校应该如何去实践呢？

（一）如何为学生的成才创造条件？

为学生的成才创造条件是一个持续努力和完善的过程，在不同时期必须根据学校的实际情况和社会背景进行必要的调整。根据目前学校所处的地方经济社会发展形势和高等教育国际化趋势，并围绕学校正在推进的教育教学改革，在"十二五"时期，我们可以通过以下四个方面加快为学生成才创造条件：

一是推进国际化办学进程。

第一，加快全英文专业建设。整合学校全英文教学资源，从今年开始设立全英文教学的工商管理大类招生，涵盖工商管理、国贸和会计等专业，争取在"十二五"期间，这类学生的规模能够达到 1000 人。与此同时鼓励各学院积极进行全英文专业建设的试点，加强中法合作旅游管理专业建设，不断为学生提供优质教学资源。

第二，增加学生出国交流机会。继续加强与海内外高校的合作，进一步拓宽学生交流渠道，加强学生国际交流资助基金的筹措，为更多学生出国交流创造有利条件，开阔学生的国际视野，增强学生的国际交往能力和就业竞争力。

第三，扩大我校留学生规模。加强临床医学国际化专业建设，为今年开始接收一定规模的来华留学生做好充分准备。其他全英文专业在建设过程中要积极面向海外招收留学生，拓展海外留学生资源，争取"十二五"期间在校留学生规模达到800人。

第四，招聘高水平外教师资。吸引更多的高水平外国专家学者来校讲学或合作培养学生，积极探索从海外招聘教师的新途径，从过去单纯招聘语言教师向招聘专业教师过渡，为加快全英文、国际化专业建设注入有生力量。

在加快推进国际化的办学进程中，积极争取与国际知名高校及其相关学院的合作，为学生提供更多的优质教学资源和学习交流机会，提升师生国际交流的能力，扩大学校的影响力。通过营造国际化办学氛围，推动学校教育教学改革，加快形成学校人才培养特色。

二是完善地方性专业体系。

第一，建立专业调整的主动机制。学校对于社会人才需求变动的响应往往是滞后的，即使立即响应，人才培养也需要一定的周期，因此专业调整需要适当的超前，我们学校当中专业模块的设立就是快速响应这种变化的一个补充。在市场经济条件下，学生的就业取向就是社会人才需求变动的晴雨表，学校成立阳明学院的一个重要目的就是为各个专业提供预报，使大家未雨绸缪。同时，在学生分流的操作过程中，充分考虑了专业建设的规律性，没有一刀切，留有一定的余地。实际上不少分流学生比例较低的专业正在认真考虑专业的调整与改造问题，变被动为主动，适应人才需求的变化，学校就是希望取得这种主动适应地方发展的积极效果。我们要继续完善这种主动适应社会发展的专业调整和改造机制，使学校的专业结构体系有序地调整到地方人才的需求上，并能主动适应其变化。

第二，加快涉海类专业与学科建设。当前，浙江省、宁波市大力推进建设国家级海洋经济发展示范区，急需涉海人才的支撑。这是一次难得的专业学科调整发展的契机，我们已经制订了《海洋行动发展计划》，成立了宁波大学海洋学院，并正积极构建"宁波市海洋产业人才培养培训基地"，设立"专业结构调整专项"，加快涉海专业建设及专业方向模块改造。在进一步建设好原有涉海类国家特色专业和省市重点专业的同时,加快"船舶与海洋工程"、"海洋药学"等 7 个新专业的建设,推动"工程力学"等 6 个专业的改造,加快培养地方建设急需的海洋基础科学人才、海洋新兴产业技术人才、海洋经济与人文人才、海洋海域管理人才。

加快专业结构调整,建立面向地方的专业体系,提高对地方人才支撑的力度,是学校培育人才培养特色的重要途径;同时可以有效解决学生对口就业的问题,帮助学生顺利开始其职业生涯。

三是加强创新型人才培养。

第一,改革传统课堂教学方法。前不久,温家宝总理在宁波诺丁汉大学讲话时指出,大学要培养学生的创新思维和创造精神。中国大学的传统教学方法是以传授知识为主要目的,教师总是想把知识点都讲到,都讲清楚,不大考虑让学生能够同样掌握知识而又提高能力的其他教学方法。这种传授方式是单向的,学生在这个过程中十分被动。这种方式也造成了学生课时很多、听完没问题、课外不努力等现象,不利于培养学生自主学习的习惯、独立思考的能力、科学质疑的勇气和批判反思的精神,当然也很难培养出创新人才。我们一定要在改革课堂教学方法上下功夫,推进探究式课程的建设,使每个专业部分课程的教学方法有一个质的转变,对培养学生的创新思维有所贡献。

第二,加强学生科技实践活动。宁大在创新性人才培养方面已进行了多年的探索,积累了一些经验和成果,但是与兄弟高校相比,差距仍然不小。要继续实施创新创业训练计划,加强创新学分的规范管理,保证学生参与面的稳步扩大,质量不断提高。调动学生参加课外科研活动的积极性,提高学生科研活动的质量。要认真组织学生开展各项学科竞赛活动,培养学生的团队精神,努力争取在学科竞赛中取得好成绩。要继续研究和完善有关政策,调动教师参与指导学生科研创新活动的积极性,建立一支相对稳定的指导教师队伍。

培养学生的创新精神和创造能力是一项系统工程,必须分解落实到人才培养的各个环节中,要从人才培养方案、教学大纲、课程教学、实践教学和课外科技活动等多方面进行系统的考虑和设计,强化各教学环节对学生知识、能力和素质提高的综合效果,培养学生的创新思维,提高学生的创新能力。

四是建立互动式师生关系。

第一,注重知识传授过程中的沟通。教学过程应该是教学相长的过程,单向的知识传授型的教学方法难以实现教学相长。为什么年轻人特别喜欢那种摇滚加街舞的演唱方式?我们这辈人听着会觉得受不了,但仔细观察以后,我发现演员通过自己的肢体语言、面部表情和很强的节奏去煽情,甚至走下来和你握握手,话筒放你嘴边,叫你也唱一句,他们通过这样一种形式,可以引起年轻人的共鸣、共舞和互动,使人沉醉其中。当然,我们教师不可能用这样的方式去互动,但是这反映了互动的重要性,教师与学生之间最有效的互动方式是什么呢? 就是互相设问、互相解答,这是我们教师在授课过程中要努力去掌握的。我们讲授一门课程,不能把学生讲到没有问题,而是通过你的讲课,能够引起学生更多的问题。《论语》和《理想国》都是师生问答方式,实际上东西方的教育思想在这一点上是相通的。其实,只注重传授知识的方法,对教师来讲也是收益最差的方法。激发学生的思考、提问,他们的问题、质疑对促进教师深入理解教学内容、增进个人学识、改进教学效果、提高课堂的驾驭能力、提升个人魅力都会很大帮助。

第二,加强师生间的情感交流。这种交流是育人过程的必要方式,最好的方法是面对面的交流。应该逐步建立师生间面对面交流的制度,像英国诺丁汉大学这样的名校,对教师都有与学生面对面交流的要求,除了面对面的交流以外,还要与同学一起参加各种活动,这对培养学生有百利而无一害。现在大家都很忙,没有时间,但可以充分利用手机、短信、QQ、Email、微博等现代沟通技术予以弥补,因为现在的同学生活在网络时代,网络已经成为他们的生活方式,教师要反过来学会用他们熟悉的方式进入他们的情感世界,进行情感交流。前不久,我们请了冯长根教授给我们的研究生上课,他讲到:一个研究生如何与你的导师保持密切的交流?导师都很忙,你要经常给导师发发短信,发 Email,讲讲你在干什么,这样导师就始终对你保持有印象,这样可以更多地得到老师的指导和帮助。实际上我们教师和学生的交流,并不只是付出,只要你真心与同学交流,你会得到丰厚的回报。清华百年校庆大会上致辞的一位化学系女老师,当她讲到她的努力付出赢得了学生的认可和信赖,学生在她生日时送了一只很大的维尼熊给她时,全场掌声、笑声雷动,我想,赢得学生的信任与尊敬应该是每一位教师的精神追求!

在从国际化、地方性、创新型和互动式这几个方面为学生成才创造条件的同时,还要注重发挥学科建设对人才培养的支撑作用,要有意识地将学科建设和人才培养有机结合起来,还应该从全员育人的软环境和教学设施硬环境建设方面全面推进这项工作。

(二)如何为教师的发展创造空间?

首先,我们来探讨一下教工发展的概念。按照发达国家已经在实践的理论,教工的发展一般包含四个层次:教学发展、专业发展、组织发展和个人发展。教学发展就是要提高教师改进课程设计、教学技能等水平和对学生学习的评价;专业发展就是要提高教工学术研究水平或专门技能;组织发展就是要改善教工的社会和组织环境,提高教工管理能力和在组织中发挥作用的能力;个人发展就是要加深教工对自身的理解和认识,加强职业道德培养,改变他们对自己工作的态度。我曾听文学院一位老师讲,我们学校有一种"良民"现象,有些教工根本就不要发展,完成一些基本任务就可以了,其他什么事别来找我,我也不违反你学校的纪律和规定。他自己不要发展,要让他多奉献力量是不可能的,这就是所谓的"良民"现象。我想,只有通过个人的发展才能解决这一问题(良民现象)。为教工发展创造空间,我们先要针对不同的教工开发不同类型的发展项目,使我们的教师、管理和工勤人员都能获得各自所需的专业、业务发展机会和众多可供选择的发展项目,同时还要创造有利于教工发展的各类环境。

一是要构建教工发展平台。

第一,研究实现教工发展途径。关于教工系统发展的思想我们还知之甚浅,发达国家关于教工发展的理论和实践我们可以学习借鉴,但也不能照抄照搬,国情、校情和发展阶段毕竟存在较大差异。根据学校的发展状况,探索符合学校自身的教工发展途径,这需要我们认真分析教工的发展需求,研究可能采用的实现方法,制定切实可行的措施,稳步推进加强教工发展的工作。

第二,整合学校教工发展资源。在帮助教工发展方面,学校已经开展了不少工作，散碎地存在于学校工作的各个方面，我们应该按照教工发展规律和不同需求，对这些资源进行整合，以项目的形式分门别类，对不足的项目要逐步开发，形成相对完整的体系。

第三，建立教工发展层级体系。我们必须认识到，教工的发展是一项专业性强、涉及面广的工作，需要学校各级领导的关注和研究，需要学校各级组织的积极参与。学校要创造条件，建立校级的教工发展中心，系统设计和提供各种发展项目，学院、部门应该将教工的发展逐步纳入本单位的日常性工作，建立教工发展档案，安排教工参加特定的发展项目。逐步建立和完善校级关心中层干部发展、中层干部关心学科带头人、骨干员工发展和学科带头人、骨干员工关心青年教师、一般员工发展的分级责任体系。

我们应该深刻理解教工发展的内涵，通过共同努力，为教工发展搭建更高的平台，创建更广的空间。

二是要完善考核评价制度。

第一，细化教工聘期目标和任务。学校四轮聘任改革正在由"将聘任条件作为任期任务"向"聘任时就明确工作任务"过渡，过去我们的聘任只提出了岗位聘任条件，实际上就是以你过去已经做的工作来定你现在的岗位，现在我们已经在逐步过渡了，在聘任的时候就明确聘期的任务。以条件代替任务的做法是有缺陷的，导致学校的基础性工作无人问津，特别是育人工作没有很好地体现在教工的任期目标中。要细化每一位教工的任期目标和任务，聘任合同应该体现学校的发展任务和各项工作应由每一位教工来分担的原则，应该从目前的统一化合同向个性化合同过渡。

第二，建立以教工发展为导向的分类考核评价制度。除了明确教工的任期任务和目标外，探索发展性的教工评价方法。发展性的教工评价关注教工的背景和基础，关注教工的个体差异，通过多种渠道收集体现教工工作表现和水平的资料，鼓励教工积极参与到评价中并反思自己的工作，它以教工专业发展为目的，强调教工个人发展、专业发展和未来发展的融合，激发教工不断改进工作的主动性和创造性，促进教工自我价值的实现和提升。在评价指标方面，要注重教工个人专业成长性指标的设立和个体差异以及个人发展与学科发展、学校发展一致性指标的规划。

第三，改进教师教学业绩评价方法。要建立包括专家教授、同行、教师本人和学生在内的多元评价主体的教师教学评价体系,力求评价过程民主,评价结果客观。最近教师教育学院开展了一个全院教工教学的评价活动,是对教师教学水平评价的有益尝试。我们对教师教学的评价关键是评价结果要具有公认度和权威性,这样的评价结果才能够应用于教师的职称晋升、岗位聘任以及业绩考评中,真正提高教学业绩评价的有效性,体现对教学质量提升的贡献度。

第四,完善团队考核评价体系。对于基层学术组织,则应通过定性考评和定量考评相结合的方式,探索出一套有效的绩效评估激励制度,实现对团队成员和整个团队的有效激励。特别要强化团队对青年教师培养和发展的评价,为加快青年教师的成长和发展进行有力的导向,将其作为团队发展优先考虑的因素,作为团队发展最核心的考核指标。

三是要建设基层学术组织。

第一,理顺基层学术组织建设中的各种关系。随着学院规模的扩大、教工人数的增长和发展任务的加重,我们的管理体制应该从二级管理向三级管理过渡,学院"一把抓"的管理方式越来越不适应现在的发展要求,同时也很难兼顾到每一个教工的发展需求。在这个过程中,要利用专业调整等措施,将基层学术组织的教学和学科职能统一起来,有效解决两张皮的问题,使学科建设更好地支撑人才培养。要认真研究三级管理职能的科学划分,根据团队所承担的义务,赋予基层学术组织相应的权利。要加强对学科带头人组织管理能力的培养,使其在基层组织建设中发挥更加积极有效的作用。

第二,落实教工发展的各项任务。为教工发展创造空间,必须有组织的保障。通过加快建设基层学术组织,逐步将教工发展的任务分解落实到基层。使每一位教工感觉到自己的发展有人关心、有人管,特别要落实青年教师的培养和发展工作,要为青年教师确定导师,加强对青年教师的成长指导,因为它是关系到学校能否可持续发展的一项刻不容缓的任务。

四是要创造良好发展环境。

第一,改善教师办公和工作条件。调整内部办学资源,加快外语学院大楼扩建工程,李达三先生最近又捐资对外语学院大楼进行扩建,学校给外语学院提出了明确要求,必须在扩建当中解决教师的办公用房问题。要积极筹建法商大楼、图书馆和体育训练馆，优化教师工作和学习环境，以多种形式为教职工提供能够基本满足办公和学术研究需要的场所，使教师能够潜心于教学科研，同时也增加教师与学生接触的机会，有利于改善师生关系，有利于教学相长。

第二，深化收入分配制度改革。"十一五"期间学校逐步建立了教工收入分配增长机制，近三年学校的人均成本支出、应发人均收入和实际人均收入的增长率分别为 11.95%、9.6%、7.03%，这样一个增长反映了这种机制正在发挥积极的作用。但是人均增长率是宏观的统计结果，容易掩盖具体问题。深入分析可以发现，在收入分配上的矛盾主要有两个：一个是差距过大，第二个是基数偏低。差距主要是指教工之间、学院之间、学院教工与行政人员之间在收入上存在较大差距；基数是指学校总收入水平基础偏低。因此，解决这两个问题是我们改革收入分配制度的努力方向。一是适当缩小工资二次分配差距，需要学校和学院进行政策调整，使可分配收入的增量部分向青年教工倾斜，逐步提高青年教工的待遇；学校要制定鼓励后发学院政策，也就是鼓励创收能力较弱的学院采取积极的创收举措，要适当增加行政人员的工资待遇和收入增长速度；通过以上方法适当调整差距。二是努力提高收入分配的基数，学校要利用今年绩效工资调整的有利时机，从政府增加事业拨款和自筹两个方面来增加基数，学院也应该充分利用学校、学院的资源提高创收能力，为基数提高与学校共同承担责任。这两个问题解决好，就可以缓解收入分配的矛盾，也可以使教工的人均实际收入增长率有较大幅度的提高。当然，在这个工作前还需要深入调研，仔细分析我校分配的情况，建立更加有效的收入分配机制。

第三，帮助教工解决实际困难。积极争取政府相关部门的有力支持，建设人才公寓，为引进人才和青年教工解决房源难题，特别是在土地征用和土地置换的过程中，要充分考虑这个问题。关心教职工子女入学难的实际问题，加强与地方政府教育主管部门的沟通，获取政策支持，加大与部分中小学合作共建的力度，为教工子女入学创造更好条件。学校在关心教工子女入学方面具有良好传统，我们应该继续努力为教工解决后顾之忧。

教职工是学校发展的原动力，学校的发展要建立在教师个人发展的基础之上，教职工个人的成长与学校的发展目标是否一致关系到学校、教师能否双赢,因此,高度关注教职工的发展,促使教职工潜力最大化,既是落实"以人为本"理念的必然体现,也是优化人力资源的必然要求,是学校可持续发展的根本保障。

四、希望与要求

"为学生成才创造条件,为教工发展创造空间"不应该是个空洞的口号,而是我们共同的责任,我们应该一起去努力实践,学校领导要从学校整体的角度认真研究,细致规划,率先垂范,狠抓落实;大家作为学院和部门的领导和学科带头人也要从本单位实际和职能出发,积极思考,并提出切实可行的措施,为师生成长、发展殚精竭虑,主动出击。作为开展"三思三创"活动的第一步,要设法解决学校发展中人的问题、动力的问题,这也是事关学校发展的长远一步,让我们上下相互督促,共同努力,创造性地开展工作,为完成"十二五"期间学校的各项发展任务作出积极的贡献。

我们关心教工发展的目的就是引导教工把更多的精力放在学生的成才培养上,使我们的教工具有良好的职业道德。上周我参加了镇海中学百年校庆活动,当我跨入镇海中学的校门时,钦佩之情油然而生,这是我进入国内外许多著名大学的校门时所没有的。为什么? 镇中学子在高考中的突出表现和优异成绩,震动了浙江乃至全国,但这不是我钦佩的原因,令我钦佩的是成绩背后所折射出来的镇海中学教师的敬业精神。我们应该把这种敬业精神作为我们心底的标杆,去孜孜不倦地追求。我认为,这是学校发展中最重要的一根标杆!

论全面实施人才强校战略[*]

> ——人才强校战略的关键在于建立起学校与教职工共同发展的长效机制。

去年以来,国家、教育部、浙江省、宁波市先后召开了人才工作会议,明确了当前和今后一个时期人才工作的总体要求、基本思路、重点任务和重大政策措施,为我校加强人才队伍建设指明了方向、带来了机遇。

在学校"十二五"改革与发展规划中,提出了未来5年把我校基本建成有特色、高水平、海内外知名的教学研究型大学的战略目标。宁波大学要实现这个目标,取得新的跨越,任务异常艰巨,需要举全校之力量,聚全校之智慧,发掘资源,加快发展,其中最关键的是拥有强大的人力资源,最核心的是教职工的发展。

一、过去五年我校人才工作取得的主要成绩

2007年学校获得博士学位授予权,标志着学校从教学型大学进入了教学研究型大学的建设行列。为了更好地做好转型发展中的人才队伍建设,同时结合学校本科生招生规模基本稳定的事实,当年学校召开了一次人才工作会议,在全面总结了2000年以来人才工作后认为,粗放的人才队伍发展模式已经不能适应当时学校新的发展需要。在这次会议上,提出了人才工作必须走内涵发展的道路,突出重点建设,突出质量提升,形成了人才队伍建设的新战略,即从数量扩张转到质量提升,个人单干转向团队建设,身份管理转为岗位聘任。几年来,学校按照新的战略扎实开展人才队

---

* 本文是2011年7月20日聂秋华在暑期中层领导干部学习扩大会上的讲话

伍建设,取得了一系列成绩,为学校转型发展奠定了基础。

(一)坚持引进培养并重,提升师资队伍整体水平

5年来,学校自筹投入人才队伍建设经费近2亿元,围绕教学与学科建设,加强高层次人才和学科带头人的引进,加强在职教师的培养、培训,师资队伍结构明显改善,水平整体提升。

着重加快高层次人才引进。5年来,学校引进人才347名,其中正高专业技术职务人员36名,副高级专业技术职务人员41名,具有博士学位获得者175名。引进国家"千人计划"1名,实现了零的突破。引进全国百优博士论文获得者1名,新增学科带头人42名,学术骨干27名、"钱江学者"特聘教授5名,"甬江学者"特聘教授8名。同时强化柔性引进,聘请国内外著名专家学者266人分别担任学校的"客座教授"、"包玉刚讲座教授"、"兼职教授"、"课程讲座教授"、"项目研究教授"。在人才引进过程中,重视具有留学背景人员的引进,共引进海外高层次人才51人。同时,学校推进了人事代理、人才派遣工作,控制了硕士及以下人员的引进和聘任。

逐年强化教职工培养培训。5年来,学校共派出389人进修提高,其中攻读博士学位94人,博士后研究17人,攻读硕士学位136人,访问学者、合作研究、课程进修142人,取得博士学位回校工作109人。各部门组织教职工岗位培训20多次,受培训人数达2600余人次。利用捐赠教育基金和政府部门海外人才队伍建设项目,选派出国进修学习66人。教职工接受培养培训的人数和范围呈逐年快速增长的趋势。

通过几年的努力,学校人员结构得到了极大地改善。截至2010年底,教职工总数达到2438名,其中专任教师1395名。较2005年,专任教师中的正高人数增长55%,副高人数增长26%,博士数增长125%,具有海外背景人员增长5%,生师比达18.76:1,教师中具有博士学位的比例从16%提高到35%,学缘结构稳定在95%左右。教辅、管理及其他人员规模有所减小,层次有所提高。新增国务院政府特殊津贴专家2人,国家百千万人才工程入选者1人,教育部新世纪优秀人才资助计划入选者6人,浙江省特级专家1人,省市级人才116人。

(二)深化人事制度改革,发挥政策导向激励作用

5年来,学校围绕充分调动广大教职员工积极性和加强师资队伍建设

的目标,不断深化人事制度改革,在建设适应学校新时期发展的人事制度上进行了有益的尝试和大胆的探索。

积极推进团队岗位聘任。在校内第四轮岗位聘任中,建立了以目标任务为导向、教学科研教辅岗位以团队岗位为主的聘任体系和学校—学院聘期目标责任体系。按一级学科设立团队岗位,聘任岗位级别和数量与学院过去取得的业绩、未来承担的任务、现有岗位聘任情况相结合起来,将团队聘任与基层学术组织的重构结合起来。目前,学校共建立了17个学科团队,17个独立设置的学科方向团队,6个教学团队和2个社会服务团队。全校教学科研岗位聘任特聘教授岗位(含国家、省、市特聘教授、学校的包玉刚讲座教授等)17名,一级岗位59名,二级岗位153名,三级岗位152名,四级岗位125名,五~七级岗位652名,八级以下岗位8名。

主动调整岗位津贴体系。2008年实施了"总量控制、一三并轨、分类切块、逐步增长"收入分配制度,实现了"一三并轨"和职员岗位津贴与教学科研教辅岗位津贴的挂钩,建立了教职工收入增长机制。据统计,5年来,学校用于增加教职工收入方面的投入增长31%,教职工实发人均收入增长了47%,年均增长10%。当然,因学院、学科以及岗位差异,各单位、各级别岗位之间收入增长有一定差异,但是高级与初级职称人员、高级别与低级别岗位之间的收入差距在逐步缩小。

不断完善职称评审办法。目前我校3个学科拥有教授评审权,32个学科具有副高评审权。由于事业单位岗位设置管理以及学校发展需要,从2010年开始,学校在正高级和副高级专业技术职务申报中分别实行总量限额申报、隔年申报制度;对于在职教学科研人员,继续推行申报正高级专业技术职务应具备博士学位的同时,从2013年开始,45周岁及以下正常申报副高级专业技术资格(除个别学科外),应具有博士学位,45周岁及以下正常申报正高级专业技术资格、40周岁及以下专职教学科研人员正常申报副高级专业技术资格(除个别学科外),应至少有连续3个月及以上在海(境)外研究、学习经历。

大力加强基层学术组织建设。在校内第四轮岗位聘任中,借助于团队岗位聘任,积极推行了以学系为基层学术组织的学校管理体制改革,经过2年运行,取得了一些进展和经验。如确定了按照一级学科构建和二级学科或学科方向建设的工作思路、专业和学科的管理组织尽可能归一、引进人才首先由团队考核提出意见、为引进的博士指定指导教师等等，为进一步推进基层学术组织建设打下了基础。

稳步推进岗位设置管理。完成了事业单位岗位设置管理改革的第一、第二步工作，初步规范了岗位与工资的统一，建立了三类岗位聘任体系及其对应的工资体系。完善了公开招聘制度，推进硕士及以下人员实行人事代理、人才派遣制度，逐步建立了人员进入的筛选机制和岗位之间相对流动的人员聘任机制。

近年来学校进行的各项人事制度改革，在实施国家绩效工资制度改革、适应学校学科和专业建设、改进教职工收入分配体系、完善职称评审、促进基层学术组织建立等方面都起到了积极的推动作用。

（三）加强管理制度建设，优化各类人才成长环境

5 年来，学校围绕人才引进与培养主动进行制度建设，努力争取政府与社会各界支持和扩大教育基金为人才成长创造条件，解决教职工的后顾之忧，营造氛围，优化环境，积极引导广大教职员工教书育人、管理育人、服务育人。

不断规范人事管理制度。几年来，修订或新出台人才引进、进修培养、岗位聘任、职称改革、离退休、基层学术组织管理、公开招聘、待聘人员管理、非事业编制人员管理等 20 多个人事管理政策，完善了人事管理工作程序，使学校人事管理工作更加规范，提高了管理效益和水平。

着力营造尊重人才环境。进一步完善引进人才和在职人员的生活、工作、子女就学等落实机制。通过完善聘任体系，优化优秀人才脱颖而出的环境。

继续扩大教职工奖励范围。修订和完善了"宁波大学王宽诚育才奖"、"宁波大学徐望月教师奖励基金"、"宁波大学阳光教授奖励基金"等奖项的评审办法，新增胡岚优秀博士基金、刘浩清教师培养基金，增加了团队奖励政策，使更多的教职工有机会获得奖励。新出台了"教职工申诉管理条例"、"教职工行政纪律处分暂行规定"，进一步规范教职工行为，促进教职工不断提高职业道德水准。

通过完善各项人事制度，保障人才队伍建设的健康发展，也为教职工

的发展提供了保障。

二、目前我校人才队伍建设存在的主要问题及其原因

回顾过去 5 年,学校人才队伍建设取得了较大的成绩,不仅对学校的发展起到了积极的推动作用,也极大地促进了教职工的个人发展。但是我们也要清醒地看到,面对学校发展改革的严峻形势,我们的人才队伍建设仍然存在一些问题和困难。若这些问题得不到很好的解决,必将制约学校未来的健康发展。

(一)人才队伍存在的主要问题

1. 师资队伍水平亟须提高。这几年,学校师资队伍总体数量有所增长,但整体水平不高。缺少学科领军人才,尤其缺乏年纪轻、层次高、有海外学习工作经历、在同行中有影响的领军人物,与学校人才培养和学科发展的迫切需求不相适应;优秀学科带头人和学术骨干总体数量不足,不少学科团队缺乏冲击学位点和承接重大科研项目的实力;青年教师成长缓慢,学术竞争力不强,以老带新的机制尚不完善,学术梯队建设尚未形成良性循环,学科、专业发展后劲严重不足。

2. 教职员工结构亟须优化。具有海外工作和留学经历的教师数量偏少,教师的外语水平普遍不高,国际交流能力较弱,国际化水平相对较低;具有博士学位的教师比例仅为 35%,在省内同类高校中相对落后;管理队伍、教辅队伍中研究生层次人员的比例偏低,结构不尽合理,专业化工作能力不强;学科带头人的年龄普遍偏大,教授队伍老化趋势严重;不同学科师资队伍发展极不平衡,难以形成有影响的学科群。

3. 人事管理制度亟待完善。缺乏对人才发展成长规律的研究,促进教职工全面发展的制度尚未建立;核定编制和岗位的工作不够科学规范,每个教职工的岗位职责不够明确具体;职称评审工作的导向作用没有得到充分体现,现行校内人事分配制度改革的激励效应正在逐步弱化;基层学术组织和团队建设进展缓慢,人员合理流动机制尚未有效形成。

4. 人才成长环境亟盼改善。引进和培养高层次人才的政策有待完善,鼓励优秀人才加快成长和脱颖而出的环境还需要创造;教师工作业绩

的评价考核机制不够科学,对教师全面发展和职业道德水平提高的促进作用尚不明显;教职工的工作环境需要进一步改善,青年教职工的后顾之忧需要尽力解决;师资队伍的稳定存在隐患,尊重人才、关心人才、用好人才的氛围需要进一步营造。

(二)制约人才队伍发展的主要原因

我校人才队伍建设中存在的以上问题,已经成为制约学校发展的瓶颈,在教学质量的提升、学科水平的提高、服务社会能力的加强等方面日益显现出其负面的影响。我们必须深入分析原因,找出症结,对症下药。制约或影响人才队伍发展的原因很多,也比较复杂,但主要表现在:

1. 缺乏人才强校的紧迫意识。首先,我们对人才的重要性认识不够,特别是面对社会的快速发展和日趋激烈的高校竞争,还没有真正树立起"人才资源是学校第一资源"的观念,还没有深刻认识到"高校的竞争最根本的是人才的竞争",还没有深切体会到"学院、学科发展的关键是人才",或者仅仅把这些停留在口头上。其次,我们人才工作的理念还没有实现根本转变,缺乏人才工作的大局观、全局观、主动性和创造性,突出的表现是:在人才引进上习惯于守株待兔,被动引进人才;在人才成长上习惯于放任自流,缺乏主动扶持;在人才使用上习惯于为我所用,不考虑教职工发展;在人才管理上习惯于墨守成规,缺少服务思想,"以人为本"的理念尚未牢固树立。第三,部分教职工缺乏自我发展的意识,在学校的快速发展中进步缓慢,跟不上学校发展的步伐。

2. 缺失人才成长的规律研究。高校人才队伍建设、教职工发展具有自身的规律,我们对这些规律的探索和研究尚不深入。例如,对教职工,尤其是教师的发展问题缺乏系统研究。发达国家高等教育发展的历程表明,当高等教育大发展后一定会出现与教职工发展不适应的矛盾。我们当前面临同样的问题,但我们对教职工发展需求、发展内涵和发展方法知之甚少,缺乏有效的理论指导去解决问题;对高层次人才的成长规律认识不够,一个优秀的人才在一个新的环境中,如何成长发展得更好更快,如何在政策上进行支持等,我们还缺乏深入的研究和成功的实践;对高校人才工作改革发展趋势缺乏研究,近些年来,国家提出了一系列的事业单位改革政策,许多高校特别是一些知名高校在引进和培养人才方面都在进行大胆的改革和尝试，探索建立现代大学人事管理制度，而我们在这些方面的工作还十分薄弱。

3. **缺漏人才工作的必要环节。** 由于学校的快速发展，人才工作在诸多细节上存在疏漏。在人事管理体制上，没有稳固基层组织的支撑，学院规模大了之后，还是由学院对每一个教师随机派用，则使教师在学科与专业间"飘浮不定"，没有归属感，学院对每位教师的培养和发展也只能"蜻蜓点水"，没有落到实处；在岗位聘任上，对教师职责要求过于宏观，学校的各项工作任务尚未细致分解，例如，教授在青年教师培养上必须承担什么具体任务？在人才引进上，学校没有将引进学科领军人才和培养青年教师的责任落实好，任意性和偶然性很大，严重制约了学科发展。在人才成长上，没有建立系统的与教职工发展需要相适应的培养考核体系，对于不同类型的人才，尚缺乏分类、分层次的管理评价考核机制。对于少数贪图安逸、不思进取的教职工，尚缺少必要的退出机制。

4. **缺少人才融合的文化氛围。** 虽然学校大力提倡"包容、自强、务实、创新"的精神，营造"厚重、大气、高雅"的校园文化氛围，但是实际的校园文化环境依然不能适应人才队伍建设和教职工发展新的需要。在人才引进中，个别带头人尚缺乏宽广胸襟，不愿引进学术水平比自己高的人，不能容忍别人超过自己；在团队建设中，不少团队有名无实，缺乏内聚力，缺少情感纽带，既没成团，也难成队，仍然是一盘散沙；在学科梯队建设中，由于学缘关系淡薄，青年教师难以融入课题组，承担大量教学任务而得不到有效指导，教学水平提高缓慢，难以成为学科的后继骨干力量。这些现象说明我们缺乏一种氛围，一种崇尚学术、崇尚合作、崇尚事业的积极向上的文化氛围。

三、加强人才队伍建设，切实为教职工的发展创造空间

"十二五"期间是学校建设教学研究型大学的关键时期。虽然目前人才队伍建设、教职工发展还存在问题和困难，但是也要看到，这些困难和问题是学校发展阶段必然遇到的问题，只有转变观念，深化改革，扎实工作，抢抓机遇，加快师资队伍建设，实现学校快速发展，目前遇到的问题也就迎刃而解了。

　　我校"十二五"期间人才队伍建设的指导思想是:坚持"以人为本",实施人才强校战略,落实人才提升计划,深化人事制度改革,强化师资队伍建设,建立促进教职工发展的工作机制,为教职工发展搭平台、办实事、造环境,进一步激发教职工的积极性和创造性,提高人才培养质量,提升学校综合实力,为学校"十二五"规划的圆满完成提供强大的人力资源保障。

　　学校人才队伍建设和教职工发展要实现突破,需要从以下几方面入手:

　　(一)转变观念,创新教职工发展的工作思路

　　创新性工作思路的形成在很大程度上有赖于人的思想观念的转变,因此学校人才队伍建设和教职工发展工作要有所突破,关键是转变学校各级领导干部和教职工的人才工作观念。我们应该重点在以下四个方面解放思想,转变观念,形成新的人才工作思路。

　　1. 树立学校和教职工共同发展的理念。在学校发展的特别阶段和特别时期,动用特定的方式和特定的群体,达成特殊的目标和特殊的任务是完全必要的,有时也是迫不得已的,否则学校的发展将会受到严重的制约。但是,学校发展的基础是教职工发展,学校发展的根本目的也是为了学生成才和教职工发展,学校的持续发展离不开教职工不断发展的有力支撑,而教职工发展也依赖于学校在发展中为其创造更广阔的发展空间,只有将两者的发展结合在一起,形成合力,才能最终促进学校快速发展,所谓"上下同心,其利断金"就是这个道理。因此,我们要找准两者的结合点,努力形成学校与教职工发展双赢的新局面。

　　2. 确定师资队伍重点建设的方向。高层次师资的着力引进、在岗教师的加快发展和青年教师的加速培养是当前我校人才工作面临的三大主要任务,学校和学院要集中精力和力量,争取在这三个方面取得重点突破。对强势学科和人文学科中的博士点建设学科采取超常规的举措引进院士、千人计划、长江学者、杰出青年基金获得者等学科领军人才和学术带头人,构建人才高地,改善教师结构。对于优势学科、特色学科及其他学科,重点引进省市校级学科带头人,通过学科领军和带头人引领汇聚形成学科人才群,并形成学科带头人能够带头的有效运行机制。每年至少引进100名国内外优秀博士,扩大教师规模,构建人才队伍中坚力量。要建立专门机构、

组织专职队伍深入研究教师成长的规律和相关政策,加快形成保证教师发展的制度和机制。要制定激励青年教师主动发展的政策,落实指导教师,提供发展平台,创造发展条件,加快青年教师的成长。

3. 建立教职工发展责任共担的制度。教职工的发展既是学校的责任,也是学院、部门的责任,还应该是教职工个人的责任,对于学院还应该把这种责任落实到基层学术组织。学校的责任是制定政策,建立制度,创造条件,形成机制;学院的责任是严格设岗,分解任务,分类考核,监督指导;基层学术组织的责任是对每个在岗教师的发展制定计划,督促实施,以老带新,共同提高;各部门则兼具学院和基层学术组织的责任;教职工个人的责任是明确目标,强化培训,分段提升,全面发展。只有明确责任,共同承担,才能做好学校人才队伍建设和教职工发展这篇文章。

4. 形成教职员工进入退出的机制。目前高校人事制度的最大弊病之一是进得来、出不去。因此必须严把进口关,对进入的人员应该仔细分辨,要通过评审、试讲、考试、面试、多方了解、集体决策等方式,尽可能选准人才,减少人为干扰。要深刻认识到一个不合适的人引进来,对学校、学院、部门的影响就可能是几十年! 对不同聘任人员进行分类管理,对各类人员制定相应的发展目标,对不同类别员工间可以实行一定的交流,但主要是建立教师向教辅、管理岗位的补充流动机制。各类人员的发展和晋升应该是分层渐进的,每一个层次都应该有具体的要求,并且与职称、岗位级别晋升挂钩,以保证员工的全面发展。必须建立员工合理分流的制度,非升即转或非升即走,对确实不适应所在岗位的教职工,应分流到其他合适岗位,这是人事制度改革的关键所在。受当前大环境的限制,高校员工的退出是非常困难的,要采取渐进的方式,形成一种良性循环的用人机制。对学院反映的个别教职工长期在外兼职或办自己的公司,对学校、学院的工作和发展漠不关心的现象,学校将结合聘任制要求,研究出台有关政策,予以规范。

(二)深化改革,建立教职工发展的运行机制

促进学校教职工发展是一项复杂的系统工程,核心是加快教师队伍整体水平的提高。为了开创教职工快速提高发展的良好局面,促使教职工树立自我发展的强烈意识,关键是加强导向,制定政策,建立制度,形成一套

有效的运行机制。

1. 完善教职工考核评价体系。改进教师教学业绩评价方法，探索建立包括专家教授、同行、教师本人和学生等在内的多元评价为主体的教师教学评价体系，力求评价过程民主，评价结果客观，克服教学评价"唯工作量论"的现象，使教学考核真正体现对教学质量提升的贡献度，提高教师教学业绩评价的有效性和认可度。建立以教职工发展为依据的分类考核评价制度，探索建立发展式的教职工评价方法。结合现有的职称和岗位晋升路径，进一步搭建有利于教职工提升教学能力、研究能力、服务社会能力、学术领导能力的发展台阶，帮助他们在知识、技能、素质及资历等方面不断积累、不断进步。在评价指标方面，要注重教职工个体差异、个人专业成长性指标的设立以及个人发展与学科发展、学校发展一致性指标的规划。通过分类以及相应的评价考核，促进教职工合理流动，使每个人能选择适合自己的发展道路。继续推进以学院为主导的团队考核目标责任制，通过定性考评和定量考评结合的方式，探索出一套有效的绩效评估激励制度，实现对团队成员和整个团队的有效激励。特别要强化团队对青年教师培养和发展的评价，为加快青年教师的成长进行有力的导向，并将其作为团队发展最核心的考核指标。

2. 严格定编设岗聘任管理。我们将按照事业单位岗位设置管理的要求，以学校发展目标任务为导向，科学核定教师、其他专业技术、管理、工勤及其他岗位数量及其结构比例，完善岗位聘任条件，发挥岗位在学校资源配置中的导向作用，研究教育职员聘任制度，探索构建管理岗位人员发展晋升的途径。稳步推进公开招聘机制，改进聘用程序，进一步强化学院自主聘用权力。积极推进非事业编制人员聘任制度改革，稳妥推进工勤岗位人才派遣工作，完善优秀非事业编制人员转入事业编制的机制。必须强调的是，学校将进一步完善非事业编制人员的管理，也希望各单位不要私自聘用人员，避免违反国家法律法规，引起用工风险。

3. 改革职称晋升评审办法。职称评审对教职工发展起着核心的导向作用，我们要围绕如何促进教职工全面发展这条主线，继续推进职称评审制度的改革，修订学校教职工职称评审基本条件，建立与岗位管理相适应的职称评审制度，推进优秀引进人才校内职称评审制度改革。对于教学科研人员,探索按照教学型、教学研究型、研究型、服务型等四类进行专业技术职务分类评审制度。建立教职工专业技术职务层级晋升制度,在同类专业技术职务不同职级之间结合人才成长规律,设定一定的晋升台阶,在每一级台阶上设置相应的专业知识、技能、水平、资历等要求,激发教职工终身学习、不断进步的积极性。

4. 发挥收入分配导向作用。学校历来重视教职工收入问题,"十一五"期间,学校采取了一系列措施提高教职工收入。据统计,过去的 5 年,我校教职工实发收入年均增长为 10%。但深入分析可以发现,在收入分配上仍存在两个主要矛盾,就是差距过大和基数偏低。要按照事业单位工资制度改革要求,深化岗位绩效工资制度改革,十二五期间,学校将以2010 年校内岗位津贴总额为基数,增加投入力度,每年增长 10%。新增部分一方面用于提高基数,缩小收入差距,但更多的是要用在鼓励教职工发展上,形成全校教职员工不断学习、积极进取的良好氛围。加强学院创收能力,构建收入增长分担机制。据统计,在现行的教职工收入构成中,学校、学院分别约占 93% 和 7%。这说明学院在提高教职工收入上发挥了一定的作用,今后,学校将进一步完善鼓励政策,各学院也要继续采取多种办法,争取更多资源,提高创收收入。在学校每年岗位津贴总额的增长比率中,学院的贡献率达到 2%,学校承担 8%,为提高学院教职工的收入水平共同努力。学校将进一步下放津贴分配权限,增强学院和学术基层组织的调控能力。

(三)创造条件,优化教职工发展的整体环境

促进教职工发展也是一项综合的系统工程,需要集中学校的资源,借助方方面面的支持,解决教职工发展中的具体困难,为教职工发展营造氛围,优化环境,创造条件。

1. 建立教职工发展中心。为更好地促进教职工,尤其是教师的发展,学校决定成立教职工发展中心,研究大学教职工发展的规律,制定全校教职工的发展规划,整合拓展教职工发展资源,构建教职工发展体系,完善教职工发展考评指标,促进教职工发展的工作常态化、制度化。一所大学的发展重点在教师,我们要利用教职工发展中心这个平台,以研究性能力培养为导向,提高教师的综合素质和水平,强化中青年人才的培养,加大对青

年教师和新引进教师的培养力度,实施拔尖人才培养计划、中青年教师培养计划、教师海外培养计划以及教辅、管理、辅导员、服务队伍知识技能提升计划,使培养、培训真正成为中青年教职工发展的有效途径。要利用教职工发展中心,推进教职工培训制度化,修订培训政策,制定年度计划、完善考核办法。赋予每种培训一定的培训分值,不同岗位、不同类别教职工每年需完成相应的培训分。在职称、岗位、职级等每一级的晋升中,需要完成相应的培训分,将培训考核结果作为教职工职称、岗位聘任、职级晋升等重要条件。要通过教职工发展中心,加快国际化人才队伍的建设,除加大海外人才引进力度外,强化在职教师出国(境)培养力度,重点支持时间在6个月以上教师海外培养计划,积极拓展人才基金,扩大赴海外教师培养规模。

2. 改善教师工作条件。加大人才建设投入力度,学校每年投入人才建设经费不低于3000万元,为高层次人才引进和教职工培养创造良好环境。在今后的学科建设、平台基地建设、教学建设的经费预算中,将提高用于队伍建设、学术交流、人才培养的经费比例,加强实验室和图书资料建设,加大教职工培养培训力度。努力改善教师工作条件,调整内部办学资源,加快外语学院大楼扩建工程,积极筹建法商大楼、图书馆和体育训练馆,优化教师办公和学习环境,以多种形式为教师提供能够基本满足办公和学术研究需要的场所,使教师能够潜心于教学科研,同时也增加教师与学生接触的机会,有利于改善师生关系,有利于教学相长。

3. 解决教职工实际困难。按照“十二五”改革与发展规划要求,学校每年至少引进100名左右的博士和学科带头人,主要矛盾是房子问题。学校一方面积极争取政府的支持建设人才公寓,解决人才的周转房问题;另一方面还要积极与市政府沟通,每年从政府兴建的经济适用房中争取一部分房源,为引进人才和青年教师解决买房难的问题,特别是在土地征用和土地置换的过程中,要充分考虑这个问题。从今年开始,学校将为新引进的博士提供一人一间过渡住房,改善其住宿条件。关心教职工子女入托、上学难的实际问题,筹备扩建校幼儿园,加强与地方政府教育主管部门的沟通,获取政策支持,加大与部分中小学合作共建力度,为教职工子女入学创造更便利的条件。

4. 营造教职工发展氛围。要加强文化建设，以团结、温馨、奋进的氛围凝聚人才。扩大优秀教职工的奖励范围，尤其要奖励热心扶持青年加速成长的优秀指导教师，提高奖励力度，大力宣传优秀人才典型和各项人才政策，加强创新文化、校园文化建设，营造鼓励创新、宽容失败，团结协作、勇攀高峰的学术氛围。进一步转变工作作风，强化以人为本、为教学科研工作服务的意识，简化办事程序，提高公共服务效率。努力营造起鼓励人才干事业、支持人才干成事业、帮助人才干好事业的校园环境。

（四）加强领导，构建教职工发展的责任体系

促进教职工发展还是一项需要各级组织负责、各位教职工参与才能顺利实施的系统工程，只有把责任落实到每一级组织、每一个教职工，才能有效保证教职工的发展落到实处。

1. 落实各级组织领导责任。坚持党管人才的原则，加强党对教职工发展的领导。学校党委要更深入地了解和指导人才队伍建设工作，每年至少听取一次学校人才队伍建设工作的汇报，研究解决教职工发展中的重大问题。在教职工发展工作中，要充分发挥各级党组织的战斗堡垒作用，营造有利于人才成长的良好氛围和人际关系。充分调动学院人才工作的主动性和积极性，院系党政一把手是人才队伍建设的第一责任人，院系领导班子要把人才工作放在事关学校、院系发展全局的战略位置。在学院聘期目标责任制中，学校将把人才发展状况作为学院考核的核心指标，实行学院和单位聘期考核人才建设目标"一票否决制"。学校今后将把考查各学院的师资发展状况作为重点内容，包括人才引进和培养情况、在岗教师职称学历结构变化、青年教师发展潜力等。

2. 加强基层学术组织建设。由于历史原因，我校和许多高校不同，建校伊始就没有类似教研室这样的基层组织建制，但是，随着学院规模的扩大，学院对每位教师的发展则鞭长莫及，帮助教师发展的责任难以落到实处。我们要利用学科和专业调整的有利时机，加快构建基层学术组织，根据实际情况积极推进，尽可能将专业与学科相统一，将专业建设与学位点建设相统一，将研究生教育和本科生教育相统一，并要认真研究基层学术组织的权力、义务和责任，建立有效的运行机制。把教师编在一个确定基层学术组织内，可以增加教师的归属感，增强教师学术发展方向的稳定性，

也为学校、学院定编定岗、细化岗位职责奠定了基础。基层学术组织在教师发展的过程中具有举足轻重的作用,要花大力气调整学院人员结构,理顺关系,建好基层学术组织,落实教师发展的责任,尤其是要落实"以老带新"加快青年教师成长的责任。

3. 细化教师聘期岗位职责。深化校内岗位聘任制度,推进教职工岗位聘任个性化合同,完善岗位聘任合同。细化每一位教职工的任期目标和任务,聘任合同应该体现学校的发展任务和各项工作由每一位教职工来分担,特别要明确教职工自我发展的责任和目标。学校可规定岗位最基本的公益性工作、学生指导工作、教学工作量、科研工作量等,而学院、基层学术组织根据实际规定教学、科研、社会服务、专业建设、学科建设、公益性工作等任务和职责。为了避免"唯工作量",不注重质量现象,各学院可对教师的教学量规定上限;同时为了避免学院、基层学术组织基础性工作、公益性工作无人承担现象,学院、基层学术组织应该尽可能将这些工作细致分解到教师的具体岗位责任中。

4. 提升教职工职业道德水准。要加强职称评审过程中送审论文和学生学位论文的审核与检测工作,增强教职工和导师的学术责任意识,强化学术道德建设,不断提高学校的学术声誉。学校将出台师德规范,通过宣传和贯彻该规范,进一步强化师德建设,营造学校尊师爱生、教职工爱岗敬业的良好氛围。要使广大教职工认识到提高职业道德水平的最根本途径就是不断提升和发展自我,提高学术水平,提高管理水平,提高服务水平,促进学校的快速发展。

论大学文化建设[*]

> ——爱国、爱乡、爱校、爱人、爱社会；创新、创业、创意、创造、创世界。

我们在研究"侨资性大学的办学特色"的课题时发现，有些侨资性大学的文化建设比较有特色。比如暨南大学，"暨南"这两个字出自何处？是出自《尚书·禹贡》。尚书应该是中华民族第一本古典散文集和历史文献。其中关于"教化"讲到："东渐于海，西被于流沙，朔南暨，声教讫于四海"。意思是说"教化"西要达到流沙，指新疆地带；东要渐于海，指东边的海；朔是北，南是南方，暨是南北的极端；声教讫于四海，就是说在整个环宇之内都要宣扬这个教化。"南暨"倒过来就是"暨南"，所以"暨南"这个校名本身就有很重的文化意味，蕴含着"教育要涉及四海，要涉及南洋和海外华侨"的意思。再比如华侨大学，它的校园文化的主要内涵是"一元主导，多元融合"。"一元主导"指的是中华文化，同时在中华文化的主导下又讲究"多元的融合"，只有这样的再融合、再创造、再创新，才能形成一种更新的大学文化。总之，我觉得这两所学校对自身文化的总结还是不错的，而我们在总结宁波大学的校园文化时，感觉就比较困难。起初我们想是否可以把"宁波帮"文化作为宁波大学的文化，但是总感觉不太妥当。虽然宁波大学的文化受到了"宁波帮"文化的深刻影响，但是"宁波帮"文化并不能反映大学文化的本质。我们应该思考如何在"宁波帮"文化中培育、提炼宁波大学自身的文化。

宁波大学建校二十五年了，从时间上来说不长，但是也不短了。我们的大学文化应该怎样培育提炼，这对学校的建设发展来说是非常重要的。

---

* 本文是 2011 年 10 月 30 日聂秋华在在"2011 建校纪念周"校园文化建设座谈会上的讲话

首先,要廓清一个概念,开展校园文化建设与形成大学文化是有区别的,校园文化建设只是一个载体,一种形式,仅是开展一些校园文化活动,并不能形成真正意义上的大学文化。

我认为,大学文化应该有以下几个特点,第一,具有长期性。文化的形成不是一朝一夕的,必须经过长时间沉淀才能形成。第二,具有独特性。一个大学要有文化,就必须要有特色,要有特殊性,使人感觉到它的与众不同,学校文化实际上也就是学校的特色。第三,具有传承性。文化的内涵要切实体现在全校师生身上,比如从我们宁波大学毕业的学生,他们血液里流淌的文化精髓,到底有哪些东西来自于宁波大学的熏陶,或者说学校到底在他们身上留下了什么真正有意义的精神层面上的东西。第四,具有展示性。也就是说这种文化不仅只是说说的,需要切实能够感受到的。比如我们的校训"实事求是、经世致用",这个校训文化也要体现在全体宁大人的具体活动当中,通过全校师生的价值追求、言谈举止、工作学习,在日常生活中把这种精神展示出来。只有这样才是真正意义上的大学文化。

其次,我们再来探讨一下宁波大学的文化,我们的文化是什么,可能现在要说清楚还为时尚早,但是我们可以从中看出一些端倪:我们宁波大学的文化的确受到了"宁波帮"文化的影响,而"宁波帮"文化又受到了浙东文化的影响。浙东文化最有影响力的代表人物应该是王阳明。王阳明的思想其实脱胎于儒家思想,因为他做学问主要讲究的是"内圣外王","修齐治平"——"修身齐家治国平天下",这就是儒家文化的思想。王阳明要求他的学生必须把自己培养成圣人,这和他对自己的要求一样,他的一生就是要成为圣人,但这圣人不是书面上的,而是要做到他提倡的"知行合一"。所谓"知行合一"就是指你知道的事情不代表你已真正的了解清楚,而是必须通过身体力行以后才算你真正知道这件事情,实际上也就是要把知行统一起来。举例来说,"孝"大家都知道,指孝道,但是你如果不去做,说明你还没有真正明白孝道,只有你身体力行了,才说明你把这个孝道做圆满了。我觉得,王阳明的"知行合一"和浙东学派的"经世致用"是相近的理念,就是说你表面了解到的东西还不算你的真知,只有身体力行了才算真知。说到"经世致用",其实"宁波帮"精神不仅仅是经商的文化,也有这个理念在里面。比如包玉刚先生捐建国家教育事业、捐助宁大,其实就是说明"宁波帮"在帮着治国,他们知道国家经济社会要发展,其中重要的一点就是要培养人才。虽然他们没有踏入政界,但不能把他们仅仅看成是商人,"治国平天下"的思想其实早已经在他们心里深深扎下了根。也许有人会说,他们捐资助学是为了爱国,因为国家强大了他们自己才不会受人白眼,家乡建设好了,他们才会有自豪感,毕竟这里是养育他们的水土。我承认有这方面的因素,但是我觉得更重要的根源还是在于他们有"治国平天下"的理想,所以我觉得"宁波帮"的这种精神,追根溯源还是从王阳明、浙东学派一脉传承下来的。

其实,我们学校也是继承了"宁波帮"的这种精神,"宁波帮"人士向学校捐赠,我们宁大人最起码知道了感恩,这是一种最直接的感受。就像我们一位校友江立波所说的,刚开始他在大学里读书的时候认为包玉刚先生向学校捐赠是"傻瓜"的行为,后来他长期受到学校这种"感恩"文化的熏陶,到他毕业后事业有成了,他也愿意做一回"傻瓜",捐赠了一百五十万元的助学金。

另一方面,"宁波帮"在海外艰辛打拼、吃苦耐劳、艰苦创业的精神也令人印象深刻,江泽民总书记就曾经为包玉刚先生题词"爱国爱乡,造福桑梓",可以引申为:"爱国爱乡,回馈社会;创新创业,造福桑梓",还可精炼为"两爱两创",至于这个说法是否恰当还需要我们共同来作进一步的探讨。但至少有一点,我们的学校文化可以按"爱"、"创"来传承积淀。这个爱是一种大爱,不像孔子说的"仁者爱人"的爱是有等级之分的,这种爱类似于墨子说的"兼爱",这种爱无贵贱之分,我们提倡的就是要爱国、爱乡、爱校、爱人、爱社会,我们培养的学生包括我们的教师都应该具有这种爱心。缺乏爱心的人性格上是有残缺的,他以个人为中心,从来不为别人考虑,只为自己活,这种人再有才能,也不太可能造福社会,反而有可能会带来祸害。第二个是"创","创"体现在人才培养的过程中,就是要培养学生有过硬的本领,我们需要创造一个能使他们创新、创业、创意、创造、创世界的环境和氛围。我们学校的文化要围绕"爱"和"创"这两个字去做文章,我觉得由此可以挖掘出很多有价值的东西。只要我们有意识的按照上述文化主线采取各种方式、通过各种载体去建设,那么这种文化就会早日形成。当然,大学是一个宽松的地方,大学有各种各样的声音,我们还需要进一步的集思广益。文化是需要集思广益的,我希望通过大家的智慧,通过大家不断的持续努力,能够把学校文化凸显出来,逐渐地形成我们宁波大学独特的文化,为我们学校的可持续发展提供软实力的支撑。

关于岗位绩效工资改革的探索[*]

——发挥基础性绩效工资对应岗位基本职责的作用，在普遍提高收入的同时把岗位职责进一步加以明确和强化；发挥奖励性绩效工资的奖励作用，更好地激发广大教职工创造业绩的积极性，保证多劳多得，优绩优酬。

一、学校面临的发展形势与绩效工资改革的背景

2011 年是实施"十二五"规划的开局之年，学校发展令人鼓舞。首先我校在中国大学排行榜中，位列第 99 位，进入了国内高校百强行列；二是国家海洋局、宁波市政府共建我校涉海学科，为我校在国家海洋领域参与竞争提供了平台；三是在浙江省高校本科教学业绩评估考核中，我校跃升到第 2 名；四是我校附属医院经专家复评，进入三甲医院行列，上了一个新台阶；五是我校成人教育工作获得教育部好评，获得全国高等学校继续教育示范基地。同时，我校在本科生学科竞赛、创新创业大赛取得突出业绩，在科学研究、服务地方、招收留学生等方面也取得了突出进步，特别是去年上半年召开了学校人才工作会议，确立了全面实施人才强校战略，进一步建立健全了教职工发展的机制，为学校人才队伍建设明确了努力方向。

虽然 2011 年我们取得了令人欣慰的工作业绩，学校呈现出良好的发展势头，但是，我们也要清醒地认识到，我们在快速发展，别人也在快速发展，社会大环境也迫使我们要更快速发展。同时我们发展中仍然存在许多困难和问题，如我们的教学科研总量仍然较小，人均效益仍然较低，存在人

---

* 本文是 2012 年 2 月 14 日聂秋华在寒假中层领导干部学习扩大会的讲话

浮于事和部分教职工工作积极性不高的现象,尤其是如何真正确立人才培养在学校工作中的中心地位,不断提高人才培养质量方面尚未形成有效的保障机制。如何保持目前学校良好发展势头,使学校排名不断前进、本科教学业绩评价保持领先、人才培养、科学研究、队伍建设不断上台阶,对社会的服务能力不断增强? 这是我们需要深刻思考和研究的问题,也是需要下工夫不断完善和解决的问题。也就是说,为了百强进位,考核争优,我们还需要研究如何通过体制机制的不断优化,进一步调动广大教职工的积极性,增强学院和学术基层组织的管理能力和活力,提高效益,兼顾公平,深化改革,加快发展。

2011年3月和12月,浙江省、宁波市分别出台了有关事业单位绩效工资实施意见。根据省市统一部署,2011年底学校正式启动了绩效工资改革工作,在2012年上半年完成相关工作。因此,今年上半年学校的重要工作之一就是实施绩效工资改革。

实施绩效工资是事业单位收入分配制度改革的重要组成部分,也是2006年国家实施的事业单位岗位设置管理工作的继续和重要内容。2006年是事业单位岗位设置管理工作的第一步,即制度入轨,2010年是第二步,即岗位分级,这次实施绩效工资是第三步,也是岗位绩效工资改革的最后一步。按照上级文件精神,绩效工资改革是将目前收入中除基本工资、改革性补贴以外的其他收入纳入绩效工资管理范畴,统称为绩效工资。绩效工资主要体现工作人员的实绩和贡献,由基础性绩效工资和奖励性绩效工资两部分组成。基础性绩效工资由生活补贴、岗位津贴和工龄补贴三部分组成,其中:生活补贴主要体现经济发展水平和物价水平等因素,执行地方统一标准。岗位津贴主要体现岗位职责履行情况等因素,适当拉开差距,实行一岗一薪,结合岗位职责考核结果进行发放。工龄补贴主要体现工作年限等因素,计入生活补贴,一并发放。奖励性绩效工资主要体现超工作量、重要目标任务完成情况和突出业绩等因素,根据考核结果发放,可采取灵活多样的分配方式和办法。坚持清理规范、总量调控、限高托低、绩效考核等原则;建立分类规范、调控制度以及限高、稳中、托低的机制;市政府相关部门负责核定主管部门绩效工资总量,主管部门核定下达各事业单位绩效工资总量。

国家实施绩效工资的目的一方面是通过"总量核定、限高托低"来促进各单位之间和各类人员之间的收入公平,但更重要的是进一步明确工资收入与工作职责和业绩的关系,利用工资杠杆,吸引和激励优秀的人才,激励教职工努力提高工作绩效。因此,在设计学校的绩效工资改革方案时,我们要结合学校的主要任务和重大发展目标,坚持效率优先,兼顾公平的原则,以按劳分配为主,多劳多得,优绩优酬,细化绩效考核指标,按照各岗位绩效管理目标实施考核,考核结果与绩效工资挂钩。

可以说,实施绩效工资,既是国家的统一部署,也是我校自身发展的要求。我们要将绩效工资的实施作为一个难得的发展机遇,紧紧抓住、充分用好。

二、绩效工资改革中存在的问题和困难

目前,在我校教职工的收入中,除基本工资以外,还有省市津补贴及奖金、校内岗位聘任津贴、各类奖励等 10 多个项目;而且校内实行了 4 轮岗位聘任和津贴制度,但是,如前所述,绩效工资与我们现有的收入组成、分配体系完全不一样。因此实施绩效工资表面看只是工资体系的重新分解整合,实际上对我校目前人事制度、收入分配制度等是一次根本性的调整。其一,改变了现有的收入分配制度。绩效工资体系中栏目设置、标准、分解办法等与现有的省市补贴及奖金、校内岗位津贴(含固定、浮动)、奖励金无对应关系,使我校目前的除基本工资、改革性补贴外的其他收入分配制度不能执行。其二,改变了现有的校内聘任制度。由于我校校内岗位聘任制度与现有的校内岗位津贴紧密相连,因为校内津贴制度不能继续执行,自然校内岗位聘任制度也不能延续下去。其三,改变了现有的考核体系。目前的考核主要依据校内岗位聘任中的浮动津贴部分进行考核分配,而基本工资、省市补贴及奖金、校内岗位固定津贴实质上与个人工作量业绩关系不大,而且教职工的岗位基本职责并未明确,其与收入的关系没有明确,造成了一些误解,即我是宁波大学教职工,干活只拿到浮动津贴,其他收入与岗位绩效无关。在绩效工资中,基础性绩效工资(甚至包括基本工资)与岗位基本职责的完成情况有明确关系,未完成者要扣发岗位津贴;奖励性绩效工资与业绩有明确关系,这打破了原有的考核体系,因此,实施绩效工资

改革,实质上是重构我们的收入分配制度、校内岗位聘任制度和教职工的考核制度。

由于这次改革事关教职工的切身利益,对目前校内人事制度和收入分配制度冲击很大,难度很大、涉及面也最广,因此在实施绩效工资改革时,必然会存在一些矛盾、困难和问题。主要表现在:

(一)各类教职工之间的收入差距问题

目前工资收入中的省市补贴及奖金与职称、职级有关,校内岗位固定津贴与校内岗位级别有关,浮动津贴、各类奖励与工作业绩(即工作量)有关。据测算,省市补贴及奖金和固定津贴占总津贴收入的比例为54%,浮动津贴、各类奖励占46%;省市补贴及奖金、固定津贴的最高最低差异分别为2倍和13.75倍。

而在绩效工资中,基础性绩效工资中的生活补贴与工作年限有关,岗位津贴与事业单位岗位级别有关;奖励性绩效工资则与单位自设项目有关;同时,政府对我校教职工绩效工资平均标准进行了限定。据测算,生活补贴、岗位津贴最高最低差异分别是1.28倍和2.5倍,奖励性绩效工资差异根据实际业绩确定;按照规定,基础性绩效工资与奖励性绩效工资所占比例分别是60%和40%。

从两套体系比较可以看出,绩效工资当中的基础性绩效部分更注重公平,有利于低收入教职工提高收入水平,但同时也给我们提出了两个问题,一是如何发挥基础性绩效工资对应岗位基本职责的作用,在普遍提高收入的同时把岗位职责进一步加以明确和强化;二是如何发挥奖励性绩效工资的奖励作用,更好地激发广大教职工创造业绩的积极性,实现多劳多得,优绩优酬。

(二)绩效工资改革与现行人事聘任制度的矛盾

绩效工资与现有人事聘任制度之间还存在着诸多矛盾,一是两套体系所对应的项目类别、级别不同,各项目所对应的基础内涵不同;二是两套体系中各项目所占比例不同;三是两套体系的奖励性政策不同;四是两套体系的考核内涵和兑现方式不同;五是校内聘任还未结束,而绩效工资又要启动实施。鉴于上述各种矛盾,在实施绩效工资时必然会遇到与现有校内政策和制度不一致、不协调的问题。相关的政策和制度必须进行调整,有的要停止,有的要进一步完善,以适应新的薪酬体系需要。

但是,我校校内岗位聘任制度已经实施了 10 多年,对学校发展起到了巨大的推动作用,也积累了一系列的经验和做法,在教职工中已形成了注重绩效、多劳多得、优绩优酬、能上能下等现代人事管理的理念,促进了学校的发展,因此这种制度有其优越性和适应性,在绩效工资实施时,我们还必须继承和完善。

(三)学院之间的不平衡问题

我校 19 个学院因学科、专业、人员结构、规模、发展历史等都存在较大差异,而且学校对学院的要求、各学院对学校发展的贡献度、各学院自筹资金的能力也存在差异。这些差异造成不同学院的教职工的收入有一定差距,这是我们的现状。

但在实施绩效工资时,上级政策规定了全校教职工绩效工资的平均标准,同时规定了基础性绩效工资、奖励性绩效工资的比例,这些标准有趋于同一的含义,将影响到目前存在的各学院差异状态。比如,某个学院的人均绩效工资超过了全校的人均平均值或比例,那么其他学院的对应项就要低于全校的人均平均值或比例。

因此,现有的学院分配政策要进行适当调整,但是不能完全不顾各学院的历史、现状和特点,还是要在绩效工资,特别是奖励性绩效工资分配体系中,出台有针对性的政策,促进各学院积极争先,不断发展。

(四)在职人员和退休职工绩效工资改革资金的缺口问题

此次实施绩效工资,是规范津补贴,不是平均分配,也不是简单意义上的涨工资。但是从我校实施趋势看,在规范分配制度的同时,教职工收入与 2010 年比较都有一定幅度增长,而且这次涉及在职人员和离退休人员两大群体,约 3400 人。据测算,离退休人员需要近 7000 万元,在职人员需要约 6000 万元,合计大概需要 1.3 亿元。因此,绩效工资改革将需要较大经费保障,并且在半年之内要兑现,这对于学校的财务状况存在非常大的压力。同时,工资体系一经调整,增加额将作为学校人员的常规经费,一直负担下去,对学校的财力是一个严峻考验。

虽然在实施过程中存在以上问题和困难，但是，这次改革是国家、省、市政府的工作部署，体现了党和政府对事业单位职工的关心，对于学校来讲，实施绩效工资，是学校内部管理体制和运行机制的深层次变革，是一场思想观念的大更新，管理方式的大转变，收入分配的大调整，对于深化人事制度改革，充分调动教职工积极性，提升我校的综合实力具有重要意义。因此我们要把绩效工资改革工作做好，使其成为学校发展的新动力。

三、绩效工资改革的指导思想和基本工作思路

我校本次绩效工资改革工作的指导思想是：深入贯彻落实国家（省、市）关于事业单位绩效工资改革的意见和政策，深化人事分配制度改革，增强绩效工资激励作用，调整教职工收入分配差距，提高教职工实际收入水平，建立分级管理的岗位聘任与收入分配机制，既要保持高水平教师的收入水平，又要明显提高广大教职工特别是青年教职工的工资待遇，更好地激发各级各类人员的工作热情，为学校的长远发展奠定坚实的人事管理制度基础。

工作思路是：以综合性大学的生师比要求和前三年工作量统计为依据，以确立教师基本职责为核心，以推动学术基层组织建设为主线，以完善学校基础管理架构为目标，以建立分级管理的岗位聘任与收入分配机制为重点，积极稳妥地做好绩效工资改革的各项工作。概括起来就是：围绕"三基一重"，实施绩效工资。

具体做法分为以下几步：首先，将岗位绩效工资分类切块。教职工的岗位绩效工资分为基本工资和绩效工资两大块，其中绩效工资又分为基础性绩效工资和奖励性绩效工资，分别占绩效工资总量的60％和40％。奖励性绩效工资再分成七类，即本科教育奖励性绩效工资（A类）、研究生教育与学科建设奖励性绩效工资（B类）、科学研究奖励性绩效工资（C类）、其他辅助管理工作奖励性绩效工资（D类）、校设岗位奖励性绩效工资（E类）（E类为第五轮校设岗位，包括团队岗位、个人岗位的岗位津贴，关于第五轮校内岗位设置的原则意见，本次会议也将提出来讨论）以及创收工作奖励性绩效工资（F类）。为加强考核，学校分别从学院绩效工资总量、机关及直属单位绩效工资总量和后勤绩效工资总量中各切出10％的额度，

用于学校结合目标责任制对各单位进行年终考核的奖励,同时学校按绩效工资总量的一定比例提取部分奖励基金,用于实施教学、科研等工作的专项奖励(G 类)。

其次,建立各块各类岗位绩效工资的对应关系。其中基本工资和基础性绩效工资对应教职工的基本岗位职责,奖励性绩效工资中的 A、B、C、D 类对应超工作量,E 类对应校聘岗位,F 类为学院创收,G 类为学校考核及专项奖励。

第三,明确各块各类岗位绩效工资分配管理的责任。学校负责聘任校设岗位,计算与核定各学院、部门各块各类岗位绩效工资的额度以及 G 类奖励绩效工资发放,学院(部门)根据教职工履行岗位职责情况和工作实绩负责发放其他类岗位绩效工资。

第四,推进人事分配新机制建设。随着学校管理权限的进一步下放和学术基层组织的健全,逐步建立学校、学院、学术基层组织分层管理的岗位聘任和收入分配的新机制。

明确教师基本职责。岗位基本职责就是教职工聘任某个岗位后,应该承担和完成的基本工作任务。岗位基本职责因岗位类别、级别不同应该有所差异。目前教职工岗位分为教师、其他专业技术、管理、工勤技能等几类岗位,每一类岗位又有不同的岗位级别。教师岗位是我校的主体岗位。

教师的岗位职责是教书育人,这一点应该没有疑义;拿一份工资,干一份工作,应该是天经地义;干得多,得的多,应该也没有问题。这些无疑是收入分配制度改革的基本原则,改革就是将这些基本原则落到实处,就是将学校的人才培养工作进行细致分解,赋予各类教师确定的工作,在教师所做的工作和所得的报酬之间建立起合理的对应关系。因此,合理确定各类教师应该承担的基本工作量是本次绩效工资改革的关键,因为它决定了基本工资和基础性绩效工资与教师基本工作量的对应关系,即学校每个师资成本的投入产出比;也是"多劳"能够得到多少的关键,即决定了奖励性绩效工资激励力度的强弱。

在本次绩效工资改革方案的制定中,根据学校最近三年教学、科研工作量统计数据和综合型大学"生师比"18∶1 的要求,对各类教师三年平均教学、科研工作量打六折,作为各类教师的基本工作量,此外还明确增加了每位教师指导本科生数量的基本要求,一并计入基本工作量,并对应基本工资和基础性绩效工资。在此基础上多承担的部分为超工作量,参与奖励性绩效工资(ABC类)的分配。对未完成教师基本工作量者,则要按比例扣除其相应的岗位津贴。此外,还将对教师个人的发展要求列入教师的基本职责中。

在教师岗位职责确定的同时,对学校其他类岗位人员的岗位职责也要进一步明确和完善。

推进学术基层组织建设。学术基层组织是学校学科建设与专业建设的基本单元,也是学校人才培养工作的重要基础,在学校第四轮岗位聘任中,将团队岗位聘任与学术基层组织建设紧密结合起来,对推动学术基层组织建设起到了积极作用,我们要坚定不移地推进下去。但是,在实际工作中,因各学院情况不同,学术基层组织建设的进展不一,取得的效果差异较大,关键是带头人作用的发挥。为了继续强化和推进这项工作,在奖励性绩效工资中,学校设置了校设岗位奖励性绩效工资(E类),设立200个左右的校聘岗位,主要是按照学校的学科、专业布局和建设需要聘任各一级学科、二级学科(方向)和各专业的带头人以及高水平的教学和科研人员。进一步细化带头人的岗位职责,推进团队岗位聘任,将团队岗位的设置与学术基层组织建设结合起来,将学术基层组织建设落到实处,为第五轮岗位聘任奠定基础。

强化学校基础管理工作。学校将以绩效工作改革为契机,继续推进学校、学院和学术基层组织的三级管理体系建设。按照宏观指导、分级管理、下放权限的原则,学校进一步完善学院考核办法,重点推进学院目标责任管理制。继续强化学院和部门在岗位聘任、收入分配、绩效考核中的管理主体作用。在本次绩效工资的实施中,学校将按照制定的原则,把绩效工资中的基础性绩效工资和奖励性绩效工资切分到学院,学院则根据学校的指导意见,结合学院实际,出台具体实施办法进行二次分配;在教师基本岗位职责履行的考核工作中,学校只对学院基本职责完成总体情况进行考核,而学院可以制定符合自身实际的教师个人基本职责的考核办法;在教师岗位晋升中,学校只负责校级岗位聘任,校聘岗位的津贴额返回学院,由学院再分配,其他岗位的设置与聘任的权力下放给学院,由学院自主组织聘任和考核。学院要考虑发挥学术基层组织在岗位设置、聘任和考核中的基础作用,通过下放权力,下达任务,培养带头人,加强建设,使其成为一级管理实体,分担学院的各项管理工作。

建立收入分配长效机制。本次绩效工资改革的重要性在于我们必须按照国家岗位绩效工资改革政策的要求,根据学校的现状和需要,探索建立适应学校发展的岗位聘任和收入分配新的长效机制。要使新的机制有效和长效,这个机制必须高效和公平,并且具有可操作性和可调整性,并为广大教职工所认同。机制的高效应该体现在有利于促进学校和教职工更好、更快的发展,机制的公平应该体现在有效调控不同教职工群体间收入的差距。要保证机制的顺利运行,其关键是周密设计方案,精细分解任务,合理分配薪酬,严格进行考核,规范实行奖惩。实施绩效工资涉及面广,任务繁重,要充分发挥学院(部门)和学术基层组织的积极作用,合理分担实施过程中的各项任务,逐步成为相应各级组织的日常工作。实施绩效工资关系到每一个教师和职工的切身利益,通过深入宣传,广泛沟通,转变观念,完善方案,得到教职工的认可。要充分重视以上每一个环节的落实和推进,在实施过程中,通过不断完善、调整,建立起分层管理的岗位聘任和收入分配长效机制。

四、改革中要重点处理好的几个问题

实施绩效工资是一项复杂和艰巨的工作,为了保证这项工作的顺利实施,我们必须重点处理好以下几个问题。

(一)教师基本职责和工作量的确立

我校绩效工资改革的核心是确立教师的基本职责和相应的工作量,建立基本工资和基础绩效工资与基本岗位职责和工作量的对应关系,是改革成败的关键所在。在实施绩效工资时,我们首先将通过研究国家有关教师职责的要求,并结合学校实际,确定我校教师基本职责的主要内容,并将其列入合同中,使每个教职工能明确自己所聘岗位要做什么;通过研究我校学生规模、人才培养、专业和学科建设、科学研究、管理等方面的工作需要,科学核定和量化各类人员的基本职责,使每个教职工能明确自己在所聘岗位上要做多少;其次,基本职责确定后,要赋予学院、学术基层组织根据实际进行调整的权力,并且在考核中赋予一定的灵活度;第三,要本着先建立起规则,而后逐步完善的理念进行基本职责的确定和考核,关键是转变教师的观念。

(二)学院间不平衡性的调整

由于多方面的原因,各学院及其教职工收入存在差异,这是正常的、不可避免的。在实施绩效工资时,既要考虑各学院的平衡,也要承认差异,鼓励发展;既要考虑现实,也要照顾历史。首先要坚持分类指导原则,针对不同类型的学院,制定相应有所区别的政策;在基础性绩效工资中体现公平,在奖励性绩效工资中体现效益和学院特点,支持各学院根据自身情况快速发展;其次,对于过去不合理的政策要进行适当调整,占有学校资源越多,对学校的贡献也应该越大,逐步树立起学院的绩效观念和教职工个人的绩效观念,并将绩效与收入分配挂钩。

(三)学院二次分配体系的重构

在实施绩效工资时,学校将把绩效工资切分到学院,由学院进行再次分配。相对于过去切分到学院的津贴,现在给予学院的工资总量要多得多,而且涉及的项目、内容也较多,因此,各学院现有的津贴分配办法已经难于应对新的情况。学校将制定一些指导性意见,而学院要针对新的情况,结合自身实际,修订出台新的分配办法。首先,要坚持按劳分配,优劳优酬,反对平均主义;其次,应紧密结合学院实际,以促进学院各方面工作发展、提高人才培养质量为出发点,重点向做出突出贡献的教职工倾斜;第三,学院可根据实际,将绩效工资进一步切分到基层组织,由他们自主分配,充分发挥基层组织的作用。

(四)在职和退休教职工通盘考虑

按照上级部署,在职人员和离退休人员都在此次实施绩效工资范围内。尽管在职与离退休人员的绩效工资政策有较大差异,包括规范调整的项目、额度、发放的渠道、兑现时间等有所不同,但是其共同的地方是,收入都有所增加,学校在其中要承担相当一部分经费。

因为多方面原因,在职和离退休人员的收入增长比例和额度存在差异,有些可能还很大。因此,在实施绩效工资时,我们将统筹兼顾,解决好两者的矛盾和问题。首先,在职、离退休人员都是我们学校的教职工,学校要一如既往地关心他们的利益;其次,学校将严格按照省市政策,保障在职、离退休教职工的绩效工资足额按时到位;第三,在具体工作中,要充分考虑照顾到不同群体的实际情况,稳妥处理好遗留问题。

（五）积极争取各类资金

此次绩效工资改革,时间紧,矛盾多,需要支付的经费额度巨大,完全依靠学校财力将影响学校其他工作的开展,对学校财政造成较大压力。因此,在挖掘内部潜力的同时,学校领导和相关部门要下大力气争取省、市相关部门的支持,保障绩效工资改革的顺利实施。各学院也应该积极挖掘潜力,开拓资金筹措渠道,为本学院教职工绩效工资增长和减轻学校负担做出更大的贡献。

（六）稳妥处理聘期过渡问题

实施绩效工资后,我们目前正在进行的校内第四轮岗位聘任工作便处于两难境地,即第四轮校内聘任还未结束,还有1年的时间期满,执行新的绩效工资后,原有校内津贴体系不能继续,考虑到实际情况,学校准备采取过渡办法。在2012年过渡期内,现行的校内各类别、各级别岗位仍然有效,但岗位级别与原校内岗位津贴脱钩。同时,不再进行校内岗位的增聘工作。在2012年底,为保障现在校内九级制岗位聘任制度下各级别人员在与2010年同样工作量条件下的总收入不降低,按照原有的津贴制度和新的绩效工资制度分别测算,按就高原则执行。第四轮岗位聘任的相关延续政策待研究后决定是否继续执行。在此基础上,研究第五轮岗位聘任有关政策,保障绩效工资改革方案正常实施,开展以基层组织建设为基础的团队岗位和个人岗位聘任工作,并为第五轮岗位聘任打好基础。

五、绩效工资改革的部署和要求

按照省市统一部署,我校绩效工资改革工作于2011年底启动,2012年6月底完成。要在如此短的时间内完成这项工作,任务艰巨,时间紧迫。为此,提出以下几点要求:

（一）发扬民主，深入研究，完善方案，达成共识

顺利实施绩效工资改革的前提是制定一个好的改革方案，需要人事部门的同志进行广泛调研，精心设计，更需要广大教职工的参与，集思广益，不断完善，这样的方案才能具有坚实的群众基础。

发扬民主。绩效工资的实施，政策性强、涉及面广，关系到广大教职工的切身利益，一定要充分动员广大教职工参与到这项工作中来，使大家了解、熟悉、理解政策，对改革方案的完善各抒己见，从而以主人翁的姿态支持改革。不论是学校层面的政策制定，还是学院层面的政策制定，都要依据上级有关部门的相关政策，广泛征求群众意见，充分发挥集体领导和民主决策的作用，在具体实施过程中，各个环节、各个步骤工作的开展，必须以争取最广泛的民意支持作为保障。

深入研究。绩效工资改革涉及人事聘任制度、收入分配制度、考核奖惩等政策的调整，更涉及学校、学院下一步的持续发展，因此，要全面学习、深入研究上级的有关政策，掌握改革的实质、核心和难点；同时要全面摸清全校教职工工作和收入的现状，对设计的改革方案进行详细的数据模拟，系统研究分析实施绩效工资对不同学院和不同教职工群体的工作和收入带来的影响，使改革的激励效应最大化，各种阻力最小化，据此出台切实可行的改革政策。

完善方案。在广泛调研、征求意见和深入研究的基础上，要尽可能分析和吸收广大教职工的意见，不断修改和完善绩效工资改革实施方案，调整各方利益，完备各种细节，使绩效工资改革方案既能符合上级政策，又能切合我校实际，并能得到绝大多数教职工的支持，成为促进学校和教职工共同发展的成功改革方案。

达成共识。实施绩效工资改革，需要一个认识、理解、完善和不断处理和解决各种矛盾的过程，对于不同教职工群体的诉求应认真对待，充分理解，对偏激和片面的意见，要摆事实，讲道理，深入细致地做好教职工的思想工作，使教职工在关键的几个问题上转变观念，形成共识，如教师岗位基本职责的确定、岗位基本职责与收入的联系、工作绩效与收入分配的关系、绩效工资校院分级管理等等。

（二）全面理解，深入贯彻，及时沟通，积极调整

推进绩效工资改革离不开学校广大中层干部承上启下的共同努力，要求学校下属各单位负责人能够正确理解学校绩效工资改革的意义，依靠广大教职工，调整本单位的收入分配办法，落实绩效工资改革的有关政策。

全面理解。学院、部门负责人要认真解读省、市绩效工资改革的有关文件和政策，全面理解学校出台的相关政策、改革的难点和重点，充分了解学校、学院发展面临的形势、困难和问题，明确所在单位部门改革的任务，结合实际情况，帮助教职工正确认识和理解学校绩效工资改革方案。

深入贯彻。好的政策，关键在于落实。各学院、部门要不折不扣地贯彻省市、学校政策，在执行过程中，结合本单位、部门的实际制定有关贯彻意见，不断完善政策，使得改革工作不走样，主动解决可能出现的问题和矛盾，实现绩效工资改革的最终目的，切实维护和保障教职工的切身利益。

及时沟通。在实施绩效工资过程中，学校将出台指导性意见，学院、部门将出台具体实施办法。因为各学院、部门的情况差异，难免出现一些矛盾和未考虑到的情况、问题。因此，学院之间、部门之间、学院与部门之间要加强沟通、协调，及时研究解决遇到的问题，并且使得学院部门出台的政策不至于违背学校大政策，也不伤害其他部门利益。同时，职能部门要加强与省市政府部门沟通，及时反映学校改革中遇到的特殊情况，并争取上级更多的支持。

积极调整。本次绩效工资改革对学院的二次分配政策冲击较大，学校将从今年起按照新的核算办法将相关绩效工资切块到学院，各学院要根据改革要求，积极调整收入分配政策，做好新老分配政策之间的平稳衔接。要充分征求广大教师的意见，重视不同教师群体的诉求，调节收入分配中的差距，平衡效率和公平的关系，使新的收入分配政策能够调动各类教师和教辅人员的积极性。

（三）加强领导，深入宣传，规范操作，稳妥实施

实施绩效工资改革是一项涉及每一个教职工的全校性工作，学校各级领导和各个单位必须全力以赴，各司其职，相互配合，确保绩效工资改革的稳妥实施。

加强领导。绩效工资改革是学校 2012 年的重点工作,各学院也要将其列入重点工作中。学校、学院要分别成立绩效工资工作领导小组,主要领导担任组长;同时各级负责人要带头学习、研究政策,尽快熟悉政策,参与制定政策;充分征求教职工意见,做好解释说明工作。各级党组织要关心教职工、密切关注教职工思想动态,全体党员要发挥模范先锋作用。

深入宣传。人事部门要通过印制宣传小册子、组织培训会、政策说明会等形式宣讲政策;宣传部门要利用学校的各种媒体宣传有关政策,营造良好的改革氛围,引导教职工转变观念,积极主动做好相关工作;各学院、部门要利用各种机会宣传有关政策。通过深入、细致的宣传工作,使得实施绩效工资这项工作能够得到广大教职工的理解和支持。

规范操作。坚持公开、公正、公平、透明原则。学校、学院在政策制定、意见征求、讨论、审议、审定以及执行各环节,要做到程序规范、到位;要坚持集体决策制度,各类办法和政策要由集体讨论决定,最终经过教代会审议通过后方能实施。遇到特殊情况,一定要集体讨论,不得个人武断决定,预防引起矛盾或产生后遗症;要充分利用网络平台,做好公示;对于实施中遇到的新情况、新问题,要及时反映,加强沟通,认真研究,正确对待,切忌随意处理。

稳妥实施。学校和学院要做好工作实施方案;建立工作小组、监督小组、投诉小组;集中时间和精力,又快又好地做好每个阶段的工作;在实施绩效工资过程中,不能影响教学、科研、社会服务、管理等学校主要工作的正常进行;相关部门要做好预案,及时化解工作中出现的矛盾和问题。

(四)绩效工资改革的时间进度安排

从现在算起,绩效工资改革工作还剩下半年时间,必须到 2012 年 6 月完成。2012 年 1 月—3 月制定实施办法和各种政策;4 月—5 月上旬广泛征求意见,在完善修改基础上,提交教代会审议通过;5 月中旬—6 月底正式实施。7 月正式兑现绩效工资。

因为各学院要制定自己的实施办法,因此各学院也要与学校的工作基本同步,以保证全校绩效工资改革按期完成。因此,请各学院、部门按照学校的统一部署,根据学校的各项指导性政策和意见,按期完成各项工作。

关于加快实施教育国际化的战略思考[*]

——交流关系建立的前提，一定是共赢的；没有共赢的交流
与合作，是不会长久的。

我们为什么要加快教育的国际化进程？从大的背景上看，我们国家正
处在全球化的过程当中，高等教育也将遇到国际化和大众化的挑战，如果
我们不融入到大环境中去，肯定会被边缘化。我们加快教育国际化的目的
应该非常明确，主要有两个：第一是培养人才，培养人才包含两个方面：培
养学生和培养教师；第二是争取资源。

为了培养高质量的人才，我们要加快教育国际化的进程。但究竟要怎
样通过教育的国际化来提高人才培养质量？我认为应该围绕六个字来做：
"教什么，怎么教"。"教什么，怎么教"这个问题，是我们国家整个高等教育
所面临的问题，也是教育界如何来回答"钱学森之问"的一个核心问题。目
前我们的教学方法和授课内容与国际化的要求还有很大差距，当然我们也
不是一概的否定我们的传统，教师传统的讲授方法也不能说是错的，但是
没有充分调动学生的积极性，没有师生间的互动，这是我们教学方法上的
缺陷，也是我们提高人才培养质量、深化教育教学改革遇到的最大难点。
我们应该通过教育的国际化来克服这个缺点，使得我们在"教什么、怎么
教"上能够与国际接轨。比如我国台湾地区的学校，它们有比较好的教学
模式，从近几年台湾地区的学生在国际设计、学科、技能等大赛中屡获大奖
且获奖的比率高于大陆这种现象中就可以充分看出这一点。当我们的学
生被问到去台湾地区高校交流的最大体会是什么时，他们认为教师对学生
的关注、教学方法与内地相差太大。最近厦门大学的一个课题组，对我们

* 本文是 2012 年 3 月 6 日聂秋华在学校国际化交流工作会议上的讲话

的学生,还有全国其他高校大范围的学生进行了抽样调查,其中调查我们学生的一项内容是"教师对学生学习关心投入的程度",实际上我们学校的学生给老师打的分数低于全国的平均分,这说明我们在这方面做得是远远不够的,我们在教学上还存在很大的问题。此外,宁波诺丁汉大学虽然离我们很近,但是它的优势我们就是学不了,反而万里学院学得很快。我们希望通过教育国际化来加快我们的教学改革,使得我们在这方面能够尽快真正走进国际化的行列,这是一项任重道远的工作。

推进教育国际化进程的难点在于我们的教师和建立合作学校的教师产生不了对等关系,因此,加快教师的培养,非常迫切。我们和其他学校签一个协议,不是难事,或者在"宁波帮"的帮助下,跟更高层次的学校签个交流合作协议,也不是难事,难就难在我们基层的教师和对方的教师不对等。交流的关系,一定是共赢的,没有共赢的交流与合作,是不会长久的。这是一个非常现实的问题,为什么现在高等学校一定讲门当户对?因为门不当户不对就很难形成共赢的关系。所以,这就阻碍了我们加快和国外一些高层次高校交流的进度。但我们的教师,就是在这么一种背景下培养出来的,要让大家马上就能教育国际化,提高到那样的学术水平,也不现实。需要我们通过教育国际化的途径,做一些项目来培训、带动我们的青年教师,使他们能够比较快的适应教育国际化的要求。另外,我们每年引进的100名博士当中要规定一定比例的获得海外学位背景的人员。目前我们每年要引进100名博士,这100名博士对学校财力的压力非常大。大家知道,三年以后,如果大部分博士都能兑现考核指标,那就得出6000万,再包括他们的工资、其他的养老保险等,基本上就是一个亿。100名博士就要花一个亿的代价。如果这项政策持续三至五年,学校的代价是非常大的。但是,博士还是要引进的,不过引进博士还要讲究质量,其中一个重要条件就是要有海外学位,最好是在海外获得博士学位。当然,这个门槛很高,大家不一定能够完全达到,但是我们要尽量往这方面去努力。我们不应该满足于博士的数量,更重要的是提升他们的质量,为学校的发展真正储备一支非常优秀的年轻教师队伍。因此我们要通过国际化的过程来提升更多年轻教师的水平,让他们承担双语教学的课程,尽快适应教育国际化的要求。在国际化进程中,我们不但要注重学生的培养,还要注重教师的培养,双管齐下,才能更好地发挥教育国际化的作用。

教育国际化的第二个目的,就是争取资源。根据我校的数据,我们还要在占领来华留学生市场份额方面继续努力。虽然从经济角度来看,至少在目前,这一点不足以对学校经济构成实质性的支撑。像复旦大学这项份额也只占 10%,何况我们学校在五年规划中规定的份额还不到 5%。但是这项资源,对我们当前主要是一种品牌的效应,是一种学校声誉方面的资源,只有把这种效应做好了,我们才能一步一步站住脚,才能进一步扩大这种资源。

当前,站在学校的角度,我们主要是争取两方面的资源:一方面是政策资源,也就是来自国家、省市政府的政策。要争取政策方面的资源,外事处也做了一个很好的工作设想,其中有一点就是希望集全校之力,办一个国际化的研究生院。这种构想,在"十五"期间我们就有过在学校东边土地上建一个研究生园的构想。后来由于种种原因没有实现。但是我们一直没有放弃努力,通过不断的构建与完善方案,一直想把东面这块土地征下来。第一,现在我们想在东面这块土地上建设海洋科学与工程研究院,目的是努力争取把它列入宁波市和国家海洋局共建宁波大学的一个支撑项目。第二,我们想借用市政府的力量,能够在征用土地方面,获得突破。第三,建立国际交流的场所,也就是建立国际化的研究生院以及其他的国际交流项目。第四,我们还希望能够建造人才公寓。所以,我们想通过教育国际化这个载体,来争取市政府的土地资源。当然,在这个设计当中,我们要把几个项目都考虑进去,还要积极努力,在国际化合作中把选择合作的学校的层次再提高一些,对此浙江省会大力支持,我们还希望能够得到教育部的支持。当然必须作为一个正式的国际合作办学项目,才能够获得教育部方面的政策支持。这个方案构想今后要进一步完善,也希望大家能够关注这个方案,能够使学校有关的学科和专业在这个方案当中发挥作用。另外,规划这样一个方案还有一些好处,就是我们学校始终缺少人文社科的博士点,使我们综合性大学始终瘸了一条腿。但现在国家增设博士点的政策,由于教育部里有关领导在更替,因此有关这方面的思路、政策依然是扑朔迷离。教育部曾开了一个口子,搞特殊人才的博士点,对那些没有博士授权的学校,没有列入博士点建设的学校,具有硕士授权的学校,都可以来申请。这样大概批准了三四十个,浙江省报了三个。但是现在这项政策又停了,也不清楚今后到底怎么增设,但增设的难度只会越来越大。教育部从国家层面来讲,认为博士点的布局已经差不多了,全国有这么多985、211工程高校,对整个博士点的布局以及博士生数量的培养,他们认为已经足够了。但问题是像我们这样刚拿到博士授权的学校,博士点数量还很少,如果我们不争取,今后将不利于学校的发展。那么,我们怎样去突破这个瓶颈?也许结合教育国际化的发展思路,利用和国外优质高等教育资源合作的机会,来争取国家层面的政策资源,这应该是一条通过努力可以探索成功的路径。

从学院和分管部门的层面来看,你们争取的资源也是两方面的:一方面你们要争取外部的资源。如争取市政府、教育局、科技局等资源和省里相关部门的资源。另一方面要争取校内的资源,如大家要争取学校500万聘请国际化师资的资金。学校的资金基本上都是专项专用,虽然每年有好几个亿,但一项一项分下去之后就没了。如果大家再想增加项目,追加资金的话,以学校目前的财政状况是非常困难的,所以大家要尽快把专项资金用好,把这块经费作为聘请外籍教师的一个稳定财源,随着学校收入的增加,还能得到同比的增加,这是各单位正常招聘教师以及做好队伍管理的一个重要保障。如果做得好的话,还能不断地扩大,从而进一步推动学校全英文专业、其他留学生专业的建设水平向着国际化的目标迈进。

就学院而言,谁在这个领域抢占先机,谁就会受到学校和有关部门的重视,尤其是能把学校整个留学生的规模做大。但在这个过程中,你如果想把这个项目做在前面,还需要考虑好如何引进国外师资的问题。其实引进国外师资,在某种程度上比聘请国内师资还合算,由于他们实行的是年薪制,有的教师工资也不是很高,以后也不会给学院、学校带来负担。因此,哪个学院走得快、聘得快、项目上得快,就能很快占住这个资源。走在后面的学院,如果再想抢占这块资源,就比较困难了,所以大家要抢抓这个机遇,争取校内资源。当然对于学校来讲,学院也要积极争取校外的资源。

最后,我想提几点要求:第一,要有国际化意识。院长首先要有这个意识。意识来源于两点:一是来源于对教育发展大环境、大背景、大趋势的把握和对教育国际化的了解,知道这项工作对于学科、学院、学校的发展至关重要。二是来源于利益的驱动。比如医学院，它最初做这块工作的驱动就是因为有社会和经济效益，整个领导班子也达成了统一意见，相关政策作出倾斜，包括人力和财力，所以它就做成了。第二，要有思路。各个学院在发展教育国际化方面要有自己独特的做法，有自己的想法和思路。第三，要选择伙伴。这一点很重要，大家要选择一个适合学院、学科，能够发展起来的项目，而且一定要以项目来带动整个国际化工作，围绕项目的开展做好人才培养工作和争取校内外资源。在选择伙伴上是一定要下一番功夫的，当然学校也会穿针引线，帮助大家搭桥，但同时也希望大家能够花一定的精力，特别是我们好多院长要充分利用自己在海外的人脉资源，选择合适的合作伙伴，这样我们才能够把国际化的步子迈开。第四，要有团队。有团队非常重要，从文学院的例子来看，最核心的问题就是要有一个能发挥每个人潜能的和谐团队，要有得力的教师能够发挥这方面的作用。实际上我们许多学院都会有合适的人选做这一块，但是没像文学院这样把一个人的才能发挥到了极致，大家可以向文学院了解一下，他们是如何做好这位教师的工作的，使得他能够全身心地投入。我们有很多教师国外获得学位，英语没有问题，但是怎么能够发挥他们的作用，可能还需要大家继续动脑筋，去思考如何激励并留住确实能够发挥很大作用的人才，而且别人想挖都挖不走，最终形成一种团队精神，这样我们项目工作的进展就会有保障。事实上，我们学校有很多教师是能够做好教育国际化工作的，我记得上学期我专门去听了一位老师讲统计学和逻辑学的课。我觉得他讲得还是比较好的，虽然不一定全部能用英文讲，但重要的是让学生形成了学习英文的意识氛围。这位老师在中英文之间的转换还是非常自然的，有时候讲不出来，插两句中文也没关系，特别是对中国学生，但是对国外学生又另当别论。我们现在要解决的关键问题是用什么措施、途径去使教师能够全心全意做好这项工作。当一个人的兴奋点、专注力长期集中在一件事情上时，是一定能做成的。第五，要有耐力。做一个项目是很不容易的，要达到好的效果，最起码得积累十年，只有通过一点一滴的积累，才能慢慢地产生影响，树立起品牌。所以我们做这项工作，也要有长远的毅力，要一点一滴的去积累。从学校角度讲，我们去年这项工作发展非常快，但我们在管理方面还是跟不上，还需要不断地去完善，比如完善留学生学籍管理以及留学生的教育和我们现有学校教务系统的衔接等,在这些方面,我们还有很多事情要做。还有我们的全英文专业如何向国际化专业迈进,这些都是面临的问题,但这些问题也不是一朝一夕能解决的,我们要一步一步地把它解决,我们各个学院的国际化办学项目也是如此。所以大家要有耐心,我们做好一个项目,就要付出很大的代价,需要很长时间的积累。我们的领导班子,必须要有意识、有思路,有团队,有耐力,才能加快我们学校教育国际化的进程。

关于完善考核评价体系的探索[*]

　　——改革精神和不断自我优化是一所大学的活力所在，改
　　革不是瞎折腾，学校内部改革的动因是由于社会的快速发
　　展和激励的边际效益下降，是学校适应社会发展与变革的
　　主动反应，也是不断调动广大教职工积极性的必然选择。

　　围绕学校发展目标，完善考核评价体系的目的是在第四轮聘期即将结束之前，认真分析形势，总结学校现有考核评价体系取得的成绩和存在的不足，为第五轮岗位聘任做好准备工作。学校党委和行政非常重视此次考核评价体系的调整，并就如何做好这项工作进行了专题研究，校领导带队再次走访了江南大学、江苏大学等高校，学习他们在考核评价工作中的好经验和好做法；校领导和职能部门还在全校范围内开展了专题调研，组织召开了多次的座谈会和研讨会，听取学院对专项目标考核、教职工对业绩考核、干部考核等工作的意见和建议，为考核评价体系的整体完善做了大量前期工作。

　　下面，我就考核评价体系的调整工作谈五个方面的意见与建议：

一、学校近期面临的发展形势与考核评价体系调整的背景情况

　　在全校师生员工共同努力下，学校上半年的工作又取得显著进展。一是省部市共建工作获得突破，进入行文阶段，近期有望签约；二是学校获批实施国家级大学生创新创业训练计划，我校学生在各项竞赛中取得了优异成绩：在全国大学生数学竞赛中获得数学专业类一等奖，这个奖项很不容

　　* 本文是 2012 年 7 月 13 日聂秋华在 2012 年暑期中层干部学习会上的讲话

易,因为在浙江省内高校中还没有哪个学校获得过突破;在省"挑战杯"大学生创业计划竞赛中,我校的总成绩及特等、一等奖的获奖数量均高居参赛高校首位。尤其是在不久前的世界健美操锦标赛中,我校学生邹琴获得了2枚金牌,为学校争得了荣誉,也扩大了学校的影响。三是学校正式试行了"三位一体"综合评价招生改革,学生就业率稳步提升,截至6月11日,全校毕业生签约率比去年同期提高了3.89个百分点。四是研究生培养质量有了显著提高,在全省硕士学位论文抽检中,我校的抽检优秀论文数量位列全省高校第2名。五是学校首次承担了国际科技合作与交流专项重大项目,上半年获国家社科基金年度项目19项,立项数列省属高校第一,全国排名第37位;获省哲学社会科学规划课题31项,立项数列全省高校首位,这些成绩的取得都来之不易。六是海洋科学与工程研究院的方案已经初步制定,并得到了相关部门的认可,这对于我们进一步实施"海洋行动计划"意义重大。七是水产学科被列为浙江省重中之重一级学科,另有20个学科被列为省高校重点学科,获批数量位居省属高校第二,目前我校省级重点学科覆盖了近90%拥有学位点的一级学科,最近还获批三个博士后流动站。八是引进了国家短期"千人计划"项目获得者1名,浙江省"千人计划"项目获得者1名,博士78名。九是顺利完成了学校层面的绩效工资的方案的制定,并根据学院改革的进度开始分批实施;随着教职工发展中心和教师教学发展中心建立,教职工的培养培训工作日渐完善并逐步走上正轨。十是甬江学生公寓竣工交付使用,这将大大改善我校在校学生的住宿和其他生活条件。

虽然上半年我们取得了一些令人欣喜的工作业绩,学校呈现出良好的发展势头。但是,也应该看到,当前我们还面临着不少显而易见的困难和挑战,在成绩取得的过程中也暴露出一些管理体制机制上的弱点和不足。学校几项主要工作的进度与年初制定的"百强进位"和"业绩考核"这两大工作目标对照,情况不容乐观。我们先来看看这两块工作目前的情况:

"百强进位"现状:浙江省内各高校对排行榜一直都非常重视,大家都希望能让学校的排名往前靠一点。去年,学校跨入了全国高校百强行列,全校上下欢欣鼓舞,信心倍增。今年,学校提出了"百强进位"的目标。为什么我们一直在提"百强"? "百强"不是我们的目的,但这个位次可以作为一个参考标尺,能够让我校在与其他高校之间的对比中,了解我校综合实力提升的相对速度和各项指标的进步情况,以改进和促进我们的工作。年初,学校分解了"百强进位"的指标,各单位、部门都紧紧围绕着指标开展了各项工作,付出了极大的努力,一些指标也取得了突出的进展。但不可否认的是,在一些重要指标项目上,我们的进步依旧缓慢,甚至出现了倒退现象。比如高水平、标志性的教学、科研成果依旧缺乏,国家规划教材、教学名师短期内还难以突破,SCI论文数量出现下滑趋势,能够增分的点非常有限。在其他高校你追我赶、激烈竞争之时,我校不进肯定退,慢进也会退,这是不争的事实,如果不进一步努力,那么,今年要保住99位都非常危险,更不用说进位了。

"业绩考核"现状:省内高校间对于本科教学业绩考核的竞争一直都非常激烈,虽然我们去年取得了全省第二的好成绩,但是省内各高校都铆足了劲,加大力气挖掘潜力,争取提升空间。对照上半年省里调整后的考核指标体系,教务部门也做了一次自查,发现我校能反映教育教学水平和人才培养质量的高层次标志性成果还是不多。与省内高校相比,我校在教材建设、教改项目、人才培养基地、教学成果奖等方面的排名仅位于第3或第4位;在培养质量方面,尽管我校的学科竞赛态势良好,能得满分,但其他6所高校也都是满分,而在生源、就业率和英语等级考试方面,我校也只处于中上水平。从教师队伍来看,学校高层次人才依旧缺乏,国家教学名师依旧空白,国家级和省级教学团队的情况也不甚理想,只排第5。当然,有一些指标我们还可以继续保持良好的增长态势,但总体而言,增长点太少,今年并没有明显的增分项目。最近,省本科教学业绩考核指标体系又作了比较大的调整,加重了教学科研等效评价、人才培养质量和教师队伍建设这几项一级指标的权重,还增加了专业认证等一些新的指标,所以目前很难准确与其他高校比较,要想保住本科业绩考核第二位的成绩,难度也非常大。

面对你追我赶,如此激烈的高校竞争,如何使学校排名不断前进、本科教学业绩评价保持领先、办学实力和服务社会的能力持续增强?最根本的就是进一步激发广大教职员工办好宁大的热情和激情,而考核评价体系就是其中一根重要杠杆。一个合理的、科学的考核评价体系对于深化学校内部管理体制改革,提高学校管理效率和水平,提升学校师资队伍建设水平,促进全体教职工积极地、创造性地开展工作都具有非常重要的现实意义。

二、近年来我校考核评价体系的总结与回顾

我校现行的考核评价体系主要包含三大块,一是学院专项目标考核评价体系,从 2003 年学校实行学院目标管理责任制开始,已经实施了 9 年,期间也进行了不断的调整与补充;二是干部考核体系,在对干部的"德、能、勤、绩、廉"进行全面考核的基础上,2007 年增加了干部的绩效考核,即以干部所在学院、单位、部门的目标管理考核结果为考核计分依据。三是教师职员分级聘任考核体系,自 2000 年开始已经实施了四轮 13 年。

学院专项目标考核评价体系具有以下三大特点和优势:一是单项考核取代综合评价,结果让人更加信服;二是年初制定目标考核方案,年终进行考核评价的操作模式,对学院当年工作具有很强指导性,同时使得每年的目标考核方案也具有一定的灵活性并与时俱进;三是对每个专项目标进行单独考核和排名,分别各取前 1/3 为 A,后 1/3 为 C,其余为 B,并对得 A 和 B 的学院都进行适当奖励,相对综合评价考核的"赢者通吃"的奖励方式,更符合综合性大学各学科性学院之间的评价比较,更能激励各学院发挥自身优势、特色发展。学院专项目标考核和奖励办法,历经 9 年的实施和不断完善,得到了广大学院的认可和支持,总体上相对比较科学合理,有力地促进了各学院的特色、优势发展。

目前正在实施的干部考核体系经过五年的实践证明,采用干部互评、民主测评、领导测评和绩效考核相结合的干部考核方法,较之以前更加注重突出干部素质能力和实绩评价,能基本反映出中层干部在工作业绩和个人素质、工作能力、发展潜力以及群众认可度等方面的真实情况,而且在树立良好用人导向、激发干部队伍活力、加强干部队伍建设、促进学校事业发展等方面发挥了重要作用。

已经实施了四轮的教师职员分级聘任制度,调动了教师员工的积极性,为学校近年来的发展起到了有力的助推作用。此项制度经过十多年的实施和调整,正从激励个人竞聘向鼓励团队合作方面演化。

（一）对学校近年发展所起到的作用

激发了教师教学科研的活力。近五年来,教师的人均教学工作量从2007年的363当量课时,提高到2011年的458当量课时,提高了26％;教师的人均科研工作量从2007年的250分,提高到2011年的433分,提高了73％。

提升了教师争取资源的能力。近五年来,教师获得的省部级以上科研项目数,从2007年的174项,增加到了2011年的241项,增加了39％;科研经费从2007年的1.21亿,增加到2011年的2.17亿,增加了79％。

增强了学校快速发展的动力。近五年来,学校的综合实力明显提升,在《中国大学评价》排行榜中的排名,从2007年的112位,提升到2012年的99位,首次进入全国高校"百强"行列。在省属高校教学业绩考核中跃升至第2位。

（二）现阶段存在的问题及原因分析

毋庸置疑,学校十多年来运行的考核评价体系对促进学校的发展发挥了重大作用,但还是存在一些问题,在这个过程中,学校也在不断地调整,努力使其更臻成熟与完善。但演变至今,现行的考核评价体系也暴露出一些不足和弊端,主要表现为"三重三轻"。

一是重个人,轻集体。2000年以来的岗位聘任和考核激励体系注重和强调的是个人短期工作业绩,根据教师的个人业绩择优聘岗。在制度设计上侧重鼓励个体竞争,尤其是校聘岗位,学校直接设置聘任基本条件并具体实施聘任。这种聘任方式,对引导激励校聘岗位人员完成学校规定的标志性任务,效果直接明显,但同时也导致了那些基础性的、公益性的工作无人承担。教师把完成学校规定的标志性任务作为唯一任务,其他工作可做可不做,导致学院一些公共性的任务难以落实。另一个原因是基层学术组织薄弱。学校实施两级管理,对提高管理效率,集中资源突破学校发展瓶颈起到了积极作用。但由于缺少基层组织这个平台,教师之间缺乏联系的纽带,教研活动难以开展,青年教师缺少"帮带",教师之间沟通不够,合作意识淡薄,"各管各"的现象日趋严重。申博成功以后,学校开始注重团队组建,大力推进基层学术组织建设,也出台了一系列相关文件并采取了相应的措施,但是由于基础和惯性的原因,这种"个人奋斗"的局面尚未得到根本扭转。

二是重科研,轻教学。宁波大学正处于建设教学研究型大学的关键阶段,学校当然希望教学、科研比翼双飞,但教师投入教学的精力总是不足。因为在目前的考核体系下,一般教师最关心的是职称、聘岗和收入,日常教学工作除课时量与收入挂钩外,对其他两项的影响由于缺乏公认的质量评价标准而微乎其微,而教学、科研成果对教师晋职和聘岗均关系重大,在目前国内教育和科技资源配置方式下,教学项目与成果的获得相对科研项目与成果的获取渠道少,费时长,教师自然对科研工作趋之若鹜,能够快出成果,不愿花太多精力在常规教学工作上。此外,教学工作具有较大的"弹性",教师对一节课,甚至一门课投入多少精力只有自己清楚,全凭自己掌握,如果没有教学规范和职业道德的严格约束,教师当然要把更多精力投向其他有利于己的领域;而科研工作"刚性"较强,一个项目,一篇文章,是什么级别,何种档次,一清二楚。要实实在在做出来,就必须在科研上投入较大精力。所以,无论学校怎样强调教学,都收效甚微。

三是重眼前,轻长远。学校采取对学院、部门和个人进行年度考核和任期目标完成情况的考核,无论是年度考核还是三年一次的聘期考核,时间跨度均不长,所以要在考核体系中设置关系学校、学院长远发展的指标相对比较困难,因为在短期内难以实现和考核。因此,每个考核指标的设计原则是经过努力在考核期内可以达到或者能够完成,客观上将学院的关注点、兴奋点导向短期任务的实现和指标的完成上面,而无暇顾及教师队伍的发展和提高、年轻教师的培养和指导、学科专业的特色建设、基层学术组织建设等等这些关系到学院、学校长远发展利益的重大问题。对于教师个人而言更是如此,主要精力花在保级和晋级上,不会将精力更多投入到事关学校长远发展的根本利益上,例如更多地关心学生成长成才。

因此,在考核体系修订中要正视存在的问题和不足,对症下药,不断完善指标体系。

三、考核评价体系调整的指导思想和基本原则

我们这次考核评价体系的调整提出四个文件供大家讨论,这四个文件

借鉴了江南大学、江苏大学和省内的一些高校的成功经验，并结合我校的实际，经过反复讨论修改形成。由于时间比较仓促，本轮聘期到年底即将结束，所以这次调整的幅度不是很大，我们寄希望经过这次调整考核以后，探索并积累一定经验，为即将制定第五轮聘任考核评价办法打下基础。

（一）指导思想

我们这次考核评价体系调整的指导思想可以概括为："一个目标，两个体系，三个结合"。即围绕"十二五"学校改革和发展目标，参考"中国大学评价"和"省教学业绩评价"两个体系，结合学校长远发展、基础工作和特色形成三大任务，调整修订学校现行的考核评价体系。

（二）基本原则

学校考核评价体系调整与修订的基本原则是"发扬民主，考核实绩，简单易行，把握均衡"。

坚持发扬民主：在考核体系修订过程和考核进行过程中要充分发扬民主，应该认真听取和吸纳广大教职工的意见，创造条件，让他们充分参与考核指标的修订和考核的相关过程，使考核评价成为向大家开放的事务。

注重考核实绩：对干部的考核方式，继续坚持定性考核和定量考核相结合，既要客观反映干部的实绩情况，也要注重民意评价。此次考核体系的调整要适度加大干部所在学院、部门实际所取得的业绩在考核中的比重，增强考核结果的客观性，有利于促进广大干部为学校发展多干实事，多作贡献。

务求简便易行：考核形式要简便易行，不给学院、部门、个人增加许多额外负担。少填表格，多做服务；平时积累，化整为零；信息管理，网络运行；分类考核，年终汇总。既要提高教职工的参与面，又要降低成本，提高效率。

努力把握均衡：考核力度要把握适度，既要通过考核，加大压力，增强动力，激励全体教职员工努力完成"十二五"规划中的各项任务，也要考虑教职员工的承受能力，即选择合理的张力与弹性。考核体系要体现公平，各类人员都应具有对应于基础和基本绩效工资的基本职责（包括教学、管理和教辅人员），要有不同的考核要求，并根据考核结果发放奖励绩效工资。

四、考核办法调整要重点处理好的几个问题

学校考核评价体系最重要的作用是导向作用。"导向"的"向"是指学校发展的方向,指向特定的目标;"导"则是指利用考核的各项指标及内涵设定,激励教职员工出色完成必要的任务以实现学校的发展目标。一个好的考核评价体系应该能够引导大家朝着学校发展的既定目标共同努力,所以考核是学校管理中极其重要的一项工作。但考核并不是目的,而是一种导向,是促进学校提升办学水平的利器。同时,我们也要认识到考核是一把"双刃剑",把握不好会产生负面效果。因此,如何选择考核指标,设定指标内涵,制定一个科学合理的考核评价体系,克服急功近利的因素和产生的弊端,起到良好的导向作用,真正为学校的可持续发展提供源源不断的动力,是值得我们深思的一个问题!我建议在讨论修订我校的考核评价体系时,是否考虑紧密结合以下三个方面的问题来深入研究探讨:

(一)与学校的长远发展紧密结合

关乎大学长远发展的因素很多,其中最重要的有三点:

一是资源获取与配置。各种办学资源是支撑大学开展教学科研活动的重要基础,资源获取能力实际上反映了一所大学的竞争能力,竞争能力不强的学校其发展必定滞后。这些资源包括政府资源(政策、资金、项目、平台等),社会资源(服务培训、社会捐赠、与企事业单位合作等)、人力资源(高水平师资、兼职教师队伍)等,因此在修订考核指标时要充分考虑一个学院、部门和个人为学校获取各种资源所做的贡献以及获取能力提升的状况,尤其要鼓励在争取各类资源时的第一次突破,因为第一次突破非常重要,也比较难。有了第一次突破以后,我们后面就有了经验,以后争取起来就相对比较容易。所以在争取资源的时候我们要鼓励第一次突破,这样我们才可以不断地扩大资源获取的渠道。与资源获取能力同样重要的是资源的配置能力,从另外一个方面反映了学校、学院、部门和个人的核心竞争力,学校的现状是:一方面资源匮乏,另一方面由于资源配置的不合理存在大量闲置和浪费现象,因此,各类资源的管理部门要通过考核指标的导向,

不断优化资源配置。

二是内部改革与优化。改革精神和不断自我优化是一所大学的活力所在,改革不是瞎折腾,学校内部改革的动因是由于社会的快速发展和激励的边际效益下降,是学校适应社会发展与变革的主动反应,也是不断调动广大教职工积极性的必然选择。例如绩效工资改革,就是在大环境要求下,我校薪酬制度的重新设计,在符合国家政策基础上使我校的分配体系保持一定的激励力度,同样,各个学院在学校大框架下也进行了相应的绩效工资改革。在绩效工资改革调整时,学院、教师也有很多困难和问题,还有一些意见,但总体来讲大家还是理解学校改革的意义,最终积极地做好了工作,使学校绩效工资改革得以顺利实施。应该说,这次改革对学校的长远发展至关重要,奠定了学校基本工资和实际工作量相挂钩的分配体制。虽说这本来就应该是绩效工资改革的内容,但是进入到实质阶段,真正实施起来还很不容易。优化实际上是一种局部的、微调式的改革,使各项政策与制度运行更加符合实际,更加有效,因此在考核指标上要引导学院和部门树立主动改革的意识,对其在制度、机制的完善上所做的探索与尝试要给予充分肯定,对产生良好效果的要给予奖励。其实我们各个学院都有其独特的做法,我们要鼓励学院进行大胆的尝试。

三是社会声誉与校友。这也是关系到学校和学院长远发展的问题。大学的社会声誉和影响是大学生命价值的体现,决定大学声誉的主要因素有两个:教师学术水平与学生培养质量。教师的水平对外主要体现在解决社会与科学问题时所取得的学术成果、所造成的学术影响,因此,考核指标体系要进一步引导教师重视学术成果的积累,激励教师取得具有更大社会影响的学术成果。社会对大学的评价从长远看最终来自于大学自身所培养的人才,以及这些人才为社会所认可的程度。因此,也可以认为大学的声誉是靠其培养的一批又一批高质量人才积累而成,重视人才培养质量就是保护学校的生命线,指标体系要继续加强学校在人才培养方面的导向,通过实行导师制,进一步密切师生关系。同时校友还是社会中介评价学校的介质。这次教学业绩评价当中有一项指标,是以调研问卷的形式调查我们 2011 届同学(去年的毕业生)对学校的看法。在调查过程中,我们发现学校问卷的回收率很低,后来经过学工线同志的努力,问卷回收率达到了

60%多,接近70%,到达70%就是满分。以后,社会对大学的评价,甚至政府部门对大学的评价,都可以通过中介机构来进行,问卷都会直接发到毕业生信箱,所以校友对学校的评价也是非常重要的。当然校友还是帮助学校改进工作和支持学校发展的重要战略资源。校友工作的场所在社会,而基础在学校,要趁学生在校期间利用学生骨干和手机、电子邮件、微博、QQ群等现代通信手段建立沟通联络平台,为校友工作打下良好基础。因此,在考核体系调整中,要考虑增加相关的评价指标。

以上这三项和我们学校的长远发展密切相关,我们在考核中要加强。

（二）与学校的基础工作紧密结合

学校当前急需做好的基础性工作也涉及了三个方面:

一是基层学术组织。基层学术组织是高校中承担教学、科研、社会服务职能的基本组织单元和运作单位。基层学术组织的健全与运行,有助于彻底改变学校目前教师单打独斗局面,使得学校一些必须经过长期积累才能见效的工作得到落实,例如专业、学科建设,年轻教师培养,教学改革的深化等。目前,我校的基层学术组织非常薄弱,已经对学校的发展形成严重制约。应该通过岗位聘任和考核评价体系的调整,进一步推进基层学术组织建设,选聘好基层学术组织的负责人,校聘岗位首先要向基层组织负责人开放;健全基层学术组织的组织结构、管理体制和运行模式,充分发挥基层学术组织的堡垒作用。

二是基本教学规范。保证人才培养基本质量,一靠教学规范,二靠教学传统,而传统也是靠规范逐步积累形成,所以归根结底靠教学规范。学校考核评价体系在调整中既要充分利用两大评价体系中有关教学的指标,又要自设指标,充实内涵,着力确定基本教学规范,对教学活动中的每一个环节,特别是关键环节,实行有效监控与评价,利用基层学术组织建设的契机,反复强调,长期积累,逐步使教学规范的内容成为基层教学组织和教师的自觉行动。实际上,现在各个大学都在强调本科教学的重要性,没有一个大学校长会说教学和人才培养不重要。但是,我们看那些"985"大学、世界一流大学,虽然学校希望教学、科研都能够上去,但是教授们首先选择的是自身的学术水平、学术影响和学术地位,这是没有办法的。教学实际上要靠教学规范,该怎么做就让教师规规矩矩地把它做好,这样才能够保证我们教学和人才培养的基本质量。因此,教学规范是非常重要的。

三是基础管理制度。基础管理制度体系是学校各项工作得以平稳有序开展的基本保障。经过十来年的快速发展,学校规模迅速扩大,学校的管理工作总体上跟不上发展的步伐,尽管出台了不少管理制度,但系统性不强,总体上各条线基础管理制度体系尚不完善,没有完全到位,使学校管理工作的基础不够扎实。基础管理制度的完善,责任主要在学校的管理部门,因此,对部门的考核,基础管理制度体系的建设是重要内容之一,在考核评价中应该予以充分的体现。

(三)与学校的特色形成紧密结合

一所大学必须坚持走特色发展的道路,没有特色的大学注定无法成为高水平的大学。特色培育可以从三个方面入手:

一是人才培养特色。在教学改革的实践中,我校逐渐形成了围绕使学生具有合格道德水准、具备良好沟通能力、掌握科学思辨方法、拥有合理知识结构和学会一定专业技能的人才培养目标,建立了选择分流机制、平台模块课程体系的人才培养模式,初步形成了具有宁大特色的人才培养框架。我们必须清楚地认识到,要实现这一人才培养目标并形成特色,完成特色专业等国家教学质量工程建设项目,最终要落实到课堂教学方法改革和对学生的课外训练上。现在,大家越来越感觉到宁波诺丁汉大学在人才培养上对我们学校形成的压力。今年招生,估计诺丁汉大学的分数线会超过我们学校,而它的学费是每年八万,这对我们的触动很大,为什么这样一所学校,尽管学费那么高,还是有学生不断地往这个学校去?说明它培养的人才确实在就业方面具有很强的竞争优势。不过,我们有些专业也不要太气馁,如果你这个专业没有人来读,也没有办法,因为学生看重的是这个专业就业好不好,毕业以后好不好找工作,就业以后拿多少工资,这些都是非常现实的问题。如果就业后收入不高,那学生肯定不会来你这个学校这个专业就读。所以,如何提高学生的培养质量,提高他们的就业竞争能力,这是我们学校面临的一个压力和挑战。从对比来看,宁波诺丁汉大学的总体人才培养特征和培养方法确实有独到之处,另一方面也和该校教师的敬业精神密不可分。我们学校以建设探究式课程为标志的课堂教学方法改革已经跨出了第一步,学科竞赛和学生科研活动发展势头强劲,我们还要通过考核体系中教学指标的整合,不断推进课堂教学方法的改革来实现人才培养目标,鼓励教师主动指导学生参加创新创业训练计划,努力培育宁大的人才培养特色。

二是学科特色。学科特色对一所大学具有标志性意义,是大学办学特色的集中体现。特色学科建设离不开两个重要条件,一是自身学科基础,二是围绕重大需求,学科建设要发展得快、要有特色,就一定要结合国家、地方的重大需求,国内外高校一概如此,闭门造车式的建设肯定发展不成特色学科、一流学科。学校建设学科特色的思路非常明确,"依港涉海",紧紧围绕海洋经济示范区和国际化港口城市建设的重大需求,打造特色学科。一年来,学校采取了争取国家海洋局共建、省重中之重一级学科立项、2011 协同创新计划申报等一系列重要举措,就是要奋力挤进海洋经济和港口城市建设的前列,争取各种资源,为学校特色学科建设创造良好的条件。大家要破除一个思维定式,即围绕海洋建设学科仅仅是海洋学院等少数几个学院的事,实际上恰恰相反,这样的建设更需要多学科的协同,积极参与的学科在这种协同中能够获得更多资源,有利于提升自身学科水平。昨天,刚进行了学校"2011 协同创新计划"的申报、评选工作,总体情况还不错。因为这次时间比较紧,我们有 7 个学科进行了申报,虽然材料还不是很完善,但积极争取的精神甚为可嘉。特别是理论物理学科,它是一个理论学科——根据国家的要求,这类学科申报国家项目可能还有一定难度,因为它是基础类学科,很难走到国际前沿,但是这种意识还是非常值得称道——把非线性理论结合到海洋灾害性天气的预测上,我觉得这也是向着"海"这个方向在集中。我们其他很多学科在这方面都有很大的潜力。在陆上的东西我们可能搞不过别的学校,把陆上的东西搬到海上,我们未必没有优势,各个学科一定要认真考虑。考核体系中有关学科建设指标的调整,要重点考虑如何进一步激励各学科向海洋与港口拓展学科方向,扩大"依港涉海"的范围,使更多的学科在围绕海洋港口建设学科特色的过程中受益。

三是校园文化特色。校园文化对办学特色的创建是一种无形的力量,营造有利于办学特色形成的文化氛围,是建设大学特色过程中十分重要的一环。但校园文化的形成需要点滴积累,需要认同,需要时间。刘剑虹同志到湖州师院任职后谈到,他在宁大最深的感受是宁大人善于抓机遇。这至少说明宁大有抢抓机遇的基因。对宁大这样一所年轻学校,机遇是多么来之不易,怎么能轻易放弃!我们也应该把考核体系调整看成是学校、学院、部门工作提升的又一次机遇。不是简单的设计一个指标,然后考核排名完事,而是要考虑如何与大家一起,想方设法把这项指标搞上去,建立有效机制,形成良好氛围,一抓到底,抓到极致。我这里还要提我们的学科竞赛,不要看我们团委,这个小小部门,他们在抓这项工作时,并不只是设定好指标来考核学院就算了,而是在指标定下之后,和学院、老师们一起来想办法,把这个指标做上去。如果每一条指标都这样抓,没有"短板",考核体系调整对学校的发展一定会起到更大的推动作用。这是不是一次机遇?该不该紧紧抓住?请大家思考!文化这东西,不能强迫,只有大家都这么认为,并都这么做,那么这一点可以称其为宁大校园文化的一个重要元素,长期坚持不懈,为大家所认同,才有可能成为宁大校园文化特色之一。

五、考核评价体系调整的部署和要求

本轮聘期即将结束,今年年底到明年年初,我们将进行第五轮岗位聘任,因此,我们还要在本次考核方案调整的基础上,加快制定第五轮岗位聘任考核办法。时间紧、任务重,大家要高度重视这项工作。这里,我提几点要求:

(一)深入调研,认真修订

考核评价体系的调整涉及机关和部分单位的考核、学院专项项目考核、中层领导干部考核,还包括即将制定的普通教职工的岗位聘任考核,这些都关系学校、学院乃至教职工下一步的持续发展,因此,我们要进行深入调研,全面摸清现有考核评价体系中存在的薄弱环节和亟待弥补的不足之处,尤其是要对各项考核评价指标及其权重进行细致考察、科学分析,因为指标体系是整个考核评价体系中最关键的部分。要根据学校的发展要求以及考核对象的差异性,对各类考核评价方案进行认真修订,使指标体系更科学、重点更突出,使考核方法更简便、操作性更强,使考核结果评定和运用的激励效应能够实现更大化。

（二）征求意见，完善方案

考核评价体系的调整与各单位（部门）、中层领导干部以及广大教职工关系密切，要广泛征求群众意见，充分发挥集体领导和民主决策的作用，充分动员广大教职工参与到这项工作中来，使大家了解、熟悉、理解考核评价体系，以主人翁的姿态支持考核体系的调整，能够各抒己见、群策群力。相关部门要在广泛调研、征求意见和深入研究基础上，尽可能分析和吸纳广大教职工的意见，不断修改和完善考核评价体系，完善各种细节，使考核评价体系更趋成熟，更能切合我校实际，成为能够促进学校和教职工共同发展提高的有力杠杆。

（三）广泛宣传，分步实施

我们有责任让全体教职员工都搞清楚考核评价的目的是什么？通过考核评价要解决什么问题？如果大家认为考核就是简单地增加压力，强迫干活，考核本身也就失去了意义，在这些观念的问题上一定要加强引导。考核评价体系调整后，相关部门要通过印制宣传材料、组织说明会等形式宣讲政策；宣传部门要利用学校的各种媒体宣传有关政策，营造良好氛围，引导教职工转变观念，明确考核定位，积极主动做好相关工作；各学院、部门要利用各种机会宣传本次会议精神，使教职工更好地理解考核体系调整的重要意义。通过深入、细致的宣传工作，使得考核评价体系的调整能够得到广大教职工的理解和支持。在广泛宣传的基础上要分步实施考核评价体系：7—8月，制定好第四轮任期目标责任制相关考核意见，广泛征求意见，并修改完善，提交考核工作领导小组审定；下半年在完善修改基础上，正式实施相关考核评价方案。本次会议后，根据大家的意见和建议，全面启动制定第五轮（三年）学校任期目标责任制方案的工作。

我们这里说了很多考核评价体系，还有一点我要强调的是，考核是一个重要的杠杆，但考核也不是万能的。如果说考核体系是硬激励，那么还有一种考核叫软激励，例如先进人物评选和表彰，我们除了硬性指标之外还有很多软性指标。面对教职工，不是单单靠一种激励就能够解决一切问题，我们要从各个方面来激励大家。此次考核评价体系的修订可以说是我们如何应对压力和挑战所做的一次适度调整，虽然还谈不上是大的变革，但对于第五轮的考核评价改革却是一次有益的尝试,因此意义重大,将对我校今后几年的发展产生重要影响。考核评价体系涉及学校、学院、团队以及每个人的切身利益,关系到每个人的发展问题,因此希望相关部门和学院能把问题想得更全面、更深入,并细致考虑如何更好实现指标要求,使考核能够更好地发挥应有的导向与激励作用。

我到大学学什么 *

——如果到了毕业的时候,你已经具有了合格道德水准,具备了良好的沟通能力,掌握了科学思辨方法,拥有了合理的知识结构,学会了一定的专业技能,那么祝贺你,你可以扬帆远航了!

今天和大家来探讨一下"我到大学学什么"这个话题。先从"学"的繁体字谈起,实际上这个"学"字的来历是有讲的。"学"是什么呢?"学"的繁体字上面是两个手,左边一个手,右边一个手,捧着两个叉,这两个叉读爻,是八卦意思,指品头论足,和《易经》有关系,"學"下边的这个宝盖是一个房子,这个房子里有小孩子在学习,两个手捧着这个爻,这是通过读《易经》得到这个字就叫"学"。《易经》是中国文学的源头,以后延伸出来的诸子百家文化都和周易有千丝万缕的联系。"学"本来的目的是让大家读《易经》,但实际上经过两三千年的演变,"学"的目的和方法都有了很大的不同。现在我们到大学学的东西很多,我觉得在大学最重要的是学习以下几个方面的内容,请大家认真思考。

第一,良好的沟通能力。它包括语言表达能力、书面表达能力、一定的沟通和表达技巧以及能够使用各种沟通表达的工具。沟通工具大家都很熟悉。比如手机、网络(QQ、微博)等。开学的时候,我有两个本科生,我是他们的指导教师,他们就是通过他们的 email、手机短信和我联系,约我什么时候能够有时间和他们见面、聊天。可见,这一点对大家来说是没有问题的。我也希望你们能够通过这样的沟通工具和你们即将要分配给你们的指导教师保持密切联系,我觉得这是一个非常有用的好工具。

---

* 本文是 2012 年 9 月 14 日聂秋华在 2012 级本科生第一讲上的讲话(节选)

　　我们的同学在日常生活各种场合的表达中,往往都会存在着这样那样的问题。比方说,如果让你站在同学面前讲话、演讲等,你是否紧张?你表达的好不好? 能不能充分表达出自己的思想? 我想这点对我们很多同学来说,甚至对研究生同学来说,都不是一件十分轻松的事。为什么呢? 这是由于我们平时没有得到这方面的锻炼,我们在上小学和中学的时候,主要就是听老师讲,可老师留给大家讲的机会并不多,个别同学如果参加课外兴趣小组辩论队、主持文艺节目、文艺表演等活动,可能会在表达方面好一些,但大部分同学都缺乏这方面的锻炼。实际上你如果连自己的思想都表达不清的话,那么你就很难被别人理解,所以大家要想尽办法,通过课堂、课外、业余活动、联欢活动等途径,来充分地锻炼自己的沟通表达能力。有时我还给我指导的学生讲,你除了善于表达外,最好还要有一个本事,你能在当众表演一个拿手的节目,你唱歌也好、跳舞也好、还是表演魔术也好,总之你要有一个能拿得出手的东西,这样你在公共场合下才不至于束手无策,你可以用这种方式让别人更快的了解你,甚至是得到别人的喜欢,非常 popular,但这是非常不容易的。另外,大家还要想一想,你们和自己的父母之间的沟通交流,是不是有问题? 我想大部分人是有问题的。大家要能做到和自己的父母进行很好的沟通交流,我觉得这对你们的要求不高,但是能做到这一点的同学可能还不是大多数。

　　沟通是很重要的,是一种手段、工具,也是你的一生中最需要的一个本领。沟通除了需要一定的技能和技巧,但是更多的是大家在实践中进行锻炼,特别是在我们平时和老师、同学的交往过程中,来提升自己的沟通能力。提升沟通能力最重要的一点就是你要多了解别人的需求,如果你老是以自己为中心的话,别人就会逐渐厌烦你。比如你和别人聊天,你一直讲的都是你感兴趣的事情,却不考虑对方对你讲的东西感不感兴趣,你就在那里唠唠叨叨说上半天,别人听上去是很烦的。你要拉近和别人之间的距离,你就首先要了解他喜欢什么,这就需要你尊重别人、了解别人,需要我们在事件当中认真琢磨和体会的。比如,你们一个叫朱燕娟的学姐,她现在已经毕业了,她是我们科技学院的一个学生。她家里生活非常困难,父亲长期患病,她入学的时候身上带着家里七拼八凑的四千块钱,来到科技学院,科技学院的学费一年要一万六,她入学以后,就先跟老师说,你先让我报到,这一万六我肯定给你交出来。学校通过绿色通道,让她注册。入学后,她首先找有没有地方打工,她先去我们学校的一个食堂洗碗,那个时候我们学校食堂是承包的,后来承包的老板把她辞掉了。然后她又去找家教,在做家教的过程当中,她很有心,通过和一些人保持着密切的联系、良好的沟通,慢慢地积累了很多朋友、很多的关系。她说,有一次在放寒假的时候,我的手上有两部电话,里面存了好多电话号码,目的就是要经常和这些人保持沟通。朱燕娟不但自己打工,而且她还通过自己的网络帮助别人介绍工作,一个是做家教介绍,一个是做安立产品的代理。她把有困难的同学组织起来,她负责介绍工作,或者为了同学能够做好这份工作给予帮助,慢慢地她就形成了一个团队。她有的时候一个假期要打十几份工,她大学四年,一个人打工挣了二十多万块钱,不但挣够自己的学费,还负担了弟弟的学费。所以,我认为这样的同学对踏入社会没有丝毫的忐忑,她已经非常清楚该怎么如何与人沟通。我想她毕业以后,会有很多发展、成长的途径,她不愧于是打工的女王。后来,我问她你打工会不会耽误你的学习呢?她说不会,我打这么多工,从来不旷一次课。这就需要她把时间安排的非常好。她的成功在于她掌握了沟通的技巧,并把这种沟通作为了自己的一笔宝贵资源,同时也在这个过程当中锻炼了自己、了解了他人、了解了社会,使自己在毕业以后非常坦然地、勇敢地踏入了社会,来开启自己新的生涯。所以,我希望大家一定要锻炼提升自己的沟通能力,因为我们是社会人,我们必须要和社会上其他的人打交道,能否通过沟通得到更多的社会关系的支持帮助,对你的事业和生活得成功至关重要,因此,沟通能力是非常重要的。有的时候,它可能比知识还重要。

第二,科学的思辨方法。科学思辨方法的训练跟我们在大学学什么专业并没有必然的联系,大家也许都把自己的专业看得很重要,可能这是出于就业的考虑。实际上在大学学什么最重要,我觉得重要的还是学科学的思辨方法,学习、培养自学的能力。曾经有一个专家说过,我们中国为什么五千年的文明没有孕育出现代科学,这要归结于中国人比较擅长于形象思维,弱于逻辑思维,而逻辑思维当中有一种重要的思维方法就是演绎思维,这方面我们就弱一些。我觉得弱于逻辑思维虽然不是我们没有带动出现代科学的全部原因,但至少也是重要的原因,这也反映了逻辑思维能力的重要性。再者,我们大家都知道创新,江泽民总书记说过,一个民族进步的不竭的动力来自于创新。创新很重要,我们这个民族到目前为止整体的创新能力还是比较弱的。为什么这几百年来我们总是落后挨打? 我想这是跟我们的创新能力是否强有着直接的关系。但创新需要科学的思辨方法,因此,我们今后要在学习的过程当中,努力培养自己科学思辨的能力,逻辑思维的能力。另外,我们还要学会批判性学习,要敢于质疑。我们同学不能任凭老师讲什么,就相信什么绝对是对的,当然老师讲的大部分都是对的,但不排除老师在讲的过程中有些观点、理论存在着问题,我们要能够大胆质疑。我们学校有个著名的讲座叫"三做"讲座,就是原来我们的老校长——严陆光校长提倡的"做人做事做学问"的讲座,我们这个讲座已经讲了一百多讲,快将近两百讲,这中间我们请了很多的院士,文化名人来给大家面对面的做讲座。有一次我们请来了中科院的院长周光召院士,给同学们做报告。在报告中,他讲的两次诺贝尔物理奖获得者的美国巴丁的成长经历,他讲完以后,有个同学就问你曾经做过中科院院长,你认为中国什么时候才能拿到诺贝尔奖? 他就讲我们现在的问题主要还是缺乏一种科学的批判精神和质疑的能力,学生不敢质疑老师,老师不敢质疑教授,教授不敢质疑院士,如果缺乏这样一种精神、动力,那我们离诺贝尔奖有多远就很难说了。所以在大学当中我们要培养这样一种精神、能力,也就是既要有逻辑思维的能力,也要有批判主义的精神。如何培养这样的能力呢? 这就需要大家在课堂教学、实践教学、创新活动中,注重在这方面的训练。例如,我的课题组的一个博士生叫陈飞飞,我是比较了解的。他在博士期间就是通过不断地去阅读文献、去做实验,发现前人在工作当中所遗留下来的问题和不足,并积极改进、研究各种新材料的特性,所以他在读博期间发表了 15 篇论文,还获得了第七届中国青少年科技创新奖,当时这个奖,浙江省只有两名研究生获得,一名是浙大的,另外一名就是我们宁大的,这是非常不简单的。陈飞飞正是通过不断地学习、质疑、思考,来寻求突破的路径,从而在自己的学业上获得一些成绩和成功。可见,科学思辨能力和批判能力对于一个人的研究起着多么重要的作用。

第三,合格的道德水准。道德水准在我们培养德智体美全面发展的接班人方面非常重要。今天我们这里有不少同学来自阳明学院。阳明是怎么来的呢？阳明是指王阳明，他是明朝时期浙江余姚的大哲学家、军事家，现在被公认为明朝的一哥，这也是宁波人的骄傲。我建议大家去读一读《明朝一哥王阳明》这本书，也比较通俗易懂。王阳明在文化、军事上的贡献是非常大的，他的学说叫作心学，后来在明朝成为一个显学。这个学说日本人学去以后，发动了明治维新，他在中国开的花，却在日本结了果，至今他在日本还是备受推崇。王阳明的讲学受到了很多学子的追捧，但他对弟子只有一个要求，就是要忧国，要立志、励志成为圣人。也许很多同学会说，要当圣人，实在太难了，况且中国的圣人也没有多少。但王阳明所讲的让弟子当圣人，并不是让你当尧、舜、禹、孔子、孟子等这样的圣人。他所要求弟子当的这个圣人和圣人是不一样的，圣人和圣人之间更不一样，比如说如果尧、舜他们这样圣人的分量相当于一万斤黄金，孔子、周公圣人的分量就相当于九千斤黄金，伊尹、孟子圣人的分量相当于七千斤黄金。虽然他们分量不同，但他们的成色一样，都是黄金。今天早上我听到一个报道，说有一个奥运会金牌得主状告健力宝，健力宝集团承诺在他们得到奥运冠军的时候，答应给他们做一个金冠，后来他们发现给他们这个冠是一个镀金的银冠，就状告他们这是欺诈行为，成色不行。而王阳明说我要你们做圣人，不是让你们做一万斤黄金的圣人、九千斤黄金的圣人、七千斤黄金的圣人，我让你做一两黄金的圣人，但是要纯金的。所以，我认为，只要你有一点是做得好的话，能够达到圣人的这个境界，就已经很不错了，但是要做一件事情，必须保证成色要足。如我不乱穿马路、不坐校园门口的摩的、不去不卫生的饭店吃饭，只要你能把它坚持做下去，这个人的行为就体现了我所说的道德水准，也是圣人的行为，虽然它很小，但它是真金。由此可见，做圣人也没有那么难，我们作为大学生，在道德上要有这个意识，要遵守社会的道德，遵纪守法。另外，合格的道德水准还要关爱社会、关爱他人。因为我们的社会是有很多人组成的，关爱他人说到底是关爱自己。我们一定要学习"宁波帮"他们这种当事业有成的时候，来帮助社会、关心自己的家乡，关心年轻一代的成长的精神。只要我们能够遵纪守法、关爱社会，我觉得我们就是一个有道德的人。道德说起来很大，其实它就在我们的身边。比方说我们学校来了一个韩国"老"留学生，这个留学生在我们学校学习了好几年，虽然他的汉语水平提高的不够快，毕竟他是六十多岁的人了,但他有一点给宁大的学生留下了深刻的印象,那就是捡垃圾。他捡垃圾不是为了卖钱,而是哪儿有垃圾,他就把它捡起来,这个人给我们树立了一个道德的典范。这样的事情虽然很小,而且在我们身边非常多,像大家在寝室里帮助同学打开水、打扫整理房间等,但是我不因为它小就不去做,只要你能做得好,能坚持下去,就是圣人的行为。我们学校还有一个"离奇"的故事,有两个学生,他们都是我们学校93级的学生,一个叫宿黎,一个叫叶琦,我在她们两个人的名字中各取一个字,就是黎琦,谐音"离奇"故事。这两个同学有一天在散步,突然看到两位老先生走进了校门,这两位老先生就问她们,宁波大学分布是怎么样的,哪是教学楼,哪是宿舍,哪是食堂,哪是办公楼等,这两个女同学非常有礼貌,很耐心、很详细的给他们介绍了宁波大学的情况,并主动为他们当向导,带他们参观宁波大学,这两位老先生非常高兴,了解了宁波大学,临别的时候就问这两位女学生,你们作为宁波大学的学生,从你们这个角度,觉得最需要什么东西?这两位女同学想了一想就说:我们现在好像业余活动的地方还太少了,像开展书法、绘画这样的展览、健身等,感到没有地方。这两位老先生听了之后,就与她们道别,她们当时也不知道这是怎么回事。这两位老先生走了之后就去了宁波市台办,原来这两位老先生是台湾著名的实业家朱绣山和朱英龙先生父子,他们俩提出,听了宁波大学这两位同学的介绍,很受感动,认为宁波大学的学生有素质,讲文明、讲礼貌,决定对宁波大学捐学生活动中心。所以,我们这两位同学的非常文明的表现,最后为同学们赢来了一座学生活动中心。他们后来捐完学生活动中心以后,又捐了工程学院,也就是现在的机械学院的一座大楼,叫绣山工程楼。因此,大家以后走在校园里就要当心点,如果碰到陌生人,碰到这些老先生,你们要有点耐心,说不定可以给我们大家、学校一个惊喜,当然更重要的是把这种文明礼貌变成我们的习惯。多年以后,我们又把那两位同学请到了学校,她们说:我们深深地为朱绣山先生一家造福桑梓的高尚情怀而感动,也为母校拥有这样一流的学生活动中心而自豪。我们所做的只是一名宁大学生应该做的事,它也使我们对人生有了新的感悟,真诚地对待生活,生活会给你意想不到的回报。

第四,合理的知识结构。一个人要面对未来的人生,不但需要具备一定的专业知识,而且还需要其他各方面的知识。大家要充分利用大学的条件,为自己来搭建一个合理的、有利于自己以后事业发展的知识结构,这样你才能适应社会的发展需要,迎接你面对的挑战。比如,华裔诺贝尔奖的获得者李政道先生,他虽然是学物理的,但他不仅喜欢看物理方面的书,还喜欢阅读杂七杂八的书。所以我觉得在年轻的时候多看一些书,扩大知识面,开阔视野。例如在自己的知识结构中有国际化的元素,以适应全球化的浪潮。大家平时看书可能没有注重这方面的需求,这就需要利用大学这个环境来充实自己,如大学图书馆、有关课程,而且我也希望同学可以多选择一些自己所需要的课程和知识。你们有一名学长叫作骆梅英,她是1999级法律系法学院的学生,当时她以全班倒数第一的成绩进入宁大。她进到学校以后,通过分析、发现自己哪些方面比较欠缺,然后就补相关方面的知识。在这个过程当中,她认为自己口语表达不好,因为她是学法律的,以后可能要做律师,律师需要较强的口头表达能力,能够在法庭上滔滔不绝、口若悬河,但她进校的时候和很多同学一样,当众说话非常紧张,结结巴巴的,于是她参加了学校的辩论队,通过这种途径来训练自己的表达能力。后来她参加的这个学校辩论队,在浙江省大学的辩论赛中获得了第一名,这次参加辩论队的经历对她当众讲话能力有了很大的提高。另外她也刻苦学习英语,英语口语表达也非常好。在她毕业的时候,他以专业第一名的总成绩考入了浙江大学。可见,如果通过自己的努力,充分利用学校的图书馆、院里的资料室以及举办的各种丰富的校园文化活动的机会,来补自己所欠缺的知识,从而拥有一个合理的知识结构,我觉得从一个落后者变为先进也不是不可能的事情。

很多同学在进入宁波大学时,实际上你们都站在一个起跑线上,但是等到枪声一响,跑出去以后,你们一定会有先后之分,宁波大学是这样,北京大学、清华大学也是这样,你不要看是一群高考状元考入了大学,但是等到发令枪一响,经过几年以后,这些学生就会逐渐拉开距离。这是为什么呢?因为个人努力、自我控制、自我规划等是不一样的,所以距离也就拉开了。为此,大家一定要好好想一想,虽然我们现在都在一个起跑线上,但经过一学期、一学年、两年,为什么我们所处的环境一样、所上的课程一样、所面对的学生、老师一样,但还会落后呢,这是一个值得大家重视的问题。我建议大家从现在开始就不能放松了,要能很好的规划自己、充实自己,切不可以掉以轻心,但不管我怎么强调,你们可能经过一年、两年以后,你们的差距还会拉开。我希望更多的同学能够站在前面,这就需要大家来认真思考如何度过大学的四年。

第五,一定的专业技能。大家现在还没有选专业,等选了专业以后,一定要注重培养自己的专业技能,一技之长。比方说学法律的,你说话表达的能力要非常强,这是你的专业技能;搞工科的,动手能力要强,画图、金工你得掌握,这也是你的专业技能。实际上我们通过大学的学习,如在课堂上、实验室中、课外活动当中、社团活动中、创新创业等,都可以培养自己的这种专业技能。最近几年,我们学校的学生在全国、浙江省挑战杯和科技竞赛中取得了很不错的成绩,获得了一批金奖、一等奖等,在全省高校当中引起了震动。今后学校也继续为大家创造这个条件,使大家能够参加到活动中去。那些同学获奖以后,觉得对他们影响最大的是:我参加了这样的一次活动,使我终生难忘。所以我建议大家也能够积极地参加这样的活动,也在你们一生当中留下一件终生难忘的事。参加这个活动确实能使我们的同学在沟通、表达、写作等方面,得到大幅度的提升。大家一定要重视技能的学习与培养。

我们中国有一句老话叫"三百六十行、行行出状元",不管你学什么专业,只要你在这件事情上定下心来,钻研下去,经过若干年的积累,你一定会有所成就,也能够在你的人生道路上走得又快又好。大家今后一定要瞄准一个目标,潜下心来,能够在这一方面形成自己的特色。比如,你们有一个学长叫张峰,他进校的时候下定决心要自己创业,要打出自己的一片天地。为此,他很注重锻炼自己经营的能力。他怎么锻炼呢?摆地摊,他把一些东西捣鼓到学校里面来卖给同学。开始时他就卖小商品、学习用具,而且专挑女同学喜欢的,把这个地摊摆在女同学寝室到食堂的必经之路上。后来有些本钱了,他就开始做商务通总代理,当时他得到的这个价格是全宁波市最低的,因此他卖得就最好。他在大学四年当中通过这样的一种经历,锻炼了自己的经营能力。毕业后,他就开始创办自己的公司,叫明科资讯公司,这个公司主要承包"10086"的各种服务平台、短信等。现在他的公司每年的收入达到了一亿元,目前他正在往上市公司目标努力。他的事业就是靠着这样日积月累,然后慢慢越做越大。通过这个事情,大家可以看出,你不可能一下子就成为一个大老板,一夜暴富、一夜成功。我希望大家现在就要瞄准你的目标,然后下定决心朝这个方向走,但你们不要希望在四年、五年之内一下子就有多么大的成就,路是一步一步走过来的。

我刚才提到的沟通、思辨、道德、知识、技能这几方面的能力,该怎么提高呢?从我们学校所采取的举措的方面来讲,包括两个方面:一个是对同学的要求。我们希望同学们学会选择。学校现在已经有了比较充分的资源,你们要好好利用学校各方面的资源,通过选择自己的课程,来改变自己的知识结构;选择培养自己的学习方法,提高自己的思辨能力;参加某些社团活动、创新创业活动、社会实践,来提高自己的技能和创新能力。这些都要求大家逐渐学会自己去选择。学校会为你创造条件,但决定权在你自己,学校做不了主、家长做不了主、老师也做不了主,你的青春你做主。实际上有的时候选择会很纠结,但是我希望你们要充分利用学长、老乡、老师的指导去帮助自己做好这样的选择。因为最终只有你们学会了选择,你们才能知道自己的人生道路该如何走。二是对学校的要求。首先,我们力争把这些能力通过我们的课程设置,分解到各门课程当中去,用各门课程来对你们在这些方面来进行点滴的培养和提升。其次,把我们课程体系做得比较合理,给大家有更多的选择,使我们课程之间的建构能够围绕着培养大家这些方面的能力去努力。第三,改变我们的课堂教学方法,使得大家在课堂上不但只是我们的老师讲,而且同学也要讲。在课堂上通过调动同学的积极性,来锻炼自己表达能力、思维能力、动手能力。这样,我想通过我们的同学、教师和学校的共同的努力,就有可能来提高大家在这几方面的能力,来帮助大家更好更快的成长。最后,我还要嘱咐大家要常常问问自己,我到大学学什么,学到了什么,还有什么没学。如果到了毕业的时候,你们已经具备了良好的沟通能力,掌握了科学思辨方法,具有了合格道德水准,拥有了合理的知识结构,学会了一定的专业技能,那么我就可以祝贺你,你可以扬帆远航了!

如何学会做科学研究[*]

——读文献、定课题、择方法、写论文。

科学研究要注重用科学的方法去研究,也就是用实证的方法去研究。有些事情,不是你说了我就能相信。在我们中国,有一个传统,就是圣人的言语不容怀疑。但是,现代科学源于西方,他们强调实证,就像法律要讲证据一样。诺贝尔奖获得者都是他们的理论经过了实践的检验,获得了人类社会的应用,才能够在有生之年获得这项奖励,如果在有生之年,你的理论得不到实践的检验和应用,那就得不到。爱因斯坦不是因为相对论拿到了诺奖,而是靠着光电效应拿到的。光电效应可以用实验来验证,但相对论却很难用实验来检验。可见,科学研究就是通过科学方法探索自然与社会中各种事物的客观规律,揭示自然和社会当中各类事物的本质特性,并通过用科学的方法去证明,得到前人未曾发现的东西。科学研究的本质就是发现、发明、创造、创新。要想掌握科学研究的方法,开展独立的研究,我认为要做到以下几点。

第一,要读文献。

要广泛的阅读本学科领域的文献。导师通常会为大家今后即将研究的某个领域指定大量的文献要求去阅读,当然也会包括一些书籍。书籍是过去研究成果的积淀,是一个阶段的总结,文献则是专家、学者通过关注的一些最近热门的领域所得到的一些最新的成果。读文献是研究生生涯的第一关。因为科学研究是要发现前人未曾发现的东西,但如何去发现前人的研究还留下哪些问题值得我们去探索呢?很重要的一点就是靠阅读文献来发现。另外,通过阅读文献可以了解到前人在做某一项研究时所采用

——————————

* 本文是 2012 年 9 月 14 日聂秋华在 2012 级研究生新生第一讲上的讲话(节选)

的研究方法，这会给你的研究带来很大的启迪，拓宽自己的思路。因此，大家要学会阅读文献，从中提高自己阅读思考、发现问题的能力。特别是大家应该提高自己阅读英文文献的能力。现在是一个全球化的社会，我国的科技整体上落后于西方。曾经很多前人的研究成果都是在借鉴西方学者研究成果的基础之上取得的。因此，谁的英语水平高，谁就能在研究生起跑线出发以后，取得先发的优势。英语水平好，就相当于在跨 110m 栏时，前面第一栏用 7 步，英语水平差，相当于就要用 8 步或 9 步。所以，英语差者，可能在起步阶段就已经落后了。也许开始读英文文献时会比较难，但一定要克服。实际上，在专业领域，你会发现，专业词汇也主要是那么多，阅读熟练以后，会大大提高阅读水准。所以，导师指定的阅读文献，包括英文文献，大家切不可掉以轻心，只有这样，你才能进入科学研究的门槛。

第二，要定课题。

课题的选定是大家和导师共同的责任。但如果你想在定课题方面有更多的发言权，对自己的研究内容有更多的话语权，那就需要在阅读文献时就打下扎实的基础，否则，你只能听从导师的安排，这样你就会变得很被动。我在英国留学的时候，在实验室测量光纤，纤芯的直径约 10 微米，大约是头发丝的七分之一，当时实验室的测量仪器是用红外光来测量的，用这种仪器来测量光纤边界会非常模糊，结果也不太真实。我觉得用这种仪器测量很麻烦，而且是手动的。后来，我把这种测量仪器的结构和控制线路仔细分析研究了一下，我就给导师建议，这种仪器能否改成自动（区别于手动）来测量，当时导师很感兴趣，并允许我尝试。我利用他们过圣诞节的时间，慢慢地进行探索。等到他们过完节日回来，我已经改造成功了。这样，导师就对我的工作非常信任，顺理成章，以后争取经费、到美国开会交流，我都非常顺利。因此，我认为大家在选择课题时，一定要根据自己对文献的阅读，发现里面存在的问题，结合自己的兴趣、能力等来选择、确定。课题如果选择不当，可能会导致半途而废或者进展很小。另外，课题的难易程度、能否突破对研究生的毕业论文也是非常重要的，大家要在大量阅读文献的基础上，能够和导师进行充分的沟通，来确定课题，并开展自己的研究。

第三，要择方法。

　　这也是学会科学研究最重要的一步。择方法和选方法是有区别的。选是在很多东西当中挑选一个,择是好中选优,比选更苛刻。研究方法从大的方面来说主要是一个逻辑思维的问题。有专家说,现代科学没有出现在中国,其中有一个重要的原因是中国人善于形象思维。我们老祖宗的书籍当中很多都是比喻,逻辑思维相对比较少。逻辑思维中有两个重要的方法,一个是归纳方法,一个是演绎方法。中国人的思维中,归纳法还有一些,但演绎法就相对弱了很多。实际上,在科学研究中,归纳法和演绎法都是非常重要的。演绎法是从一个假设中能够推演出去,并得出结果,这种结果还要经过试验或事实来验证其假设是正确的。我们的研究有时候是靠拍脑子,虽然拍脑子也不是毫无根据的,但缺乏演绎。举个例子,我有一次到绍兴,去了沈园这个地方,这个地方是和陆游有关系的。陆游和唐琬爱情故事的背景就在这个地方。沈园的墙上有陆游的题词,红酥手,黄滕酒,满城春色宫墙柳。这是陆游和唐琬一个故事的写照。参照这句话,我们就可以看到这个爱情故事还是蛮凄惨的,凄惨之处就在于他们两个的爱情被陆游的母亲活生生的给拆散了。他的母亲要求陆游休掉唐琬,为什么要陆游休掉唐琬?大家先把这个问题记住。大家知道,陆游是一个很多才的人,而且一生也比较坎坷。他一生大约写了上万首诗词。他最后的一首诗是《示儿》,"王师北定中原日,家祭无忘告乃翁",这是他最有名的诗句之一。陆游别了唐琬以后,就从浙江到四川去抗金,后来由于种种原因抗不下去了,就回到了家乡。回到家以后做郎中、医生。陆游做医生看什么病最擅长呢?参照陆游的生平介绍,描述他给老乡治病的时候,曾经有人写了一首诗,其中有一句是"生儿多以陆为名"。大家想一下,中国人是对于生儿子很看重的民族,不孝有三,无后为大。陆游那个时候,他治完病以后,大家给孩子起名要以一个姓陆的为名,这就相当于再生父母。依次可以推理,他治不育症。这时,大家和上面讲的问题,为什么要休掉唐琬联系起来考虑一下,可以明白应该为什么了,因为唐琬不能生育。它们之间应该是有联系的。这应该是陆游一生的痛。现在像攻读医学硕士、博士的学生,很多都是因为自己父母亲人生了什么不治之病,才下定决心攻克这项难题。我觉得人的性情都是相通的,陆游也应该是这种原因。当然我这只是猜想,不能算作研究结果,我只是做了一个假设,还缺乏真实的证据来验证陆游确实是一个治不孕症的专家。如果大家谁能拿出证据,我这个假设才可能成立。所以我们大家要大胆地提出假设,然后小心地求证,这才是科学研究完整的一个过程、方法。在此,我特别要提醒人文、社科类的同学们注意,现在我们人文、社科研究方法也是从我们这种传统的拍拍脑袋的思索中走到实证的道路上的。有一次,我的一个亲属拿着一本论文集炫耀地跟我说,他是搞司法工作的,论文获得了浙江省的奖励。我问他论文是写什么方面的,他回答是关于预防法轮功的,论文中引用了大量的数据,如青年人某一群体当中信仰宗教的比例。我说你这些论文正是用了人文社科当中实证的方法才获奖的,而不是靠拍拍脑袋想出来的。还有一次,浙江大学有一个研究明史的专家到美国哈佛大学,我就问你研究的是中国历史,去哈佛大学做什么?他说我们要学习美国学者研究历史的方法,为我所用,来研究明史。因此,我们在掌握研究方法的时候,一定要注意逻辑推理的能力、数学统计的能力,也就是实证的要求,这些既对掌握科学的研究方法至关重要,也对研究生生涯当中学会科学研究至关重要。大家要通过了解多种多样的研究方法,从中择取适合自己课题研究最有效、最佳的方法,这样就会大大提高我们的研究水平。

第四,要写论文。

这点也非常重要,特别是用英文撰写。理工类的论文,如果用英文撰写,比用中文写更容易发表。由于用中文论文发表的教师、学生很多,因此,要想发表一篇高档次的中文论文,在某种程度比英文论文发表还要难。用英文写论文,在开始阶段会很难,但一旦入门以后就比较容易了。开始时,可能要按照各个学科的规范来写,但论文的一般要求应包括标题、摘要、关键词、引言、问题、方法、实验数据的论证、自己学术观点的实证、结论、参考文献,这些大家要掌握。另外,论文的撰写不要只等到三年以后写一篇长长的、分量很重的论文,这虽然是必要的,但是要得到这个结果,不是一下子就能成功的,要从平时小的练习、讨论开始。写论文关键是第一篇,这篇论文不太在乎你写的质量的高低,但它可以让你基本掌握课题领域的研究方法,对整个研究的过程有个大致的了解,这样就可以为你以后写好论文打下良好的基础。我带的研究生当中,有的学生论文写的很多、很好,有的写的则比较少,这和他们在做课题的过程中,谁能写出第一篇是有很大关系的。谁写的越早，谁最后获得的成果可能就越多。我希望大家也能够有这个意识，能够很快地入门、积累，较快地完成这个过程，并在以后的过程中反复锻炼、提高自己的研究能力和水平。

对实施本科生导师制的思考[*]

> ——人才培养质量的提高是大学永无止境的一种追求，而实现这种追求的前提是教师要和学生密切接触。

我们国家的高等教育规模从 1999 年以后得到了快速的扩张，现在已经成为世界上规模最大的高等教育体系，应该说高等教育规模体系在这十年取得了突破性的发展，使我们国家从精英高等教育阶段，迈入了大众化的阶段，并且正快速向普及化的阶段发展。这个成就应该是举世公认的，但是在取得这个重大成绩的时候，我们必须清醒地认识到，我国高等教育尤其是人才培养的质量和水平，还需要学校下大力气来加以提升，也是贯彻实施《国家中长期教育发展规划纲要》的一个前提。

现在从教育部到教育厅，还有各级的教育主管部门，在高等学校如何提高人才培养质量、加快内涵发展等方面都提出了明确的任务和要求。例如，前不久我省教育厅又修改了《关于大学教学工作的绩效和业绩评价的标准》，来进一步促进我省高校提高人才培养质量。另外，在国际或者国内的各种大学校长的论坛当中，也没有一个大学校长不认为人才培养是大学的根本。可见，人才培养质量的提高是大学永无止境的一种追求和努力方向，但我们不能把人才培养的提高仅仅停留在文件上和口头上，我们必须付诸行动。

人才培养质量的提高，涉及大学工作的方方面面，不只是教务处的问题，也不只是学生处的问题，这是我们全校教职员工的职责。所以，要切实提高人才培养质量，就要从涉及人才培养的各个方面和环节逐步加以改革和完善，我们所实施的本科生导师制就是为提高我们学校人才培养质量而

＊ 本文是 2012 年 9 月 20 日聂秋华在宁波大学本科生导师制启动仪式上的动员讲话

采取的一个重要的举措。我想对我们学校的本科生导师制的工作谈四点意见。

一、建立本科生导师制的意义

第一,建立本科生导师制是提高学校人才培养质量的重要举措。

建立本科生导师制可以实现因材施教、个别指导。"导师制"起源于英国,最早被牛津大学和剑桥大学应用到本科生的培养当中,它的突出特点是强调个别指导,因材施教。但是随着大学规模的不断扩大,学生人数的不断增长,大学开始实施"班级制"教学,因材施教的应用也就变得越来越困难,这样就不利于学生个性的培养和发展。实施本科生导师制可以充分发挥对学生的个性培养、个别指导与因材施教,可以在某种程度上弥补这样的缺陷。建立本科生导师制可以促进师生之间的教学相长。本科生导师制是由具备专业类型的老师来担任,这样可以充分发挥导师在专业方面对学生的引导和指导。但作为老师,也有自己所短,学生也有自己所长,实施导师制很大程度上要求老师与学生的密切接触,这样可以真正地体现言传身教、相互促进、共同进步的作用,从而实现教学相长。目前,大家都公认导师制是提高人才培养质量的一种有效的办法。我们学校现在推行本科生导师制,也是为进一步提高人才培养质量,特别是在我们的学生规模快速增长的过程当中,弥补老师和学生之间的联系比较薄弱,学生缺乏指导的问题。

第二,建立本科生导师制是广大教师教书育人的有效载体。

教书主要通过课堂教学或者实验教学来完成。育人是通过什么环节来完成的呢?我们通常把老师比作园丁,园丁对花木的培养要通过洒水、除草、修剪等途径来体现,这就要求园丁必须要和植物密切接触,我觉得我们育人首要条件就是教师要和学生接触,如果没有这个前提,我们育人也就无从谈起。杜甫吟雨的诗句"随风潜入夜,润物细无声"形象地反映了育人的先决条件是要做到老师和学生的密切接触,如果春雨不和物来接触,又何谈润物呢。

教师和学生的接触可以说对学生的影响是一生的。我在参加温州医学院 50 周年校庆的时候,他们的杰出校友——上海市副市长沈晓明,就谈到了一点感触,他说我上大学,上课的过程我现在都记不得了,因为我们上课的过程都是老师在讲、学生来学,所以印象已经不深刻了。但我记得给我印象最深的是那时候老师和我们吃在一起、玩在一起,和我们一起打篮球、排球,这些记忆使我终生难忘。如果我们把我们学校的镜头拉回到20世纪70、80年代的时候,从原来的宁大老校园培养的第一届86级学生到陶公山培养的学生、平阳浦培养的学生,我想他们对那段岁月也是终生难忘的。为什么呢?因为那个时候学生比较少,学生和老师接触的机会比较多,老师对他们的影响是一生的,他们对学校的感情也最为深厚。从这些例子我们可以看出老师对同学的影响何其深远,而同学对母校的感情就是源自于老师,因此我们想通过建立本科生导师制来保证师生的接触,加强师生的交流,为育人提供一个真正有效的载体。

第三,建立本科生导师制是广大学生成长成才的迫切要求。

在给2012级新生上第一课时,我从同学们那种渴求的目光当中看到了他们对自己人生的希冀。的确是这样,大千世界、芸芸众生,我在何处立足?无尽时空、茫茫学海,我向何方求索?他们希望得到参考的答案。在同学们翻开生活中新的一页的时候,都迫切需要师长们对他们的成长、发展提供热情的指导与帮助。我们学校在开展这次本科生导师制的工作之前,也对我们的同学进行了问卷调查。在对得到过教师各种不同形式指导过的学生的调查结果时发现,有90%以上认为本科生导师制对他们的个人发展是有积极作用的,有80%以上的学生希望在学习方法和科研方面得到帮助,有50%以上的学生希望在为人处世和个人发展方面得到指导和帮助。从这些问卷调查的结果,我们可以体会到我们的学生是多么希望得到老师的指导和帮助,能够帮助他们在成长的道路上更加健康、快速的发展。实行本科生导师制正是我们对同学们真正需求的一种反映。

二、宁波大学本科生导师制设计的特点

导师制已经在我们的国家说了好多年,很多学校也先后推行了不同形式的导师制。实事求是地讲,我们的这个导师制在国内高校的推广还不是十分成功和有明显的效益,有的还仅停留在形式上。我们在通过借鉴许多学校导师制时候发现,他们在推行本科生导师制的过程当中,存在着许多

问题,特别是在现在高校快速发展的阶段当中,教师由于评价体系的引导,他的重点主要在科学研究方面。当然在一般的课堂教学上,由于有工作量的要求,教师的付出也是没有问题的。但在学生身上教师所花的精力和时间都是十分有限的,效果也不是太好。在国外的情况怎么样呢? 教务处李学兰曾到英国诺丁汉大学去进修了三个月,回来时我就问她诺丁汉大学实不实行导师制,她说实行,他们的导师制要求也不是很复杂,就一个要求,教师必须一学期要和学生见一次面,这个要求不高,所以老师都能够做到,并且把这项工作已经成为他们日常工作的一部分了。我们在国内高校实行导师制的时候,给导师在指导学生的方面赋予了导师了很多的责任和任务,但这么多的责任和任务,恰恰是导师无法完成的。这样的导师制设置,看上去貌似很全面,要求很高,实际上它做不到,落不到实处,最后的结果也就是导师制流于形式。

我们学校推行本科生导师制,不希望把它做成一个花架子,做成一个别人有,我们也一定要有的一种装饰。我们推行导师制,要把它真正落到实处,真正收到实效。我们大家要按照这样一种思路来进行我们学校导师制的设计。在这个过程当中,我们学校导师制的设计特点有三个方面:

第一,是责任落实。怎么落实? 要通过制度安排,来提高推行本科生导师运行的保障机制。我们要以这次绩效工资改革为契机,以文件的形式,把教师指导本科生列为教师的基本职责,作为教师平时工作的一部分,并与教师的奖励绩效直接挂钩。这样会使我们的老师渐渐地明确,在宁波大学做教师,有一个基本职责就是要成为若干个本科生的指导老师。这应该说是我们学校推行本科生导师制的一个特点。

第二,是全员参与。说全员参与可能有一点夸张,因为我们要作为本科生导师制,对导师本身还有一定的基本要求。但我们之所以说全员参与,就是希望不但教师作为本科生导师,而且还希望我们的行政管理人员、教辅人员当中有条件的也要作为本科生导师。这样做倒不是我们缺少人力,目的在于营造氛围。我们总是说教书育人、服务育人,那么,服务是什么? 在管理部门、后勤部门以及其他部门,你怎么服务? 怎么育人呢? 如果你只是管理部门的管理,那你怎么能体现育人呢,所以,你还是要和学生接触,这就需要在管理部门、服务部门中,有条件的教职工也要成为本科生的导师,当然我们校领导也不例外。我可以告诉大家,我已经开始指导两名本科生了。我觉得我们有条件的教职工,都应该成为本科生的导师,多少不限制,我们要的就是这个氛围,要使我们每个人都明白,我们除了教学、管理工作以外,我们还有一个责任就是育人。

第三,考核简便。我们做任何一项工作,对这个工作的结果都会非常关注。但你要使一项工作能够顺利地推进下去、能够坚持下去,取得效果,就必然要有一些考核的手段。因此,我们对承担这项工作的教师、教职工,要有一定的激励,要从他们当中选择出最优秀的指导教师,作为榜样,予以表彰,以起到更广泛的带动作用。那怎么选择呢?过去我们学校靠填大量的表格、申请、专家评审等方式,程序很烦琐,而且评的结果大家未必都能服气。现在,我们作出了这样一个尝试,俗话说:"金杯银杯,不如百姓的口碑",我们选择好老师标准就是"千择万择,不如学生的选择"。我们按照"初次分配,二次选择"的原则,在刚开始教师指导学生的时候,是学校分配,学院配合,特别是对一年级的学生采用分配导师的方法。经过一年以后,学生再一次选择导师。如果原已经分配给你的学生这次没有选择你,那就可以说明你的指导是存在一定问题的。当然,老师也可以选择学生,如果学生无正当理由不配合导师开展工作,导师也可以提请学院终止指导关系。再次,要求学生选择导师的数量不止一个,学生可以根据自己的了解、志愿,依次选多个指导教师。最后,我们以什么标准来认定谁是好的导师呢?以学生选择的次数和他所指导学生数量作为认定的依据。这样一来,我们原先的考核程序就解放了,不需要再填表了,让学生选择就是最好的结果。这种选择对于我们的指导教师来讲,既是压力,也是动力。如果你不负责任的话,我想越来越多的学生,就不会选择你,这一点在建工学院实行导师制的过程当中得到了充分的体现。有的老师,很多同学喜欢他、选他,而有的老师,就没有同学选,这样的老师会很难受,就会促使他反思,改变对学生的态度。我觉得这是对教师的一种促进。

我们之所以进行这样的导师制设计,第一是为我们本科生导师的工作提供一个制度保障。第二就是要营造环境氛围,要全校一起总动员。第三就是要保持导师制的动力。我们希望通过长时期的努力,能够形成我们老师指导本科生的传统。这也是我们在导师制设计的过程当中所作的思考和初衷,当然,这种制度设计还需要经过时间的考验,也希望这个制度在实施的过程当中,我们每一个老师、每一个同学能够通过自己的切身体会来不断地完善它,使其真正成为我们宁波大学的一种传统。

三、我们实施本科生导师制对学院和指导教师的要求

本科生导师制的指导工作最终的落脚点还是在学院,学院要高度重视这项工作。对这项工作我们不可掉以轻心,不要把它看成是一项微不足道的工作,和学院的发展没有多大的关系。我希望我们的院长、书记要在思想上真正重视它、支持它。我也希望学院特别关注我们现在正在进行的导师分配工作,做好导师工作的一些安排,真正把这项工作落到实处。

对我们指导教师来讲,我也有三点要求:

第一,要认真培训。作为导师和作为教师的要求是不一样的。磨刀不误砍柴工,首先,我们一定要重视对于指导教师这种职责的了解。学生处编印了一本小册子,对教师指导学生工作提供了一些要求和方法,希望大家一定要认真阅读。我们学校在导师上岗之前,也开办了培训班,这个培训的结果以后会逐步纳入教师发展和职称晋升的要求当中,希望大家也要认真对待,参加这样的培训。我们要通过培训,明确导师的基本职责。我们虽然不希望把这项工作弄得非常复杂,但作为导师的基本职责还是要明白。其次,要掌握一定的指导方法。和学生打交道,也并不是一件容易的事。如何给学生以有效指导的方法,需要大家通过培训、学习来熟练掌握。第三,要借鉴别的老师担任导师的成功经验。我们在培训当中会请有经验的老师作经验交流,大家可以从中获得一种启示。作为导师,我们一定要认真参加培训,不要认为自己是多年的老师了,这些事情对我来说是小菜一碟。随着时代的发展,随着一代又一代年轻人想法的不断变化,我们的指导工作肯定还会面临着一种新的形势。所以,我们一定要通过学习和培训,来提高自己的能力和水平,成为学生喜爱的好老师。

第二,要主动接触。在教师和学生的关系当中,首先,我们希望发挥教师的主动性,主动接触学生。接触都不接触,育人就无从谈起。万事开头难,我们要通过主动接触尽快地打破接触的障碍。教师在初步接触同学的

时候,同学对你陌生,你对同学也陌生,怎样快速地的打破这个障碍,能够顺利沟通起来,我们要下一点功夫。比如,我们要选择师生共同感兴趣的话题、共同感兴趣的事情等,来打通这种障碍,不要你说东,学生想的是西,融合不到一块。其次,要创造接触的条件。我们不一定是简单地请同学到办公室来,或者请同学到某一个地方来聊天,这种形式是需要的,但是我们要多想办法创造一些条件,比方说搞一些活动,如旅游、联欢等。要通过创造各种条件,加强和同学的接触。第三,要充分运用不同的接触方式。有面对面的接触,当然也有通信联络。现在我看到好多老师都加入了班级的QQ群,我也加入了光电班的QQ群。像通过用 e-mail、短信来进行不同形式的接触,我觉得都是有效的。

第三,要培养情感。我觉得维系本科生导师制并使它顺利实施的重要一条就是师生间的情感纽带。要建立这种情感纽带,第一,要建立互信关系。相互信任,这是建立纽带的第一步,如果老师不信任学生,学生不信任老师,就没有情感的基础。第二,要了解学生需求。我们老师要得到同学的尊重、认可,首先要了解学生的需求和困难,你要知道他在生活、学习当中想什么、要什么,想在指导上得到什么,这需要我们导师作深入的了解。第三,要能答疑解难,实际上学生来找你往往是有些问题,也有些困难的,希望你能够为他找到解决的办法,或者提供解决办法的建议。我觉得只有在这样的基础上我们才能够建立起相互的情感基础。

四、我们实施本科生导师制对同学的希望

使我们学校本科生导师制能够健康发展、迅速成长的重要因素是师生互动,除了导师之外,还需要同学们的主动参与。所以,在这里我也对同学们提几点希望。第一,希望同学们能够尊重老师。老师在你们成长的过程当中付出了辛勤的汗水,理应得到你们的尊重。这些尊重有的时候会体现在一些小事上。我曾经碰到一个老师,他对本科生是满腔热情,作为本科生的班主任,对同学是极其负责的。去年过中秋之前,他准备了几盒月饼,发短信让班里的同学去拿月饼,但是有的同学作了积极的回应,有的短信却石沉大海,同学没有反应。我觉得这就是对导师的不尊重。其实导师很

希望在中秋的时刻,在你们离开家人的时刻能够送给你们一份关心,但是有的同学很麻木,理都不理。我想短信没收到的可能性是比较小的,所以对老师的尊重,第一步就是要对老师给你的信息,应该积极回复,不要爱理不理。再进一步说,比如,在教师节、老师的生日的那一刻,如果你能通过短信、e-mail送去一份祝福,我想老师会很感动的。今年教师节,我们表彰十佳教师和五星教师,在会议开始之前,我们学生就给我们获奖老师每人送了一束鲜花,老师挺感动的,我也搭了个车,拿到了一束。当然这是学校的表彰,如果同学能够向老师表达祝福、尊重的话,我觉得就更能够打动他们。我认为在老师的心目中,学校的表彰不如同学对老师的肯定分量重,你们对老师的鼓励比学校的表彰更重要,我也希望你们真正在这些方面给老师一些鼓励。第二,希望同学们在实施导师制的过程中要争取主动。我们80后、90后的同学非常不希望自己的工作、学习、生活当中"被怎么样",比如,被工作、被学习等等。所以你们要争取主动,你们除了和教师的日常联络之外,还可以争取你们的指导教师参加你们的活动,和你们有更多机会待在一起,这种师生间的接触,教师要主动,我们同学也要主动。大家要创造条件和教师有一定的接触机会。我想,通过这种接触,同学们总会受益。第三,希望同学们要和自己的导师保持密切联系。联系的方式不一定非得见面,不见面也是可以联系的。自己在学习上、生活上如果有什么问题,可以通过短信、邮件的方式请你的指导教师答疑解惑。另外,我要提醒大家,特别是你在学习上、工作上、生活上取得了进步,取得了成绩,请你们务必告诉你们的指导老师,我想他们会为你们高兴的。因为作为教师,我们都有同样的感受,如果自己的学生取得了进步、取得了成绩,我们会感到非常的欣慰和自豪,所以我们的同学在取得进步和成绩的时候一定要告诉我们的老师。以上就是我对同学们的希望和建议。

总的来说,学校实施本科生导师制,是学校提高人才培养质量的一项重要工作。导师制的实施非常需要我们师生来共同参与,因为建立一种成功的导师制度是和融洽的师生关系分不开的。刚才我看到我们这个会议的主题和门口的标语是"让师生们交流成为宁大校园文化的潮流"。我觉得这个口号非常好,但是这种交流要成为潮流,我们要清醒地认识到,不是一朝一夕之功,不可能在短期内一蹴而就,需要我们学校广大师生的共同努力,一年一年去探索,一点一滴去积累,只有当这种制度化为教师的自觉行动,这种关系在师生间自然形成,我们才认为师生的交流形成了我们学校的一种潮流。

谈"宁波帮"资助宁大师资队伍建设[*]

> ——赵安中先生捐助大楼、聘请大师、借力名校、培育英才的思路和行动显示了"宁波帮"支持和帮助宁波大学的轨迹和期望。

今天,我们汇聚一堂,隆重举行宁波大学荣华学者奖励计划第十三届颁奖典礼暨第五届杏琴园研究生奖助学金发放仪式。首先,请允许我代表宁波大学向专程前来出席仪式的赵家三位公子和家人们表示衷心的感谢!向出席典礼的各位领导、各位来宾表示热烈的欢迎!向获奖的各位老师和同学表示最诚挚的祝贺!

赵安中先生离开我们已经有 5 个年头了,但我们对先生的怀念却没有随着时间的流逝而淡去,相反,先生的音容笑貌常常会浮现于我们的眼前。他捐助大楼、聘请大师、借力名校、培育英才的思路和行动显示了"宁波帮"支持和帮助宁波大学的轨迹和期望。我时常在想,为什么先生会对我们周围的人有如此之大的影响力呢?我觉得归根到底是先生身上闪耀着"好德乐善而无求"的无私精神。先生没有为自己建造一栋豪华别墅,却为莘莘学子盖起了 160 多幢教学楼;先生不愿为自己多花一分钱,却为宁大的发展不断慷慨解囊,为了在宁大设立教育基金,甚至卖掉了自己在国外的房产。先生对家乡教育事业的捐赠,只有一片至诚,没有一点私念。他不但自己爱乡情深,而且将这种情怀传递到了下一代。"荣华学者奖励计划"和"杏琴园研究生奖助学金",不仅仅是先生及家人对宁波大学物质层面的一种关爱,它的实际意义早已远远超越了金钱的价值。多年来,赵氏家族"振兴中华,重教兴学"的高尚情操一直激励和滋养着宁大师生,已经成为广大

---

　　* 本文是 2012 年 11 月 2 日聂秋华在宁波大学荣华学者奖励计划第十三届颁奖典礼暨第五届杏琴园研究生奖助学金颁奖仪式上的讲话

师生勤教勤学、奋发进取的重要动力源泉。

我记得安中先生曾经说过这么一句话:"捐资办学是没有金钱回报的投资,但远比金钱的回报更有价值。因为,人才的价值是不可估量的价值。"先生这种"尊重知识、尊重人才"的教育理念如今已经深深扎进了甬江畔这块人文沃土中。近年来,宁波大学为广纳鸿儒,加快培养优秀人才,不断优化师资队伍结构,在大力拓宽人才引进渠道的同时,加快完善教职工培训体系。学校正式成立了教职工发展中心,建立起了常态化的教职工职业生涯发展服务体系。教职工培训规模,尤其是教师海外培训规模有了显著增长,今年教师赴海外进修深造的人数较去年增加了150%。师资队伍的发展有力地推动了学校办学水平的进步,2011年,学校综合实力排名首次进入了全国高校百强行列,成为国家海洋局与宁波市政府共建高校。今年,学校获批3个博士后科研流动站;国家两大基金项目超过100项,其中自然科学基金超过80项,社科基金达到19项,列浙江省属高校第一。我校学子在全国大学生学科竞赛中均取得了骄人成绩,去年全国"挑战杯"大赛我们拿到了6项大奖,进入了发起高校行列;今年全国大学生数学建模竞赛获得一等奖1项、二等奖1项;在刚刚结束的全国大学生结构设计竞赛中,我校成为了浙江省唯一获得全国一等奖的高校。最让宁大人欢欣鼓舞的是,上个月,浙江省、教育部和宁波市在杭州隆重举行了共建宁波大学签约仪式,学校成为了省部市共建高校,实现了多年来孜孜追求的夙愿,这也为学校新一轮的快速发展增添了良好机遇。这些成绩的取得离不开各级党委政府和教育主管部门、社会各界的鼎力支持,也离不开像安中先生及赵氏家族这样的"宁波帮"的真切关爱。在此,我谨代表全校师生员工向在座的赵氏家族的成员和各位领导、嘉宾朋友们再次表示衷心的感谢和崇高的敬意!

今天,我们在这里举行颁奖典礼,既是对获奖师生的肯定,也是对安中先生的无尽缅怀和对赵氏家族的深切感谢,我希望全体获奖人员在体验成功和喜悦的同时,能感受到这份奖励之中所蕴含的期望与责任。衷心希望老师们能够继续保持良好的工作劲头,以身立教,诲人不倦,全心投入,再创佳绩;希望同学们常怀感恩之情,常葆进取之心,努力向所有关心和爱护你们的人们交一份满意的答卷。宁波大学是一所地方综合性大学,同时也是一所在"宁波帮"精神哺育下成长起来的侨资性大学,我们全校师生员工一定不辜负赵氏家族等"宁波帮"乡长的殷切期望,争取在"十二五"期间以及未来的日子里不断拓展发展空间,在内涵建设上取得更好更快的提升,为地方经济社会和高等教育事业的发展做出更加积极的贡献!

谈继续教育工作办学机制改革创新*

> ——发展继续教育的重大意义不仅在于它能进一步促进学校教育教学改革,提高办学质量与水平,增加经济效益,同时可以极大提升学校服务社会的能力及影响力。

《国家中长期教育改革和发展规划纲要》已经明确提出了加快发展继续教育、构建终身教育体系、建设学习型社会的要求,继续教育作为我国构建终身教育体系和建设学习型社会中的主体构架,越来越受到各级政府和社会各界的高度重视;同时,继续教育作为高等学校人才培养工作的重要任务之一,随着社会经济发展将日益成为高等教育改革与发展的重要任务。

宁波大学作为地方综合性大学,服务地方经济建设与社会发展,为社会提供终身教育服务,促进终身学习的社会化,具有义不容辞的职责。发展继续教育的重大意义不仅在于它能进一步促进学校教育教学改革,提高办学质量与水平,增加经济效益,同时可以极大提升学校服务社会的能力及影响力。

为此,学校高度重视继续教育工作,在 2009 年新一轮岗位聘任管理改革中,把继续教育和本科教育、研究生教育放在了同等重要的地位,提出了继续教育改革发展的总体要求,把继续教育管理体制改革作为一个突破点,成立了继续教育与培训处,采取了"管办分离、权责明确"的继续教育管理改革的重要举措。

经过三年来的改革实践,现已初步建立起适应并服务于区域经济和社会发展需求的服务型继续教育办学体系,实现了稳定成人高等学历教育、做强高等教育自学考试、突出非学历继续教育培训的办学既定目标。2011

* 本文是 2012 年 11 月 9 日聂秋华在宁波大学继续教育工作会议上的讲话

年我校被教育部确定为首批国家"高等学校继续教育示范基地"建设单位和全国继续教育数字化联盟成员。《光明日报》、《中国教育报》等媒体对我校继续教育办学情况作了相关报道,在全国范围产生了良好的社会反响。这几年的继续教育工作可以说取得了很好的办学经济效益和社会效益,也为推进学校的改革发展,为建设高水平的教学研究型大学和扩大学校社会影响做出了突出的贡献。

一、三年来继续教育工作整体发展情况

三年来,我校继续教育工作主要围绕创新办学管理体制、构建服务型继续教育体系、打造特色品牌教育培训项目、提升办学总体效益等四个方面开展,取得了较为明显的成效。

(一)深化办学体制改革,推动继续教育快速发展,建立规范性、多样性的激励机制

学校紧紧抓住继续教育体制改革这一关键点,针对继续教育原有体制管办不分,机制不活的要害问题,进行针对性的改革,实施了"管办分离、权责明确"的继续教育管理新体制,力求建立规范有序、灵活多样的继续教育办学激励机制,促进继续教育事业大发展。为实现这一改革目标,学校采取了一系列的改革举措,出台了多达 14 项管理办法和有关政策。

从第四轮岗位聘任起,学校对成人教育学院实行了新的办学运行体制和绩效考核办法,剥离了其负责全校继续教育工作的管理职能,充分发挥其在继续教育办学中的主体地位和服务功能。设立继续教育与培训处,统筹协调全校继续教育办学与管理服务工作。在学科性学院中建立了以继续教育为主要任务的教育服务型学科团队,把继续教育办学工作纳入学院和团队目标任务下达和年度及聘期考核中。同时在职称评定中也将继续教育工作情况列为考评指标,还设置了社会服务为主型的职称申报类型,支持和鼓励教师积极投入包括继续教育在内的社会服务工作。这些在学校层面的制度设计,对于推进学校和学院的继续教育事业快速发展起到了良好的激励作用。

在管办分离后,成人教育学院摆脱了"裁判员"的职能,在与学科性学院公平竞争的环境下,更加能够放开手脚全身心地投入继续教育办学工作中。成教学院确立了"市场立院、服务兴院、科研强院"的改革发展之路,实

行了"团队管理、市场运作、项目核算、绩效考核"的运行机制,调设岗位,明确目标,责任到人,制定了新的考核评价指标体系,充分调动了全院教职工的积极性,使各方面的办学工作呈现了良好的发展势头。

学科性学院在学校继续教育改革政策激励下,继续教育办学的积极性极大提高。设置了专门的继续教育办学服务机构,建立项目负责人制,实施项目管理,根据学校对团队目标任务和考核要求,专设教育培训团队等等,形成内部激励机制,充分发挥自身学科专业优势,采取多种形式大力开展继续教育办学活动,办学规模逐渐扩大,在继续教育培训方面已经逐渐成为学校的主力军。

从 2009—2011 三年经费总收入情况分析来看,成人教育学院、国际交流学院稳中有升,年均增长率分别为 5.6% 和 13.0%;学科性学院明显增长,年均增长率达 42.7%,并且所有学院均开展了办学活动。由此可见,新的管理体制、考核机制不仅使全校继续教育工作更加规范,而且更有利于调动各方面的积极性,推进了继续教育事业的快速发展。

(二)优化继续教育体系,围绕区域经济社会发展,形成层次化、多元化的办学格局

服务型继续教育体系建设,是鉴于学校立足区域,服务地方的办学定位与目标,将继续教育纳入学校总体办学体系中,突出继续教育直接服务社会经济发展需要的功能。学校紧紧围绕区域经济社会发展对继续教育和培训的要求,以校地合作为平台,以特色培训为抓手,致力于构建以市场需求为导向、与区域经济社会发展相适应、与产业结构相衔接、与满足学习者多元化学习需要相契合,以及办学规模适度、培养规格优化、管理体制开放、教学特色鲜明的服务型继续教育体系。

三年来,在新体制引导下,通过灵活有效的激励机制催化,目前已经形成了以成人学历教育为基础,以非学历教育为重点,以政府教育培训为突破,以品牌项目培训为核心的层次化、多样化的继续教育办学格局。

1. 成人高等学历教育持续稳定

学校成人高等学历教育从开办到如今已取得良好的经济效益与社会效益,其办学形式由起初的函授、夜大、业余、脱产学习,发展为以业余、函授为主,网络远程教育为辅的办学模式。办学层次有:高中起点本科、专科起点本科和高中起点专科。

目前,成人高等学历教育在学校整个继续教育办学中仍占据较大比重,具有基础性的地位,而面对成人高等学历教育办学规模在全国全省普遍下降的趋势,要保持学历教育的持续稳定发展,需要克服很多的困难。

可喜的是,三年来我们通过多途径开放合作办学,学历教育仍然呈现了持续稳定发展的局面。每年录取新生人数保持在 7000 人以上,在校生总数稳定在 20000 人左右。建立了基本覆盖全省各地市的函授站(教学点)46 个,开设本科专业 38 个,专科专业 53 个,高等教育自学考试主考专业 10 个。

2. 非学历继续教育增长明显

目前,学校已经初步形成了以政府为主导的政府补贴培训项目,以职业资格证书与技能鉴定为核心的各类证书认证培训项目,以学科专业为依托,面向企事业单位为目标的"订单式"培训服务项目,以出国留学服务与国际资质认证为主的国际合作办学项目等四大类为主体的非学历继续教育办学体系。

三年共开设各类培训项目 669 个,举办培训班 1293 个班次,培训人数 77068 人。从 2009 到 2011 年,年度项目、班次和人数等均增长了近一倍,非学历继续教育已占据全校继续教育的半壁江山。

3. 社会培训项目获得重大突破

学校十分重视与政府有关部门、行业和企业的合作,强化"校地合作"机制,加强继续教育服务平台的建设。

一是推动职业资格(技能)培训平台建设。学校以普通本科专业人才培养为基础,对照国家职业标准相应职业(专业)技能的培训和证书考试要求,加强与宁波市人力资源和社会保障局的合作共建,通过申报相应的国家职业资格技能证书培训资质,打造学校职业技能培训教学的综合平台,以拓展对学生开展职业技能培训的领域和对外开展社会培训服务的能力。目前已有 9 个学院申报获得了 17 个职业(专业)技能项目的培训资质。

二是积极争取资质和认证培训项目。目前已经取得各级各类培训资质或行业认证项目 88 项,其中国际 10 项,国家级 8 项,省部级 40 项,市级 14 项。很好地推动了物流师、营养师、会计上岗证,心理师、全科医师、母婴护理、单证员、家政、月嫂、育婴师、船员上岗证等项目的认证培训工作。

三是努力开拓政府培训项目。通过加强与省教育厅、市人力资源和社会保障局、市教育局、市经信委和市妇联等政府部门的沟通和联系,共同建立了"新型农民培训基地"、"宁波市干部外语培训基地"、"女干部培训与妇女素养教育基地"等九大教育培训基地。并依托培训基地建设,积极参与省市中小学教师专业发展培训、宁波市企业职工培训等政府培训项目,2009年以来共获得106个各类政府培训项目,培训人次数达到11897,获得资助经费2226万元。

2008—2010年连续三年被宁波市人民政府评为"中小企业优秀服务公共平台"。还获得了宁波市企业职工优秀培训机构、宁波市"十一五"师干训先进集体、中国成人教育突出贡献奖等一批荣誉。

(三)打造品牌培训项目,提升学校继续教育声誉,形成效益型、研究型的发展模式

根据以品牌项目培训为核心的继续教育发展思路,各学院通过引进、开发等多途径培育继续教育品牌项目,打造具有一定社会影响力的精品培训项目,努力提升学校服务社会能力。三年来,"学历+技能"双证书人才培养、母亲素养教育、教师继续教育、农村实用技术人才培训、港口和海洋经济人才培训、地方志编纂人员培训、国际化外向型人才培训等一批重点培育的品牌培训项目,取得了显著社会效应,在相关领域成为学校的教育培训品牌。

我校继续教育工作在构建服务型继续教育体系的理论研究与各类办学实践中,取得了良好的经济效益和社会效益。2009—2011三年继续教育办学的总收入超过2.5亿元,增长率达31.43%,其中非学历继续教育增长更明显,增长率超过65%。继续教育各类办学上缴学校纯收入近5000万元,总增长率达53.75%,其中成人教育学院完成了三年考核任务,上交经费年增长率为20%,办学经济效益明显提升。

三年来,各学科性学院通过继续教育办学(包括自办非学历继续教育培训项目和由成人教育学院统筹的成人学历教育、技能+学历、自考助学项目等)年均获得经费约3290万元(已扣除学校管理费),若办学成本以50%计,可实际支配经费为1645万元;以学科性学院教职工总数1506人计(2011年数据)人均超过1万元,有力地支持了各学院的教学、科研、人才引进、实验室建设等各项事业的发展,包括绩效工资改革工作。

在继续教育办学实践中,学校从事继续教育工作的部门、学院及相关

同志能把问题作课题,将对策变政策,通过课题的理论研究来指导继续教育办学工作。近年来,全校在各级学术刊物发表有关继续教育研究的学术论文 200 余篇、主持承担了"社会转型期成人院校转型变革研究"、"校地合作农村实用人才培养模式研究"、"和谐社会视野下母亲素养教育模式的实证研究"等国家、教育部重点、省社科基金课题 60 余项,获省部级以上奖励10 项。

二、目前继续教育工作中存在的主要问题

在学校调整继续教育管理体制和第四轮岗位聘任后,全校继续教育事业三年来得到了快速的发展,取得了可喜的成绩,对于学校的总体改革与发展起到了积极的推进作用。但是,我们也应该清醒地认识到,我校当前继续教育管理和办学的实际工作过程中仍然存在着一些问题和困难,需要我们在进一步创新发展中加以认真思考,逐步解决。目前存在的问题主要表现在以下几个方面:

(一)继续教育管理和制度需要进一步规范

虽然在学校相关管理文件中已经明确提出继续教育同研究生教育、普通本科教育一样,是学校人才培养工作的重要组成部分,发展继续教育是学校教育教学改革发展的需要,更是学校主动适应地方经济建设需要,服务社会的具体体现,并对继续教育办学所涉及的学生管理、经费管理、后勤管理等方面提出了明确要求,但在几年来的实际工作中,不论是学校各有关职能部门还是学院,仍存在对继续教育的地位和作用的认识偏差,在具体办学过程中总是会在教学资源使用、后勤服务等方面出现矛盾和困难,普通高等教育与继续教育还是处于相对割裂当中,没有被很好统筹协调的情况仍然存在。

(二)继续教育空间和资源需要进一步拓展

由于育才路校区土地置换,曙光路校区年久失修,学校本部日常教学资源紧张且远离市区等原因,继续教育各类办学主要依靠社会资源开展,特别是成人教育学院长期在育才路校区办学,目前办学资源严重不足,办学成本显著增加,对办学效益有一定的影响。最近几年成人高等教育"学历+技能"项目发展势头强劲,但由于资源限制,还存在不可持续性和不稳定因素。在办学资源保障方面,相比国内重点高校我们还有较大差距,在

省内同类兄弟院校中我们的办学资源也是相对滞后和不足的,这在很大程度上也制约了我校继续教育工作的进一步快速发展。

(三)学院继续教育工作需要进一步加强

虽然所有的学院都开展了继续教育办学活动,但是从近三年办学规模(年经费总收入)上来看,除成人教育学院外,年均达到 500 万元以上的只有 4 个学院,其中 1000 万元以上的只有 2 个学院,而大多数学院不足 200 万元,一些学院甚至在 50 万元以下,说明各学院之间办学状况极不平衡。

学院内部普遍存在教学、科研、继续教育不能统筹配置人员、调配资源等问题,在继续教育办学项目策划、市场开拓、日常管理等方面难以稳定工作人员队伍,尚无法形成优势互补的工作格局,特别是各学科性学院更缺乏发挥自身优势和特色,主动适应地方经济发展需要,走向市场、开拓市场的意识和能力,具有学科专业特色的继续教育办学体系尚未完全形成。

另外,绩效工资改革以后,教师课酬金纳入了奖励性绩效工资总量内,在这一点上各学院还需要积极考虑新的激励政策,进一步做大继续教育。

(四)继续教育品牌项目需要进一步培育

我校非学历继续教育无论是办学的层次、水平、类型,还是规模、质量、效益及社会影响力等,与省、市社会经济发展、产业结构调整所引发的巨大人才培训市场需求相距甚远,特别是依托学科专业,紧贴市场需求的专业性品牌项目缺乏,不仅着眼于提升社会精英人才职业能力和水平的高端培训项目缺乏,以中高层次管理和技术人才为主要培训对象的培训市场亦未占据应有的一席之地。

具有国际资质证书认证的合作项目还处在起步阶段,有待进一步开拓。目前,除了加拿大注册会计师(CGA)、英国特许公认会计师公会(ACCA)、(美国)进出口专员(IIEI-CE)职业资格认证项目等外,其他学科专业尚没有引入国际高端培训项目。

三年来,新增的合作办学机构只有 2 家,2011 年法学院与市司法局合作成立了"宁波大学律师学院";2012 年学校与宁波市国家大学科技园区合作,在园区成立了"宁波大学人才培训学院",虽于 2012 年 6 月签约,但尚未启动具体的办学工作。另外,学校于 2011 年被宁波市人社局确定为宁波市首批创业培训定点机构,但培训活动开展不力。

（五）继续教育师资和队伍需要进一步培养

目前，担任继续教育课程的教师绝大多数缺乏继续教育教学实践经验，不太适应继续教育主要针对在职从业人员的教学方式，也没有从如何适应培训对象的需要及社会经济的发展需要去开发课程、更新内容，造成理论与实际脱节，教学针对性、实用性不强。

继续教育研发队伍及管理队伍素质、结构有待改善，还缺乏主动开拓市场的能力、制定和推销培训方案的能力及对继续教育全过程质量进行监控和管理的能力。

教职工中从事继续教育办学的专职管理人员对于个人发展存在后顾之忧，学校分类管理的支持政策还需配套完善。

总之，我校继续教育办学相关人力资源现状还不能体现从事继续教育应具备的新颖性、突破性、高层次性的特点，持续发展后劲不足，这在很大程度上也制约了我校继续教育工作向系统化、规模化、高端化方向的发展。

三、下一步创新发展我校继续教育工作的建议

我想可以借鉴国际、国内一流大学成功的办学经验，逐步建立本科生教育、研究生教育和继续教育并重的人才培养体系，形成以高层次本科后继续教育为主体的继续教育办学格局，不断提高继续教育服务社会的能力和影响力。下面针对以上存在的五个问题，我就学校下一步如何继续开展好继续教育工作谈几点具体建议。

（一）推动学科性学院开展专业性高端教育培训工作

由于专业性继续教育培训的主体是优秀的管理人员和高层次专业技术人员，这就决定了培训要求的高层次性与专业化。而学科性学院的学科专业优势，恰好为专业性继续教育提供强有力的支撑。

因此，学科性学院要加大开展高水平、高层次、专业性的继续教育的力度，这不仅能有效地促进自身教学、科研水平的提高，而且有利于师资分类管理，使教职工各尽其能，队伍结构优化和提升，对学院的发展和创建高水平大学做出直接的贡献。

学科性学院要根据办学条件和发展需要逐步实现人才培养层次的上移，最终实现以本科后进修、专业学位培养、研究生课程进修等高端教育培训以及中高级职业技能培训为主的人才培养模式。为此，要为专门从事继

续教育教学工作的教师创造发展空间,学院学术和教学委员会也应将继续教育的项目研发、内容确定及师资队伍建设等纳入其工作范畴,并建立相应的考评机制,以最终形成继续教育与普通高等教育互依共赢的局面。

(二)深化成教学院社会化办学运作机制的改革

继续教育具有明显的市场需求特点,因此,继续教育的全民化特征要求专职从事继续教育的机构实行灵活的运行机制及与市场需求相适应的管理模式,这就需要我们进一步以市场需求为驱动力,通过市场运作,扩大办学规模,以达到规模效益。

成人教育学院作为学校继续教育的专门办学机构,在确保学校办学层次及保证人才培养质量的前提下,应逐步深化社会化办学运作机制的改革,采用市场化办学、企业化运作和标准化管理的模式。要充分利用和整合学校及社会的优质办学资源,开展多层次的综合性、交叉型、复合型继续教育办学项目。加强与学科性学院的合作,为其提供办学管理与市场开拓等方面的服务。

相关职能部门要充分考虑实施绩效工资后对继续教育办学的影响,制定有利于促进继续教育快速、健康发展的政策和措施,为学校继续教育事业的持续发展提供政策和制度保障。

(三)探索继续教育与专业学位教育衔接的贯通机制

在我国,应用型专业学位研究生教育将逐渐成为研究生教育培养体系中的重要发展方向,也是为建设创新型国家培养更多高质量的应用型专业人才的重要途径。其中非全日制的专业学位教育具有很强的市场性,与以计划性为主的全日制研究生教育有很大的差别。教育市场开拓是继续教育办学机构及工作者的强项,因而充分发挥继续教育在招生和办学管理方面的作用,是做大做强专业学位教育的一条有效途径。

为此,各学院专业学位、研究生课程进修班的招生和日常管理工作可以与继续教育培训工作统筹兼顾,按照学校《关于开展继续教育高端培训工作的若干意见》,选择一些成熟的高层次培训项目与专业硕士学位课程进行对接,研究生院认可部分培训主干课程的学分,让有能力的学员继续学习深造,在导师的指导下完成课程学习并参加论文答辩以获得专业学位。这样就可以通过两类教育办学的合作,达到双赢的结果。

（四）加快继续教育资源共享和信息化建设

着力打造远程教育平台，实现学校教育资源共享共赢，要结合"高校继续教育示范基地"建设，将普通本科教育的 100 多门网络课程、61 门精品课程等优质课程资源纳入远程教育平台，面向社会开展课程进修，发展远程培训。加强以网络教育平台建设为核心的育才路教学区基本建设投入，使之成为学校开展网络教育和社会培训的基地。

学科性学院，教务处、网络信息中心等部门要积极支持并帮助成人教育学院建设继续教育信息化平台和课程资源，力争使我校获得教育部网络教育办学资格，使学校的继续教育发展步入一个新阶段。

（五）拓宽继续教育国际合作办学的路子

继续教育的国际合作是面对知识经济社会挑战的应对策略，是分享国际优质教育资源的有效途径。如今跨境教育合作已经成为教育领域发展最为迅速的办学模式，也是未来继续教育国际化发展的方向。

我们要根据社会需求，针对我国东南沿海地区经济发达、人民生活富裕、对子女教育极为重视的特点，充分利用和挖掘现有学校国际交流合作渠道和平台，努力争取教育部、省教育厅等有关行政主管部门的支持，进一步拓宽继续教育国际交流合作领域，充分利用网络教育的形式，引进国外优质课程体系，开展国际高端职业资质和证书培训。总之，继续教育国际合作应该成为学校继续教育创新发展过程中一个非常重要的待开拓领域。

（六）重视继续教育办学基地的建设

首先，学校要长远规划继续教育办学基地的建设，努力创造条件建设融继续教育管理、办学、住宿、餐饮等为一体的综合培训基地，为今后继续教育的更大发展奠定良好基础。

其次，要以继续教育示范基地建设为契机，加强以网络教育平台建设为核心的育才路教学区基本建设，使之成为学校开展网络教育和社会培训的基地。同时在目前学校本部校区教学和生活资源配置中要尽可能考虑继续教育脱产办学的需要。教务处、后勤管理处等部门要积极整合资源，创造条件，为继续教育办学特别是"学历＋技能"脱产办学项目提供必要的后勤和教学资源保障，学生处、保卫处、图书馆等部门和单位要在日常管理工作中为该项目提供服务保障。

第三，为缓解学校办学资源紧缺的压力，鼓励和支持各办学单位利用社会资源办学，在优先利用学校空余资源的前提下，通过在校外租赁办学场地，建立校外继续教育办学点等办法，来满足社会学员就近学习的需要。

（七）加强继续教育专门化队伍的建设

为推进继续教育办学工作，各学科性学院在不增加院系行政人员编制的条件下，充分挖掘内部人力资源，建立健全专门的继续教育管理机构，负责继续教育的日常管理、市场开拓、项目研发、教务管理、学籍学位管理等工作。同时可通过聘任编外人员或联合社会办学机构来形成一支懂得市场营销、善于办学管理的专兼职管理团队。

鼓励成人教育学院和学科性学院在继续教育办学专门化队伍建设中的分工合作，突出成人教育学院的继续教育办学服务及市场营销优势，发挥学科性学院在项目研发和双师型师资队伍建设中主力军作用，形成专兼职统筹的全校继续教育办学队伍，保障继续教育的有序快速发展。

关于深化新一轮人事制度改革的思考*

——学校发展的内力来自于教职工的无私奉献，更来自于通过人事聘任制度改革所激发出来的每个教职工的点滴之力。我们在工作中，就是要千方百计地激发和获取这种些小力量，聚集起来去推动学校的发展。

学校从 2012 年上半年开始启动了第五轮岗位聘任政策的研究，人事部门会同有关职能部门，对第四轮岗位聘任目标任务完成情况、取得的业绩、存在的问题等进行了梳理。在校内外大量调查研究的基础上，分析了学校下一步发展所面临的机遇和挑战，提出了第五轮岗位聘任中需要解决的主要问题。同时，根据第四轮岗位聘任目标任务完成能力和学校发展需要，经过多次讨论，初步确定了第五轮聘期的重点目标任务。

为了有助于大家更好地理解有关政策，做好第五轮岗位聘任工作，我主要讲三个方面的问题。

一、第四轮岗位聘任工作的总结与回顾

第四轮（2009—2012 年）岗位聘任工作是第三轮岗位聘任的深化和提升，也是在 2006 年国家事业单位岗位设置入轨后的一次校内人事制度改革。这次岗位聘任延续了第三轮校内岗位九级制度及其对应的津贴体系，同时推出了团队岗位设置与聘任，并实施了目标任务导向的岗位聘任制度，把学校的重点岗位与这些岗位需要完成的聘期目标任务结合起来，强化了对学院和团队聘期目标的考核。学校还分别在 2010 年和 2012 年实施了事业单位岗位设置中的岗位分级和绩效工资改革工作，顺利完成了事业单位岗位设置管理改革的各项任务。

---

* 本文是 2013 年 2 月 19 日聂秋华在寒假中层领导干部学习扩大会议上的讲话

第四轮校内岗位聘任改革与实践,为学校的发展提供了强大动力,促进学校各项事业迈上了一个新台阶,成效十分明显。但是,第四轮岗位聘任工作中也暴露了一些问题,需要认真总结,以期在第五轮岗位聘任中得到改进。

（一）取得的成绩

1. 增强了学校快速发展的动力

圆满完成了聘期目标任务。2009年,根据学校未来发展预期,我们在分析同类高校发展的基础上,结合省、市发展要求以及高等教育发展的趋势,制定了第四轮岗位聘期的学校发展目标,围绕发展目标,各职能部门分别制定了各自的任务,并将聘期任务分解到各学院。第四轮聘期学校共下达任务25.5万分,实际完成36.1万分,其中任务内完成92%,总任务超额完成42%,在各类任务中,本科教育超额完成28%,学生创新创业超额完成113%,研究生教育超额完成118%,科学研究超额完成32%,社会服务超额完成66%。绝大部分学院完成率超过100%,其中任务内超过90%,个别学院超额120%以上。除一个团队未完成任务外,其他各团队都超额完成任务,其中学科团队超额24%,独立设置团队超额30%,教学团队超额197%,社会服务团队超额77%。这些数据充分反映了我校教职工当中蕴藏着极大的创造力和潜力,证明了实施目标责任制能为学校发展带来强大动力,也说明我们各个学院的领导在困难面前有勇气、有本事带领本院教职工攻坚克难、完成肩负的重任。

学校综合实力明显提升。4年来,学校以人事制度改革为核心,调动全校教职工的积极性,在教学、科研、服务地方和人才队伍等工作中取得了突出成绩。省属本科高校教学业绩考核2011、2012连续两年排名第二,获批国家级教学团队和国家级实验教学示范中心,取得2012年全国大学生"挑战杯"赛全国第一的好成绩;年科研总经费突破2亿元,国家两大科学基金项目2012年首次突破100项,聘期内获得国家重大重点科研项目11项,实现了国家自然科学奖零的突破;培训服务形势喜人,年到校培训经费接近5000万元;国家千人计划、外专千人计划、杰出青年基金获得者引进均实现突破,教师中博士比例超过了43%。学校重点目标任务的完成,促进了学校的综合实力和社会声誉的明显提升。在《中国大学评价》中的排名稳步上升,继2011年进入百强后,2012年排名第95名,实现了进位。

继 2011 年列为国家海洋局、宁波市共建高校后，2012 年又实现了成为省部市共建高校的夙愿。

2. 形成了任务导向的激励机制

实施了聘期任务分解与考核制度。学校制定了聘期目标任务后，根据学院所申请的校聘岗位数和发展现状，将重点目标任务分解到学院。学校与学院签订聘期目标责任书，规定了学院聘期的重点任务以及年度需要完成的任务比例。聘期任务完成情况作为学院年度考核、聘期考核的重要依据，也作为学院主要负责人年度和聘期考核的重要依据。学院也将各自承担的目标任务分解到团队，团队与学院也签署了目标责任书，同时团队也将承担的任务落实到个人，团队目标任务作为团队及其负责人聘期和年度的考核依据。学校发展重点任务的层层落实，保证了学校发展目标的实现，学院与团队随着不断克服困难增强了完成任务的信心，同时也增强了将压力转变为动力的能力，任务导向的激励机制初步形成。

明确了教职工的岗位基本职责。2012 年借助绩效工资实施之机，按照绩效工资的改革要求，将基础性绩效工资与教职工岗位基本职责结合起来一并推进实施。学校分别制定了教师岗位、其他专业技术岗位、管理岗位和工勤技能岗位等不同岗位类别、不同岗位级别的岗位基本职责。特别是在教师岗位基本职责中，除规定其共性职责和各自岗位的定性职责外，还规定了正高级、副高级、中级、初级等岗位的年度额定工作量，在额定工作量中包含了教学工作量和科研、社会服务工作量，并针对人文、社科、理科和工农医等 4 类不同学科的实际，分别制定了其对应的额定工作量系数。各学院可参照学校规定，结合学院实际，制定本学院的教师基本职责中的额定工作量。这一政策的执行使每个教职工明确了自己的基本工作任务，并建立起拿一份工资就得干一份实际工作的观念。而奖励性绩效工资则主要依据超额工作量、突出业绩等进行计发，保持了一定的激励力度。

3. 推进了人事与分配制度的改革

构建了基层学术组织。实施了团队岗位聘任工作，并以团队为基础，推进基层学术组织建设。团队岗位包括学科团队、独立设置的学科方向团队、教学团队、社会服务团队等，学科团队按照一级学科设置，独立设置的学科方向团队按照二级学科设置。全校共聘任了 18 个学科团队，17 个独立设置的学科方向团队，6 个教学团队，2 个社会服务团队。每个学科团队可设置 3~5 个方向团队(含教学团队、社会服务团队、实验教学团队等)。在聘期中,学校对学科设置进行了规范,设立 23 个一级学科和 90 多个二级学科方向,全校绝大多数教学科研岗位人员明确了自己所在学科和方向,为基层学术组织建设奠定了基础。

实施了绩效工资改革。按照事业单位岗位设置入轨、事业单位岗位分级和绩效工资改革三步走的部署,我校分别于 2006 和 2010 年完成了事业单位岗位设置和分级工作,2012 年按照上级要求实施绩效工资改革。绩效工资由基础性绩效工资和奖励性绩效工资两部分组成。学校在实施绩效工资时,克服各种困难,重构了收入分配体系,坚持了保高托低,也保持了激励力度。2012 年绩效工资改革涉及学校教职工(含离退休教职工)3400 余人,学校新增投入 1.2 亿元(含 2010 年、2011 年补发)。因此,近两年我校教职工的收入普遍得到提高,特别是离退休教职工和低岗位、低职称教职工收入有较大提高。

建立了校院分担机制。绩效工资改革明确了学院在提高教职工收入中的贡献度,学校绩效工资制度的设计为学院教职工收入的提高留下较大空间,学校在总绩效中预留较大比例作为各学院的可分配创收额度,激发了各学院依托专业学科特点、争取外部资源、提高收入的积极性,近 2 年各学院承担的培训任务迅速增加,学院的创收能力明显增强,学院教职工的收入增长得到了保障,绩效工资改革中产生的矛盾也得到妥善化解。2012年学校年初预计的绩效工资额度为人均 8.34 万元,年终实际分配达到8.81万元,这主要是学院创收分配额度的增加,提高了人均收入水平,各学院增收的潜力由此可见一斑。同时,校院两级共同分担教职工收入增长的责任和激励机制初步形成。

(二)存在的问题

第四轮岗位聘任吸收了前三轮岗位聘任的成功经验,且在聘期内还分别实施了事业单位岗位设置与绩效工资改革,建立了任务导向和校院分担等有效机制,极大地促进了学校事业的快速发展。但是,其中仍然存在一些问题和需要改进之处。

1. 基层学术组织比较薄弱

基层学术组织是学校学科建设与专业建设的基本单元,也是学校人才培养工作的重要基础。在学校第四轮岗位聘任中,将团队岗位聘任与基层学术组织建设紧密结合起来,对推动基层学术组织建设起到了积极作用。但是,在实际工作中,因各学院情况不同,基层学术组织建设的进展不一,取得的效果差异较大。主要表现在学院基层学术组织形同拼凑,比较涣散,个别学院的基层学术组织管理混乱,基层学术组织存在有职有责但无权无利的现象。基层学术组织的建设进展较为缓慢,很多基础性、长期性工作抓不到底,导致学校品牌专业建设、特色学科培育、重大项目获取和服务地方任务等重要工作难以落到实处。高水平人才引进的有效机制、青年教师培养的长效机制也尚未完全形成,学科、专业的发展后劲明显不足,学院领导应对发展压力也显得力不从心。

2. 岗位职责尚未完全落实

第四轮岗位聘任虽然把聘期目标任务落实到了学院,但这个压力仍然停留在学院领导的层面,尚未传递到基层甚至教师个人。一些教师仍存在着岗位职责不明确、不落实的现象,尤其是某些级别的岗位,连额定工作量都没有完成,更谈不上完成学校的重点目标任务了。从这次绩效工资改革统计的数据看,有相当一部分高级别职称教师的绩效并不理想,有个别教师评上讲师和副教授之后,便满足于事业单位岗位这个铁饭碗,不思进取,把主要精力放在学校以外,而不是学校的工作上。由于岗位聘任,尤其是重点岗位聘任和职称晋升的权力没有下放到学院和基层学术组织,制约手段缺乏,压力传递的机制难以形成,因此在教师中存在忙闲严重不均衡的现象。

3. 任务设定及赋分还需完善

第四轮实施目标责任制度,制定了目标任务,并将目标与学院岗位数紧密联系。目标设定考虑了重要目标任务,但没有考虑如学生培养工作等重要的日常任务,同时目标任务没有考虑各学院的发展差异和特点。在执行中,按照同一的标准要求各学院、各学科,造成在实施中存在的目标任务完成质量差异较大,并难以合理评估,不利于调动方方面面的积极性和各学院的潜力,不利于兼顾到重点与一般、公平与效率的问题。

二、第五轮岗位聘任的主要思路与做法

第五轮岗位聘任聘期是实施"十二五"规划的后三年,也是学校进入百强、实现省部市共建高校目标以及事业单位岗位设置管理工作全面结束后

的首次聘任,学校面临高校全面启动实施 2011 协同创新计划以及建设"两富"浙江的关键时期。因此,第五轮岗位聘任工作的实施对学校的持续发展至关重要。

（一）指导思想

以党的"十八大"精神和科学发展观为指导,以完善岗位绩效工资制度为契机,围绕学校"十二五"发展目标和任务,深化人事制度改革,建立符合高校岗位特点、与事业单位岗位设置管理改革制度相适应的岗位聘任体系,充分调动教职工的积极性和创造性,促进教职工发展,推进基层学术组织建设,实现"学科进位"与"专业进位",为学校在全国高校百强排名中的位次稳步提升和教学业绩考核继续保持在全省高校前列提供有力支撑。

（二）基本原则

1. 坚持任务导向、分级管理的原则。落实目标责任制,以学校重点发展目标和任务为导向,科学设置岗位,并严格考核。进一步强化学院在岗位设置与聘任中的作用,通过校院两级岗位设置与聘任,建立与事业单位岗位设置相适应的学校岗位设置与聘任体系。实现学校、学院、基层学术组织分级管理体系,激发各层级的积极性。

2. 坚持团队聘任、分类管理的原则。以本轮岗位设置与聘任为抓手,进一步加强基层学术组织的建设,切实发挥学院在建设基层学术组织中的主导作用,提高基层学术组织的自身发展能力。在教师岗位聘任中,继续推进和完善团队聘任,并坚持分类聘任和考核。

3. 坚持按需设岗、以岗定薪的原则。对于专业技术岗位以目标任务为导向设置,对于管理、工勤岗位则依据岗位职责饱满度来核定。以继续深化绩效工资改革为目标,树立岗位责任意识,体现岗位与责任、任务与待遇相一致的薪酬分配原则。

（三）重要目标任务

1. 重要目标任务的设定

根据学校"十二五"发展规划确定的目标,结合学校第四轮岗位聘期目标任务完成情况和人才队伍现状,在研究同类高校发展趋势基础上确定了聘期重点目标任务,并且对目标任务赋分表内容进行了调整。总体上看,第五轮岗位聘任目标任务比第四轮岗位聘任目标提高了 15%,相关职能部门分别将各类任务初步分解到了学院,作为指令性目标任务。

2. 重要目标任务的内容

目标任务由教务处、团委、研究生院、人文社科处、科技处、地方服务与合作处、继续教育与培训处分别制定,将"百强进位、业绩进位"、"学科进位、专业进位"的相关指标纳入其中。第五轮岗位聘期目标任务总分 31.8 万分左右,其中本科教育占 14%,学生创新占 7%,学科及研究生教育占 8%,科学研究占 64%,地方服务(培训)占 7%。各项工作的比例有所调整。

第五轮岗位聘期目标任务较前一轮有几个特点:一是把学科进位和专业进位首次作为考核学院的重要指标,目的是促使学院在完成学校下达的各项具体任务的同时,要开阔眼界,提升境界,把自己放到全国同行中去横向比较,促进学科、专业更快发展。二是突出了提高学生培养质量的指标,如在本科教育指标中,增加了探究式教学改革、教师教学技能提升等指标,在创新创业指标中增加了学生竞赛、学生参与科研、学生创业等指标。本科教育目标任务占总任务的比例较上一轮提高了 9.5%。特别明确了对本科生的指导是教师的基本职责,并纳入工作量核算。三是去掉了一些低端的任务。如在科研指标中,去掉市厅级及以下项目、学术会议论文,在地方服务中,低层次的服务指标也不再列入。四是确定了学院必须完成的指令性目标任务,超出部分经有关职能部门认定后,可作为学院完成的总任务纳入统计范畴。五是分解到学院的目标任务中,更加体现学院学科的差异性,即强调学院聘期目标任务的总量,又将具体指标的量化部分逐步减少,同时更加鼓励团队合作。

(四)主要做法和保障措施

相对来讲,第五轮聘期的目标任务是比较艰巨的,需要全校上下齐心协力、共同奋斗才能圆满完成。当然,学校也将创造各种条件,为学院完成任务提供有力支持和保障。

首先,学校将采取"双轨合一"、"三权下放"的办法。"双轨合一"就是以事业单位岗位体系为基础,与校内岗位体系合并为一,学校仅保留 330 个左右的校设重点岗位,打破事业单位岗位是铁饭碗的观念,按绩效聘岗,做到能升能降,将重点目标任务与高级别岗位挂钩;学院承担任务越多,则得到的高级别岗位越多,特别是得到未来几年高级职称晋升指标越多。"三权下放"就是把校设重点岗位、事业单位岗位、未来三年新增高级职称岗位的聘任权交由学院,以利于学院和基层学术组织更加科学、合理、有效地实施岗位聘任,把愿干事、能干事的人才聘任到重要岗位上来。

其次是通过聘岗强化基层学术组织的建设。本轮聘岗首先要求学院按照学校的学科和专业规划组建基层学术组织,以基层学术组织为团队申报各级各类岗位,并且规定基层学术组织负责人岗位必须是校设重点岗位,有明确的负责学科和专业建设的岗位职责,基层学术组织中的每位教师有相对固定的教学任务和学科研究的方向。

三是继续加大领军人才和优秀博士的引进力度。本轮聘岗的政策明确规定,新引进人才不占学院的岗位指标,但其完成的任务计入学院完成的聘期目标总任务。这项措施旨在鼓励各单位在承担重任之后,要善于广罗人才,壮大队伍,借助方方面面的力量来实现自己的发展目标。尤其是在学院取得未来三年新增高级职称岗位的评审和聘任权之后,更有了激励培养优秀博士的有效抓手。

四是把年度和聘期考核的权力下放到学院。本轮聘期采取学校→学院→基层学术组织→个人逐级考核制度。学校只抓住考核学院这个龙头,通过专项目标考核和聘期目标考核,对学院进行年度和聘期考核,并把考核的结果与各级各类岗位的增减、领导干部的任期评价结合起来。要求学院也用同样的思路,设计出针对本单位基层学术组织的考核办法,基层学术组织也要针对成员,设计出行之有效的责任落实制度,形成任务层层落实、压力层层传递的良好机制。

五是持续增加用于提高教职工收入水平的投入。根据宁波市最新精神和学校实际,学校经研究确定 2012 年我校绩效工资实际执行水平为人均 8.81 万元(含各类奖励,不包括省市特聘教授岗位津贴等可单列项目),增幅为 11.9%;比年初预算人均 8.34 万元又增加了人均 4700 元。预计未来 3 年,学校将通过校院共同承担的方式,保证我校教职工人均绩效工资水平每年有一定的增幅,并加大对高级别业绩的奖励力度。

三、对第五轮岗位聘任的几点要求

第五轮岗位聘任相对于第四轮岗位聘任,具有以下几个明显特点:

第一,第五轮岗位聘任岗位体系采取"双轨合一"。以事业单位岗位为基础,辅之以校设重点岗位体系,即岗位主体是专业技术岗位(13 级)、管理岗位（8级）、工勤技能岗位（5级），学校只在教学科研教辅岗位中设置两级校设重点岗位。因此，不仅原先实行多年的校内九级聘任制度不再实施，而且本次岗位聘任还是2010年事业单位岗位聘任后的重新聘任。今后每一个聘期都要结合上一轮聘期岗位职责完成情况，对事业单位岗位进行重新聘任。

第二，岗位与目标任务、职责挂钩。第五轮岗位聘任中的校设重点岗位（2级）、事业单位高级别岗位（6级）、未来新增高级别岗位数（正高、副高）都分别与承担的目标任务挂钩；而其他级别岗位、管理岗位、工勤技能岗位等与岗位职责的履行情况相关联。

第三，学院成为岗位聘任的主体。学校将目标任务、岗位及其对应的津贴，经过计算切分到各学院和单位，由各学院和单位制定实施细则进行聘任和分配。学校的主要任务是为学院完成目标任务提供服务和保障，并开展年度和聘期的考核。

第四，构建稳固的基层学术组织。第五轮岗位聘任时，学院要按照要求建立学院下一级的管理组织，即基层学术组织。基层学术组织根据其承担任务的侧重主要分为系或研究所，在条件具备的情况下可以系所合一。学校在校设重点岗位中，为基层学术组织负责人设置了相应的岗位，希望明确其责任、权利和义务，真正将基层学术组织建起来。

由于第五轮岗位聘任具有上述特点，因此其聘任工作比前几轮岗位聘任工作难度更大，复杂程度更高。为了更好地保证岗位聘任工作顺利进行，特提出以下几点要求。

（一）总体要求：逐步形成三种机制

1. 建立以目标任务为导向的人力资源配置机制

实现重点目标任务是学校不断发展的需要，而岗位是学校发展的重要资源。在第四轮岗位聘任时，目标任务与校内高级别岗位挂钩比例达75％；而第五轮岗位聘任时，目标任务与校内重点岗位（含一级、二级）比例将达到80％，与事业单位高级别岗位（教授二、三、四级和副教授五、六、七级）挂钩比例达到40％，与未来事业单位新增高级别岗位（正高、副高岗位）挂钩比例达到100％。这种做法将在学校内部逐步形成业绩完成情况与人力资源分配挂钩的机制。

2. 建立校、院、系(所)三级管理机制

第五轮岗位聘任将进一步强化校、院、系(所)三级管理体系建设。要求学校各职能部门、学院重新梳理自己的管理职能,按照三级管理模式,进一步把职责和权限下放到下一层组织中,随着事权下放,人、财、物权也相应下放,将基层学术组织做实做强。逐步形成学校管理主要涉及学校发展的战略规划、政策制定、资源配置、条件保障等全局性事务;学院管理涉及学院发展规划、师资聘任、学科和学位点建设,专业建设、队伍建设、服务社会等重要事务;系(所)管理涉及组织教学、开展教学与科学研究、承担本科生和研究生培养,帮助青年教师成长等具体事务的分级管理模式和运行机制。

3. 建立分级的考核激励机制

学校建立了校、院、系(所)三级管理体系,相应也要建立分级的考核激励机制。学校层面将主要接受省教育厅对学校的年度教学业绩考核,并参考大学排行榜等综合情况评判学校发展的整体状态。学校负责对学院的考核,主要根据专项目标考核结果、聘期目标任务完成情况、所属学科和专业在全国排位的变化进行评价排序;学院负责对基层学术组织的考核,主要考核其对教学、科研、社会服务和队伍建设等工作职责的履行情况以及对学科、专业进位的贡献情况;基层学术组织负责对其成员的考核,主要考核履职情况和个人发展状态。考核应该是年度考核与聘期考核相结合、重点考核与一般考核相结合。

三个机制的建立对学校发展是一个基础性的工作,需要我们持续努力,不断完善,将好的机制积累、固化下来,我们的管理能力也将得到持续提升,更好地服务于教学、科研、社会服务等工作,促进学校健康快速发展。

(二)对学院的要求

在第五轮岗位聘任中,学校将岗位、目标任务等切分到学院,由学院负责组织实施。学院是此次岗位聘任成功与否的关键,因此,希望各学院要高度重视这项工作,将其作为 2013 年的重点工作抓好、抓实。学院要建立相应的聘任领导机构、制定聘任实施细则、完善具体的实施方案,并严格执行。在此,对学院提两点建议与要求:

1. 夯实基层学术组织

对于基层学术组织建设,学院的院长、书记要亲自负责。要做好这项工作,我觉得关键是要抓好以下几点。

一是从学院发展的战略高度充分认识建立基层学术组织的重要性。建立基层学术组织,学院可将具体事务性工作的管理权限下放,可以从繁杂的事务性工作中脱身,考虑全局性问题,能集中精力解决学院发展的关键问题。建立基层学术组织,将真正使学生培养、学科和专业建设、团队建设、年轻教师发展等基础性工作落到实处,促进学科、专业可持续发展。

二是要科学合理地设置基层学术组织。根据学院学科、专业、队伍的实际情况,可以按照二级学科或一级学科(若学科规模较小),也可按照专业设置。同时明确基层学术组织的责、权、利,并通过公开选拔,将学术水平高、品德高尚、乐于奉献的同志选聘到校设重点岗位上,作为基层学术组织的负责人。

三是在基层学术组织上建立党支部。发挥党支部的战斗堡垒和监督保障作用,发挥党员的先锋模范作用,从思想政治工作层面促进基层学术组织建设。

2. 形成自我约束机制

在第五轮岗位聘任中,学院将获得包括经费、各级各类岗位、职称晋升等许多资源管理权限,学院应该建立自我约束机制,正确行使相关的权力,使这些资源发挥最大效益,创造更好业绩。

一是要充分发扬民主。岗位设置与聘任涉及教职工的根本利益,学院聘任政策的制定要广泛征求教职工意见,在领导班子达成共识的基础上,经学院教代会或教职工大会上审议通过后方可实施。

二是要进一步调整资源配置政策。将岗位和绩效工资等资源集中到优势方向上,使其发挥更大作用。学院在配置这些有限的资源时应该向教学科研一线倾斜,向基层学术组织倾斜,向第四轮完成情况优秀、勇于承担任务的团队和个人倾斜。

三是要坚持公正、公开、公平原则。由于本轮聘任以学院为主,教职工之间相互了解的程度很高,谁的贡献大小、学术水平高低、工作态度好坏,大家一清二楚,因此学院在聘任时要努力做到坚持原则、公平公正、教师服气、群众满意。

(三)对管理及其他岗位的要求

在第五轮岗位聘任中,除部分教学科研人员既受聘校设重点岗位,又聘任对应的事业单位岗位外,其他岗位全部纳入事业单位岗位聘任范畴。按照事业单位岗位设置规定,管理岗位规模一般不高于全校总岗位的20%,工勤技能岗位逐步控制在 3%以内。目前我校管理岗位和工勤岗位均超过了对应控制比例,管理岗位规模的比例达到 24%。为了确保事业的发展,结合未来三年学校师资队伍发展预期,本轮聘期管理岗位规模将控制在 23%以内,今后管理岗位如有增量,将用于保障本聘期内的重点工作。

借此机会,我对管理及其他岗位人员的聘任工作也提几点要求:

1. 细化岗位设置办法与岗位职责

严格控制编制和岗位。在参照同类高校岗位编制设置基础上,按照"保证重点、兼顾现状、合理调配、逐步到位"的原则,调整机关各部门的管理岗位设置,处理好有的单位缺岗、有的单位超编的问题。在各部门明确各自职责以及成员的岗位职责基础上,通过与省内同类院校相同部门和岗位的比较,合理调配,确定岗位数。对承担学校重点发展任务的部门适当追加岗位,对超编的部门通过减员不增的方式,逐步控制到规定的岗位数。今后将通过奖励性绩效工资的分配,逐步形成合理调配管理岗位的机制。学院则继续按照教师和学生规模确定相应的管理岗位编制。

明确岗位基本职责。按照学校、学院、基层学术组织三级管理要求,各部门要梳理管理职责,下放权限,精简岗位。机关各部门要细化岗位职责,尤其要细化管理岗位考核办法。学校将研究管理岗位考核政策,制定具有可操作性的考核办法,避免目前管理岗位考核中存在的不足和大锅饭现象,更好地发挥考核的激励作用。

2. 提升教职工队伍整体素质与水平

虽然我校的管理岗位及其他岗位人员规模不小,但这几支队伍的结构、能力、水平与学校发展的要求仍然存在不相适应的问题。在第五轮岗位聘任聘期内,学校将继续加大力度,坚持外送交流、攻读学位和在岗培训相结合的做法,采取措施改善管理及其他岗位的队伍结构,提高其能力和水平。

加强外送交流培养培训。利用学校专业硕士学位点拓展的有利时机,创造条件,鼓励教师攻读学位。通过挂职到其他高校、政府机关和援藏、援疆、支农等方式,使我校的干部职工有更多机会与社会接触,在不同的环境中,学习了解不同的管理方式方法,在实践中提高发现问题、分析问题和解决问题的能力。支持教职工结合工作实际开展教育管理研究,不断总结和提高,提升自己的专业技术职务。拓展教职工去海外学习的机会和渠道。

关心教职工的个人发展。学校将充分利用好教职工发展中心这个平台,为管理岗位及其他岗位教职工提供更多的在职学习培训机会,为教职工发展营造更好的氛围和条件。当然,作为管理岗位及其他岗位的教职工,自身也要努力,积极主动加强学习,勇于承担工作,在学校发展的同时也能够实现自我提升与发展。

经过广大师生员工二十多年的艰苦努力,学校取得了令人欣慰的办学业绩,但是我们必须清醒地认识到向一流大学迈进的道路还十分艰难漫长。实事求是地讲,宁波大学始终是在各种资源极为短缺的情况下勉力前行的,而且在今后相当一段时期内,这种短缺会依然困扰我们。面对这种情况,学校怎样才能更好更快的发展?这是令人深思的问题。学校发展需要动力,学校想发展得更快,则需要更强劲的动力,这是不争的简单道理。那么这种力从哪里来,又应该用到哪里去?这似乎是个哲学问题,但又是一个非常现实的问题,而本质上是一个针对宁波大学实际情况应该采取的工作方法问题。

力有外力内力之分,所谓外力来自于各级政府、社会各界、"宁波帮"、广大校友以及学校的国际化;所谓内力来自于教职工的无私奉献,更来自于通过人事聘任制度改革所激发出来的每个教职工的点滴之力。我们在工作中,就是要千方百计地激发和获取这种些小力量,聚集起来去推动学校的发展。我们应该把本次聘任工作作为进一步调动教职工创造力的有利契机,通过制度设计、收入分配和奖励激励,通过人文关怀、关心教职工发展去挖掘和释放其中所蕴含的力量。

发展的力量聚之不易,而更重要的是我们应该把这些力量用到哪里去。应该用这些力量去干有利于学校长远发展的事情,有利于长久的事情大多都是基础性工作,也是涉及面较广的工作,而要做好基础性工作一般也需要较长的过程,需要耐心,需要持之以恒。例如,本轮聘任工作的一个重点就是建立稳定的基层学术组织,它关系到学校长远的发展基础是否牢固,因为只有通过基层组织才能有效地落实学校的各项政策,学校各部门、各学院要着力于基层学术组织的构建和正常运行上,通过学科进位、专业进位的参照体系和考核激励机制的建立，推动基层学术组织步入自我管理、自我激励、自我发展的轨道，才能有效形成学校上层拉动、中层传动和基层推动的协调发展局面。希望各学院、各部门的领导认真思索，如何聚集各种力量，在本轮聘期内干一两件有利于学校和学院长远发展和长久有效的大事。

对提高高校教育质量的思考[*]

——提高人才培养质量是学校一项长期、艰巨的任务，重要的是逐渐形成一种积极向上的"互信、互动、互助"的校园育人文化。而文化的形成也需要一个长期的积淀过程，因此我们要有一种精神："即干一件长久的事，长久地干一件事"，紧紧抓住提高教育质量这件事，锲而不舍，才能把人才培养质量的提高变为教师的自觉行为，才能形成学校独特的育人文化。

党的十八大报告提出要努力办好人民满意的教育，推动高等教育内涵式发展，要把立德树人作为教育的根本任务，实施素质教育，培养学生社会责任感、创新精神和实践能力，努力提高人才培养质量。为提高高等教育质量，教育部于 2012 年专门颁布了《教育部关于全面提高高等教育质量的若干意见》，今年 3 月，郑继伟副省长召开了高校领导座谈会，研究探讨如何提高高等教育质量。努力提高高校人才培养的质量，是办好人民满意的高等教育的核心要素。

《教育大辞典》对教育质量的解释是：教育质量是对教育水平高低和效果优劣的评价。

从宏观层面来讲，教育质量即整个教育体系的质量，也可称之为"体系质量"，管理者为教育部及各级教育管理部门，管理内容包括整个教育体系的结构、规模、质量、效益等；从微观层面来讲，管理者为学校和教学基层单位，管理内容最终体现在培养对象的质量上，即培养学生的质量。

衡量教育质量的标准是指教育目的和各级各类学校的培养目标。前者是指从国家、政府、社会层面上要求教育所要达到的目的，即规定受教育

＊ 本文是 2013 年 4 月 19 日聂秋华在党的十八大精神集中轮训班上的报告

者的一般质量要求,亦是教育的根本质量要求;后者是指各级各类学校的培养目标,即规定受教育者的具体质量要求,衡量人才是否合格的质量规格。培养目标是否达成,我们首先要看培养目标设计是否合理,是否符合国家和社会的发展以及培养对象的自身发展要求,培养目标的确定和实现是衡量学校教育质量的关键,学校要提高教育质量必须始终围绕人才培养目标设定与达成来下功夫。

教育质量提高最终要靠教师群体实现。学校的人才培养质量提高受到很多因素的影响,例如本科教学评估有一套包含 30 多项指标的庞大评价体系,其中大部分指标是人才培养质量的保障措施和条件,其实在众多评估指标中,师资队伍才是人才培养体系的核心要素,因为教师是人才培养的最直接实施者和操作者。

梅贻琦先生的名言"所谓大学者,非谓有大楼之谓也,有大师之谓也",是针对当时只追求校舍建设,不重视学校内涵和师资建设的现象而提出的观点,影响深远。

哈佛前校长柯南特也说过:"大学的荣誉,不在它的校舍和人数,而在于它一代一代教师的质量。"从对人才的培养角度看,大学仅有大师还不够,大师仅能起到榜样的作用,因为大学对人才的培养是广大教师通力合作的结果,所以教育质量提高最终要靠教师群体来实现,通过教师群体之间的合作与相互支撑来达成。

要提高人才培养质量,教师队伍需要具有良好的职业道德,较高的学术水平,先进的教育理念和必要的精力投入。其中,教师在教学和育人工作上的精力投入是提高教育质量的先决条件。

如何使教师有更多的精力投入到教学和学生的身上?这是学校在提高教育质量时必须解决的问题。宁波大学近年来一直在细致深入地推进这项工作,具体在师生这两个层面上下功夫。以下结合学校人才培养的实际,从三个方面来探讨如何提高高校教育质量。

一、推动师与生的交融,建立师生间的互信关系

提高教育质量的前提是师生之间联系接触,关系融洽,尊师爱生,相互信任。如果师生接触机会非常少,教师对学生漠不关心,学生对老师敬而远之,那么提高教育质量只能是一种奢望。上海市副市长沈晓明作为温州

医学院校友代表,在温医 50 周年校庆典礼的发言中讲到,给他感受最深的是就学时与老师们学习在一起、生活在一起、活动在一起,这种师生间密切联系,老师的言传身教对学生潜移默化的影响巨大,甚至在成长成才道路上伴其终生。

随着高等教育大众化,招生规模不断扩大,师生间的接触减少了,关系变得陌生了,距离感加大了。所以要创造条件,使得学生与教师之间有更多的接触机会。

(一)大类招生,分流培养的平台模块模式

高校要适应社会的发展,培养的人才要满足社会经济发展的需求,这点毋庸置疑。但是高校对社会需求的反应往往是滞后的,针对这种情况,宁波大学从 2001 年起采用大类招生,分流培养的人才培养模式,构建了平台＋模块的课程结构体系。即按学科大类招生,学生在第一学期末可再次选择学科大类,第一学年末选择专业进入相应学院,第五学期末选择方向模块学习。这种培养模式加入了学生选择的因素,通过学生对专业、课程的选择,促进教师加强对专业的建设、改造和调整,逐步形成了一种有效地、不断适应社会发展需求的专业调整与改造机制,促使学校和各专业教师对社会人才需求的反应更加灵敏,更加及时。该培养模式对学校调整专业结构、优化资源配置、为学生成长成才拓展更大发展空间等方面起到了积极作用。

这种人才培养模式也逐渐改变了专业教师的观念。过去按专业招生,学生一旦招进,就成了本专业的"奶酪",别人不能动。现在是谁也没动你的"奶酪",而是"奶酪"自己在变大变小。因此各专业教师要花更多的时间和精力去接触大一新生,让学生充分了解自己的专业,争取更多的生源,做大自己的"奶酪"。各院系专业派最强的老师宣传专业,做班主任、本科生导师等,拉近了师生的距离,同时也体现了教师对学生的关爱,让学生从一进校就感受到自己是受到重视的,有利于建立师生间的互信关系。而更重要的是,专业教师逐渐明白了一个道理,即争取生源的最好办法还是按照社会对人才的需求建设和改造好自己的专业,使学生有更好的发展空间,才能保住和做大自己的"奶酪"。

(二)双向激励,挖掘需求的学科竞赛机制

近年来,全国各个高校非常重视在校学生科研能力提高与创新创业训练,开展了各种学科竞赛和"挑战杯"比赛。宁波大学在开始阶段虽然非常重视,但成绩不理想。学校和有关部门认真总结后认为,要提高比赛成绩,必须调动教师和学生两个积极性,要保证有更多的教师和同学参与到各项研究活动中,要建立广泛的群众基础。前提是认真分析师生的需求,找准激励点。

教师尤其是青年教师特别需要的是具有良好的发展空间,所做工作受到学校和学院的认可。学校通过树立典型,肯定教师在学科竞赛方面所取得的成绩,并在其个人发展上进行政策引导和支持,调动激发教师参与学生学科竞赛指导的积极性。例如建工学院青年教师蔡丽指导的学生创业团队为学校获得全国挑战杯大学生创业计划竞赛第一个金奖,受到校内广泛认可,她在出国进修、职称评定、荣誉获得等方面一路绿灯。理学院教师罗文昌晋升副教授,其中一项工作业绩支撑就是作为指导老师带领学生团队荣获 2012 年第九届"华为杯"全国研究生数学建模竞赛一等奖,因此获得了评委会的一致认可。

学校通过要求学生获得创新学分,作为毕业的必须条件;另一方面,参加学科竞赛同学们的综合素质得到提升,就业竞争力明显增强,以此调动学生参与学科竞赛的积极性。例如我校商学院潘程晨等同学完成的作品"基于浙江温台地区 165 个标会的分析"获得 2011 挑战杯全国大学生课外科技作品竞赛一等奖,就业时,参加过该项目的同学受到宁波多家金融机构、银行的争抢,给广大同学树立了榜样。

通过挖掘需求,极大地调动了师生两方面积极性,学校形成了浓厚的学生参加科研活动的氛围,参与人数直线上升。学校的获奖数量明显增多,在 2012 年全国"挑战杯"比赛中,宁波大学以两金一银的成绩并列全国高校第一名。通过师生间双向结合,使得教师和同学能够长时间在一起做一件事,这样的经历使学生终生难忘。不少同学在获奖后也格外感谢他们的指导老师的帮助,认为在其成长道路上受益良多,而教师的个人价值也得到充分体现。学科竞赛获奖固然可喜,但更重要的是,学科竞赛与创新创业训练活动已经成为宁波大学一种增进师生接触的有效载体和平台。

(三)一次分配,二次选择的本科生导师制度

为了使教师更广泛地接触学生,宁波大学积极推行本科生导师制,充分发挥广大教师育人的主导作用,营造全员育人氛围,推动思想教育与专

业教育、课堂教育与课外教育、共性教育与个性教育相结合。并将教师指导本科生列为教师的基本工作职责,作为教学工作量计算。

本科生导师制采用"一次分配,二次选择"的做法。首先,学校为每一位刚入校的本科新生配备导师,为一次分配;从第二学年开始,每学年进行一次选择,让学生再次选择导师,可以继续选择原来的导师,也可以根据自己的了解选择别的老师做导师,而且要根据自己的愿望依次选择 5 位老师。这样的制度设计,目的是促进同学更好地了解教师,尤其是本学院、本专业的教师。同时,也能简化对教师指导本科生的效果的评价,即学生选你的次数作为考核教师指导本科生优劣的参考依据,促进教师对学生的接触与交流。

本科生导师制的实施,使每一个同学觉得自己在宁波大学学习期间,始终有一位老师在关注、关心和关怀着他,增强对母校的热爱,提高毕业生对母校忠诚度,例如《2011 届浙江省高校毕业生职业发展状况及人才培养质量调查报告》显示:宁大毕业生整体素质水平满意度和对母校的满意度在全省本科院校排名中均名列第一。

二、倡导教与学的互动,推进教学方法的改革

1985 年,国家启动教育体制改革,在《中共中央关于教育体制改革的决定》中指出了教育体制在教育事业管理权限的划分、教育结构、教育思想、教育内容、教育方法上存在的弊端。经过二十多年的发展,目前在教育事业管理权限的划分、教育结构、教育内容等方面取得了明显进步,但是在教育思想、教育方法等转变上比较缓慢,我国教育界传统教学方法主要以单向的知识传授型为主,教学中缺乏互动,难以培养出国家需要的创新型人才。宁波大学在人才培养的实践中,通过教师与学生的互动,学生与社会的互动,教师与外教的互动推进教学方法的改革。

(一)问题引导,师生互动的探究式课程培育

探究式教学是在教师的启发诱导下,鼓励、引导和鞭策学生自学,提高学生独立思考问题和解决问题的能力。以学生独立自主学习和合作讨论为前提,以现行教材为基本探究内容,以学生周围世界和生活实际为参照对象,为学生提供充分自由表达、质疑、探究、讨论问题的机会,让学生通过个人、小组、集体等多种解难释疑的活动,将自己所学知识应用于解决实际

问题的一种教学形式。

宁波大学自 2009 年初开始实施探究式课程教学改革,通过开展"问题引领、多维互动、自主学习"的探究式教学,改革成效明显,至今共有 200 多门课程开展了改革试点工作,并有十余门探究式示范建设课程通过验收,在校内课堂教学方法改革中发挥了示范作用,对改善教风、学风,提高课程教学质量起到积极的促进作用。

探究式课程改革营造了师生互动的良好教学氛围和环境,对教师的教学理念转变产生了深远影响,通过互动,学生的表达能力,分析问题能力得到明显提高,学生的质疑和创新思维得到训练,教学效果良好,教师参与教学方法改革的主动性逐渐增强。探究式课程改革也推动了学生课外自主学习,改变学生平时上课不预习、下课不复习、临近考试"抱佛脚"的不良习惯,促进学生温故而知新,使学生有更多的课外时间投入到学习中,有利于掌握自学的方法。

(二)延伸课堂,走向社会的实践基地建设

目前的在校大学生属于 90 后的年轻一代,获取社会信息的能力很强,但并不意味着完全了解社会,也不代表毕业后能够很好地适应社会。学校通过实践基地建设将课堂延伸到社会,其目的是加强学生与社会的互动,增强学生社会实践能力和专业能力,积累工作经验,学会处理人际关系,使他们在毕业后能尽快融入社会。

宁波大学结合国家卓越人才计划和创新创业训练计划,积极开展校内外实践基地建设,探索了与行业、企业、科研院所联合培养人才的新模式。例如在实施教育部"卓越医生教育培养计划"项目中,依托附属医院和各级教学医院实训实践,培养富有关爱病人、尊重生命的职业操守和解决临床实际问题能力的临床医学人才。法学专业结合"卓越法律人才培养计划"与地方法院、检察院和律师事务所建立学生实习实践网络,锻炼学生参与分析、处理具体案例的实际能力。目前,宁波大学已建立了国家、省和校级实践基地 160 多个,覆盖学校所有专业,为学生专业能力的培养提供了实战场所。

近年来,在校内外实践基地建设和大学生创新创业训练计划项目的推动下,实践训练已成为学生大学生涯的重要组成部分,使同学有机会深入接触社会实际,提高人际沟通能力和专业技能,为自己的职业生涯奠定基础,给同学们留下了深刻印象。2012—2013 全国高等学校学生信息咨询与就业指导中心调查结果显示,宁大毕业生对学校的教学实践环节效果的满意度在所选 84 所高校中位居浙江省属高校第一。

(三)依托专业,多元合作的国际化办学战略

近年来,宁波大学加快实施国际化办学战略,目标非常明确,一是弘扬中华文化,培养知华、爱华国际友人;二是引进国外优质教育资源,借鉴国外先进教育理念和教学方法,为我所用。为此,学校依托各学科学院,加快建设国际化专业,采用全英文授课,为招收留学生打下基础。各个专业根据自身发展的需求,以多元合作方式拓展国际办学项目,推进专业的调整和改造。例如人文学院旅游管理专业,以与法国昂热大学合作为基础,采取多种合作方式拓展办学项目,先后与西班牙、意大利、荷兰等欧盟高校建立了合作关系。国际化、全英文专业的建设为学校的国际化战略实施提供了有力支撑,目前学校留学生规模已超过 1000 人,生源涉及 88 个国家,学历生达 600 余人。

从 2011 年开始,学校每年设立 500 万元的专项经费,用于支持各学院引进国外专业教师,努力扩大专业外教队伍,支持学校全英文专业建设。2012 年,学校的外教队伍达到 118 人。学校积极扩大专业外教规模,其目的是使我们的教师能够近距离接触外教,加快教育理念的转变和教学方法的改进,与外教形成教学上的互动,来加强全英文专业师资建设,进一步辐射到一个个专业,最终达到提高本专业人才培养质量的目的。例如商学院国际贸易专业教师在全英文专业课程教学上,与外教共上一门课的积极性非常高,通过与外教合作,采取听课、参与课堂讨论、教学点评等方式,做到双方教师的有机结合,促进了教学方法转变,有效地提升了教师的全英文教学水平,使我们的专业教师能很快胜任这门全英文教学课程。

三、实现知与行的统一,建立互助的教学规范

在众多的大学校长论坛中,每一位校长无不强调大学本科人才培养对学校、对社会的重要性,已经成为不争的共识。但是,比共识更重要的是行动,而要实现这种知与行的统一,需要的是教学规范。建立规范的关键是:学校要明确培养目标,专业要制定教学计划,教师要落实教学要求。教学规范应该建立在教师群体互相支撑、互相帮助的基础之上,逐步形成一种

自觉的、有职业道德约束力的校园育人文化,方能保证教育质量的持续提升。

(一)培养目标,课程实现的教学基本要求

培养学生和制造产品有相似之处,是许多人共同劳动集成的成果。不同之处在于流水线上工人的工作相对简单,一道道工序目的非常明确,把有形的零件装在看得见、摸得着的地方;而育人的工作则复杂得多,一门课相当于一道工序,难就难在要把无形的培养要素装到一个看不见、摸不着的地方(学生的头脑中),也很难计量装进去了多少。

教育质量的具体评价标准是大学的人才培养目标,教师在教学过程中也需要明确必须将哪些培养要素融入课程内容之中,因此,确定大学的人才培养目标格外重要。宁波大学把人才培养目标划分为五个大类,即希望所培养的学生具备合格的道德品质,良好的沟通能力,科学的思辨方法,合理的知识结构和一定的专业技能,每一类中又包括一些具体的要素。

学校的人才培养目标需要依靠一门门课程的教学集成方能有效达成,因此必须将确定的培养目标及要素分解到每一门课程中。人才培养计划和教学大纲必须体现这种分解与集成,由教师具体实施。教师应该明确教学的基本要求是:围绕学校、专业的人才培养目标开展教学活动,课堂教学不仅仅是知识传授,更应该包括培养目标中的素质、能力等培养要素。教师应该树立这种教学观,在改革传统教学方法上下功夫,使所讲授的课程为实现学生培养目标及要素提供应有的支撑,教育质量的提高依赖于每一门课程教学质量的提高。此外,作为教师也应该自觉认识到,人才培养需要教师群体之间的相互支持、相互帮助、共同协作才能实现整体的人才培养目标。

(二)发展导向,过程评价的教学考核办法

教师教学工作质量的评价可以说是一个世界性的难题,因为很难用单一的量化指标衡量。宁波大学积极探索建立以促进教师的职业发展为导向,通过教师间、师生间的相互帮助与评价,不断提升教师教学水平的教学考核办法。

学校建立教师发展中心,主要开展教师在教学过程中的培训、咨询、资源、理论、技术、交流研讨等方面的服务工作。通过聘请有经验的教师,组织开展讲坛报告、技能培训、教学观摩、咨询诊断、教师工作坊、教师午餐会等活动,通过互助的方式,相互切磋,共同改进教学方法,提高教学水平。

在职称评审中,通过单列指标、会评引导等方式,对在人才培养中取得突出业绩的教师予以充分肯定和政策倾斜;在学校重点岗位聘任中,设立专业负责人和资深教授岗位,鼓励有教学经验的教师将更多的精力投入到专业建设和课程建设中,并帮助和指导青年教师。

充分发挥教学督导组的作用,开展指导性听课,在学期初、期中、期末等三个阶段开展课程教学的检查,帮助教师发现教学中的问题,督促教师改进课堂教学。利用学生帮助教师改进教学工作,每学期两次学生问卷调查,一是日常教学过程中对课程教学质量评价,二是期末对教学质量满意度评价,调查结果的反馈有助于促进教师自我改进。通过开展青年教师技能比赛,设立课堂教学优秀奖、教学创新奖、探究式示范课程等,调动教师积极性,改进教学方法,提高教学水平。

(三)长期稳定,责任落实的教学基层组织

专业人才培养质量的提高需要强有力的专业支撑,而专业建设是一项长期、细致和连续的工作,因此专业建设的责任和任务必须长期稳定地落实在一批相对固定的教师群体上,教学基层组织应该发挥这种作用。宁波大学根据学科支撑专业发展的趋势与现状,将专业建设的牵头责任落实到一个学科方向(二级学科)团队上,作为基层教学组织的主体,努力形成一个学科方向为主,相近学科方向共同支撑的专业建设格局。

基层教学组织负责学校人才培养目标的要素分解、培养计划的确定,教学大纲的设计、课程教学的组织等工作,把人才培养和质量提高的任务落到实处。基层教学组织没有行政级别,本质上是一个互助的组织,通过开展教研活动,落实专业建设任务,提高教学水平,尤其是帮助青年教师掌握教学技能,迅速过好教学关。

学校出台了基层教学组织建设的政策,把专业负责人作为校设重点岗位聘任,逐步规范基层教学组织的责任、权利和义务。为了激励和推进专业建设,把各个专业在全国同类专业中的比较作为专业建设进展的重要参照目标,不断提升教师进行专业建设的责任感和荣誉感。

四、结语

提高教育质量是高校永恒的主题,提高教育质量的主体永远是广大教师,作为高校的领导者和管理者要始终关心教师群体的发展,关注教师队伍的成长,关怀教师,尤其是青年教师的安居乐业,这是提高高校教育质量的长远基础。提高高校人才培养质量的前提是师生融合,师生间要建立起互信的关系,要发挥言传身教、潜移默化的功效。培养创新人才的关键是改革教学方法,要彻底改变单一的单向的知识传授方式,建立教与学的互动,培养学生的创新思维。持续提高高校教育质量的保障是建立教师之间互助的教学规范,教师要围绕达成人才培养目标组织教学,青年教师教学能力的提高要得到有效的保证。当然,提高人才培养质量也是学校一项长期、艰巨的任务,重要的是逐渐形成一种积极向上的"互信、互动、互助"的校园育人文化。而文化的形成也需要一个长期的积淀过程,因此我们要有一种精神:"即干一件长久的事,长久地干一件事",仅仅抓住提高教育质量这件事,锲而不舍,才能把人才培养质量的提高变为教师的自觉行为,才能形成各自学校独特的育人文化。

论全面提升国际化办学水平[*]

——纵观国际高水平大学,无不具有浓厚的国际化色彩,也可以这么说,非国际化的大学注定成为不了一流大学。国际视野就是要求我们在教育上要站得高一点,看得远一点,想得深一点,这样才能把握好教育发展的规律,才能办好我们的学校、我们的教育。

经济全球化带来的教育国际化风起云涌,面对教育国际化的大潮,宁波大学将如何应对?这是需要我们认真思考的问题。希望全校上下能形成加快推进学校教育国际化进程的共识,有效促进学校的国际化办学工作,更好地推动学校教育理念的进步和教育质量的提高,努力开创学校建设与发展的新局面。

一、我校教育国际化工作的回顾与总结

我校的国际化办学工作经过了艰难起步、稳步拓展和快速推进三个阶段。

我校国际交流和合作工作起步较早,但因办学历史较短,综合实力较弱,学校与国外著名大学的合作非常困难。1996 年,学校成立了国际交流中心。同年,与加拿大汉伯学院建立了合作关系,正式揭开了学校中外合作项目的艰难一页。此项目是浙江省第一个中外合作项目,得到了时任加拿大总理克雷蒂安的关注和肯定。2000 年,学校成立了国际交流学院,定位为学校国际化工作的孵化器,为学科性学院教育国际化工作提供支持和帮助。

2002 年,我校留学生人数达到了 300 人,留学生教育工作稳步发展,

* 本文是 2013 年 7 月 1 日聂秋华在暑期中层领导干部扩大学习会上的讲话

在与众多部属高校的竞争中,成为第 97 所具有接受国家留学基金委公派留学生资格的高校。2006 年,第一个汉语言专业本科学历留学生顺利毕业。与此同时,中外合作项目数量上有增加,质量上有提升,模式上有创新,在非学历的基础上,拓展到中加曼尼托巴本科项目,中澳堪培拉大学的 MBA 硕士项目,合作模式从单一的"2+1",拓展到"2+2"、"2+1+1"等多种模式,全校的国际合作和交流处于稳步发展阶段。

2009 年,学校加快国际化办学的步伐,提出了依托学科性学院实现整体国际化的工作要求,国际化工作得到了快速发展,取得了显著的成就。迄今为止,已经与全球 30 多个国家的 130 多所高校建立了交流与合作关系,与其中的 90 所高校签订了校际合作协议。

回顾这些年,我们主要抓了以下几项工作:

(一)深化教学改革,学生国际化培养实现新突破

学校不断深化教育教学改革,努力突破传统教育模式,加大人才培养的国际化力度,结合学科性学院的发展需求,积极探索多元形式的国际化专业建设模式,启动了 8 个国际化本科专业、2 个国际化硕士专业建设工作,开设了全英文国际工商大类。通过借鉴国外先进的办学理念和管理方式,营造国际化教学氛围,转变教师的教学观念,培育国际化教学团队;通过引进原版教材,增设国际化课程,推进教材和课程建设,促进现有专业的改造和结构的调整;通过学习国外科学的教学方法和评价标准,促进专业的国际化对接。此外,学校还积极开展形式多样、内容丰富的交换学生项目,为学生创造出国学习、实践的机会。目前已与全球近 20 所高校开展交换学生项目,2012 年选派 363 名学生赴国外学习,培养了学生的国际化意识、开阔了学生的国际视野,提高了学生参与国际化事务的素养和能力。

(二)发展留学教育,来华留学生工作取得新发展

学校坚持"扩大规模、优化结构、规范管理、提高质量"的留学生教育工作方针,发挥国家、省市各级政府奖学金的引领作用,依托国际化专业建设,推进留学生管理体系和体制机制建设,留学生培养的能力和水平有了极大提升。2012 年底,我校共有来自 88 个国家的 1029 名留学生。留学生的结构得到了进一步的优化,有 8 个学院初步具备了招收学历留学生的能力,目前学历生人数达到了 676 名,占留学生总人数的 65.7%。我校留学生总数及学历生总数位居省属高校第一。学校还启动了针对外国学生

的海外实习基地、短期文化项目、专业项目等,积极倡导中外学生相互融合的教育管理理念,通过多元的校园文化活动,逐步营造起国际化校园氛围。

(三)创新办学模式,中外合作办学具有新亮点

学校坚持"以内涵建设为途径,以品牌建设为抓手,以质量提升为目标",扎实推进中外合作办学,引进国外优质教育资源,打造高质量、高层次、高水平的中外合作品牌项目。目前,学校与加拿大、澳大利亚、法国、美国等国家的高校以"2+2"、"2+1"、"4+0"等多种形式的中外合作办学项目达到7个,专业涉及工商管理硕士、旅游管理、精算、国际商务、机械工程、CGA/ACCA本科等,其中旅游管理和精算专业是浙江省仅有的两个由教育部批准的一本层次中外合作办学项目。这些项目注重利用国内外两种教学资源和人才资源,兼顾不同学科的自身特点,充分尊重学生的自主选择和个性发展,打造了多样化的人才培养模式,拓宽了国际型人才培养渠道。

(四)重视师资建设,人才队伍国际化再上新水平

学校通过引进与培养相结合的方式,提升师资队伍的国际化水平。一方面,加大海外高水平人才的引进力度,去年从海外引进了国家、省外专千人计划专家等高层次人才共6人,聘请了长短期外籍专家和教师109名,培育了多个由中外专家和教师组成的国际化教学团队。另一方面,设立专项资金支持教师出国访学、培训、进修,2010年至2012年,全校共有548人次出国进修交流,目前学校具有三个月以上海外经历的教师达到了31%。与此同时,还通过中外教师团队的集体备课研讨、交叉教学、随堂观摩等形式,增强普通教师与外教的互动,提高教师参与国际化教学的兴趣和热情,切实推进师资队伍的国际化建设。

(五)搭建合作平台,科研国际化水平实现新提升

学校以优势学科为龙头、以国外高层次人才为依托,积极与国外高水平大学、科研机构建立学术交流与科研合作机制,从项目协作、互访讲学、举办国际学术会议等方面不断扩大学术交流,搭建科研合作国际平台,推进学校高水平研究能力的提升。目前,已建立了国家"111"引智基地、国际科研合作基地、格拉布斯研究院和特拉华—浙江合作中心等一系列国际合作科研平台,营造了良好的国际学术氛围。

（六）建设孔子学院,学校国际影响力迈上新台阶

学校还充分发挥综合性大学优势,以孔子学院为平台,促进国际文化交流,提升中国文化影响力。2008 年,学校与冰岛大学合作设立了北极光孔子学院,在开设汉语课程、建设中文专业、推广中国特色文化、培训本土化教师、吸引国外生源等方面成效显著,开创了我校汉语国际推广工作的新局面。此外,学校还依托宁波市赴澳汉语志愿者项目,积极向国外派遣汉语志愿者。

二、我校教育国际化工作面临的问题

宁波大学经过 27 年的办学积淀,特别是经过"十一五"的发展,学校在去年成为了省部共建高校,综合实力进入了全国高校百强行列,体现办学实力和水平的关键指标不断突破。当前,学校的事业发展已到了一个新的历史转折点,亟需提升内涵、强化特色,而国际化办学工作是推进高水平大学建设的助推器。从现实来看,尽管我们的国际化工作已经取得了一定的成绩,但也面临更为严峻的挑战,学校在教育国际化的理念上,在教学、科研和队伍建设等方面的国际化程度上,还不能完全适应教育国际化发展的需要,存在以下几方面问题:

（一）国际化意识有待增强

目前,学校有些学院在国际化办学上已经小有成就,另一些学院正在积极探索,还有一些也正跃跃欲试,但整体而言,学校在国际化工作中所取得的这些进步还只是一个量变,主要是数量的增加;我们在理念上、在整个学校国际化办学的层次和水平上,还没有实现质的飞跃,各部门、各学院国际化发展还不均衡,学校整体国际化水平也不高。影响从量到质飞跃的关键,是我们国际化的意识还不够深入人心,认识也参差不齐。有些部门和学院认为国际化这项工作离自己很远,尚未从根本上意识到国际化既是学校事业发展的需要,也是实现学院和部门自身工作能力和工作水平提升的需要,更是培养具有国际视野创新型人才的需要。其实,国际化这项工作离得远不远,关键要看认识程度。有国际化意识,认识到位,知道这项工作对于学科、学院、学校的发展是至关重要的,那就会发现这项工作不但离得不远,而且机遇无限。正是由于认识上的差距,学校的国际化工作还仅局限于一两个部门和少数学院,导致了国际化办学工作发展极其不平衡的

局面。

（二）政策体制有待完善

国际化工作是一项系统性工作，需要全校各部门、各学院共同努力，密切配合；国际化工作也是一项长期性工作；需要学校用制度的形式加以规范和保证。近几年，学校国际化工作正在快速发展，适应国际化建设的体制机制，以及支撑国际化建设的管理和保障体系亟待完善和加强，服务、引导、激励教师和学生参与国际化办学的政策有待进一步完善，鼓励学生出国留学、游学的条件有待进一步创造，深化国际化工作的氛围有待进一步营造，来华留学生的管理制度有待进一步健全。总之，学校还没有形成齐心协力推进国际化工作的合力，因此迫切需要建立起国际化办学工作的管理制度、政策规范和保障机制，不断提高管理水平，形成全员参与国际化工作的良好局面。

（三）师资水平有待提升

目前，我校师资队伍国际化水平整体不高，有半年以上国外留学经历的教师人数较少，在国外取得博士学位的教师和外籍专业教师的比例还比较低，因此学校仍无法形成国际化的教学环境和教学体系，仍无法对留学生和本国学生同堂授课、同卷考试，教师的授课内容、授课教材和授课方式还不能完全适应国际化要求。学校缺乏国际一流的教授，在国际学术界具有影响力的教师人数偏低，教师的协同创新能力和学术竞争力与高水平大学尚有很大的差距，具有重要影响的合作项目和标志性研究成果也还不够。此外，随着国际化进程的加快，学校管理队伍的弱点也开始暴露出来，我们还缺少一支结构合理、专业精干、具有开阔国际视野、了解国际规则、熟悉国际教育的管理队伍。

（四）留学生质量有待提高

近几年，我校采取各种措施扩大留学生规模，留学生数量处于省内高校前茅。但是，由于需要拓展新的留学生专业，留学生的生源质量受到一定程度的影响，生源结构和教育层次需要进一步优化和提高；新办国际化专业存在着师资不足、经验不足等问题，影响教学质量的提高；我们还缺乏一套完整、科学、规范的留学生质量监控体系，这将在一定程度上影响学校国际化工作的健康发展；留学生管理的法制化、制度化、规范化方面也存在着缺陷和不足。这些因素势必影响留学生的整体培养质量，应该引起我们的高度重视。

我们所面临的问题和挑战,不同程度地制约着学校国际化办学的发展和推进。我们既要认识到问题的严峻性,增强责任感和紧迫感,也要正确地面对新问题,立足新起点、抢抓新机遇、开创新局面,努力使学校的国际化工作迈上一个新的台阶。

三、加快实施学校国际化办学战略的重要意义

我国教育国际化的最终目的有二,其一是使中华文化由弱势变为强势,走向世界,为世界人民所认同和理解;其二是培养出国际性、创新型人才,他们不仅是国家发展的建设者,也是全球问题的解决者。教育国际化不仅仅是当今时代大学所追求的理念,也正在成为一种普遍的实践。教育国际化给我校提出了任务,也为学校发展带来了机会,同时为我们的办学带来更多选择。

(一)教育国际化是大学必须承担的历史责任

经济全球化浪潮正以前所未有的速度和力度席卷整个世界,在经济全球化的推动下,教育资源在全世界进行配置,教育要素在国际上加速流动,教育国际交流与合作日益频繁,世界各国教育相互影响、相互依存的程度不断提高。正是基于这样的时代背景和历史机遇,国务院、各级地方政府制定出台了相关制度和政策,把国际化办学作为促进我国教育改革发展的一个重要策略。《国家中长期教育改革和发展规划纲要》指出,要借鉴先进的教育理念和教育经验、提高我国教育国际化水平,要适应国家经济社会对外开放的要求、培养大批国际化人才。《浙江省高等教育国际化发展规划》提出,到 2015 年,全省高等教育国际交流与合作取得明显进展,高等教育国际化主要指标跻身全国前列。到 2020 年,初步建立与我省经济社会发展水平相适应的高等教育国际化体系和运行机制,高等教育国际化的主要指标接近或达到世界发达国家平均水平,对全省高校教育国际化提出了明确的发展目标和发展任务。纵观国际高水平大学,无不具有浓厚的国际化色彩,也可以这么说,非国际化的大学注定成为不了一流大学。我校是一所在改革开放中诞生、地处改革开放前沿、具有海外侨资背景的年轻学校,正处在建设高水平教学研究型大学、向着一流目标迈进的关键时期,因此,加快实施国际化办学战略,为建设高水平和一流的大学奠定国际化基

础的责任也历史性地落在了我们肩上。

（二）教育国际化是加快我校发展的战略机遇

虽然历史上我国的高等教育也有两次大规模地借鉴、移植国外高等教育发展经验和模式的经历，但这两次还不是真正意义上的教育国际化。因为教育国际化有两个最基本的要求，一是必须有两个以上国家参与的教育活动，二是一种双向交流的过程。1983年，邓小平同志提出，教育要面向现代化，面向世界，面向未来，才真正开启了我国教育国际化的进程。利用教育国际化加速高水平大学建设的范例不胜枚举，我们最熟悉的案例莫过于香港科技大学，短短十几年就跻身世界一流大学行列，尽管很难复制，但它山之石可以攻玉，给我们以启迪。进入"十二五"以来，学校一直将建设有特色学科和实施国际化战略作为加速发展的双翼，国家和地方政府对大学加快教育国际化的迫切要求、政策保障和资金支持，为我们引进优质教育资源，开展中外合作办学，培养国际化师资队伍，加大学生海外交流的力度、建立各种国际交流平台等创造了良好的氛围和条件，我们应牢牢把握这一战略机遇，把学校的发展置身于世界发展的大背景中，利用一切可以利用的资源发展壮大自己，不断提高创新人才和国际化人才培养的水平，努力传播中华文化，以国际化促进特色化；同时要紧贴地方经济社会发展，培养适应宁波国际化城市建设的具有创新意识和国际竞争力的各类应用型人才，为宁波建设国际化港口城市提供国际化人才支撑。

（三）教育国际化可拓展我校办学的国际视野

什么是教育国际化？众说纷纭，莫衷一是，但是有这样一个观点很有道理，即所谓教育国际化，就是用国际视野来把握和发展教育。国际视野就是要了解当今国际上教育发展的动态与趋势，知晓各国教育的主要特点与经验，能够准确地区分哪些成果可以为我所用。把握和发展教育就是能够将学校的办学和人才的培养，放到国际的大背景下去比较、去评判、去提高。很难想象，如果我校的领导、教师没有一定的国际视野，能培养出大批具有国际视野、通晓国际规则、能够参与国际事务和国际竞争的国际化人才。全球化浪潮和互联网应用，使我们都能具备一定的国际视野，但在教育方面国际视野的拓展要靠自身的学习和积累。当然，有境外学习、培训的经历会更快，但更重要的是通过学校国际化办学战略的推进，在这一过程中去亲身体会与感悟。亲身实践能够较快拓展国际视野，并在这一过程中真正学习先进的教学理念、教学方法和培养模式,并为我所用。归根到底,国际视野就是要求我们在教育上要站得高一点,看得远一点,想得深一点,这样才能把好教育发展的方向,才能办好我们的学校、我们的教育。

四、全面提升学校国际化办学水平的工作思路与具体措施

国际化办学是我校建设有特色、高水平、海内外知名教学研究型大学和通往一流的必由之路,也是学校实现新发展、取得新突破的迫切需要。根据国家、省市经济社会发展的需要,结合学校的特点和优势,我们要把握重点,实现突破,探索符合宁波大学实际的国际化道路,有计划、有步骤、有针对性推进国际化办学进程。

全面提升学校国际化办学水平,首先要增强全体教职员工国际化办学的意识,充分认识到学校的国际化办学工作是一项全校性工作,只有全体师生员工成为国际化办学的实践者,办学成果的受益者,形成人人参与国际化办学的良好氛围,国际化办学战略才能深入推进;只有通过国际化办学提高学校创新人才培养质量,提升科学研究和学科建设水平,增强学校服务地方的能力,国际化办学战略才真正落到实处。

今后一段时期,我校国际化工作的总体要求是:

(一)指导思想

坚持以邓小平理论、"三个代表"重要思想和科学发展观为指导,以教育质量内涵提升为核心,以实施创新驱动战略为契机,以建设国际化专业为依托,以建立国际交流平台为基础,全面实施国际化办学战略,全面提升国际化办学水平,全面提高创新人才培养质量,加快建设有特色、高水平、海内外知名的教学研究型大学,向着一流地方综合性大学的目标迈进。

(二)工作思路

服务国家开放战略,弘扬中华优秀文化,引进优质教育资源,加快国际化专业建设,转变教育教学理念,促进教育教学改革,建设国际交流平台,提升学科建设水平,健全管理考核制度,加强政策经费保障。

(三)任务和措施

推进学校国际化进程是建设特色鲜明的高水平大学的战略选择,也必将为学校的发展开创更加宽广的舞台。下一步,我们要把握规模与质量的

有机统一,建设好国际化专业和国际化平台这两个载体,加强管理体系、人员和经费保障,切实提升学校国际化办学水平。

1. 正确把握规模与质量的关系

为了推动我校国际化办学工作的持续健康发展,我们必须科学把握规模与质量的关系,要突出内涵建设,不断提高留学生教育的质量和水平。要深刻认识到,没有一定规模,质量就无从谈起,而没有质量,规模也将失去意义。因此,我们要在保持留学生生源规模适度增长的基础上,把优化生源结构作为我校推进国际化办学战略的首要任务,把提升培养质量作为我们时刻谨记的命题。一是根据区域优势和学校的特色,统筹考虑学院覆盖、专业分布、多元文化背景构成等诸多因素,进一步优化留学生生源结构。二是采取循序渐进、"做中学"的方式,逐步建立以学历教育为主,各类长短期专业及语言培训为辅,涵盖本科、硕士和博士等各个层次的留学生教育体系,进一步提升留学生教育的学历学位层次。三是加快推进留学生教育教学和管理机制改革,探索建立留学生教育质量保障体系,建立健全人性化、多元化、包容性的留学生管理体系,逐步完善符合国际惯例的留学生教育模式和管理模式,进一步提升留学生教育质量。

2. 加快建设国际化办学的载体

教育国际化的形式多种多样,来华留学教育、对外汉语教学、国际合作办学、学术交流、科技合作、境外办学、交换学生等等,在诸多的形式中,有效载体是什么?一是国际化专业,二是国际合作交流平台,只有具备了二者的支撑,才能使学校的国际化办学得以持续发展,这也是我校近年来国际化办学快速发展所取得的经验。因此,建设国际化专业,建立各类交流平台是推进学校国际化进程的重点任务,我们需要把握重点、循序渐进推进学校国际化办学工作。

一是加强国际化专业建设。国际化专业的基本特征是"中西合璧、中外融合"。要整合校内外各类资源,继续加大对国际化专业建设的支持力度,积极引进国外先进的教学理念、课程设置和原版教材等优质教育资源,加强对现有专业的改造和结构调整,增加国际化专业数量;要实践中外教师团队合作新模式,开展集体备课、交叉教学、随堂观摩等活动,进一步营造良好的教学国际化氛围,增强教师参与国际化教学的兴趣和热情,提高教师的国际化意识,培育国际化教学团队;要以全英文品牌专业吸引国际学生,以国际学生促进国际化专业建设,提高学校接受外国学生来校交换学习专业课程的能力。此外,学校要积极构建学生出国交换资助体系,要进一步完善"双校园经历"培养模式,大力拓展各种模式的联合培养项目,积极推荐优秀学生赴海外高校深造,努力为学生创造和提供更多出国游学的机会,丰富学生海外经历,拓展学生全球视野。

二是加强国际化平台建设。国际合作交流平台是持续开展国际化工作的基础,也是学校推进、学院启动国际化进程的突破口。学校要积极探索与国外研究机构共创协同创新平台,推进与国外高校、科研机构开展多层次、多方位的科研合作,共同建立科研协作平台,营造开放、自由的科研和学术氛围,促进高水平的科技交流合作体系的形成。要通过引进国外高水平大学的强势专业,成立宁波大学非独立设置的二级学院——国际联合研究生院,培养国际化复合型人才。结合宁波市旅游产业发展需求,继续做好与法国昂热大学、瑞士库特博什大学学院、德国哈尔茨应用技术大学等高校的联合,加快推进中欧旅游与文化学院建设,开创和完善"一对多"的中外合作二级学院新模式。也希望各学院积极思考,构建多样化的国际合作交流平台。

3. 努力完善国际化办学的机制

一是建立科学规范的管理体系。大力推进国际化进程,必须建立起适应国际化需求的管理体系,学校要进一步深化国际化工作管理体制改革,建立"统一领导、归口管理、分级负责、协调配合"的工作机制,进一步加强对各单位、部门国际化工作的指导、支持、协调和服务,通过网络、媒体、标牌、宣传资料、环境等各个方面,营造校园国际化氛围,充分调动各单位特别是各学院开展国际化工作的积极性和主动性,提高各单位、部门涉外管理水平,尽快适应开展国际交流与合作的需要。实行国际化工作目标责任制,将国际化工作作为学校工作目标和任务,纳入领导干部和有关单位年度考核;建立健全国际化进程考核指标体系,健全留学生管理制度,逐步建立起国际化工作考核和激励机制,提升管理水平与管理效益,为推进中外合作办学、留学生教育、队伍建设和科学研究国际化提供保障。

二是构建国际化的师资队伍。教师是学校国际化实施进程中的重要力量,也是衡量一个学校国际化程度的重要指标,建设一支具备开展国际化办学的师资和管理人员队伍对于国际化工作开展至关重要。我们要坚持引进与培养相结合,集中资源,重点投入,有步骤、分层次地引进一批具有国际化视野的高层次人才;进一步实施教师海外研修计划,采取多种形式、多种渠道,有计划地选派教师出国留学、访问进修、合作研究,提升教师队伍的国际化能力;加大管理人员的培训力度,设计多元化的培训项目,拓宽管理队伍的国际化视野,引进国外先进的管理方式和管理人才,真正形成国际化的管理氛围和管理团队。

三是保障稳定的经费来源。各单位、部门要积极争取相关政府部门、社会各界的支持,多渠道筹措经费,努力拓宽国际化建设工作的资金渠道。在此基础上,学校将设置国际化推进工作专项经费,重点支持有助于推进学校发展的相关国际化工作;继续通过专项资金和相关基金,聘请外籍教师、资助优秀师生赴海外研修。同时,也要加强国际化工作经费使用的管理和监督,提高经费使用效益。

教育国际化是提高民族整体素质、创新能力和国际竞争力的重要途径,教育国际化是当今世界教育改革和发展的重要趋势,教育国际化是在全球化背景下引导和推进教育改革与发展,实现教育现代化的策略和手段。我们还要清醒地认识到,教育国际化不是全盘照抄化,只有善于将传承、借鉴与创新相结合,既具有国际交流的双向能力,又能保持自己特色的大学才可能在教育国际化的大背景下脱颖而出,茁壮成长。

十年砺剑铸辉煌,共谋发展创未来[*]

> ——依托综合性大学优势和独具特色的校园文化,为我国海军着力塑造理想信念坚定,专业基础扎实的现代复合型国防人才。

2003 年,学校与海军建立依托培养关系,成为浙江省唯一一所为海军培养后备军官的高校。国防生教育不仅提升了学校的办学层次,促进了学科发展,还进一步提高了学校服务军队的能力和水平,为学校的发展带来了新的机遇。十年来,学校秉承"实事求是,经世致用"的校训和"兼容并包、自强不息、务实创新、与时偕行"的宁大精神,依托学校优势和办学特色,坚持以军队人才要求为牵引,以提升国防生综合素质为主要目标,积极探索"三个衔接、三个优化"培养模式的实践路径,形成了具有宁大特色的国防生教育工作品牌。十年来,宁波大学共招收、选拔国防生 594 名,已向军队输送了 406 名毕业国防生,扎扎实实为军队培养了一批批具有开拓、创新、务实精神的符合现代国防需求的骨干力量。

一、深化高校使命,加强制度建设,为国防生教育培养提供扎实的基础保障

宁波大学地处东海之滨,紧邻东海舰队机关,又有舰队各一线基层部队驻扎周边。发挥高校人才和智力优势,为军队服务,既是我们的荣耀,也是责无旁贷的义务。自 2003 年开展国防生培养工作以来,学校认真贯彻落实教育部、总政治部和海军机关关于做好国防生教育培养工作的一系列指示要求,把国防生培养工作摆上党委重要议事日程,纳入学校重点工作内容。不仅由校长牵头,成立宁波大学军训征兵、选拔培训后备军官工作

---

* 本文是 2013 年 10 月 31 日聂秋华在宁波大学国防生培养十周年工作报告

领导小组，制定《宁波大学国防生管理规定》等一系列规章制度，还从经费和硬件投入上给予国防生培养工作充足的物质保障。学校除每年下拨专项经费外，还专设国防生楼和国防生活动室，用于国防生的统一住宿、管理和学习、活动；同时，参照军校学员管理模式，制定规范有序的训练和作息制度，并通过严格的、多种形式相结合的考评制度，确保国防生培养质量。学校深刻认识到国防生教育培养工作的重要性，切实履行职能，积极探索多种有效的培养模式，依托学校教学、科研和文化综合资源，依托驻地海军部队兵种全、官兵政治素质高、装备技术含量高等军营特色资源，形成了具有宁大特色的国防生培养工作亮点，各项教育管理工作正规有序，确保了一批批高质量的国防生输送到军队。

二、夯实人才培养质量，着力打造专业基础扎实的复合型国防人才

宁波大学作为一所综合实力位列全国高校百强的地方综合性大学，学校实行的学分制、选课制、主辅修制、弹性学习制、本科生导师制，实施的基于"平台＋模块"的人才培养模式，为培养宽口径、厚基础、强能力、高素质的现代国防人才提供了一方沃土。

（一）构建"平台＋模块"课程体系，创新人才培养方式

宁波大学于 2000 年提出以"平台＋模块"为结构特征的"金字塔"型课程结构体系，形成并实施了按学科大类招生、以"2＋1＋1"分段培养为主的多样化本科培养方式。在 2004 年，该培养模式被教育部本科教学工作水平评估专家组确定为学校办学特色项目。从 2007 年起，在继承原课程结构体系的基础上，结合创新人才培养对知识交叉和个性发展的要求，构建了由通识教育平台、学科大类平台、专业教育平台、专业方向模块、创新创业训练计划组成的新"平台＋模块"课程结构体系。在学校"把成长的选择权交给学生"的理念指引下，在这种创新的课程设置和育人模式下，国防生的培养集通识教育、专业教育、军政训练、创新创业训练于一体，不仅具备扎实的基础知识，而且专业学习也更贴近岗位需求和现代国防需求。尤其在大四阶段，通过深入研习专业模块、强化专业方向和实习实践，国防生毕业后能较快地与军队的专业培训接轨，所学的专业知识和实践经验也能直接、顺利地转化为军队所需的装备应用能力。例如学校顺应宁波智慧城市

的发展战略，将信息化、智能化建设融入国防生培养体系，在"电子信息科学与技术"学科平台基础上，设立物联网模块供国防生选择，用高端前沿信息科技打造现代化国防人才。据统计，我校已毕业的国防生中已有54％担任营连级单位主官，并成为军队技术革新骨干。如2006届国防生严添卿在校期间不仅专业功底扎实，还利用学校综合型大学的优势辅修经济学，毕业后连续两年全训考核被评为优秀艇长，四年内因工作业绩突出多次获得基地和舰队的表彰，并两次荣立三等功，其事迹以《"三学士"国防生的军营"三级跳"》为题被《中国青年报》、《解放军报》和《海军报》报道。2008届国防生唐贵在所属部队的海军技术比武中获第一名，并荣立二等功，他所带领的水中武器小组创造了无故障工作的新纪录，技术工作心得在部队获得推广。2005届国防生夏宁平在所属的部队屡获舰队技术比武第一，他所带领的电子对抗小组也创造了该部队无故障工作时间的新纪录。

(二)依托优势学科和特色专业，培养专精尖的现代国防人才

学校目前建有11大学科门类、2个一级学科博士点，12个二级学科博士点，以及3个博士后科研流动站；有19个一级学科硕士点，14个专业硕士学位点(含领域)，75个本科专业。十年来，学校共有15个专业为军队培养了国防生。值得一提的是，学校的6个国家特色专业中，计算机科学与技术、机械设计制造及自动化、法学这3个国家特色专业以及信息与通信工程这一省属高校重中之重学科均承担了国防生培养的重任。学校还建有五门国家级精品课程，其中经济法学、人体解剖学和大学英语均惠及国防生教育。此外，学校还大力建设面向地方的科技创新平台，目前共有国家、部委级科技创新平台10个。2006—2012年获国家自然科学奖二等奖1项，国家科技进步二等奖5项，部省级科学技术和人文社科奖109项。2008—2012年的五年间共主持承担国家级项目368项，部省级项目994项。高水平的学科、专业和课程建设结出的是育人成才的累累硕果，2011、2012年，我校在浙江省普通高等学校本科教学业绩考核中，连续两年名列省属高校第2名。2013年，我校本科毕业生一次就业率达到97.61％，名列全省本科院校首位，荣获教育部2012—2013年"全国毕业生就业典型经验高校50强"。

(三)调动优质师资，全力满足国防生课程需求

学校目前在编教职2400多人，其中教学科研人员1440多人，正高职

称教师 281 人，副高职称教师 532 人，博士学位教师 675 人。中科院共享院士 5 名、国家"千人计划"4 名、国家"百千万人才"4 名、教育部"新世纪优秀人才支持计划"11 名、国家、省突出贡献专家 3 名、"钱江学者"9 名、获国家杰出青年科学基金 2 名。强大的师资队伍和科研团队对国防生专业知识的积累和专业能力的提升发挥了重要作用。在国防生培养工作中，狠抓军政训练，扎实军事素质是基础环节。学校会同选陪办，根据国防生军政训练大纲，制定国防生军政训练课教学计划，选拔综合素质高、业务能力强的教师承担国防生军政训练课教学任务。目前学校为国防生开设的《人民军队导论》《军事领导科学与办法》《军事法概论》等一系列军政训练课程均优先安排教授、名师或专业领域高级别骨干师资承担教学任务，充分满足国防生培养需要。为营造全员育人氛围，促进学生与教师之间的充分交流，学校还于去年 9 月在全校普通全日制本科学生中全面实施"本科生导师制"，由全校 1400 多名导师为学生的学业和个人发展提供个性化指导。这项制度 100% 覆盖了我校的国防生，通过专任教师与国防生个体的沟通交流，推动了思想教育与专业教育、课堂教育与课外教育、共性教育与个性教育的结合，促进了国防生全面发展。

（四）狠抓学生科技创新工作，培养创新能力强的科研型国防人才

学校多年来一直倡导学生树立追求真知、锐意进取、开拓创新的科研理念，培养学生的创新能力和创新精神。2007 年学校开始实施《宁波大学大学生创新创业训练计划》，要求每个学生必须修满 4 个创新学分才能毕业，并从领导、政策、经费、机制等方面，全方位、多渠道为学生参与科技创新活动提供条件。学校学生科研氛围浓厚，创新势头高涨，在刚刚结束的第十三届全国"挑战杯"大学生课外学术科技作品竞赛中我校学生项目获一等奖 3 项，并捧得"优胜杯"（全国高校前 20 名）；在第六届全国"挑战杯"大学生创业计划大赛中获得两金一银，总成绩并列全国高校第一。2012 年学生发表论文 250 篇，核心期刊以上高级别论文 56 篇；学生获得专利授权 132 项，这些数据均列全省第一。在此大背景下，学校对国防生的培养始终坚持以"创新海军人才"为目标，在国防生各年级中成立科研创新小组，设置科研创新目标，开展创新发明竞赛活动，在国防生群体中掀起了一股"积极投身科研，争当科研标兵"的热潮。近五年来，我校 50% 以上的国防生参与过科技创新活动，30 余人次在不同类型的赛事中获奖，其中包括

全国"挑战杯"大学生课外学术科技作品竞赛一等奖、全国大学生智能车设计竞赛一等奖、全国大学生医学生临床技能竞赛三等奖、浙江省数学竞赛一等奖等奖项。今年3月11日,我校国防生科研创新小组研发智能车的新闻被《解放军报》所报道。根据《宁波大学大学生创新创业训练计划》、《江兴浩学生科研成果奖评定办法》《江兴浩学生科研英才培育基金》等制度,借助各类科研训练竞赛平台及创新创业平台,学校部署了国防生创新创业训练计划,专门设立国防生科研项目、单列国防生科研经费,为国防生创新意识培养、创新能力训练、创新成果培育迈上新台阶提供保障。

三、围绕军队打赢目标,依托宁大特色文化,着力塑造理想、信念坚定的现代国防生

宁波大学以"为军队输送胜任第一任职需要的文化、思想、体能、心理、作风、形象合格的国防生"总目标,按照"着眼军队人才培养需要,着眼国防生任职素质需要,坚持抓好科学文化知识学习,坚持抓好军政训练养成"总要求,融合宁大特色文化,塑造了一支纪律严明、正规有序、综合素质过硬、充满活力的国防生队伍。

（一）将支部建设与思政教育相融合,打造政治素质过硬的可靠带兵人

学校和选陪办在充分领悟"支部建在连上"这一精神实质的基础上,不断加强国防生党支部建设力度,使之成为育人铸魂的坚强"战斗堡垒"。除完善长效机制,明确国防生党务工作的具体标准外,学校和选培办还充分利用周边部队的有利条件,与水面舰艇、潜艇党支部等合作,采取"走出去学、请进来教、结成对子帮"的办法,同步学习交流重要政策和理论创新,同步组织实施部队部署开展的重大活动,以求优势互补、经验共享。学校和选培办积极邀请军地各级领导和拥有丰富带兵经验的基层干部,面向不同年级的国防生开展主题讲座,多层次引导国防生树立正确的人生定位。此外,紧扣国防生成长特点,通过各类红色主题教育活动,定期开展理想信念、思想道德与警示教育,因势利导提高国防生抵御各种思想侵袭的免疫力。2011年6月10日,总政李继耐主任在《解放军报内参:"宁波大学选培办把国防生党支部建设成坚强的"战斗堡垒""》上批示:宁波大学加强国防生党支部建设方法很好,这是提高国防生思想政治素质、培养军队合格带兵人的基础工程。2012年5月,国防生从网络上看到夏宝龙省长批评

某些学校学生宿舍不够整洁的消息，党支部及时组织国防生展开讨论，并给省长写信倡议全校大学生做好寝室卫生，同年 6 月，夏宝龙省长回信，高度肯定了我校国防生的精神风貌以及青年学生的责任与担当，他同时希望全省高校大学生们能以宁大国防生为榜样，以寝室卫生为抓手，切实加强高校的内务管理和思想道德建设。

（二）依托学校心理健康教育资源，强化心理健康教育，打造心理素质过硬的合格带兵人

夯实国防生思想政治基础的同时，军队相对艰苦的工作生活和瞬息万变的环境还需要国防生具备良好的心理素质。针对这一特点，学校一方面充分利用心理健康指导中心和心理学专业的教育资源，每年对全体国防生和普通学生进行心理对比测试，全面深入地掌握在校国防生的心理特征，进行跟踪观察和教育疏导，并通过淘汰机制确保为军队输送心理素质过硬的国防生；另一方面，每学年由心理学教授讲授《军事心理学》课程，定期邀请心理健康指导中心的专家给全体国防生开展心理健康教育，由心理学专业国防生开展一对一心理帮扶等，及时消除模糊认识和畏难情绪，坚定他们的决心和信心。学校还会同心理学专家开展了《普通高校国防生的军人准备心理研究》等项目研究，为国防生心理健康教育提供了有意义的参考。

（三）通过国旗护卫队、军训施训等载体，打造意志品质坚定的准军人

国防生队伍一直以来都是学校精神文明建设的排头兵，他们的言行举止对身边的同学起着重要的榜样作用，而国旗护卫队更是其中最亮眼的一张名片。2006 年 4 月，27 名国防生组建了宁波大学首支国旗护卫队。护卫队成员不畏酷暑严寒，利用课余时间刻苦训练，出色完成校内外各项重大活动任务。2010 年，学校更是在此基础上、在全校范围内开展"国旗下风采"系列活动。国旗护卫队增强了国防生使命感和荣誉感，激发了学习的积极性和主动性，首批护卫队成员中，各类奖学金及荣誉奖的获奖率达到 92％以上。为进一步加强国防生以身作则、大胆管理的硬朗气质，提升国防生的指挥、组织和管理能力，学校还在全国高校中，较早地实施由国防生和部队官兵共同承担新生军训任务，涌现了一大批军政素养高和组织能力强的优秀国防生。作为大学里的"准军人"，我校国防生多次圆满出色地完成校外重要任务，其中既有参演浙江省纪念辛亥革命 100 周年大型电视文艺直播这样的大型活动，又有参与紧急救援这样的特殊任务，而且多次

集体请缨赴汶川、玉树等地震灾区作志愿活动。今年 10 月 10 日,我校百余名国防生积极响应政府号召,迅速集结赶赴台风重灾区余姚,连续奋战 6 个多小时帮助搬运救灾物资,用专业、高效、有序的行动展现了国防生特有的军人本色,得到了新闻媒体和社会各界的广泛关注和好评。2009 年起,学校还选派优秀国防生进驻普通学生宿舍,开展半军事化管理,帮助大学生培养优良习惯、锤炼优良品格,以实际行动引领宁大学子践行社会主义核心价值观。

(四)发挥特色校园文化的形塑作用,培育视野开阔、富有文化内涵的国防生

作为一所年轻的综合性大学,宁波大学的校园文化定位高,发展快,并形成了海派、大气、厚重的校园文化风格。宁大广阔的校园舞台上几乎天天上演着精神大餐,其中既有高雅艺术进校园、建校纪念周系列活动、"宁波帮"文化节这样的高规格文化盛宴,又有话剧节、新生节、毕业生节、社区文化节、社团巡礼等生机勃勃的学生文化活动。校园文化的耳濡目染对国防生精神气质的塑造和文化涵养的提升发挥了十分重要的作用。作为一所侨资大学,"宁波帮"文化是学校最重要的文化源头和文化特色,通过展览、讲座、话剧、演讲等丰富多彩的表现形式,"宁波帮"精神以跨越时空的力量,深入根植到每个国防生的心中。海外"宁波帮"的赤子情怀唤起了国防生更深厚的感恩情怀;"宁波帮"坚忍不拔、勇于开拓的创新精神和海纳百川、诚信务实的精神品格也激励着国防生敢于创新、勇于实践、求真务实、走向成功。作为宁大学生"人生教育的课堂,人文教育的平台",名家荟萃的"做人做事做学问"名家系列讲座更是我校大学生思想政治教育和校园文化建设的"金牌"。到目前成功举办的 153 场讲座中既有全国人大常委会副委员长路甬祥、韩启德院士、全国人大常委会原副委员长周光召院士、中国科学院院长白春礼院士等知名科学家,又有原中共中央政治局常委、国务院副总理李岚清、外交部原部长李肇星、文职将军王祖皆等知名艺术家、教育家和政治活动家,更有时任东海舰队司令赵国均中将和"上天能驾机,下海能操舰"的优秀飞行员舰长柏耀平等。院士名家的精彩演讲及其精神内核对国防生的成长有着极大的启发和鼓励,不仅引导他们以更加开阔的视野去观察和思考人生、品味和咀嚼名家的成功之道,也为他们提升战略视野,认清复杂多变的国际形势和风云变幻的海疆争端发挥了重要作用。

四、宁波大学国防生教育培养工作的发展愿景

使命如山，重任在肩。在海军、东海舰队各级领导的关怀和支持下，我校国防生培养工作呈现规模化、规范化发展的良好态势。十年来，我校招收、选拔的国防生中先后有 51 人次荣获海军优秀国防生、8 人次荣获海军优秀国防生标兵、52 人次获得校"三好学生"、27 人次获得校"优秀学生干部"、4 人次获得校"十佳学生"、2 人次获得宁波市优秀大学生、115 人次获各类奖学金，国防生中队 2 次获宁波市高校"先进大学生集体"荣誉称号。学校为军队输送的 406 名毕业国防生中，1 人次荣立二等功，27 人次荣立三等功。在总结成绩的同时，我们也清醒地认识到，宁波大学国防生教育培养工作与其他全国重点高校相比起步较晚，规模尚小，有许多领域还要向军队和兄弟高校借鉴学习。学校将着眼于党、国家和军队事业发展全局，进一步拓宽国防生培养工作的视野，在实现创建国内一流地方综合型大学目标的进程中，将国防生基础教育深度融入学校总体布局和人才培养体系。

（一）依托学校人才、科研和学科优势，纵深推进与军队的合作

学校将更充分地利用智力资源，为军队提供更广泛深入的智力支持，通过开展信息科技、国际关系、外语、心理等多领域的培训，帮助部队官兵进一步提升综合素质和专业水平。同时，充分利用科研和学科优势，加强与军队的科技合作，推进学校"产学研"向国防科研领域延伸，在高新技术开发、军队装备研制等方面实施军地联合攻关，创新科技成果，为现代化国防事业做更大的贡献。

（二）健全政策机制，紧贴军队需求，不断增强国防生教育培养的针对性和实效性

学校将进一步加大对国防生教育培养工作的投入力度，争取更多支持，健全政策机制，完善军政训练保障措施，保持国防生培养工作的生机活力。把握国防生培养的特点规律，在严把招生质量关的基础上扩大规模，实施优势学科定向培养、优秀师资定向施教，找准提高教育质量与强化军政素质的结合点，实现国防生能力素质培养与军队任职岗位需求的有效对接。学校还将紧贴军队信息化建设需求，大力提高国防生科技素质特别是信息化素质，满足现代海军国防需求，为军队输送更多紧缺急需人才，并适时争取为军队培养"强军计划"研究生。

对制定宁波大学章程的思考[*]

——大学章程是现代大学制度的核心，是大学文化的重要组成部分。制定大学章程是建立健全现代大学制度的根本要求，也是谋划学校科学发展的顶层设计。而实施大学章程更是一项复杂而艰巨的系统工程。

制定大学章程，既是《高等教育法》和《国家中长期教育改革和发展规划纲要》提出的重大任务，也是完善学校治理结构，建立健全现代大学制度的根本要求；既是我校主动适应高等教育发展趋势、争取办学自主权的战略需要，也是凝炼学校改革成果、凝聚学校发展力量、谋划学校科学发展的顶层设计。

为更好地落实学校章程的制定和实施工作，推动学校科学发展，我主要谈谈什么是大学章程、为什么要制定章程、制定什么样的章程以及如何制定好章程等问题以及章程要点。

一、学校章程制定的背景

面对经济全球化风起云涌、知识经济方兴未艾、科学技术日新月异、国际竞争日趋激烈的形势，从上世纪末到本世纪初我国作出了一系列加快高等教育发展的决策和部署，2012 年高等教育毛入学率达到 15%，进入国际公认的大众化阶段，2013 年全国普通本专科在校生人数达 2391 万，高等教育发展实现了历史性跨越。与此同时，我们也清醒地看到，我国虽已成为高等教育大国，但与世界高等教育强国相比还有很大差距。因此，在本世纪的第二个十年，我国制定了国家中长期教育改革和发展规划纲要，高等教育从量的扩张转为质的提高，推动高等教育内涵式发展，扩大高校办

* 本文是 2014 年 2 月 14 日聂秋华在 2014 年寒假中层领导干部学习会议上的讲话

学自主权,建设现代大学制度,其中的一个重要政策措施就是加强大学章程建设。

（一）大学章程是现代大学制度的核心

大学章程是为了保证学校自主管理和依法治校,依据有关法律法规,就学校与政府、社会等外部关系,以及办学宗旨、主要任务、师生权利与义务、决策体制、管理体制等内部关系的重大、基本问题,作出全面规定的规范性文本。

首先,建设大学章程有助于理顺与外部的关系。大学章程是舶来品,它随着中世纪大学的诞生而产生。大学章程的前身是特许状,当时的教皇或国王为了承认或赋予大学一定程度的自治权力,给大学颁发特许办学的书面材料。我国正式的大学章程是具有现代大学意义的京师大学堂的伴生物。清政府陆续颁布了《钦定京师大学堂章程》、《奏定大学堂章程》、《山东大学堂章程》等,对清政府设立大学堂以及入考方式、学制、教学内容等作出一系列规定,这是中国近代大学章程的起源。可以说,大学章程从诞生的那一刻起,便具有契约和自治的法律特征,它是根据国家法律赋予大学自治权而制定的,是学校组织设立的法定条件,是大学举办者在协商基础上达成的一致意见和共同意旨表示,对每个举办者都有约束力。因此,加强大学章程建设有助于建立政校分开、管办分离的高等教育管理体制,可以合理界定举办者、办学者、监督者的权利边界和职责义务,对于公立大学来说,大学章程是沟通学校与政府、社会等外部关系的纽带,是争取和落实办学自主权的根本保障。《教育法》也明确规定学校拥有"按照章程自主管理"的权利,即大学自主管理的直接依据是章程。

其次,建设大学章程有助于完善内部治理结构。1817年,德国的柏林大学,在其章程中确立学院制、教师等级制、教授会制、讲座制、利益协商制等5个方面的基本制度,进而为柏林大学的快速发展奠定了法律基础和组织框架。柏林大学的基本原则可以概括为:原则一:研究与教学的统一(the unity of research and teaching);原则二:学术自由,即教与学的自由(academic freedom; Lernfreibeit and Lebrfreibeit);原则三:以通识(自由)教育为核心(the central importance of the Arts and Sciences)。大学章程上承国家教育法律法规,下启学校基本规章制度,在学校制度体系中处于"宪法"的位置,学校其他规章制度处于"下位法"的地位。作为统领内部制度安排的大学章程,包含了办学宗旨、治理结构、组织属性、决策机制、经费与财产管理等现代大学建设所必备的制度元素,它明确了大学内部政治领导、行政、学术和民主监督等各种权利的运行规则,具有依法规范学校决策机制、规范各机构的组成和运行、平衡学术权力与行政权力、规范内部机构设置、健全校内民主监督机制等作用。从某种程度而言,大学治理尤其是大学内部治理结构的完善,本质上就是大学章程的细化与实施。

(二)各级政府高度重视大学章程建设

党中央、国务院布局建立中国特色现代大学制度。基于高等教育大国向高等教育强国转变的战略需求,党中央国务院做出了建设现代大学制度的决策。2010 年 7 月,中共中央、国务院出台《国家中长期教育改革和发展规划纲要(2010—2020 年)》,第十三章"建设现代学校制度"明确指出:要完善中国特色的现代大学制度,并把大学章程建设列为完善中国特色现代大学制度建设的重要一环;2010 年 8 月,国务院成立教育体制改革领导小组,刘延东同志任组长;2010 年 10 月,国务院办公厅下发《关于开展国家教育体制改革试点的通知》,对十大教育体制改革试点工作进行了全面部署,确定了浙江省和北京大学等 26 所高校作为试点单位。这一系列的举措,说明我国的高等教育改革已经进入了"深水区",改革高等教育管理方式,建设现代大学制度是实现高等教育强国梦的战略举措。

教育部规划落实大学章程建设工作。2011 年 11 月,教育部下发《高等学校章程制定暂行办法》(教育部令第 31 号)。2012 年 3~4 月,连续在全国范围举办了四次"高校章程制定研讨培训班",章程制定工作开始在全国各类高校中全面铺开。2013 年 9 月,教育部印发《中央部委所属高等学校章程建设行动计划(2013—2015 年)》,指出教育部及中央部门所属的 114 所高等学校,到 2015 年底分批全部完成章程制定和核准工作,其中"985 工程"建设高等学校原则上于 2014 年 6 月前完成章程制定,"211 工程"建设高等学校原则上于 2014 年底前完成章程制定。今年 3 月、5 月、7 月、9 月和 11 月,教育部将分别召开会议,每次评议 10 所左右高校章程,到年底前完成 70 所左右高校章程的核准,明年再召开 3~4 次会议,完成其余高校章程的核准工作。目前,教育部已经核准中国人民大学、东南大学、上海外国语大学、东华大学、武汉理工大学、华中师范大学等 6 所高校的章程。

浙江省探索落实高等教育体制改革试点工作。为贯彻落实全省教育工作会议精神，全面实施《浙江省中长期教育改革和发展规划纲要（2010—2020年）》，2011年6月，浙江省人民政府办公厅下发《关于启动实施教育体制改革试点工作的通知》，探索落实高校办学自主权。宁波大学被列为探索落实高校办学自主权试点的国家级教育改革试点项目4所承担高校之一。2013年11月，省教改办下发《关于征集高校章程建设试点院校的通知》，决定扩大章程建设试点范围，遴选部分高校参加章程建设试点，学校已递交申报材料，目前省教改办正在审批。

（三）章程建设是推动我校科学发展的必然要求

首先，章程建设是凝练改革发展成果的需要。宁波大学经过28年的努力拼搏，基础设施和办学条件得到了明显改善，办学实力与核心竞争力也不断增强，学校取得了博士学位授予权、成为省部市共建高校，成功迈入了教学研究型大学的行列。我们的发展实现了预定的目标，我们的改革取得了预期的成果。实践出真知，行动见才干，宁波大学就是通过正确总结实践经验而不断提高，不断成熟，不断取得成功的。在我校进入一个新的改革与发展阶段的开局伊始，我们需要认真总结经验、吸取教训，对学校二十余年的教育实践和办学实际加以科学概括，进行去粗取精、去伪存真、由此及彼、由表及里地加工改造。具体地讲，就是要回顾、分析和研究学校在人才培养、科学研究、服务地方、文化传承、内部管理等方面的实践行为，分析优势、剖析不足，找准问题、寻求对策。通过大学章程这一根本制度，把学校改革与发展历程中的好做法、好经验、好思路、好机制提炼出来、固化下来、传承下去，不断提高我校各项事业的规范化、制度化和科学化水平。

章程建设是指引学校未来发展的需要。章程建设既是"回头望"的需要，更是"向前看"的要求。对于一个仅有二十余年办学历史的年轻高校而言，宁大的发展速度令人振奋，改革成就有目共睹。但是，学校教育事业改革，遵循着辩证规律，在矛盾与困难中向前发展，当前，我们还面临着学校特色有待明显、办学定位有待明确、管理机制有待健全、管理效益有待提升、评价体系有待完善等问题与困难。我们要正视改革当中出现的问题，要从历史与现实、内部治理结构与外部关系、主观意愿与客观条件等方面客观分析改革当中出现的问题的原因，学校教育事业在其自身的发展中克服了旧困难，但还会不断出现种种新矛盾。解决改革当中出现问题的根本思路还是在于进一步深化改革。大学章程作为学校的"宪法",依法规定了学校与政府、社会之间的外部关系和学校管理体制、组织结构、基本制度、内部关系主体的权利义务、学校资产管理制度等内部治理结构,促进我们思考办学定位的准确性、办学风格的鲜明性、教育思想的深刻性、人才培养模式的独特性等问题,为即将召开的学校第三次党代会和继续深化学校教育事业改革提供了一次统一思想的机会,也促使我们更加深入思考为什么办大学、办什么样的大学、怎么办大学等问题,有利于我们建设现代大学制度,并推动学校持续快速发展。

党中央国务院高度重视现代大学制度建设;教育部紧抓大学章程建设、加强章程制定的宏观指导;省政府试点高等教育体制改革,争取在重点领域和关键环节实现新的突破;我校以此为契机,争取扩大办学自主权、凝练过去的改革成果、设计未来的改革蓝图,坚持边研究、边探索、边实施。目前,上至中央、下至高校,已经初步形成了自上而下和自下而上相结合的现代大学制度改革局面。这就是我们建设学校章程的背景,也回答了我们为什么要大力推进章程制定这一工作。

二、章程起草修订过程及面临的困难

2011 年 4 月,浙江省政府启动教育改革试点项目的申报,在学校综合层面,宁波大学申报了《探索与落实高校办学自主权改革》《学校内部制度改革》两个项目并最终获批,其中前者同时是浙江省报批获准的国家教育改革试点项目,宁波大学作为省 4 所试点高校之一。这两个项目的实施均涉及的一项主要内容就是大学章程的制定,这是国家推进现代大学制度建设的必然要求,也是学校发展到今天不可或缺的一项内容,因此《宁波大学章程》建设被正式提上了议事日程。

(一)起草过程

被确定为试点单位以后,学校非常重视此项工作,成立了改革与发展领导小组,领导小组办公室设在校办,组织起草小组,开始学习国外有关大学章程、办学自主权落实等文献资料,调研相关高校制度建设及章程编制工作成功经验,期间主要调研了苏州大学、南京大学等重点院校的做法。

2011 年 11 月,教育部 31 号令《高等学校章程制定暂行办法》出台,起草小组认真学习领会办法精神,开始构思搭建《宁波大学章程》框架。

2012年3月,起草小组着手梳理学校各类组织机构与规章制度,明确大学章程制定工作的重点和难点,形成大学章程编制工作的任务分解,各责任单位按照分解任务,形成各专项内容初步框架,形成章程的总体框架,并具体起草章程草案。至当年5月,形成《宁波大学章程(草案)》。之后,征求相关职能部门意见,汇总意见、形成初稿。于6月提交校长办公会议讨论,并获得办公会议原则通过。

(二)修订过程

2013年4月,浙江省教育厅出台《关于贯彻实施高等学校章程制定暂行办法的指导意见》,起草小组根据意见精神,又对《宁波大学章程》初稿进行了修改完善。

2013年9月,征求了学校老领导意见。

2013年12月,学校召开了三次征求意见会议,分别召集党群部门、行政部门、学院负责人,听取对章程制定的意见和建议,并征求了学生会、研究生会的修改建议。同月,浙江省教育厅组织省属高校就章程建设工作进行培训,并将首批获得教育部核准的6所高校的章程作为案例进行解读。

按照有关指示精神、与省厅沟通汇报以及征求意见的结果,起草小组对《宁波大学章程》的格式与体例进行了修改,最终形成修订讨论稿,于2014年1月21日递交校党委会讨论,原则通过。

(三)面临的困难

在起草和征求意见的过程中,讨论的焦点、议论的难点主要集中在以下几个方面:

一是如何明确界定学校与政府、社会的关系问题。在制定过程中,大学章程实际制定主体是高校,政府以管理者的身份审核大学章程,作为举办者的身份并没有体现出来,这一事实可以从教育部核准6所部属高校章程的行为中得到确认。在已经核准的6所大学章程中,明确界定举办者与大学的权利义务关系的有2所,分别是东南大学和华中师范大学,但内容也相对笼统,边界不清晰。在我们学校章程的制定和修订过程中,存在着两种意见,一是应该明确大学的外部关系,尤其是大学与政府的关系,二是我国大学"行政化"现象有着深刻的历史文化背景、社会心理基础和体制机制原因,政校关系很难厘清。政校关系问题一直困扰着包括宁波大学在内的所有高校,我们的章程用了一个比较委婉的提法,也就是提出了"学校有哪些办学自主权",但是边界仍然不够清晰。

二是如何确定学校的办学定位。宁波大学经过近 30 年的发展,已经开始建设教学研究型大学。那么,我们未来的发展方向在哪里、奋斗目标是什么? 是不是还是包玉刚先生在捐资建校之时所设想的那样,把宁波大学办成一流的大学? 毋庸置疑,作为宁波大学的一员,我们都希望把宁波大学办成一所高水平的大学,但不管是"一流"大学也好,"高水平"大学也罢,它至少应该具有三个基本特征,即有特色,国际化和研究型。立什么志是值得我们深思的问题,它关系到一代又一代宁大人朝什么方向努力奋斗的问题。还有一个重要问题是,在远景奋斗目标确定后,阶段性目标与远景目标如何协调的问题,学校五年、十年、二十年等阶段性目标如何确立? 为实现远大奋斗目标,我们在各个阶段是否应该具有立足地方、置身全国、放眼世界的意识,也值得大家探讨

三是如何提炼学校的办学特色。一所优秀的大学必然有自身的特色。强化特色意识,重视特色建设,确立和实施特色化发展战略,已成为我校建设和发展的战略选择。高校的办学特色是一所高校在长期的办学实践中形成的比较持久稳定的发展方式和被社会公认的、独特的办学风格、人才培养模式和强势学科。特色需要凝练,但不能凭空杜撰,特色是办学历史与办学未来的统一、是主观追求和客观事实的统一,如何在宁波大学章程中提炼宁大特色,通过章程来保证宁大特色的形成和积淀,或者章程本身就具有宁大的特色,也始终是我们制定章程中需要思考和讨论的焦点、难点问题。

四是如何体现"教授治学"的问题。这也是广大教师关心的一个重要问题。在我国制定大学章程的过程中,各个大学的管理制度设计基本上是围绕着四句话,即"党委领导、校长负责、教授治学、民主管理"展开的,实质上都是一个发扬民主与科学决策的问题。教授治学中的"治"字作为动词有四种意思,即管理,惩办、医疗和从事研究,显然应理解为"管理",而学校中与"学"直接有关的事务很多,例如办学、学术、教学、学生、学习、学风等等,与"学"间接有关事务就更多了。如何让教授参与到学校办学的各个方面,调动和发挥教授在学校管理工作方面的积极性和主动性,从而更好地集大家的智慧办好学校,也是值得大家在完善学校章程中认真讨论和解决的难题。

当然还有其他一些大家较为关注的问题和难点,不一一列举。

章程制定过程中面临的这些问题,归根结底是大学理想和办学现实的矛盾问题。大学章程涉及大学内外多种关系,是多个、多层、多种矛盾关系的统一体。比如,行政主管部门与学校之间的权利义务关系,学校长期形成的历史文化与现实改革创新之间的关系,大学办学理念原则与具体细则的关系,大学内部治理体制中决策、执行、监督、咨询之间的关系,国家法律法规的硬性规定与章程内容自由裁量的关系等等。章程是看未来、管长远的根本性制度,理应按照理想中的大学去设计、去克服这些问题,但发展的前提是生存,作为一个即将依法实施的制度,章程又必须具有可操作性,必须能支撑我们获得更多的办学资源。理想与现实的问题,以及由此而衍生出的政校关系、办学定位、办学特色等问题,既是大学章程起草中不可回避的困难,也是学校办学过程中需要面对和处理的矛盾,这些问题仍需要我们用较多的心血和时间去探索。

三、章程的主要内容

《高等教育法》和《高等学校章程制定暂行办法》要求大学章程必须载明 10 项内容,即学校名称、校址;办学宗旨;办学规模;学科门类设置;教育形式;内部治理结构;经费来源、财产和财务制度;举办者与学校之间的权利义务;章程修改程序;其他必须由章程规定的事项。6 所已经批准实施的大学章程,在体例上都遵循以上规定,不同的是 10 项内容的先后顺序和表述详略的差异。

(一)章程的框架结构

章程文本的起草遵循"我是谁——我要做什么——我要怎么做"的宏观逻辑和"先总后分、由纲到目"的微观思路,围绕着高校四大职能、领导体制、管理体制、师生权利义务、学校发展的保障支持系统分别展开论述。序言、总则和第十章"学校标识"主要讲"我是谁"和"我要做什么",其他章节内容意在阐述"我要怎么做"。

学校章程文本共 11 部分 76 条,分别是序言、总则、学校职能、管理体制、组织机构、教职工、学生、理事会、基金会及校友会、资产、经费及财务管理、学校标识、附则。

（二）章程的文本内容

第一部分为序言，共 2 段。主要阐述以下问题：学校性质、主管单位、主要沿革、校训、学校精神、发展战略、办学宗旨、学校文化、人才培养目标、学校阶段性发展目标、学校长远发展目标。

第二部分（第一章）为总则，共 7 条（第 1～7 条）。主要阐述以下问题：章程制定依据、章程定位、校名与校区校址、学校办学自主权、大学四大职能、主要义务。

第三部分（第二章）为学校职能，共 14 条（第 8～21 条）。第 8～12 条阐述人才培养职能，包括人才培养理念、具体培养目标、办学层次、培养类型、培养机制、学科门类等内容。第 13～15 条阐述科学研究职能，第 16、17 条阐述地方服务职能，第 18 条阐述文化传承创新职能，第 19、20 条说明学校对外交流合作的自主权，第 21 条宏观概述学校要处理好改革、发展与稳定的关系。

第四部分（第三章）为管理体制，共 18 条（第 22～39 条）。第 22 条说明"党委领导、校长负责、教授治学、民主管理"这一内部治理的总体结构。第 23～26 条阐述党委领导，主要内容包括党代会、校党委的地位、职责、决策机制和党的纪律检查委员会。第 27～31 条主要阐述校长负责，内容包括校长负责的工作机制、校长的法人地位与职责范围、荣誉校长与名誉校长的设置等。第 32～34 条阐述教授治学，说明教授治学的途径和机制是学术委员会、学位评定委员会、教学委员会等。第 35～39 条阐述民主管理，内容包括学生工作指导委员会、教职工代表大会、学生代表大会、研究生代表大会、群团组织和校务委员会。

第五部分（第四章）为组织机构，共 7 条（第 40～46 条）。第 40 条说明学校具有内部组织机构的自主设置权。第 41～43 条说明学院的性质、地位、管理体制和主要职责。第 44 条说明学院党组织的主要职责。第 45、46 条阐述学院、处室、直属单位职能及其管理体制，其中强调了学院管理中同样要发挥教授治学的作用。

第六部分（第五章）为教职工，共 6 条（第 47～52 条）。第 47 条说明教职工的范畴。第 48、49 条分别阐述教职工的权利、义务，体现了本科生导师制的内容。第 50～52 条阐述学校如何保障服务教职工发展、维护教职工合法权益。

第七部分(第六章)为学生,共 6 条(第 53~58 条)。第 53 条说明学生的范畴。第 54、55 条分别阐述学生的权利与义务。第 56~58 条阐述学校如何维护学生合法权益及保障学生参与学校民主管理。

第八部分(第七章)为理事会、基金会及校友会,共 5 条(第 59~63 条)。主要阐述三大机构的性质、定位、人员组成等内容。

第九部分(第八章)为资产、经费及财务管理,共 5 条(第 64~68 条)。主要阐述学校资产的范围、资产管理的原则、经费的范围及财务管理的原则等内容。

第十部分为学校标识(第九章),共 5 条(第 69~73 条)。主要阐述校标、校旗、校歌、校庆日、网址等内容。

第十一部分为附则(第十章),共 3 条(第 74~76 条)。主要阐述章程的生效程序与日期。

四、下一步工作安排与要求

为了进一步细致做好章程建设工作,提三点要求:

(一)要高度重视章程建设工作

制定章程是一项改革工程,是凝聚共识、凝结力量、凝集智慧的过程,是宣传办学理念、办学定位、办学特色的过程。各单位部门要高度重视章程制定,要站在 5 年、10 年甚至 20 年、30 年的未来视角,以放眼国内 985 高校、国外著名大学的开阔视野,把握章程建设的重要意义和目的。要动员各方面力量参与制定学校章程,要尽量做到让每一个利益相关者都能发表自己的意见,尽可能大范围地听取利益相关者的意见和建议。请大家认真阅读,提出修改的意见和建议,为学校章程的制定和完善作出积极的贡献。

(二)要结合学校工作要点推进章程制定

制定学校章程不是要编写一个静态的文本,而是通过这一过程进一步统一思想、形成共识,从而推动和深化学校改革。要处理好章程的现实性与创造性的关系,各部门单位要立足学校和自身的实际,结合学校历年工作要点,认真思考已经做、正在做和将要做的事情,把好经验、好做法提炼出来、固定下来,把需要改进、能够改进的工作铺陈开来、落实下去,制定出符合国情校情、具有可操作性、能够激励全校教职员工而为之奋斗的大学章程。

(三)要加强对大学章程实施工作的研究

大学章程的制定和实施工作,既涉及体制机制,也涉及思想观念,还涉及人的切身利益,难度大、压力重,矛盾也比较多,许多问题没有现成答案,需要在实践中不断探索。特别是大学章程的实施工作,受各种因素的影响和干扰,难度很大。各部门单位要加强对大学章程实施工作的研究,仔细梳理规范性文件,同时对于需要制定配套规定的,还要抓紧做好相关规定的制定工作;要按照完善治理结构与管理体制的要求,继续推进各项工作。要通过梳理和研究,重点解决学校在按照章程自主管理、按照章程依法办学过程中碰到的难点,提高我们按照章程办学的水平和能力。

大学章程是现代大学制度的核心,是大学文化的重要组成部分,建设大学章程是一项复杂而艰巨的系统工程,政治性、政策性强,社会关注度高,牵一发而动全身。我们必须进一步解放思想,锐意进取、扎实工作,以更积极的姿态融入高等教育改革的潮流,以更高的要求处理好事业发展与制度建设的关系,以更实的举措处理好突出重点与整体推进的关系,用我们的努力和实干,推动学校健康持续发展。

以职称评审权下放为契机，完善高校内部治理结构*

——完善岗位设置，分类评价标准，强化专家作用，规范评审程序，更好地发挥职称评审工作在调动教师积极性中的杠杆作用。

近日，浙江省决定有步骤地全面下放高校教师专业技术职务评审权，探索建立分类评价、高校自主评聘、政府宏观管理监督的高校教师专业技术职务评聘制度。职称评审权的全面下放对于推进现代大学制度建设具有积极意义。

首先，职称评审权下放是落实和扩大高校办学自主权的重要举措。十八届三中全会通过的《中共中央关于全面深化改革若干重大问题的决定》，专门就加快转变政府职能进行具体部署，同时提出要深入推进管办评分离，扩大省级政府教育统筹权和学校办学自主权，完善学校内部治理结构。在中央要求转变政府职能的背景下，浙江省教育主管部门审时度势，在第一时间出台了下放职称评审权的政策。这是转变政府职能、落实和扩大高校办学自主权迈出的重要一步。

其次，职称评审权下放是明晰政府与高校关系的正确选择。在现代大学制度的框架里，政府和高校都是为公共利益服务的机构，二者在地位和存在形态上有一定的平等性和独立性。浙江省教育主管部门在下放职称评审权的同时，提出政府要加强宏观管理监督，高校要科学制定评审计划和评审标准，规范评审程序。此举既准确定位了自身的角色，又给予了高校学术自由的权力，有助于大学成为自主办学的实体，也有助于高校在减少行政干预的前提下满足政府预期。

再次，职称评审权下放是高校完善内部治理结构的重要契机。高校内

* 本文原载《中国教育报》2014 年 4 月 21 日第 09 版

部治理结构主要是通过制度构建来确立大学内部行政权力与学术权力的关系,以实现民主管理、科学决策,提高管理绩效。人事制度改革是高校内部治理结构改革的核心内容之一。职称评审权下放后,各高校可自行制定切合实际的教师学术评价制度,有利于充分发挥高校的自主性,发挥自身优势,使职称评审真正成为高校提升人才培养质量、科研水平和社会服务能力的重要手段。

高校该如何以评审权下放为契机,完善内部治理结构呢?至少可以在以下四个方面进行探索。

第一,完善岗位设置管理制度,形成能上能下的用人机制。2010年以来,浙江省的高校实施了事业单位岗位设置管理制度,绝大部分高校空缺的高级专业技术岗位有限,但职称评审又必须在政府核定的岗位总量和结构比例内进行。这就需要高校在岗位设置管理制度上下功夫,设法使专业技术人员在不同层级岗位流动,逐步形成竞争择优、能上能下的用人机制,把真正优秀的人才选拔到高级专业技术岗位上来。

第二,科学制定职称分类评审标准,建立多元化的评价制度。职称评审标准除了要体现重师德、重业绩、重能力的导向外,还要重点在两个方面进行探索:一要继续探索分类评审标准。前两年,不少高校在教师分类评价机制方面作了有益探索,今后这项工作应该继续推进,研究制订更为成熟的分类评审标准,使教师能专心于自己擅长的方面,引导教师合理自觉发展。二要探索建立多元化评价标准。打破单一化、标准化的评价方式,建立尊重不同学科特点、有利于拔尖人才脱颖而出的多元化评价制度。

第三,强化同行专家作用,尊重学术评价。通过同行专家学术评价进行教师职务评审既是国际通行的成熟做法,也是现代大学制度不可或缺的组成部分。职称评审权下放后,高校应该强化学术权力,充分发挥同行专家的学术评价作用。要提高代表性论文论著同行专家评议的比重,规定将校外同行学术评议结论达到一定的标准作为提交学科组评议的必要条件;发挥学术权力在职称评审中的作用,增强教授的话语权,体现教授治学的学术精神,尽量减少将行政权力过于集中的人员列入评聘组织。

第四,规范评审程序,保障公平公正公开。职称评聘工作涉及广大教师的切身利益,因此应坚持公开公平公正的原则,规范评审程序,引入必要的监督机制。同时,要及时妥善处理和解决开展自主评审工作中产生的争议问题。

附　录

就任校长的讲话[*]

各位领导,各位老师,同志们:

　　非常感谢上级领导对我的培养和信任,感谢在座的各位同志对我的支持和信赖,也感谢学校历任校领导对我的言传身教和帮助。

　　作为宁波大学校长,我认为是很光荣的,因为宁波大学在历任校领导和全校师生员工的努力下发展很快,到目前为止,已成为省内比较有影响的综合性大学。所以,作为这样一所大学的校长自然是很光荣。这也是组织上对我的一种信任,更是一份责任,很重的责任。大学作为一个基层组织,校长要直接面对的人和事都非常多,特别是在现在高等教育逐渐由卖方市场向买方市场过渡、高校之间的竞争非常激烈的形势下,作为一个大学校长,他的主要责任是什么?

　　我呢,比大家有优势的地方是,我很长时间以来都在校长们的身边工作,我也不断地仔细观察学习。自己也到高专担任了 3 年多的校长。所以,从这些实践中,从这些老领导的身上,我观察到作为一个大学校长的首要责任就是努力提高学校的声誉。为什么这样说呢? 声誉是一所大学赖以生存和延续的基础。有人做过统计,500 年前,全世界创办的组织现在还用同样的名字,干着同样事情的只剩下 85 个,其中有 70 个是大学,而且都是著名的大学,都是有着很高的社会声誉的大学,那些未形成良好声誉的大学、学校自然被淹没在历史的长河之中。所以学校的声誉非常重要。声誉也是一所大学的活力所在。因为一所大学的活力要靠一代代优秀教师和一批批优秀学生来维系,而吸引这两者的就是学校的声誉。学校的声誉还与获取资源的能力密切相关,声誉好的学校更容易获取资源。但是,

---

　　* 本文是 2004 年 5 月 12 日聂秋华在全校干部大会上的讲话

提高学校声誉是一个漫长而艰难的过程,需要每一届领导、每一位教工、每一名同学、每一个校友的不懈努力。我们必须把提高学校的声誉作为我们各项工作的出发点,作为衡量我们工作质量的标准,更应该作为我们孜孜追求的目标。

作为校长的另外一项重要责任是积极争取外部资源。严校长经常提倡我们校长、领导要做好后勤部长。后勤部长要手中有粮。"手中有粮,心中不慌。"外部资源包括资金、人才、土地、各种项目和政策。不言而喻,学校的快速发展必须有充足的资源,而在学校的下一步发展中,资源短缺的矛盾将十分突出,基本建设资金缺口比较大,重量级的学科带头人匮乏,周边土地征用困难很多,如果不花大的力气来解决,资源问题将成为制约我们学校进一步发展的一个瓶颈。所以,要积极争取省市政府的投入,继续争取海外"宁波帮"的捐助,通过紧贴地方,为地方经济与社会发展服务,争取社会各界的支持。在资源问题上,要不错过任何一次机会,不放松任何一次努力,不放弃任何一次争取。

作为校长还有一项重要职责就是要不断推进内部改革。改革是学校发展的动力。几年来宁大的快速发展都得益于较早地进行了校内的各项改革。但随着社会的进步和学校的发展,改革的效果和激励的边际效用将会递减,所以在改革上需要我们进行不断地反思与创新,需要不断地深化。当然,改革实际上是资源的再配置,利益的再调整,但其根本目的是调动广大教职工的积极性,发掘大家的潜力,进一步激发大家投入学校建设与发展的热情。要牢牢把握社会与高等教育发展的趋势,不失时机地推动各项改革向纵深发展。

所以,我认为作为校长,这三项职责是最重要的。那么,如何来做好这些工作呢?

首先,在提高学校声誉上要坚持"以质取胜"。大家常说质量是学校的生命线,一点儿不错,因为人才培养的质量与学校的声誉密切相关。学校这几年规模迅速扩大,率先成为省内的几所万人大学之一,加上浙大等四校合并的因素,我校被省里列为省重点建设大学,这样,宁大声誉得到了比较快的提高。但我们千万不要被这些所陶醉,因为这种声誉提高还没有得到不断提高学生培养质量的机制来保障,从长远看还不牢靠。当然大学的声誉与知识的创造也是密不可分的。因此,我们必须牢牢记住,高质量的毕业生与高水平的研究成果是学校赖以提高声誉的基础；我们必须加强学科建设，推进教学改革，不断提高人才培养质量。只有当我们的毕业生，我们的研究成果为社会高度认可时，我们才会获得掌声，才能赢得声誉。

其次，在争取外部资源方面，我们要"以诚感人"。在高等教育快速发展的今天，资源的竞争十分激烈，资源的争取绝非易事，加之宁大是一所年轻的学校，知名度和实力相对较弱，在资源的获取上还存在非常大的困难。那靠什么去争取呢？无论是争取领导的支持还是"宁波帮"的捐助，无论是学位点的申报、高水平人才引进还是教学评估，从这些经历中，我深深体会到，精诚所至，金石为开。要以诚恳谦虚的态度，真诚美好的愿望，对教育事业的忠诚情操和学校的蓬勃发展去感动人，去争取别人的理解、支持和帮助。

第三，在深化内部改革方面要坚持"以人为本"。改革的目的是调动学校一切人的力量为学校发展服务。宁大的发展要靠学校领导一班人的集体力量，靠中层干部和教授一批人的合作力量，靠全体宁大人积极参与的实践力量。所以，我们的改革一定要在围绕人，为了人和激励人上不断地深化，为学校的发展不断地增加动力。

可以这么说，我是宁波大学这块土地上土生土长起来的校长。我也深知自己还有许多不足与局限，怎么办呢？需要"以勤补拙"。根据自己的亲身经历和体会，我坚信"天道酬勤"，在教学上是这样，在科研上也是这样，在管理工作上还是这样。有投入，才能有产出；有付出，才能有回报。只有通过勤奋工作来弥补自己的不足，通过勤奋学习来克服个人的局限，尽快地适应校长岗位的要求。

我们将根据上级领导的要求，在党委的领导下，明确本届领导班子的任期目标，制定好下一步学校发展的战略，团结一致，搞好工作。

在这里，我还要感谢上一届学校领导班子的同志们和老领导们对我工作的支持和配合，尤其感谢徐书记、严校长和贺书记对我的信任、理解和帮助。人家都说"常务"难当，说实话，是有点儿辛苦，但并不是很难，因为和他们非常容易沟通，这是由于大家的目标非常一致，都是为了宁波大学的快速发展。这几年，从他们身上我也学到了不少东西。

最后，借用严校长常说的两句话，不过我增加了几个字，作为自勉，也与新一届领导班子的同志们共勉。这就是，清清白白做人，廉洁自律；认认真真干事，勤奋有为。决不辜负领导和同志们的信任和期望。

离任校长的讲话[*]

各位领导,各位同事:

大家好!首先对沈满洪同志出任宁波大学校长、余建森同志任宁大纪委书记表示祝贺,我也衷心感谢大家能够出席今天的会议。

时间过得真快,十年任期,转瞬即逝,今天到了和校长职务告别的时刻;十年往事,历历在目,给我留下了终生难忘的印象。离职之际,感慨万千,汇成三段话,以表达自己的感谢之意,感激之情和感恩之心。

首先是感谢。我任校长的十年是国家高等教育大发展的时期,也是宁波大学快速成长和壮大的机遇期。各种办学资源的严重短缺是制约学校发展的瓶颈,感谢各级领导的关怀和鼎力帮助,每当我向他们汇报宁大的快速发展和急需解决的困难时,都能引起他们的关注和重视,在博士学位授权、省部市(局)共建和双桥土地拆迁等事关宁大发展的关键问题上,更是精心筹划、大力协调,总能帮助我们宁大闯过难关,阔步向前。感谢海内外"宁波帮"的关爱和无私捐助,十年来,我接待和拜访他们数百人次,从老一辈到新一代,他们薪火相传,先后捐资数亿元,助建大楼、广引外援、培养教师、奖励同学,每当我签下一份份捐资协议,接过一张张捐赠支票,参加一次次捐助活动,这种爱国爱乡的情怀传递给我的就是一种力量,也是一份责任,鼓舞我和大家一起把宁大建设好。感谢广大校友的关心和持续支持,每次校友活动,总能感觉到他们对母校发展的关切,每当校友返校,总能感受到他们对母校成长壮大的欣喜,建言献策,捐资出力,当全省第一次大学毕业生问卷调查显示宁大毕业生对母校的忠诚度雄居榜首时,我真为你们骄傲!你们这份对母校的炙热深情,也强烈地感染着我奋力前行。

二是感激。我来宁大三十年,从一个青年教师成长为一校之长,由衷地感激历任老领导对我的关心培养、言传身教,他们的品质与风范,使我在

---

* 本文是 2014 年 6 月 9 日聂秋华在全校干部大会上的讲话

成长中耳濡目染、受益良多，并深深地影响着我履行校长职责。真诚地感激学校党政领导班子的同事对我的支持与合作，上任伊始，我就深知宁大的发展太需要学校领导的率先垂范，无私奉献，去带动和感染教职工，突破学校发展的一个个瓶颈，校领导们面临的困难很多，工作强度很大，大家同甘共苦、同舟共济，一起跑资源、争项目、抓管理、促建设；一起承担压力，共渡难关；一起分享喜悦，共庆成功。同事间这种兄弟之谊，手足之情成为我一生的宝贵财富。特别地感激学校教职员工对我的信任和理解，宁大发展离不开每一位员工的贡献，激发个人潜能、汇聚发展动力需要不断深化改革，改革要涉及利益调整，往往矛盾交错、诉求多元、异常棘手，令人望而生畏，但是你们每年对我测评的高分和建设性意见给了我信心和力量，放手推进和实施学校的各项改革，建机制、分任务、传压力、争进位，正是你们的辛勤耕耘与忘我付出，成就了宁大快速发展的十年。深切地感激同学们给了我自豪感和成就感，在老师们的细心培育下，你们一点点学会选择，学会学习，当你们捧回一块块竞赛金牌，一座座挑战金杯时，不但提升了宁大声誉，更重要的是播撒在你们心中的创新创业种子已经开始发芽，当你们取得每一点成功时，你们的老师比你们还兴奋，因为你们不断地成长与进步，就是老师的成功，更是学校的成功，也使得既当老师又当校长的我加倍的欣慰与满足。

三是感恩。想不到忽然我已届花甲之年，而最美好的青春岁月在宁大度过。先贤们把宁大建成一流大学的呼声，始终回响在我耳边，成为自己的理想；为实现这个理想而奋斗，感到无比快乐。亲眼目睹和亲身经历了迄今为止宁大从农田中破土而出、顽强生长的全过程，宁大教会了我做人、做事、做学问，宁大这片土地为我的成长发展提供了丰富的养分，使我一步一步成长为教授、校长，宁大给了我一个求上进的氛围，给了我一个干事业的舞台，宁大人给了我前行的力量，每当我凝视着承载我理想的宁大校园，细数着帮助我的每一个人，感恩之情，油然而生，人生能有几十年？青春没有虚度！我想如果我再有一次青春年华，依然献给宁波大学。青春年华已逝，但感恩之心长存。

建设一所高水平的综合大学是宁波市人民包括海内外"宁波帮"的共同心愿，为地方经济与社会发展培养一批批高素质的人才是宁波大学的历史使命，还需要一代又一代宁大人为之不懈奋斗。精卫填海、愚公移山是一曲神话,也是一种精神,还是一个客观规律,只要能设法聚点滴之力、坚持做长久之功,就一定能实现这个宏伟目标。我衷心祝愿新的一届宁波大学领导班子带领大家把宁波大学建设得更美好!

宁波大学 20 年办学历史经验回顾及未来设想*

尊敬的各位领导、各位来宾，

亲爱的各位校友，

老师们、同学们：

今天，嘉宾云集，群英荟萃，共同庆祝宁波大学建校 20 周年暨三校合并 10 周年。在这个激动人心的时刻，我谨代表宁波大学全体师生员工，向参加庆典的各位领导、来宾和广大校友们表示最热烈的欢迎和最衷心的感谢！

20 年前，在邓小平同志"把全世界的宁波帮都动员起来建设宁波"的号召下，世界船王包玉刚先生率先捐资创办了宁波大学，从此结束了宁波没有一所综合性大学的历史。20 年来，学校历届领导和全体师生员工在省委省政府、市委市政府的领导下，艰苦创业，开拓进取，使宁波大学在短短的 20 年里，发展成为一所涵盖十大学科门类，本科生突破两万人，研究生超过一千人，拥有 65 个本科专业、54 个硕士点的地方综合性大学，成为一所能适应时代发展要求，与地方经济建设和社会发展紧密结合的新型综合性大学。宁波大学的 12 万校友活跃在古越大地和祖国的四面八方。

回顾建校 20 年与三校合并 10 年的发展历程，良好的外部环境是宁波大学得以迅速成长的重要条件。

宁波大学的快速发展得益于一个改革开放的时代。中国大陆改革开放的浪潮催生了宁波大学，1984 年宁波市委、市政府和包玉刚先生经过协商，签订了创办宁波大学的协议，1986 年宁波大学拔地而起，实现了"第一年建设、第二年招生"的建设目标；全国高校管理体制调整壮大了宁波大

---

* 本文是 2006 年 10 月 29 日聂秋华在宁波大学建校 20 周年暨三校合并 10 周年庆典大会上的讲话

学,1996 年省市政府决定宁波大学、宁波师范学院和浙江水产学院宁波分院三校合并办学,迅速提升了学校的办学规模和办学层次;科教兴国战略的实施加快了宁波大学的发展,跨入新世纪后,全国高等教育大众化的趋势加速了宁波大学的改革,推动宁波大学步入了发展的快车道。

宁波大学的快速发展得益于一方生机盎然的热土。"人文渊薮"的浙江和深厚的浙东文化哺育了宁波大学,浙东学派"实事求是,经世致用"的治学理念是宁波大学成长的精神食粮;宁波作为最早的沿海改革开放城市之一,为宁波大学带来了改革的观念,注入了发展的活力;地方经济社会良好的发展态势和美好的发展前景,吸引了众多优秀人才加盟宁波大学,教师队伍迅速壮大;地方经济社会的快速发展也为学生营造了就业、创业的良好环境,吸引了众多优秀学子报考宁波大学,生源质量不断提高;随着浙江省和宁波市经济实力的迅速增强,省市政府不断加大对宁波大学的资金投入力度,有力地促进了学校的各项事业蒸蒸日上。

宁波大学的快速发展得益于一种绵延不断的关怀。宁波大学建校 20年来,一直得到了中央、省、市各级、各届领导和主管部门的关心与支持,多位党和国家领导人的直接关怀和亲临指导给了宁波大学莫大的鼓舞和前进的动力;海内外众多"宁波帮"以及他们的第二代、第三代对宁波大学的鼎力帮助已成为一段佳话广为流传,这种爱国爱乡的义举已深深植入宁大学子的心中,在这次校庆过程中,众多校友反哺母校正是这种精神的继承与延伸;建校之初浙江大学、复旦大学、中国科技大学、北京大学与原杭州大学 5 所名校对口援建,使宁波大学站在一个较高的发展起点上成长起来。

风云际会,天地人和,为宁波大学 20 年的发展搭建了一个施展才华与实现梦想的广阔舞台。

回顾建校 20 年与三校合并 10 年的发展历程,宁波大学得以迅速成长的重要内因是宁波大学的历任领导和广大师生员工具有办好宁波大学的强烈愿望和历史责任感。

办好大学需要大楼,需要大师,更需要海纳百川的胸怀。五校援建、三校合并以及后来四校并入造就了宁波大学包容的情怀;延揽名家,广招人才,来自五湖四海的教师使宁波大学成为名副其实的移民大学;从面向全国(包括港澳台地区)招生,到与 40 多所国外高校建立校际交流与合作关系,从"做人、做事、做学问"名家讲座到"经济社会发展论坛",无不显示出"兼容并包"为宁波大学带来的勃勃生机。

办好大学需要支持,需要帮助,更需要顽强拼搏的品质。创业的艰辛和海外侨胞、家乡父老的期盼铸就了宁大人自强的品格;锲而不舍,知难而进,迎来了众多"宁波帮"捐资助学的新高潮;八年之间,两次教学评估,两次获得优异的评价,七年之内,硕士点从 3 个猛增到 54 个,六年之中,科研经费从数百万元增加到 1.13 亿元,几代宁大人用自己的行动诠释了"自强不息"的精神内涵。

办好大学需要学习,需要借鉴,更需要敢为人先的勇气。办出特色的目标和社会发展的需求点燃了宁大师生创新的激情;建校之初实行按系招生和学分制改革,培养宽口径的应用型人才;1999 年大胆探索办学体制改革,创办省内首家独立学院;世纪之交开始的校内管理体制和分配制度等一系列改革,为宁大新世纪的发展奠定了基础;基于"平台＋模块"课程结构体系的人才培养模式,逐步成为宁波大的办学特色;正是"务实创新"的风格推动宁波大学向一个个高峰快速攀登。

办好大学需要时间,需要积淀,更需要抢抓机遇的意识。对加快发展的渴望与重任使宁大历届领导对每一次发展机会倍加珍惜;主动要求首批参加教学评估,促进人才培养质量不断提高;三校合并后立即开展申报硕士授予权工作,及时作出向教学研究型大学转变的战略决策;争取支持,创造条件,跨入省重点建设大学的行列;不放弃每一次申报博士授予权的机会,锻炼队伍,加快学科的建设;每一次机遇带来的都是一次显著的发展,使宁波大学能够站立潮头,"与时偕行"。

宁波大学正是以"兼容并包,自强不息,务实创新,与时偕行"的精神面貌,20 年栉风沐雨,一路走来,在办学的舞台上演奏出了一曲催人奋起的感人乐章。这种精神浓缩了宁波大学的奋斗历史,并将一直砥砺所有宁大人振奋前行。

20 年励精图治,风雨兼程;20 年薪火相传,硕果累累。年轻的宁波大学的发展历史告诉我们一个简单的道理,即作为一所地方性大学,只有在服务地方、融入地方的改革创新中才能找到自身发展的特色之路。面向未来,我们必须坚持"由创新培育特色,以特色争创一流"的办学思路,构筑和谐校园,向建设国内一流地方综合性大学的奋斗目标迈进。

努力建设创新型大学,着力构建创新人才培养体系。我们要进一步更新教育理念,营造校园创新文化氛围,着力构建创新人才培养体系,把成才的选择权进一步交给学生,把创新、创业的种子埋在学生心中,努力形成宁波大学创新人才培养特色,为创新省市建设提供有力的人才支撑。

精心培育优势特色学科,争取获得博士学位授予权。我们要围绕地方经济社会的发展需求凝炼学科方向,构筑科技创新平台,加快创新团队建设,提高科学研究水平,提升自主创新能力和科技成果的转化能力,打造优势特色学科,为创新省市建设提供有力的科技支撑,争取早日获得博士学位授予权。

不断提高服务地方能力,在融入地方中办出特色。我们要加强与地方的合作,利用学校的各种资源服务区域经济发展,努力提升产学研结合的水平,不断增强服务地方的辐射能力,以更好的服务质量赢得声誉,在服务地方、融入地方中办出学校的特色。

老师们,同学们,在这令人难忘的时刻,我们更加缅怀邓小平同志,缅怀包玉刚先生,缅怀那些为宁大发展作出贡献的先贤!我们不会忘记各级政府的历任领导长期以来对宁波大学的关心和支持!我们不会忘记广大海内外"宁波帮"人士在宁波大学发展的关键时期给予的关爱和资助!我们不会忘记援建我们的老大哥学校、各兄弟高校和社会各界长期以来对我们帮助和扶持!我们不会忘记广大校友对于母校的牵挂和回馈!我们不会忘记为学校发展做出无私奉献的历届教职员工,正是因为有了他们的辛勤付出,才会有今天的宁波大学!借此机会,我代表宁波大学全体师生员工,向你们表示最诚挚的感谢!

女士们、先生们,20年前,这里还是一片茫茫绿野。今天当你徜徉在宁波大学的校园里,穿行在以众多"宁波帮"人士名字命名的楼群中,你会感受到父老乡亲们对这所大学的关爱与期待,感受到这所年轻大学中蕴含的勃勃生机。20岁对于一所大学而言,还很年轻,还需要继续得到各级领导、广大"宁波帮"和社会各界的大力扶持和关心,还需要我们全体师生员工更加发奋和努力。我们相信,20年后,当大家再次相聚于宁波大学时,将会共同见证一颗闪亮的新星已经高高升起!

谢谢大家!

八年之约[*]

各位同学,各位老师,大家晚上好!

非常高兴作为我校这个讲座第 100 讲的主讲人,和大家共同交流"做人、做事、做学问"的心得体会。100 是个圆满的数字,也是代表很多的数字,为什么由我来讲第 100 讲呢?因为,这个讲座的发起人严陆光校长和我有个约定,就是这个讲座到 100 讲的时候,我再讲。什么时候约定的呢?是在这个讲座刚刚起步之时,也就是八年前,所以这次讲座实际上是践行八年之约,这是第一个约定。这是一个历时很长的约定,也是一个很重的约定,从那时起,我一直在思考怎样兑现这个与严校长的约定。

还有第二个约定,这要从 1999 年说起。1999 年对宁波大学来讲是不同寻常的一年,这一年有三件事情对宁波大学的发展意义重大。第一,是宁波大学在全省率先办起了民办二级学院——科技学院,为全省的高等教育体制改革做出了积极贡献;第二,借助宁波市与中科院战略合作的机遇,请严陆光院士出任宁波大学第五任校长;第三,学校在三校合并后,经过了三年的融合与调整,明确了宁波大学要加快从教学型大学向教学研究型大学转变得发展目标,这就是第二个约定,也可以说是全校师生共同的约定。完成这个转变,对全面提升宁波大学的办学层次,社会影响以及为同学们创造更好的学习环境均具有重要的战略意义。从 1999 年到 2007 年我校获得博士学位授予权整整八年,可以说我们已经实现了这个约定,宁波大学已经迈入了教学研究型大学行列。有幸的是,我从 1999 年担任学校常务副校长、2004 年担任校长,经历和参与了整个过程,所以我可以用宁波大学已经实现的八年之约中的人和事,来履行我的八年之约,与大家分享对"做人、做事、做学问"的感悟。

宁波大学八年来发生了巨大的变化,靠的是什么?我觉得靠的就是以

---

* 本文是 2008 年 11 月 7 日聂秋华在宁波大学"做人、做事、做学问"第 100 讲上的内容

人为本，敢为人先和事在人为。

一、以人为本

三校合并以后，经过了融合，并于 1998 年获得了硕士学位授予权，宁波大学发展到了一个新的阶段。但是，三校的基础条件在合并前都是比较弱的，用当时校领导的话来讲，是三个穷棒子，走到一起过日子。尤其是教师，高级职称的教师缺乏，教授仅有 50 余名，其中 30 人超过了 60 岁。当年的科研经费仅数百万元，获得国家级项目仅 3 项。这样的基础和条件，要实现从教学型大学向教学研究型大学的转变是非常艰巨的。怎么办？关键的因素是人，是高水平的教师，没有一支高水平的教师队伍，是根本不可能实现这个转变的。实际上，我们在做很多事情的时候，首先要考虑的是人的因素。要建设高水平的师资队伍，单靠学校自己培养是来不及的，也是远远不够的，必须想办法，加快引进人才。

要吸引人才，首先应该满足人的基本需求。人们在各自不同的人生阶段和社会背景下都有相应的物质和精神需求，教师作为知识分子同样有自己的阶段需求。当时市场经济的大潮席卷全国，不少人利用这一机会纷纷致富，以至于人们调侃说，"造原子弹的不如卖茶叶蛋的"，显示了巨大的反差。应该快速改变这种状态，创造吸引人的条件，因此，2000 年宁波大学首先启动人事分配制度改革，比较大幅度地提升了教授和学术骨干的岗位津贴，初步解决了"脑体倒挂"的现象。仅仅有好的物质条件还不够，还应创造良好的环境，满足学科带头人的精神需求，因为对于知识分子来讲，往往精神需求的满足比物质需求的满足更重要。例如，来自合并后浙大的博士生导师吴训威老师，到宁大来只有一个条件，就是允许他工作到 70 岁，学校欣然同意。因为吴老师年轻时身体不好，病休了几年，现在他的研究正步入多产期，他非常希望能多工作几年，这是他精神上的最大需求，而当时浙大博导 60 出头就将退休，1999 年 59 岁的吴老师正式加盟宁大。从此，在育才路宁大高知楼的晚上，总有一盏灯到凌晨 2、3 点钟才最后熄灭，大家都知道这是吴老师的灯。他全身心地投入到科研教学工作之中，2000 年，排除各种困难，领军获得信息与通信工程硕士点，2003 年又领军获得电路与系统硕士点，并充满信心准备冲击博士点。他还担任了宁波市农工民主党的主委，宁波市政协副主席和全国政协委员，也是宁波大学最有希望成为院士的人选之一。在宁波大学工作的几年里,精神追求的满足为他注入了活力,这几年也是他学术成果最丰硕的几年,他曾对我说过,在宁大的这几年,是他精神最愉快的几年。正当他精神百倍地冲向他的人生事业之巅时,2003年3月被诊断为肝癌晚期,医生说,只有半年的存活希望。手术后我第一次到上海去看他时,他充满信心地对我说,他设下了三道防线:痰功、中医和苗医,没问题,还可以冲博士点。一个月后,我第二次去看他时,已经扩散到肾脏,长了两个9公分的瘤,已经坐卧不安,可是他还在帮助年轻教师修改项目申报书。第三次再到医院去看他,他有些伤感地说,看来我顶不住了,博士点要靠你们了。那年国庆后我要去澳大利亚访问,国庆期间,我再到医院探望他时,他已经说不动话了,只是长叹一声,算是对我的招呼和道别。我是在国外得知吴先生去世的消息,也正好是在"神州五号"升空的那天,吴老师带着对事业的眷恋和不能继续领军"申博"的遗憾魂归苍穹。今天我们是可以告慰吴老师了,因为他曾辛勤耕耘过的信息学科已经获得了博士点!

要留住人才,还应该营造人的发展环境。人们的需求会随着社会和个人的发展而不断变化,优厚的条件可能会吸引人才,但这只是一时的,教师能够扎下根来最为关键的因素是他到宁大后能否更好更快的发展,实现他所追求的人生和社会价值,受到大家的认可和尊重。例如,生命学院的严小军教授,学术水平和个人素质都非常不错,他当时在青岛的中科院海洋研究所工作,研究平台和条件也非常好,我们十分想把他请过来。在学校、学院和有关教师的共同努力下,千方百计将他作为浙江省特聘教授引进,那年他只有34岁,是当时学校最年轻的教授。这样一棵好苗子,能在宁大成长成材吗?这也是我经常担心的问题,宁波大学留得住他吗?学院和学校的有关部门,想方设法为他组建团队,我们的老同志主动把带头人的位置让出来,为他建设实验室,争取欧盟项目和国家科研课题,使他能排除人事和杂事的干扰,很快进入正常的工作状态,全身心地投入到科研和教学工作。在他的海水饵料研究工作不断取得成果时,学校和学院组织力量,推动他的课题组与宁波企业合作,推广他们的研究成果,在沿海几省获得了较大范围的应用,取得了良好的社会和经济效益。在严小军教授课题组的努力下,在大家的帮助和支持下,这项研究成果,获得了浙江省科学技术一等奖,并与企业合作获得了我校历史上第一个国家科技进步二等奖。严小军教授自己也深深体会到学校的领导和同事们对他真诚关心、支持和帮助，也决心不辜负大家的期望和厚爱，全身心地投入到自己的研究工作中去，把这份情感转投到我们的同学中去，倾注到人才培养中去。作为一位教师和科研工作者，只有当他在一个地方做出的研究成果，得到同行和大家的认可时，才会对自己所处的环境有强烈的认同感。当他感觉到自己在这块地方已根系发达，能够吸取足够的营养，能够茁壮成长时，他的根才真正扎在了宁大这块土地上。前不久，他又获得了浙江省突出贡献专家称号，我才放心地对他讲，你的根扎在了宁大。

要用好人才，还必须理解人的个性差异。有句名言大家比较认同，即"性格决定命运"，一个人的性格形成有一个过程，一旦性格养成后就比较难改变。人的性格因人差异很大，有的人偏激，有的人稳重；有的人急躁，有的人温和；往往是具有较高学术能力和特长的人，个性也较强。性格同时也在很大程度上决定着一个人的长处和短处，金无足赤，人无完人，只有充分理解个人秉性差异，对人才采取宽容的态度，用其所长，避其所短，才能更好地发挥一个人的作用。例如，信息学院的何加铭教授，是个急性子，容易被人误解，带来麻烦。但他倒是一个搞研发的好手，干起科研来不要命，任务紧的时候，甚至吃睡都在实验室。学校就创造条件，专门配备了相应的助手与校内的各部门沟通，避免了一些矛盾，为他创造了一个良好的科研工作环境，充分发挥他的特长。他领导的团队研发了多项产品，获得了多项专利，并进行了推广应用，走向了市场，为学校利用科技服务地方做出了积极的贡献。同样是信息学院的另一位杨明教授，是个慢性子，30多岁就是研究员了。但他就是不善写论文，按照学校的考核达不到二级岗位的要求，但是他开发产品的能力很强，学校就用其所长，与宁波的一家企业永新光仪联系，让他专门为该企业的主要产品——显微镜装上摄像头与电脑，这些显微镜不但能通过大屏幕显示观察的样本，而且还可以通过网络联网，扩大了显微镜的应用范围，大大提高了产品的档次和附加值。而且他一干就是8年，充分发挥了他个人的开发能力，每年该企业都为其提供几十万元甚至上百万元的研究经费，企业也从他的研发成果中获得数千万元的利润，双方实现了共赢。我们学校还有一位教授，很有才气，口才也非常好。有一次我与他交流，他对别人不理解他感到遗憾。我说你有一个特点，就是始终想用自己的正确来证明别人的错误，如果是学术争论倒也罢了,但是扩大到任何事物,这是别人难以接受的。这样的性格与人相处,难免磕磕碰碰,但是如果用到辩论赛上,倒是一把好手。果然,在2002年全省大专辩论赛上,我们就请这位老师出任教练,为获得全省冠军立下汗马功劳,这就是用人所长带来的好处。

严校长刚来宁大之初就提出了教授应该是宁大最受尊重的群体。的确,学校的转变要靠教授们来领军,理应受到尊重,我们更应该营造尊重知识、尊重人才的良好环境。这些年我深深体会到,尊重教授不仅仅是表面上的客气,而是要真正了解他们的需要,理解他们的追求,关心他们的发展,宽容他们的个性,也就是要有足够的耐心。我也多次碰到教授们给我发火的情况,吵着要调离的情况,也有令人非常生气的过激言行,但是我都忍了下来,耐心地做说服工作。发火可能有利于发泄,但是于事无补。

在学校加快建设师资队伍的过程中,还得到了广大"宁波帮"的支持。他们知道一所大学不仅需要大楼,而且还更加需要大师和高水平的师资队伍。赵安中先生就是其中的典型代表,每次遇到我,总是和我说南京大学有多少位院士,浙江大学有多少位院士,你要多请。为了帮助我们请院士和教授,他在宁大设立了荣华学者奖,每年150万元,专门奖励来宁大工作的院士和高水平教授。王宽诚基金会也专门为宁大保留去国外培养教师的名额,从1999年开始,还每年给宁大10万元美金设立幸福基金,一给就是10年,使得一批青年教师获得了出国进修的机会。还在学校设立了王宽诚育才奖,奖励优秀的教师。曹光彪先生的长子曹其庸先生设立徐望月奖,奖励优秀教职工。周鸣山先生拿出500万元设立了阳光教授奖励基金,刘浩清先生也拿出500万元建立基金,奖励年轻教师。

及时的政策调整,良好的用人氛围,有力的资金投入,迅速改变了宁波大学的师资队伍的结构和数量,经过八年的努力,宁波大学已有了一支1300多人的教师队伍,高级职称人数已过半数,教授接近300名,具有博士学位的教师300名,为实现向教学研究型大学的转变提供了人力上的支撑。

二、敢为人先

改革开放30年来,中国社会发生了天翻地覆的变化,而且还继续保持着强劲的活力,这种活力来自于发展的压力和激烈的竞争。我国的高等教育也不例外,从1999年以大规模扩招为标志开始的高等教育新一轮大发展,为高校的发展带来了机遇,同时大规模扩招也使各个高校面临着极大的挑战,因为政府对于高等教育的投入增长远远解决不了高校快速扩张对于资金的需求,合并后的宁波大学也面临同样的难题。此外,各个高校为了加快自身的发展,都千方百计地争取各种资源,包括政策、人才、项目和资金等各种资源,竞争异常激烈。宁大的领导班子深深认识到,在这样的发展环境中要想占领一席之地,加快发展,就必须抓住机遇,深化改革,抢占先机,才有可能在这种激烈的竞争环境中找到一条适合自己、又能快速发展自己的道路。要做到这一点,就必须能想人之不敢想,为人之不能为,才有可能不丧失机遇,取得先发优势。

推动高校体制改革,创办全省首家民办二级学院。1999年是我国高等教育大发展的前夜,高等教育民营化的思想也开始萌生。宁波大学的领导也在思索如何利用高等教育民营的政策优势,获取社会资源,加快学校的发展。1999年在全省率先提出创办民办二级学院,也就是我们现在的科技学院,这在当时是具有爆炸性的。因为自20世纪90年代开始,高校曾经有过"双轨制"现象存在,即公费生和自费生的概念,对高校的教育秩序和稳定带来了不小的冲击,大概是在1997年国家刚刚清理完毕双轨制,怎么宁波大学又提出要搞民办二级学院,这是现行高教管理体制所不允许的,这项提议几近流产。但是宁大的领导班子并不气馁,而是顶住压力,积极推动,通过教育厅、宁波市、省人大和省政协等多种渠道反映学校的想法,分析其利弊得失,认为这一举措必将大大调动学校扩招的积极性,促进学校的快速发展。通过多方努力,坚冰终于被摧破,由省主要领导拍板,批准宁波大学创办二级学院,按民营方式运作。宁波大学打开这个缺口以后,全省高校纷纷效法,两年内办起了18家二级学院,这一办学体制的突破,调动了高校办学和招生的积极性,极大地促进了本科教育的发展,在一定程度上缓解了考生对就读本科的压力,使得家长、考生、社会和学校共同受益。因此可以说,在突破浙江省本科教育大发展的瓶颈上宁波大学功不可没!

科技学院的创办实际上为宁波大学开始起步从教学型向教学研究型大学的转变起到了强有力的支撑作用。当初宁波大学创办科技学院的初衷最主要有两个,一个是为本部发展提供资金支持,二是作为本部教学改革的试验田。以后宁波大学的发展,都证明了科技学院的确很好地发挥了这两点作用,为宁波大学继续敢为人先,抢得先发优势奠定了良好基础。

改革人事分配制度,率先实行 10 级岗位聘任制。上面提到,学校在实行转变之初,面临的最大问题是人才短缺,教师待遇低。为了有效地吸引人才,调动广大教职工的积极性,关键的问题是对现行的人事分配制度进行改革,因为工资偏低,级差较小,干多干少差不多,大家没有太大的积极性。1999 年下半年,清华和北大率先推出了 9 级岗位津贴制度,教授分为 3 级,除原来的基本工资外,每年依次发岗位津贴 5、4、3 万元,这在当时是一笔很大的收入,对全国高校震动很大,但是,大多数高校都处于观望的态度,有的高校也想搞,但是没有那么大的财力。机会就在宁大面前,由于有了创办科技学院的先发优势,学校有了一定的财力,尽管当时财力还不太够,但已经有了底气。学校决心尽快启动人事分配制度改革,再次抢占先机。贺书记与我立即带人赶赴清华、北大调研,在两校方案的基础上,根据宁大的具体情况,进行了调整,教师分为 10 级。包括院士一档和教授三档,与现在国家出台的事业单位工资改革方案不谋而合,这是后话了。而且院士的津贴达到 8 万元,教授最高一档达到 6 万元,比清华、北大高,摆出了大力吸引高水平人才的架势。

2000 年初即迅速开始推行新的分配制度,是当时高校中最早实施岗位分级聘任的学校之一。这一政策的实施,对调动广大教师的积极性和吸引优秀人才起到了至关重要的先发作用。校内教师的积极性空前提高,一批优秀的人才得以从四面八方汇聚宁大,因为大家对这样的工作和分配方式感兴趣,在当时颇具吸引力。内地的不少学校据我所知是在两三年以后才陆续实行这样的制度,已经丧失了先发的优势,还流失了一些人才,这说明,先行一步是多么重要!

实行这一新的分配制度并不是一帆风顺的,有许多矛盾,对教师来讲最主要的矛盾有两个,一是聘任条件怎么定,二是老教授们怎么办?分级制虽然好,什么样的条件才能聘到相应的级别,是大家最关心的。学校当时坚持了一条,必须在近三年主持过国家项目的教授,才有资格当宁波大学的一级教授,而且,在三年聘期内必须再拿到一项国家级项目,这没有商量的余地,这一条到现在已坚持了整整 9 年,对宁波大学科研的提升起到至关重要的作用。老教授的问题怎么解决?在他们最能出成果的年龄,他们的贡献被大家分享了,而在他们即将干不动的时候,又开始按照各自的贡献分级了。经过再三斟酌,学校适时制定了资深教授的岗位,认可老教授的历史贡献,给予相应的岗位津贴,继续发挥老先生们在督导和帮助年轻教师方面的积极作用,一直到现在。我们应该记住他们,正是由于老同志们的理解和支持,使我校的分配制度改革得以顺利实行,使我们的转变得以成功,他们功不可没!

改变招生方式,突破人才培养模式改革禁区。市场经济的建立有力地推动了我国经济与社会的快速发展,同时也对高校人才的培养提出了新的要求。严校长来宁大后,提出了"三个提高"的要求,第一个提高就是"提高质量",主要是人才培养的质量。过去对各种不同专业人才的培养是计划性的,国家包分配。90年代开始,已经逐渐废除了过去包分配的方式,学校不再管学生的就业,学生自主择业。这样就带来了盲目性,一时间,什么专业培养成本低,社会需求量大,各高校就一哄而上,但4年以后,社会对这个专业的人才需求随着经济发展就有可能饱和,也可能不再热门,学生反而难以就业。例如金融专业,90年代中期是炙手可热,进入宁大分数最高的学生都涌向了这个专业。但到了1998年亚洲金融风暴后,就业形势则一落千丈,学生也只能纷纷改行。如何来应对这种形势呢?还得从科技学院说起,根据三本学生的特点,加强三本学生应用能力的培养,科技学院采取了平台式的递进教学模式,构建了四级平台,这是在教学改革上的一个有益尝试。2000年,教务处向学校打报告,为了借鉴科技学院的平台式教改的方式,向学校申请每年投入500万元,实施"专业、课程、教材三大建设",推动学校的教学改革。我感觉到这个问题非常重要,因为当时教学质量评估的风已经吹了起来,而学校面对市场经济大潮,在人才培养方面还缺乏有效的应对手段,缺乏自己的人才培养特色。我把教务处冯志敏和贾让成两位处长请来,明确学校将筹措经费,加大对教学改革的支持力度,但是必须要建立一套适应市场经济对人才需求的培养模式,并建议在平台教学阶段打基础,适当延迟学生选专业的时间,然后,再加上专业模块的课程,学生根据社会用人和本人的情况进行选择,更有利于学生就业。他们认为这是可以尝试的,并在曹屯裕副校长主持下进行了研究和论证,提出了按学科大类招生,完善了"平台+模块"的课程结构体系的人才培养模式改革方案。这个培养方案在当时是具有超前性的,也具有示范的意义。广大学生是从根本上欢迎这种培养模式的,因为他们还有再次选择专业的机会。但是施行起来存在两大困难,一是全国招生都是以专业为基本单元进行的,没有按学科大类招生的先例;第二,学院的教师方面有较大阻力,因为担心影响专业教学的系统性和自己的工作量。学校积极向浙江省招办汇报我校的教改方案,得到有力支持,决定首先在浙江省的范围内,允许宁波大学按学科大类招生,突破了招生这一难关,当时在全国也是罕见的。对于学院则以摆事实、讲道理为主,加强引导。对专业接近的学院,立即按"平台+模块"的方式制定教学计划,对专业差别较大的学院,分步实施,使得这一改革得以平稳推进。

2001年,宁波大学开始正式按学科大类进行招生,拉开了人才培养模式改革的大幕。"平台+模块"的人才培养方式逐步在宁波大学生根,逐渐成为宁波大学人才培养的特色,受到国内高教界同行们的关注和借鉴,2003年被评为浙江省教学成果一等奖,而且在2003年的教学评估中,受到教育部专家组的高度认可与好评,被认定为宁波大学办学的特色项目。发展到今天,按学科大类招生已经在全国的大学招生中普遍推开,证明了宁波大学当初的改革具有实际意义,也具有推广价值。

在宁波大学努力从教学型向教学研究型大学转变的八年之中,可以毫不夸张地说,这几项关键的敢为人先的重要改革举措,为实现这个转变起到了奠定基础的作用。

宁波大学虽然年轻,但是非常有朝气,在许多方面都敢于尝试。例如学生综合素质评价体系和学生申诉制度的建立,均走在了全国高校的前列,受到教育部有关领导和其他高校的高度关注。阳明学院的建立则是宁波大学继续深化教学改革的又一次跨越,又一次新的尝试。宁波大学近年来的发展使我体会到,必须根据社会和学校发展的实际敢于进行大胆的改革,敢为人先的举动并不是一时头脑发热,突发奇想,而是来自于发展的迫切愿望和激烈的竞争压力,谁抓住了机遇,谁抢占了先机,谁就能率先冲出困境,柳暗花明。敢为人先,必须以思想观念的解放为先导,要以学生为本,要审时度势,符合社会发展的大趋势,要避免走弯路。敢为人先,要有足够的勇气,有时还要顶住很大的压力,甚至讥讽和嘲笑。敢为人先,决不是一蹴而就的事,要直面问题,善于解决困难,化解各种矛盾。敢为人先,要有一股韧劲,不达目的,决不放弃,有时成功就在坚持一下的努力之中。

三、事在人为

包玉刚先生在创办宁波大学时曾说,"在宁波办大学,要办就办一流的"。当我们的学生记者问他,在宁波办一流大学,可能吗? 包先生说"怎么不可能,一切都事在人为"! 从教学型向教学研究型大学的转变是一个长期的过程,在这个过程中有些事情是需要一点一滴的积累,需要时间,不可操之过急。但是有些事情是一定要突破的,在积累到一定的程度,就应该集中全校的力量,想方设法,一举攻克。例如获得本科教学评估优秀,获得博士学位授予权,这是实现学校根本转变的关键所在,必须突破,过不去这两道坎,学校的发展则会徘徊不前。但是,要实现这种突破谈何容易,这是许多高校发展几十年才能实现的目标,一所年仅 10 多年的新建高校,这两道坎,能这么容易过去吗? 这就要靠"事在人为"。

确保优秀。2002 年,教育部为了促进高校扩招后教育质量的提高,决定开展本科教学工作评估,浙江省教育厅要求宁波大学参加首批评估。当时学校感到压力巨大,同时也认为这是个机遇,不要放弃,但必须获得优异成绩,这对一个高校,特别是对我们新建侨资院校至关重要,于是提出了明确的评估目标,就是确保优秀,动员全校师生以极大的热情投入到准备教学评估工作中。2003 年初,教育部调整了评估指标体系,提高了优秀等级标准,难度大大增加。当我校向教育部的评估部门汇报工作时,谈到我校的目标是确保优秀时,被兜头泼了一盆冷水。他们说你们新建大学能评个合格就可以了,评个良好就不错了,评优是不可能的。这个信息使我们大家心情格外沉重,这盆冷水也使我们清醒了许多,在清醒的基础上反而使我们更加坚定,评建工作领导小组认真分析了我们的日常教学工作和迎评工作,2003 年年初,就是在这里,我们再次动员全校师生员工,继续坚持以优秀的标准进行"迎评促建",并且对照变动后的指标体系,按优秀的标准逐项整改和完善评估材料,该投入的就投入,该加强的就加强,全校上下刻苦努力,严格要求,多少同志放弃了节假日休息,加班加点,又经过近一年的建设和省教育厅专家评估,我们自评 18 项 1 级指标中的 17 项达到了优秀标准。迎接评估的准备过程,大大促进了学校的教学建设,使宁波大学的人才培养模式、专业、课程、教材和实验室的建设以及教学规范均实现了一个根本性的跨越。

　　虽然我们做好了充分准备,但能否突破新建院校在教学评估中不能评优这个潜规则呢? 事在人为! 要靠我们出色的工作去努力争取。2003 年秋天,学校领导分头向评估专家送评估材料,我怀着忐忑的心情到长沙给评估组长湖南大学的谷士文校长送材料,谷校长是一位严格、严谨、正直和细致的学者。他在宾馆的大堂里与我交谈了 30 分钟,开门见山,问了我两个问题。第一,宁波大学办学的特色是什么? 第二,宁大的评估目标是什么。待我回答完以后,他面无表情地说了 4 个字,不错! 不错! 最后还让我把装材料的提包带回去。客气而审慎,还带有一丝疑虑,后来才了解到谷校长曾评估过沿海开放地区的学校,印象不太好。这就是我第一次见谷校长的感受,总之还是没有底,我们其他校领导也有类似的感受。我们除了认真准备,虚心接受评估而别无选择。专家进校以后,宁大人奋发有为的风貌、快速发展的态势、热情周到的接待、朴实无华的语言、友好默契的配合、扎实有效的工作、虚心请教的态度、真心实意渴求专家帮助学校发展的心情,深深打动了专家。当谷校长听完了课,直奔信息学院检查了我们的毕业环节,详细询问了学院的督导工作以后,他已经心中有数。我们各个学院、部门和每一位师生员工都从不同的角度、不同的侧面用我们的真诚撞击着专家的心灵! 宁大人执著的追求、快速的发展,创新的实践使来自名校的教育部专家们刮目相看,经过激烈的讨论和认真的评估,在 18 项 1 级指标上,以比较集中的票数给了我们重重的 16 个优秀,为我校的评估获优奠定了良好基础。尤其是谷校长,在教育部专家委员会最后评审阶段,特别强调了宁大作为一所年轻的大学取得目前的办学成绩难能可贵,在新兴的大学中具有代表性,得到评委们的认可,最终我校以较高的票数获得评估优秀的成绩。宁波大学是全国第一个获得教学评估优秀的新建院校,也是那次获得优秀的院校中唯一没有博士授予权的学校! 当我再见到谷校长时,他还是两句话,第一,宁大干得不错,第二,宁大人非常真诚。

　　在这里我还想引用一位评估专家的一段话,他说,宁大气息清新,没有一些自以为是的单位和人物,没有那种扑面而来的龌龊之气;宁大氛围亲和,我们来了你们很紧张,我们刚到一个生地方也紧张,但这种紧张很快就消失了,好像一家人在做共同的工作;宁大青春洋溢,学校是个十七八岁的小伙子,教师是支年轻的队伍,学生更是多姿多彩,是一群激情燃烧的人们、在激情燃烧的岁月、在这片激情燃烧的校园、干着一项激情燃烧的事业；宁大耐人寻味，不浅薄，有很多内在的东西值得我们回去慢慢品味。这是一段多么激情燃烧的话语，又怎能不使我们激情燃烧起来？

咬定申博。2002 年底，四年一次的增列博士、硕士授权单位的工作开始启动。申报博士授权单位有一个硬性规定，要求申报单位已经培养了 8 届硕士生，后来改为已经招收过 8 届硕士生。此时宁波大学仅培养了两届，离此要求甚远，那么我们还申不申报？学校领导班子认为，为了锻炼队伍，寻找差距，加快获得博士学位授予权，报！但是，我校年限的确不够，学位办通不过，浙江省也不让我们参加省内答辩。怎么办？兵分两路，严校长和宁波市有关领导冒着大雪，到绍兴去找分管省领导，请其同意我校以侨资学校的特殊身份申报，我和有关同志赶赴杭州，为挤进答辩队伍做最后努力。虽然我们这次申报止步于第一轮评审，但是，国务院学位办和省内外专家开始了解宁波大学，从此我校走上了"逢博必申"之路。

从 2003 年起，我一共代表学校进行了三次"申博"陈述，一次比一次觉得更有底气。因为每一次"申博"都是对我校的学科建设工作的一次检验，一次促进，使我们能够找准差距，迅速提升。申报博士授权，除了年限要求外，对学校有许多其他指标要求，一共 18 项。其中有些项目是与年限的积累有关的，我们无能为力，而另外一些则是反映当前学科水平的，例如国家两大基金课题数量、SCI 文章数、国家级奖项等。我们深知，只有这些指标远远高于其他申报学校，我们学校在年限不到的情况下"申博"才能"理直气壮"。

国家两大基金历来是高校科研工作瞄准的重点，竞争十分激烈，过去宁大每年只能拿到几项。虽然我们对一级教授提出了每 3 年拿一项国家项目的要求，但总共十几个一级教授，三年平均下来也就是几项。经过分析发现，我们之所以难拿项目，一个是积累不够，一个是不会写申报书，但最主要的是选题的学术价值和潜在应用价值不高，制约了申报命中率的提高。针对这种情况，学校开展了"教授、博士进企业"活动，一直坚持了 6 年，让教师们到企业和社会需求中去发现需要解决的重大问题，然后将其提炼为具有研究价值的科学问题，再去申报，就大大提高了命中率，这就是我们说的"顶天立地"的做法。例如，楼森岳教授的研究团队的方向是非线性研究，主要是建立求解不同种类的非线性方程的方法，侧重基础理论，要申报国家课题还是受到一定限制的。后来，他们结合浙江台风频发的实际,将非线性研究扩展到台风等自然灾害的预报上,并在网上提前六小时,成功预测了包括卡特林娜飓风在内的好几个台风的行走路径,引起了国家自然科学基金委的重视,于 2007 年给予了国家重点基金的立项资助,这也是我校第一个国家重点基金。经过这个过程,教师下企业的积极性提高,在为地方服务的同时,迅速找准了自己的研究方向和课题,现在宁大一些讲师也能拿到国家项目了。2007 年,学校的两大基金项目达到 42 项,是浙江省获得国家基金资助最多的省属高校之一,为我校学科建设和科研水平提高打下良好基础。

2005 年"申博",国家开始限制各省的申报学校名额,每个省只准申报两个学校。省内的竞争非常激烈,浙江理工大学脱颖而出,原因是获得了两项国家科技进步奖,我校虽然以"2+1"的方式再次参与申博,由于年限的原因,再次被挡在了门外。但是这次"申博"给我们的强烈印象是,如果没有国家级科技奖励作为学科建设和服务社会的标志成果之一,就是我们的年限到了,也会在激烈的竞争中铩羽而归。

要获得国家科技进步奖不是一件容易的事,因为需要长期的努力和积累,其研究成果更需要获得推广应用,并取得良好的社会和经济效益。学校把这项任务交给了生命学院,因为他们在海水生物饵料研究和应用方面已经有了相当的积累,关键是提升成果的产业化水平和扩大推广应用范围。于是他们与宁波市的企业紧密合作,攻克了饵料对海洋生物幼体的作用机理,解决了饵料全熟膨化生产的关键技术,经过他们数年的奋战,日里思,夜里想,解决技术难题;风里来,雨里去,加大推广力度,使这项研究成果终于在沿海六省市获得了大面积的推广应用,产生了重大的社会影响和经济价值,为成功获得国家科技进步奖打下了坚实基础。

的确事在人为,但做这样的事需要付出极大的努力和牺牲。在解决技术难题和推广应用过程中,多少同志顾不上即将高考的孩子、自己的伤痛和带病的身体,还有些老教师也顾不上年事已高,克服困难,全力以赴,一定要把这项任务完成好,在 2006 年终于获得了国家科技进步二等奖。事后,生命学院的院长李太武教授回忆,有人说他傻,为别人的事瞎忙。他回答说,为了学校能早日拿到博士点,我就愿做这样的傻瓜!国家科技奖的获得使我们搬掉了"申博"路上的又一座大山,信心更足了,因为我知道我们离"申博"成功已经不远了。

获得本科教学评估优秀和获得国家科技进步奖对一个年轻的学校来说,都是十分艰难的事情,不付出超常规的努力是不可能的。也正因为如此,使外界更加了解宁波大学的发展,我们的努力也同时得到同行们的认可。

在实现转变的这八年中,我们的同学们既是受益者,也是积极的参与者,展现了宁大学生的风采,例如体育学院的学生在全国体育基本功大赛中克服各种困难夺得第一名,我校学生辩论队在经历了车祸的生死考验后勇夺全省大学辩论赛的冠军,信息学院学生在国际 ACM 大赛中获金奖等等,都是本着事在人为的精神,为学校社会声誉的提高做出了积极贡献。事在人为,是在实现既定目标、冲破艰难险阻过程中把压力变为动力的主动释放过程。事在人为,不是蛮干,而是要充分发挥自己的优势,千方百计地寻求外界的支持,整合资源,去实现突破。事在人为,要靠团队和集体,群策群力,同心协力,发挥大家的智慧和力量。事在人为,是一种人生态度,也是一种积极的付出,要以大无畏的精神和超常的努力把看起来不太可能实现的事情变为可能。

我校的"做人、做事、做学问"讲座也陪伴着我们走过了八个年头,为了给师生们奉献出一道道精神大餐,大家可曾知道幕后有多少人在辛勤的劳动,一个人做一件事情并不难,但要把一件事情做 100 遍,能坚持下来,就不是一件简单的事情,这本身就是我校事在人为的一个最好例证,在这里我要代表学校向为这个讲座辛勤耕耘了八年的严陆光校长、邢学亮副书记以及学校宣传部、学工部、团委和各学院的有关同志们表示衷心的感谢!也祝愿这个讲座能够继续开展下去,成为宁波大学师生们汲取精神营养的品牌。

同学们,八年的时间一晃就过去了,我从宁波大学师生为实现从教学型向教学研究型大学转变的努力过程中,摘取了一些典型片断,反映宁大人"做人、做事、做学问"的精神风貌,供大家深思和细细品味,但要说明的是,这并不是全部,还有很多感人的事例,幕后的英雄,很遗憾不能在这短短的讲座中一一道出。我们可以体会到,用八年时间实现这个转变的过程是十分艰难的,存在着种种困难和挑战,我们也可以看到,宁大人就是靠以人为本,敢为人先,事在人为的精神品质,抓住了一个个机遇,克服了一个个困难,战胜了一个个挑战,使宁波大学站在一个更高的起点上,开始新的征程。今天的宁大已经有了 3 个博士点,各类硕士点 60 多个,在 27000 多名学生中,研究生有 2000 多人,每年能获得国家级项目 40 多项,科研总经费上亿元,初步实现了教学与科研并重、本科教育与研究生教育并举的良好局面,回首八年往事,我总在问自己一个问题,我们为什么要实现这种转变,答案只有一个:就是为我们宁波大学学子的成长成才创造一个更好更高的平台。

今后,宁波大学在向"一流大学"目标奋斗的历史进程中,同样会继续面临各种机遇和挑战,我们应该牢固树立"以学生为本"的教育理念,深化改革,自强不息,进一步超越自我,去实现宁大师生共同的追求!

今天我可以如释重负地对严陆光校长说一声,我以宁波大学师生通过八年努力,实现从教学型向教学研究型大学转变过程中所发生的故事,履行了主讲"三做"讲座第 100 讲的八年之约。

写给毕业生校友

亲爱的同学们:

转眼就到了分手的季节,你们将告别亲密的伙伴、尊敬的师长,告别白鹭林中的白鹭、大草坪上的小草,跨出南天门,走向波澜壮阔的社会。

聚散皆是缘,打从你们走进这片美丽的校园,你们就与宁波大学结下了终生之缘。相聚,母校给予了你们实事求是的精髓,经世致用的胸怀,爱国爱乡的丹心,创新创业的激情。远去,你们给母校留下了青春的活力,求索的足印,五月的鲜花,挑战的金杯。

离合总关情,虽然你们即将离开这片美丽的校园,一条感情之线把你们与母校终生相连。离别,总有那么多的不舍,甬江的潮水,双桥的月色,同窗的情谊,导师的关爱。重逢,带给你的是母校更加壮大,同学依旧率真,岁月流逝感慨,人生感悟弥深。

母校,是你心中的绿荫,是你人生的港湾,她与你有一生的不了情缘!

面对新的生活,同学们心中难免有些忐忑,是否能够应对即将到来的挑战。其实最大的挑战就是生活要求你不断地做出选择,而影响人一生的重要选择就那么几次。希望大家用心选择,干一件长久的事,这件事对你的事业、生活和发展影响深远,你不必匆匆决定,重要的是适合你自己。一旦确定,建议大家集中精力,长久地干一件事,力求精益求精,持之以恒,你就会发现你越来越自信,越来越快乐,越来越成功!

同学们,勇敢前行! 母校始终与你同在,为你加油,为你喝彩,为你骄傲!

分类检引

教育理念

综合改革发展

人才培养与教育教学

学科与师资队伍建设

校园文化建设与国际化战略发展

地方服务与继续教育

后　记

　　1999 年,宁波大学作出了从教学型大学向教学研究型大学转变的重要决策。经过 15 年左右的努力,学校被列为省属重点建设大学,以优秀成绩通过本科教学工作水平评估,获得了博士学位授予权,跻身中国高校百强行列,成功列为教育部、浙江省和宁波市共建高校。目前,学校已建成一所综合性教学研究型大学,正向着特色鲜明的综合性研究型大学的目标奋勇前行。

　　正是在 1999 年至 2014 年这 15 年时间里,聂秋华在宁波大学先后担任五年的常务副校长和十年的校长,用 15 年时间见证了宁波大学向教学研究型大学转变的重要历程。《转型与跨越——聂秋华教育管理文集》收集、摘录了聂秋华在这 15 年期间,参加学校各种重要活动的讲话、接受媒体采访的报道以及部分公开发表的论著。编者期望通过这样的形式,系统梳理学校在教学研究型大学建设发展阶段的办学历程和相关改革发展举措,总结办学成功经验,积淀办学历史资料,帮助读者更好地了解宁波大学向教学研究型大学转型的发展历程,也借此对聂秋华校长为宁波大学作出的重要贡献表达崇高的敬意。

　　本书的编辑出版工作由学校党委政策研究室徐军伟同志牵头,学校办公室许日华同志具体负责文集资料的整理,张真柱、孔晓虹、李斯令、叶文明、李洁、徐舟萍等同志参与了文集的内容讨论、资料收集、编排校对等工作,借此机会,对他们的热心参与和辛勤付出表示衷心的感谢。

　　本书之编校虽力求审慎、反复校阅,但编辑之中难免有疏漏之处,尚祈读者与专家不吝指正。

《聂秋华教育管理文集》编辑组

2015 年 12 月

图书在版编目（CIP）数据

转型与跨越：聂秋华教育管理文集 /《聂秋华教育
管理文集》编辑组编. —杭州：浙江大学出版社，
2016.6
　ISBN 978-7-308-15900-5

　Ⅰ．①转… Ⅱ．①聂… Ⅲ．①高等学校－学校管理－
文集 Ⅳ．①G647-53

　中国版本图书馆 CIP 数据核字（2016）第 116940 号

转型与跨越：聂秋华教育管理文集
《聂秋华教育管理文集》编辑组　编

责任编辑	余健波	
责任校对	杨利军　周语眠	
封面设计	周　灵	
出版发行	浙江大学出版社	
	（杭州市天目山路 148 号　邮政编码 310007）	
	（网址：http://www.zjupress.com）	
排　版	杭州好友排版工作室	
印　刷	杭州日报报业集团盛元印务有限公司	
开　本	710mm×1000mm　1/16	
彩　插	6	
印　张	33.25	
字　数	592 千	
版 印 次	2016 年 6 月第 1 版　2016 年 6 月第 1 次印刷	
书　号	ISBN 978-7-308-15900-5	
定　价	100.00 元	